개념부터 실전까지! 올인원 국어 교재

섹션뽀개기 실전편

철저한 지문분석과 맞춤형 온라인 솔루션(SLS)을 통한 갈래별 국어 뽀개기

문학
내신&수능대비
기출+신유형 문제 탑재

◆ 개편되는 수능 국어 영역에 맞추어 예비 고1 ~ 예비 고3 까지 학습할 수 있는 최강의 국어 문제집!

지 은 이 | IAP BOOKS
기　　획 | 유동훈, 양다원
개　　발 | 고하은, 이선민
디 자 인 | 정은아, 박성진, 정수진, 최미나
조　　판 | 정수진, 최미나
영　　업 | 한기영, 이경구, 박인규, 정철교, 하진수, 김남준, 이우현
마 케 팅 | 박혜선, 남경진, 이지원, 김여진

섹션뽀개기

현대시, 현대소설, 고전운문, 고전산문, 극수필, 독서, 화법과 작문, 문법 총 8권으로 구성되어 있습니다. 실전에 들어가기 전 꼭 알아야 할 기본 개념을 체크하고, 각 갈래별로 유형과 개념이 잘 나타난 대표 유제를 통해 문제 접근법과 풀이 방법을 익힐 수 있습니다. 또한 수능 및 전국연합 기출 문제를 선별하여 앞에서 학습한 개념과 관련된 문제를 통해 실제 문제에 대한 해결력을 기르고 수능 감각을 익힐 수 있도록 하였습니다. 자기 주도학습을 할 수 있도록 인강을 제공하고, SLS 시스템을 통해 취약 영역도 보완하도록 지원하고 있습니다.

섹션뽀개기 실전편

문학, 독서, 화법과 작문, 언어와 매체 총 4권으로 구성되어 있습니다. 각 항목별로 개념과 대표 유제, 실전 문제를 단계별로 제공하여 스스로 문제를 풀고 해결해 나갈 수 있도록 편집되었습니다. 자기 주도학습을 할 수 있도록 인강을 제공하고, SLS 시스템을 통해 취약 영역도 보완하도록 지원하고 있습니다.

기승전결 모의고사

LEVEL 1(I·II·III·IV), LEVEL 2(I·II·III·IV), LEVEL 3(I·II·III·IV), LEVEL 4(I·II·III·IV)등 총 16권으로 구성되어 있습니다. 권당 실전 모의고사 9회가 수록되어 있고, 주차별로 1회씩 학습하도록 구성했습니다. 수능, 평가원, 교육청에서 출제되었던 실전 모의고사와 자체적으로 만들고 리믹스한 모의고사로 편성되어 있습니다. 자기 주도 학습을 할 수 있도록 인강을 제공하고, SLS 시스템을 통해 취약 영역도 보완하도록 지원하고 있습니다.

분기승천 국어

레벨별 4종씩 총 8권으로 구성되어 있습니다. 분기별로 학습할 수 있도록 권당 13강으로 편성되어 있고, 1강당 4세트씩 권당 42세트 이상 구성되어 학교, 학원 등 교육기관에서 주차별 학습을 하도록 최적화되어 있습니다. 자기 주도학습을 할 수 있도록 인강을 제공하고, SLS 시스템을 통해 취약 영역도 보완하도록 지원하고 있습니다.

리딩플러스 국어

총 8단계로 구성되어 아이들이 다양한 갈래의 책을 읽고, 책에 관련된 문제를 풀어보며 글쓰기 실력을 향상시킬 수 있는 독서논술 교재입니다. 책을 읽으면서 궁금해할 만한 것이나 중요한 개념을 안내하는 배경 지식, 책에 등장한 어휘 관련 문제, 책에서 발췌한 제시문에 대한 독해력·사고력 문제를 통해 아이들이 흥미롭게 독서 활동을 할 수 있도록 하고, 책을 읽은 후 느낀 점 등을 독후활동지로 정리할 수 있도록 구성되어 있으며, SLS 시스템을 통해 온라인으로도 학습할 수 있도록 지원하고 있습니다.

어휘어법

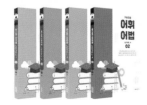

LEVEL 1(I·II), LEVEL 2(I·II), LEVEL 3(I·II), LEVEL 4(I·II) 등 총 8권으로 구성되어 있습니다. 학기별로 학습할 수 있도록 권당 18~26강으로 편성되어 있고, 모듈 프로세스를 통해서 영역별 학습이 가능하게 만들어져 있습니다. 사자성어·속담·한자어·관용어·혼동어휘 등을 교재별로 모듈화하여 단계별로 학습하고 주차별로 테스트를 하도록 구성되어 있습니다.

SLS
Smart Learning Solution

상쾌한 **향상**을 경험하다
국어 문제의 해결사 SLS

학습자 맞춤형 문제은행 출제 마법사
Smart Learning Solution
학생들에게 1:1 과외의 효과를!

초등 4학년부터 고등 3학년까지!
개별 학생에게 맞춘 유연한 문제은행 출제 마법사
시스템이기에 더욱 빠르고 학습진단 및 분석, 그리고 이에 맞춘 처방까지!
학생들의 성적이 달라집니다!

온라인
교재 학습

▸ 온라인 제공 문제 서비스
▸ 출판사, 난이도별 문제

차별화된
인강시스템

▸ 모든 문항별 강의 동영상
▸ 강좌별 영상 강의

SMART LEARNING SOLUTION
SLS

유사 문제
자동 추천 기능

▸ 오답 문제와 유사한 문제 제공
▸ 오답 문세 완선 성복

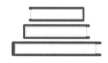

130만
국어 문항 DB

▸ 국내 최대 DB
▸ 수능, 내신 모든 문항의 DB

한 번에
수능까지

한수

완성하는
중학국어

구성과특징

1. 지문 분석

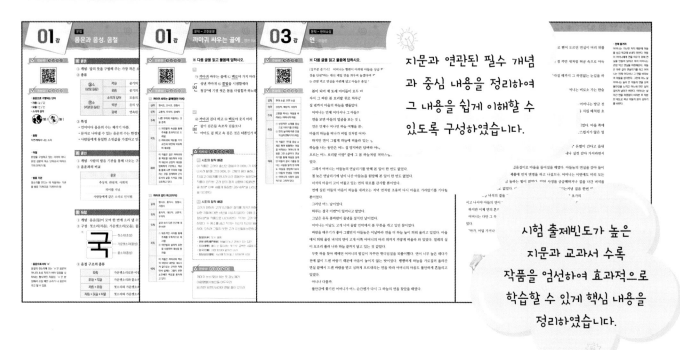

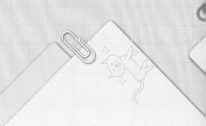

지문과 연관된 필수 개념과 중심 내용을 정리하여 그 내용을 쉽게 이해할 수 있도록 구성하였습니다.

시험 출제빈도가 높은 지문과 교과서 수록 작품을 엄선하여 효과적으로 학습할 수 있게 핵심 내용을 정리하였습니다.

2. 유형별 문제풀이

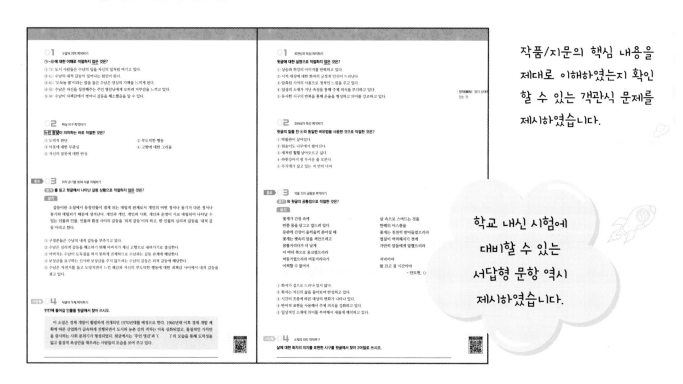

작품/지문의 핵심 내용을 제대로 이해하였는지 확인할 수 있는 객관식 문제를 제시하였습니다.

학교 내신 시험에 대비할 수 있는 서답형 문항 역시 제시하였습니다.

3. 복습하기

복습하기

복습하기

단원에서 학습하였던 지문과 작품의 중심 내용을 간략한 표로 정리하였습니다.

다음 단원으로 넘어 가기 전에 빈칸 채우기와 단답형 문항을 통해 성취 기준을 점검할 수 있도록 하였습니다.

4. 정답 및 풀이

문제편에서 학습한 지문과 작품의 자세한 분석과 문제 해설을 확인할 수 있습니다.

목차

목차

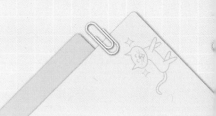

01

Contents

※ 다음 글을 읽고 물음에 답하시오.

　모음은 크게 두 부류로 나눌 수 있다. 발음할 때 입술 모양이나 혀의 위치가 변하지 않는 모음을 '단모음'이라 한다. '표준어 규정'은 원칙적으로 'ㅏ, ㅐ, ㅓ, ㅔ, ㅗ, ㅚ, ㅜ, ㅟ, ㅡ, ㅣ'를 단모음으로 발음할 것을 규정하고 있다.

　입술 모양이나 혀의 위치가 발음 도중에 변하는 모음은 '이중 모음'이라 하는데, 이중 모음은 홀로 쓰일 수 없는 소리인 '반모음'이 단모음과 결합한 모음이다. 예를 들어 이중 모음인 'ㅑ'의 발음은, 'ㅣ'를 짧게 발음하는 것과 유사한 소리인 반모음 '[j]' 뒤에서 'ㅏ'가 결합한 소리이다. 'ㅑ'와 마찬가지로 'ㅒ, ㅕ, ㅖ, ㅛ, ㅠ, ㅢ'의 발음은, 각각 반모음 '[j]'와 단모음 'ㅐ, ㅓ, ㅔ, ㅗ, ㅜ, ㅡ'가 결합한 소리이다. 'ㅗ'나 'ㅜ'를 짧게 발음하는 것과 유사한 반모음 '[w]'도 있는데 'ㅘ, ㅙ, ㅝ, ㅞ'의 발음은 각각 반모음 '[w]'와 단모음 'ㅏ, ㅐ, ㅓ, ㅔ'가 결합한 소리이다. 반모음이 단모음 뒤에서 결합한 소리인 'ㅢ'를 제외하고, 이중 모음의 발음은 모두 반모음이 단모음 앞에서 결합한 소리이다.

　'ㅚ'와 'ㅟ'는 단모음으로 발음하는 것이 원칙이지만 현실에서 이중 모음으로 발음하는 경우가 많다. 'ㅚ'를 이중 모음으로 발음할 경우에는 반모음 '[w]'와 'ㅔ' 소리를 연속하여 발음하며, 'ㅟ'를 이중 모음으로 발음할 경우에는 반모음 '[w]'와 'ㅣ' 소리를 연속하여 발음한다. '표준어 규정'에서도 현실 발음을 고려하여 이와 같이 'ㅚ'와 'ㅟ'를 이중 모음으로 발음하는 것을 허용하고 있다.

• 이중 모음의 결합 과정

반모음		단모음		이중 모음
[j]	+	ㅏ ㅓ ㅗ ㅜ ㅔ ㅐ	=	ㅑ ㅕ ㅛ ㅠ ㅖ ㅒ
[w]	+	ㅏ ㅐ ㅓ ㅔ	=	ㅘ ㅙ ㅝ ㅞ

단모음		반모음		이중 모음
ㅡ	+	[j]	=	ㅢ

01 단모음과 이중 모음 이해하기

윗글에 대한 이해로 적절하지 <u>않은</u> 것은?

① 'ㅠ'는 발음할 때 입술 모양이나 혀의 위치가 변한다.
② 'ㅐ'는 발음할 때 입술 모양이나 혀의 위치가 변하지 않는다.
③ 'ㅖ'의 발음은 반모음 '[j]' 뒤에서 단모음 'ㅔ'가 결합한 소리이다.
④ 'ㅘ'의 발음은 단모음 'ㅗ' 뒤에서 반모음 '[j]'가 결합한 소리이다.
⑤ 반모음 '[w]'는 홀로 쓰일 수 없고 단모음과 결합하여 이중 모음을 이룬다.

중요 02 표준어 규정에 따른 발음 이해하기

보기 는 학생들의 대화이다. 윗글을 바탕으로 할 때 보기 의 ㉠, ㉡에 들어갈 내용으로 적절한 것은?

보기

> 학생 1: '표준어 규정'에 따르면 'ㅚ'는 단모음으로 발음하는 것이 원칙이지만 이중 모음으로 발음하는
> 것도 허용하더라고. 그러면 '참외'는 [차뵈]로 발음하는 것이 원칙이지만, _____㉠_____로 발음하는
> 것도 허용한다고 할 수 있겠어.
> 학생 2: 그래, 맞아. '표준어 규정'에서는 'ㅟ'도 이중 모음으로 발음하는 것을 허용하고 있어. 이에 따른
> 'ㅟ'의 이중 모음 발음은 'ㅑ, ㅒ, ㅕ, ㅖ, ㅘ, ㅙ, ㅛ, ㅝ, ㅞ, ㅠ, ㅢ' 의 발음 중에 _____㉡_____.

	㉠	㉡			㉠	㉡
①	[차붸]	포함되어 있지 않아		②	[차붸]	'ㅢ' 소리에 해당해
③	[차퐤]	'ㅝ' 소리에 해당해		④	[차뭬]	포함되어 있지 않아
⑤	[차붸]	'ㅢ' 소리에 해당해				

서답형 03 이중 모음 'ㅢ'의 특징 파악하기

보기 의 ⓐ와 ⓑ에 들어갈 말로 적절한 것을 차례대로 쓰시오.

보기

> 이중 모음 'ㅢ'는 단모음과 반모음의 결합 면에서 다른 이중 모음들과 차이를 보인다. 다른 이중 모음
> 들의 경우 발음할 때 반모음이 단모음보다 _____ⓐ_____ 에 위치한다면, 'ㅢ'의 경우 반모음이 단모음
> 보다 _____ⓑ_____ 에 위치한다.

문제풀이

01강

진리의 세 가지 학설

✔ 한방에! 개념정리

✔ 한방에! 핵심정리

갈래	설명문
주제	진리의 세 가지 학설
해제	이 글은 진리의 판단과 관련된 세 가지 학설을 소개하며 각각의 학설이 지닌 한계에 대해 설명하고 있다. 대응설은 어떤 명제나 생각이 사실과 일치할 때 그것을 진리라고 주장한다. 하지만 인간의 감각 기관의 능력에는 한계가 있기 때문에 외부의 사물을 있는 그대로 모사하지 못한다. 정합설은 새로운 지식이 기존의 지식 체계에 모순됨이 없이 들어맞는지 여부에 의해 지식의 옳고 그름을 판단한다. 하지만 기존 지식 체계의 진리성을 확증할 수 없다는 한계가 있다. 실용설은 대응설과 정합설과는 다른 관점에서 진리를 고찰하였는데 이들은 지식이 실제 생활에 있어서 만족스러운 결과를 낳거나 실제로 유용하면 '참'이라 판단한다. 그러나 실용설 역시 옳고 그름을 판단하는 기준이 주관적이고 상대적이라는 한계를 가지고 있다.

＊문단 중심 내용

1문단	진리와 관련된 세 가지 학설
2문단	진리에 대한 대응설의 관점
3문단	대응설의 한계
4문단	진리에 대한 정합설의 관점
5문단	정합설의 한계
6문단	진리에 대한 실용설의 관점
7문단	실용설의 한계

※ 다음 글을 읽고 물음에 답하시오.

우리가 일상생활, 특히 학문적 활동에서 추구하고 있는 진리란 어떤 것인가? 도대체 어떤 조건을 갖춘 지식을 진리라고 할 수 있을까? 여기에 대해서는 대응설, 정합설, 실용설의 세 가지 학설이 있다.

'대응설'에서는 어떤 명제나 생각이 사실과 일치할 때 그것을 진리라고 주장한다. 우리는 특별한 장애가 없는 한 대상을 있는 그대로 정확하게 파악한다고 믿는다. 가령 앞에 있는 책상이 모나고 노란 색깔이라고 할 때 우리의 시각으로 파악된 관념은 앞에 있는 대상이 지니고 있는 성질을 있는 그대로 반영한 것이라고 생각한다.

그러나 우리의 감각은 늘 거울과 같이 대상을 있는 그대로 모사하는＊ 것일까? 조금만 생각해 보아도 우리의 감각이 언제나 거울과 같지는 않다는 것을 알 수 있다. 감각 기관의 생리적 상태, 조명, 대상의 위치 등 모든 것이 정상적이라 할지라도 감각 기관의 능력에는 한계가 있다. 그래서 인간의 감각은 외부의 사물을 있는 그대로 모사하지는 못한다.

'정합설'은 관념과 대상의 일치가 불가능하다는 반성에서 출발한다. 새로운 경험이나 지식이 옳은지 그른지 실재에 비추어 보아서는 확인할 수 없으므로, 이미 가지고 있는 지식의 체계 중 옳다고 판별된 체계에 비추어 볼 수밖에 없다는 것이다. 즉, 새로운 지식이 기존의 지식 체계에 모순됨이 없이 들어맞는지 여부에 의해 지식의 옳고 그름을 가릴 수밖에 없다는 주장이 바로 정합설이다. '모든 사람은 죽는다.'라는 것은 우리가 옳다고 믿는 명제이지만, '모든 사람' 속에는 우리의 경험이 미치지 못하는 사람들도 포함된다. 이와 같이 감각적 판단으로 확인할 수 없는 전칭 판단＊이나 고차적＊인 과학적 판단들의 진위를 가려내는 데 적합한 이론이 정합설이다.

하지만 정합설에도 역시 한계가 있다. 어떤 명제가 기존의 지식 체계와 정합할 때 '참'이라고 하는데, 그렇다면 기존의 지식 체계의 진리성은 어떻게 확증할 수 있을까? 그것은 또 그 이전의 지식 체계와 정합해야 하는데, 이 과정은 무한히 거슬러 올라가 마침내는 더 이상 소급할 수 없는 단계에까지 이르고, 결국 기존의 지식 체계와 비교할 수 없게 된다.

실용주의자들은 대응설이나 정합설과는 아주 다른 관점에서 진리를 고찰한다. 그들은 지식을 그 자체로 다루지 않고 생활상의 수단으로 본다. 그래서 지식이 실제 생활에 있어서 만족스러운 결과를 낳거나 실제로 유용할 때 '참'이라고 한다. 관념과 생각 그 자체는 참도 아니고 거짓도 아니며, 행동을 통해 생활에 적용되어 유용하면 비로소 진리가 되고 유용하지 못하면 거짓이 되는 것이다.

그러나 진리가 행동과 관련되어 있다는 것은, 행동을 통한 실제적인 결과를 기다려야 비로소 옳고 그름의 판단이 가능하다는 뜻이 된다. 하지만 언제나 모든 것을 다 실행해 볼 수는 없다. 또한 '만족스럽다'든가 '실제로 유용하다'든가 하는 개념은 주관적이고 상대적이어서 옳고 그름을 가리는 논리적 기준으로는 불명확하다. 바로 이 점에서 실용설이 지니는 한계가 분명하게 드러나는 것이다.

✔ 한방에! 어휘풀이

＊ **모사하다(模寫하다):** 사물을 형체 그대로 그리다.
＊ **전칭 판단(全稱判斷):** 대상의 모든 범위에 걸쳐서 긍정하거나 부정하는 판단.
＊ **고차적(高次的):** 생각이나 행동 따위의 수준이나 정도가 높은 것.

01 내용 전개 방식 파악하기

윗글의 전개 방식으로 가장 적절한 것은?

① 전문가의 의견을 인용하여 근거를 뒷받침하고 있다.
② 추상적인 개념을 구체적인 예시를 통해 설명하고 있다.
③ 두 가지 이론을 절충하여 새로운 이론을 제시하고 있다.
④ 이론들의 변천 과정을 시간의 흐름에 따라 나열하고 있다.
⑤ 기존의 이론들을 비교·대조하여 문제점을 밝히고 해결책을 찾고 있다.

02 세부 내용 이해하기

윗글의 내용으로 적절한 것은?

① 대응설은 행동의 결과를 통해 옳고 그름을 판단한다.
② 대응설은 명제와 사실의 일치 여부와는 관계없이 시각적으로 인식된 것을 진리라고 판단한다.
③ 실용설은 유용성의 입장에서 지식 그 자체를 진리로 파악한다.
④ 정합설은 기존의 지식 체계가 모순이 있어도 확증이 가능하다.
⑤ 정합설은 인간의 감각으로는 판단하기 어려운 것들을 가려내는 데 적합하다.

중요 03 구체적 사례에 적용하기

윗글을 참고했을 때, 보기 의 ⓐ, ⓑ와 관련된 학설로 적절한 것은?

> **보기**
>
> (가) 초등학생 ⓐ 진우는 습기가 있으면 마찰이 적어진다는 사실을 알고 비가 오는 날 등산화를 신고 등교해 넘어지지 않아 기분이 좋았다.
>
> (나) 갈릴레오 갈릴레이는 자신의 천문관측 결과에 의거하여, '지구가 태양 주위를 돌고 있다.'는 코페르니쿠스의 지동설에 대한 믿음을 갖고 있었다. 하지만 당시 ⓑ 로마 교황청은 '하나님은 지구를 굳은 반석 위에 세우시고 영원히 움직이지 않도록 하셨다'라고 한 성경 말씀에 어긋난다는 이유로 그의 의견이 틀렸다는 판단을 하였다.

	ⓐ	ⓑ		ⓐ	ⓑ		ⓐ	ⓑ
①	대응설	정합설	②	대응설	실용설	③	정합설	대응설
④	실용설	정합설	⑤	실용설	대응설			

서답형 04 세부 내용 추론하기

보기 의 ㉠과 ㉡에 들어갈, 진리와 관련된 학설을 차례대로 쓰시오.

> **보기**
>
> • (㉠)은 연역법을 통해 모순의 여부를 판단하게 된다. 연역법은 자명한 진리가 있다는 것을 전제로 놓고 결론을 도출하기 때문에 결론과 자명한 진리와의 일치 여부를 보면 된다.
>
> • 귀납법은 구체적인 사실이나 현상에 대한 관찰로 얻어진 인식을 전체에 대한 일반적인 인식으로 이끌어 가는 것이다. 즉, 귀납법의 참과 거짓을 구분하는 기준을 세우는 데 (㉡)이 사용된다.

* 자명하다(自明하다): 설명하거나 증명하지 아니하여도 저절로 알 만큼 명백하다.

문제풀이

01강

수박같이 두렷한 임아 _ 작자 미상

✔ 한방에! 개 념 정 리

✔ 한방에! 핵 심 정 리

갈래	평시조
성격	비판적, 풍자적
주제	멀쩡한 겉모습으로 거짓말을 일삼는 사람에 대한 경계
특징	① 사람의 말과 행동을 수박, 참외, 씨동아와 같은 일상적인 소재에 빗대어 표현함. ② 번듯한 겉모습으로 듣기에만 좋은 거짓말을 하는 사람들을 우스꽝스럽게 표현하여 풍자함.
해제	이 작품은 수박, 참외, 씨동아와 같이 우리 주변에서 쉽게 찾아볼 수 있는 일상적인 소재에 사람의 모습을 빗대어 표현함으로써 겉모습은 멀쩡하지만 거짓말을 일삼는 임의 모습을 비판하고 있다. 비유적 표현뿐만 아니라 풍자적 표현을 활용하여 주제를 효과적으로 드러내고 있는 것이 특징이다.

※ 다음 글을 읽고 물음에 답하시오.

수박같이 두렷한* 임아 **참외**같이 단 말씀 마소

가지가지 하시는 말이 말마다 왼말*이로다

구시월 **씨동아***같이 속 성긴 말 말으시소

         - 작자 미상, 〈수박같이 두렷한 임아〉 -

✔ 한방에! 지 식 더 하 기

시조는 우리 민족이 만든 독특한 정형시 중 하나로, 평시조를 기준으로 할 때 3·4조의 음수율*을 가지고 3장 6구, 45자 안팎으로 이루어져 있으며 4음보격*을 가지는 것이 특징이다. 글자수는 시조마다 1, 2자 정도의 차이가 있을 수는 있으나 종장의 첫째 구만은 3음절을 반드시 지켜야 한다.

조선 전기의 시조는 사대부들이 주 창작층이었으나 중기에 이르러서는 기녀들도 시조를 창작하기 시작했다. 조선 후기에는 시조의 창작층이 더욱 확대되어 평민들도 활발하게 시조를 창작하였다. 이와 같이 다양한 계층이 시조의 창작에 참여하면서 조선 후기의 시조는 형식과 내용 면에서 기존의 시조와 다른 새로운 형태를 보여 준다. 조선 후기에 등장한 시조들은 기존의 시조들과 구별하여 '사설시조'라고 부르는데, 사설시조는 중장의 길이가 산문과 같이 길고, 4음보격이 사라진 것이 특징이다. 또한 기존의 시조가 주로 유교적 충의* 이념과 자연에서의 강호가도*를 주제로 쓰여졌다면, 사설시조는 남녀 간의 사랑이나 현실 사회에 대한 풍자가 주를 이룬다.

★ **음수율**(音數律): 시에서, 음절의 수를 일정하게 하여 이루는 운율.
★ **음보격**(音步格): 문학 시가를 읽을 때, 한 호흡 단위의 규칙적 배열로 형성되는 율격.
★ **충의**(忠義): 충성과 절의를 아울러 이르는 말.
★ **강호가도**(江湖歌道): 조선 시대에, 시인 등이 현실을 도피하여 자연을 벗 삼아 지내면서 일으킨 시가 창작의 한 경향.

✔ 한방에! 어 휘 풀 이

★ **두렷한**: 둥글둥글한.
★ **왼말**: 그른 말, 거짓말.
★ **씨동아**: 씨를 받기 위해 따 먹지 않고 키운 동아. 동아는 박과의 한해살이 덩굴성 식물이다.

01 표현상의 특징 파악하기

윗글의 표현상의 특징으로 적절한 것은?

① 자연물과의 대화를 통해 화자의 깨달음을 제시하고 있다.
② 역설적인 표현을 사용하여 화자의 심정을 표현하고 있다.
③ 자연물에 감정을 이입하여 화자의 심정을 드러내고 있다.
④ 비유적 표현을 사용하여 주제를 효과적으로 드러내고 있다.
⑤ 자연물과의 대조를 통해 대상의 부정적인 속성을 강조하고 있다.

02 시어의 의미 파악하기

윗글에 대한 설명으로 적절한 것은?

① '수박'은 겉모습이 번듯한 사람을 의미한다.
② '임'은 '수박'같은 외모를 지닌, 화자가 찬양하는 대상이다.
③ '씨동아'는 '참외'와 달리 진정성 있는 말을 하는 사람을 의미한다.
④ '참외'는 '수박'과 대비되는 존재로 경계하지 않아도 되는 대상이다.
⑤ '수박'은 '임'이 하는 말을, '참외'와 '씨동아'는 '임'의 외모를 의미한다.

중요 03 작품 비교하기

윗글과 보기 를 비교한 내용으로 적절하지 <u>않은</u> 것은?

> 보기

> 두꺼비 **파리**를 물고 두엄 위에 뛰어올라 앉아
> 건너편 산을 바라보니 백송골이 떠 있어서 가슴이 섬뜩하여 펄쩍 뛰어 내달리다가 두엄 아래 나자빠졌구나.
> 모쳐라 날랜 나였기에 망정이지 피멍이 들 뻔했구나.
> – 작자 미상, 〈두꺼비 파리를 물고〉

① 윗글과 달리 〈보기〉는 대상의 행동 변화가 묘사되어 있다.
② 윗글과 〈보기〉 모두 특정 행동을 하는 인물을 비판하고 있다.
③ 윗글과 〈보기〉 모두 시적 대상을 우스꽝스럽게 표현하고 있다.
④ 윗글과 〈보기〉 모두 말하고자 하는 대상을 자연물에 빗대어 표현하고 있다.
⑤ 윗글의 '씨동아'와 〈보기〉의 '파리'는 모두 화자가 경계하는 대상이다.

★ 두엄: 풀, 짚 또는 가축
의 배설물 따위를 썩힌
거름.
★ 모쳐라: '마침'의 옛말.

서답형 04 시어의 의미 이해하기

임이 하는 말을 나타내는 자연물 두 개를 윗글에 등장한 순서대로 쓰시오.

문제풀이

01강

봄이 온다 _김해원

한방에! 개념정리

한방에! 핵심정리

갈래	단편 소설, 성장 소설
성격	서정적
주제	호정이의 꿈을 찾아가는 과정
특징	① 배경 묘사를 통해 인물의 심리를 드러냄. ② 청소년들이 겪는 꿈과 관련된 고민들을 솔직하게 다루고 있음.
해제	이 작품은 작은 어촌에서 할아버지와 단둘이 살아가는 호정이의 삶을 그리고 있다. 작품의 제목인 '봄이 온다'는 청소년기의 여러 가지 고민에 시달리고 있는 호정이가 소설 속의 일련의 사건들을 경험하며 점점 성장하고 자신의 꿈을 찾아 나갈 수 있을 것이라는 희망을 암시하며, '봄'은 호정이의 삶에 펼쳐질 전망을 상징한다.

※ 다음 글을 읽고 물음에 답하시오.

[앞부분 줄거리] 호정이는 어촌 마을에서 할아버지와 둘이 산다. 호정이는 친구와 함께 용돈을 벌기 위해 햄버거 가게에서 아르바이트를 하다가 부당한 이유로 해고를 당한다. 알바비로 받은 39만 4000원으로 무엇을 해야 좋을지 고민하던 호정이는 학교에서 선생님과의 진로 상담 이후 요리사라는 꿈을 가지게 되어, 알바비로 요리 학원을 다니기로 결심하고 준오의 휴대 전화로 요리 학교를 찾아본다. 그때 재형이의 장난으로 준오의 휴대 전화의 액정이 깨지게 된다.

"야, 그냥 내 거 써. 내가 알바를 뛰든지 해서 새 걸로 사 줄게."

㉠ 재형이는 낡은 제 휴대 전화를 준오 앞에 내놓았다. 준오는 한숨을 푹 내쉬었다. 호정이는 바짝 붙어 서 있는 재형이를 팔꿈치로 확 밀쳤다.

"준오야, 미안해. 오늘 학교 끝나고 우리 집 쪽으로 와. 수리비 물어 줄게."

"야, 정호정! 니가 돈이 어딨어? 할아버지도 배 타고 나가셨잖아."

재형이가 호정이 팔을 슬쩍 붙잡았다.

"알바비로 휴대 전화 바꾸라며? 네 말대로 됐네!"

호정이는 재형이 손을 있는 힘껏 뿌리쳤다. 마음 같아서는 재형이를 창문 밖으로 집어 던지거나 사물함에 구겨 넣어 버리고 싶은 걸 꾹 참았다.

호정이는 그날 저녁 30만 원을 준오한테 주고는 혼자 노래방으로 갔다. 얼룩덜룩한 소파 귀퉁이에 걸터앉아 선곡집을 들여다보는데 눈물이 뚝 떨어졌다. 호정이는 손등으로 눈물을 쓱 훔치고는 노래를 고른 뒤 마이크를 들었다. 사랑 타령이나 하는 노래가 분노를 삭여 주거나 슬픔을 위로해 줄 리 없었지만, 호정이는 무대에 선 가수처럼 최선을 다해 불렀다. 흥겨운 노래를 부를 때는 탬버린을 흔들면서 소파 위에 올라가 펄쩍펄쩍 뛰었다. 노래방 주인은 늘 그렇듯이 삼십 분을 덤으로 넣어 주었다.

호정이가 노래방에서 나왔을 때는 세상이 온통 깜깜했다. 호정이는 부두 쪽으로 터덜터덜 걸어갔다. 새벽에 깨어나야 하는 부두의 짧은 밤은 몹시 어두웠다. 호정이는 비린내가 배어 있는 어판장에 서서 포구 끝에 있는 등대 불빛을 물끄러미 쳐다봤다. ㉡ 배는 등대의 불빛을 따라 제 길을 찾겠지만, 호정이가 갈 길을 비춰 주는 것은 어디에도 없었다.

요리사는 개뿔. 호정이는 바다 쪽으로 침을 뱉고는 돌아섰다.

"이게 누꼬? 우리 손녀 호정이 아이가!"

호정이가 부두를 빠져나오는데 어판장 끄트머리에 있는 술집에서 정 노인이 나왔다. 검은 봉지를 손에 든 정 노인은 호정이를 보고는 허든대며* 걸어왔다.

"할아버지, 술 마셨어?"

"마셨지. 마셔도 아주 많이 마셨다." / "이건 뭐야?"

호정이는 정 노인 손에 든 검은 봉지를 받아 들었다.

"할아비가 오늘 기분이 좋아서 쇠고기 두어 근 샀다." / "비싼 쇠고기는 뭐하러 사."

"뭐하러 사긴. 우리 손녀딸 구워 먹이고, 볶아 먹이려고 샀지. 호정아, 할아비가 오늘 고래를 잡았다!"

"고래?"

호정이는 걸음을 멈추고 정 노인을 쳐다봤다. 정 노인은 고개를 끄덕이면서 양팔을 들어 크게 벌려 보였다.

"고래가 얼마나 큰지 3미터도 넘는 놈이더라." / "정말?"

"암만, 정말이지. 할아비가 투망해 놓은 그물에 커다란 고래가 딱 걸렸다니까." / "그래서?"

호정이는 얼마 전 어떤 선장이 그물에 걸려 죽은 고래를 팔아 수천 만 원을 벌었다는 소문을 떠올렸다. 정말 할아버지가 고래를 잡았다면 요리 학원도 요리 고등학교도 문제 될 게 없었다. 호정이는 가슴이 두근거렸다.

"할아버지, 그래서? 고래를 팔았어?"

"같이 배에 탄 사람들이 그러더라. 그물에 걸린 거 놔두면 곧 죽을 테니까 기다렸다가 팔면 된다고. 근데 고래가 멀쩡히 살아서 눈을 끔벅거리는데 그럴 수 있나. 그래서 할아비가 그물을 칼로 끊어 풀어 줬다." / "풀어 줘?"

"그래 풀어 줬다. ⓒ 놔줘야지. 고래 잡는 게 불법인데. 죽기를 기다릴 수는 없지. 고래 그 녀석 그물에서 풀려나더니 물 위로 두 번이나 솟구쳐 오르더라. 고맙다고 인사하는 거지."

정 노인은 환하게 웃으면서 호정이의 어깨를 툭 쳤다. 호정이는 맥이 탁 풀렸다.

"할아버지 꿈이 고래 잡는 거였잖아."

"그랬지. 젊어서는 그랬지. 그때만 해도 고래를 잡을 수 있었으니까. 고래 잡으면 구두 가게 하고 싶었지. 그건 다 젊을 때 얘기고…… 젊을 때는 꿈을 가져야 하고, 늙어서는 꿈을 내려놓아야 행복한 거다."

"그러니까 고래는……." / "고래는 바다에 있지. 호정아, 얼른 가서 고기 구워 저녁 먹자."

정 노인은 호정이 손에 든 검은 봉지를 도로 빼앗아 들고는 비뚝거리며* 비탈길을 올랐다. ⓔ 호정이는 울컥 눈물이 나왔다. 호정이는 소매 끝으로 눈물을 찍어 내고는 하늘을 올려다봤다. 어두운 하늘에는 먹구름이 무겁게 내려앉아 별 하나 보이지 않았다.

"호정아!"

정 노인이 멈춰 서 뒤를 돌아봤다. 호정이는 걸음을 주춤하며 할아버지 눈을 피해 땅바닥을 내려다봤다. 정 노인은 노래를 흥얼거리듯 말했다.

"우리 손녀딸 꿈이 요리사라고? 아까 담임 선생님이 전화해서 그러더라. 우리 호정이가 학교에서도 잘한다고. 이 할아비가 오래 살아서 우리 손녀딸 요리사 되는 걸 봐야지."

호정이는 한 걸음 한 걸음 박아디디며 너무 달리는 초보 샘을 원망했다. 정 노인은 가파른 길을 다시 오르면서 중얼거렸다.

"아무 걱정하지 마라. 할아비가 다 뒷바라지할 테니까."

정 노인은 허전대는* 다리에 힘을 주면서 목소리를 높였다.

"호정아, 오늘 밤부터 눈이 엄청 온다더라. 춘설*은 길조*지." / "봄에 눈은 무슨 눈!"

호정이는 입을 삐죽거리면서 하늘을 올려다봤다. 하늘에서 희읍스름한* 게 떨어지는 것 같았다.

ⓜ 호정이는 손바닥을 펴서 허공에 내밀며 중얼거렸다. 정말 눈이 오나.

— 김해원, 〈봄이 온다〉—

17

＊ 전체 줄거리

호정이는 작은 어촌 마을에서 할아버지와 둘이 살고 있다. 호정이는 친구와 함께 햄버거 집에서 아르바이트를 시작했지만 부당한 이유로 해고를 당한다. 그동안 일해서 받은 39만 4000원을 들고 무엇을 할지 고민하던 호정이는, 선생님과의 진로 상담 이후 요리사라는 꿈을 가지게 되어 알바비로 받은 39만 4000원으로 요리 학원에 다녀야겠다고 다짐한다. 하지만 예기치 못한 사건으로 호정이는 알바비를 준오의 휴대 전화 수리비로 주게 된다. 속상한 마음에 노래방을 다녀온 호정이는 집으로 돌아가는 길에 정 노인을 마주친다. 정 노인은 그동안 자신의 꿈이었던 고래를 잡았다고 호정이에게 자랑스럽게 이야기한다. 호정이는 고래를 팔면 돈을 벌 수 있겠다는 기대를 하지만, 정 노인은 그런 호정이에게 고래를 풀어 줬다고 이야기한다. 호정이는 다시금 좌절하지만 정 노인은 호정이의 꿈을 이루어 주기 위해 뒷바라지하겠다면서 호정이를 다독인다.

✔ **한방에! 어휘풀이**

＊ **허든대다**: 다리에 힘이 없어 중심을 잃고 이리저리 자꾸 헛디디다.

＊ **비뚝거리다**: 바닥이 고르지 못하거나 한쪽 다리가 짧아서 흔들거리며 걷다.

＊ **허전대다**: 다리에 힘이 아주 없어 쓰러질 듯이 계속 걷다.

＊ **춘설(春雪)**: 봄철에 오는 눈.

＊ **길조(吉兆)**: 좋은 일이 있을 조짐.

＊ **희읍스름하다**: 산뜻하지 못하게 조금 희다.

㉠~㉤에 대한 이해로 적절하지 <u>않은</u> 것은?

① ㉠: 재형이의 경솔하고 즉흥적인 성격을 보여 준다.

② ㉡: 요리 학원을 등록할 수 없게 된 호정이의 절망적인 마음이 드러난다.

③ ㉢: 생명의 가치를 아는 정 노인의 인물됨이 드러난다.

④ ㉣: 호정이는 고래를 풀어 준 정 노인의 마음을 이해하며 자신의 생각을 반성하고 있다.

⑤ ㉤: 호정이는 절망적인 마음에서 벗어나 봄눈을 기대하고 있다.

02 소재의 의미 파악하기

윗글의 춘설이 의미하는 것으로 적절한 것은?

① 호정이와 선생님의 갈등의 해소를 의미한다.

② 호정이에게 닥칠 새로운 고난과 시련을 의미한다.

③ 호정이의 삶에 희망찬 미래가 펼쳐질 것을 암시한다.

④ 호정이와 정 노인이 앞으로는 넉넉하게 살 수 있음을 암시한다.

⑤ 호정이가 다시 부모님을 만날 수 있을 것이라는 기대를 의미한다.

중요 03 외적 준거를 참고하여 작품 감상하기

보기를 참고하여 윗글을 감상했을 때 적절하지 <u>않은</u> 것은?

보기

이야기는 다양한 인간들의 다양한 삶을 그려낸다. 이야기의 아름다움이란 바로 이야기에 등장하는 인물들이 겪는 상황이나 그 상황을 대하는 인물들의 태도가 자아내는 느낌을 가리킨다. 소설이나 다른 이야기를 접하면서 감동을 느꼈다면 이는 아름다움을 체험했기 때문이다.

독자는 이야기를 읽으면서 다양한 측면에서 아름다움을 느낀다. 우선 인물의 삶이 보여 주는 모습, 즉 내용을 통해서 느껴지는 아름다움이 있다. 또한 이야기에 형상화된 인물의 개성, 이야기의 구체적인 배경 등의 표현에서도 아름다움을 느낄 수 있다. 이야기를 심미적으로 체험하려면 이런 측면에 주목하면서 작품을 읽어 가는 것이 매우 중요하다. 그리고 이야기를 읽을 때에는 자신의 삶의 모습과 비교하며 작품을 적극적으로 감상하여 내면화하려는 태도가 필요하다.

① 나래: 작은 어촌 마을에서 넉넉하지 못하게 살고 있는 호정이와 정 노인을 보며 괜히 안타까웠어.

② 윤지: 나도 호정이처럼 꿈을 이루지 못할까 봐 두려웠던 적이 있어서 호정이의 마음이 이해가 가.

③ 윤정: 오랫동안 꿈꿔온 고래를 잡았음에도 풀어 준 정 노인의 모습에서 정 노인의 가치관을 이해할 수 있었어.

④ 은하: 정 노인과 호정이가 그동안의 오해를 풀고 함께 집으로 돌아가는 모습을 보고 어제 동생과 싸운 일을 반성하게 돼.

⑤ 아현: 호정이의 꿈을 뒷바라지하겠다고 하는 할아버지의 말에서 호정이를 아끼고 사랑하는 마음이 느껴지는 것 같아서 감동적이야.

서답형 04 문장의 의미 파악하기

윗글에서 꿈에 대한 정 노인의 생각이 드러난 문장을 찾아 첫 어절과 마지막 어절을 쓰시오.

복습하기

문법

¹☐☐☐	• 발음할 때 입술 모양이나 혀의 위치가 변하지 않는 모음 • ㅏ, ㅐ, ㅓ, ㅔ, ㅗ, ㅚ, ㅜ, ㅟ, ㅡ, ㅣ
²☐☐☐☐	• 입술 모양이나 혀의 위치가 발음 도중에 변하는 모음 • 홀로 쓰일 수 없는 소리인 반모음이 단모음과 결합한 모음임. • 반모음이 단모음 뒤에서 결합한 소리인 '³☐'를 제외하고, 이중 모음의 발음은 모두 반모음이 단모음 ⁴☐에서 결합한 소리임.

비문학

1문단	진리와 관련된 세 가지 학설
2~3문단	진리에 대한 ⁵☐☐☐의 관점과 한계
4~5문단	진리에 대한 ⁶☐☐☐의 관점과 한계
6~7문단	진리에 대한 ⁷☐☐☐의 관점과 한계

문학 – 수박같이 두렷한 임아(작자 미상)

초장	번듯한 겉모습으로 듣기 좋은 말만 하는 ⁸☐
중장	듣기에만 좋은 거짓말을 일삼는 ⁸☐
종장	듣기에만 좋은 빈말을 하는 것을 경계

문학 – 봄이 온다(김해원)

호정이는 준오의 ⁹☐☐☐☐를 깨뜨리게 되어 아르바이트로 번 돈을 모두 쓰게 됨.

↓

¹⁰☐☐☐에 다녀온 호정이는 집에 돌아가는 길에 할아버지를 만남.

↓

¹¹☐☐를 잡는 것이 꿈이었던 할아버지가 ¹¹☐☐를 잡았다가 풀어 주었다는 이야기를 듣게 됨.

↓

할아버지는 호정이에게 아무 걱정하지 말라고 이야기하며 호정이를 다독임.

↓

할아버지와 호정이는 함께 ¹²☐☐이 오길 기다림.

Contents

※ 다음 글을 읽고 물음에 답하시오.

'높다'의 '높-'은 어간이기도 하고 어근이기도 하다. 그렇다면 어간일 때와 어근일 때 어떤 차이가 있을까? 이를 이해하기 위해서는 어간과 어근의 개념에 대해 살펴볼 필요가 있다.

어간은 용언 등이 활용될 때 사용하는 개념이다. 용언은 문장에서 다양한 형태로 바뀌면서 활용되는데, 형태가 변하지 않는 부분을 어간이라 하고 형태가 변하는 부분을 어미라고 한다. 예를 들어 '높다'가 '높고', '높지'와 같이 활용될 때, '높-'은 어간이고, '-고'나 '-지'는 어미이다.

이와 달리 어근은 단어를 구성할 때, 실질적 의미를 나타내는 부분을 가리키는 개념이다. 그리고 어근의 앞이나 뒤에 결합하여 특정한 의미나 기능을 더해 주는 부분을 접사라고 한다. 용언을 어근과 접사로 분석할 때 형태가 변하지 않는 어간만을 대상으로 한다. 가령, '드높다'의 경우 어간인 '드높-'에서 실질적 의미를 나타내는 '높-'은 어근이고, 그 앞에 붙어 '심하게'라는 의미를 덧붙여 주는 '드-'는 접사이다. 접사는 어근 뒤에 결합하기도 하는데, 어근 '높-'에 접사 '-이-'가 결합한 '높이다'가 이에 해당한다. 이를 정리하면 아래와 같다.

	어간			어미
	접사	어근	접사	
높다	·	높-	·	-다
드높다	드-	높-	·	-다
높이다	·	높-	-이-	-다

한편 단어는 '높다'와 같이 하나의 어근으로 구성된 경우나 '드높다'나 '높이다'와 같이 어근에 접사가 결합한 경우 이외에 두 개 이상의 어근이 결합하여 만들어지기도 한다. 예컨대 '높푸르다'의 경우 어근 '높-'과 어근 '푸르-'가 결합하여 만들어진 단어이다.

중요 01 어간과 어근의 개념 이해하기

윗글을 바탕으로 할 때, 보기 의 ㉠과 ㉡에 들어갈 내용으로 적절한 것은?

보기

'높다'에서 '높-'은, 단어가 활용될 때 ☐ ㉠ ☐ 는 점에서 '어간', 단어를 구성할 때 ☐ ㉡ ☐ 는 점에서 '어근'이라고 할 수 있다.

	㉠	㉡
①	형태가 변한다	실질적 의미를 나타낸다
②	형태가 변하지 않는다	실질적 의미를 나타낸다
③	형태가 변하지 않는다	의미를 덧붙여 준다
④	의미를 덧붙여 준다	형태가 변한다
⑤	실질적 의미를 나타낸다	형태가 변하지 않는다

중요 02 단어의 구성 방식 이해하기

보기 의 '자료'에서 '활동'의 ⓐ~ⓒ에 들어갈 단어로 적절하지 않은 것은?

보기

[자료] 용언: 검붉다, 먹히다, 자라다, 치솟다, 휘감다

[활동]
• 어간과 어근이 일치하는 단어를 모아 봅시다.
  - _____ⓐ_____
• 어간과 어근이 일치하지 않는 단어를 모아 봅시다.
  - 어근의 앞이나 뒤에 접사가 결합한 단어: _____ⓑ_____
  - 둘 이상의 어근이 결합한 단어: _____ⓒ_____

① ⓐ: 휘감다   ② ⓐ: 자라다   ③ ⓑ: 먹히다   ④ ⓑ: 치솟다   ⑤ ⓒ: 검붉다

서답형 03 접사의 특징 파악하기

보기 의 ㉮와 ㉯에 들어갈 말을 차례대로 쓰시오.

보기

'풋고추'는 '덜 익은'의 뜻을 더하는 접사 '풋-'이 어근 '고추' 앞에 결합한 것이다. 이렇게 '풋-'과 같이 어근의 앞에 오는 접사를 (㉮)(이)라고 한다. 반면, '서울내기'는 어근 '서울' 뒤에 '그 지역에서 태어나고 자라서 그 지역 특성을 지니고 있는 사람'의 뜻을 더하는 접사 '-내기'가 결합한 것이다. '-내기'와 같이 어근의 뒤에 오는 접사를 (㉯)(이)라고 한다.

문제풀이

02 강

물고기의 무리 짓기

한방에! 개념정리

한방에! 핵심정리

갈래	설명문
주제	물고기의 무리 짓기
해제	이 글은 물고기 무리의 특징과 함께 물고기가 무리를 지어 다님으로써 얻는 이점에 대해 설명하고 있다. 물고기는 주로 시각과 옆줄의 감각을 이용하여 무리를 짓고, 대열을 유지한다. 무리를 짓는 물고기는 에너지 사용을 최소화하기 위해 소용돌이를 만들어 이동하며, 포식자의 위험으로부터 보호를 받는 등의 이득을 얻는다.

*문단 중심 내용

1문단	무리를 지어 다니는 물고기
2문단	물고기 무리의 특징
3문단	물고기가 무리를 이룰 때 동원되는 감각
4문단	무리를 지어 다님으로써 물고기가 얻는 이점 1
5문단	유체역학적 원리를 이용하여 이동하는 물고기 무리
6문단	무리를 지어 다님으로써 물고기가 얻는 이점 2

한방에! 어휘풀이

* **동원되다(動員되다):** 어떤 목적이 달성되도록 사람이 모아지거나 물건, 수단, 방법 따위가 집중되다.
* **역류(逆流):** 물이 거슬러 흐름. 또는 그렇게 흐르는 물.

※ 다음 글을 읽고 물음에 답하시오.

무리를 지어 몰려다니는 송사리들의 움직임은 명령에 따라 움직이는 군대처럼 일사불란하다. 피라미들은 개울의 빠른 물살에도 불구하고 유연한 동작으로 무리 지어 다닌다. 그래서 어부들은 한 번의 투망 작업으로 수백수천 마리의 물고기를 낚을 수 있다. 이런 위험에도 불구하고 물고기들은 어떻게, 그리고 왜 무리 지어 다닐까?

두세 마리에서 수백만 마리에 이르는 물고기들이 무리를 지어 일체히 헤엄칠 때, 멀리서 보면 마치 하나의 커다란 생물체 같다. 무리 안에서는 일정한 우두머리가 없다. 무리가 오른쪽이나 왼쪽으로 선회할 때에는 측면에 있던 개체들이 무리를 선도한다.

물고기들이 무리를 이룰 때 동원되는* 감각 중 중요한 것은 시각과 옆줄의 감각이다. 물고기의 시력은 0.5 이하로 약한 편이어서 명암 구분만 가능하지만, 움직이는 물체를 감지하는 능력은 사람의 2배 정도 된다. 무리 지어 다니는 물고기들은 대개 반짝이는 몸을 가졌는데, 이것이 시각을 자극하여 무리의 움직임을 유도하는 기능을 한다. 또 대개의 물고기들은 다른 생물이나 물체, 물의 흐름, 진동, 온도, 깊이 등을 감지하는 옆줄이 있다. 물고기의 무리가 흐트러지지 않고 대열을 유지할 수 있는 것은 미세한 변화에도 반응하는 이 옆줄의 감각 체계 때문이다.

물고기들은 무리를 지어 이동함으로써 무리 안의 각 개체들은 에너지 소비를 최소한으로 줄일 수 있다. 동료들이 사용한 에너지를 효율적으로 이용할 수 있는 지혜 덕택이다. 물고기 각각의 개체들은 중앙 부분이 굵고 머리 끝과 꼬리 끝으로 가면서 차츰 가늘어지는 체형을 가지고 있는데 이러한 체형을 이용하여 자기 뒤로 물의 소용돌이를 만든다. 물고기들은 다른 물고기가 만든 물의 소용돌이를 이용하여 별로 힘들이지 않고도 단거리를 이동해 갈 수 있다. 여기에는 바로 유체역학적 원리가 숨어 있다.

물고기가 좌우로 꼬리를 흔들며 헤엄쳐 나갈 때 뒤쪽으로 소용돌이가 생긴다. 소용돌이 바로 뒤에는 처음 발생한 소용돌이와는 반대 방향의 소용돌이가 생기고, 이때 물고기들은 서로 다른 방향으로 형성되는 소용돌이 사이를 좌우로 헤엄치면서 이동하는 것이다. 소용돌이는 동그랗게 말리면서 역류* 현상이 일어나는 것이 특징인데, 물고기는 이 역류되는 소용돌이가 밀어주는 방향으로 최소한의 에너지를 사용하여 나아갈 수 있다. 기러기가 바람의 저항을 최소화하기 위해 'Λ' 대형으로 날아가며 앞서가는 새의 박자에 맞춰 날갯짓을 하는 것 역시 바로 이 유체역학적 원리를 이용한 것이다.

무리 지어 다니는 물고기의 습성은 포식자를 피하는 데 도움이 된다. 무리 중 포식자를 먼저 발견한 물고기가 재빨리 방향을 바꾸어 도망을 치면, 이때 발생하는 물의 파장이 옆에 있는 물고기들에게 순식간에 전해져 무리 전체가 위험 상황을 피할 수 있게 된다. 또한 물고기가 무리를 지어 다니면 포식자는 작은 물고기 떼를 큰 물고기로 착각하기도 한다. 여러 마리가 동시에 움직임으로써 포식자로 하여금 착시현상을 일으켜 쉽게 표적을 정하지 못하게 하는 것이다. 먹이를 찾고 짝을 찾는 데에도 무리를 짓는 것이 물고기에게 매우 유리하다. 이처럼 물고기들은 무리를 이루어서 에너지의 효율적 이용, 포식자로부터의 방어 등 여러 가지 면에서 이득을 얻고 있다.

01 핵심 내용 이해하기

윗글에 대한 내용으로 적절하지 <u>않은</u> 것은?

① 기러기는 유체역학적 원리를 이용하여 바람의 저항을 최소화한다.
② 물고기가 물의 소용돌이를 만들 수 있는 것은 물고기의 체형 덕분이다.
③ 물고기의 무리 짓는 특성 때문에 어부의 투망 작업은 매우 효과적이다.
④ 물고기는 시력은 약하지만, 움직이는 물체를 감지하는 능력은 뛰어나다.
⑤ 물고기는 옆줄을 통해 물의 흐름·진동을 감지하고 명암을 구분할 수 있다.

02 세부 내용 이해하기

윗글의 '무리 지어 다니는 물고기'의 특성으로 적절하지 <u>않은</u> 것은?

① 민감한 옆줄을 이용하여 일정한 대열을 유지한다.
② 하나의 커다란 생물체로 착시현상을 일으키기도 한다.
③ 방향을 선회할 때 측면에 있는 개체들이 무리를 안내한다.
④ 빛이 나는 몸을 이용해 시각을 자극하여 무리의 움직임을 이끈다.
⑤ 무리 안에서 물의 파장으로 포식자의 위치를 알리는 리더가 존재한다.

중요 03 구체적 사례에 적용하기

보기 의 물고기가 유체역학적 원리를 이용하여 이동할 때, 보기 의 그림을 잘못 이해한 것은?

보기

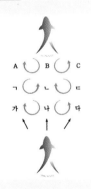

① '가' 방향으로 나아간 물고기는 'A'로 가겠군.
② '가'와 '다' 방향으로 나아간 물고기는 모두 'ㄴ'으로 가겠군.
③ '나' 방향으로 나아간다면 에너지를 최소한으로 쓸 수 있겠군.
④ '가', '나', '다'의 어떤 방향으로 나아가도 'ㄷ'으로는 갈 수 없군.
⑤ 물고기가 'A'와 'C' 방향으로 갔다면 힘들지 않고 단거리를 이동한 것이라고 볼 수 있겠군.

서답형 04 세부 내용 파악하기

보기 를 참고하여 ㉮와 ㉯에 들어갈 말로 적절한 것을 차례대로 쓰시오.

보기

　얼룩말들은 무리를 지어 이동함으로써 사자나 표범으로 하여금 무리의 수를 짐작하기 어렵게 만든다. 얼룩말들의 얼룩무늬가 섞이게 되면 포식자들은 마치 얼룩말을 큰 동물로 인식하기 때문이다. 또한 얼룩말 무리 안에는 우두머리 수컷이 존재하는데, 우두머리 수컷이 포식자의 위험을 포착하면, 우선 무리에게 알리고, 무리의 뒤쪽에서는 포식자를 방어하기 위한 준비를 한다. 그 사이에 암컷과 새끼 얼룩말들은 포식자로부터 도망갈 수 있다.

　물고기 무리와 얼룩말 무리는 (　㉮　)(으)로부터 스스로를 방어하기 위해 무리를 지어 다닌다는 공통점이 있으나, 물고기 무리와 다르게 얼룩말 무리는 일정한 (　㉯　)을/를 가진다는 점에서 차이를 보인다.

02 강

서시 _ 윤동주

| 정답 및 해설 | 11쪽

✓ 한방에! 개념정리

✓ 한방에! 핵심정리

갈래	자유시, 서정시
성격	성찰적, 고백적, 의지적, 상징적
주제	부끄럼 없는 삶에 대한 간절한 소망과 현실 극복 의지
특징	① 자연물에 상징적 의미를 부여함. ② '과거-미래-현재' 순으로 시상이 전개됨. ③ 이미지의 대립을 통해 시적 상황을 제시함.
해제	이 작품은 윤동주의 유고 시집 《하늘과 바람과 별과 시》의 서두에 붙여진 작품으로 〈서시〉라는 제목에서 알 수 있듯 시집 전체의 내용을 안내해주는 역할을 한다. 상징적 시어들을 사용하여 일제 식민지를 살아가는 지식인의 고뇌와 부끄러움 없는 삶에 대한 소망을 노래하고 있으며 시간의 흐름이 '과거-현재-미래'가 아닌, '과거-미래-현재'로 진행된다. 또한 '하늘-바람', '밤-별'과 같이 대조되는 상징적인 시어를 사용함으로써 시적 화자인 윤동주의 고뇌를 엿볼 수 있다.

※ 다음 글을 읽고 물음에 답하시오.

죽는 날까지 ㉠ 하늘을 우러러

한 점 부끄럼이 없기를

㉡ 잎새에 이는 ㉢ 바람에도

나는 괴로워했다.

㉣ 별을 노래하는 마음으로

모든 **죽어가는 것**을 사랑해야지.

그리고 나한테 **주어진 길**을

걸어가야겠다.

오늘 **밤**에도 별이 ㉤ 바람에 스치운다.

- 윤동주, 〈서시〉 -

✓ 한방에! 같이볼작품

산모퉁이를 돌아 논가 외딴 우물로 홀로 찾아가선 가만히 들여다봅니다.

우물 속에는 달이 밝고 구름이 흐르고 하늘이 펼치고 파아란 바람이 불고 가을이 있습니다.

그리고 한 사나이가 있습니다.
어쩐지 그 사나이가 미워져 돌아갑니다.

돌아가다 생각하니 그 사나이가 가엾어집니다.
도로 가 들여다보니 사나이는 그대로 있습니다.

다시 그 사나이가 미워져 돌아갑니다.
돌아가다 생각하니 그 사나이가 그리워집니다.

우물 속에는 달이 밝고 구름이 흐르고 하늘이 펼치고 파아란 바람이 불고 가을이 있고 추억처럼 사나이가 있습니다.

- 윤동주, 〈자화상〉 -

✓ 한방에! 작가소개

윤동주 (1917~1945)

북간도에서 출생하였으며, 연희 전문학교를 거쳐 일본에서 유학하였다. 1943년에 독립운동 혐의로 일본 경찰에 검거되어 규슈 후쿠오카 형무소에서 옥사하였다. 주요 작품으로 <서시>, <별 헤는 밤>, <자화상> 등이 있다.

01 표현상의 특징 파악하기

윗글의 표현상의 특징으로 적절한 것은?

① 순행적 구성에 따라 시상을 전개하고 있다.

② 시어의 대비를 통해 시적 상황을 제시하고 있다.

③ 접속어를 기준으로 시상의 전환이 이루어지고 있다.

④ 의인법을 활용하여 화자의 심정을 간접적으로 드러내고 있다.

⑤ 자연물에 화자의 감정을 이입하여 주제를 효과적으로 드러내고 있다.

02 시어의 의미 파악하기

㉠~㉤에 대한 설명으로 적절하지 않은 것은?

① ㉠: 화자에게 있어 윤리적 삶의 기준이자 삶의 지향점이다.

② ㉡: 작은 갈등에도 흔들리는 연약한 존재로 화자의 내면세계를 보여 준다.

③ ㉢: 화자의 내면적 갈등을 불러일으키는 원인이다.

④ ㉣: 화자가 지향하는 삶의 자세이자 희망을 상징한다.

⑤ ㉤: ㉢과 동일한 것으로 화자가 여전히 현실과 이상 사이를 고뇌하고 있음을 보여 준다.

중요 03 외적 준거를 참고하여 작품 이해하기

보기를 참고하여 윗글을 이해한 것으로 적절하지 않은 것은?

> 보기
>
> 윤동주는 일제강점기에 활동한 조선인 시인이자 독립운동가이다. 그는 어둡고 가난한 생활 속에서 인간의 삶과 고뇌를 사색하였다. 또한 직접적인 무장투쟁을 하지는 않았으나, 일제의 강압에 고통받는 조국의 현실을 가슴 아프게 생각하고 고민하는 철인이었다. 윤동주는 일본 유학으로 인해 민족이 걸어가야 하는 길과 다른 길을 걷는 것처럼 보이는 자신의 행적을 반성하고 이에 대한 부끄러움을 그의 시 속에 반영하였다.

① 윤동주는 억압받던 우리 민족을 '죽어가는 것'이라 표현함으로써 안타까움과 함께 그들을 향한 연민과 사랑을 보여 주고 있다.

② 윤동주는 지식인으로서 '주어진 길'을 부끄럼 없이 살아갈 것을 다짐하고 있다.

③ 윤동주는 일제 식민지하의 어두운 현실에서 벗어나 '밤'을 기다리고 있다.

④ 윤동주는 의지적 어조를 사용하여 부정적인 현실 속에서도 자신의 양심을 지켜나가야겠다는 의지를 보여 주고 있다.

⑤ 윤동주는 이상과 현실 사이에서 오는 고뇌를 고백하며 지식인으로서 당대를 살아가는 것에 대한 괴로움을 직접적으로 드러내고 있다.

*철인(哲人): 어질고 사리에 밝은 사람.

서답형 04 시행의 의미 파악하기

윗글에서 화자의 정서가 직접적으로 드러난 시행을 찾아 쓰시오.

김현감호 _ 작자 미상

| 정답 및 해설 | 12쪽

한방에! 개념정리

한방에! 핵심정리

갈래	설화
성격	불교적, 전기적, 환상적, 교훈적
주제	자기희생적인 숭고한 사랑
특징	① 설화임에도 인과 법칙에 따른 소설적 구성이 드러남. ② 호랑이를 두려운 존재로 생각했던 당대인들의 사고방식이 반영됨. ③ 동물 변신 모티프를 활용하여 신이하고 환상적인 분위기를 자아냄. ④ 호원사(虎願寺)의 건립 내력을 알 수 있는 사원 연기 설화에 해당함.
해제	이 작품은 '김현이 호랑이를 감동시키다.'라는 뜻의 설화로 《삼국유사》 등에 기록되어 전해진다. 김현의 정성스러운 탑돌이에 감복한 호랑이가 처녀가 자신의 희생을 통해 오빠들의 죄를 씻어 형제를 살리고, 김현을 출세시킨다는 내용으로 불교적 권선을 강조하고 있다. 당시 호랑이가 많이 나타나 사람들을 해치자 이 피해를 막기 위해 절을 짓고 이런 설화를 만들어냈던 것으로 추측된다.

※ 다음 글을 읽고 물음에 답하시오.

신라 풍속에 매년 2월이 되면 초여드렛날부터 보름날까지 서울의 남녀들이 서로 다투어 흥륜사의 전탑*을 도는 것으로 복회*를 삼았다.

원성왕 때 낭군* 김현이란 사람이 밤이 깊도록 홀로 돌면서 쉬지 않았다. 한 처녀가 염불하면서 따라 돌다가 서로 감정이 통하여 눈길을 주었다. 탑돌이를 끝내자 으슥한 곳으로 가서 정을 통하였다.

처녀가 돌아가려고 하자 김현이 그를 따라가니, 처녀는 사양하고 거절했지만 억지로 따라갔다. 가다가 서산 기슭에 이르러 한 초막*으로 들어가니, 늙은 할미가 그녀에게 묻기를,

"함께 온 이는 누구냐?"

라고 하였다. 처녀가 그 사정을 말하니, 늙은 할미는 말하기를,

"비록 좋은 일이지만 없는 것만 못하다. 그러나 이미 저지른 일이기에 나무랄 수도 없다. 은밀한 곳에 숨겨 두어라. 네 형제들이 나쁜 짓을 할까 두렵다."

라고 하였다.

처녀는 낭을 데려다 구석진 곳에 숨겨 두었다. 조금 뒤에 세 마리의 범이 으르렁거리면서 와서 사람의 말로 말하기를,

"집 안에 비린내가 나니 요기하기* 좋겠구나."

라고 하였다. 늙은 할미는 처녀와 함께 꾸짖어 말하기를,

"너희들의 코가 어떻게 되었구나. 무슨 미친 소리냐?"

라고 하였다.

이때 하늘에서 외치는 소리가 있어

"너희들이 즐겨 생명을 해침이 너무도 많으니, 마땅히 한 놈을 죽여서 악행을 징계하겠다."

라고 하였다. 세 짐승이 그것을 듣고 모두 근심하는 기색이었다. 처녀가 말하기를,

"세 오빠가 만일 멀리 피해 가서 스스로 징계하겠다면 제가 대신해서 그 벌을 받겠습니다."

라고 하였다. 이에 모두 기뻐하며 머리를 숙이고 꼬리를 떨어뜨리고 달아나 버렸다.

처녀가 들어와 낭에게 말하기를,

"처음에 저는 당신이 우리 집에 오는 것이 부끄러워서 사양하고 거절했습니다. 그러나 이제는 감출 것이 없으니 감히 내심*을 말하겠습니다. 또한 저는 낭군과는 비록 유가 다르지만, 하룻저녁의 즐거움을 얻어 중한 부부의 의를 맺었습니다. 세 오빠의 죄악을 하늘이 이미 미워하시니, 집안의 재앙을 제가 당하고자 합니다. 알지 못하는 사람의 손에 죽는 것이 낭군의 칼날에 죽어서 은덕을 갚는 것과 어떻게 같겠습니까? 제가 내일 시가*에 들어가서 사람들을 심하게 해치면 나라 사람들이 저를 어떻게 할 수 없으므로 대왕은 반드시 높은 벼슬을 걸고 나를 잡을 사람을 찾을 것입니다. 당신은 겁내지 말고 나를 쫓아서 성 북쪽의 숲속까지 오면 제가 기다리고 있겠습니다."

라고 하였다.

김현이 말하기를,

"사람과 사람의 사귐은 인륜의 도리이지만 다른 유와 사귀는 것은 대개 정상이 아닙니다. 이미 조용히 만난 것은 진실로 천행이라고 할 것인데, 어찌 차마 배필의 죽음을 팔아서 일생의 벼슬을 요행*으로 바랄 수 있겠소?"

라고 하였다. 처녀가 말하기를,

"낭군은 그런 말 마십시오. 지금 제가 일찍 죽는 것은 대개 천명이며, 또한 저의 소원이요, 낭군의 경사요, 우리 일족의 복이요, 나라 사람들의 기쁨입니다. 한 번 죽어서 다섯 가지 이로움이 갖춰지니 어떻게 그것을 어기겠습니까? 다만 저를 위하여 절을 짓고 불경을 강하여 좋은 과보*를 얻도록 도와주시면 낭군의 은혜는 더없이 클 것입니다."

라고 하였다.

드디어 그들은 서로 울면서 헤어졌다.

다음 날 과연 사나운 범이 성 안으로 들어왔는데, 매우 사나워 감당할 수가 없었다. 원성왕이 이 소식을 듣고 명령하기를,

"범을 잡는 자에게는 벼슬 2급을 주겠다."

라고 하였다. 김현이 대궐로 들어가서 아뢰기를,

"소신이 잡을 수 있습니다."

라고 하였다. 이에 먼저 벼슬을 주어 그를 격려하였다. 김현이 단도를 지니고 숲속으로 들어갔다. 범이 처녀로 변하여 반갑게 웃으면서 말하기를,

"간밤에 낭군과 함께 마음속 깊이 정을 맺던 일을 낭군은 잊지 마십시오. 오늘 내 발톱에 상처를 입은 사람들은 모두 흥륜사의 간장을 바르고 그 절의 나발 소리를 들으면 나을 것입니다."

라고 하였다.

이에 김현이 찼던 칼을 뽑아 스스로 목을 찔러 쓰러지니 곧 범이었다. 김현이 숲에서 나와 소리쳐 말하기를,

"지금 이 범을 쉽게 잡았다."

라고 하였다. 그 사정은 누설하지 않고 다만 그의 말대로 상한 사람들을 치료하니 그 상처가 모두 나았다. 지금도 세간*에서는 그 방법을 쓰고 있다.

김현은 등용된* 뒤 서천 가에 절을 세워 호원사라고 하고 항상 《범망경》을 강설하여 범의 저승길을 인도하고, 또한 범이 제 몸을 죽여서 자기를 성공하게 만든 은혜에 보답하였다.

김현은 죽음을 앞두고 지나간 일의 기이함에 깊이 감동하여 이에 기록하여 전기를 만드니 세상에서는 처음으로 들어 알게 되었고, 이로 인하여 그 이름을 논호림이라고 하여 지금까지도 일컬어 온다.

- 작자 미상, 〈김현감호〉 -

※ 전체 줄거리

신라 원성왕 때 김현은 흥륜사에서 탑돌이를 하다가 한 처녀를 만나 정을 통한 뒤 처녀를 따라 처녀의 집으로 갔다. 처녀의 집에 있던 늙은 노인은 김현을 보더니, 처녀의 오빠들(호랑이)이 김현을 해칠 것을 염려하여 김현을 숨겨 두라고 말한다. 알고 보니 처녀는 인간이 아닌 호랑이였고, 얼마 지나 호랑이 세 마리가 나타나 사람 냄새를 맡고 김현을 찾기 시작한다. 이때, 하늘에서 세 호랑이가 사람의 생명을 해치는 것을 즐거워하니 한 마리를 죽여 징계하겠다고 경고하였다. 이 말을 들은 세 호랑이가 근심하자 처녀는 자기가 대신 하늘의 벌을 받겠다고 하고, 세 호랑이는 즐거워하며 모두 달아났다. 이후 처녀는 김현에게 자신의 계획을 말하며 김현에게 자신을 잡아 벼슬을 얻을 것을 청한다. 김현은 처음에는 거절하였으나 처녀는 자신을 잡아 시 얻게 되는 다섯 가지의 이로움을 이야기하며 김현을 설득한다. 또한 처녀는 자신이 죽은 뒤에 절을 세우고 불경을 읽어줄 것을 부탁하였고, 마침내 김현은 처녀의 제안을 수락한다. 다음 날 김현은 호랑이를 잡겠다고 말하여 벼슬을 받고, 호랑이 처녀는 김현의 앞에서 스스로 목숨을 끊었다. 김현은 호랑이 처녀를 애도하기 위하여 절을 지어 '호원사'라 이름을 짓고, 항상 《범망경》을 읽어 호랑이의 저승길을 빌어주었다고 한다.

✔ **한방에! 어휘풀이**

★ **전탑(甎塔):** 흙을 구워 정사각형 또는 직사각형의 납작한 벽돌 모양으로 만든 전으로 쌓아 올린 탑.

★ **복회(福會):** 절에서 탑 주위를 돌면서 부처님의 공덕을 찬미하고 제각기 소원을 비는 행사.

★ **낭군(郎君):** 새로 진사에 급제한 사람.

★ **초막(草幕):** 풀이나 짚으로 지붕을 이어 조그마하게 지은 막집.

★ **요기하다(療飢하다):** 시장기를 겨우 면할 정도로 조금 먹다.

★ **내심(內心):** 겉으로 드러나지 아니한 실제의 마음.

★ **시가(市街):** 도시의 큰 길거리.

★ **요행(僥倖):** 뜻밖에 얻는 행운.

★ **과보(勝報):** 공덕에 따라 얻게 되는 보배로운 결과.

★ **세간(世間):** 세상 일반.

★ **등용되다(登用되다):** 인재가 뽑혀 쓰이다.

윗글에 대한 설명으로 적절하지 <u>않은</u> 것은?

① 종교적 색채가 강하게 드러나 있다.

② 시대적 배경이 직접적으로 드러나 있다.

③ 동물이 사람으로 변하는 모티프가 중심이 된다.

④ 인간과 동물의 사랑 이야기라는 점에서 비현실적이다.

⑤ 동물을 통해 인간 세상의 부조리를 풍자하는 전형적인 우화에 해당한다.

윗글의 등장인물에 대한 설명으로 적절하지 <u>않은</u> 것은?

① '하늘'은 호랑이를 죽여 악행을 징계하고자 하는 초월적 존재이다.

② '김현'은 출세보다는 하늘이 정해 준 인연과의 사랑을 중시하는 인물이다.

③ '호랑이 처녀'는 자신의 희생으로 세상의 이로움을 도모하는 이타적인 인물이다.

④ '늙은 할미'는 '하늘'과 '세 호랑이'로부터 '김현'과 '호랑이 처녀'를 도망치게 도와주는 조력자이다.

⑤ '세 호랑이'는 하늘의 징계를 대신 받겠다는 동생의 말에 기뻐하는 이기적이고 비정한 짐승에 불과하다.

윗글과 보기 를 비교한 것으로 적절하지 <u>않은</u> 것은?

보기

　　중국 당나라에 살던 신도징이 한주 지방 현위에 임명되어 임소로 가다가 진부현에 이르러 눈바람을 만났다. 이를 피하여 어느 모사에 들어갔다가 그곳에서 부모와 함께 사는 처녀를 만났다. 그녀는 허름한 차림으로 있었지만, 살결과 얼굴은 매우 아름다웠다. 신도징은 그 집에서 하루를 묵는 동안에 늙은 주인의 후대를 받고, 처녀와 혼인의 예를 올려 그 집의 사위가 되었다. 그 뒤 신도징은 그 처녀를 데리고 임소에 이르렀다. 봉록은 매우 적었으나 그의 아내가 힘써 살림을 잘 꾸려 나갔고, 1남 1녀를 낳아 가정을 이루었다. 신도징은 임기가 끝나자 가족을 데리고 고향으로 돌아왔으나, 아내가 고향을 그리워하여 함께 처가에 갔다. 그러나 처가의 식구는 아무도 없었다. 아내는 부모를 생각하며 종일토록 울다가 벽 모퉁이에서 호피 한 장을 보고는 크게 웃더니, 그 호피를 쓰고는 호랑이로 변하여 나가 버렸다. 이에 놀란 신도징이 두 자녀를 데리고 쫓아가 숲속을 찾아보았으나 끝내 아내의 행적을 알 수 없었다.

　　　　　　　　　　　　　　　　　　　　　　　　　　　　　　- 《삼국유사》 중 신도징 설화

① 윗글과 〈보기〉 모두 호랑이의 자기희생적 면모를 보여 주고 있군.

② 윗글과 〈보기〉 모두 처녀의 정체를 처음에는 몰랐으나, 이후에 알게 되는군.

③ 윗글과 〈보기〉 모두 인간으로 둔갑한 호랑이와의 신이한 사랑을 이야기하고 있군.

④ 윗글과 달리 〈보기〉는 부부의 인연을 맺고 자식까지 낳아 가정을 이루었군.

⑤ 윗글의 호랑이가 인간에게 이로움을 주는 존재라면, 〈보기〉의 호랑이는 인간을 버리고 다시 호랑이로 돌아가는 모진 존재이군.

보기 의 ㉠에 들어갈 말을 윗글에서 찾아 쓰시오.

보기

　　〈김현감호〉는 김현이 호랑이 처녀의 은혜에 보답하기 위해 절을 세워 (　㉠　)(이)라고 하였다는 점에서 (　㉠　)의 창건 내력이 담긴 사원 연기 설화에 해당한다.

* **부조리(不條理)**: 이치에 맞지 아니하거나 도리에 어긋남. 또는 그런 일.
* **우화(寓話)**: 인격화한 동식물이나 기타 사물을 주인공으로 하여 그들의 행동 속에 풍자와 교훈의 뜻을 나타내는 이야기.

* **출세(寓話)**: 사회적으로 높은 지위에 오르거나 유명하게 됨.
* **이타적(利他的)**: 자기의 이익보다는 다른 이의 이익을 더 꾀하는.
* **비정하다(非情하다)**: 사람으로서의 따뜻한 정이나 인간미가 없다.

* **임소(任所)**: 지방 관원이 근무하는 곳.
* **모사(茅舍)**: 띠나 이엉 따위로 지붕을 인 초라한 집.
* **봉록(俸祿)**: 벼슬아치에게 일 년 또는 계절 단위로 나누어 주던 금품을 통틀어 이르는 말.

문제풀이

복습하기

문법

1 ☐☐	용언이 활용될 때 형태가 변하지 않는 부분	3 ☐☐ 단어를 구성할 때, 실질적 의미를 나타내는 부분
2 ☐☐	용언이 활용될 때 형태가 변하는 부분	4 ☐☐ 어근의 앞이나 뒤에 결합하여 특정한 의미나 기능을 더해 주는 부분

비문학

1문단	무리를 지어 다니는 물고기
2문단	물고기 무리의 특징
3문단	물고기가 무리를 이룰 때 동원되는 감각 – 시각, 옆줄의 감각
4문단	무리를 지어 다님으로써 물고기가 얻는 이점 1
5문단	5 ☐☐☐☐☐☐☐ 를 이용하여 이동하는 물고기 무리
6문단	무리를 지어 다님으로써 물고기가 얻는 이점 2

문학 – 서시(윤동주)

1~4행	부끄러움 없는 삶에 대한 소망(6 ☐☐)
5~8행	순수한 삶에 대한 다짐과 의지(7 ☐☐)
9행	어두운 8 ☐☐ 에 대한 자각과 순수한 삶에 대한 의지(9 ☐☐)

문학 – 김현감호(작자 미상)

늦은 밤, 절에서 10 ☐☐☐ 를 하던 김현이 한 처녀를 만나 인연을 맺음.

↓

처녀를 따라 처녀의 집으로 간 김현은 그녀가 11 ☐☐☐ 가 변신한 사람임을 알게 됨.

↓

세 오빠 대신에 천벌을 받기로 한 처녀는 김현의 손에 죽기로 결심함.

↓

김현 앞에서 처녀가 자결을 함으로써 김현은 11 ☐☐☐ 를 잡은 공로로 벼슬에 오르게 됨.

↓

김현은 자신을 위해 스스로 희생한 처녀를 위해 12 ☐ 을 지어 그 뜻을 기리고 은혜를 갚음.

정답	1 어간 2 어미 3 어근 4 접사 5 유체역학적 원리 6 과거 7 미래 8 현실 9 현재 10 탑돌이 11 호랑이 12 절

03

Contents

※ 다음 글을 읽고 물음에 답하시오.

안녕하세요? 이번 시간 발표를 맡은 ○○○입니다.

여러분은 성적표를 확인할 때 무엇부터 보시나요? (대답을 듣고) 네. 많은 친구들이 자신이 받은 원점수를 평균 점수와 비교해 보며 본인이 시험을 잘 친 편인지 아닌지 판단해 보네요. 그런데 평균 점수가 자신의 실력을 정확하게 판단하는 기준이 될 수 있을까요? ㉠ 다음 자료를 보시죠.

	A반 학생들의 원점수	평균 점수	표준편차
국어	70, 67, 65, 63, 60	65	3.4
수학	100, 63, 60, 52, 50	65	18.2

이 자료를 보면 A반의 국어와 수학 시험 평균 점수가 65점으로 같습니다. 단순히 원점수와 평균 점수만 비교한다면 각 과목에서 63점을 받은 학생은 평균 점수보다 낮은 점수를 받아 시험을 못 쳤다고 판단할 수 있습니다. 하지만 수학의 평균 점수는 100점이라는 점수로 인해 왜곡된 면이 있습니다. 실제 수학에서 63점을 받은 학생은 반에서 수학 시험을 두 번째로 잘 친 학생입니다.

집단 내의 이러한 상대적 위치를 점수화한 것을 백분위라고 합니다. 백분위는 자신보다 낮은 점수를 받은 학생의 비율을 백분율로 나타내는데요. 국어 시험의 백분위가 96이라면 본인은 상위 4%에 해당한다고 할 수 있습니다. 백분위는 평균의 영향을 받지 않기 때문에 시험의 난이도와 상관없이 집단에서의 상대적 위치를 파악할 수 있습니다.

그런데 백분위에서는 원점수의 차이 정도가 반영되지 않기 때문에 성적표에서는 백분위와 더불어 표준점수를 활용하기도 합니다. ㉡ 다음 자료를 보시죠.

$$표준점수 = \frac{원점수 - 평균점수}{표준편차} \times 20 + 100$$

이 자료를 보면 알 수 있듯이, 원점수가 평균 이상일 때 동일한 원점수를 받더라도 평균 점수가 낮고 표준편차가 작을수록 표준점수는 높아집니다. 지난번 시험에서 국어 만점의 표준점수가 125점이고, 수학 만점의 표준점수는 140점이었습니다. 같은 원점수인데 왜 수학의 표준점수가 더 높을까요? (대답을 듣고) 네. 수학 시험이 상대적으로 어려워 표준점수가 더 높게 나온 것입니다.

지금까지 살펴본 것처럼 단순히 원점수만 보고 성적이 낮게 나왔다고 실망할 필요는 없습니다. 성적표를 통해 얻은 정보를 바탕으로 본인의 성장을 위한 학습 전략을 세우는 것이 중요합니다. 우리에게 많은 정보를 주는 성적표, 이제부터라도 꼼꼼하게 살펴보는 것은 어떨까요?

이상으로 발표를 마치겠습니다.

01 발표 전략 파악하기

위 발표에 활용된 말하기 방식으로 적절한 것은?

① 자료의 출처를 밝혀 발표 내용의 신뢰성을 높이고 있다.
② 발표 내용과 관련된 질문을 하여 청중의 주의를 환기하고 있다.
③ 발표 내용을 친숙한 소재에 빗대어 표현하여 청중의 흥미를 유발하고 있다.
④ 발표 내용의 순서를 안내하여 청중이 발표 내용을 예측할 수 있도록 돕고 있다.
⑤ 발표 내용에 대한 청중의 이해도를 점검하며 발표를 마무리하여 주제를 강조하고 있다.

02 자료 활용의 적절성 파악하기

학생이 제시한 자료 ㉠, ㉡에 대한 설명으로 가장 적절한 것은?

① 평균 점수가 실력을 평가하는 기준이 되는 이유를 제시하기 위해 ㉠을 활용하고 있다.
② 평균 점수가 특정 점수에 의해 왜곡될 수도 있음을 보여 주기 위해 ㉠을 활용하고 있다.
③ 표준점수와 백분위의 장단점을 비교하기 위해 ㉡을 활용하고 있다.
④ 자신보다 낮은 점수를 받은 집단의 비율을 구하는 방법을 소개하기 위해 ㉡을 활용하고 있다.
⑤ 평균 점수와 표준편차에 따라 원점수가 변할 수 있다는 것을 설명하기 위해 ㉡을 활용하고 있다.

중요 03 청중의 반응 분석하기

보기 는 학생들이 발표를 들은 후 보인 반응이다. 이를 바탕으로 학생의 듣기 활동을 이해한 내용으로 적절하지 <u>않은</u> 것은?

보기

학생 1 : 이번 시험에서 지난번 시험보다 국어의 원점수가 낮았는데도 표준점수가 높은 이유를 알 수 있어서 좋았어.
학생 2 : 표준점수와 백분위가 성적표 외에 활용되는 분야도 있지 않을까? 발표자가 이 부분에 대해서도 언급해 줬으면 좋았을 것 같아. 자료를 한번 검색해 봐야겠어.
학생 3 : 표준점수와 백분위를 반영하는 방법이 대학마다 다르다는 기사를 본 적이 있어. 내가 가고 싶은 대학교에서는 어떻게 반영하고 있을까? 대학 홈페이지에서 관련 정보를 찾아봐야겠어.

① '학생 1'은 발표를 통해 접한 정보의 유용성에 대해 긍정적으로 인식하고 있다.
② '학생 2'는 발표 내용과 관련한 추가적인 정보가 제공되지 않은 것에 아쉬움을 느끼고 있다.
③ '학생 1'과 '학생 2'는 발표에서 언급되지 않은 내용을 바탕으로 새로운 관점을 제시하고 있다.
④ '학생 1'과 '학생 3'은 발표 내용과 관련된 자신의 경험을 떠올리고 있다.
⑤ '학생 2'와 '학생 3'은 발표 내용과 관련된 의문점을 해결하기 위해 추가 활동을 계획하고 있다.

서답형 04 발표 전략 파악하기

빈칸에 들어갈 말로 적절한 것을 골라 쓰시오.

위 발표의 발표자는 (시각적 자료 / 설문조사 결과)를 활용하여 청중의 이해를 돕고 있다.

문제풀이

빛의 분산과 산란

한방에! 개념정리

한방에! 핵심정리

갈래	설명문
주제	빛의 분산과 산란
해제	이 글은 빛의 파장과 관련된 대표적인 현상인 분산과 산란에 대해 설명하고 있다. 빨강, 주황, 노랑, 초록, 파랑, 남색, 보라 등의 순서로 보이는 무지개와 해 뜰 무렵이나 해 질 무렵에 보이는 붉은 하늘, 그리고 낮의 푸른 하늘은 모두 빛이 분산되고 산란되기 때문에 일어나는 현상들이다. 만약 빛이 없다면 인간은 이러한 아름다움을 느낄 수 없었을 것이다.

★ **문단 중심 내용**

1문단	빛의 파장의 개념과 이와 관련된 현상들
2문단	빛이 분산되는 이유와 무지개가 만들어지는 과정
3문단	빛이 산란되는 과정
4문단	빛의 산란과 관련된 현상
5문단	빛이 만들어내는 시각적 아름다움

※ 다음 글을 읽고 물음에 답하시오.

　빛은 물결이 퍼지듯이 파동*에 의해 전파된다. 이 파동에서 물결의 한 꼭짓점부터 다음 꼭짓점까지의 거리를 파장이라고 한다. 빛은 파장에 따라 적외선, 가시광선, 자외선 등의 광선들로 나뉘는데, 인간은 가시광선만을 시각적으로 느낄 수 있다. 가시광선보다 파장이 긴 적외선이나, 짧은 자외선은 눈으로 인식하지 못한다. 이 중에서 가시광선은 파장이 가장 긴 빨간빛부터 가장 짧은 보랏빛까지 수많은 빛들로 구별되는데, 이 빛들과 관련된 대표적인 현상으로 '분산'과 '산란'을 들 수 있다.

　파장은 빛의 굴절에 영향을 미치는데, 파장이 짧을수록 굴절되는 정도가 커진다. 예를 들면 보랏빛은 빨간빛보다 파장이 짧아 굴절되는 정도가 더 크다. 눈으로 볼 수 있는 모든 색을 지닌 태양빛을 프리즘에 통과시키면 빛은 파장에 따라 갈라져 흩어지면서 빨강, 주황, 노랑, 초록, 파랑, 남색, 보라 등의 순서로 보이게 된다. 이러한 현상을 '빛의 분산'이라고 한다. 빛은 공중에 떠 있는 물방울을 만나 굴절과 반사의 과정을 거쳐 물방울 밖으로 나가면서 다채로운 빛깔을 드러낸다. 이것이 우리가 보는 무지개이다.

　'빛의 분산' 외에도 파장과 관련 있는 현상으로 '빛의 산란'을 들 수 있다. 빛은 대기층을 통과하면서 대기 중에 있는 질소, 산소, 먼지와 같은 작은 입자들과 부딪치게 되는데, 파장이 짧은 빛일수록 입자들과 많이 부딪친다. 빛이 대기 중의 입자들과 부딪치면 그 입자들에게 에너지를 전달하는데, 이 에너지를 받은 입자들은 들뜨게 되고 들뜬 입자들은 에너지를 방출함으로써 빛을 사방으로 흩어지게 한다. 이 현상이 '빛의 산란'이다. 해 뜰 무렵이나 해 질 무렵에 하늘이 붉은빛을 띠는 것이나 해가 중천에 떠 있는 낮에 하늘이 푸른빛을 띠는 것이 그 대표적인 예이다.

　해 뜰 무렵이나 해 질 무렵에는 태양빛이 지표면을 따라 수평으로 진행하기 때문에 대기층을 지나는 경로가 낮보다 길어진다. 이 때문에 파장이 짧아 대기 속에서 계속 산란을 하며 전파되는 파란빛은 먼 거리를 이동하지 못하고 대부분 대기 중에 흡수되어 버린다. 반면에 파장이 길어 산란이 적게 일어나는 붉은빛은 대기 속에서 계속 전파되어 사람들에게 인식된다. 한편 낮에는 태양이 지표면과 수평을 이루지 않기 때문에 산란되는 양이 많은 파란빛이 일부만 대기 중에 흡수되고 대부분은 사람들의 눈에까지 도달하게 된다. 그런데 파장이 가장 짧은 것은 정작 보랏빛임에도 불구하고 왜 하늘은 파란빛으로 보이는 것일까? 그것은 우리 눈이 보랏빛보다 순수한 원색인 파란빛을 더 잘 인식하기 때문이다.

　앞에서 살펴본 것처럼 빛은 '분산', '산란' 등의 현상으로 무지개, 푸른 하늘, 노을 등을 볼 수 있게 한다. 빛이 없다면 인간은 이러한 아름다움을 느낄 수 없을 것이다. 이처럼 빛은 인간이 외부 세계와 시각적으로 소통하게 해 주는 매개체이다.

한방에! 어휘풀이

★ **파동(波動)**: 공간의 한 점에 생긴 물리적인 상태의 변화가 차츰 둘레에 퍼져 가는 현상.

3장

01 핵심 내용 이해하기

윗글을 통해 알 수 있는 내용으로 적절하지 <u>않은</u> 것은?

① 빛이 산란하는 이유
② 무지개가 만들어지는 과정
③ 하늘에서 노을이 관찰되는 이유
④ 빛의 굴절에 영향을 미치는 요인
⑤ 물방울 속에서의 태양빛의 굴절 방향

02 세부 내용 이해하기

윗글의 태양빛에 대한 이해로 적절한 것은?

① 빛의 파장의 길이와 굴절의 정도는 비례한다.
② 빨간빛은 파란빛보다 굴절되는 정도가 더 작다.
③ 보랏빛은 초록빛보다 파장이 짧아 산란이 적게 일어난다.
④ 주황빛은 노랑빛보다 대기 중의 입자들과 많이 부딪친다.
⑤ 프리즘을 통과한 빛깔의 순서는 지표면과의 기울기에 따라 다르다.

중요 03 구체적 사례에 적용하기

윗글을 참고하여 보기에 대해 설명했을 때, 적절하지 <u>않은</u> 것은?

보기

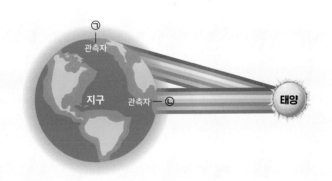

① ㉠에서 태양빛이 지나가는 경로는 ㉡보다 길겠군.
② 시간은 ㉠에서 ㉡으로, 그리고 다시 ㉠으로 흐르겠군.
③ ㉡에서 우리 눈에 보이는 빛은 파장이 가장 짧은 빛이겠군.
④ ㉡에서의 파란빛은 ㉠과 달리 대부분 사람의 눈에 보이겠군.
⑤ ㉠과 ㉡에서는 빛의 산란으로 다른 색의 하늘을 볼 수 있겠군.

서답형 04 세부 내용 파악하기

빈칸에 공통으로 들어갈 말로 적절한 것을 찾아 쓰시오.

> 빛은 파장의 길이에 따라 구분할 수 있는데 인간의 눈으로 인식할 수 있는 빛을 (   )(이)라고 한다. 우리가 무지개와 푸른 하늘, 노을 등을 관찰할 수 있는 이유도 바로 (   )을/를 이루는 수많은 빛 때문이다.

문제풀이

✔ 한방에! 핵심정리

갈래	경기체가, 교술시
성격	과시적, 풍류적, 향락적, 귀족적
주제	문인들의 자부심과 풍류
특징	① 나열과 집약의 방식으로 시상을 전개함. ② 고려 말에 등장하는 가사 문학에 영향을 줌. ③ 최초의 경기체가로 귀족의 생활감정을 표현함.
해제	이 작품은 고려 고종 때 여러 유생들이 공동으로 창작한 것으로 알려진 경기체가의 대표적인 작품이다. 각 장의 4행과 6행에서는 '위~경 긔 엇더하니잇고'가 반복적으로 등장하는데, 경기체가라는 명칭은 바로 이 구절에서 따온 것이다. 전체 8장으로 이루어져 있고, 문인들의 생활이나 풍류를 소개하며 고려 말 신흥 사대부들의 호탕한 기상과 자부심을 드러낸다.

❋ 전체 내용 구성

제1장: 유명한 문인들의 글재주에 대한 찬양(시부)
제2장: 문인들이 읽었던 서적을 열거(서적)
제3장: 서체와 붓의 종류(명필)
제4장: 좋은 술의 종류(명주)
제5장: 꽃들이 피어 있는 경치(화훼)
제6장: 악기와 명인들(음악)
제7장: 아름다운 경치(누각)
제8장: 그네를 뛰노는 풍류(추천)

※ 다음 글을 읽고 물음에 답하시오.

원순문 인노시 공노사륙

니정언 딘한림 솽운주필*

듕긔대책 광균경의 량경시부

㉠ 위 시댱 경 긔 엇더하니잇고

엽 금학사의 옥슌문생* 금학사의 옥슌문생

위 날조차 몃 부니잇고   〈제1장〉

당한셔 장로자 한류문집

니두집 난대집 백락텬집

모시샹셔 주역츈츄 주대례긔

위 주*조쳐 내 외온 경 긔 엇더하니잇고

엽 대평광긔* 사백여권 대평광긔 사벽여권

위 력남* 경 긔 엇더하니잇고   〈제2장〉

- 한림 제유, 〈한림별곡〉 -

✔ 한방에! 어휘풀이

❋ 솽운주필(쌍운주필(雙韻走筆)): 운을 맞추어 빨리 지은 글.
❋ 옥슌문생(옥순문생(玉筍門生)): 옥처럼 빼어난 문하생.
❋ 주(註): 글이나 말의 어떤 부분에 대하여 그 뜻을 자세히 풀어 주거나 보충 설명을 더하여 주는 글이나 말.
❋ 대평광긔(태평광기(太平廣記)): 중국 송나라 때 설화와 민담을 채록하여 편찬한 책.
❋ 력남(歷覽): 두루 읽음.

[현대어 풀이]

유원순의 문장, 이인로의 시, 이공로의 사륙변려문

이규보와 진화의 쌍운주필

유충기의 대책문, 민광균의 경서풀이, 김양경의 시와 부

아, 과거 시험장의 모습, 그것이 어떠합니까?

금의가 배출한 많은 제자들, 금의가 배출한 많은 제자들

아, 나까지 모두 몇 분입니까?

당한서, 장자 노자, 한유 유종원의 문집

이백 두보의 시집, 난대집, 백거이의 문집

시경 서경, 주역 춘추, 대대례, 소대례를

아, 주(註)마저 줄곧 외우는 모습, 그것이 어떠합니까?

태평광기 400여 권, 태평광기 400여 권

아, 두루 읽는 모습, 그것이 어떠합니까?

01 표현상의 특징 파악하기

윗글의 표현상의 특징으로 적절하지 않은 것은?

① 3음보에 맞추어 음보율을 형성하고 있다.

② 규칙적인 한자어의 배열로 운율을 형성하고 있다.

③ 동일한 구절이 반복되면서 후렴구의 역할을 하고 있다.

④ 구체적인 사물의 이름을 열거하여 시상을 전개하고 있다.

⑤ 함축적인 시어를 사용하여 개인의 내면 정서를 표현하고 있다.

★ 음보율(音步律): 시가를 읽을 때, 한 호흡 단위의 규칙적 배열로 형성되는 운율.

02 시구의 의미 파악하기

㉠에 대한 설명으로 적절하지 않은 것은?

① 갈래 명칭의 근거가 된다.

② 유교적 이념을 함축하고 있다.

③ 감탄사를 사용하여 시상을 집약하고 있다.

④ 의문의 형식을 통해 자긍심을 드러내고 있다.

⑤ 반복적으로 사용하여 리듬감을 부여하고 있다.

중요 03 작품 비교하기

보기 는 윗글의 다른 부분이다. 윗글과 보기 를 비교한 내용으로 적절하지 않은 것은?

보기

	[현대어 풀이]
당당당 당츄자 조협남긔	당당당 호두나무 쥐엄나무에
홍실로 홍글위 매요이다	붉은 실로 붉은 그네를 매옵니다
혀고시라 밀오시라 뎡쇼년하	당기거라 밀거라, 정소년이여
위 내 가논 대 남 갈셰라	아, 내가 가는 곳에 남이 갈까 두렵습니다
엽 샤옥셤셤 솽슈길헤 샤옥셤셤 솽슈길헤	옥을 깎은 듯 고운 손길에, 옥을 깎은 듯 고운 손길에
위 휴슈동유 경 긔 엇더하니잇고	아, 손 잡고 노니는 모습, 그것이 어떠합니까?

① 윗글과 달리 〈보기〉는 우리말 표현이 많이 사용되고 있다.

② 윗글과 달리 〈보기〉는 향락적이고 유희적인 성격이 표현되어 있다.

③ 윗글과 〈보기〉 모두 소재를 통해 화자의 정서를 드러내고 있다.

④ 윗글과 〈보기〉 모두 설의법을 사용하여 사대부들의 세계를 과시하고 있다.

⑤ 윗글과 〈보기〉 모두 색채어를 사용하여 대상을 감각적으로 묘사하고 있다.

★ 향락(享樂): 쾌락을 누림.
★ 유희(遊戲): 즐겁게 놀며 장난함. 또는 그런 행위.

서답형 **04** 표현상의 특징 파악하기

 **04** 표현상의 특징 파악하기

〈제1장〉과 〈제2장〉에서 설의법이 사용된 시행의 공통된 첫 어절을 쓰시오.

문제풀이

03강

오아시스 세탁소 습격 사건 _ 김정숙

갈래	희곡
성격	희극적, 풍자적
주제	이기적이고 탐욕스러운 인간에 대한 풍자 및 순수한 인간성에 대한 지향
특징	① 바람직한 인간상을 통해 작가가 추구하는 바를 보여 줌. ② 물질에 눈이 먼 사람들의 모습을 과장을 통해 풍자적으로 묘사함. ③ 연극적 상상력을 통해 비현실적인 상황을 효과적으로 설정하여 주제 의식을 드러냄.
해제	이 작품은 배금주의에 빠진 현대 사회의 모습과 세태를 비판하고 있는 희곡이다. 할머니의 재산을 차지하기 위해 탐욕스러운 모습을 보이는 사람들과, 자신의 직업에 충실하며 순수한 마음을 지닌 '강태국'을 대조하고 있다.

❋ 희곡의 구성 요소

해설	희곡의 첫머리에서 무대 장치나 인물, 배경 등을 설명하는 부분
지문	무대 장치 및 배경, 효과, 등장인물의 행동을 지시하고 설명하는 글
대사	등장인물들이 주고받는 말
독백	등장인물이 상대 없이 혼자 하는 말
방백	등장인물이 하는 대사가 관객에게는 들리지만 무대 위의 상대방에게는 들리지 않는 것으로 약속하고 하는 말

※ 다음 글을 읽고 물음에 답하시오.

[앞부분 줄거리] '강태국'은 2대째 내려오는 오아시스 세탁소의 주인이다. 그러던 어느 날, 할머니의 가족인 '안유식'과 '허영분', '안경우', '안미숙'이 세탁소로 다짜고짜 쳐들어와 할머니의 간병인이 맡긴 것을 내놓으라며 난동을 부린다. 그들은 할머니의 재산을 노리는 것으로, '안유식'은 누구든지 할머니의 간병인이 맡긴 것을 먼저 찾는 사람에게 50 프로를 주겠다고 선언한다. 이에 '강태국'을 제외한 등장인물들은 밤중에 세탁소에 몰래 숨어든다.

어두워지는 세탁소. 반짝이는 불빛들의 대이동.

강태국: (뭔가 느끼고) 뭐야, 염소팔이냐?

염소팔: (똥 마려운 강아지처럼) 으응! (놀라) 끄응!

사람들: (점점 더 음흉스럽게 짐승 소리로 으르렁댄다.)

강태국: (알겠다는 듯이 짐짓 과장스럽게) 우리 세탁소에 도둑괭이들이 단체로 들어왔나?

사람들: (단체로) 예, 야옹!

강태국: (잡기장*을 단단히 말아 손에 움켜쥐고) 알았습니다. 그럼 사람은 이만 물러가야지. 이거 어두워서, 빨리 비워 드리지 못하겠는걸.

사람들: (손전등으로 안채로 가는 길을 비춰 준다.)

강태국: 고맙다. (안채로 간다.)

음악. 어둠 속에서 본격적으로 벌어지는 수색 전쟁. 이때 세탁소에 불이 확! 켜진다. 드러난 사람들 꼬라지. 코피 찍, 머리 산발, 자빠지고, 엎어지고, 찢어지고, 터지고……. ⎤
강태국이 두꺼비집 옆에 서 있다. 놀라는 사람들. 놀라는 강태국. ⎦ [가]

강태국: 대영아! / **강대영:** (머리를 부여잡고 운다.) 아빠!

강태국: (아내에게) 다, 당신 미쳤어?

장민숙: 미쳤, 아야, 또 혀 깨물었다!

강태국: 염소팔, 너 이놈!

염소팔: 히히이잉……. 헹님!

강태국이 사람들 사이에 널브러진 시체 같은 옷들을 주워 든다. 분노에 찬 강태국.

강태국: 이게 사람의 형상이야? 뭐야! 뭐에 미쳐서 들뛰다가 지 형상도 잊어버리는 거냐고. (손에 든 옷 보따리를 흔들어 보이며) 이것 때문에 그래? 1998년 9월 김순임?

장민숙: (감격에) 여보! / **강대영:** 엄마, 아빠가 찾았다!

안경우: (동생을 때리려) 아, 김순임이잖아! / **안유식:** (다가가며) 이리 줘!

강태국: (뒤로 물러서며) 못 줘! / **장민숙:** 여보, 주지 마!

사람들: (따라서 다가서며) 줘! / **강대영:** 아빠, 나!

강태국: (물러서며) 안 돼. 이렇게 줄 순 없어!

안경우: 날 줘요. (엄마에게 응석 부리는 것처럼) 나 부도난단 말이야!

허영분: (거만하게 포기하듯이) 아저씨, 여기요, 50 프로 줄 테니까 이리 줘요!

안미숙: (뾰족하게) 내 거는 안 돼!

허영분: 내 거가 어딨어? 결혼할 때 집 사 줬으면 됐지!

안미숙: 나만 사 줬어? 오빠들은?

안유식: (소리친다.) 시끄러! (위협적으로) 죽고 싶지 않으면 내놔!

사람들: (따라서) 어서 내놔!

강태국: 당신들이 사람이야? 어머님 임종*은 지키고 온 거야?

사람들: 아니!

강태국: 에이, 나쁜 사람들. (옷을 가지고 문으로 향하며) 나 못 줘! (울분에 차서) 이게 무엇인지나 알어? 나 당신들 못 줘. 내가 직접 할머니 갖다 드릴 거야.

장민숙: 여보, 나 줘! / **강대영:** 아버지, 나요!

강태국: 안 돼, 할머니 갖다 줘야 돼. 왠지 알어? 이건 사람 것이거든. ㉠ <u>당신들이 사람이믄 주겠는데, 당신들은 형상만 사람이지 사람이 아니야.</u> 당신 같은 짐승들에게 사람의 것을 줄 순 없어. (나선다.)

안유식: 에이! (달려든다.) / **강태국:** (도망치며) 안 돼!

사람들, 강태국을 향해 서로 밀치고 잡아당기고 뿌리치며 간다. 세탁기로 밀리는 강태국.

강태국, 재빨리 옷을 세탁기에 넣는다. 사람들 서로 먼저 차지하려고 세탁기로 몰려 들어간다. 강태국이 얼른 세탁기 문을 채운다. 놀라는 사람들, 세탁기를 두드린다.

강태국, 버튼 앞에 손을 내밀고 망설인다. 사람들 더욱 세차게 세탁기 문을 두드린다. 강태국, 버튼에 올려놓은 손을 부르르 떨다가 강하게 누른다. 음악이 폭발하듯 시작되고 굉음*을 내고 돌아가는 세탁기. 무대 가득 거품이 넘쳐난다. 빨래 되는 사람들의 고통스러운 얼굴이 유리에 부딪혔다 사라지고, 부딪혔다 사라지고…….

강태국이 주머니에서 글씨가 빽빽이 적힌 눈물 고름*을 꺼내어 들고 무릎을 꿇고 앉는다.

강태국: (눈물 고름을 받쳐 들고) 할머니, 비밀은 지켜 드렸지요? 그 많은 재산, 이 자식 사업 밑천*, 저 자식 공부 뒷바라지에 찢기고 잘려 나가도, 자식들은 부모 재산이 화수분인 줄 알아서, 이 자식이 죽는 소리로 빼돌리고, 저 자식이 앓는 소리로 빼돌려, 할머니를 거지를 만들어 놓았어도 불효자식들 원망은커녕 형제간에 의 상할까 걱정하시어 끝내는 혼자만 아시고 아무 말씀 안 하신 할머니의 마음, 이제 마음 놓고 가셔서 할아버지 만나서 다 이르세요. 그럼 안녕히 가세요! 우리 아버지 보시면 꿈에라도 한번 들러 가시라고 전해 주세요. (눈물 고름을 태워 드린다.) **[A]**

음악 높아지며, 할머니의 혼백*처럼 눈부시게 하얀 치마저고리가 공중으로 올라간다. 세탁기 속의 사람들도 빨래집게에 걸려 죽 걸린다.

강태국: (바라보고) 깨끗하다! 빨래 끝! (크게 웃는다.) 하하하.

– 김정숙, 〈오아시스 세탁소 습격 사건〉 –

---

01 서술상의 특징 파악하기

윗글에 대한 설명으로 적절한 것은?

① 특정한 행동을 반복하여 주제를 강조하고 있다.

② 지역 방언을 통해 인물 간의 갈등을 부각하고 있다.

③ 인물의 외양적 특징을 제시하여 성격을 드러내고 있다.

④ 대화의 흐름을 느리게 진행하여 사건을 반전시키고 있다.

⑤ 인물이 동물 소리를 흉내 내게 하여 상황을 풍자하고 있다.

★ **외양(外樣):** 겉으로 보이는 모양.

02 대사의 의미 파악하기

㉠에 대한 설명으로 적절하지 않은 것은?

① 돈에 현혹된 사람들을 비난하는 말이다.

② 가족들에 대한 강태국의 두려움이 숨겨진 말이다.

③ 작가가 말하고자 하는 주제 의식이 반영된 말이다.

④ 인간의 도리를 지키지 못하고 있음을 지적하는 말이다.

⑤ 할머니의 옷 보따리를 내어줄 수 없는 이유가 드러난 말이다.

★ **현혹(眩惑):** 정신을 빼앗겨 하여야 할 바를 잊어버림. 또는 그렇게 되게 함.

중요 ▶ 03 장면의 의도 파악하기

보기 를 참고했을 때, [A]의 의미로 적절한 것은?

보기

> 강태국: 인간 강태국이 세탁소 좀 하면서 살겠다는데 그게 그렇게도 이 세상에 맞지 않는 짓인가? 이 때 많은 세상 한 귀퉁이 때 좀 빼면서, 그거 하나 지키면서 보람 있게 살아 보겠다는데 왜 흔들어? 돈 이 뭐야? 돈이 세상의 전부야? (술 한 모금 마시고) 느이놈들이 다 몰라줘도 나 세탁소 한다. 그게 내 일이거든…….

① 극중의 갈등 양상의 변화를 드러낸 것이다.

② 돈보다 우선시될 수 있는 것은 없음을 나타낸 것이다.

③ 세탁기를 통해 할머니의 재산에 관한 단서를 제시한 것이다.

④ 사람들의 마음이 깨끗해지는 과정을 상징적으로 드러낸 것이다.

⑤ 강태국이 세탁소 일을 하는 이유가 비현실적임을 제시한 것이다.

서답형 ▶ 04 희곡의 요소 파악하기

다음은 [가]에 대한 설명이다. 빈칸에 들어갈 말로 적절한 것을 골라 차례대로 쓰시오.

> [가]는 (해설 / 지문 / 대화 / 독백 / 방백)(으)로 등장인물의 행동을 (지시 / 검증)하는 기능을 한다.

문제풀이

복습하기

화법

1문단	많은 학생들이 ¹[ ][ ][ ]와 ²[ ][ ][ ][ ]를 비교하여 자신의 실력을 판단함.
2문단	평균 점수는 왜곡될 수 있기 때문에 실력을 판단하기에는 부적절함.
3문단	³[ ][ ][ ]의 개념과 사용했을 때의 장점
4~5문단	백분위의 한계와 예시
6문단	⁴[ ][ ][ ]를 통해 얻은 정보를 바탕으로 적절한 학습 전략을 세워야 함.

비문학

1문단	빛의 ⁵[ ][ ]의 개념과 이와 관련된 현상들
2문단	빛이 ⁶[ ][ ]되는 이유와 ⁷[ ][ ][ ]가 만들어지는 과정
3문단	빛이 ⁸[ ][ ]되는 과정
4문단	빛의 산란과 관련된 현상
5문단	빛이 만들어내는 시각적 아름다움

문학 - 한림별곡(한림 제유)

제1장	시인과 문장을 예찬, ⁹[ ][ ]의 제자들을 찬양	⇒	문인들의 자부심과 풍류
제2장	학문 수련과 독서에 대한 ¹⁰[ ][ ][ ]		

문학 - 오아시스 세탁소 습격 사건(김정숙)

강태국은 2대째 오아시스 세탁소를 맡아 신념을 지키면서 살아감.

↓

안 패거리가 ¹¹[ ][ ][ ]의 유산을 찾기 위해 세탁소에 찾아옴.

↓

사람들이 ¹¹[ ][ ][ ]의 유산을 찾기 위해 세탁소에 잠입함.

↓

강태국은 인정없는 사람들을 ¹²[ ][ ][ ]에 넣어 돌림.

↓

강태국은 깨끗하게 세탁된 사람들의 모습을 보고 기뻐함.

¹³[ ][ ][ ][ ][ ][ ][ ]	탐욕스러운 사람들의 마음을 깨끗하고 순수하게 만들어주는 공간
¹⁴[ ][ ]	탐욕스러운 마음이 깨끗해지는 과정을 상징

정답

1 원점수 2 평균 점수 3 백분위 4 성적표 5 파장 6 분산 7 무지개 8 산란 9 금의 10 자긍심 11 할머니
12 세탁기 13 오아시스 세탁소 14 세탁

04

Contents

04강

메타버스를 활용한 학교 축제

한방에! 개념정리

한방에! 핵심정리

갈래	건의문
주제	메타버스를 활용한 새로운 형태의 학교 축제를 건의
특징	① 새로운 형태의 학교 축제를 건의하고 있음. ② 건의 사항이 수용되었을 때의 기대 효과를 언급하며 설득하고 있음.

※ 다음은 학생의 초고이다. 물음에 답하시오.

[작문 상황]

◦ 작문 목적: 교내 축제 운영에 대한 건의문 쓰기
◦ 예상 독자: 교장 선생님

[학생의 초고]

안녕하세요? 저는 미래기술연구 동아리 부장 □□□입니다. 얼마 전 동아리 담당 선생님으로부터 학교에서 올해 축제를 어떻게 운영할 것인지 고민하고 있다고 들었습니다. 그래서 저는 이전에 ㉠열려진 축제의 형태가 아닌 메타버스를 활용한 새로운 형태의 학교 축제를 건의드립니다.

메타버스를 활용하면 실제 학교와 유사한 가상 공간 속에서 학생들이 가상 인물인 아바타로 다양한 활동을 수행할 수 있습니다. 제 주변 친구들은 메타버스에 관심이 많고, 이를 활용하여 학교 축제를 운영하는 것에 긍정적인 반응을 보이고 있습니다. 저는 중학생 때 메타버스 제작 체험을 해 본 적이 있는데, ㉡이 경험이 학생들도 메타버스를 충분히 만들 수 있다는 생각을 하게 되었습니다.

메타버스로 학교 축제를 운영하는 것에 대해 비용 문제와 학생들의 저조한 참여를 걱정하실 수도 있습니다. 하지만 지난달 저희 동아리에서 전문가와의 만남 행사를 통해 메타버스를 만드는 활동을 해 본 결과 학생들이 제작에 참여하면 많은 비용이 들지 않는다는 것을 알게 되었습니다. ㉢저희 동아리 부원들은 전문가와의 만남 행사가 유지되었으면 합니다. 또한 이미 주변 학교에서 메타버스로 개최된 축제가 전교생의 큰 호응을 얻어 화제가 된 사례가 있습니다. 저희도 학생들의 참여를 이끌어 내기 위해 다양한 온라인 행사를 실시하여 메타버스 축제를 적극적으로 홍보할 계획입니다.

메타버스를 활용하여 축제를 운영하면 학생들이 시·공간의 제약 없이 자유롭게 만나 소통할 수 있습니다. 또한 메타버스에는 미래 사회의 핵심 기술들이 활용되어 ㉣있지만, 학교 축제를 즐기면서 변화하는 미래 사회에 대응할 수 있는 역량도 기를 수 있습니다. 축제를 기대하는 학생들의 ㉤바램이 이루어질 수 있도록 건의를 수용해 주시면 좋겠습니다. 감사합니다.

01 글쓰기 전략 파악하기

학생의 초고에 활용된 글쓰기 전략으로 가장 적절한 것은?

① 예상 독자와 함께했던 경험을 언급하며 공감대를 형성한다.

② 건의 사항이 받아들여지지 않을 경우 발생할 수 있는 문제점을 제시한다.

③ 건의 사항과 관련된 통계 자료를 활용함으로써 예상 독자의 이해를 돕는다.

④ 속담을 활용하여 건의 사항이 실현되었을 때 기대할 수 있는 긍정적인 효과를 부각한다.

⑤ 예상되는 우려와 그것을 해소할 수 있는 방안을 제시하여 건의 사항이 실현 가능함을 나타낸다.

중요 02 자료 활용의 적절성 파악하기

보기 는 초고를 보완하기 위해 추가로 수집한 자료이다. 자료의 활용 방안으로 적절하지 <u>않은</u> 것은?

보기

ㄱ. 우리 학교 학생 100명 대상 설문 조사

1. 메타버스에 대해 관심이
   있나요?

없음 10%
모름 15%
있음 75%

2. 메타버스를 경험한 적이
   있나요?

있음 28%
없음 72%

ㄴ. 전문가 인터뷰

"다양한 원인으로 대면 만남이 힘든 상황에서 메타버스는 새로운 사회적 소통의 공간이 될 수 있습니다. 메타버스 내의 공간에서 학생들이 언제 어디서든 자유롭게 만나 학급 회의를 하거나 동아리 박람회와 같은 행사를 개최하는 것이 그 예라고 할 수 있습니다. 이러한 메타버스에서의 활동 내용은 데이터로 남아 있으므로 활동과 관련된 자료를 영구적으로 보관하여 활용할 수 있습니다."

ㄷ. 신문 기사

○○고는 메타버스를 활용하여 학교 축제를 성공적으로 개최하였다. ○○고는 학생들이 직접 메타버스를 만듦으로써 절감한 예산을 축제 활동 지원금으로 사용하여 학생들의 긍정적인 반응을 이끌어 내었다. 학생들은 "친구들이 자유롭게 모여 소통할 수 있었고, 축제 자료를 내년에도 활용할 수 있어서 매우 만족스럽다."라는 소감을 밝혔다.

① ㄱ-1을 활용하여 둘째 문단에 학생들이 메타버스에 대해 많은 관심을 보이고 있음을 수치로 구체화하여 제시한다.

② ㄴ을 활용하여 넷째 문단에 메타버스가 시·공간의 제약 없이 소통하는 공간으로 활용될 수 있는 예를 제시한다.

③ ㄷ을 활용하여 셋째 문단에 학생들이 직접 메타버스를 만들어 비용을 절감한 사례를 제시한다.

④ ㄴ, ㄷ을 활용하여 넷째 문단에 메타버스로 축제를 운영할 경우, 관련 자료를 이후에도 활용할 수 있다는 장점을 추가한다.

⑤ ㄱ-2, ㄷ을 활용하여 첫째 문단에서 메타버스를 경험해 보지 못한 학생들이 기존의 축제보다 메타버스를 활용한 축제를 선호한다는 점을 부각한다.

03 고쳐 쓰기의 적절성 파악하기

㉠~㉤을 고쳐 쓰기 위한 방안으로 적절하지 <u>않은</u> 것은?

① ㉠: 이중 피동 표현이 사용되었으므로 '열린'으로 수정한다.

② ㉡: 문장의 호응을 고려하여 '이 경험을'로 수정한다.

③ ㉢: 글의 흐름에 맞지 않는 문장이므로 삭제한다.

④ ㉣: 연결 어미가 어색하기 때문에 '있으므로'로 수정한다.

⑤ ㉤: 어법에 맞지 않는 어휘이므로 '바람'으로 수정한다.

문제풀이

※ 다음 글을 읽고 물음에 답하시오.

최근 세계 각국은 다가올 우주 시대를 주도하기 위해 노력하고 있다. 그러기 위해서는 우주선 개발이 필수적이나 그리 만만한 일은 아니다. 우주선을 작동시키기 위해서는 대단히 많은 양의 에너지가 필요하기 때문이다. 더군다나 제한된 공간에서 그 많은 에너지를 만들어내야 하며, 그 과정에서 발생되는 오염물질은 없어야 한다는 어려움까지 있다. 이런 까다로운 조건을 해결한 것이 꿈의 전지라고 불리는 연료전지다.

지금 우리가 사용하고 있는 대부분의 전기는 석탄·석유·천연가스 등의 화석연료를 연소시켜 발전하는 방식으로 얻는다. 이러한 방식은 연료의 화학에너지를 열에너지로 바꾼 다음 기계적 에너지로, 이를 다시 전기에너지로 변환하는 3단계의 과정을 거치는 것이다. 그러나 연료전지는 천연가스나 메탄올 등의 연료에서 얻어낸 수소와 공기 중의 산소를 반응시켜 전기에너지를 직접 얻는 방식이다. 즉, 중간 과정 없이 화학에너지에서 바로 전기에너지로 변환되는 것이다. 그렇기 때문에 효율이 훨씬 좋다. 또한 생성물이 물밖에 없어 무공해이고, 기계적 에너지 변환 단계가 생략되어 소음이 없다. 그래서 연료전지는 환경 친화적이다.

[A]
현재의 자동차 엔진은 가솔린 디젤 등의 연료를 고온, 고압 상태에서 연소 폭발시켜 화학에너지를 열에너지로, 다시 기계적 에너지로 바꾸어 차를 움직이는 내연기관*이다. 소음과 공해는 바로 이 연소 과정에서 발생되는 것이다. 그러나 자동차에 연료전지를 사용한다면 이러한 문제를 해결할 수 있다. 연료전지를 사용하는 자동차가 연료로 메탄올을 사용할 경우, 시동을 걸면 연료탱크에 있는 메탄올이 연료변환기를 거치면서 수소를 발생시키고, 이 수소가 연료전지로 들어간다. 이와 동시에 공기압축기로부터 연료전지로 공기가 유입된다. 수소와 공기는 화학적으로 결합하여 모터를 움직이는 전기를 만들어내고, 이 과정에서 발생한 물은 물탱크로 들어간다. 연료전지에서 발생된 전기는 인버터에 의해 변환되어 모터를 움직여서 바퀴를 돌리기 때문에 소음과 공해가 발생하지 않는다.

만약에 연료전지발전소를 만든다면, 큰 규모와 공해로 인해 도심과 멀리 떨어진 곳에 설치되던 일반적인 발전소와 달리 도심에 설치할 수 있다. 발전소가 도심에 설치되면 송·배전 설비를 절약하고 전기가 필요한 곳에 바로 전기를 공급할 수 있다. 통상 화력발전이나 원자력발전과 같이 규모가 큰 발전소는 에너지 소비량에 따라 그 규모를 쉽게 조절할 수 없기 때문에 효율이 낮다. 하지만 연료전지발전소는 에너지 소비량에 따라 그 규모를 쉽게 조절할 수 있고, 또한 설비의 규모에 관계없이 효율이 비슷하므로 연료전지를 소형·대형 발전소에 다 같이 사용할 수 있다. 전력을 공급하는 발전소 쪽에서는 소규모 설비로 건설할 수 있어 적은 투자비로 전기를 공급할 수 있다는 이점이 있다.

꿈의 전지라고 불리는 연료전지가 실용화된다면, 일상생활에서 군사적인 목적에 이르기까지 그 활용 가능성이 무한하다. 따라서 우리나라를 비롯한 선진국들은 미래의 에너지원이 될 이 기술의 실용화를 위해 활발히 연구하고 있다. 머지않아 연료전지 시대가 올 것이다.

01 핵심 내용 이해하기

윗글을 통해 알 수 있는 것으로 적절하지 <u>않은</u> 것은?

① 연료전지발전소의 장점
② 기존의 전기 생산 방식
③ 연료전지가 꿈의 전지인 이유
④ 연료전지 자동차의 작동 원리
⑤ 연료전지 실용화를 위한 구체적 방안

02 세부 내용 이해하기

연료전지가 가진 장점으로 적절하지 <u>않은</u> 것은?

① 기계적 에너지 변환 단계가 생략되어 소음이 없다.
② 공간적 제약이 없어 발전소를 도심에 설치할 수 있다.
③ 발생하는 생성물이 전혀 없어 처리 비용을 줄일 수 있다.
④ 화석연료와 달리 연소 과정을 거치지 않아 환경 친화적이다.
⑤ 중간 과정 없이 전기에너지를 직접 얻을 수 있어 효율적이다.

중요 03 핵심 내용 이해하기

[A]를 바탕으로 보기를 설명한 내용으로 적절하지 <u>않은</u> 것은?

보기

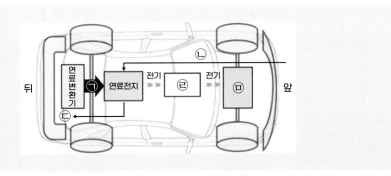

① ㉠은 메탄올이 연료변환기를 거쳐 생성된다.
② ㉡은 공기압축기로부터 유입된 산소이다.
③ ㉢은 ㉠과 ㉡이 반응하여 만들어진 생성물이다.
④ ㉣에서 기계적 에너지가 전기에너지로 변환된다.
⑤ ㉣에서 변환된 에너지로 ㉤을 움직여 바퀴를 돌린다.

서답형 04 세부 내용 파악하기

보기는 화력발전소가 지닌 문제와 관련된 기사이다. 보기를 참고하여 빈칸에 들어갈 말로 적절한 것을 윗글에서 찾아 2어절로 쓰시오.

보기

　□□구 소재 화력발전소의 미세먼지 문제가 지역사회의 주요 현안으로 떠올랐다. □□구 주민들은 화력발전소로 인한 주민들의 미세먼지 피해가 심각하다고 주장했다. 실제로 이 발전소가 배출하는 질소산화물은 연간 허용치를 넘어서는 230톤 가량으로 이는 소각장 세 곳의 배출량과 맞먹는 수치이다.

　화력발전은 에너지를 만들어 내는 과정에서 많은 오염물질이 발생하지만, 연료전지는 생성물이 물밖에 없어 (　　　　)이다.

문제풀이

04강 햇빛이 말을 걸다 _권대웅

갈래	현대시, 서정시
성격	자연 친화적, 감각적
주제	자연물과의 교감을 통해 느낀 봄날의 아름다움
특징	① 밝고 따뜻한 봄날의 분위기를 잘 드러냄. ② 햇빛이 비치는 광경을 감각적으로 묘사함. ③ 의인법을 활용하여 햇빛과 만물의 교감을 대화로 표현함. ④ '-다'로 끝나는 문장의 반복을 통해 운율을 형성하고 있음.
해제	이 작품은 햇빛이 내리쬐는 어느 봄날, 그 봄볕을 맞으며 화자가 떠올린 정서를 담아낸 작품이다. 이마에 봄볕이 와닿는 감각을 햇빛이 말을 거는 것에 빗대어 표현하며 봄이 화자에게 거는 말인 '봄이야'를 한 행으로 처리하여 여운을 남기고 있다. 또한 자연의 소재들을 사용함으로써 시적 화자와 자연물들이 교감하는, 아름다운 봄날을 효과적으로 표현하고 있다.

※ 다음 글을 읽고 물음에 답하시오.

길을 걷는데
㉠ 햇빛이 이마를 툭 건드린다
봄이야
그 말을 하나 하려고
수백 광년을 달려온 빛 하나가
내 이마를 건드리며 떨어진 것이다
나무 한 잎 피우려고
잠든 꽃잎의 눈꺼풀 깨우려고
지상에 내려오는 햇빛들
㉡ 나에게 사명을 다하며 떨어진 햇빛을 보다가
㉢ 문득 나는 이 세상의 모든 햇빛이
이야기를 한다는 것을 알았다
강물에게 나뭇잎에게 세상의 모든 플랑크톤들에게
말을 걸며 내려온다는 것을 알았다
반짝이며 날아가는 물방울들
초록으로 빨강으로 답하는 풀잎들 꽃들
㉣ 눈부심으로 가득 차 서로 통하고 있었다
봄이야
라고 말하며 떨어지는 햇빛에 귀를 기울여 본다
㉤ 그의 소리를 듣고 푸른 귀 하나가
땅속에서 솟아오르고 있었다

- 권대웅, 〈햇빛이 말을 걸다〉 -

01 표현상의 특징 파악하기

윗글의 표현상의 특징으로 적절한 것은?

① 화자는 햇빛에 감정을 이입하여 자연물을 예찬하고 있다.

② 질문의 형식을 활용하여 화자의 깨달음을 제시하고 있다.

③ 종결 어미를 반복하여 사용함으로써 운율을 형성하고 있다.

④ 햇빛의 모습을 색채어를 활용하여 생동감 있게 표현하고 있다.

⑤ 상승과 하강의 이미지를 사용하여 봄이 끝나가는 화자의 아쉬움을 드러내고 있다.

02 시구의 의미 파악하기

㉠~㉤에 대한 설명으로 적절하지 않은 것은?

① ㉠: 화자가 봄이 왔음을 깨닫고 있다.

② ㉡: '사명'은 '햇빛'이 '나'에게 봄이 왔음을 알려주는 것을 의미한다.

③ ㉢: '나'는 '햇빛'이 내리쬐는 것에는 내리쬐는 것에는 의도가 있다고 생각한다.

④ ㉣: '나'와 '햇빛'의 교감을 가리킨다.

⑤ ㉤: '푸른 귀'는 봄날의 새싹으로, 봄이 태동하는 모습을 나타낸다.

중요 03 작품 비교하기

윗글과 보기 의 공통점으로 적절하지 않은 것은?

보기

배추에게도 마음이 있나 보다   늦가을 배추 포기 묶어 주며 보니
씨앗 뿌리고 농약 없이 키우려니   그래도 튼실하게 자라 속이 꽤 찼다
하도 자라지 않아   - 혹시 배추벌레 한 마리
가을이 되어도 헛일일 것 같더니   이 속에 갇혀 나오지 못하면 어떡하지?
여름내 밭둑 지나며 잊지 않았던 말   꼭 동여매지도 못하는 사람 마음이나
- 나는 너희로 하여 기쁠 것 같아   배추벌레에게 반 넘어 먹히고도
- 잘 자라 기쁠 것 같아   속은 점점 순결한 잎으로 차오르는
                                배추의 마음이 뭐가 다를까?
                                배추 풀물이 사람 소매에도 들었나 보다
                                          - 나희덕, 〈배추의 마음〉

① 시적 화자가 시 속에서 드러나고 있다.

② 시적 대상을 긍정적으로 바라보고 있다.

③ 시간의 흐름에 따라 시상을 전개하고 있다.

④ 자연물을 의인화하여 생동감 있게 표현하고 있다.

⑤ 말을 건네는 형식을 사용하여 자연물과 교감하고 있다.

서답형 04 시구의 의미 파악하기

보기 에서 설명하고 있는 시구를 찾아 쓰시오.

보기

햇빛이 화자에게 전달하고자 한 말로, 따스한 봄 햇빛을 통해 화자는 봄이 왔음을 느끼고 있다.

문제풀이

사씨남정기 _ 김만중

| 정답 및 해설 | 26쪽

갈래	국문 소설, 한문 소설, 풍간 소설, 가정 소설
성격	풍간적, 가정적, 교훈적
주제	사 씨의 높은 덕성과 권선징악
특징	① 가정 내에서 벌어지는 처첩 간의 갈등을 소설화함. ② 선인과 악인의 대립적 구성을 통해 주제 의식을 강조함. ③ 인현 왕후 폐위의 부당함을 이야기하기 위한 목적으로 창작됨.
해제	이 작품은 조선 시대 가부장적 사회를 배경으로 덕이 있고 고매한 성품을 지닌, 전형적인 현모양처의 모습을 보여 주는 정실부인 '사 씨'와 간사하고 교활한 '교 씨'를 통해 처첩 간의 갈등을 보여 주고 있다. 소설의 작가 김만중은 인물들을 통해 첩을 두는 것을 허용한 당시의 제도를 간접적으로 비판하며 무능한 가장으로 인한 가정에서의 갈등을 통해 조선 후기 가부장적 사회에 대한 은근한 비판 의식을 드러내고 있다.

※ 다음 글을 읽고 물음에 답하시오.

[앞부분 줄거리] 명나라 재상 유희는 느지막이 아들 연수를 얻는다. 부인 최 씨는 연수를 낳고 세상을 떠난다. 연수는 15세에 과거에 급제하여 한림학사가 된 후 사 씨와 결혼을 한다. 서너 해가 흘러 유희는 병에 걸려 세상을 떠난다.

그 무렵 한림 부부는 나이가 모두 스물세 살이었다. 그들이 성혼한 지도 또한 십 년 가까이 흘러갔다. 하지만 아직 자녀가 없었다.

사 씨는 마음속으로 몹시 근심하면서 홀로 생각하였다.

'체질이 허약하여 자녀를 생육할 수 없는가 보다.'

㉠ 사 씨가 조용히 한림에게 첩을 두라고 권고하였다. 한림은 그 말이 진심이 아니라 생각하여 웃으며 대답하지 않았다.

사 씨는 남몰래 매파*를 시켜 양가*에서 쓸 만한 사람을 고르게 하였다.

두 부인이 그 말을 듣고 몹시 놀라 이내 사 씨를 찾아갔다.

"듣자 하니 낭자가 장부*를 위해 첩을 구한다고 하던데……. 그것이 정말인가?"

"그렇습니다."

"㉡ 집안에 첩을 두는 것은 환난*의 근본이야. 한 필 말에는 두 개의 안장이 있을 수 없고, 한 그릇 밥에는 두 개의 수저가 있을 수 없지. 비록 장부가 원한다 하더라도 오히려 만류해야 할 것이야. 그런데 하물며 스스로 구하려 한다는 말인가?"

"첩이 존문*에 들어온 지 이미 구 년이나 지나갔습니다. 그러나 아직 자녀를 하나도 두지 못했습니다. ㉢ 옛날 법도에 따르자면 응당 내침을 당해야 할 것입니다. 하물며 소실*을 꺼려할 수가 있겠습니까?"

"자녀의 생육이 빠르거나 늦음은 천수*에 달린 것이야. 사람들 가운데에는 간혹 서른이나 마흔 살 이후에 처음으로 자식을 낳는 경우도 있지. 낭자는 이제 겨우 스물을 넘겼어. 어찌하여 그처럼 근심을 지나치게 하는가?"

"첩은 타고난 체질이 허약합니다. 나이는 아직 늙지 않았으나 혈기가 벌써 스무 살 이전과는 다릅니다. 월사*도 또한 주기가 고르지 않지요. 이는 첩만이 홀로 아는 일입니다. 하물며 ㉣ 일처일첩은 인륜의 당연한 도리입니다. 첩에게 비록 관저의 덕*은 없습니다. ㉤ 그렇지만 또한 세속 부녀자들의 투기하는* 습속*은 본받지 않을 것입니다."

[중간 부분 줄거리] 유 한림은 사 씨의 권유에 따라 교 씨를 첩으로 받아들이고, 교 씨는 얼마 지나지 않아 아들 장주를 낳는다. 어느 날, 한림이 교 씨에게 명하여 노래를 부르게 하였으나 교 씨가 거절하자 한림은 교 씨에게 그 이유를 묻는다.

교 씨는 대답도 하지 않고 더욱 구슬피 울었다. 한림이 굳이 그 까닭을 물었다.

마침내 교 씨가 입을 열었다.

"하문하시는데 대답하지 않는다면 상공에게 죄를 얻고, 대답을 한다면 부인에게 죄를 얻을 것입니다. 대답하기도 어렵고 대답을 하지 않기도 또한 어렵습니다."

"비록 매우 난처한 말을 한다 하더라도 내가 자네를 꾸짖지는 않을 것이야. 숨기지 말고 어서 말씀하게."

교 씨는 그제야 눈물을 거두고 대답하였다.

"첩의 촌스러운 노래와 거친 곡조는 본디 군자께서 들으실만한 것이 아닙니다. 단지 명을 받들고 마지못하여 못난 재주를 드러냈던 것일 따름입니다. 또한 정성을 다 기울여 상공께서 한번 웃음을 짓도록 하려는 것에 지나지 않았습니다. 무슨 다른 뜻이 있었겠습니까?

그런데 오늘 아침 부인께서 첩을 불러 놓고 책망하셨습니다. '상공께서 너를 취하신 까닭은 단지 후사를 위한 것일 따름이었다. 집안에 미색이 부족한 때문이 아니었어. 그런데 너는 밤낮으로 얼굴이나 다독거렸지. 또한 듣자 하니 음란한 음악으로 장부의 심지를 고혹하게 하여 가풍을 무너뜨리고 있다 하더구나. 이는 죽어 마땅한 죄이다. 내가 우선 경고부터 해 두겠다. 네가 만일 이후로도 행실을 고치지 않는다면, 내 비록 힘은 없으나 아직도 여 태후가 척 부인의 손발을 자르던 칼과 벙어리로 만들던 약을 가지고 있느니라. 앞으로 각별히 삼가라!'라고 하셨습니다.

첩은 본래 한미한* 집안에서 자란 계집으로서 상공의 은혜를 받아 부귀영화가 극에 이르렀습니다. 지금 죽는다 하더라도 여한이 없습니다. 단지 두려운 바는 상공의 청덕*이 소첩의 문제로 인하여 사람들에게 비난을 받게 되지나 않을까 하는 점입니다. 그러므로 감히 명령을 따를 수 없었던 것입니다."

한림은 그 말을 듣고 깜짝 놀랐다. 의아한 생각이 들어 속으로 가만히 헤아려 보았다.

'저 사람은 평소 투기하지 않는다고 스스로 자부하고 있었지. 교 씨를 매우 은혜롭게 대하고 있었어. 일찍이 교 씨의 단점을 말하는 소리도 들어 본 적이 없었어. 아마도 교 씨의 말이 실정보다 지나친 것은 아닐까?'

한림은 한동안 조용히 생각하다가 교 씨를 위로하였다.

"내가 자네를 취한 것은 본디 부인의 권고를 따른 일이었네. 또 부인이 일찍이 자네에게 해로운 소리를 한 적도 없었지. 이 일은 아마 비복*들 가운데서 누군가가 참언*을 하였기에 부인이 잠시 노하여 하신 말씀에 지나지 않을 것이네. 그러나 성품이 본시 유순하니 자네를 해치려 하지는 않을 것이야. 염려하지 말게. 하물며 내가 있질 않나? 자네를 어떻게 해칠 수 있겠는가?"

교 씨는 끝내 마음을 풀지 않은 채 다만 한림에게 사례할 따름이었다.

[A]
아아! 옛말에 이르기를, '호랑이를 그리는 데는 뼈를 그리기 어렵고, 사람을 사귀는 데는 마음을 알기 어렵다'고 하였다. 교 씨는 얼굴이 유순하고 말씨가 공손하였다. 따라서 사 부인은 단지 좋은 사람으로 여겼을 따름이었다. 경계한 말씀은 오직 음란한 노래가 장부를 오도할까* 염려한 것이었다. 또한 교 씨를 바른길로 인도하려는 것이었다. 본디 사랑하는 마음에서 한 말이었다. 추호도 시기하는 생각은 없었던 것이다. 그런데 교 씨는 문득 분한 마음을 품고 교묘한 말로 참소하여 마침내 큰 재앙의 뿌리를 양성하였다. 부부와 처첩의 사이는 진정 어려운 관계라 아니할 수 있겠는가?

- 김만중, 〈사씨남정기〉-

* 전체 줄거리

중국 명나라 재상 '유희'의 아들 '유연수'는 15세의 나이에 장원에 급제한다. '유연수'는 덕과 학식을 고루 겸비한 '사 씨'와 혼인하지만 늦도록 자식을 갖지 못했다. '사 씨'는 '유연수'에게 첩을 들일 것을 권하고 '유연수'는 '교 씨'를 첩으로 맞이하게 된다. 간악한 '교 씨'는 아들을 낳게 되자 '사 씨'를 모함하고 '유연수'는 '교 씨'의 말에 현혹되어 '사 씨'를 내쫓는다. '교 씨'는 문객 '동청'과 간통하여 '유연수'를 참소하고 '유연수'는 유배를 가게 된다. 이후 '유연수'에 대한 혐의가 풀려 조정에선 그를 소환하고 충신을 참소한 '동청'은 처형된다. '유연수'는 자신의 잘못을 뉘우치고 '사 씨'의 행방을 찾고 마침내 '사 씨'를 만나 고향으로 돌아오게 된다. 고향으로 돌아온 '유연수'는 '교 씨'를 처형하고 '사 씨'를 다시 정실로 맞아들인다.

✔ 한방에! 어휘풀이

* 매파(媒婆): 혼인을 중매하는 할멈.
* 양가(良家): 지체가 있는 좋은 집안.
* 장부(丈夫): 다 자란 씩씩한 남자.
* 환난(患難): 근심과 재난을 통틀어 이르는 말.
* 존문(尊門): 남의 가문이나 집을 높여 이르는 말.
* 소실(小室): 정식 아내 외에 데리고 사는 여자.
* 천수(天數): 하늘이 정한 운명.
* 월사(月事): 월경, 여성의 생리 현상.
* 관저(關雎)의 덕: 중국 주나라 문왕의 아내인 태사가 정숙한 여인으로서 갖춘 어짊과 너그러움.
* 투기하다(妬忌하다): 부부 사이나 사랑하는 이성 사이에서 상대되는 이성이 다른 이성을 좋아할 경우에 지나치게 시기하다.
* 습속(習俗): 습관이 된 풍속.
* 한미하다(寒微하다): 가난하고 지체가 변변하지 못하다.
* 청덕(淸德): 청렴하고 고결한 덕행.
* 비복(婢僕): 계집종과 사내종을 아울러 이르는 말.
* 참언(讒言): 거짓으로 꾸며서 남을 헐뜯어 윗사람에게 고하여 바침. 또는 그런 말.
* 오도하다(誤導하다): 그릇된 길로 이끌다.

01 작품 속 인물의 성격 파악하기

윗글의 인물에 대한 설명으로 적절하지 않은 것은?

① '유 한림'은 '사 씨'의 인품을 신뢰하는 신중한 인물이다.

② '교 씨'는 자신을 낮추어 말하며 첩이라는 위치에 순응하는 인물이다.

③ '사 씨'는 '교 씨'를 시기하지 않고 진심으로 걱정하는 선한 인물이다.

④ '두 부인'은 처첩 간의 갈등이 생길 것을 염려하여 첩을 들이는 것에 대해 반대하고 있다.

⑤ '사 씨'는 '유 한림'에게 첩을 들일 것을 권유하는 것으로 보아 유교적 가부장제에 충실한 인물이다.

02 구절의 의미 파악하기

㉠~㉤에서 알 수 있는 당시의 사회상으로 적절하지 않은 것은?

① ㉠: 본처의 권유로만 첩을 들일 수 있었다.

② ㉡: '두 부인'을 통해 축첩 제도에 대한 작가의 비판적 인식을 드러내고 있다.

③ ㉢: 자식을 낳지 못하는 것이 부인을 내쫓는 이유가 되기도 했다.

④ ㉣: 첩을 두는 관습을 당연한 것으로 인식하고 있다.

⑤ ㉤: 본부인과 첩 사이의 갈등이 자주 빚어졌음을 보여 주고 있다.

> ＊ 축첩 제도(蓄妾制度): 국가나 사회에서 첩을 두는 것을 허용하는 제도.

중요 03 외적 준거를 통해 작품 이해하기

보기를 참고하여 [A]를 이해한 것으로 적절하지 않은 것은?

보기

> 작품 밖의 서술자가 진행 중인 사건이나 특정 인물의 언행 등에 대해 직접 설명하거나, 자신의 주관적 느낌이나 의견을 직접적으로 드러내는 것을 '편집자적 논평' 또는 '서술자의 개입'이라고 한다. 이렇게 서술자가 작품에 개입하여 인물에 대해 평가를 내리고 사건의 정황을 해설해 줌으로써, 독자의 이해를 돕고 당대 사회의 문제점을 부각하고 있다. 이러한 '편집자적 논평'은 주로 고전소설에서 쉽게 찾아볼 수 있다.

① '교 씨'가 집안에 화를 가져올 것을 예고하고 있다.

② 처첩 갈등에 대한 서술자의 입장을 제시하고 있다.

③ '교 씨'가 겉과 속이 다른 간악한 인물임을 강조하고 있다.

④ 사건의 정황을 밝히며 '교 씨'의 진술이 사실이 아님을 밝히고 있다.

⑤ 고사를 인용하여 '사 씨'의 온화한 성정을 강조하며 '사 씨'에 대해 평가하고 있다.

서답형 04 세부 내용 파악하기

보기의 ⓐ와 ⓑ에 들어갈 말로 적절한 것을 차례대로 쓰시오.

보기

> 〈사씨남정기〉를 단순하게 처첩 간의 갈등을 다루는 가정 소설이자 권선징악을 보여 주는 작품으로만 이해할 것이 아니라, 작가 김만중이 살았던 당시의 상황을 고려하여 소설 속에 반영된 정치적 의도를 파악한다면 작품을 더욱 깊이 있게 감상할 수 있다.
> 당시 숙종은 인현 왕후를 폐위하고 그 대신 왕자를 낳게 된 장희빈을 왕비로 책봉하였다. 김만중은 이러한 정국의 소용돌이 속에서 (ⓐ)을/를 '사 씨'에, (ⓑ)을/를 '교 씨'에 숙종을 '유 한림'에 비유하여 당시 사회를 소설을 통해 간접적으로 풍자하고 있는 것이다.

복습하기

작문

1문단	^{1} [ ][ ]를 하게 된 동기와 ^{1} [ ][ ] 내용
2문단	^{2} [ ][ ][ ][ ] 축제가 가능하다고 생각하는 이유
3문단	^{2} [ ][ ][ ][ ] 축제에 대한 학생들의 반응
4문단	^{2} [ ][ ][ ][ ] 축제에 대한 우려와 해결 방안
5문단	^{2} [ ][ ][ ][ ] 축제가 실현되었을 때의 ^{3} [ ][ ][ ]인 효과

비문학

1문단	연료전지의 필요성	4문단	^{5} [ ][ ][ ][ ][ ][ ]의 장점
2문단	연료전지의 장점	5문단	연료전지의 전망
3문단	^{4} [ ][ ][ ][ ]가 만들어지는 과정		

문학 – 햇빛이 말을 걸다(권대웅)

1~2행	화자의 ^{6} [ ][ ]에 와닿은 따뜻한 ^{7} [ ][ ]
3~6행	햇빛이 말을 건다고 느끼는 화자
7~12행	햇빛이 말을 걸며 내려오는 이유에 대해 깨달은 화자
13~17행	햇빛과 ^{8} [ ][ ][ ]의 교감
18~21행	햇빛에 귀를 기울이며 자연물과 ^{9} [ ][ ]하는 화자

문학 – 사씨남정기(김만중)

소설 속 인물		역사적 인물
^{10} [ ][ ]	• 유연수의 부인 • 전형적인 ^{11} [ ][ ][ ][ ]의 모습을 보여 줌. • 유교적 가르침에 충실하며, 어질고 타인을 신뢰함.	인현 왕후
유연수	• 명문가의 후손으로 15세에 과거에 급제함. • 교 씨의 모함으로 귀양가게 됨. • 가부장적 사회에서 봉건적 사고방식을 가진 전형적 인물	숙종
^{12} [ ][ ]	• 유연수의 첩 • 배은망덕하고 교활하며, 온갖 악행을 저지름.	장희빈

정답

1 건의   2 메타버스   3 긍정적   4 전기에너지   5 연료전지발전소   6 이마   7 햇빛   8 자연물   9 교감   10 사 씨

11 현모양처   12 교 씨

Contents

한방에! 개념정리

한방에! 핵심정리

▎지음 탈락

① 'ㄹ' 탈락
• 용언이 활용할 때 어간의 끝소리 'ㄹ'이 ㄴ, ㅅ 등으로 시작하는 어미 앞에서 탈락함.
• 합성어나 파생어에서 'ㄹ'이 ㄴ, ㅅ, ㄷ, ㅈ 앞에서 탈락함.
• 표기에 반영되는 음운 현상임.

② 'ㅎ' 탈락
• 용언 활용 시 어간 끝소리 'ㅎ'이 모음으로 시작하는 어미나 접사 앞에서 'ㅎ'이 탈락함.
• 표기에 반영되지 않는 음운 현상임.

＊모음 탈락

① 'ㅡ' 탈락
• 용언 어간 끝 모음 'ㅡ'가 'ㅏ/ㅓ'로 시작하는 어미를 만나 'ㅡ'가 탈락함.
• 표기에 반영되는 음운 현상임.

② 동음 탈락('ㅏ/ㅓ' 탈락)
• 용언 어간 끝 모음 'ㅏ/ㅓ'가 '-아/-어'로 시작하는 어미와 결합할 때 모음 'ㅏ/ㅓ'가 탈락함.
• 표기에 반영되는 음운 현상임.

※ 다음 글을 읽고 물음에 답하시오.

선생님: 음운 변동은 음운이 일정한 환경에 따라 다르게 발음되는 현상입니다. 음운의 변동에는 한 음운이 다른 음운으로 바뀌는 교체, 두 음운이 하나의 음운으로 줄어드는 축약, 두 음운 중에서 어느 하나가 없어지는 탈락, 두 음운 사이에 음운이 덧붙는 첨가 등이 있습니다. 예를 들어 '여덟'은 [여덜]로 발음되는데 겹받침 중 'ㅂ'이 탈락되어 음운의 개수가 줄어든 것입니다. 또한 '솜이불'은 [솜ː니불]로 발음되는데 'ㄴ'이 첨가되어 음운의 개수가 늘어난 것입니다. [A]

학생: 그런데 저는 '너는 나보다 키가 커서 좋겠다.'라는 문장의 '커서'에서 'ㅡ'가 탈락되었다는 것을 찾기가 어려웠어요. 음운 변동 결과가 표기에 반영되었기 때문이겠죠?

선생님: 맞아요. 그러면 음운 변동이 표기에 반영되는 경우와 표기에 반영되지 않는 경우를 용언의 활용을 예로 들어 알아봅시다. 용언 어간 끝의 모음 'ㅏ, ㅓ'가 '-아/-어'로 시작하는 어미와 결합할 때 모음 'ㅏ, ㅓ'가 탈락하는 경우, 용언 어간 끝의 모음 'ㅡ'가 '-아/-어'로 시작하는 어미와 결합하여 탈락하는 경우, 어간의 끝소리 'ㄹ'이 몇몇 어미 앞에서 탈락하는 경우는 음운 변동 결과를 표기에 반영합니다. 하지만 어간의 끝소리 'ㄴ, ㅁ' 뒤에서 어미의 첫소리가 된소리로 교체되는 경우, 어간의 끝소리 'ㅎ'이 모음으로 시작하는 어미 앞에서 탈락되는 경우는 음운 변동 결과를 표기에 반영하지 않습니다. 가령 앞에서 말한 '커서'의 경우는 음운 변동의 결과가 표기에 반영된 것이고, '낳은'을 '나은'으로 표기하지 않는 것은 음운 변동의 결과가 표기에 반영되지 않은 것입니다.

학생: 아, 그럼 음운 변동 결과가 ㉠ 표기에 반영된 경우와 ㉡ 표기에 반영되지 않은 경우를 찾아볼게요.

• 음운 변동의 종류와 음운 개수의 변화

음운 변동의 종류	개수의 변화
교체 (음절의 끝소리 규칙, 된소리 되기, 비음화, 유음화, 구개음화)	×
축약 (자음 축약, 모음 축약)	-1
탈락 (자음군 단순화, 자음 탈락, 모음 탈락 등)	-1
첨가 (사잇소리 현상, ㄴ 첨가 등)	+1

01 음운의 변동 이해하기

[A]를 바탕으로 음운 변동을 이해한 내용으로 적절한 것은?

	사례	음운 변동	음운의 개수 변화
①	풀잎[풀립]	축약, 첨가	늘어남
②	흙화덕[흐콰덕]	교체, 탈락	줄어듦
③	맞춤옷[맏추몯]	축약, 탈락	줄어듦
④	옛이야기[옌:니야기]	교체, 첨가	늘어남
⑤	달맞이꽃[달마지꼳]	교체, 축약	줄어듦

02 음운 변동의 표기 반영 여부 이해하기

㉠, ㉡에 해당하는 예로 적절하지 않은 것은?

① ┌ ㉠: 관객이 많으니 미리 줄을 서라.
 └ ㉡: 돌아오는 기차표는 네 것만 끊어라.

② ┌ ㉠: 눈을 떠 보니 다음날 아침이었다.
 └ ㉡: 네가 집에 빨리 가서 아쉬웠다.

③ ┌ ㉠: 체육 시간에는 교실 불을 꺼 두자.
 └ ㉡: 오늘은 새 신발을 신고 학교에 가자.

④ ┌ ㉠: 지금 마는 김밥은 어머니께 드릴 점심이다.
 └ ㉡: 독서로 쌓은 지식은 삶의 자양분이 될 것이다.

⑤ ┌ ㉠: 아버지 대신 빨래를 너는 모습이 보기 좋다.
 └ ㉡: 가을빛을 담고 있는 감나무 열매를 본다.

서답형 03 음운의 변동 이해하기

보기 1 의 ⓐ와 ⓑ를 비교했을 때 보기 2 의 빈칸에 들어갈 말을 골라 차례대로 쓰시오.

보기 1

- ⓐ 부엌에서 요리를 하고 있다.
- 마음이 ⓑ 놓이다.

보기 2

　　발음할 때 ⓐ는 (교체 / 첨가 / 축약 / 탈락) 현상이 일어나고, ⓑ는 (교체 / 첨가 / 축약 / 탈락) 현상이 일어난다. 음운 변동 결과, ⓐ는 음운의 개수가 그대로 유지되고 있지만, ⓑ는 음운의 개수가 하나 줄어들었다. 이때 ⓐ와 ⓑ는 모두 음운의 변동을 표기에 반영하고 (있다 / 있지 않다).

문제풀이

05강

풍속화의 가치와 의의

✔ 한방에! 개념정리

✔ 한방에! 핵심정리

갈래	설명문
주제	풍속화의 가치와 의의
해제	이 글은 조선 후기 실학사상과 신분제의 동요 속에서 나타난 풍속화의 가치를 밝히며 그 의의에 대해 서술하고 있다. 조선 시대의 사대부들은 풍속화를 산수화에 비해 가치가 낮은 것으로 인식했다. 하지만 풍속화는 조선 회화의 미적 영역을 확대했고, 산수화와는 달리 인간을 그림의 중심으로 끌어들임으로써 인간 중심적 사고를 보여주었다. 이런 풍속화의 대표적인 인물이 바로 신윤복과 김홍도로, 이들은 서민 사회나 상류 사회의 희로애락을 이전 시기보다 자유롭게 표현하였다.

✱ 문단 중심 내용

1문단	풍속화에 대한 사대부들의 평가
2문단	풍속화의 등장 배경
3문단	신윤복과 김홍도의 작품 경향
4문단	풍속화의 가치와 의의

※ 다음 글을 읽고 물음에 답하시오.

　조선 시대에는 풍속화를 인물화나 산수화에 비해 그 가치가 낮은 것으로 인식하였다. 격식을 따지는 사대부들은 품격을 중시해서 사람들의 삶의 모습을 그리는 것을 천하게 여겼기 때문이다. 우리는 오랜 유교적 전통 속에서 생활하면서 사대부들의 이와 같은 가치관을 받아들여 풍속화의 가치를 오랫동안 낮게 평가해 온 것은 아닐까?

　풍속화가 본격적으로 등장한 것은 실사구시*를 표방한 실학사상이 대두된 조선 후기이다. 이 즈음부터 서민들의 생활은 점차 나아졌고, 서민들 중에는 부를 축적한 사람들도 나타났다. 반면 사대부들의 권위는 약화되기 시작하였다. 이같은 사회의 변화는 그림에도 영향을 미쳐 사대부들의 취향에서 벗어나 생활을 기록하는 그림, 즉 풍속화가 등장하게 되었다.

　우리가 잘 아는 혜원 신윤복과 단원 김홍도의 그림도 이때의 것이다. 신윤복과 김홍도는 같은 시대의 화가로서 도화서*의 화원을 지내면서 사대부 취향의 그림을 그렸고 신윤복은 첨정, 김홍도는 현감의 벼슬까지도 하였다. 이들은 이전의 화가와는 달리 서민 사회나 상류 사회의 희로애락을 이전 시기보다 자유롭게 표현했다는 점에서 공통적이나, 주변 풍물을 보는 시선에는 다소 차이가 있었다. 신윤복은 세상살이의 모습을 그리되 당시에 금기시되었던 기녀·무녀·주점·연회 등에서 보이는 여성의 선정적인 모습에 초점을 맞추었다. 또한 관찰자의 자세로 상류 사회에서 연회를 즐기는 장면을 한눈에 보며 그림으로 표현하였다. 반면에 김홍도는 보다 서민적인 주변 현실에 가까이 다가서서 함께 즐기는 자세로 그림을 그렸다. 씨름, 서당, 행상, 대장간 등 동작이 있는 현실의 풍물을 그리되, 인물의 동작이나 표정을 해학적으로 표현한 것이 김홍도 그림의 특징이다. 신윤복이 남의 시선이 닿지 않는 기방이나 주방의 내실, 뒤뜰의 연당*, 돌담, 깊은 숲속을 기웃거리며 월하의 정경을 그림의 무대로 삼았다면, 김홍도는 우리들이 부담 없이 볼 수 있는 열려진 삶의 현장을 해학적으로 그려낸 것이다.

　우리는 신윤복, 김홍도의 그림으로 대표되는 풍속화를 통해서 소중한 가치를 발견할 수 있다. 사상적 측면에서 풍속화는 인간 중심적 사고를 가장 잘 보여 주는 예술이다. 그 전까지의 산수화는 사람을 그리지 않거나 그리더라도 자연의 부속물로 표현했다. 하지만 풍속화는 그림 밖에 있던 사람을 그림의 중심으로 끌어들임으로써 인간 중심적 사고를 드러내는 중요한 양식이 되었다. 예술적 측면에서 풍속화는 조선 회화의 미적 영역을 확대했다는 가치를 지닌다. 사대부의 관념적 이상세계를 그리는 것에 한정되었던 조선 회화는 풍속화에 와서 여러 계층의 생동감 넘치는 삶의 현장을 담아냄으로써 폭과 깊이에서 한 단계 성장하게 된다. 이처럼 풍속화는 당대를 살아간 사람들의 모습을 통해 인간에 대한 사랑과 그림에 대한 새로운 접근을 보여 준다.

✔ 한방에! 어휘풀이

　★ 실사구시(實事求是): 사실에 토대를 두어 진리를 탐구하는 일.
　★ 도화서(圖畫署): 조선 시대에, 그림에 관한 일을 맡아보던 관아.
　★ 연당(蓮塘): 연꽃을 심은 못.

01 핵심 내용 이해하기

윗글을 통해 알 수 있는 것으로 적절하지 않은 것은?

① 풍속화의 변모 과정
② 풍속화의 등장 배경
③ 풍속화의 가치 및 의의
④ 신윤복과 김홍도의 작품 경향
⑤ 풍속화에 대한 사대부들의 평가

02 세부 내용 이해하기

윗글에 대한 이해로 적절하지 않은 것은?

① 풍속화는 여러 계층의 생동감 넘치는 삶의 현장을 담아내었다.
② 풍속화는 사대부들의 권위가 약화되던 조선 후기에 대두되었다.
③ 풍속화는 예술적 측면에서 조선 회화의 미적 영역을 확대하였다.
④ 풍속화는 산수화보다 인간 중심적 사고를 잘 드러내는 회화 양식이다.
⑤ 풍속화는 유교적 전통 속에서 인물들을 통해 관념적 이상세계를 표현하였다.

중요 03 구체적 사례에 적용하기

윗글을 중심으로 보기 속 그림을 해석한 내용으로 적절한 것은?

보기

김홍도, 〈춤추는 아이〉

① 상류 사회의 연회를 관찰자의 자세로 한눈에 바라보고 있다.
② 월하의 정경을 무대로 삼아, 사람들의 삶의 모습을 자연의 부속물로 표현하고 있다.
③ 기웃거리는 양반의 모습을 표현하여 사대부의 권위가 약화되었음을 파악할 수 있다.
④ 동작이 있는 현실의 풍물 속에서, 인물의 동작이나 표정을 해학적으로 표현하고 있다.
⑤ 유흥을 즐기는 사대부들의 모습을 통해 상류 사회의 희로애락을 비판하고 조롱하고 있다.

서답형 04 구체적 사례에 적용하기

보기의 두 그림을 비교했을 때, 빈칸에 들어갈 말로 적절한 것을 골라 차례대로 쓰시오.

 보기

(가)

(나)

▲ 신윤복 , 〈월하정인〉

◀ 정선, 〈고사관폭〉

(가)는 (산수화 / 풍속화)이고, (나)는 (산수화 / 풍속화)이다. (나)는 (가)와 달리 (인간 / 자연)을 그림의 중심으로 끌어들임으로써 조선 회화의 미적 영역을 확대했다고 볼 수 있다.

05강 개를 여남은이나 기르되 _ 작자 미상

| 정답 및 해설 | 33쪽

한방에! 개념정리

한방에! 핵심정리

갈래	사설시조
성격	해학적
주제	임을 그리워하는 안타까운 마음
특징	① 과장된 표현과 의성어, 의태어를 사용함. ② 오지 않는 임에 대한 원망을 개에게 전가하여 해학적으로 표현함.
해제	이 작품은 기다려도 오지 않는 '고운 임'에 대한 원망을 짖는 개와 관련지어 해학적으로 표현한 사설시조이다. 화자는 기다려도 임이 오지 않자 이에 대한 원망을 개에게 전가하여, 화풀이를 하고 있다. 또한 미운 임은 반기고 고운 임은 쫓아버리는 개의 행동을 의성어와 의태어를 사용하여 실감나고 익살스럽게 묘사함으로써 임을 애타게 기다리는 화자의 마음을 해학적으로 표현하고 있다.

※ 다음 글을 읽고 물음에 답하시오.

개를 여남은*이나 기르되 요 개같이 얄미우랴

미운 임 오면은 꼬리를 홰홰 치며 치뛰락 내리뛰락 반겨서 내닫고 고운 임 오면은 뒷발을 버둥버둥 무르락 나락 캉캉 짖어서 도로 가게 하느냐

쉰밥이 그릇그릇 난들 너 먹일 줄이 있으랴

– 작자 미상, 〈개를 여남은이나 기르되〉 –

한방에! 같이볼작품

어이 못 오던가 무슨 일로 못 오던가
너 오는 길에 무쇠로 성을 쌓고 성 안에 담을 쌓고 담 안에 집을 짓고 집 안에 뒤주*를 놓고 뒤주 안에 궤*를 놓고 궤 안에 너를 결박하여 놓고 쌍배목 외걸쇠에 용거북 자물쇠로 수기수기 잠가 두었느냐 너 어찌 그리 아니 오던가
한 달이 서른 날이니 날 보러 올 하루가 없겠는가

– 작자 미상, 〈어이 못 오던가〉

* 뒤주: 쌀 따위의 곡식을 담아 두는 세간의 하나.
* 궤(櫃): 물건을 넣도록 나무로 네모나게 만든 그릇.

한방에! 지식더하기

사설시조는 시조의 3장 중 중장이 글자수의 제한 없이 길어진 시조를 말한다. 이러한 사설시조는 영·정조 이후 서민 의식의 성장과 함께 신분 질서가 동요하자, 서민들이 자신들의 생활 감정을 솔직하게 표현하고자 종래의 사대부 계층이 써 오던 평시조의 형태를 개조한 것이다.
서민들이 주된 창작층으로 활동하다 보니, 일상생활에서 흔히 볼 수 있는 사물을 소재로 하여 현실에 대한 비판이나 남녀 간의 외설적인 사랑을 주제로 한 사설시조를 쉽게 찾아볼 수 있다.

한방에! 어휘풀이

* 여남은: 열이 조금 넘는 수의.

5강

01 표현상의 특징 파악하기

윗글에 대한 설명으로 적절하지 <u>않은</u> 것은?

① 음성 상징어를 사용하여 생동감 있게 묘사하고 있다.

② 순우리말을 주로 사용하여 익살스럽게 표현하고 있다.

③ 개의 행동을 과장되게 표현하여 웃음을 유발하고 있다.

④ 개에게 감정을 이입하여 화자의 심정을 드러내고 있다.

⑤ 일상생활에서 쉽게 접할 수 있는 소재를 사용하고 있다.

02 화자의 정서 파악하기

윗글의 화자에 대한 설명으로 적절한 것은?

① 화자는 아무리 기다려도 임이 오지 않자 체념하고 있다.

② 임을 대신하여 개를 키우면서 일상에서의 즐거움을 찾고 있다.

③ 오지 않는 임에 대한 원망을 임에게 직접적으로 표출하고 있다.

④ 절제되고 세련된 표현을 사용하여 임에 대한 그리움을 표현하고 있다.

⑤ 임이 오지 않는 상황에서 좌절하지 않고 자신의 감정을 진솔하게 드러내고 있다.

중요 03 작품 비교하기

보기 와 윗글을 비교하였을 때, 적절하지 <u>않은</u> 것은?

보기

서경이 서울이지마는	배 내어 놓았느냐, 사공아
위 두어렁셩 두어렁셩 다링디리	위 두어렁셩 두어렁셩 다링디리
닦아진 곳 서경을 사랑하지마는	네 각시가 음탕한 짓을 하는 줄도 모르고
위 두어렁셩 두어렁셩 다링디리	위 두어렁셩 두어렁셩 다링디리
이별할 바엔 길쌈베 버리고	떠나는 배에 내 남편을 태웠느냐, 사공아
위 두어렁셩 두어렁셩 다링디리	위 두어렁셩 두어렁셩 다링디리
저를 사랑해 주신다면 울면서 따라가겠습니다	대동강 건너편 꽃을
위 두어렁셩 두어렁셩 다링디리	위 두어렁셩 두어렁셩 다링디리
(중략)	배를 타면 꺾을 것입니다
대동강 넓은 줄을 몰라서	위 두어렁셩 두어렁셩 다링디리
위 두어렁셩 두어렁셩 다링디리	－ 작자 미상, 〈서경별곡〉

① 윗글과 달리 〈보기〉는 후렴구를 사용하여 리듬감을 형성하고 있다.

② 윗글과 달리 〈보기〉에서는 화자가 여성임을 나타내는 시어가 드러나 있다.

③ 윗글과 〈보기〉는 모두 화자의 마음이 직설적으로 제시되어 있다.

④ 윗글과 〈보기〉의 화자는 모두 적극적인 태도로 임과의 이별을 거부하고 있다.

⑤ 윗글과 〈보기〉의 화자는 모두 임에 대한 원망을 다른 대상에 전가하여 표현하고 있다.

* 길쌈베: 길쌈을 해서 베
를 짜는 일.

서답형 04 소재의 의미 파악하기

윗글에서 표면적인 원망의 대상과, 그 이면에 존재하는 실제 원망의 대상을 찾아 차례대로 쓰시오.

문제풀이

05강 마술의 손 _조정래

| 정답 및 해설 | 34쪽

갈래	단편 소설
성격	사실적, 비판적
주제	자본주의적 근대화가 가져온 삶의 변화
특징	① 전기와 텔레비전의 보급을 통해 자본주의적 근대화를 보여 줌. ② 근대 문물에 따른 삶의 변화를 통해 자본주의적 근대화에 대한 비판 의식을 드러냄.
해제	이 작품은 조정래의 초기 단편 소설로, 시골 마을에 전기가 들어오면서 생겨나는 삶의 변화를 다루고 있다. 마을 사람들은 텔레비전의 등장 이후, 이전과 달리 서로 이야기를 나누거나 어울려 놀지 않고 텔레비전 앞에 매달려 있기 시작한다. 공동체적 삶의 모습이 사라지고 개인주의적 삶의 모습이 생겨난 것이다. 또한 형편이 어려워 텔레비전을 사지 못한 집이 있는가 하면, 살림살이가 넉넉해 또 다른 전기 용품을 구매하는 집이 생기면서 빈부 격차가 발생한다. 이러한 시골 마을의 변화를 통해 근대 문물로 인한 삶의 변화를 통해 문명의 혜택에 가려진 자본주의적 근대화의 그늘을 보여 준다.

※ 다음 글을 읽고 물음에 답하시오.

[앞부분 줄거리] 어느 날, 밤골에 전기가 들어온다는 소식이 전해진다. 마을 사람들은 빨리 전기를 켜고 싶은 마음에 전기 공사에 힘을 합쳤고 드디어 밤골에 전기가 들어오게 된다. 밤골에 전기가 들어오자 양복을 입은 청년들이 텔레비전을 차에 싣고 밤골에 나타나 마을을 돌아다니며 텔레비전을 선전*한다. 결국 마을의 열일곱 집이 텔레비전을 샀고 텔레비전을 사지 못한 집에서는 갈등이 발생한다.

지난해와는 달리 무더운 밤인데도 당산나무 밑에는 모깃불이 지펴지지 않았다. 어둠 속에서 담뱃불이 빨갛게 타고, 어른들이 나누는 이야기 소리가 개구리 울음소리에 섞여 두런두런 들리던 밤이 없어졌다.

그뿐만 아니라 앞개울의 어둠 속에서 물을 튀기는 소리와 함께 여자들의 간지러운 웃음소리도 들을 수가 없었다. 반딧불을 쫓는 애들의 와자한 외침도 자취를 감추었고, 감자나 옥수수 추렴*을 하는 아낙네들의 나들이도 씻은 듯이 없어졌다. 집집마다 텔레비전 앞에 매달려 있는 탓이었다.

청년들은 매달 같은 날짜에 나타나 또박또박 돈을 받아 갔다. 처음 팔아먹을 때와는 달리 하루만 늦어도 이자를 붙이겠다고 으름장을 놓았고, 한 달이 넘으면 그동안 낸 돈은 무효로 하고 물건을 가져가겠다고 큰소리를 쳤다.

그런데 이 말에 꼼짝을 못할 것이, 읽어 보지도 않고 도장을 찍어 주고받은 월부* 계약서란 것에 그 조항들이 똑똑히 적혀 있었던 것이다. 그래서 매일이다시피 돈을 빌리러 골목을 헤집고 다니는 사람들이 끊이지 않았다.

8월로 접어들면서 청년들과 다툼이 자주 벌어졌다. 처음 한두 달은 어찌어찌 날짜를 맞췄는데 달이 갈수록 월부금 내기가 힘에 부치기 시작한 것이다. 그런 사람들은 대개 나중에 구입한 사람들로, 에라 외상인데 그까짓 돈쯤 어떻게 되겠지, 하는 배짱을 부린 것이었다.

"다음 달에 한몫에 내면 될 거 아뇨."

"글쎄, 안 된다니까요."

"아, 이자를 붙여 준다는데도 안 돼?"

"똑같은 말 자꾸 해 봤자 입만 아파요. 텔레비전이 없어서 못 팔아먹는 판에 다 소용없는 소리요. 비켜요, 떼어 갈 테니."

청년이 마루로 올라서려 했고, 주인이 청년을 낚아챘다.

"정 이러기야, 이거?"

주인이 곧 한 대 쥐어박을 듯이 대들었다.

"기운 좀 쓰시나 본데 어디 쳐 보시지. 요새 사람 치는 놈들 잡아들이느라고 경찰서 유치장을 활짝 열어 놨는데, 어서 쳐 보시라니까."

청년은 유들유들한 태도로 비웃고 있었다.

주인은 그만 미칠 것 같은 심정이 되고 말았다. 텔레비전을 빼앗기고, 두 달 낸 돈까지 꼼짝없이 떼일 형편이었던 것이다. 돈도 돈이지만, 텔레비전이 있다가 없어지면 이게 무슨 꼴인가. 마누라한테, 애들한테 체면이 말이 아닌 것이다. 그리고 동네 망신은 또 얼마나 큰가. 기분 같아서는 저놈의 빼질빼질한 낯짝을 후려갈기면 속이 시원하련만 그러지도 못하고…….

청년은 이미 싹수가 노란 걸 알고 있었다. 남들이 산다니까 기죽기 싫어서 덥석 일을 저질러 놓고 애간장이 타는 것이다. 지금 기분으로는 다음 달에 한꺼번에 낼 수 있을 것 같지만, 아서라 안속는다, 안 속아. 돈이 거짓말시키지, 어디 사람이 거짓말시키더냐. 이런 시골 가난뱅이들일수록 더욱 애지중지하게 마련이니까 3개월쯤 썼다고 한들 신품이나 마찬가지야. 새로 사는 것들도 어수룩하긴 마찬가지니 더 속 썩이지 말고 물건을 가져가는 거다.

청년의 이런 배짱 앞에서 텔레비전을 지킬 재간*은 없었다. 그래서 열서너 집이 고스란히 수난을 당했다. 텔레비전이 실려 나갈 때는 소란이 벌어졌다. 애들이 발을 동동 구르며 울부짖었고, 화가 솟을 대로 솟은 주인은 애들을 마구 때리며 소리를 질렀고, 안주인은 그런 남편에게 대들며 악다구니를 썼다.

한편, 몇몇 집에서 이런 소동이 벌어지는 것과는 아랑곳없이 살림살이가 넉넉한 열서너 집에서는 전기용품 들여놓기 시합을 벌이고 있었다. 그들이 시샘을 하듯 앞다투어 장만하고 있는 것은 밥통이었다. 그들은 이미 여름이 되면서 선풍기를 들여놓느라고 서로 신경을 곤두세운 일이 있었다.

그 선풍기라는 것도 참 희한한 기계였다. 부채로는 도저히 맛볼 수 없는 기막힌 시원함을 주었던 것이다. 땡볕 속에서 농약을 뿌리거나, 채소밭에 온종일 엎드렸다 들어오면 전신은 땀으로 미역을 감고 더위는 헉헉 목을 치받고 올랐다. 그런 때면 으레* 옷을 훌러덩 벗어젖히고 찬물을 끼얹기 마련이었다. 그리고 손목이 아프도록 부채질을 해 보지만 땀은 가슴으로 등줄기로 줄줄 흘러내리는 것이었다.

그런데 선풍기는 그게 아니었다. 스위치를 돌리기만 하면 금방 쏴아 쏟아져 나오는 바람이 찬물을 끼얹었을 때의 그 시원함을 되살려 주며 땀을 말끔히 걷어 가는 것이다. 그뿐만 아니었다. 선풍기를 틀어 놓으면 모기의 극성이 한결 누그러졌다. 그 신통한 선풍기 바람이 모기란 놈을 제멋대로 날게 내버려 두지 않았다.

(중략)

가을로 접어들면서 잔칫집이 생겼지만 일손이 예전과 같지 않았다. 누구도 예전과 같이 밤늦게까지 일을 도와주려 들지 않았다. 날이 어둑어둑해지자 이런저런 이유를 대며 슬슬 자리를 뜨기 시작한 것이다. 주인의 입장에서는 품삯*을 주는 것도 아닌데 붙들어 앉힐 수 없는 노릇이었다.

주인은 전에 없던 이 야릇한 변화를 얼핏 알아차리지 못했고, 평소에 앙큼한 짓 잘하던 어린 딸년이 텔레비전 때문이라고 일깨워서야 그렇구나 싶었고, 텔레비전 없는 집만 골라 일손을 모아야 했다. 잔치 준비를 하는 데 처음으로 품삯을 지불하기로 한 주인은, 마당 감나무 잎에 내려앉기 시작한 가을의 썰렁함이 그대로 가슴에 옮겨지는 것을 느끼고 있었다.

- 조정래, 〈마술의 손〉 -

＊ 전체 줄거리

해방 이후, 밤골 사람들은 밤골에 전기를 놓아 준다는 정치인에게 투표를 했지만 약속은 지켜지지 않았다. 그러던 어느 날, 드디어 밤골에 전기가 들어오게 된다. 전기가 들어오자 도시에서 온 청년들은 마을 사람들을 위하는 척 12개월 할부를 해준다 하며 텔레비전을 판다. 청년들의 선전에 넘어간 상당수의 사람들은 어려운 형편에도 불구하고 텔레비전을 사들인다. 이후 마을 사람들은 이전과 달리 모이기만 하면 텔레비전 이야기만 하기 시작했다. 시간이 지나자 월부금을 내지 못해 텔레비전을 도로 빼앗기는 집이 생겨나는 반면, 살림살이가 넉넉한 집에서는 선풍기 등 새로운 전기용품 들여놓기 시합을 벌이고 있었다. 그러던 어느 날, 여느 때처럼 연속극을 보고 있던 월전댁은 불이 났다는 아들의 말에 깜짝 놀라 밖으로 나와 소리를 지르며 이웃들에게 도움을 청한다. 하지만 이웃들은 텔레비전을 보느라 그 소리를 듣지 못했고 그들이 도와주러 왔을 땐 이미 불길이 지붕까지 번진 상태였다. 월전댁은 울부짖으며 불타는 집으로 뛰어들려고 한다.

✔ **한방에! 어휘풀이**

＊ **선전(宣傳)**: 주의나 주장, 사물의 존재, 효능 따위를 많은 사람이 알고 이해하도록 잘 설명하여 널리 알리는 일.

＊ **추렴**: 모임이나 놀이 또는 잔치 따위의 비용으로 여럿이 각각 얼마씩의 돈을 내어 거둠.

＊ **월부(月賦)**: 물건값이나 빚 따위의 일정한 금액을 다달이 나누어 내는 일. 또는 그 돈.

＊ **재간(才幹)**: 어떤 일을 할 수 있는 재주와 솜씨.

＊ **으레**: 두말할 것 없이 당연히.

＊ **품삯**: 품을 판 대가로 받거나, 품을 산 대가로 주는 돈이나 물건.

윗글에 대한 설명으로 적절하지 <u>않은</u> 것은?

① 이전에는 잔치 준비를 하는 데 품삯을 지불하지 않았다.
② 넉넉한 집의 사람들은 계속해서 새로운 물건들을 사들였다.
③ 청년들은 마을 사람들을 속이고 월부 계약서의 내용을 수정했다.
④ 청년들은 월부금을 내지 못한 집의 텔레비전을 다시 가져가 버렸다.
⑤ 텔레비전이 생긴 후, 아이들은 더 이상 반딧불을 잡으러 다니지 않았다.

윗글의 텔레비전 에 대한 설명으로 적절하지 <u>않은</u> 것은?

① 가족 간의 갈등을 일으킨다.
② 공동체 사회의 분열을 야기한다.
③ 이웃들 간의 빈부 격차를 부각시킨다.
④ 밤골의 여름밤이 조용해지는 원인이 된다.
⑤ 청년과 밤골 사람들의 긍정적 관계를 유지시킨다.

보기 의 ㉠에 들어갈 말로 가장 적절한 것은?

> 보기
>
> 마술을 보면 신기하고 흥미롭다. 소설 속 밤골 사람들도 전기가 들어오면서 텔레비전, 선풍기, 전기밥솥과 같이 이전에는 경험하지 못했던 새로운 문물을 접할 때마다 신기해하고 흥미로워했다. 그런데 새로운 문물은 신기함과 흥미만을 불러일으킨 것은 아니다. 마술은 없던 것을 생기게 하기도 하고 있던 것을 사라지게 하거나 다른 것으로 바꾸어 놓기도 한다. 윗글의 밤골 마을 역시 새로운 문물로 인해 마을의 공동체적 삶의 모습이 사라지고 개인주의적 삶의 모습이 생겨난다. 이러한 점을 통해 '마술의 손'이란 (㉠)을/를 의미한다고 볼 수 있다.

① 기술 문명의 발달로 인해 편리해진 밤골 사람들의 삶
② 밤골 사람들의 공동체 의식을 향상시키는 새로운 문물
③ 밤골 사람들의 삶에 대한 의지를 되살리는 새로운 문물
④ 밤골 사람들의 삶을 변화시킨 새로운 문물에 대한 기대
⑤ 밤골 사람들의 삶의 방식과 가치관을 바꾸어 놓은 새로운 문물

텔레비전에 이어 밤골 마을에 등장한 새로운 문물 두 개를 윗글에 등장한 순서대로 쓰시오.

문제풀이

복습하기

문법

음운 1 ☐☐	종류	음운이 일정한 환경에 따라 다르게 발음되는 현상
		• 2 ☐☐ : 음운이 다른 음운으로 바뀜.
		• 3 ☐☐ : 두 음운이 하나의 음운으로 줄어듦.
		• 4 ☐☐ : 두 음운 중에서 어느 하나가 없어짐.
		• 5 ☐☐ : 두 음운 사이에 음운이 덧붙음.

비문학

1문단	풍속화에 대한 6 ☐☐☐ 들의 평가
2문단	풍속화의 등장 배경
3문단	7 ☐☐☐ 과 김홍도의 작품 경향
4문단	풍속화의 가치와 의의

문학 – 개를 여남은이나 기르되(작자 미상)

초장	많은 개 중 유독 얄미운 개
중장	8 ☐☐ 임은 반기면서 9 ☐☐ 임을 보면 짖는 개
종장	개에 대한 원망

문학 – 마술의 손(조정래)

텔레비전	텔레비전으로 인한 삶의 모습의 변화

텔레비전

↓

• 새로운 문물
• 가족 간 갈등의 원인이 됨.
• 이웃 간 갈등의 원인이 됨.
• 밤골 사람들에게 구경거리를 제공함.
• 이웃 간 10 ☐☐☐☐ 를 부각함.
• 11 ☐☐☐ 적 삶의 모습이 사라지는 원인이 됨.

텔레비전으로 인한 삶의 모습의 변화

↓

[텔레비전이 들어오기 전의 여름밤의 모습]
• 반딧불을 쫓아다님.
• 앞개울에서 물놀이를 함.
• 12 ☐☐☐☐ 밑에서 이야기를 나눔.
• 감자나 13 ☐☐☐ 를 추렴하러 나들이함.

[텔레비전이 들어오기 전의 잔칫집의 모습]
• 밤늦게까지 일을 도와줌.

[텔레비전이 들어온 후의 여름밤의 모습]
• 집집마다 텔레비전 앞에 매달려 있음.

[텔레비전이 들어온 후의 잔칫집의 모습]
• 14 ☐☐ 을 지불하고 일손을 모음.
• 날이 어둑해지면 이유를 대며 자리를 떠남.

정답	1 변동 2 교체 3 축약 4 탈락 5 첨가 6 사대부 7 신윤복 8 미운 9 고운 10 빈부 격차 11 공동체 12 당산나무
	13 옥수수 14 품삯

06

Contents

06강

문법

된소리되기 현상

※ 다음 글을 읽고 물음에 답하시오.

　우리말에는 다양한 유형의 된소리되기가 존재하는데, 우선 특정 음운 환경에서 예외 없이 일어나는 경우가 있다. 받침 'ㄱ, ㄷ, ㅂ' 뒤에 'ㄱ, ㄷ, ㅂ, ㅅ, ㅈ'이 올 때에는 예외 없이 된소리되기가 일어난다. '국밥'이 [국빱]으로, '(길을) 걷다'가 [걷따]로 발음되는 것이 그 예이다.

　음운 환경이 같더라도 된소리되기가 일정하지 않은 경우가 있는데, 이때에는 다른 조건이 충족될 때 된소리되기가 일어난다. 첫째, 용언의 어간 받침 'ㄴ(ㄵ), ㅁ(ㄻ)' 뒤에 'ㄱ, ㄷ, ㅅ, ㅈ'으로 시작하는 어미가 올 때 된소리되기가 일어나는데, '나는 신발을 신고 갔다.'에서 '신고'가 [신꼬]로 발음되는 것이 그 예이다. '습득물 신고'의 '신고'는 음운 환경이 같음에도 불구하고 용언이 아니기 때문에 된소리되기가 일어나지 않는다. 둘째, 한자어에서 'ㄹ' 받침 뒤에 'ㄷ, ㅅ, ㅈ'이 연결될 때 된소리되기가 일어나는데, '물질(物質)'이 [물찔]로 발음되는 것이 그 예이다. '물잠자리'는 음운 환경이 같음에도 불구하고 고유어이기 때문에 된소리되기가 일어나지 않는다. 셋째, 관형사형 어미 '-(으)ㄹ' 뒤에 'ㄱ, ㄷ, ㅂ, ㅅ, ㅈ'로 시작하는 체언이 올 때 된소리되기가 일어나는데, '살 것'이 [살 껃]으로 발음되는 것이 그 예이다. 이러한 유형의 된소리되기는 음운 환경 외에도 '용언의 어간', '한자어', '관형사형 어미'라는 조건이 충족되어야 음운 변동이 일어난다는 특징이 있다.

[A] 　한편, 명사와 명사가 결합하여 합성 명사가 될 때 된소리되기가 일어나는 경우도 있다. 예를 들어 '코+등'은 [코뜽/콛뜽]으로, '손+바닥'은 [손빠닥]으로 발음된다. 이때 '코+등'처럼 앞의 말이 모음으로 끝나고, 한자어끼리의 결합이 아닐 때에는 '콧등'과 같이 사이시옷을 표기한다. 이러한 된소리되기는 두 단어가 대등한 관계일 때는 잘 일어나지 않지만, 앞말이 뒷말의 '시간, 장소, 용도' 등을 나타낼 때는 잘 일어난다. 그 이유는 중세 국어의 관형격 조사 'ㅅ'과 관련이 있다. '손바닥'은 중세 국어에서 '솑바당'으로 표기가 되는데, 이는 '손+ㅅ+바당' 즉, '손의 바당'으로 분석된다. 이 'ㅅ'의 흔적이 '손쌔닥'을 거쳐 [손빠닥]이라는 발음으로 남게 된 것이다. 음운 환경이 같은 '손발'에서는 이러한 현상이 일어나지 않는데, 그 이유는 '손'과 '발'은 관형격 조사로 연결되는 관계가 아니기 때문이다.

01 음운의 변동 이해하기

윗글을 바탕으로 '된소리되기'를 이해한 내용으로 적절하지 않은 것은?

① '(밥을) 먹다'와 '(눈을) 감다'에서 일어난 된소리되기는 용언에서만 일어나는 유형이다.

② '말다툼'과 달리 '밀도(密度)'에서 된소리되기가 일어나는 이유는 한자어이기 때문이다.

③ '납득'과 같이 'ㅂ' 받침 뒤에 'ㄷ'이 오는 음운 환경에서는 예외 없이 된소리되기가 일어난다.

④ '솔개'와 달리 '줄 것'에서 된소리되기가 일어나는 이유는 '관형사형 어미'라는 조건 때문이다.

⑤ '삶과 죽음'의 '삶과'와 달리 '(고기를) 삶고'에서 된소리되기가 일어나는 이유는 '삶고'가 용언이기 때문이다.

중요 02 합성어 분석하기

[A]를 바탕으로 보기 의 단어를 분석한 내용으로 적절하지 않은 것은?

> **보기**
>
> - 공부방(工夫房)[공부빵]
> - 아랫집[아래찝/아랟찝]
> - 콩밥[콩밥], 아침밥[아침빱]
> - 논밭[논받], 논바닥[논빠닥]
> - 불고기[불고기], 물고기[물꼬기]

① '공부방'에서 된소리되기가 일어나는 이유는 '공부'가 뒷말의 용도를 나타내기 때문이겠군.

② '아랫집'에 'ㅅ'을 받침으로 표기한 것은 '콧등'에서 사이시옷을 표기한 것과 같은 이유 때문이겠군.

③ '콩밥'과 달리 '아침밥'에서 된소리되기가 일어나는 이유는 '아침'이 뒷말의 시간을 나타내기 때문이겠군.

④ '논바닥'과 달리 '논밭'에서 된소리되기가 일어나지 않는 이유는 결합하는 두 단어가 대등한 관계를 가지기 때문이겠군.

⑤ '불고기'에서 '물고기'와 달리 된소리되기가 일어나지 않는 이유는 중세 국어에서 '불+ㅅ+고기'로 분석되기 때문이겠군.

서답형 03 음운의 변동 파악하기

㉠~㉤ 중 된소리되기가 일어난 것 세 개를 골라 차례대로 쓰시오.

> 이북에 계신 어머니만 생각하면 나도 모르게 마음이 ㉠ 내려앉소. 내가 넘어질 때마다 항상 다정하게 ㉡ 연고를 발라 주셨지. 이렇게 허무하게 헤어질 줄 알았다면 차라리 남한에 내려오지 ㉢ 말 것을. 이제 ㉣ 글자도 잘 못 알아볼 나이가 되었으니 평생의 한으로 남을 수밖에. ㉤ 해방 후 어떻게 사셨을지 너무나도 궁금하구나.

문제풀이

※ 다음 글을 읽고 물음에 답하시오.

　기원전 1세기, 〈탈무드〉에 등장하는 위대한 현자인 힐렐은 이런 물음을 던졌다. "내가 나 자신을 위하지 않는다면, 누가 나를 위해줄 것인가? 그러나 반대로 내가 나 자신만을 위한다면, 그러하면 나는 누구인가?" 이에 대해 애덤 스미스는 이렇게 대답할 것이다. "당신이 당신 자신만을 위한다면, 다시 말해서 수억 명의 목숨과 자신의 손가락을 맞바꾼다면, 당신은 인간이 아닌 괴물이다."

　우리는 모든 것을 '나'를 중심으로 생각한다. 그러니 항상 자신에게 득이 되는 쪽으로만 행동하는 것은 아니다. 인간 본연의 강한 자기애에도 불구하고, 우리는 왜 다른 사람들을 돕기 위해 자신을 희생시키고 사심 없이 행동하는가? 애덤 스미스는 사람들이 이타적＊인 행동과 이기적인 감정을 어떻게 조화시키는지에 대한 물음을 던졌고, 그 이유를 우리가 친절하고 품위 있는 존재로 타고났기 때문이라고 이해하였다.

　그의 저서인 〈도덕 감정론〉에 따르면, 인간이 아무리 이기적인 존재라 하더라도 그 천성＊에는 이와 상반되는 몇 가지가 존재한다. 인간 고유의 연민과 동정심이 이런 종류의 천성에 속하며 이로 인해 인간은 타인의 운명에 관심을 가지게 되고, 단지 그것을 바라보는 즐거움밖에 얻을 수 없다 하더라도 타인의 행복을 추구한다는 것이다.

　하지만 동시에 모든 동물은 자연으로부터 자기 보호를 위해 자기애의 원칙을 부여받았다고 주장하면서, 인간애의 여린 힘으로는 자기애가 일으키는 강력한 충동＊을 이겨낼 수 없다고 주장하였다. 수백만 명이 목숨을 잃는 일보다 내 손가락을 잃는 일에 우리는 더 괴로워한다는 것이다.

　이러한 모순에도 불구하고 인간은 왜 끊임없이 도덕적이고 이타적인 행위를 추구하는 것일까? 애덤 스미스는 그 이유를 ㉠ 공정한 관찰자 때문이라고 답했다. 공정한 관찰자란 인간 내면의 허구적 존재로, 애덤 스미스는 인간의 행동이 이 공정한 관찰자와의 상호 작용에 의해 이루어진다고 보았다. 우리가 다른 사람들의 행복에 영향을 미칠 수 있는 일을 하려고 할 때마다 공정한 관찰자가 우리와 대화를 나누며 우리의 행동이 도덕적인지 확인한다는 것이다. 즉, 어떤 행동이 도덕적인지, 어떤 행동이 옳은지 판단해야 할 때 우리는 이 인물과 얘기를 나눈다.

☑ 한방에! 어휘풀이

＊ 이타적(利他的): 자기의 이익보다는 다른 이의 이익을 더 꾀하는 것.
＊ 천성(天性): 본래 타고난 성격이나 성품.
＊ 충동(衝動): 순간적으로 어떤 행동을 하고 싶은 욕구를 느끼게 하는 마음속의 자극.

01 핵심 내용 이해하기

윗글에 대한 이해로 적절한 것은?

① 인간은 본래 나보다 타인을 중심으로 생각한다.

② 인간은 항상 자신에게 득이 되는 쪽으로만 행동한다.

③ 인간은 남의 이익을 위해 자신의 이익을 희생시키는 일을 하지 않는다.

④ 애덤 스미스는 인간은 수백만 명이 목숨을 잃는 일을 내 손가락을 잃는 일보다 더 괴로워한다고 하였다.

⑤ 애덤 스미스는 인간이 본래 품위 있는 존재이기 때문에 이타적인 행동과 이기적인 감정을 조화시킬 수 있다고 보았다.

02 구체적 사례에 적용하기

㉠과의 상호 작용이 필요한 경우로 적절하지 않은 것은?

① 아무도 없는 길을 걷다가 거액의 돈을 주웠을 때

② 계약에 따른 지시 사항을 반드시 이행해야 할 때

③ 학교에 지각하지 않기 위해 무단횡단을 하고자 할 때

④ 경기에서 좋은 성적을 얻게 하는 금지 약물을 권유받았을 때

⑤ 의사로서 치료 가능성이 낮은 환자의 존엄사 여부를 결정해야 할 때

★ 존엄사(尊嚴死): 인간으로서 지녀야 할 최소한의 품위를 지키면서 죽을 수 있게 하는 행위. 또는 그런 견해.

중요 03 구체적 사례에 적용하기

윗글을 참고하여 보기 의 '세튼 대령'을 이해한 내용으로 적절하지 않은 것은?

보기

　　1852년 영국 해군 소속 수송선 버큰헤드 호는 630명의 승객을 태운 채 남아프리카로 이동 중, 케이프타운에서 65km 떨어진 해상에서 암초에 부딪히고 말았다. 배는 순식간에 가라앉기 시작했지만, 구명선에 태울 수 있는 인원은 180명에 불과했다. 이때 선장이었던 **세튼 대령**은 장병들을 모두 갑판 위로 불러 모은 뒤 부동자세로 서 있게 했다. 그리고 여성과 어린이를 신속하게 구명보트에 탑승시켰다. 세튼 대령을 포함한 나머지 군인들은 그대로 침몰하는 버큰헤드 호와 운명을 함께했다. 이후 '배가 조난당하면 여자와 어린이부터 구출해야 한다'는 버큰헤드 호의 전통은 선원들의 불문율이 되었다.

① 세튼 대령의 행위는 도덕적이고 이타적이라 볼 수 있군.

② 세튼 대령은 강한 자기애에도 불구하고 자신을 희생시킨 존재이군.

③ 세튼 대령은 자연으로부터 부여받은 자기애를 지키기 위해 노력하였군.

④ 세튼 대령은 그가 가진 고유의 연민과 동정심으로 인해 여성과 어린이의 운명에 관심을 가졌군.

⑤ 여자와 어린이를 먼저 구출한 세튼 대령의 행위는 공정한 관찰자와의 상호 작용에 의해 이루어졌겠군.

★ 불문율(不文律): 문서의 형식을 갖추지 않은 법. 관습법이나 판례법 따위이다.

서답형 04 세부 내용 파악하기

ⓐ에 들어갈 두 가지를 윗글에서 찾아 차례대로 쓰시오.

　　순자: 사람의 본성은 악한 것이며, 선이란 인위적인 것입니다. 사람에게는 태어나면서부터 질투하고 증오하는 마음이 있어, 이러한 본성을 그대로 따르면 남을 해치게 되고 성실과 신의가 없어집니다.

　　애덤 스미스: 전 다르게 생각합니다. 인간이 아무리 이기적인 존재라 하더라도 그 기저에는 (ⓐ)와/과 같은 천성이 존재합니다.

★ 기저(基底): 사물의 뿌리나 밑바탕이 되는 기초.

06강 나룻배와 행인 _ 한용운

| 정답 및 해설 | 40쪽

※ 다음 글을 읽고 물음에 답하시오.

나는 나룻배
당신은 행인.

당신은 흙발로 나를 짓밟습니다.
나는 당신을 안고 물을 건너갑니다.
나는 당신을 안으면 깊으나 얕으나 **급한 여울***이나 건너갑니다.

만일 당신이 아니 오시면 나는 **바람**을 쐬고 **눈비**를 맞으며 **밤에서 낮까지 당신을 기다리**고 있습니다.

당신은 물만 건너면 나를 돌아보지도 않고 가십니다그려.
그러나 **당신이 언제든지 오실** 줄만은 알아요.
나는 **당신을 기다리면서 날마다 날마다 낡아** 갑니다.

나는 나룻배
당신은 행인.

– 한용운, 〈나룻배와 행인〉 –

한방에! 핵심정리

갈래	자유시, 서정시
성격	상징적, 감각적
주제	희생과 인내를 통한 진정한 사랑의 실천
특징	① 화자를 '나룻배'에 비유하여 임에 대한 자신의 마음을 드러냄. ② 불교의 윤회 사상을 바탕으로 당신과의 만남에 대한 믿음을 표현함. ③ 수미상관의 구조를 통해 '나'와 당신의 관계를 강조하고 형태적 안정감을 이룸.
해제	이 작품은 '나'와 '당신'의 관계를 '나룻배'와 '행인'의 관계로 설정하여, 진정한 사랑의 본질에 대해 생각하게 하는 시이다. '당신'의 무심한 태도에도 불구하고 시련을 견디는 '나'의 희생적 자세와, '당신'이 언젠가 오실 것이라는 강한 확신으로 힘든 현실을 견뎌내는 '나'의 모습을 통해 임을 떠나보내고 홀로 남은 절망적 상황과 슬픔을 희망과 기다림으로 극복하려는 화자의 강한 의지를 보여 주고 있다. 이러한 상황은 당시 일제강점기라는 시대적 배경, 글쓴이의 직업 등과 관련지어 본다면 다양한 해석이 가능하다.

한방에! 어휘풀이

* 여울: 강가나 바다의 바닥이 얕거나 폭이 좁아 물살이 세게 흐르는 곳.

01 표현상의 특징 파악하기

윗글의 표현상 특징으로 적절하지 <u>않은</u> 것은?

① 경어체를 사용하여 화자의 태도를 효과적으로 드러내고 있다.

② 유사한 종결 어미를 반복적으로 제시하여 운율을 형성하고 있다.

③ 은유법을 활용하여 화자와 대상의 관계를 함축적으로 나타내고 있다.

④ 무생물을 마치 살아 있는 것처럼 표현하여 화자의 행동을 강조하고 있다.

⑤ 시의 처음과 마지막에 같은 내용을 반복하여 전체적인 안정감과 균형을 부여하고 있다.

★ 경어체(敬語體): 상대에 대하여 공경의 뜻을 나타내기 위해 사용하는 문체.

02 작품의 내용 파악하기

'나'와 '당신'의 태도로 적절하지 <u>않은</u> 것은?

① '나'는 '당신'이 돌아오기만을 기다리고 있다.

② '당신'은 '나'를 강을 건너기 위한 도구로만 이용하고 있다.

③ '당신'은 '나'의 사랑에 무관심하며, 현재 '나'의 곁을 떠난 상태이다.

④ '나'는 '당신'에 대한 인내와 희생을 통한 진정한 사랑을 실천하고 있다.

⑤ '당신'은 '나'를 그리워하고 있음에도 불구하고 겉으로는 무심한 척한다.

중요 03 외적 준거를 바탕으로 작품 감상하기

보기 를 참고하여 윗글을 감상한 것으로 적절하지 <u>않은</u> 것은?

보기

한용운은 일제강점기의 독립운동가이자 많은 시를 저술한 승려이다. 시대적 상황과 관련하여 그의 작품을 이해할 때, 그의 작품에서의 화자가 기다리는 이는 종교적 절대자나 조국, 연인 등 여러 가지 의미로 해석될 수 있다. 또한 이별을 다룬 다른 시들과는 달리 한용운의 시에서 '임'은 언젠가 다시 돌아올 존재이기 때문에 화자는 절망에 빠지지 않고 마침내 슬픔을 극복하여 희망에 도달한다.

① 화자가 기다리는 '당신'은 당시의 시대적 상황을 고려한다면 일제에 빼앗긴 우리 조국을 의미하겠군.

② '당신'을 조국으로 본다면 '급한 여울', '바람'과 '눈비'는 일제의 탄압으로 인한 화자의 고통을 의미하므로, 이때 화자는 민중에 해당하겠군.

③ '당신'을 종교적 절대자로 본다면, '밤에서 낮까지 당신을 기다리'는 화자의 행위는 불교적 진리에 도달하려는 화자의 의지를 나타낸다고 볼 수 있군.

④ '당신'이 오지 않는 상황에서도 화자가 절망에 빠지지 않는 이유는 '당신이 언제든지 오실' 것이라 믿기 때문이군.

⑤ '당신을 기다리면서 날마다 날마다 낡아' 가는 화자를 통해 임의 부재에도 슬픔을 극복하고 있는 태도를 알수 있군.

★ 탄압(彈壓): 권력이나 무력 따위로 억지로 눌러 꼼짝 못 하게 함.
★ 진리(眞理): 참된 이치. 또는 참된 도리.

서답형 04 시구의 의미 파악하기

ⓐ와 관련된 시행을 윗글에서 찾아 첫 어절과 마지막 어절을 쓰시오.

윤회는 생명이 있는 중생은 죽어도 다시 태어나 생이 반복된다고 하는 불교사상을 일컫는다. 승려였던 한용운의 작품에서는 이러한 불교사상이 빈번하게 드러나는데, 이를 통해 ⓐ 대상에 대한 절대적인 믿음을 표현한다.

문제풀이

문학 - 극수필

봉산 탈춤 _ 작자 미상

갈래	민속극, 가면극
성격	해학적, 풍자적
주제	양반의 허세와 권위 의식에 대한 풍자
특징	① 특별한 무대 장치가 없이 이루어짐. ② 서민들의 언어와 양반들의 언어가 혼재되어 나타남. ③ 언어유희와 과장, 열거 등의 표현 방법을 활용하여 현실을 풍자하고 비판함.
해제	이 작품은 국가 무형 문화재 제17호인 〈봉산 탈춤〉의 한 부분이다. 총 7과장 중 제6과장의 '양반춤'에서는 무지하고 권위적인 양반의 모습을 풍자하고, 양반 사회에서 벌어지는 온갖 비리와 몰락한 양반들의 부패한 생활상을 말뚝이를 통해 고발하고 있다.

* **언청이**: 입술갈림증이 있어서 윗입술이 세로로 찢어진 사람을 낮잡아 이르는 말.
* **호조(戶曹)**: 조선 시대에, 육조 가운데 호구, 공부, 땅과 곡식, 음식과 재물에 관한 일을 맡아보던 관아.
* **병조(兵曹)**: 조선 시대에, 육조(六曹) 가운데 군사와 우역(郵驛)에 관한 일을 맡아보던 관아.
* **옥당(玉堂)**: 홍문관(弘文館)의 별칭. 홍문관의 부제학, 교리, 수찬 따위를 이르는 말.
* **퇴로(退老)**: 늙어서 버슬에서 물러남.
* **개잘량**: 털이 붙어 있는 채로 무두질하여 다룬 개의 가죽. 흔히 방석처럼 깔고 앉는 데에 쓴다.

※ 다음 글을 읽고 물음에 답하시오.

제6과장 양반춤

말뚝이: (벙거지를 쓰고 채찍을 들었다. 굿거리장단에 맞추어 양반 삼 형제를 인도하여 등장.)

양반 삼 형제: [말뚝이 뒤를 따라 굿거리장단에 맞추어 점잔을 피우나, 어색하게 춤을 추며 등장. 양반 삼 형제 맏이는 샌님(생원), 둘째는 서방님, 끝은 도련님(도령)이다. 샌님과 서방님은 흰 창옷에 관을 썼다. 도련님은 남색 쾌자에 복건을 썼다. 샌님과 서방님은 언청이*이며(샌님은 언청이 두 줄, 서방님은 한 줄이다.) 부채와 장죽을 가지고 있고, ㉠ 도련님은 입이 삐뚤어졌고 부채만 가졌다. 도련님은 대사는 일절 없으며, 형들과 동작을 같이하면서 형들의 면상을 부채로 때리며 방정맞게 군다.]

말뚝이: (가운데쯤에 나와서) 쉬이. (음악과 춤 멈춘다.) 양반 나오신다아! 양반이라고 하니까 노론, 소론, 호조*, 병조*, 옥당*을 다 지내고 삼정승, 육판서를 다 지낸 퇴로* 재상으로 계신 양반인 줄 알지 마시오. ㉡ 개잘량*이라는 '양' 자에 개다리소반*이라는 '반' 자 쓰는 양반이 나오신단 말이오.

양반들: 야아, 이놈, 뭐야아!

말뚝이: 아, 이 양반들, 어찌 듣는지 모르갔소. 노론, 소론, 호조, 병조, 옥당을 다 지내고 삼정승, 육판서 다 지내고 퇴로 재상으로 계신 이 생원네 삼 형제분이 나오신다고 그리하였소.

양반들: (합창) 이 생원이라네. (굿거리장단으로 모두 춤을 춘다. 도령은 때때로 형들의 면상을 치며 논다. 끝까지 그런 행동을 한다.)

말뚝이: 쉬이. (반주 그친다.) 여보, 구경하시는 양반들, 말씀 좀 들어 보시오. 짤따란 곰방대로 잡숫지 말고 저 연죽전*으로 가서 돈이 없으면 내게 기별이라도 해서 양칠간죽*, 자문죽*을 한 발 가옷*씩 되는 것을 사다가 육모깍지*, 희자죽*, 오동수복* 연변죽*을 사다가 이리저리 맞추어 가지고 저 재령 나무리* 거이* 낚시 걸듯 죽 걸어 놓고 잡수시오.

양반들: 뭐야아!

말뚝이: 아, 이 양반들, ㉢ 어찌 듣소. 양반 나오시는데 담배와 훤화*를 금하라고 그리하였소.

양반들: (합창) 훤화를 금하였다네. (굿거리장단으로 모두 춤을 춘다.)

말뚝이: 쉬이. (음악과 춤을 멈춘다.) 여보, 악공들, 말씀 들으시오. 오음육률* 다 버리고 저 **버드나무 홀뚜기*** 뽑아다 불고 바가지장단 좀 쳐 주오.

양반들: 야아, 이놈, 뭐야!

말뚝이: 아, 이 양반들, 어찌 듣소. 용두해금*, 북, 장고, 피리, 젓대 한 가락도 뽑지 말고 건건드러지게 치라고 그리하였소.

양반들: (합창) 건건드러지게 치라네. (굿거리 장단으로 춤을 춘다.)

(중략)

생원: 쉬이. (음악과 춤을 멈춘다.) 여보게, 동생. 우리가 본시 양반이라, 이런 데 가만히 있자니 갑갑도 하네. 우리 시조 한 수씩 불러 보세.

서방: 형님, 그거 좋은 말씀입니다.

양반들: (시조를 읊는다.) "…… 반 남아 늙었으니 다시 젊지는 못하리라……." 하하.(하고 웃는다. 양반 시조 다음에 말뚝이가 자청하여 소리를 한다.)

말뚝이: "낙양성 십 리허에, 높고 낮은 저 무덤에……."

생원: 다음은 글이나 한 수씩 지어 보세.

서방: 그럼 형님이 먼저 지어 보시오.

생원: 그러면 동생이 운자*를 내게.

서방: 예, 제가 한번 내드리겠습니다. '산' 자, '영' 잡니다.

생원: 아, 그것 어렵다. 여보게, 동생. 되고 안 되고 내가 부를 터이니 들어 보게. (영시조*로) ㉣ "울룩줄룩 작대산하니, 황주 평산에 동선령이라."

서방: 하하. (형제, 같이 웃는다.) 거 형님, 잘 지었습니다.

생원: 동생 한 귀 지어 보세.

서방: 그럼 형님이 운자를 하나 내십시오.

생원: '총' 자, '못' 잘세.

서방: 아, 그 운자 벽자*로군. (한참 끙끙거리다가) 형님, 한마디 들어 보십시오. (영시조로) "짚세기 앞총*은 헝겊총* 하니, 나막신 뒤축에 거멀못*이라."

(중략)

생원: 이놈, 말뚝아.

말뚝이: 예에.

생원: 나랏돈 노랑돈* 칠 푼 잘라먹은 놈, 상통*이 무르익은 대춧빛 같고, 울룩줄룩 배미* 잔등* 같은 놈을 잡아들여라.

말뚝이: 그놈이 힘이 무량대각*이요, 날램이 비호* 같은데, 샌님의 전령*이나 있으면 잡아 올는지 거저는 잡아 올 수 없습니다.

생원: 오오, 그리하여라. 옜다. 여기 전령 가지고 가거라. (종이에 무엇을 써서 준다.)

말뚝이: (종이를 받아 들고 취발이한테로 가서) 당신 잡히었소.

취발이: 어데, 전령 보자.

말뚝이: (종이를 취발이에게 보인다.)

취발이: (종이를 보더니 말뚝이에게 끌려 양반의 앞에 온다.)

말뚝이: ㉤ (취발이 엉덩이를 양반 코앞에 내밀게 하며) 그놈 잡아들였소.

생원: 아, 이놈 말뚝아. 이게 무슨 냄새냐?

말뚝이: 예, 이놈이 피신을 하여 다니기 때문에, 양치를 못 하여서 그렇게 냄새가 나는 모양이외다.

생원: 그러면 이놈의 모가지를 뽑아서 밑구녕에다 갖다 박아라.

(중략)

말뚝이: 샌님, 말씀 들으시오. **시대가 금전이면 그만인데,** 하필 이놈을 잡아다 죽이면 뭣하오? 돈이나 **몇백 냥** 내라고 하여 우리끼리 노나 쓰도록 하면, 샌님도 좋고 나도 돈냥이나 벌어 쓰지 않겠소. 그러니 샌님은 **못 본 체하고 가만히 계시**면 내 다 잘 처리하고 갈 것이니, 그리 알고 계시오. (굿거리장단에 맞추어 일제히 어울려서 한바탕 춤추다가 전원 퇴장한다.)

- 김진옥·민천식 구술, 이두현 채록, 〈봉산 탈춤〉 -

---

* 개다리소반(개다리小盤): 상다리 모양이 개의 다리처럼 휜 자그마한 밥상.
* 연죽전(煙竹廛): 담뱃대를 파는 가게.
* 양칠간죽(洋漆竿竹): 빨강, 파랑, 노랑의 빛깔로 알록지게 칠한 담배설대.
* 자문죽(自紋竹): 아롱진 무늬가 있는 중국산 대나무. 흔히 담뱃대로 쓴다.
* 가웃: 수량을 나타내는 표현에 사용된 단위의 절반 정도 분량의 뜻을 더하는 접미사인 '-가웃'의 옛말.
* 육모깍지: '육무깍지'의 와전. 육각형 모양의 담뱃대.
* 희자죽(喜子竹): 담뱃대를 만들 때 쓰는 대나무의 일종.
* 오동수복(烏銅壽福): 백통으로 만든 그릇에 검붉은 구리로 '수(壽)'나 '복(福)' 자를 박은 것.
* 연변죽: 담뱃대의 한 종류.
* 나무리: 재령에 있는 평야 이름.
* 거이: '게'의 방언.
* 훤화(喧譁): 시끄럽게 지껄이며 떠듦.
* 오음육률(五音六律): 예전에, 중국 음악의 다섯 가지 소리와 여섯 가지 율(律).
* 홀뚜기: '호드기'의 방언. 버드나무 가지의 껍질이나 짤막한 밀짚 토막 등으로 만든 피리.
* 용두해금(龍頭奚琴): 용머리가 새겨진 해금.
* 운자(韻字): 한시의 운으로 다는 글자.
* 영시조(詠詩調): 한시를 읊는 어조.
* 벽자(僻字): 흔히 쓰지 아니하는 까다로운 글자.
* 앞총: '엄지총'의 잘못. 짚신이나 미투리의 맨 앞 양편으로 굵게 박은 낱낱의 울.
* 헝겊총: 신발의 앞부분에 대는 헝겊.
* 거멀못: 나무 그릇 따위의 터지거나 벌어진 곳이나 벌어질 염려가 있는 곳에 거멀장처럼 겹쳐서 박는 못.
* 노랑돈: 몹시 아끼던 돈. 노란 빛깔의 엽전.
* 상통: 얼굴을 속되게 이르는 말.
* 배미: 뱀의.
* 잔등: 등.
* 무량대각(無量大角): 헤아릴 수 없을 정도로 큼.
* 비호(飛虎): 나는 듯이 빠르게 달리는 범.
* 전령(傳令): 명령을 전하는 글.

01   갈래의 특징 파악하기

윗글의 특징으로 적절하지 않은 것은?

① 극의 내용이 일정하게 반복되어 전개된다.

② 관객과 소통함으로써 관객의 적극적인 참여를 유도한다.

③ 등장인물의 대사와 행동뿐 아니라 춤과 음악이 함께 나타난다.

④ 서민들이 쓰는 말만 사용하여 관객들에게 친근함을 불러일으킨다.

⑤ 탈을 쓰고 극을 진행함으로써 흥미를 유발하고 등장인물을 효과적으로 풍자한다.

02   작품의 구체적 내용 이해하기

㉠~㉤에 대한 설명으로 적절하지 않은 것은?

① ㉠: 신체적 결함을 통해 양반의 모습을 희화화하고 있다.

② ㉡: 발음의 유사성을 이용해 양반의 의미를 '개잘량'과 '개다리소반'으로 풀이하여 조롱하고 있다.

③ ㉢: 양반의 호통에 겁먹은 말뚝이가 관객들에게 양반들에 대한 예절을 지키라고 당부하고 있다.

④ ㉣: 특별한 주제 없이 운자만 맞춘 의미 없는 말을 하는 양반의 모습을 통해 무지를 드러내고 있다.

⑤ ㉤: 의도적으로 양반을 우스꽝스러운 상황에 빠뜨려 조롱하고 있다.

중요 03   외적 준거를 바탕으로 작품 감상하기

보기 를 참고하여 윗글을 이해한 내용으로 적절하지 않은 것은?

> **보기**
>
> 　조선 후기에 접어들면서 신분제가 흔들리고, 서민들의 의식이 깨어나면서 양반들의 것으로만 생각하던 문화를 서민들도 즐길 수 있게 되었다. 귀신을 쫓거나 나라의 안녕 등을 빌던 탈놀이는 조선 후기에 들어서 그 내용이 당시 물질 만능주의에 대한 비판, 뇌물이 만연했던 부패한 지배층에 대한 풍자, 혹은 무지한 양반들을 조롱하는 것으로 바뀌었다. 그러나, 권위가 추락하고 있었음에도 양반은 여전히 강한 권력을 소유하고 있었기에 드러내 놓고 비판할 수는 없었다. 때문에 서민들은 탈춤 안에서 무시당하고 놀림 받는 양반의 모습을 통해 즐거움을 느끼는 동시에 신분 제도를 비웃었다.

① 말뚝이가 양반 삼 형제를 풍자하는 모습을 통해 당시 양반에 대한 서민들의 비판 의식이 드러난다.

② 말뚝이가 악공에게 '버드나무 홀뚜기'로 장단 연주를 부탁하는 것을 통해 서민들의 의식이 깨어나 양반과 같은 문화를 향유하는 것을 알 수 있다.

③ 취발이가 양반이 쓴 '종이를 보더니 말뚝이에게 끌려 양반의 앞에' 가는 모습을 통해 신분제가 흔들리는 상황에서도 양반들의 권위가 여전히 강력하다는 것을 알 수 있다.

④ 말뚝이의 '시대가 금전이면 그만인데'를 통해 당시 돈을 가장 귀하게 여기던 물질 만능주의적 사회상을 알 수 있다.

⑤ 말뚝이가 취발이를 풀어 주는 대가로 돈 '몇백 냥'을 받고, 양반들에게 이를 '못 본 체하고 가만히 계시'라고 하는 것을 통해 뇌물이 만연했던 부패한 지배층의 모습이 드러난다.

*안녕(安寧): 아무 탈 없이 편안함.

서답형 04   단어의 의미 파악하기

ⓐ에 해당하는 대사를 윗글에서 찾아 2음절로 쓰시오.

> 　（　ⓐ　）은/는 관객의 주의를 집중시켜 새로운 재담의 시작을 알리는 표현으로, 악공의 연주를 멈추고 대사를 시작하기 위해 인물들이 외치는 말이다.

복습하기

문법

1 ☐☐☐ 되기의 유형	① 특정 음운 환경에서 예외 없이 일어나는 경우
	– 받침 'ㄱ, ㄷ, ²☐' 뒤에 'ㄱ, ㄷ, ㅂ, ㅅ, ㅈ'이 올 때
	② 음운 환경이 같은 경우
	• 용언의 어간 받침 'ㄴ(ㄵ), ㅁ(ㄻ)' 뒤에 'ㄱ, ㄷ, ㅅ, ㅈ'으로 시작하는 어미가 올 때
	• 한자어에서 'ㄹ' 받침 뒤에 'ㄷ, ㅅ, ㅈ'이 연결될 때
	• 관형사형 어미 '–(으)ㄹ' 뒤에 'ㄱ, ㄷ, ㅂ, ㅅ, ㅈ'로 시작하는 체언이 올 때
	③ 명사와 명사가 결합하여 ³☐☐☐☐가 되는 경우

비문학

1문단	⁴☐☐의 물음에 대한 애덤 스미스의 예상 답변
2문단	인간의 이타심과 이기심의 ⁵☐☐에 대한 애덤 스미스의 깨달음
3문단	애덤 스미스의 〈도덕 감정론〉에서 주장하는 인간이 이타적인 이유
4문단	⁶☐☐☐의 충동을 이기지 못하는 이기적인 인간의 본성
5문단	인간으로 하여금 이타적인 행위를 추구하게 하는 ⁷☐☐☐ 관찰자

문학 – 나룻배와 행인(한용운)

1연	'나'와 '당신'의 관계
2연	'당신'의 무심함과 '나'의 희생적 자세
3연	'당신'을 향한 헌신적인 '나'의 ⁸☐☐☐
4연	'당신'이 올 것을 ⁹☐☐하며 기다리는 '나'
5연	'나'와 '당신'의 관계

문학 – 봉산 탈춤(작자 미상)

| 풍자의 주체 | 말뚝이: 양반들의 ¹⁰☐☐으로 겉으로는 양반들을 존중하는 척 하지만 속으로는 ¹¹☐☐하고 무시함. |

↕

| 풍자의 대상 | 양반 삼 형제: 신체적 결함과 우스꽝스러운 행동이 희화화되어 표현됨. |

↓

| 풍자를 통해 양반의 허위의식과 무능함을 비판함. |

| 정답 | 1 된소리   2 ㅂ   3 합성 명사   4 힐렐   5 조화   6 자기애   7 공정한   8 기다림   9 확신   10 하인   11 조롱 |

07

Contents

※ **가** 는 ○○고등학교 학생회 블로그의 일부이고, **나** 는 학생회가 제작한 앱의 일부이다. 물음에 답하시오.

가

우리 학교 숲과 텃밭의 365일을 담다!

○○고등학교 학생회 2022. 7. ○○. 08 : 30   [+ 이웃추가]

여러분 안녕하십니까? 학생회에서는 개교 50주년을 기념하여 '우리 학교 숲과 텃밭의 365일을 담다!'라는 프로젝트를 시작합니다. 학생회는 우리 학교 숲의 사진과 텃밭의 탐구 자료를 정리하여 '생태 환경 자료집'을 e북으로 만들려고 합니다.

여러분, 우리 학교 숲에는 얼마나 많은 종류의 식물이 있는지 아시나요? 무려 100여 가지의 식물들이 있습니다. 그동안 숲을 거닐면서 꽃과 나무의 아름다운 모습을 많이 찍어 놓으셨을 텐데요, 이번 기회에 그 사진들을 공유해 보면 어떨까요? 학생회에서도 그동안 찍은 사진들을 모아 숲의 사계절을 담은 영상을 만들어 보았습니다. 여러분들이 올린 사진을 모아 이와 같은 영상 자료를 만들 수 있을 것 같습니다.

[학교 숲의 사계절 영상]

⊙ [숲 사진을 올리려면 여기를 클릭!]

우리 학교에는 식물의 생장 과정을 학습할 수 있는 텃밭도 있습니다. 텃밭에는 10여 가지의 식물들이 자라고 있는데요, 수업 시간이나 동아리 활동 시간에 이 식물들에 대해 탐구해 보신 경험이 있을 겁니다. 이번 자료집에는 텃밭의 식물들을 탐구한 자료들도 함께 싣고자 합니다. 과학 동아리에서 작성한 식물 관찰 일지를 첨부하니 이 예시를 참고하여 자료를 작성해서 업로드해 주세요.

📁 식물 관찰 일지.pdf   ↓

숲 사진과 텃밭 탐구 자료를 많이 업로드해 주실수록 자료집은 더욱 풍성해질 것입니다.

[텃밭 자료를 올리려면 여기를 클릭!]

여러분! 이 프로젝트에 공감하신다면 '공감하기'를 눌러 주시고, 좋은 의견 있으면 댓글로 남겨 주세요.

💬 댓글 52   ♡ 공감하기 102

김○○: 블로그 자료들을 모은 우리 학교 숲과 텃밭에 대한 기록을 앱으로 만들면 더 편리할 것 같아요.
└ 학생회장: 좋은 생각이네요. 앱으로 만들어 보겠습니다.

나

01 매체의 유형과 특성 파악하기

(가)에 대한 설명으로 적절하지 <u>않은</u> 것은?

① 댓글 내용에 반응하여 프로젝트에 대한 제안 내용을 수용하고 있다.

② 프로젝트의 결과를 요약한 파일을 첨부하여 추가 자료를 제공하고 있다.

③ 학교 숲 사진으로 만든 동영상을 제시하여 프로젝트 내용의 일부를 보여 주고 있다.

④ 자료를 올리려는 학생들이 해당 게시판으로 편리하게 이동할 수 있도록 안내하고 있다.

⑤ '공감하기' 기능을 활용하여 프로젝트에 대한 학생들의 반응을 확인하려고 하고 있다.

중요 ## 02 매체 자료 수용의 적절성 파악하기

보기 는 학생회의 회의 결과를 바탕으로 (나)를 수정한 앱이다. 회의의 내용으로 적절하지 <u>않은</u> 것은?

보기

① 프로젝트의 제목을 반영하여 앱의 제목을 바꾸고, 학교 이름도 언급하는 것이 좋을 것 같아.

② 항목별로 모은 자료가 무엇인지 표시하여 알려 주고, 구분되어 있지 않던 항목도 '학교 숲'과 '학교 텃밭' 항목으로 나누자.

③ '학교 텃밭' 항목의 메뉴를 나누는 기준을 학년에서 식물의 종류로 바꾸어 탐구 자료를 식물별로 확인할 수 있게 하자.

④ '학교 숲' 항목은 사진을 연도별로 구분하는 것보다 계절별로 확인할 수 있게 메뉴를 새롭게 구성하는 게 좋을 것 같아.

⑤ '묻고 답하기' 항목을 '자료 더하기' 항목으로 바꾸어 숲 사진과 식물 관찰 일지를 올릴 수 있도록 하자.

서답형 ## 03 매체 자료의 적절성 판단하기

보기 2 는 **보기 1** 의 ⓒ을 윗글의 ⊙으로 바꾸었을 때의 효과를 서술한 것이다. ⓐ에 들어갈 말을 쓰시오.

보기 1

우리 학교 숲과 텃밭의 365일을 담다!

여러분 안녕하십니까? 학생회에서는 개교 50주년을 기념하여 '우리 학교 숲과 텃밭의 365일을 담다!'라는 프로젝트를 시작합니다. 학생회는 우리 학교 숲의 사진과 텃밭의 탐구 자료를 정리하여 '생태 환경 자료집'을 e북으로 만들려고 합니다.

[학교 숲의 사계절 영상]

ⓒ 숲 사진은 우리 학교 홈페이지에 올려주세요. 여러분들이 올린 사진을 모아 이와 같은 영상 자료를 만들 수 있을 것 같습니다. 또한 숲 사진과 텃밭 탐구 자료를 많이 업로드해 주실수록 자료집은 더욱 풍성해질 것입니다. (중략)

보기 2

윗글은 〈보기 1〉과 달리 (ⓐ)을/를 삽입하여 독자들이 프로젝트에 적극적으로 참여할 수 있도록 유도할 수 있다.

문제풀이

※ 다음 글을 읽고 물음에 답하시오.

현대 사회는 생태계의 파괴와 환경오염, 경제적 양극화로 인한 빈부 격차, 자본과 선동에 의해 좌우되는 정치 체제* 등 예상치 못했던 문제 상황에 직면해 있다. 특히 과도한 욕망을 통제하지 못하고 이를 폭력적 행위로 표출하거나, 폭력을 통해 발생하는 위기 상황을 또 다른 폭력으로 진정시키려는 현상은 현대 사회의 주된 문제 양상이다. **르네 지라르**는 이런 악순환이 생기는 이유를 욕망의 삼각형 구조와 희생양 이론으로 설명한다.

지라르는 인간은 스스로 어떤 것을 욕망하는 것이 아니라 타인의 욕망을 모방한다고 보았다. 욕망의 주체는 욕망하는 대상을 원하지만, 실제로는 욕망을 매개하는 중개자인 타인처럼 되려고 한다는 것이다. 그는 이러한 현상을 욕망의 삼각형 구조라고 명명했다. 욕망의 주체, 욕망의 대상, 그리고 욕망의 중개자를 세 점으로 하는 삼각형으로 인간의 욕망을 설명할 수 있다는 것이다. 이때 타인에 의한 욕망의 중개에는 외적 중개와 내적 중개가 있는데, 외적 중개는 욕망의 주체와 중개자 사이의 거리가 먼 경우로 욕망의 주체와 중개자가 시공간적으로 다른 세계에 살고 있거나 동시대에 살고 있다고 하더라도 삶의 영역이 확연히 다른 경우를 의미한다. 따라서 주체는 중개자를 자신보다 월등하다고 인정하고, 둘 사이에는 어떤 갈등도 생기지 않는다. 그런데 욕망의 주체와 중개자의 사회적, 심리적 거리가 가까운 내적 중개에서 욕망의 주체는 욕망의 중개자를 모방하면서도 그 사실을 드러내지 않으며 그 대상을 높게 평가하지도 않는다. 오히려 욕망의 주체가 자신도 욕망의 중개자처럼 될 수 있다고 확신하면서 욕망의 주체와 중개자 사이에 갈등이 생긴다. 욕망의 주체와 중개자 사이에 경쟁 관계가 형성되었기 때문이다. 이는 욕망의 주체와 중개자가 동일한 시기에 같은 세계에서 살기 때문인데, 중개자와 주체 사이의 차이가 줄어들수록 그 경쟁은 더 치열해진다. 지라르는 경쟁 관계에 있는 그 둘을 '짝패'라고 불렀다. 짝패는 서로가 같은 대상을 욕망하면서 결국 서로에게 장애가 되고, 갈등이 깊어지면 필연적으로 폭력으로 이어지는데, 많은 역사적 폭력 사건이 이런 이유로 인해 발생하였다고 설명한다.

지라르는 이러한 경쟁과 폭력을 극복하기 위해 사람들은 ㉠ 희생양을 만들고, 이들에게 욕망을 실현하지 못한 자신들의 불만을 전가시키면서 사회를 안정시켜왔다고 보았다. 사회를 보호하기 위해 그 사회에서 가장 소외되어 있는 사람에게 폭력의 방향을 돌려서 희생시켜 왔다는 것이다. 이때 희생양으로 선정된 사람들은 그들이 또 다른 폭력을 부를 수 없는 철저한 약자여야만 한다. 왜냐하면 그들이 희생양으로 처형된 다음에 복수가 이루어진다면 또 다시 폭력이 자행되어* 그들을 희생양으로 처형했던 것이 무의미해지기 때문이다. 장애인, 이방인, 난민, 힘없는 여성 등 다양한 사회적 소수자가 발생하는 것도 이 때문이라는 견해이다.

01 세부 내용 파악하기

'르네 지라르'의 주장으로 가장 적절한 것은?

① 욕망의 주체와 중개자 사이에 차이가 사라지면 폭력을 막을 수 있습니다.

② 욕망의 주체와 중개자가 짝패를 이루어야 사회적 폭력이 완화될 수 있습니다.

③ 욕망의 주체가 중개자가 월등하다고 인정하면 폭력은 일어나지 않을 것입니다.

④ 욕망의 주체가 욕망의 대상자처럼 될 수 있다는 자신감이 있을 때 폭력은 사라집니다.

⑤ 욕망의 주체와 중개자의 심리적 거리가 가까워야 폭력이 일어나는 것을 예방할 수 있습니다.

02 세부 내용 추론하기

㉠에 대한 설명으로 적절하지 <u>않은</u> 것은?

① 사회에서 가장 소외되어 있는 사람이다.

② 사회적 폭력의 원인을 제공한 존재를 일컫는다.

③ 폭력을 일으킨 사람들의 불만이 전가되는 대상이다.

④ 또 다른 폭력이나 처형에 대한 복수를 일으키지 못한다.

⑤ 경쟁과 폭력이 만연한 사회를 안정시키기 위해 이용되는 존재이다.

중요 03 구체적 사례에 적용하기

윗글을 바탕으로 보기 를 해석한 내용으로 적절하지 <u>않은</u> 것은?

> 보기
>
> 지라르는 욕망의 삼각형 구조를 설명하기 위해 돈키호테를 예로 들었다. 돈키호테는 그의 조수인 산초에게 "아마디스는 모든 용감한 기사의 태양이라네. 기사들은 모두 그의 모습을 닮아야 하네. 왜냐하면 아마디스는 언제나 용감한 기사가 되고자 하였고 이를 이루었으므로 그를 가장 닮아갈 때 완전한 기사의 모습에 도달할 수 있지 않겠나?"라고 말한다. 돈키호테는 당시에는 죽어 존재하지 않았지만 전설적으로 전해오는 기사 아마디스를 통해 진정한 기사의 꿈을 꾸었던 것이다.

① 아마디스도 한때 기사였다는 점에서, 그와 돈키호테는 사회적 거리가 가까웠을 것이다.

② 돈키호테가 닮아가고 싶은 대상이라는 점에서, 아마디스는 돈키호테에게 욕망의 중개자이다.

③ 돈키호테가 아마디스를 용감한 기사의 태양이라고 칭한 것을 볼 때, 돈키호테는 욕망의 주체이다.

④ 아마디스가 이미 죽은 전설적인 존재라는 점에서, 그와 돈키호테 사이에는 어떤 갈등도 존재하지 않는다.

⑤ 돈키호테가 아마디스를 통해 기사의 꿈을 가진 점에서, 돈키호테는 완전한 기사에 대한 욕망을 스스로 가진 것은 아니다.

서답형 04 세부 내용 파악하기

다음을 내적 중개 의 관점으로 보았을 때, ⓐ에 해당하는 용어를 쓰시오.

> '계유정난'은 1453년, 후에 세조로 즉위하는 세종의 둘째 아들 수양대군이 왕위를 찬탈하여 단종의 최측근이었던 김종서와 황보인 등을 살해하고, 단종을 폐위시킨 후 자신이 왕위에 오른 사건이다. 계유정난 이전 삼촌과 조카였던 ⓐ <u>수양대군과 단종의 관계</u>가 권력에 대한 욕망 앞에서 한순간에 돌변한 것이다.

문제풀이

07 강

천만리 머나먼 길에 _왕방연

| 정답 및 해설 | 47쪽

☑ 한방에! 개념정리

☑ 한방에! 핵심정리

갈래	평시조
성격	애상적, 감상적
주제	임과 이별한 슬픔
특징	① 3장 6구 4음보의 형식으로 이루어짐. ② 화자의 감정을 자연물에 이입하여 표현함. ③ 화자의 슬픔을 '천만리'라는 수량화된 표현을 통해 극대화함.
해제	이 작품은 작가가 당시 유배 가는 단종의 압송 책임을 맡게 되어 어린 임금을 유배지에 두고 돌아오면서 자신의 괴로운 심정을 읊은 시조이다. 냇물에 감정을 이입함으로써 단종과 이별하는 화자의 슬픔과 연군의 정이 드러나고 있다.

※ 다음 글을 읽고 물음에 답하시오.

천만리 머나먼 길에 고운 임 여의옵고

내 마음 둘 데 없어 ㉠ 냇가에 앉았으니

저 물도 ㉡ 내 안* 같아서 울어 밤길 예놋다*

- 왕방연, 〈천만리 머나먼 길에〉 -

☑ 한방에! 같이볼작품

<단종의 유배를 주제로 한 작품>

수양산(首陽山) 바라보며 이제(夷齊)를 한(恨)하노라

주려 죽을진들 채미(採薇)도 하는 것가

아모리 푸새엣 것인들 그 뒤 따에 났더냐

- 성삼문, <수양산 바라보며>

간밤에 불던 바람에 눈서리 치단 말가

낙락장송(落落長松)이 다 기울어 가노매라

하물며 못다 핀 꽃이야 일러 무엇 하리오

- 유응부, <간밤에 불던 바람에>

방 안에 켜 있는 촛불 누구와 이별하였기에

겉으로는 눈물 지고 속 타는 줄 모르는고

저 촛불 나와 같아서 속 타는 줄 모르도다

- 이개, <방안에 켜 있는 촛불>

☑ 한방에! 어휘풀이

★ 안: 마음.
★ 예놋다: 가는구나.

01 표현상의 특징 파악하기

윗글에 대한 설명으로 적절한 것은?

① 형식의 제약이 없어 비교적 자유롭게 창작된다.
② 비슷한 문장 구조의 반복을 통해 운율을 형성한다.
③ 시구를 규칙적으로 끊어 읽음으로써 운율을 형성한다.
④ 역설적 표현을 통해 시적 상황을 극대화하여 드러낸다.
⑤ 자연물을 활용함으로써 자연 친화적인 삶의 태도를 드러낸다.

02 시어의 의미 이해하기

㉠, ㉡에 대한 설명으로 적절한 것은?

① ㉠은 화자가 임을 떠나보낸 곳을 의미한다.
② ㉠은 화자의 슬픔을 강조하기 위해 설정한 가상의 공간이다.
③ ㉡은 임과 이별한 화자의 애통한 심정을 가리킨다.
④ ㉡은 임이 헤쳐 나가야 할 고난을 비유적으로 표현한 시어이다.
⑤ ㉠과 ㉡ 모두 화자의 충성심이 투영된 자연물이다.

★ 투영하다(投影하다): 어떤 일을 다른 일에 반영하여 나타내다.

중요 03 외적 준거를 바탕으로 작품 감상하기

보기를 참고하여 윗글을 감상한 내용으로 적절하지 않은 것은?

보기

　〈천만리 머나먼 길에〉는 유배지로 쫓기듯 떠나던 단종에 대한 작가 왕방연의 안타까운 마음을 담은 시조이다. 조선 초기, 임금인 문종이 죽은 후 그 아들인 단종이 어린 나이로 왕위에 올랐으나, 당시 왕위 계승권이 없던 수양 대군(세조)이 무력으로 단종을 몰아내었다. 왕이 된 수양 대군은 단종을 복위시키려는 움직임이 일자 단종을 영월로 유배 보냈는데, 이때 왕방연은 금부도사로서 단종을 유배지로 호송하는 임무를 맡았다.

① '천만리 머나먼 길'은 단종의 유배지였던 영월을 가리키는 것으로 볼 수 있군.
② 작가가 '고운 임'을 '여의'게 된 것은 단종을 복위시키려는 움직임에 대한 수양 대군의 반응과 관련이 있겠군.
③ '내 마음 둘 데 없어'라는 표현은 자신이 따랐던 임금과 헤어져 상실감을 느끼고 있는 작가의 심정으로 볼 수 있겠군.
④ '저 물'은 단종을 유배지로 호송한 뒤 돌아오는 길에 작가가 본 것이라 예상할 수 있겠군.
⑤ '밤길'은 단종을 폐위시킨 수양 대군을 의미하는 시어로, 어두운 이미지를 활용해 작가의 부정적 시각을 표현하였군.

★ 호송(護送): 죄수나 형사 피고인을 어떤 곳에서 목적지로 감시하면서 데려가는 일.

서답형 04 시어의 의미 파악하기

보기를 참고하여, 윗글에서 화자의 감정이 이입된 대상을 찾아 2어절로 쓰시오.

보기

　감정 이입이란, 시적 화자의 감정을 다른 대상 속에 이입시켜 마치 대상이 그렇게 느끼는 것처럼 표현하는 것을 말한다.

문제풀이

노새 두 마리 _최일남

| 정답 및 해설 | 48쪽

※ 다음 글을 읽고 물음에 답하시오.

[앞부분 줄거리] 구 동네에 사는 '나'의 가족은 새 동네로 연탄을 배달하며 살아간다. 어느 날, 연탄 배달을 위해 새 동네로 들어가는 가파른 골목길을 오르려던 '나'와 아버지는 위기를 맞닥뜨린다.

그 가파른 골목길 어귀에 이르자 아버지는 미리 **노새** 고삐를 낚아 잡고 한달음에 올라갈 채비를 하였다. 그러나 어쩐 일인지 다른 때 같으면 사백 장 정도 싣고는 힘 안 들이고 올라설 수 있는 고 개인데도 이날따라 오름길 중턱에서 턱 걸리고 말았다. 아버지는 어, 하는 눈치더니 고삐를 거머 쥐고 힘껏 당겼다. 이마에 힘줄이 굵게 돋았다. 얼굴이 빨개졌다. 나는 얼른 달라붙어 죽어라고 밀 었다. 그러나 길바닥에는 살얼음이 한 겹 살짝 깔려 있어서 마차를 미는 내 발도 줄줄 미끄러져 나 가기만 했다. 노새는 앞뒤 발을 딱딱 소리를 낼 만큼 힘껏 땅을 밀어 냈으나 마차는 그때마다 살얼 음 위에 노새의 발자국만 하얗게 긁힐 뿐 조금도 올라가지 않았다. 아직은 아래쪽으로 밀려 내리 지 않고 제자리에 버티고 선 것만도 다행이었다. ㉠ 사람들이 몇 명 지나갔으나 모두 쳐다보기만 할 뿐 아무도 달라붙지는 않았다. 그전에도 그랬다. 사람들은 얼핏 도와주고 싶은 생각이 났다가 도, 상대가 연탄 마차인 것을 알고는 감히 손을 내밀지 못했다. 도대체 어디다 손을 댄단 말인가. 제대로 하자면 손만 아니라 배도 착 붙이고 밀어야 할 판인데 그랬다간 옷을 모두 망치지 않겠는 가. 옷을 망치면서까지 친절을 베풀 사람은 이 세상엔 없다고 나는 믿어 오고 있다. 그건 그렇고, 그런 시간에도 마차는 자꾸 밀려 내려오고 있었다. 돌을 괴려고 주변을 살펴보았으나 그만한 돌이 얼른 눈에 띄지 않을뿐더러, 그나마 나까지 손을 놓으면 와르르 밀려 내려올 것 같아서 손을 뗄 수 가 없었다. ㉡ 아버지는 평소의 그답지 않게 사정없이 **노새에게 매질을 해** 댔다.

"이랴, 우라질* 놈의 노새, 이랴!"

노새는 눈을 뒤집어 까다시피 하면서 바득바득 악을 써 댔으나 판은 이미 그른 판이었다. 그때였 다. 노새가 발에서 잠깐 힘을 빼는가 싶더니 마차가 아래쪽으로 와르르 흘러내렸다. 뒤미처* 노새 가 고꾸라지고 연탄 더미가 데구루루 무너졌다. 아버지는 밀려 내려가는 마차를 따라 몇 발짝 뒷 걸음질을 치다 홀랑 물구나무서는 꼴로 나자빠졌다. 나는 얼른 한옆*으로 비켜섰기 때문에 아무 일도 없었다. 그러나 정작 일은 그다음에 벌어지고 말았다. 허우적거리며 마차에 질질 끌려가던 노새가 마차가 내박쳐진* 자리에서 벌떡 일어서더니 뒤도 안 돌아보고 냅다 뛰기 시작한 것이다.

[중간 부분 줄거리] '나'는 아버지와 함께 노새를 찾아 나선다. '나'는 한바탕 난리를 피우며 노새를 쫓지만 잡지 못한다. 다음 날에도 아버지와 '나'는 노새를 찾아다니지만 결국 발견하지 못하고, 아버지는 '나'를 끌고 술집으로 향한다.

㉢ 아버지는 소주 한 병과 안주를 시키더니 안주는 내 쪽으로 밀어주고 술만 거푸* 마셔 댔다. 아 버지는 술이 약한 편이어서 저러다가 어쩌나 하고 걱정이 되었다.

"아버지, 고만 드세요. 몸에 해로워요."

"으응."

대답하면서도 아버지는 술잔을 놓지 않았다. 얼마나 지났을까. 안주를 계속 주워 먹었으므로 어느 정도 시장기를 면한 나는 비로소 아버지를 쳐다보았다.

"이제부터 내가 노새다. 이제부터 내가 노새가 되어야지 별수 있니? 그놈이 도망쳤으니까, 이제 내가 노새가 되는 거지."

기분 좋게 취한 듯한 아버지는 놀라는 나를 보고 히힝 한 번 웃었다. 나는 어쩐지 그런 아버지가 무섭지만은 않았다. 그러면 형들이나 나는 노새 새끼고, 어머니는 암노새고, 할머니는 어미 노새가 되는 것일까? 나도 아버지를 따라 히히힝 웃었다. 어른들은 이래서 술집에 오는 모양이었다. 나는 안주만 집어 먹었는데도 술 취한 사람마냥 턱없이 즐거웠다. ㉣ 노새 가족─노새 가족은 우리 말고는 이 세상에 또 없을 것이다.

그러나 이러한 생각은 아버지와 내가 집에 당도했을 때 무참히 깨어지고 말았다. 우리를 본 어머니가 허둥지둥 달려 나와 매달렸다.

"이걸 어쩌우, 글쎄 경찰서에서 당신을 오래요. 그놈의 노새가 사람을 다치고 가게 물건들을 박살을 냈대요. 이걸 어쩌지."

"노새는 찾았대?"

"찾거나 그러면 괜찮게요? 노새는 온데간데없고 사람들만 다치고 하니까, 누구네 노새가 그랬는지 수소문 끝에 우리 집으로 순경이 찾아왔지 뭐유."

오늘 낮에 지서*에서 나온 사람이 우리 노새가 튀는 바람에 여기저기서 많은 피해를 입었으니 도로 무슨 법이라나 하는 법으로 아버지를 잡아넣어야겠다고 이르고 갔다는 것이었다.

아버지는 술이 확 깨는 듯 그 자리에 선 채 한동안 눈만 뒤룩뒤룩* 굴리고 서 있더니 힝 하고 코를 풀었다. 그러고는 아무 말 없이 시적시적* 문밖으로 걸어나갔다. 나는

"아버지."

하고 뒤를 따랐으나 ㉤ 아버지는 돌아보지도 않고 어두운 골목길을 나가고 있었다.

나는 그 순간 또 한 마리의 노새가 집을 나가는 것 같은 착각을 일으켰다. 그러고는 무엇인가가 뒤통수를 때리는 것을 느꼈다. 아, 우리 같은 노새는 어차피 이렇게 **비행기**가 붕붕거리고, **헬리콥터**가 앵앵거리고, 자동차가 빵빵거리고, 자전거가 쌩쌩거리는 대처*에서는 발붙이기 어려운 것인가 하는 생각이 들었다. 언젠가 남편이 택시 운전사인 **칠수 어머니**가 하던 말,

"최소한도 자동차는 굴려야지 **지금이 어느 땐데 노새를 부려.**"

했다는 말이 생각났다. 그러나 그것은 잠깐 동안이고 나는 금방 아버지를 쫓았다. 또 한 마리의 노새를 찾아 캄캄한 골목길을 마구 뛰었다.

- 최일남, 〈노새 두 마리〉 -

노새에 연탄을 실어 배달하는 '나'의 가족은 도시 변두리에서 어렵게 생활한다. 새 동네로 연탄 배달을 나간 어느 날, 가족의 생계 수단인 노새가 도망친다. 생계를 위협하는 이 상황 속에 아버지와 '나'는 노새를 찾기 위해 백방으로 노력하지만 찾지 못하고 돌아온다. 그 과정에서 그 누구도 가족의 상황에 관심을 갖거나 도와주려고 하지 않는다. 도시의 비정함 속에서 '나'는 아버지가 일만 하고 고단한 삶을 살아가는 노새가 아닌가 생각하고, 아버지 역시 이제는 자신이 노새라고 말하면서 이제는 가족의 생계를 자기가 책임져야 한다는 가장의 책임 의식을 드러낸다. 그러나 어머니로부터 도망친 노새가 사람들에게 해코지를 하여 경찰서에 출석해야 한다는 말을 전해 듣고 집을 나가는 아버지를 보며, '나'는 아버지와 노새 모두 도시의 삶에 적응하며 사는 것이 힘겨운 일임을 깨닫는다.

✔ **한방에! 어휘풀이**

* **우라질**: 뜻대로 일이 안 되거나 마음에 안 들 때 혼자서 욕으로 하는 말.
* **뒤미처**: 그 뒤에 곧 잇따라.
* **한옆**: 한쪽 옆.
* **내박치다**: 힘껏 집어 내던지다.
* **거푸**: 잇따라 거듭.
* **지서(支署)**: 본사에서 갈려 나가, 그 관할 아래서 지역의 일을 맡아서 하는 관서.
* **뒤룩뒤룩**: 크고 둥그런 눈알이 자꾸 힘 있게 움직이는 모양.
* **시적시적**: 힘들이지 아니하고 느릿느릿 행동하거나 말하는 모양.
* **대처(大處)**: 도회지. 사람이 많이 살고 상공업이 발달한 번잡한 지역.

01 서술상의 특징 파악하기

윗글에 대한 설명으로 적절한 것은?

① 현대 문명의 혜택을 누리는 사람들을 중심으로 그리고 있다.

② 일제강점기 우리 민족의 고단한 삶을 연민을 담아 바라보고 있다.

③ 어린아이의 시각으로 사건을 전개함으로써 객관성을 드러내고 있다.

④ 고달픈 현실에도 불구하고 희망을 잃지 말라는 작품의 주제 의식을 전달하고 있다.

⑤ 학대받는 동물을 통해 도시화로 인해 고통받는 인간을 상징적으로 그려낸 우화소설이다.

02 인물의 행동 이해하기

㉠~㉢을 통해 알 수 있는 인물의 모습으로 적절하지 않은 것은?

① ㉠: 연탄 때문에 자신들의 옷이 더러워질까 봐 도움을 피하는 각박한 사람들의 모습이 드러난다.

② ㉡: 노새가 아래로 미끄러질까 봐 노심초사하는 아버지의 불안함과 초조함이 드러난다.

③ ㉢: 노새를 찾지 못한 아버지의 괴로운 심정이 드러난다.

④ ㉣: 생계 수단이 사라진 막막한 상황에도 세상을 긍정적으로 바라보는 '나'의 순수함이 드러난다.

⑤ ㉤: 노새를 다시 찾을 수 있을 것이라는 아버지의 기대가 드러난다.

중요 03 외적 준거를 바탕으로 작품 감상하기

보기 를 참고하여 윗글을 감상한 것으로 적절하지 않은 것은?

> 보기
>
> ...... 5, 6년 전만 해도 서울역 주변에는 50~60대의 우마차가 있었고 서울 시내에만 1백 50대가 있었지만 이제는 서울역 부근에는 소가 4마리, 노새 1마리, 조랑말 1마리가 남아 있어 옛 풍경을 알려줄 정도일 뿐 **용달차**라는 현대에 밀려 시골로 쫓겨나 버린 애환도 있다. (중략) 지금 있는 6마리도 서울역 안에서 서울역 뒤 1km 이내의 창고에 짐을 옮기는 일만을 하고 있다. 그래도 착실히 벌어왔던 마주와 마부들은 삼륜차로 장사를 해 보았지만 새로운 것에 익숙하지 못한 탓인지 많은 사람이 실패했고 ○○○ 씨가 3대의 삼륜차로 장사를 계속하고 있을 뿐이다. **조랑말 몇 마리**가 변두리에서 연탄이나 모래를 나르고 있는 오늘의 실정이지만 이것도 멀지 않아 자취를 감출 테니 운송의 주역들이었던 마부는 이제 사전에서나 찾게 될 게 분명하다.......
>
> — 1971. 3. 8. 〈경향신문〉

① 아버지와 함께 연탄을 나르던 '노새'는 〈보기〉의 '조랑말 몇 마리'의 실정과 흡사하군.

② 아버지가 잃어버린 '노새'를 찾아도, '노새'로 연탄을 나르는 일은 결국 멀지 않아 자취를 감추게 되겠군.

③ '노새에게 매질을 해'댄 아버지의 모습은 삼륜차로 위기를 극복하려는 '○○○ 씨'의 모습과 유사하군.

④ 윗글의 '비행기', '헬리콥터'는 〈보기〉의 '용달차'와 동일한 의미를 지니는군.

⑤ '지금이 어느 땐데 노새를 부'리냐는 '칠수 어머니'의 말은 1970년대의 시대 상황을 정확히 반영한 말이겠군.

＊ 우마차(牛馬車): 우차와 마차를 통틀어 이르는 말.

＊ 마부(馬夫): 말을 부려 마차나 수레를 모는 사람.

서답형 04 구절의 의미 파악하기

ⓐ에 들어갈 말로 적절한 것을 윗글에서 찾아 쓰시오.

> 윗글의 제목인 〈노새 두 마리〉에서 '노새'는 우리 가족의 생계 수단이었던 노새와 (ⓐ)을/를 의미한다.

문제풀이

복습하기

매체

학생회 블로그의 특징	• ¹ ☐☐ 을 통해 정보 제공자와 수용자 간 상호작용함. • '공감하기'를 통해 글에 대한 독자의 ² ☐☐ 을 확인할 수 있음. • 학교 숲의 사계절 ³ ☐☐ 등 다양한 매체 자료를 활용함. • 하이퍼링크를 첨부하여 독자들이 프로젝트에 참여할 수 있도록 유도함. • '식물 관찰 일지' ⁴ ☐☐ 를 첨부하여 독자들이 자료를 작성할 때 참고하도록 함.

비문학

1문단	현대 사회의 문제적 양상에 대한 르네 지라르의 견해
2문단	르네 지라르의 욕망의 ⁵ ☐☐☐ 구조
3문단	르네 지라르의 ⁶ ☐☐☐ 이론

문학 – 천만리 머나먼 길에(왕방연)

초장	⁷ ☐☐ 임과의 이별
중장	이별 후 상실감에 ⁸ ☐☐ 에 앉은 화자
종장	임과 이별한 화자의 ⁹ ☐☐

문학 – 노새 두 마리(최일남)

'나'의 가족은 도시 변두리에서 노새에 연탄을 실어 배달하며 생계를 유지함.

⬇

어느 날, 연탄 배달을 하러 ¹⁰ ☐☐☐ 을 올라가던 중 노새가 도망침.

⬇

노새를 찾지 못하자, 아버지는 자신이 ¹¹ ☐☐ 라며 가장의 책임 의식을 드러냄.

⬇

노새가 사람들에게 해코지해 ¹² ☐☐☐ 에 출석해야 한다는 말을 들은 아버지가 집을 나감.

⬇

'나'는 아버지를 쫓아 ¹⁰ ☐☐☐ 을 내달림.

08

Contents

※ 다음 글을 읽고 물음에 답하시오.

음운의 동화는 인접한 두 음운 중 어느 한쪽 또는 양쪽이 서로 비슷하거나 같은 소리로 바뀌는 현상이다. 국어의 대표적인 동화에는 비음화, 유음화, 구개음화가 있다.

비음화는 비음이 아닌 'ㅂ, ㄷ, ㄱ'이 비음 'ㅁ, ㄴ' 앞에서 비음 'ㅁ, ㄴ, ㅇ'으로 바뀌어 소리 나는 현상이다. 예를 들어 '국민'이 [궁민]으로 발음되는 것은 비음화에 해당한다. 유음화는 비음 'ㄴ'이 유음 'ㄹ'의 앞이나 뒤에서 유음 'ㄹ'로 발음되는 현상이다. 유음화의 예로는 '칼날[칼랄]'이 있다. ㉠ 아래의 자음 체계표를 보면, 비음화와 유음화는 그 결과로 인접한 두 음운의 조음 방식이 같아진다는 것을 알 수 있다.

조음방식＼조음위치	입술 소리	잇몸 소리	센입천장 소리	여린입천장 소리
파열음	ㅂ, ㅍ	ㄷ, ㅌ		ㄱ, ㅋ
파찰음			ㅈ, ㅊ	
비음	ㅁ	ㄴ		ㅇ
유음		ㄹ		

구개음화는 끝소리 'ㄷ, ㅌ'이 모음 'ㅣ'로 시작되는 조사나 접미사 앞에서 구개음 'ㅈ, ㅊ'으로 발음되는 현상이다. 가령 '해돋이'가 [해도지]로 발음되는 것이 이에 해당한다. 이는 동화 결과로 조음 위치와 조음 방식이 모두 바뀌는 현상이다.

아래 그림을 보면 '해돋이'가 [해도디]가 아닌 [해도지]로 소리 나는 이유를 알 수 있다. [1]과 [2]에서 보듯이, 'ㄷ'과 'ㅣ'를 발음할 때의 혀의 위치가 달라 '디'를 발음할 때는 혀가 잇몸에서 입천장 쪽으로 많이 움직여야 한다. 그러나 [2]와 [3]을 보면, 'ㅈ'과 'ㅣ'를 발음할 때의 혀의 위치가 비슷하기 때문에 '지'를 발음할 때는 혀를 거의 움직이지 않아도 된다.

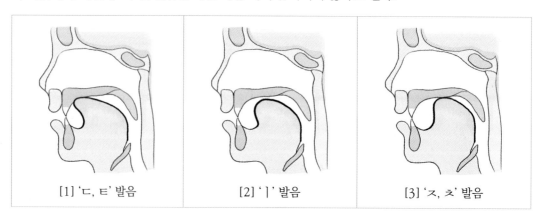

[1] 'ㄷ, ㅌ' 발음   [2] 'ㅣ' 발음   [3] 'ㅈ, ㅊ' 발음

비음화, 유음화, 구개음화는 동화 결과 인접한 두 음운의 성격이 비슷하거나 같은 소리로 바뀐다는 점에서 유사하다. 이처럼 성격이 비슷하거나 같은 소리가 연속되면 발음할 때 힘이 덜 들게 되므로 발음의 경제성이 높아진다.

01 음운의 동화 이해하기

윗글의 내용에 대한 이해로 적절하지 않은 것은?

① 음운의 동화는 인접한 두 음운이 비슷하거나 같은 소리로 바뀌는 현상이다.

② 음운의 동화로 조음 위치나 조음 방식이 바뀌면 발음의 경제성이 높아진다.

③ 구개음화와 달리 비음화와 유음화가 일어나는 인접한 두 음운은 모두 자음이다.

④ 구개음화는 자음으로 시작되는 조사나 접미사 앞에서는 일어나지 않는다.

⑤ 구개음화는 동화의 결과로 자음과 모음의 소리가 모두 바뀌는 현상이다.

중요 ## 02 음운 동화의 구체적인 사례 이해하기

㉠을 참고할 때, 보기 의 a~c에서 일어난 음운 동화에 대한 설명으로 적절한 것은?

보기

a. 밥물[밤물] 　　　　 b. 신라[실라] 　　　　 c. 굳이[구지]

① a: 비음화의 예로, 조음 방식만 바뀐 것이다.

② a: 유음화의 예로, 조음 방식만 바뀐 것이다.

③ b: 비음화의 예로, 조음 위치만 바뀐 것이다.

④ b: 유음화의 예로, 조음 위치만 바뀐 것이다.

⑤ c: 구개음화의 예로, 조음 방식만 바뀐 것이다.

서답형 ## 03 음운의 변동 파악하기

보기 를 바탕으로 ⓐ, ⓑ에 들어갈 말로 적절한 것을 골라 차례대로 쓰시오.

보기

　　남원은 〈춘향전〉의 배경인 도시입니다. 특히 성춘향과 이몽룡이 인연을 맺었던 광한루는 우리나라 4대 누각 중 하나로, 봄나들이에 제격입니다. 누각 근처 도로에 일렬로 늘어진 벚나무 길에는 벚꽃뿐만 아니라 연못과 오작교 등 볼거리가 풍성합니다.

　　〈보기〉에서 비음화가 일어난 단어는 '(ⓐ)'이고, 유음화가 일어난 단어는 '(ⓑ)'이다.

☑ 한방에! 핵심정리

갈래	설명문
주제	수면에 관여하는 두 물질과 카페인이 수면을 방해하는 과정
해제	이 글은 수면을 조절하는 멜라토닌과 아데노신의 작용 과정과, 아데노신의 분비를 막는 카페인의 기능을 설명한다. 멜라토닌의 경우 일조량을 감지하여 낮에는 활동하고 밤에는 수면을 취할 수 있도록 자연적인 수면을 유도하는 신호를 전달한다. 아데노신은 인간이 활동한 지 12~16시간이 지나면 스스로 수면을 취하게끔 돕는 물질이다. 카페인은 아데노신의 분비를 막는 물질로, 뇌에서 아데노신이 결합하는 자리에 대신 들어가 뇌에 정상적으로 전달되어야 할 졸음 신호를 차단한다. 혈액의 카페인 농도는 섭취 후 30분이 지나면 최고조에 달하며, 50%가 제거되는 데 5~7시간이 걸린다.

＊문단 중심 내용

1문단	수면을 조절하는 두 물질
2문단	멜라토닌의 분비와 작용 과정
3문단	아데노신의 분비를 방해하는 카페인
4문단	카페인의 특징

※ 다음 글을 읽고 물음에 답하시오.

　만약 수면의 양이 부족하거나 질이 떨어지게 된다면 우리 몸은 쌓인 피로를 회복할 수 없게 된다. 그 결과 면역력*이 떨어져서 질병에 쉽게 노출되고, 집중력과 판단력이 저하되어 정상적인 생활을 하는 데 어려움을 겪는다. 따라서 인간은 적절한 수면을 통해 건강을 유지해야 한다. 이때 멜라토닌과 아데노신은 적절한 수면을 돕는 주된 물질이다.

　멜라토닌은 뇌 속 시상 하부*에 위치한 솔방울샘에서 분비된다. 몸속에 있는 멜라토닌은 밤과 낮의 길이 등과 같은 광주기*에 따라 합성되고, 일조량*을 감지하여 빛이 없는 환경에서만 분비됨으로써 인간의 자연적인 수면을 유도하는 신호를 전달한다. 영아기에는 충분한 멜라토닌을 생성하지 못하기 때문에 모자라는 부분은 모유 수유를 통해 공급 받다가 생후 2~3개월 때부터 멜라토닌이 충분하게 생성되기 시작해 점차 그 양이 증가하고, 뇌가 노화됨에 따라 분비량이 감소한다.

　아데노신 또한 뇌에 수면을 유도하는 신호 전달 물질이다. 깨어 있는 시간이 길어질수록 뇌에 아데노신이 쌓이면서 그 농도가 높아지는데, 대부분의 사람들은 깨어난 지 12~16시간이 지나면 아데노신 농도가 정점*에 이르러 강력한 수면 욕구를 느낀다. 잠을 자는 동안에는 아데노신의 농도가 내려가 깨어나면 각성* 상태가 되고, 이 과정은 24시간의 주기로 반복된다. ㉠ 카페인은 아데노신의 수면 신호를 인위적으로 차단하는 약물로, 뇌에서 아데노신이 결합하는 자리에 아데노신 대신 결합해 뇌에 정상적으로 전달돼야 할 졸음 신호를 차단한다. 결국 카페인은 잠을 유도하는 아데노신이 뇌에 고농도로 쌓여도 정신이 또렷하고 깨어 있다는 느낌이 들게 한다.

　혈액의 카페인 농도는 음식을 먹거나 마신 지 30분쯤 지나면 최고조에 달한다. 그리고 몸에 흡수된 카페인의 50%가 제거되는 데 5~7시간이 걸린다. 예를 들어 저녁 7시쯤 커피 한잔을 마셨다면 다음 날 새벽 1시에도 섭취한 카페인의 50%가 뇌 속에 여전히 남아 있다는 것이다. 이렇게 되면 밤에 잠을 설치게 된다. 카페인을 일정량 제거한 디카페인 커피의 경우 보통 커피의 15~30%에 해당하는 카페인이 들어 있다. 저녁에 디카페인 커피 서너 잔을 마시면 보통 커피 한 잔을 마셨을 때와 비슷한 수면 장애가 생길 수 있다.

☑ 한방에! 어휘풀이

- ＊ **면역력(免疫力)**: 외부에서 들어온 병원균에 저항하는 힘.
- ＊ **시상 하부(屍床下部)**: 셋째 뇌실의 바깥 벽과 바닥을 이루는 사이뇌의 아랫부분. 시각 교차, 유두체, 회색 융기, 깔때기 및 신경 뇌하수체 따위로 구성되어 자율 신경 내분비 기능, 체온, 수면, 생식, 물질대사 따위의 중추 역할을 한다.
- ＊ **광주기(光週期)**: 낮 동안 생물이 적절한 활동을 할 수 있도록 빛에 노출되는 시간의 단위.
- ＊ **일조량(日照量)**: 일정한 물체의 표면이나 지표면에 비치는 햇볕의 양.
- ＊ **정점(頂點)**: 사물의 진행이나 발전이 최고의 경지에 달한 상태.
- ＊ **각성(覺醒)**: 깨어 정신을 차림.

01 세부 내용 이해하기

윗글에 대한 설명으로 적절한 것은?

① 아데노신이 뇌에 쌓일수록 수면 욕구가 줄어든다.
② 멜라토닌은 깨어 있는 시간이 길수록 뇌에 쌓인다.
③ 멜라토닌은 영아기부터 모자람 없이 점차 증가한다.
④ 수면을 유도하는 신호를 전달받지 못했다면 멜라토닌이 분비되지 않은 것이다.
⑤ 카페인은 수면을 유도하는 물질을 제거하여 정신이 또렷하고 깨어 있다는 느낌이 들게 한다.

02 세부 내용 파악하기

㉠에 대한 설명으로 적절하지 <u>않은</u> 것은?

① 완전히 제거되는 데 10~14시간 정도 걸린다.
② 디카페인 커피 한 잔을 마실 경우에는 흡수되지 않는다.
③ 음식을 먹거나 마신 후 일정 시간 지나야 최고조에 달한다.
④ 저녁 7시에 디카페인 커피 서너 잔을 마셨다면 밤 12시에 잠을 설칠 수 있다.
⑤ 혈중 농도가 낮아도 완전히 제거되지 않았다면 수면 장애를 일으킬 위험이 있다.

828

중요 03 구체적 사례에 적용하기

윗글을 읽은 후, 보기 에 대한 분석으로 가장 적절한 것은?

보기

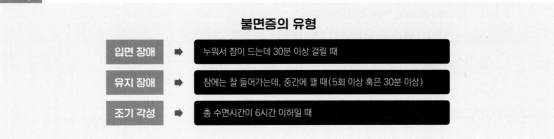

① 유지 장애의 원인은 아데노신의 계속된 분비이다.
② 입면 장애는 멜라토닌 분비에 문제가 생겨 발생한다.
③ 입면 장애를 치료하려면 아데노신 분비를 억제해야 한다.
④ 유지 장애를 치료하려면 멜라토닌 분비를 촉진해야 한다.
⑤ 조기 각성은 평소에 카페인을 섭취하지 않았기 때문에 발생한다.

서답형 04 세부 내용 이해하기

ⓐ, ⓑ에 들어갈 말을 윗글에서 찾아 차례대로 쓰시오.

> 백야는 밤에도 한낮처럼 밝게 빛나는 현상을 가리킵니다. 백야 현상이 나타나는 고위도 국가의 사람들은 백야 기간에 쉽게 잠을 이루지 못하는데, (ⓐ)이/가 (ⓑ)을/를 정상적으로 감지할 수 없어 분비되지 못하기 때문입니다.

문제풀이

| 정답 및 해설 | 54쪽

한방에! 개념정리

한방에! 핵심정리

갈래	자유시, 서정시
성격	대조적, 교훈적
주제	상처의 고귀함과 아름다움
특징	① 역설적 표현을 통해 주제를 강조함. ② 다양한 심상을 활용하여 고목의 상처를 생생하게 표현함. ③ 대조적인 이미지의 두 시어를 활용함으로써 중심 소재인 고목의 모습을 강조함.
해제	이 작품은 한창 꽃 피고 있는 어린 매화나무보다 꽃이 지고 있는 고목에 더 몰려서 고목의 상처를 바라보고 만지며 냄새를 맡고 있는 사람들의 모습에서 얻은 깨달음을 담고 있다. 울퉁불퉁하고 거친 상처에도 의연하게 고통을 이겨 내는 고목의 모습이 숭고하고 아름답다는 작가의 심미적 인식이 드러난다.

※ 다음 글을 읽고 물음에 답하시오.

어린 매화나무는 ⊙ 꽃 피느라 한창이고

사백 년 고목은 **꽃 지느라 한창**인데

구경꾼들 고목에 더 몰려섰다

둥치*도 가지도 꺾이고 구부러지고 휘어졌다

길라시고 뤼틀리고 터시고 또 뤼어나왔나

진물*은 얼마나 오래 고여 흐르다가 말라붙었는지

주먹만큼 굵다란 혹이며 패인 구멍들이 험상궂다

거무죽죽한 혹도 구멍도 모양 굵기 깊이 빛깔이 다 다르다

새 진물이 번지는가 개미들 바삐 오르내려도

의연하고 의젓하다

사군자* 중 으뜸답다

꽃구경이 아니라 ⓛ 상처 구경이다

상처 깊은 이들에게는 훈장(勳章)으로 보이는가

상처 도지는 이들에게는 부적(符籍)으로 보이는가

ⓐ 백 년 못 된 사람이 매화 사백 년의 상처를 헤아리랴마는

감탄하고 쓸어 보고 어루만지기도 한다

만졌던 손에서 **향기까지 맡아** 본다

진동하겠지 상처의 향기

상처야말로 더 꽃인 것을

- 유안진, 〈상처가 더 꽃이다〉 -

한방에! 같이볼작품

나뭇잎이

벌레 먹어서 예쁘다

귀족의 손처럼 상처 하나 없이 매끈한 것은

어쩐지 베풀 줄 모르는 손 같아서 밉다

떡갈나무 잎에 벌레구멍이 뚫려서

그 구멍으로 하늘이 보이는 것은 예쁘다

상처가 나서 예쁘다는 것은 잘못인 줄 안다

그러나 남을 먹여가며 살았다는 흔적은

별처럼 아름답다

- 이생진, 〈벌레 먹은 나뭇잎〉

한방에! 어휘풀이

★ 둥치: 큰 나무의 밑동.
★ 진물(津물): 부스럼이나 상처 따위에서 흐르는 물.
★ 사군자(四君子): 동양화에서, 매화·난초·국화·대나무를 그린 그림.

01 표현상의 특징 파악하기

윗글에 대한 설명으로 적절하지 <u>않은</u> 것은?

① 역설적 표현을 활용하여 상처가 지닌 고귀함과 아름다움을 강조하고 있다.

② 다양한 심상을 활용하여 상처를 입은 고목의 모습을 생생하게 드러내고 있다.

③ 문장 성분의 순서를 바꾸는 도치법을 통해 고목의 강렬한 향기를 강조하고 있다.

④ 의문문을 활용하여 고목의 상처를 제대로 이해하지 못하는 사람들을 비판하고 있다.

⑤ 서로 대조적인 이미지의 시어인 매화나무와 고목을 활용하여 고목의 모습을 부각하고 있다.

02 시어의 의미 파악하기

㉠, ㉡을 비교한 내용으로 적절하지 <u>않은</u> 것은?

① ㉠은 ㉡과 달리 일반적으로 더 아름답다고 느끼는 대상이다.

② ㉡은 ㉠과 달리 화자에게 깨달음을 주는 대상이다.

③ ㉡은 ㉠과 달리 보는 사람에 따라 그 의미가 달라질 것이다.

④ ㉠과 ㉡ 모두 사람들이 구경할 수 있는 대상이다.

⑤ ㉠과 ㉡ 모두 사람들이 향기를 맡고 있는 대상이다.

중요 03 외적 준거를 바탕으로 작품 이해하기

보기 를 참고하여 윗글을 이해한 것으로 적절하지 <u>않은</u> 것은?

보기

심미적 인식은 인간을 포함한 세계를 아름다움의 관점에서 바라보는 것이고, 심미적 체험은 어떤 대상에서 감동이나 깨달음을 얻으며 아름다움을 느끼는 것을 말한다. 문학 작품을 창작하는 과정에서 작가는 심미적 인식과 더불어 어떤 대상과 관련하여 인상적으로 느끼거나 깨달은 심미적 체험을 작품에 활용하고, 독자는 문학 작품을 감상하는 과정에서 감동이나 깨달음을 얻고 다양한 정서를 느끼는 등의 심미적 체험을 하게 된다.

① 윗글의 '구경꾼들'은 어린 매화나무가 아닌 '꽃 지느라 한창인' 고목을 보면서 아름다움을 느끼는 심미적 체험을 하고 있다.

② 작가는 윗글을 창작하는 과정에서 고목의 '갈라지고 뒤틀리고 터지고 또 튀어나'와 있는 모습을 보며 아름다움을 느꼈던 심정을 활용하였다.

③ 작가는 고목에 서서 '감탄하고 쓸어 보고 어루만지'고 '향기까지 맡아' 보던 '구경꾼들'의 모습을 아름다움의 관점에서 바라보고 있다.

④ '상처야말로 더 꽃'이라는 표현에는 작가가 어린 매화나무와 관련하여 인상적으로 느끼거나 깨달은 심미적 체험이 반영되어 있다.

⑤ 윗글을 감상한 독자들은 상처는 사람을 성장시키는 동력이라는 깨달음을 얻고 상처가 가진 아름다움을 느낄 수 있다.

서답형 04 구절의 의미 파악하기

다음은 ⓐ를 통해 알 수 있는 내용을 서술한 것이다. ㉮, ㉯에 들어갈 말을 차례대로 쓰시오.

ⓐ는 인간과 고목이 살아온 시간을 비교하며 고목의 고통과 (㉮)의 깊이를 인식하게 한다. 또한 고목의 종류가 (㉯)나무임을 확인할 수 있다.

문제풀이

※ 다음 글을 읽고 물음에 답하시오.

[앞부분 줄거리] 조선 인조 때, 박 처사의 딸과 혼인한 이시백은 박 씨의 용모가 천하의 박색*임을 알고 박 씨를 대면조차 하지 않는다. 박 씨는 이 상공에게 청하여 뒤뜰에 피화당이라는 조그마한 집을 짓고 여종 계화와 함께 지낸다. 박 씨는 여러 신이한 능력을 드러내 보이지만 이시백은 박 씨를 박대한다. 때가 되어 박 씨가 허물을 벗고 절세가인*이 되자, 시백은 기뻐하며 박 씨를 따른다. 이때 중국의 호왕이 용골대 형제를 내세워 조선을 침략하고, 조선의 왕비와 세자를 포로로 잡아가려 한다.

용골대가 모든 장졸을 뒤로 물린 후, 왕비와 세자, 대군을 모시고 장안의 재물과 미녀를 거두어 돌아갈 채비를 꾸렸다. 오랑캐에게 잡혀가는 사람들의 슬픈 울음소리가 장안을 진동했다.

박 씨가 계화를 시켜 용골대에게 소리쳤다.

"무지한 오랑캐 놈들아! 내 말을 들어라. 조선의 운수가 사나워 은혜도 모르는 너희에게 패배를 당했지만, 왕비는 데려가지 못할 것이다. 만일 그런 뜻을 둔다면 내 너희를 몰살할 것이니 당장 왕비를 모셔 오너라."

하지만 용골대는 오히려 코웃음을 날렸다.

"참으로 가소롭구나. 우리는 이미 조선 왕의 항서*를 받았다. 데려가고 안 데려가고는 우리 뜻에 달린 일이니, 그런 말은 입 밖에 내지도 마라."

오히려 욕설만 무수히 퍼붓고 듣지 않자 계화가 다시 소리쳤다.

"너희의 뜻이 진실로 그러하다면 이제 내 재주를 한 번 더 보여 주겠다."

계화가 주문을 외자 문득 공중에서 두 줄기 무지개가 일어나며 모진 비가 천지를 뒤덮을 듯 쏟아졌다. 뒤이어 ㉠ 얼음이 얼고 그 위로는 흰 눈이 날리니, 오랑캐 군사들의 말발굽이 땅에 붙어 한 걸음도 옮기지 못하게 되었다. 그제야 용골대는 사태가 예사롭지 않음을 깨달았다.

"당초 우리 왕비께서 분부하시기를 장안에 신인*이 있을 것이니 이시백의 후원을 범하지 말라 하셨는데, 과연 그것이 틀린 말이 아니었구나. 지금이라도 부인에게 빌어 무사히 돌아가는 편이 낫겠다."

용골대가 갑옷을 벗고 창칼을 버린 뒤 **무릎을 꿇고 애걸**하였다.

"소장이 천하를 두루 다니다 조선까지 나왔지만, 지금까지 무릎을 꿇은 적은 한 번도 없었습니다. 이제 부인 앞에 무릎을 꿇어 비나이다. 부인의 명대로 왕비는 모셔 가지 않을 것이니, 부디 길을 열어 무사히 돌아가게 해 주십시오."

무수히 애원하자 그제야 박 씨가 발을 걷고 나왔다.

"원래는 너희의 씨도 남기지 않고 모두 죽이려 했었다. 하지만 내가 사람 목숨 죽이는 것을 좋아하지 않기에 용서하는 것이니, 네 말대로 **왕비는 모셔 가지** 마라. 너희가 부득이 세자와 대군을 모셔 간다면 그 또한 하늘의 뜻이기에 거역하지 못하겠구나. 부디 조심하여 모셔 가라. 그렇게 하지 않으면 신장과 갑옷 입은 군사를 몰아 너희를 다 죽인 뒤, 너희 국왕을 사로잡아 분함을 풀고 무죄한 백성까지 남기지 않을 것이다. ㉡ 나는 앉아 있어도 모든 일을 알 수 있다. 부디 내 말을 명심하여라."

오랑캐 병사들은 황급히 머리를 조아리고 용골대는 다시 애원을 했다.

ⓒ "말씀드리기 황송하오나 소장 아우의 머리를 내주시면, 부인의 태산 같은 은혜를 잊지 않을 것이옵니다."

하지만 박 씨는 고개를 저었다.

"듣거라. 옛날 조양자*는 지백*의 머리를 옻칠하여 두고 진양성에서 패한 원수를 갚았다 하더구나. 우리도 **용울대의 머리를 내어주지 않고 남한산성에서 패한 분을** 조금이라도 풀 것이다. 아무리 애걸을 해도 그렇게는 하지 못하겠다."

이 말을 들은 용골대는 그저 용울대의 머리를 보고 통곡할 수밖에 없었다. 어쩔 도리 없이 하직* 하고 행군하려 하는데 박 씨가 다시 용골대를 불렀다.

"너희들이 그냥 가기는 섭섭할 듯하니 의주로 가서 경업 장군을 뵙고 가라."

'우리는 이미 조선 임금의 항서를 받았다. 경업이 아무리 훌륭한 장수라 한들 이제 와서 어찌하겠는가?'

용골대는 박 씨의 속내를 모르고, 이런 생각을 하면서 하직 인사를 했다. 이어 ② 빼앗은 금과 은을 장졸들에게 나누어 준 뒤 세자와 대군, 그리고 포로들을 데리고 길을 떠났다.

(중략)

용골대는 포로와 군사를 거느리고 의기양양하게 의주를 향해 나아갔다. 북소리와 함성 소리에 천지가 흔들리고 드날리는 깃발과 창칼에 해가 그 빛을 잃을 지경이었다.

한편 임경업은 그동안 한양과 의주 사이에 연락이 끊겼다가, 오랑캐들이 침범했다는 소식을 뒤늦게 들었다. 끓어오르는 분노를 참지 못한 경업은 한양으로 가기 위해 군사를 이끌고 의주를 출발하려 했다. 바로 그때, 박 씨의 말을 곧이듣고 의주로 들어오고 있는 용골대 일행과 맞닥뜨렸다.

이들이 오랑캐임을 한눈에 알아본 경업이 비호*와 같이 달려들어 선봉 장수의 머리를 한칼에 베어 들고 거침없이 적군을 무찔렀다. 방심하고 있던 적군이 허둥거리며 흩어지니, 적군의 머리가 가을바람에 낙엽 지듯 떨어졌다. 한유와 용골대는 그제야 ⑩ 박 씨의 계책에 빠져든 것을 알고 급히 군사를 뒤로 물렸다.

"부인이 의주로 가 임경업을 보라 한 것은 우리를 다시 치고자 함이었구나. 그 꾀를 어찌 당할 수 있겠는가?"

용골대가 하늘을 우러러 탄식을 했다.

경업이 한칼에 적진의 장졸들을 무수히 죽이고 바로 용골대를 치려 하는데, 용골대가 황급히 **조선 왕의 항서를 경업에게 건**넸다.

항서를 뜯어 읽어 본 경업은 칼을 땅에 던지고 대성통곡을 했다.

"슬프다. 조정에 소인이 있어 나라를 망하게 했구나. 하늘은 어찌 이리도 무심한가?"

통곡을 하다가 분함을 이기지 못하여 다시 칼을 들고 적진으로 달려 들어갔다.

"네 나라가 지금까지 지탱한 것이 모두 나의 힘인 줄 어찌 모르느냐? 이 오랑캐들아! 너희가 하늘의 뜻을 어기고 우리나라에 들어와 이같이 악행을 저지르니, 마땅히 씨도 남기지 말고 없애 버려야 할 것이다. 하지만 우리나라의 운수가 불행하여 그렇게 된 일이고, 또 왕의 명령을 거역할 수 없으니 부득이 살려 보낼 수밖에 없구나. 부디 세자와 대군을 평안히 모시고 돌아가도록 하라."

한바탕 꾸짖은 후 돌려보내니, 그제야 오랑캐 장수들은 막힌 길을 뚫고 본국으로 돌아갔다.

– 작자 미상, 〈박씨전〉 –

※ **전체 줄거리**

이 상공의 아들 이시백은 박 처사의 딸인 박 씨와 혼인했으나 박 씨의 외모가 박색임을 알고 대면조차 하지 않는다. 박 씨는 뒤뜰에 피화당이라는 작은 집을 짓고 여종 계화와 함께 지낸다. 어느 날 신기한 꿈을 꾼 박 씨가 이시백에게 연적을 건네주고, 이를 사용해 과거를 치른 이시백은 장원급제한다. 하지만 박 씨는 여전히 집안에서 인정받지 못하다가, 금강산에 있는 친정을 방문한 이후 아버지 박 처사의 도움을 받아 허물을 벗고 절세가인이 된다. 이를 본 이시백은 그동안 박 씨를 박대했던 것을 뉘우친다. 한편 세력이 점점 커지던 청나라가 조선을 침입하여 위기에 빠트리고, 박 씨는 피화당을 침입한 청나라 장수 용울대의 목숨을 빼앗는다. 용울대의 형 용골대도 장졸을 이끌고 피화당을 침입하지만, 박 씨의 도술에 장졸들이 무수히 죽고, 용골대는 결국 항복한다. 박 씨에게 항복한 뒤 돌아가던 용골대는 박 씨의 계략에 빠져 또 한 번 곤경을 당한 뒤 청나라로 돌아간다. 임금에게 공을 인정받은 박 씨는 정렬부인의 칭호를 받고 이시백과 행복한 여생을 누린다.

✓ 한방에! **어휘풀이**

★ **박색(薄色):** 아주 못생긴 얼굴. 또는 그런 사람. 흔히 여자에게 많이 쓴다.

★ **절세가인(絶世佳人):** 세상에 견줄 만한 사람이 없을 정도로 뛰어나게 아름다운 여인.

★ **항서(降書):** 항복을 인정하는 문서.

★ **신인(神人):** 신과 같이 신령하고 숭고한 사람.

★ **조양자:** 중국 전국 시대 초기 조나라의 제후(諸侯).

★ **지백:** 중국 춘추 시대 진나라 사람으로 조양자를 공격했지만 패배함.

★ **하직(下直):** 먼 길을 떠날 때 웃어른께 작별을 고하는 것.

★ **비호(飛虎):** 나는 듯이 빠르게 달리는 범.

01　인물의 특징 파악하기

인물에 대한 설명으로 적절하지 않은 것은?

① 임경업은 왕의 명령을 충실히 따르는 충직한 인물이다.

② 계화는 박 씨와 함께 비범한 재주를 부리며 용골대를 제압한다.

③ 용골대는 동생의 죽음을 슬퍼하며 그의 머리를 가지고 청나라로 돌아간다.

④ 청나라의 왕비는 조선을 침략하기 전부터 이미 박 씨의 신이한 능력을 알고 있었다.

⑤ 박 씨는 세자와 대군이 청나라에 잡혀가는 것을 자신의 힘으로 막을 수 없다고 생각한다.

02　작품의 내용 파악하기

㉠~㉤에 대한 내용으로 적절하지 않은 것은?

① ㉠: 비현실적 요소를 통해 용골대가 곤란에 빠지고 있다.

② ㉡: 박 씨가 자신의 비범한 능력을 재차 확인시키며 용골대를 향해 경고하고 있다.

③ ㉢: 용골대가 박 씨로부터 아우의 머리를 돌려받고자 자신을 낮춰 말하고 있다.

④ ㉣: 박 씨와 계화가 용골대로부터 빼앗은 재산을 백성들에게 돌려주고 있다.

⑤ ㉤: 박 씨가 임경업의 군대로 하여금 용골대를 공격하게 한 것을 의미한다.

중요　03　외적 준거를 바탕으로 작품 이해하기

보기를 참고하여 윗글을 이해한 것으로 적절하지 않은 것은?

> **보기**
>
> 　〈박씨전〉의 역사적 배경인 병자호란은 실제 조선이 패배한 전쟁으로, 소현 세자와 봉림 대군을 포함한 많은 백성들이 청나라에 포로로 끌려가는 수모를 안겼다. 작품에서는 이러한 역사적 사실과 더불어 실제 인물을 차용함으로써 사실성을 높였으며 실제와 다른 결말을 통해 백성들이 느꼈던 패배의 치욕을 씻고 전쟁의 상처를 보상받고자 하였다. 또한 탁월한 능력을 지닌 여성이 활약하는 장면을 제시하여 사대부 남성들의 무능력을 비판하였다.

① 용골대가 박 씨에게 '무릎을 꿇고 애걸하'는 모습을 통해 작가는 당시 조선 사대부 남성들의 무능력을 비판하고자 하였겠군.

② '왕비는 모셔 가지' 말라는 박 씨의 말은 청나라가 세자와 대군만을 인질로 데려간 역사적 사실과 관련이 있겠군.

③ '용울대의 머리를 내어주지 않고 남한산성에서 패한 분을' 풀 것이라는 박 씨의 말은 병자호란의 치욕을 씻으려는 백성의 염원이 반영되었군.

④ 용골대가 '조선 왕의 항서를 경업에게 건'넨 것은 실제 병자호란의 역사적 사실과 관련이 있군.

⑤ 실제 인물인 임경업을 작품에 등장시킴으로써 사실성을 높이고자 하였던 작가의 의도를 알 수 있군.

서답형　04　작품의 내용 이해하기

ⓐ, ⓑ에 들어갈 말을 윗글에서 찾아 차례대로 쓰시오.

> 　'고전 소설의 전기성'은 현실적으로 일어나기 어려운 신기하고 괴이한 일을 전하는 고전 소설의 특성이다. 〈박씨전〉에서는 계화가 주문을 외자 (　ⓐ　)이/가 일어나며 비가 쏟아지고, (　ⓑ　)이/가 얼고 흰 눈이 날리는 내용이 이에 해당한다.

문제풀이

복습하기

문법

음운의 ¹ ☐☐	• 인접한 두 음운 중 어느 한쪽 또는 양쪽이 서로 비슷하거나 같은 소리로 바뀌는 현상	
	² ☐☐☐	비음이 아닌 'ㅂ, ㄷ, ㄱ'이 비음 'ㅁ, ㄴ' 앞에서 비음 'ㅁ, ㄴ, ㅇ'로 바뀌어 소리나는 현상
	유음화	비음 '³ ☐'이 유음 'ㄹ'의 앞이나 뒤에서 유음 'ㄹ'로 발음되는 현상
	구개음화	끝소리 'ㄷ, ㅌ'이 모음 '⁴ ☐'로 시작되는 조사나 접미사 앞에서 구개음 'ㅈ, ㅊ'으로 발음되는 현상

비문학

1문단	⁵ ☐☐ 을 조절하는 두 물질	3문단	⁷ ☐☐☐☐ 의 분비를 방해하는 카페인
2문단	⁶ ☐☐☐☐ 의 분비와 작용 과정	4문단	카페인의 특징

문학 – 상처가 더 꽃이다(유안진)

1~3행	어린 ⁸ ☐☐☐☐ 와 고목을 보는 구경꾼의 모습
4~11행	⁹ ☐☐ 를 지닌 고목의 의연한 모습
12~19행	고목의 ⁹ ☐☐ 에서 ¹⁰ ☐☐ 를 맡는 사람들의 모습을 통한 화자의 깨달음

문학 – 박씨전(작자 미상)

박 씨는 ¹¹ ☐☐ 와 함께 신이한 능력을 발휘하여 피화당에 침입한 용골대를 물리침.

↓

박 씨의 비범함을 깨달은 ¹² ☐☐☐ 는 박 씨에게 무릎을 꿇고 항복함.

↓

박 씨는 용골대에게 ¹³ ☐☐ 를 포로로 모셔 가지 말 것과, 의주로 가서 임경업 장군을 뵙고 갈 것을 명함.

↓

임경업 장군은 박 씨의 명에 따라 의주로 간 용골대 일행을 맞닥뜨리고 크게 물리침.

↓

용골대로부터 조선 왕의 ¹⁴ ☐☐ 를 받은 임경업 장군은 조선이 전쟁에서 패배했음을 알고 대성통곡함.

정답	1 동화 2 비음화 3 ㄴ 4 ㅣ 5 수면 6 멜라토닌 7 아데노신 8 매화나무 9 상처 10 향기 11 계화 12 용골대
	13 왕비 14 항서

한수

09

Contents

※ 다음 글을 읽고 물음에 답하시오.

　사이시옷이란 두 단어 또는 형태소가 결합하여 만들어진 합성어의 두 요소 사이에 표기하는 'ㅅ'을 말한다. '한글 맞춤법'에 따르면 다음과 같은 조건들이 만족되어야 사이시옷을 표기할 수 있다.

　우선, 두 단어가 결합하는 형태가 고유어와 고유어의 결합, 고유어와 한자어의 결합, 한자어와 고유어의 결합으로 이루어진 합성어인 경우 사이시옷을 표기할 수 있다. 단일어이거나 접사가 결합하여 만들어진 단어인 파생어에는 사이시옷이 표기되지 않고, 외래어가 포함된 합성어나 한자어만으로 구성된 합성어의 경우에도 사이시옷은 표기되지 않는다. 단, '곳간(庫間), 셋방(貰房), 숫자(數字), 찻간(車間), 툇간(退間), 횟수(回數)'라는 한자어는 예외적으로 사이시옷을 표기한다.

　다음으로 이러한 합성어의 앞말이 모음으로 끝나고 두 단어가 결합하여 발생하는 음운론적 현상이 다음 중 하나에 해당하여야 한다. 첫째, 뒷말의 첫소리가 된소리로 바뀌는 경우, 둘째, 뒷말의 첫소리 'ㄴ, ㅁ' 앞에서 'ㄴ' 소리가 덧나는 경우, 셋째, 뒷말의 첫소리 모음 앞에서 'ㄴㄴ' 소리가 덧나는 경우에 사이시옷을 표기할 수 있다.

• **사이시옷의 종류**
① 뒷말의 첫소리가 된소리로 바뀌는 경우

'ㄱ' 앞	예 내(고유어) + 가(한자어) → 냇가 [내 : 까 / 낻 : 까]
'ㄷ' 앞	예 코(고유어) + 등(고유어) → 콧등 [코뜽 / 콛뜽]
'ㅂ' 앞	예 기(고유어) + 발(고유어) → 깃발 [긷빨 / 기빨]
'ㅅ' 앞	예 해(고유어) + 살(고유어) → 햇살 [해쌀 / 핻쌀]
'ㅈ' 앞	예 전세(한자어) + 집(고유어) → 전셋집 [전세찝 / 전섿찝]

② 뒷말의 첫소리 'ㄴ, ㅁ' 앞에서 'ㄴ' 소리가 덧나는 경우

뒤 'ㄴ'	예 아래(고유어) + 이(고유어) → 아랫니 [아랜니]
뒤 'ㅁ'	예 툇(한자어) + 마루(고유어) → 툇마루 [퇻 : 마루 → 퇸 : 마루 / 퉨 : 마루]

③ 뒷말의 첫소리 모음 앞에서 'ㄴㄴ' 소리가 덧나는 경우

뒤 'ㅣ'	예 예사(한자어) + 일(고유어) → 예삿일 [예산닐]
	예 나무(고유어) + 잎(고유어) → 나뭇잎 [나문닙]

01 사이시옷의 표기 이해하기

윗글을 바탕으로 사이시옷 표기에 대해 이해한 내용으로 적절하지 <u>않은</u> 것은?

① '아래옷'과 달리 '아랫마을'은 앞말의 끝소리에 'ㄴ' 소리가 덧나기 때문에 사이시옷이 표기된 것이겠군.

② '고깃국'과 달리 '해장국'은 앞말이 모음으로 끝나지 않았기 때문에 사이시옷이 표기되지 않은 것이겠군.

③ '코마개'와 달리 '콧날'은 뒷말의 첫소리 모음 앞에서 'ㄴㄴ' 소리가 덧나기 때문에 사이시옷이 표기된 것이겠군.

④ '우윳빛'과 달리 '오렌지빛'은 합성어를 구성하는 단어의 결합 형태를 고려하여 사이시옷을 표기하지 않은 것이겠군.

⑤ '모래땅'과 달리 '모랫길'은 두 단어가 결합할 때 뒷말의 첫소리가 된소리로 바뀌었기에 사이시옷이 표기된 것이겠군.

중요 02 사이시옷의 표기 적용하기

보기 는 윗글을 이해하기 위한 탐구 학습지의 일부이다. ㉠~㉢에 들어갈 말로 적절한 것은?

보기

[탐구 과제]

[탐구 자료]를 활용하여 제시된 단어들의 올바른 표기를 쓰고, 그 이유를 설명해 보자.

| · 해 + 살 → (   ) |
| · 해 + 님 → (   ) |

[탐구 자료]

살² 「명사」 (일부 명사 뒤에 붙어) 해, 볕, 불 또는 흐르는 물 따위의 내비치는 기운.

살-⁶ 「접사」 온전하지 못함의 뜻을 더하는 접두사.

-님⁴ 「접사」 (사람이 아닌 일부 명사 뒤에 붙어) '그 대상을 인격화하여 높임'의 뜻을 더하는 접미사.

님⁵ 「명사」 (일부 속담에 쓰여) '임'을 이르는 말.

[탐구 결과]

'해'와 '살'이 결합한 단어의 표기는 (㉠)이고, '해'와 '님'이 결합한 단어의 표기는 (㉡)입니다. 사이시옷은 합성어의 두 요소 사이에 표기하는 것이기 때문에 (㉢)가 결합한 경우 사이시옷을 적지 않습니다.

	㉠	㉡	㉢		㉠	㉡	㉢		㉠	㉡	㉢
①	햇살	해님	접사	②	햇살	해님	명사	③	햇살	햇님	접사
④	해살	해님	명사	⑤	해살	햇님	명사				

서답형 03 사이시옷의 표기 파악하기

보기 1 은 사이시옷이 잘못 표기된 뉴스 제목이고, 보기 2 는 잘못된 이유와 올바른 표기법을 서술한 문장이다. ⓐ, ⓑ에 들어갈 말을 차례대로 쓰시오.

보기 1

'아이돌 가수 A ♥ 배우 B, 3년째 <u>핑큿빛</u> 연애중…'

보기 2

(ⓐ)이/가 포함된 합성어이기 때문에 (ⓑ)(으)로 고쳐야 한다.

문제풀이

| 정답 및 해설 | 59쪽

※ 다음 글을 읽고 물음에 답하시오.

일반적으로 프로그램이란 컴퓨터를 실행시키기 위해 작성한 명령어들의 집합을 뜻한다. 이때 프로그램을 작성하는 사람을 프로그래머, 프로그램을 작성하는 과정을 프로그래밍이라 한다. ㉠ 프로그래밍 언어는 컴퓨터 시스템을 작동시키는 프로그램인 소프트웨어를 작성하기 위해 고안된 언어로, 현재 우리가 사용하는 모든 소프트웨어는 프로그래밍 언어를 활용한 프로그래밍을 통해 만들어졌다. 초창기 프로그래머들은 0과 1로 이루어진 기계어를 통해 컴퓨터에게 직접 명령을 내렸으나, 자연어를 구사하는 사람이 기계어를 사용하기에는 너무 어려웠기 때문에 점차 사람이 다루기 쉬운 형태의 프로그래밍 언어로 발전되어 왔다. 이때, 컴파일러라는 프로그램을 활용하는데, 사람이 이해하기 쉬운 형태의 프로그래밍 언어로 프로그램을 작성하면 컴파일러는 컴퓨터가 이해할 수 있는 형태의 기계어로 변환시켜 실행하는 것이다.

이에 따라 현재의 프로그래밍 언어는 저급 언어와 고급 언어로 구분되는데, 저급 언어는 하드웨어에 관련된 직접 제어가 가능한 언어이다. 반면 고급 언어는 하드웨어와 관련된 지식이 없어도 프로그램 작성이 가능한 언어이며, 사람이 사용하는 언어에 가까워 독립적인 문법 구조를 지니기도 한다. 그러나 고급 언어를 사용하기 위해서는 컴파일러가 필수적으로 요구된다. 어셈블리어는 대표적인 저급 언어로 프로그래밍이 연구되던 초기에 사용된 프로그래밍 언어이다. 컴퓨터를 위한 단순한 형태의 언어이기 때문에 실행 속도가 빠르다는 장점이 있다.

고급 언어는 기계어의 번역 방식에 따라 인터프리터 언어와 컴파일 언어로 나뉜다. 인터프리터 언어는 명령어를 하나하나 번역하기 때문에 실행 속도가 느리지만, 작성 중인 프로그램의 진행 과정을 정확하게 파악할 수 있으며 오류가 생겼을 때 수정이 용이하다는 장점이 있다. 파이썬, 자바 스크립트 등이 인터프리터 언어에 속한다. 컴파일 언어는 인터프리터 언어보다 인간의 사고에 맞는 고수준 언어이다. 명령어를 한꺼번에 처리하기 때문에 인터프리터 언어보다 번역 속도는 느리지만 실행 속도가 빠르다. 그러나 작성 중인 프로그램에 오류가 생겼을 때 수정이 어렵다는 단점이 있다. C언어, C++ 등이 대표적인 컴파일 언어에 속한다.

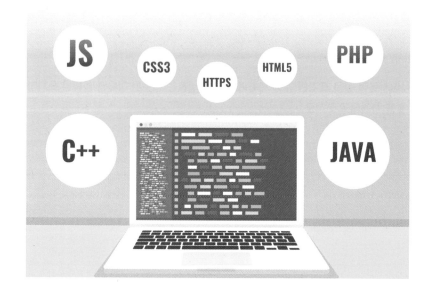

01 중심 내용 파악하기

윗글의 중심 내용으로 적절한 것은?

① 프로그래밍의 발전 과정
② 프로그래밍 언어의 종류
③ 프로그래밍 언어의 활용 대상
④ 저급 언어와 고급 언어의 차이점
⑤ 컴파일 언어가 활용된 소프트웨어

02 세부 내용 이해하기

㉠에 대한 설명으로 적절하지 <u>않은</u> 것은?

① 소프트웨어를 작성하기 위해 고안된 언어이다.
② 수준이 높을수록 독립적인 문법 구조를 지닌다.
③ 하드웨어의 제어 가능성에 따라 종류가 구분된다.
④ 컴퓨터에 직접 명령을 내리는 형태로 발전되었다.
⑤ 현재 우리가 사용하는 모든 소프트웨어에 활용되었다.

중요 03 구체적 사례에 적용하기

윗글을 참고하여 보기 를 이해한 내용으로 적절하지 <u>않은</u> 것은?

보기

〈'Hello, World'를 화면에 출력하는 과정〉

```
print("Hello, World")
```
ⓐ 파이썬

```
#include <stdio.h>
int main() {
    printf("Hello, World");
    return 0;
}
```
ⓑ C언어

① ⓐ는 ⓑ와 달리 작성 중인 프로그램의 진행 과정을 정확하게 파악할 수 있군.
② ⓐ는 ⓑ와 달리 작성 중인 프로그램에 오류가 생기면 쉽게 수정할 수 있겠군.
③ ⓑ는 ⓐ와 달리 명령어를 한 번에 처리하기 때문에 실행 속도가 빠르겠군.
④ ⓑ는 ⓐ와 달리 프로그래밍이 연구되던 초기에 사용된 프로그래밍 언어겠군.
⑤ ⓐ, ⓑ 모두 하드웨어와 관련된 지식이 없어도 프로그램 작성이 가능하겠군.

서답형 04 세부 내용 이해하기

다음은 컴파일러의 개념을 서술한 것이다. 빈칸에 들어갈 말을 골라 차례대로 쓰시오.

> 컴파일러는 (자연어 / 기계어)를 (사람 / 컴퓨터)이/가 이해할 수 있는 형태의 (자연어 / 기계어)
> 로 변환시켜 실행하는 프로그램이다.

유산가 _작자 미상

✔ 한방에! 개념정리

✔ 한방에! 핵심정리

갈래	잡가
성격	감각적, 영탄적, 심미적
주제	봄의 아름다운 경치를 관람하며 느끼는 즐거움
특징	① 음성 상징어를 통해 생동감을 부여함. ② 중국의 고시와 고사, 한자 어구가 많이 쓰임. ③ 대구법, 설의법, 의인법 등 다양한 표현 방법을 활용함.
해제	이 작품은 조선 후기 서민층에서 널리 가창되며 유행했던 12잡가 중 하나로, 봄날의 아름다운 경치를 노래하고 있다. 4음보의 율격의 연속을 기반으로 한 점으로 보아 가사 갈래에서 영향을 받았으며, 음성 상징어를 활용하여 대상을 생동감있게 표현하였고, 대구, 열거, 비유와 같은 다양한 기법을 통해 표현의 효과를 높였다.

※ 다음 글을 읽고 물음에 답하시오.

[A]
화란춘성*하고 만화방창*이라
때 좋다 ㉠ 벗님네야 산천경개 구경 가세
죽장망혜* 단표자*로 천리강산 들어가니

만산홍록*들은 일년일도 다시 피어
춘색을을 자랑노라 색색이 붉있는데
창송취죽*은 창창울울한데 기화요초* 난만* 중에
꽃 속에 잠든 나비 자취 없이 날아난다
유상앵비*는 편편금*이요 화간접무*는 분분설*이라
삼춘가절*이 좋을시고 도화만발점점홍*이로구나

[B]
어주축수애삼춘*이라더니 무릉도원이 예 아니냐
양류세지사사록한데 황산곡리당춘절*에 연명오류*가 예 아니냐

[C]
㉡ 제비는 물을 차고 기러기 무리 지어
충천*에 높이 떠 두 날개 훨씬 펄펄

백운간에 높이 떠 천리강산 머나먼 길에
어이 갈꼬 슬피 운다
원산 첩첩 태산 주춤 기암은 층층 장송은 낙락
응어리 구부려져 광풍에 흥을 겨워
우쭐 활활 춤을 춘다
층암절벽 상에 폭포수는 콸콸 수정렴* 드리운듯
이 골 물이 주루룩 저 골 물이 솰솰
열의 열 골 물이 한데로 합수하여

[D]
천방져 지방져 소쿠라지고 펑퍼져
넌출*지고 방울져 저 건너 병풍석으로
으르렁 콸콸 흐르는 물결이 은옥같이 흩어지니

소부 허유* 문답하던 기산 영수가 예 아니냐

[E]
주곡제금은 천고절이요 적다정조는 일년풍이라*
일출낙조가 눈앞에 벌였으니 경개무궁이 좋을시고*

- 작자 미상, 〈유산가〉 -

✔ 한방에! 어휘풀이

★ 화란춘성(花爛春盛): 꽃이 만발한 한창 때의 봄.
★ 만화방창(萬化方暢): 따뜻한 봄날에 만물이 나서 자람.
★ 죽장망혜(竹杖芒鞋): 대지팡이와 짚신이라는 뜻으로, 먼 길을 떠날 때의 가뿐한 차림을 이르는 말.
★ 단표자(單瓢子): 한 개의 표주박.
★ 만산홍록(滿山紅綠): 붉고 푸른 것이 온 산에 가득하다는 뜻으로, '봄'을 비유적으로 이르는 말.
★ 창송취죽(蒼松翠竹): 푸른 소나무와 푸른 대나무.
★ 기화요초(琪花瑤草): 옥같이 고운 풀에 핀 구슬같이 아름다운 꽃.
★ 난만(爛漫): 꽃이 활짝 많이 피어 화려함.
★ 유상앵비(柳上鶯飛): 버드나무 위로 날아다니는 꾀꼬리.
★ 편편금(片片金): 조각조각이 모두 금이라는 뜻으로, 물건이나 시문의 글귀 따위가 다 보배롭고 아름다움을 이르는 말.
★ 화간접무(花間蝶舞): 나비가 꽃 사이를 춤추며 날아다님.
★ 분분설(紛紛雪): 풀풀 날리는 눈.
★ 삼춘가절(三春佳節): 봄철 석 달의 좋은 시절.
★ 도화만발점점홍(桃花滿發點點紅): 복숭아꽃 만발하여 꽃송이가 점점마다 붉다.
★ 어주축수애삼춘: 당나라 시인 왕유가 지은 〈도원행〉의 한 구절 '어주축수애산춘(漁舟逐水愛山春. 고깃배가 물결 따라 오르내리며 산에 물든 봄빛을 사랑하네.)'의 오기인 듯함.
★ 양류세지사사록(楊柳細枝絲絲綠)한데 황산곡리당춘절(黃山谷裏當春節): 버드나무 가는 가지가 실처럼 늘어져 푸른데 황산곡 속에 봄철을 만남.
★ 연명오류(淵明五柳): 무릉도원에 대한 이야기인 〈도화원기(桃花源記)〉를 쓴 진(晉)나라의 문인 도연명이 집 앞에 버드나무 다섯 그루를 심은 것을 가리킴.
★ 충천(沖天): 하늘 높이 오름.
★ 수정렴(水晶簾): 수정 구슬을 꿰어서 만든 아름다운 발.
★ 넌출: 길게 뻗어 나가 늘어진 식물의 줄기.
★ 소부(巢父) 허유(許由): 고대 중국 요임금 때 기산 영수에서 은거하던 이들의 이름.
★ 주곡제금(奏穀啼禽)은 천고절(千古節)이요 적다정조(積多鼎鳥)는 일년풍(一年豊)이라: 두견새 우는 소리는 천고의 절개요 소쩍새가 우니 일 년 농사 풍년 들겠네.
★ 경개무궁(景槪無窮)이 좋을시고: 아름다운 경치가 무궁토록 좋을시고.

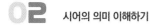

01 표현상의 특징 파악하기

윗글에 대한 설명으로 적절하지 <u>않은</u> 것은?

① 음성 상징어를 활용하여 떨어지는 폭포수의 물살을 생생하게 표현하고 있다.

② 색채를 나타내는 시어를 활용하여 아름다운 봄날의 풍경을 다채롭게 묘사하고 있다.

③ 의문을 나타내는 종결 어미를 사용하여 아름다운 자연에 대한 만족감을 드러내고 있다.

④ 계절을 나타내는 시어를 활용하여 사계절의 변화에 따른 자연의 풍경을 묘사하고 있다.

⑤ 사물을 사람처럼 표현하는 의인법을 사용하여 바람에 흩날리는 소나무의 모습을 표현하고 있다.

★ 음성 상징어(音聲象徵語)
: 의성어와 의태어를 아울러 이르는 말.

02 시어의 의미 이해하기

㉠과 ㉡을 비교한 내용으로 적절한 것은?

① ㉠은 화자를 위로하는 대상이고, ㉡은 화자에게 위로받는 대상이다.

② ㉠은 화자의 상황과 대조되는 대상이고, ㉡은 화자의 감정이 이입된 대상이다.

③ ㉠은 화자가 부러움을 느끼는 대상이고, ㉡은 화자가 교훈을 얻게 되는 대상이다.

④ ㉠은 화자와 직접적으로 소통하는 대상이고, ㉡은 화자와 간접적으로 소통하는 대상이다.

⑤ ㉠은 화자가 아름다움을 함께 만끽하고자 하는 대상이고, ㉡은 자연 속에서 바라보는 대상이다.

중요 ## 03 외적 준거를 바탕으로 작품 감상하기

보기 를 참고하여 [A]~[E]를 이해한 내용으로 적절하지 <u>않은</u> 것은?

> **보기**
>
> 　잡가란 조선 후기에 새롭게 나타난 문학 양식이다. 잡가는 시조, 판소리, 민요 등 다양한 갈래에서 영향을 받았는데, 가사의 특징인 4음보의 율격이 잡가에 그대로 반영되었다. 잡가의 내용은 남녀의 사랑, 자연의 아름다움, 삶의 애환 등 다양하였고, 가사보다는 통속적이고 민요보다는 창법이 세련되었다는 특징이 있다. 초기의 잡가는 주로 서민들에게서 유행하여 유흥적, 세속적, 쾌락적인 성격이 강해 양반층은 즐기지 않았다가, 차츰 서민들의 애호를 받으며 일부 양반층까지 잡가를 수용하게 되었다.

① [A]: 자연이 '산천경개 구경'의 대상으로 그려진 것은 유흥적이고 쾌락적인 잡가의 성격을 반영한 것이다.

② [B]: 중국의 고사를 활용하여 시상을 전개한 것은 양반층이 잡가를 수용한 것과 관련이 있다.

③ [C]: 4음보의 율격이 느껴지는 것으로 보아 잡가가 가사에서 영향을 받았음을 알 수 있다.

④ [D]: 우리말의 묘미를 활용한 구절로써, 서민층의 특성이 반영되었다.

⑤ [E]: 풍류를 즐기는 와중에도 농사 걱정을 하는 서민들의 삶의 애환이 드러난다.

★ 애환(哀歡): 슬픔과 기쁨을 아울러 이르는 말.

서답형 ## 04 시어의 의미 파악하기

윗글에서 보기 의 ㉠과 유사한 의미를 나타내는 시어 두 개를 찾아 차례대로 쓰시오.

> **보기**
>
> ㉠ 보리밥 풋나물을 알맞게 먹은 후에
> 바위 끝 물가에서 실컷 노니노라
> 그밖에 여남은 일이야 부러워할 줄이 있으랴
>
> 　　　　　　　　　　　　　　　- 윤선도, 〈만흥〉

09 강

문학 - 극수필

실수 _ 나희덕

한방에! 개념정리

한방에! 핵심정리

갈래	수필
성격	교훈적, 고백적
주제	삶과 정신에 여유를 주는 실수의 가치
특징	① 글의 첫 부분에 고사를 인용하여 흥미를 유발함. ② 작가가 경험을 통해 얻은 성찰과 깨달음을 제시함. ③ 일반적으로 부정적으로 인식하는 대상을 새로운 시각에서 바라봄으로써 읽는 이에게 새로운 깨달음을 전달함.
해제	이 작품은 우리가 흔히 부정적으로 인식하는 실수를 새로운 시각에서 바라보며 실수의 긍정적인 의미를 이끌어 낸 수필이다. 아내에게 편지 대신 백지를 보낸 곽휘원의 실수와 스님에게 빗을 빌리려던 글쓴이의 실수를 나란히 소개하면서 이러한 실수가 오히려 삶에 신선한 충격과 여유를 가져다줄 수 있다는 깨달음을 전달하고 있다.

※ 다음 글을 읽고 물음에 답하시오.

옛날 중국의 곽휘원이란 사람이 떨어져 살고 있는 아내에게 편지를 보냈는데, 그 편지를 받은 아내의 답시는 이러했다.

벽사창*에 기대어 당신의 글월을 받으니
처음부터 끝까지 흰 종이뿐이옵니다.
아마도 당신께서 이 몸을 그리워하심이
차라리 말 아니 하려는 뜻임을 전하고자 하는 듯하여이다.

[A]
　이 답시를 받고 어리둥절해진 곽휘원이 그제야 주위를 둘러보니, 아내에게 쓴 의례적*인 문안 편지는 책상 위에 그대로 있는 게 아닌가. 아마도 그 옆에 있던 흰 종이를 편지인 줄 알고 잘못 넣어 보낸 것인 듯했다. 백지로 된 편지를 전해 받은 아내는 처음엔 무슨 영문인가 싶었지만, 꿈보다 해몽이 좋다고 자신에 대한 그리움이 말로 다할 수 없음에 대한 고백으로 그 여백을 읽어 내었다. ㉠ 남편의 실수가 오히려 아내에게 깊고 그윽한 기쁨을 안겨 준 것이다. 이렇게 실수는 때로 삶을 신선한 충격과 행복한 오해로 이끌곤 한다.

실수라면 나 역시 일가견*이 있는 사람이다. 언젠가 비구니*들이 사는 암자에서 하룻밤을 묵은 적이 있다. 다음 날 아침 부스스해진 머리를 정돈하려고 하는데, 빗이 마땅히 눈에 띄지 않았다. 원래 여행할 때 빗이나 화장품을 찬찬히 챙겨 가지고 다니는 성격이 아닌 데다 그날은 아예 가방조차 가지고 있지 않았다. 그러던 중에 마침 노스님 한 분이 나오시기에 나는 아무 생각도 없이 이렇게 여쭈었다.

"스님, 빗 좀 빌릴 수 있을까요?"

㉡ 스님은 갑자기 당황한 얼굴로 나를 바라보셨다. 그제야 파르라니 깎은 스님의 머리가 유난히 빛을 내며 내 눈에 들어왔다. 나는 거기가 비구니들만 사는 곳이라는 사실을 깜박 잊고 엉뚱한 주문을 한 것이었다. 본의 아니게 노스님을 놀린 것처럼 되어 버려서 어쩔 줄 모르고 서 있는 나에게, 스님은 웃으시면서 저쪽 구석에 가방이 하나 있을 텐데 그 속에 빗이 있을지 모른다고 하셨다.

방 한구석에 놓인 체크무늬 여행 가방을 찾아 막 열려고 하다 보니 그 가방 위에는 먼지가 소복하게 쌓여 있었다. 적어도 오륙 년은 손을 대지 않은 것처럼 보이는 그 가방은 아마도 누군가 산으로 들어오면서 챙겨 들고 온 세속*의 짐이었음에 틀림없었다. 가방 속에는 과연 허름한 옷가지들과 빗이 한 개 들어 있었다.

나는 그 빗으로 머리를 빗으면서 자꾸만 웃음이 나오는 걸 참을 수가 없었다. 절에서 빗을 찾은 나의 엉뚱함도 ⓐ 우물가에서 숭늉 찾는 격이려니와, 빗이라는 말 한마디에 그토록 당황하고 어리둥절해하던 노스님의 표정이 자꾸 생각나서였다. 그러나 그 순간 나는 보았다. 시간을 거슬러 올라가 검은 머리칼이 있던, 빗을 썼던 그 까마득한 시절을 더듬고 있는 그분의 눈빛을. 이십 년 또는 삼십 년, 마치 물길을 거슬러 올라가는 연어 떼처럼 참으로 오랜 시간이 그 눈빛 위로 스쳐 지나가는 듯했다. 그 순식간에 이루어진 회상의 끄트머리에는 그리움인지 무상함인지 모를 묘한 미소가 반짝하고 빛났다. 나의 실수 한마디가 산사(山寺)의 생활에 익숙해져 있던 그분의 잠든 시간을 흔들어 깨운 셈이니, 그걸로 작은 보시*는 한 셈이라고 오히려 스스로를 위로해 보기까지 했다.

이처럼 악의가 섞이지 않은 실수는 봐줄 만한 구석이 있다. 그래서인지 내가 번번이 저지르는 실수는 나를 곤경에 빠뜨리거나 어떤 관계를 불화로 이끌기보다는 의외의 수확이나 즐거움을 가져다줄 때가 많았다. 겉으로는 비교적 차분하고 꼼꼼해 보이는 인상이어서 나에게 긴장을 하던 상대방도 이내 나의 모자란 구석을 발견하고는 긴장을 푸는 때가 많았다. 또 실수로 인해 웃음을 터뜨리다 보면 어색한 분위기가 가시고 초면에 쉽게 마음을 트게 되기도 했다. 그렇다고 이런 효과 때문에 상습적으로 실수를 반복하는 것은 아니지만, 한번 어디에 정신을 집중하면 나머지 일에 대해서 거의 백지상태가 되는 버릇은 쉽사리 고쳐지지 않는다. 특히 풀리지 않는 글을 붙잡고 있거나 어떤 생각거리에 매달려 있는 동안 내가 생활에서 저지르는 사소한 실수들은 내 스스로도 어처구니가 없을 지경이다.

그러면 실수의 '어처구니없음'은 어디서 오는 것일까. 원래 어처구니란 엄청나게 큰 사람이나 큰 물건을 가리키는 뜻에서 비롯되었는데, 그것이 부정어와 함께 굳어지면서 어이없다는 뜻으로 쓰이게 되었다. 크다는 뜻 자체는 약화되고 그것이 크든 작든 우리가 가지고 있는 상상이나 상식을 벗어난 경우를 지칭하게 된 것이다. 그러니 상상에 빠지기 좋아하고 상식으로부터 자유로워지려는 사람에게 어처구니없는 실수가 그림자처럼 따라다니는 것은 아주 자연스러운 일이다.

ⓒ 결국 실수는 삶과 정신의 여백에 해당한다. 그 여백마저 없다면 이 각박한* 세상에서 어떻게 숨을 돌리며 살 수 있겠는가. 그리고 발 빠르게 돌아가는 세상에 어떻게 휩쓸려 가지 않고 남아 있을 수 있겠는가. 어쩌면 사람을 키우는 것은 능력이 아니라 실수의 힘일지도 모른다.

그러나 날이 갈수록 실수가 용납되는 땅은 점점 좁아지고 있다. 사소한 실수조차 짜증과 비난의 대상이 되기가 십상이다. 남의 실수를 웃으면서 눈감아 주거나 그 실수가 나오는 내면의 풍경을 헤아려 주는 사람을 만나기도 어려워져 간다. ⓔ 나 역시 스스로는 수많은 실수를 저지르고 살면서도 다른 사람의 실수에 대해서는 조급하게 굴거나 너그럽게 받아주지 못한 때가 적지 않았던 것 같다.

도대체 정신을 어디에 두고 사느냐는 말을 들을 때면 그 말에 무안해져 눈물이 핑 돌기도 하지만, 내 속의 어처구니는 머리를 디밀고 이렇게 소리치는 것이다. 정신과 마음은 내려놓고 살아야 한다고. 어디로 가는 줄도 모르고 뛰어가는 자신을 하루에도 몇 번씩 세워 두고 ⓜ '우두커니*' 있는 시간, 그 '우두커니' 속에 사는 '어처구니'를 많이 만들어 내면서 살아야 한다고. 바로 그 실수가 곽휘원의 아내로 하여금 백지의 편지를 꽉 찬 그리움으로 읽어 내도록 했으며, 산사의 노스님으로 하여금 기억의 어둠 속에서 빗 하나를 건져 내도록 해 주었다고 말이다.

– 나희덕, 〈실수〉 –

79

＊ 내용 구성

처음	편지 대신 흰 종이를 보낸 곽휘원의 실수가 오히려 아내에게 기쁨을 주었다는 고사를 소개함.
중간	스님에게 빗을 빌리려던 글쓴이의 경험을 통해 실수의 긍정적인 효과를 깨닫게 됨.
끝	실수는 각박한 일상에 여유를 주는 삶과 정신의 여백에 해당함.

✔ **한방에! 어휘풀이**

＊ **벽사창(碧紗窓):** 짙푸른 빛깔의 비단을 바른 창.

＊ **의례적(儀禮的):** 형식이나 격식만을 갖춘.

＊ **일가견(一家見):** 어떤 문제에 대하여 독자적인 경지나 체계를 이룬 견해.

＊ **비구니(比丘尼):** 출가한 여자 승려.

＊ **세속(世俗):** 불가에서 일반 사회를 이르는 말.

＊ **보시(布施):** 자비심으로 남에게 재물이나 불법을 베풂.

＊ **각박하다(刻薄하다):** 인정이 없고 삭막하다.

＊ **우두커니:** 넋이 나간 듯이 가만히 한자리에 서 있거나 앉아 있는 모양.

윗글에 대한 설명으로 적절하지 <u>않은</u> 것은?

① 대상과 관련된 일화를 제시하여 화제를 이끌어 내고 있다.

② 자신의 실제 체험과 감동, 느낌을 진솔하게 서술하고 있다.

③ 대상에 대한 주관적 내용이나 편견을 배제하고 사실만을 이야기하고 있다.

④ 의도적으로 대상의 긍정적인 부분에 초점을 맞추어 이야기를 전개하고 있다.

⑤ 서두와 조화를 맞추어 마무리를 하고 인상적인 표현을 사용하여 여운이 남도록 하고 있다.

㉠~㉤에 대한 설명으로 적절하지 <u>않은</u> 것은?

① ㉠: 남편이 보낸 흰 종이에 자신을 향한 남편의 깊은 그리움이 담겨 있다고 생각하였기 때문이다.

② ㉡: 빗을 사용하지 않는 스님에게 빗을 빌려달라고 했기 때문이다.

③ ㉢: 긴장을 풀어주거나 어색한 분위기를 편안하게 만들어 줄 수 있다는 이유 때문이다.

④ ㉣: 실수를 용납하지 않던 자신의 모습을 긍정적으로 생각했기 때문이다.

⑤ ㉤: 상상에 빠지기도 하고 상식적으로부터 자유로워지는 순간이 필요하다는 의미이다.

보기 의 '오르페우스'의 관점에서 윗글을 읽은 감상으로 적절한 것은?

보기

그리스 신화 속 뛰어난 연주자인 **오르페우스**는 독사에 물려 갑작스레 세상을 떠나게 된 부인 에우리디케를 되찾아오기 위해 지하세계의 신 하데스의 앞에서 아름다운 음악을 연주했다. 이에 하데스는 에우리디케를 다시 데려가는 것을 허락하면서, 오르페우스가 뒤따라가는 에우리디케를 확인하기 위해 뒤를 보지 말 것을 명령했다. 그러나 오르페우스는 빛을 보기 직전에 뒤를 돌아보게 되고, 두 사람은 영영 이별하게 되었다. 오르페우스는 눈물을 흘리며 자신의 실수를 후회하고, 죽을 때까지 부인을 그리워하며 다른 여자들의 구혼을 모두 거절했다.

① 실수하더라도 그것을 성장의 밑거름으로 삼을 수 있겠구나.

② 실수는 사람을 키운다는 글쓴이의 주장에 따라 앞으로는 실수를 자주 해야겠어.

③ 사람이 성장하는 데는 능력과 실수의 힘 모두 중요하므로 앞으로는 능력도 키우면서 실수도 일으켜야겠구나.

④ 실수는 때로 돌이킬 수 없는 상황을 불러오기도 하는데, 그런 경우에는 실수가 마냥 유익하다고 보기 어려울 것 같아.

⑤ 사람은 실수의 힘으로 성장한다는 글쓴이의 말은 사람은 실수할 수밖에 없으므로 일부러 실수를 고치려고 하지 않아도 된다는 뜻이겠구나.

ⓐ와 같은 표현 방법이 사용된 문장을 [A]에서 찾아 조건 에 맞게 쓰시오.

조건

• 3어절로 쓸 것.

• 문장을 '~다'로 끝낼 것.

문제풀이

복습하기

문법

1 ⬜⬜⬜⬜	두 단어 또는 형태소가 결합하여 만들어진 합성어의 두 요소 사이에 표기하는 'ㅅ'
조건	• 고유어와 고유어의 결합, 고유어와 한자어의 결합, 한자어와 고유어의 결합으로 이루어진 합성어 • 뒷말의 첫소리가 2 ⬜⬜⬜ 로 바뀌는 경우 • 뒷말의 첫소리 'ㄴ, ㅁ' 앞에서 'ㄴ' 소리가 덧나는 경우 • 뒷말의 첫소리 3 ⬜⬜ 앞에서 'ㄴㄴ' 소리가 덧나는 경우

비문학

1문단	4 ⬜⬜⬜⬜⬜ 언어의 개념과 특징
2문단	프로그래밍 언어의 분류 기준과 5 ⬜⬜ 언어의 특징
3문단	고급 언어인 인터프리터 언어와 6 ⬜⬜⬜ 언어의 특징

문학 – 유산가(작자 미상)

서사(1~2행)	봄 경치를 보러 7 ⬜⬜ 갈 것을 권유함.
본사1(3~10행)	봄날의 아름다운 8 ⬜⬜ 를 예찬함.
본사2(11~24행)	산과 9 ⬜⬜ 의 아름다운 풍경을 묘사함.
결사(25~26행)	소쩍새 울음소리와 아름다운 경치를 예찬함.

문학 – 실수(나희덕)

곽휘원의 실수	아내에게 10 ⬜⬜ 대신 흰 종이를 잘못 넣어 보냄 → 자신에 대한 11 ⬜⬜⬜ 이 말로 다 할 수 없다는 고백으로 받아들임.
'나'의 실수	스님에게 12 ⬜ 을 빌려달라고 부탁함. → 스님으로 하여금 과거 속세에서의 시간을 추억하게 함.

⬇

실수의 긍정적 효과	① 삶을 신선한 충격과 행복한 오해로 이끎. ② 상대방이 13 ⬜⬜ 을 풀도록 도움. ③ 어색한 분위기가 가시고 초면에 쉽게 마음을 트게 됨.

10

Contents

✓ 한방에! 개념정리

✓ 한방에! 핵심정리

갈래	발표
화제	영구 동토층이 녹으면서 생기는 문제와 이를 막기 위한 전 지구적 노력 촉구
특징	① 시각 자료를 활용하여 발표자의 주장을 강조함. ② 청중의 학습 경험과 발표 내용을 연관 지어 이해를 도움. ③ 질문을 건넴으로써 청중의 관심을 유도하고, 발표에 집중하게 함.

※ 다음은 학생의 발표이다. 물음에 답하시오.

안녕하세요? 저는 환경 동아리 '지지자 - 지구를 지키는 자'의 부장입니다. 우리 동아리는 지구 온난화의 심각성을 알리는 캠페인을 진행하고 있습니다. 오늘은 이와 관련하여 영구 동토층이 녹으면서 생기는 문제에 대해 알려드리고자 합니다.

영구 동토층에 대해 들어보신 적 있나요? (청중의 반응을 확인하고) 영구 동토층은 온도가 섭씨 0도 이하로 유지되어 여름에도 녹지 않는 토양층을 말합니다. 영구 동토층이 분포해 있는 지대는 지구 전체 면적의 약 14%에 해당하며, 시베리아, 캐나다 북부, 알래스카 등 북극권에 주로 분포해 있습니다. 대부분의 영구 동토층은 수천 년에서 수만 년 동안 얼어붙은 상태였지만 최근에 빠른 속도로 녹고 있습니다.

이것이 왜 문제가 될까요? 영구 동토층이 녹으면 그곳에 묻혀 있던 대량의 이산화 탄소와 메테인이 대기 중으로 방출되기 때문입니다. 수업 시간에 배운 것처럼 이산화 탄소와 메테인은 지구 온난화를 일으키는 대표적인 온실가스입니다. 과학자들은 영구 동토층에 묻혀 있는 탄소의 양이 대기 중에 존재하는 탄소의 양의 2배에 이를 것으로 추정하고 있습니다. 메테인은 방출되는 양이 상대적으로 적지만 지구 온난화에 끼치는 영향은 이산화 탄소의 20배 이상이라고 합니다. (㉠ 자료를 제시하며) 보시는 자료에서 왼쪽 그래프는 영구 동토층이 녹지 않고 유지되는 지역의, 오른쪽 그래프는 영구 동토층이 급격히 녹고 있는 지역의 온실가스 농도를 나타냅니다. 왼쪽의 경우는 이산화 탄소나 메테인과 같은 온실가스 방출량이 미미하지만, 오른쪽에서는 이들 가스의 방출량이 급격히 증가한 것을 확인할 수 있습니다.

이어서 보실 자료는 2007년부터 10년간 북극권의 연평균 기온을 지구 전체의 연평균 기온과 비교한 그래프입니다. (㉡ 자료를 제시하며) 붉은 선과 파란 선 모두 기온이 상승하고 있음을 보여 줍니다. 그런데 북극권의 연평균 기온을 나타내는 붉은 선이 더 가파르게 올라가는 것에 주목할 필요가 있습니다. 이런 추세로 북극권 기온이 상승하면 그곳에 분포한 영구 동토층이 빠르게 녹아 처음에 보신 오른쪽 그래프와 같은 상황이 가속화됩니다.

영구 동토층에서 방출된 온실가스는 북극권의 기온을 상승시키고 이는 결국 지구 전체의 온난화를 악화시킵니다. 그런 점에서 영구 동토층이 녹지 않도록 전 지구적 노력이 필요합니다. 제가 말씀드린 내용을 주변에 많이 알려주시고, 우리 동아리의 캠페인에도 지속적인 관심을 부탁합니다. 감사합니다.

01 발표의 구성과 말하기 방식 파악하기

위 발표에 대한 설명으로 적절하지 않은 것은?

① 용어의 뜻을 설명하며 청중의 이해를 돕고 있다.
② 질문을 하면서 청중이 발표에 집중하도록 하고 있다.
③ 학습 경험을 언급하며 관련된 내용을 설명하고 있다.
④ 예상되는 반론을 반박하며 발표의 설득력을 높이고 있다.
⑤ 캠페인에 대한 관심을 요청하며 발표를 마무리하고 있다.

02 발표의 자료 활용 방식 파악하기

발표자가 ㉠과 ㉡을 활용한 방식에 대한 설명으로 가장 적절한 것은?

① ㉠을 활용해 영구 동토층이 녹는 원인을 제시하고, ㉡을 활용해 해당 원인의 소멸 과정을 보여 주었다.
② ㉠을 활용해 영구 동토층이 생성된 과정을 제시하고, ㉡을 활용해 해당 과정의 발생 원인을 보여 주었다.
③ ㉠을 활용해 영구 동토층이 녹는 속도의 차이를 보여 주고, ㉡을 활용해 그 차이를 줄이기 위한 방안을 제시하였다.
④ ㉠을 활용해 영구 동토층이 녹을 때 생기는 문제를 보여 주고, ㉡을 활용해 이 문제가 악화될 수 있음을 강조하였다.
⑤ ㉠을 활용해 영구 동토층이 유지된 지역의 문제 상황을 보여 주고, ㉡을 활용해 해당 문제가 가져올 결과를 제시하였다.

중요 03 청중의 듣기 과정 및 반응 파악하기

다음은 발표를 들은 학생들의 반응이다. 발표의 내용을 고려하여 학생의 반응을 이해한 내용으로 적절하지 않은 것은?

> • 학생 1: 영구 동토층은 녹지 않는 것으로 알고 있었는데, 발표를 듣고 그렇지 않다는 것을 알게 되었어. 영구 동토층이 녹아서 문제가 생긴 사례를 더 찾아봐야지.
> • 학생 2: 영구 동토층이 주로 북극권에 분포해 있다고 했는데, 나머지는 어디에 분포해 있을지 궁금해. 발표에서 참조한 자료의 출처를 물어봐야겠어.
> • 학생 3: 영구 동토층이 녹는 문제의 심각성을 알리자는 캠페인의 취지에 동의해. 인근 학교와 지역 사회에 이 문제를 어떻게 공유할지 생각해 봐야겠어.

① '학생 1'은 발표 내용을 듣고 알게 된 정보를 통해 기존의 지식을 수정하고 있다.
② '학생 2'는 발표자가 언급하지 않은 발표 내용에 대해 궁금증을 드러내고 있다.
③ '학생 3'은 발표 내용을 수용하면서 주변에 알릴 방법을 고민하고 있다.
④ '학생 1'과 '학생 3'은 발표 내용과 관련하여 추가적인 활동을 계획하고 있다.
⑤ '학생 2'와 '학생 3'은 발표에 활용된 정보에 출처가 언급되지 않았음을 지적하고 있다.

서답형 04 강연의 맥락 분석하기

다음은 발표자가 청중에게 요청한 내용을 요약한 것이다. ⓐ, ⓑ에 들어갈 말을 차례대로 쓰시오.

> (ⓐ)이/가 녹지 않도록 전 지구적 노력이 필요하다는 것을 주변에 알리고, 발표자의 (ⓑ)이/가 진행하는 캠페인에 대한 관심을 갖는 것이다.

문제풀이

10강

팝 아트

한방에! 개념정리

한방에! 핵심정리

갈래	설명문
주제	팝 아트의 전개 과정과 그 한계
해제	이 글은 1960년 부상한 팝 아트의 발생과 전개 과정, 대표적 팝 아트 예술가인 앤디 워홀과 리히텐슈타인의 작품에서 파악할 수 있는 팝 아트의 특징을 설명하고 있다. 뉴욕의 '신사실주의 예술가들' 전시를 통해 뚜렷한 예술 사조로 자리매김한 팝 아트는 작품의 모든 것을 대중문화에서 차용하며 그 이미지를 반복적으로 제시하고, 문자를 삽입하여 관객의 이해를 도왔다는 특징이 있다. 팝 아트는 예술의 대중화를 이끌어 냈다는 점에서 그 의의가 있으나, 팝 아트가 차용한 현실은 대중매체에 의해 만들어진 이미지이며, 소재가 작품화되는 과정에서 대중과 거리두기를 시도했다는 점에서 한계를 지닌다.

문단 중심 내용

1문단	팝 아트의 개념과 유래
2문단	미국에서의 팝 아트 전개 과정
3문단	팝 아트의 회화적 특징
4문단	팝 아트의 의의와 한계

※ 다음 글을 읽고 물음에 답하시오.

'대중 예술'이라는 의미의 ㉠ 팝 아트는 1960년 이전 활발하게 전개됐던 ㉡ 추상 표현주의에 대한 반항으로, 대중이 이해하고 공감하기 쉬운 일상의 환경에서 소재를 찾아 표현한 예술 사조*이다. 팝 아트라는 용어는 1950~60년대 영국에서 유래했으나 아이러니하게도 미국에서 더욱 활발히 전개되었다. 당시 영국의 예술가보다 대중 도시 문화에 밀접하게 접촉했던 미국의 예술가들이 그 풍조와 속성을 포착하여 일상의 모든 것들을 예술의 소재로써 적극 활용하였기 때문이다.

미국에서 팝 아트는 1962년 뉴욕의 시드니 재니스 갤러리의 ⓐ '신사실주의 예술가들' 전시를 통해 하나의 뚜렷한 양상으로 자리매김하였고, 미국의 예술계와 사회 전반의 분위기를 주도하며 대중에게 급속하게 인식되기 시작하였다. 이후 팝 아트는 현실과 유리된* 이상적인 아름다움을 추구해 온 전통적인 예술관을 해체하고, 예술을 소수의 교양 계급의 전유*로부터 대중화로 이끄는 데 크게 기여하며 발전하였다.

팝 아트의 대표적 예술가인 앤디 워홀은 작품의 주제와 제작 방법, 소재의 사용 등 모든 것을 대중문화에서 차용함으로써 현실을 분석·해석하고 변용하는 것이 아닌, 예술을 현실과 동일의 차원에서 다루었다. 코카콜라 병이나 통조림 수프, 시리얼 상자 등의 비개성적인 생활필수품의 상표 이미지들은 소비문화를 적나라하게 차용함을 반증한다. 또한 마릴린 먼로, 엘비스 프레슬리 등과 같은 유명인들이나 꽃과 같은 평범한 형상들을 하나만 또는 반복적으로 제시함으로써 반복성이라는 팝 아트의 특성을 나타냈다. 리히텐슈타인은 만화 캐릭터, 전화번호부의 작은 광고 등의 친숙한 이미지를 확대하여 제시하였고, 광고나 만화 속에나 등장하던 말풍선을 작품에 도입함으로써 문자를 통해 작품의 의미를 전달하여 관객의 이해를 도왔다.

팝 아트 작가들은 단지 상업화에 그친 것이 아니라 순수미술과 상업미술과의 벽을 허물고 예술의 대중화를 이루기 위해 노력하였다. 따라서 팝 아트는 대중과의 소통을 중요시하고 전통의 이탈을 통해 매체를 확장하며, 예술의 표현 범위를 확대함으로써 사고의 유연성과 다양성을 이끌어 냈다는 점에서 그 의의가 있다. 그러나 팝 아트가 활용한 대중문화는 대중매체에 의해 가공된 것이기 때문에 예술가들이 활용한 대중문화는 그들이 직접적으로 관찰한 현실이 아닌 대중매체에 의해 만들어진 현실의 이미지이고, 예술가들이 작품에서 나타낸 것은 단지 그 대중매체의 사본 이미지로 표현된 현실이라는 점, 또한 그들이 사용한 대중문화의 친숙한 소재가 작품화되는 과정에서 이전의 예술 사조들과 같이 대중과 거리두기를 시도했다는 점에서 한계를 지닌다.

한방에! 어휘풀이

* 사조(思潮): 한 시대의 일반적인 사상의 흐름.
* 유리되다(遊離되다): 따로 떨어지게 되다.
* 전유(專有): 혼자 독차지하여 가짐.

01 세부 내용 이해하기

윗글에 대한 설명으로 적절하지 <u>않은</u> 것은?

① 앤디 워홀은 대중문화를 작품 전반에 활용하였다.
② 팝 아트는 주변에서 쉽게 접할 수 있는 소재를 사용했다.
③ 팝 아트는 교양 계급이 대중적인 것에 관심을 가지도록 하였다.
④ 추상 표현주의는 대중이 이해하고 공감하기에 어려움이 있었다.
⑤ 리히텐슈타인은 관객의 이해를 돕기 위해 문자를 작품에 삽입하였다.

02 세부 내용 추론하기

㉠, ㉡에 대한 설명으로 적절하지 <u>않은</u> 것은?

① ㉠은 주로 현실을 분석하고 변용하였다.
② ㉡은 소수의 교양 계급이 전유한 예술 사조이다.
③ ㉠은 ㉡과 달리 예술을 일상적인 삶과 일치시켰다.
④ ㉡은 ㉠의 탄생에 영향을 미쳤다.
⑤ ㉠과 ㉡은 대중과 거리두기를 시도하였다는 점에서 유사한 속성을 지닌다.

중요 03 구체적 사례에 적용하기

윗글을 참고하여 보기 를 감상한 것으로 적절하지 <u>않은</u> 것은?

보기

앤디 워홀, 〈Campbell's Soup I〉

① 이미지를 반복적으로 제시함으로써 팝 아트의 특성을 나타내었군.
② 당시 대중 도시 문화에 밀접하게 접촉했던 영국에서 유래한 예술 사조겠군.
③ 작품을 창작한 작가는 예술이 일반 대중을 위해 존재해야 한다고 생각했겠군.
④ 비개성적인 상표 이미지를 사용함으로써 당시의 소비문화를 적나라하게 드러냈군.
⑤ 비평가들은 이 작품을 대중매체가 만들어낸 이미지를 복제한 것으로 생각할 수도 있겠군.

서답형 04 세부 내용 파악하기

다음은 ⓐ에 대해 서술한 것이다. 빈칸에 들어갈 말을 골라 차례대로 쓰시오.

유럽과 미국 예술가 29명의 작품 50점이 소개된 ⓐ는 (유럽 / 미국) 미술사에 한 획을 그은 전람회로 기록되었다. 이 전시에 (앤디 워홀 / 리히텐슈타인)은 200개의 수프 통조림을 그린 그림을 출품했고, 올덴버그는 비닐에 색칠한 조각을 출품했다. 이외에도 영국의 유명한 팝 아트 예술가 피터 블레이크 또한 전시에 참여하였다.

문제풀이

10강

문학 - 현대시

봄 _ 이성부

✔ 한방에! 개념정리

✔ 한방에! 핵심정리

갈래	자유시, 서정시
성격	상징적, 희망적
주제	다가올 새로운 시대에 대한 강한 신념과 희망
특징	① 대상을 의인화하여 상징적으로 표현함. ② 단정적 어조의 반복으로 화자의 믿음을 강조함. ③ 대상에 대한 화자의 행동을 구체적으로 제시함으로써 화자의 태도를 효과적으로 드러냄.
해제	이 작품은 '봄'에 상징적 의미를 부여하여 새로운 시대가 올 것이라는 강한 신념과 희망을 노래하는 시다. 이 시에서 '너'로 의인화된 '봄'은 단순한 계절의 의미를 넘어서서 다양한 의미로 해석될 수 있다.

※ 다음 글을 읽고 물음에 답하시오.

기다리지 않아도 오고
기다림마저 잃었을 때에도 너는 온다.
어디 뻘*밭 구석이거나
썩은 물웅덩이 같은 데를 기웃거리다가
힌눈 좀 필고, 싸움도 힌핀 하고,
지쳐 나자빠져 있다가
다급한 사연 듣고 달려간 ㉠바람이
흔들어 깨우면
눈 부비며 너는 더디게 온다.
더디게 더디게 마침내 올 것이 온다.
너를 보면 눈부셔
일어나 맞이할 수가 없다.
입을 열어 외치지만 소리는 굳어
나는 아무것도 미리 알릴 수가 없다.
가까스로 두 팔을 벌려 껴안아 보는
너, 먼 데서 이기고 돌아온 사람아.

– 이성부, 〈봄〉 –

✔ 한방에! 어휘풀이

★ 뻘: '개흙'의 방언. 갯바닥이나 늪 바닥에 있는 거무스름하고 미끈미끈한 고운 흙. 유기물이 뒤섞여 있어 거름으로도 쓴다.

01 표현상의 특징 파악하기

윗글의 표현상 특징으로 적절하지 <u>않은</u> 것은?

① 대상을 의인화하여 시상을 전개하고 있다.
② 역설적 표현을 통해 시적 의미를 강화하고 있다.
③ 단정적인 어조를 통해 화자의 신념을 강조하고 있다.
④ 대상에 대한 예찬적 태도를 드러냄으로써 주제를 부각하고 있다.
⑤ 화자의 행동을 구체적으로 제시하여 대상에 대한 화자의 태도를 나타내고 있다.

02 시어의 의미 파악하기

㉠에 대한 설명으로 적절한 것은?

① 화자가 간절히 기다리는 대상이다.
② '봄'이 오는 것을 방해하는 존재이다.
③ 화자의 소망을 '봄'에게 전달하는 존재이다.
④ '봄'이 겪는 역경과 고난을 함께 겪는 존재이다.
⑤ '봄'에 대한 화자의 정서를 고조시키는 존재이다.

중요 ▶ 03 외적 준거를 바탕으로 작품 감상하기

보기 를 참고하여 윗글을 이해한 것으로 적절하지 <u>않은</u> 것은?

보기

이성부가 〈봄〉을 창작하였던 시기인 1970년대는 독재 정권이 강한 권력으로 국민을 통제하던 시기였다. 따라서 국민들은 독재 정권의 몰락과 함께 민주주의라는 새로운 시대가 다가오기를 간절히 바라고 있었다. 그러나 당시 정권은 민주주의를 외치는 사람들을 잡아 감옥에 가두거나 심각한 고문을 자행하였다.

이러한 시대적 상황이 이 시에 반영되어 있다고 볼 때, '봄'은 그 시대 사람들이 간절하게 원했던 민주주의를 상징한 것이라고 볼 수 있다. 겨울이 지나면 반드시 봄이 오듯이, 이 시는 민주주의 역시 언젠가 반드시 우리에게 올 것이라는 믿음을 노래했던 것이다.

① '기다리지 않아도 오고 / 기다림마저 잃었을 때에도' 온다는 것은 민주주의가 언젠가는 꼭 오고야 만다는 확신을 드러내는군.
② '뻘밭 구석'이나 '썩은 물웅덩이'는 민주주의가 도래하는 것을 방해하는 독재 정권의 억압을 상징하는군.
③ '더디게 더디게 마침내 올 것이 온다'는 것은 이상적 사회가 쉽게 오지는 않지만 언젠가는 도래한다는 생각을 드러내는군.
④ '눈부셔 / 일어나 맞이할 수가 없다'는 것은 이상적 사회를 맞이하는 화자의 벅찬 심정을 나타내는군.
⑤ '입을 열어 외치지만 소리는 굳'는다는 것은 이상적 사회가 오는 것을 알릴 수 없는 화자의 무력감을 나타내는군.

서답형 ▶ 04 구절의 의미 파악하기

다음은 ⓐ의 의미를 서술한 것이다. 빈칸에 들어갈 적절한 말을 골라 쓰시오.

ⓐ는 봄을 맞이한 화자의 (감격 / 절망)이 담긴 행동이다.

※ 다음 글을 읽고 물음에 답하시오.

갈래	가전
성격	풍자적, 교훈적
주제	돈이 우선시되는 세태에 대한 비판과 재물에 대한 경계
특징	① 의인화 기법과 전기적 구성을 활용함. ② 돈의 폐해에 대한 작가의 비판과 풍자가 드러남.
해제	이 작품은 고려 무신 정권 시기의 문인인 임춘이 지은 것으로, 돈(엽전)을 의인화하여 돈의 폐해를 비판한 가전이다. 가전에서 전은 사람의 일대기를 요약적으로 서술하여 교훈을 전하는 서사 갈래이다. 전에는 열전, 사전, 가전, 탁전 등이 있는데, 이중 가전은 사물을 역사적 인물처럼 의인화하여 생애·성품 등을 기록한 것이다.

공방*의 자는 관지*다. 공방이란 구멍이 모가 나게 뚫린 돈, 관지는 돈의 꿰미를 뜻한다. 그의 선조는 옛날에 수양산 동굴에 은거하였는데*, 일찍 세상으로 나왔지만 쓰이지 못했다. 비로소 황제(黃帝) 때에 조금씩 쓰였으나, ㉠ 성질이 강경하여 세상일에 매우 단련되지 못했다. 황제가 관상을 보는 사람을 불러 그를 살피게 하니, 관상 보는 사람이 자세히 보고 천천히 말하기를

"산야(山野)에서 이루어졌기 때문에 거칠어서 사용할 수 없지만, 만약 임금님의 쇠를 녹이는 용광로에서 갈고 닦으면 그 자질은 점점 드러나게 될 것입니다. 임금이란 사람을 사용할 수 있는 그릇이 되도록 만드는 자리이니, 임금님께서 완고한 구리와 함께 버리지 마십시오."

라고 했다. 이로부터 세상에 나타나게 되었다. 이후 난리를 피하여, 강가의 화로로 이사를 해 가족을 이루고 살았다.

공방의 아버지인 천(泉)은 주나라의 재상으로, 나라의 세금 매기는 일을 맡았다. ㉡ 공방의 사람됨은 겉은 둥그렇고 가운데는 네모나며, 세상의 변화에 잘 대응했다. 공방은 한나라에서 벼슬하여 홍려경*이 되었다. 당시에 오나라 임금인 비(濞)가 교만하고 참람하여* 권력을 마음대로 행사했는데, 공방이 비를 도와 이익을 취했다. 호제(虎帝) 때에 나라가 텅 비고 창고가 텅 비게 되었는데, 호제가 이를 걱정하여 공방에게 부민후*로 임명했다. 그 무리인 염철승* 근(僅)과 함께 조정에 있었는데, ㉢ 근이 항상 공방을 가형(家兄)이라 부르고 이름을 부르지 않았다.

공방은 성질이 탐욕스럽고 염치가 없었는데, 이미 국가의 재산을 총괄하면서 원금과 이자의 경중을 저울질하는 것을 좋아했다. 공방은 국가를 이롭게 하는 것에는 도자기와 철을 주조하는* 것만 있는 것이 아니라면서, 백성들과 함께 조그만 이익을 다투고, 물가를 올리고 내리고, 곡식을 천대하고, 화폐를 귀중하게 여겼다. 그리하여 백성들이 근본을 버리고 끝을 좇도록 하고, 농사짓는 것을 방해했다. 당시에 간관*들이 자주 상소를 올려 공방을 비판했지만, 호제가 이를 받아들이지 않았다. 공방은 교묘하게 권세 있는 귀족들을 섬겨, 그 집을 드나들면서 권세를 부리고 관직을 팔아 관직을 올리고 내리는 것이 그의 손바닥 안에 있었다. 공경들이 절개를 꺾고 공방을 섬기니, 곡식을 쌓고 뇌물을 거두어 문권*과 서류가 산과 같이 쌓여 가히 셀 수가 없었다. 공방은 사람을 대하고 물건을 대할 때 현인*과 불초한* 것을 가리지 않고, 비록 시장 사람이라고 하더라도 재산이 많으면 그와 사귀었으니, 소위 시장 바닥 사귐이란 이런 것을 말한다. 공방은 때로는 동네의 나쁜 소년들을 따라다니면서 바둑을 두고 격오*를 일삼았다. 그러나 승낙을 잘했기 때문에, 당시 사람들이 이를 두고 ㉣ "공방의 말 한마디는 무게가 금 백 근과 같다."라고 했다.

원제*가 즉위하자 공우*가 글을 올려 "공방이 오랫동안 바쁜 업무에 매달려 농사의 중요한 근본에는 힘쓰지 않고 다만 전매의 이익에만 힘을 썼습니다. 그리하여 나라를 좀먹고 백성들에게 해를 입혀 공사가 모두 피곤하게 되었으며, 뇌물이 난무하고 공적인 일도 청탁이 있어야만 처리됩니다. '지고 또 탄다. 그러면 도둑이 온다.'*라고 한 〈주역(周易)〉의 명확한 가르침도 있으니, 바라건대 공방의 관직을 파면해 탐욕과 비루함을 징계하십시오."라고 했다.

(중략)

사신(使臣)은 다음과 같이 논평한다.

"다른 사람의 신하가 된 사람이 두 마음을 품고 큰 이익을 좇는다면 이 사람은 과연 충신인가? 공방이 때를 잘 만나고 좋은 주인을 만나 정신을 모아서 정중한 약속을 맺었고, 생각지도 못한 많은 사랑을 받았다. 당연히 이로운 일을 생기게 하고 해로운 것을 제거하여 은덕을 갚아야 하지만, 비를 도와 권력을 마음대로 하고 마침내 자신의 무리들을 심었다. 공방의 이러한 행동은 충신은 경계 바깥의 사귐은 없다는 말에 위배되는 것이다. 공방이 죽고 그의 무리들이 다시 송나라에서 기용되어 권력자에게 아부하고 올바른 사람들을 모함했었다. 비록 길고 짧은 이치가 하늘에 있다고 해도 원제가 공우의 말을 받아들여 한꺼번에 공방의 무리들을 죽였다면, 뒷날의 근심은 모두 없앨 수 있었을 것이다. ⑪ 다만 공방의 무리들을 억제하기만 하여 후세까지 그 폐단*을 미치게 했으니, 어찌 일보다 말이 앞서는 사람은 항상 믿지 못할까를 근심하지 않겠는가?"

- 임춘, 〈공방전〉 -

✔ 한방에! 지식더하기

가전체 소설

사물이나 동물을 의인화하여 그 일대기를 전의 형식에 맞춰 허구적으로 창작한 소설. 주인공의 행적을 통해 읽는 이에게 교훈을 주는 것이 목적이므로 풍자성을 띤다. 주로 의인화된 존재의 가계를 언급하여 조상을 밝힌 후 탄생부터 죽음 이후 후손의 행적까지 언급하는 구조를 취하며. 또한 작품의 마지막에는 주인공에 대한 평가를 삽입하여 작가의 생각을 직접적으로 표현한다. 우리나라에서 가전체 소설은 고려 중기 임춘의 <국순전> 이후 널리 창작되었다.

이첨, 〈저생전〉	종이를 의인화함으로써 신하의 올바른 도리를 드러냄.
임춘, 〈국순전〉	술을 의인화함으로써 임금과 신하의 올바른 도리를 드러냄.
이곡, 〈죽부인전〉	대나무를 의인화함으로써 절개를 지킨 모범적인 여인상을 드러냄.

✔ 한방에! 어휘풀이

* ★ 공방(孔方): '엽전'을 달리 이르는 말. 엽전의 가운데 네모난 구멍이 있으므로 이렇게 이른다.
* ★ 관지(貫之): '꿰다'는 뜻. 돈을 꿰미로 만들기 때문에 '꿸 관' 자를 써서 자를 '관지'라 함.
* ★ 은거하다(隱居하다): 세상을 피하여 숨어서 살다.
* ★ 홍려경(鴻臚卿): 외국에서 방문한 사신을 접대하는 관직.
* ★ 참람하다(僭濫하다): 분수에 넘쳐 너무 지나치다.
* ★ 부민후(富民侯): 백성을 잘살게 하는 일을 담당하는 벼슬.
* ★ 염철승(鹽鐵丞): 소금과 쇠를 가리키는 의인화된 관직 이름.
* ★ 주조하다(鑄造하다): 녹인 쇠붙이를 거푸집에 부어 물건을 만들다.
* ★ 간관(諫官): 조선 시대에, 국왕에게 간언(諫言)을 임무로 하는 벼슬아치.
* ★ 문권(文券): 땅이나 집 따위의 소유권이나 그 밖의 권리를 증명하는 문서.
* ★ 현인(賢人): 어질고 총명하여 성인에 다음가는 사람.
* ★ 불초하다(不肖하다): 못나고 어리석다.
* ★ 격오(格五): 옛날 놀이로, 지금의 주사위 놀이와 같은 것.
* ★ 원제(元帝): 중국 전한의 제11대 황제.
* ★ 공우(貢禹): 전한 후기의 관료.
* ★ 지고 또 탄다, 그러면 도둑이 온다: 짐을 등에 지는 것은 천한 소인이 하는 일이고, 수레는 고귀한 군자가 타는 것인데, 만약 짐을 지는 소인이 신분 질서를 문란하게 하고 수레를 탄다면 많은 사람들이 이와 같은 욕심을 내어 도적이 들게 된다는 뜻.
* ★ 폐단(弊端): 어떤 일이나 행동에서 나타나는 옳지 못한 경향이나 해로운 현상.

★전체 줄거리

공방의 조상은 수양산에 은거하다가 황제 때 처음 등용되었고, 그의 아버지 천은 주나라의 재상으로 나라의 세금을 담당하였다. 공방은 그 생김새가 밖은 둥글고 안은 모나며, 임기응변을 잘하여 한나라의 홍려경이 되었다. 그러나 탐욕스럽고 염치가 없는 성격으로 인해 돈을 중하게 여기고 곡식을 천하게 여겨 백성들로 하여금 근본을 버리고 장사만 치중하게 하였다. 또 재물을 많이 가진 사람이면 무조건 가까이 사귀었다. 공방은 원제 때 공우의 상소로 조정에서 쫓겨났으나 반성하지 않았고, 진나라 때에는 공방의 재주를 이용하고자 그의 제자들을 등용하였다. 남송 때에는 공방의 제자들이 천하를 교란하여 축출되었고 다시 번성하지 못하였다. 공방의 아들은 장물죄를 짓고 사형당했다. 이에 사신은 공방이 본분을 잊고 사욕만 따른 자이므로 그 일당까지 모두 없애야 한다고 주장하였다.

01 인물의 특징 이해하기

'공방'에 대한 설명으로 적절하지 <u>않은</u> 것은?

① 권세를 이용하여 매관매직을 일삼았다.
② 학식이나 인품을 기준으로 사람을 가려 사귀었다.
③ 도자기와 철을 주조하는 기술을 천대하고 상업을 중시했다.
④ 처세에 능해 권력자의 편에 서서 부정하게 재물과 권력을 쌓았다.
⑤ 그의 선조는 성질이 강경하여 세상에 나지 않고 산속에 숨어 살았다.

02 작품의 내용 파악하기

㉠~㉤에 대한 내용으로 적절하지 <u>않은</u> 것은?

① ㉠: 공방의 선조들은 공방과 달리 청렴하고 공명정대한 인물이었다는 것을 의미한다.
② ㉡: 돈의 생김새를 표현하는 동시에 긍정적이면서 부정적인 측면을 지닌 공방의 모순적 성격을 드러낸다.
③ ㉢: 당시 소금과 쇠가 아무리 중요해도 돈보다는 아래였음을 의미한다.
④ ㉣: 당시 공방이 무소불위의 권력을 갖고 있었음을 알 수 있다.
⑤ ㉤: 돈을 없애지 않아 후세에도 돈으로 인한 문제가 자주 일어났음을 의미한다.

> ★ 공명정대(公明正大): 하는 일이나 태도가 사사로움이나 그릇됨이 없이 아주 정당하고 떳떳함.
> ★ 무소불위(無所不爲): 하지 못하는 일이 없음.

중요 03 외적 준거를 바탕으로 작품 이해하기

보기 를 참고하여 윗글을 이해한 것으로 적절하지 <u>않은</u> 것은?

> **보기**
>
> 〈공방전〉의 갈래는 '전(傳)'으로, 한 인물의 일대기와 가계 내력 등을 기록하여 후세에 전하는 글이다. 전에는 열전, 사전, 가전, 탁전 등이 있는데, 이 중 가전은 동식물이나 사물을 역사적 인물처럼 의인화하여 생애·성품 등을 기록한 것이다. 역사적 사실에 빗대어 당대의 문제를 간접적, 우회적 수법으로 다루기도 하며, 이를 통해 교훈적 내용을 전달하거나 사회에 대한 비판적 시각을 드러낸다. 작품의 말미에는 서술자가 인물을 평가하며 주제를 집약적으로 전달한다.

① 작가는 공방의 성품을 묘사함으로써 돈에 대한 비판적 시각을 드러내고 있다.
② '한나라', '오나라' 등 옛 왕조를 언급함으로써 실제 역사를 토대로 당대의 문제를 다루고 있다.
③ 돈이 만들어지기까지의 과정을 한 인물의 가계 내력으로 빗대어 전(傳)과 동일한 형태를 보여 주고 있다.
④ 사신은 작가의 목소리를 대변하는 인물로, 돈의 긍정적인 측면보다 부정적인 면이 많다고 평가하고 있다.
⑤ 윗글의 모든 등장인물은 사물을 역사적 인물처럼 의인화한 것으로, 이를 통해 윗글의 갈래가 가전임을 알 수 있다.

서답형 04 작품의 내용 이해하기

보기 의 내용과 관련된 문장을 찾아 조건 에 맞게 쓰시오.

> **보기**
>
> 임춘은 고려 무신 정권 시기의 인물로, 당시 무신 정권 시기에는 돈으로 벼슬을 사고파는 매관매직이 성행하였다. 임춘은 이러한 문제를 자신의 작품에 녹여내어 비판하기도 하였다.

> **조건**
>
> • 문장의 첫 어절과 마지막 어절을 쓸 것.

문제풀이

복습하기

화법

발표의 중심 화제	¹⬚⬚ 동토층
발표에 나타난 특징	① ²⬚⬚ 자료를 활용하여 발표자의 주장을 강조함. ② 청중의 학습 경험과 발표 내용을 연관지어 이해를 도움. ③ ³⬚⬚을 건넴으로써 청중의 관심을 유도하고 발표에 집중하게 함.

비문학

1문단	팝 아트의 개념과 유래
2문단	⁴⬚⬚에서의 팝 아트 전개 과정
3문단	팝 아트의 ⁵⬚⬚적 특징
4문단	팝 아트의 의의와 ⁶⬚⬚

문학 – 봄(이성부)

1~2행	화자의 ⁷⬚⬚⬚과 관계없이 찾아오는 봄
3~10행	봄이 오고야 말 것이라는 굳은 신념
11~16행	마침내 찾아온 봄을 ⁸⬚⬚하는 기쁨과 감격

문학 – 공방전(임춘)

공방의 특징	• 성질이 탐욕스럽고 ⁹⬚⬚가 없음. • 사람과 사귈 때에는 인품보다는 ¹⁰⬚⬚을 우선시함. • 겉은 둥그렇고 가운데는 네모나며 세상의 변화에 잘 대응함. • 권세 있는 ¹¹⬚⬚들을 섬기며 관직을 팔아 관직을 올리고 내림. • 백성들과 함께 조그만 이익을 다투고 물가를 마음대로 조절하며 ¹²⬚⬚을 천대함.

⬇

공방에 대한 사신의 논평	공방의 무리들을 죽이지 않고 억제하기만 하여 후세까지 공방의 ¹³⬚⬚이 미치게 됨.

정답 1 영구 2 시각 3 질문 4 미국 5 회화 6 한계 7 기다림 8 맞이 9 염치 10 재산 11 귀족 12 곡식 13 폐단

11

Contents

✔ 한방에! 개념정리

✔ 한방에! 핵심정리

갈래	건의문
주제	우리 학교 도서관 이용률을 높이기 위한 해결 방안 건의
특징	① 예상 독자를 고려하여 격식체를 사용함. ② 도서관 이용률을 높이기 위한 방안을 건의하는 건의문임. ③ 담화 표지를 활용하여 글쓴이의 주장을 효과적으로 전달하고 독자의 이해를 도움.

＊담화 표지
• 글의 흐름을 나타내는 표지
• 종류

선후	'우선', '먼저', '다음으로' 등
인과	'따라서', '그러므로', '이 때문에' 등
순서	'첫째', '둘째', '셋째' 등
요약	'이처럼', '정리하자면' 등
예시	'예컨대', '예를 들어' 등
대조	'하지만', '그러나', '반면' 등

※ (가)는 작문 상황이고, (나)는 (가)를 바탕으로 쓴 학생의 초고이다. 물음에 답하시오.

가 [작문 상황]

◦ 작문 목적: 우리 학교 도서관 이용률을 높이기 위한 해결 방안 건의하기
◦ 예상 독자: 우리 학교 교장 선생님

나 [학생의 초고]

교장 선생님, 안녕하십니까. 저는 도서부 동아리 회장 ○○○입니다. 제가 이렇게 글을 쓰게 된 이유는 우리 학교 도서관의 저조한 이용률을 높이기 위한 해결 방안을 말씀드리기 위해서입니다.

얼마 전 도서부에서 우리 학교 도서관 이용 실태에 대해 조사해 보니 학생 1인당 연간 대출 권수가 작년 6.8권에서 올해 4.7권으로 하락했으며, 전체 학생 중 30%는 지난 1년간 책을 한 권도 빌리지 않았다는 것을 알게 되었습니다. 그러면서 학생들이 도서관을 잘 이용하지 않는 원인을 분석해 본 결과, 다음과 같은 문제점을 확인할 수 있었습니다.

[A] ⌈ 첫째, 도서관을 쉬는 시간과 점심시간에만 개방하고 있어서 학생들이 이용 가능한 시간이 부족했습니다. 둘째, 책들이 너무 특정 분야에 편중되어 있다 보니 정작 학생들이 읽고 싶은 책들은 없는 경우가 많았습니다. 셋째, 학생들에게 인기 있는 도서들은 이미 대출 중인 경우가 많아서 도서관에 왔다가 원하는 책을 빌리지 못하고 돌아가는 학생들이 ⌊ 많았습니다.

그래서 교장 선생님께 다음 세 가지 사항을 건의하고자 합니다. 우선, 학생들이 마음에 드는 책을 여유를 가지고 고를 수 있도록 방과 후에도 도서관을 개방해 주시기 바랍니다. 방과 후 개방 시간에는 저희 도서부원들도 순번을 정해서 도서관 관리를 돕겠습니다. 다음으로, 다양한 주제에 관심 있는 학생들을 위해서 분야별로 다양한 도서 구입을 고려해 주시기 바랍니다. 마지막으로, 대출 중인 책들도 학생들이 읽어 볼 수 있도록 학교 도서관과 연계된 전자책 서비스를 도입해 주시기 바랍니다.

우리 학교 도서관의 이용률을 높이기 위해 저의 건의를 긍정적으로 검토해 주시기를 부탁드립니다. 저희 도서부에서도 도서관 이용률을 높이기 위해 학생들을 대상으로 한 ㉠캠페인을 진행하겠습니다. 지금까지 글을 읽어 주셔서 감사합니다.

01 글쓰기 계획의 적절성 파악하기

(가)의 작문 상황을 고려하여 (나)를 작성했다고 할 때, 학생의 초고에 활용된 글쓰기 전략으로 적절하지 <u>않은</u> 것은?

① 예상 독자를 고려하여 정중한 인사로 글을 시작한다.

② 작문 목적을 고려하여 해결 방안을 세 가지로 나누어 구체적으로 제시한다.

③ 작문 목적을 고려하여 건의가 수용되지 않을 경우를 대비한 차선책을 제시한다.

④ 작문 목적을 고려하여 문제 상황을 알기 쉽게 설명할 수 있는 통계 자료를 제시한다.

⑤ 예상 독자를 고려하여 건의 사항과 함께 건의 주체가 기여할 수 있는 역할을 제시한다.

중요 02 조건에 따라 표현하기

㉠을 위한 문구를 조건 에 따라 작성한 것으로 가장 적절한 것은?

조건

> • 학생들의 도서관 이용을 장려하는 내용을 포함할 것.
> • 전달 효과를 높이기 위해 직유법을 활용할 것.

① 좋은 책을 읽는 것은 과거의 가장 뛰어난 사람과 대화를 나누는 것입니다. 우리 모두 좋은 책을 많이 읽읍시다.

② 도서관을 이용하는 학생은 그렇지 않은 학생에 비해 3배 더 많은 책을 읽는다고 합니다. 우리 학교 도서관을 찾아 주세요.

③ 지식의 세계를 여는 열쇠와 같은 책은 우리를 성장하게 합니다. 오늘 본 책으로 내일 더 자랄 수 있도록 도서관에 들러 보세요.

④ 알람 시계가 아침을 깨우듯 책은 우리의 일상을 깨워 줍니다. 우리 스스로 마음의 양식인 책을 많이 구입해서 하루를 알차게 만듭시다.

⑤ 도서관에는 학생들이 앉아서 책을 읽을 충분한 공간이 부족합니다. 우리가 마음껏 책 속에서 뛰놀 수 있도록 운동장같이 넓은 도서관을 만들어 주세요.

서답형 03 글쓰기 전략 파악하기

[A]에서 ㉠에 해당하는 말 세 개를 찾아 차례대로 쓰시오.

> 어휘의 의미와는 관련이 없지만, 글쓴이의 의도를 효과적으로 전달하고, 독자의 이해를 돕기 위해 사용되는 말을 담화 표지라고 한다. 담화 표지는 내용을 예고하거나 강조, 요약, 열거, 예시 등의 기능을 하며, ㉠ <u>언어적 담화 표지</u>와 언어 외적 담화 표지로 나뉜다.

갈래	설명문
주제	진위의 판단 가능성에 따른 명제의 특징과 분석 명제의 개념
해제	이 글은 진위의 판단 가능성에 따라 명제를 분류하여 설명하고 있다. 논리학에서 명제는 어떤 사실을 진술하는 것으로, 참이나 거짓일 수 있으며 평서문으로 진술되어야 한다는 특징을 지닌다. 명제는 진술이 사실에 부합되느냐에 따라 참 혹은 거짓으로 나뉜다. 이때 사실을 진술한 명제 중 실험이나 관찰에 의해 진위 여부를 판단해야 하는 명제와, 심리적인 사실을 진술한 명제는 진위를 판별하는 일이 쉽지 않다. 분석 명제는 진위 여부를 가려내기 위해 사실을 확인할 필요가 없는 명제를 가리키며, 언어 세계에 관한 명제가 이에 해당한다. 이와 같은 분석 명제는 필연적으로 참이나 거짓이기 때문에 필연 명제라 불리기도 한다.

＊문단 중심 내용

1문단	명제의 개념과 특징
2문단	진위 여부의 판단이 어려운 명제
3문단	분석 명제의 개념과 특징

※ 다음 글을 읽고 물음에 답하시오.

　논리학은 이미 알고 있는 어떤 사실들을 바탕으로 하여 새로운 사실을 알아내는 방법인 추리에 중점을 둔다. 이때 추리는 언어를 필수적으로 요구하는데, 이에 따라 논리학에서는 모든 대상이 언어로 표현되어야 하며 구체적인 한 언어로 그 언어의 문법에 맞게 표현된 문장을 ㉠'명제'라고 지칭한다. 명제는 어떤 사실을 진술하는 것이므로 참이나 거짓이라는 값을 필수적으로 가지며, 명제가 평서문이 아닌 감탄문, 명령문, 의문문 등의 형태를 취한다면 참이나 거짓이라는 값을 갖지 않으므로 명제라 할 수 없다.

　명제는 그 진술이 사실과 부합되면 참이 되고 그렇지 못하면 거짓이 된다. 그런데 사실을 진술한 명제 중에는 진위 여부를 과학적인 실험과 관찰에 의해서 판별할 수밖에 없는 것들도 있다. 이러한 명제들은 그에 해당하는 지식이 없는 일반인들이 진위 여부를 판단하는 데에 어려움을 겪을 수 있다. '우리나라 사람은 한국인의 노벨문학상 수상을 간절히 바라고 있다.'와 같이 심리적인 사실을 진술하는 명제의 경우에도 심리적인 사실을 어떻게 확인하느냐가 문제가 될 수 있어 진위를 판별하는 일이 쉽지 않다.

　사실과의 부합 여부에 따라서 진위가 결정되는 명제로 비교적 문제가 되지 않는 것은 언어 세계에 관한 명제이다. '청소년은 십 대 후반의 젊은이를 말한다.'라는 명제는 우리말을 아는 사람이면 누구나 참이라는 사실을 알 수 있다. 이처럼 진위 여부를 가려내기 위해 사실을 확인할 필요가 없는 명제를 '분석 명제'라고 한다. '아버지는 남자이다.'라는 문장의 경우 '남자'라는 의미가 주어 '아버지'의 의미에 포함되어 있으므로 경험이 필요하지 않으며, 오직 두 개념의 관계에 의해서 명제가 참임을 알 수 있다. '내일은 비가 오거나 비가 오지 않는다.'와 같은 명제는 '내일 비가 온다.'와 '내일 비가 오지 않는다.'의 일어날 수 있는 두 가지 진술을 선택 명제로 제시한 것이므로 참이 되는 명제다. 이 두 명제는 서로 모순관계에 있으므로 한 명제가 참이면 나머지는 반드시 거짓이다. 이처럼 분석 명제는 사용된 낱말들이 진술된 문장의 의미 분석을 통해 판단할 수 있는 명제이다. 또한 이와 같은 분석 명제는 필연적으로 참이거나 거짓이기 때문에 '필연 명제'라고 부르기도 한다.

01 세부 내용 이해하기

윗글을 통해 답을 알 수 있는 질문으로 적절하지 <u>않은</u> 것은?

① 명제의 정의는 무엇인가?

② 평서문의 기본 단위는 무엇인가?

③ 논리학에서 중점을 두는 요소는 무엇인가?

④ '아버지는 남자이다.'라는 명제가 참인 이유는 무엇인가?

⑤ 진위를 판단하기 위해 사실을 확인할 필요가 없는 명제는 무엇인가?

02 중심 내용 파악하기

㉠에 대한 이해로 적절하지 <u>않은</u> 것은?

① 필연적으로 참이나 거짓이 될 수 있다.

② 감탄문, 명령문, 의문문 등으로 표현할 수 있다.

③ 진위 여부를 판단하는 기준은 사실과의 부합 여부이다.

④ 사전 지식이 없다면 진위 여부를 판단할 수 없는 명제도 존재한다.

⑤ 논리학에서 구체적인 한 언어로 그 언어의 문법에 맞게 표현된 문장을 말한다.

중요 03 구체적 사례에 적용하기

윗글을 바탕으로 보기 의 ㄱ~ㄷ을 이해했을 때, 적절하지 <u>않은</u> 것은?

> 보기
>
> ㄱ. 그는 영혼이 존재한다고 믿는다.
>
> ㄴ. 부인은 결혼한 남자를 뜻하는 말이다.
>
> ㄷ. 20△△년 △△월에 □□산에서 산사태가 났다.

① ㄱ은 심리적인 사실을 진술한 명제이다.

② ㄱ은 진위 여부를 판별하는 데 어려움이 있는 명제이다.

③ 우리나라 사람은 ㄴ의 진위 여부를 확인하는 데 어려움이 없다.

④ ㄴ은 사실과의 부합 여부에 따라서 진위가 결정되기 어려운 명제 중 하나이다.

⑤ ㄷ은 사실 여부를 확인할 수 있는 명제이다.

서답형 04 세부 내용 파악하기

보기 와 같은 명제의 진위를 판단하기 위한 조건을 윗글에서 찾아 3어절로 쓰시오.

> 보기
>
> 수소는 자연계에 존재하는 원소 중 가장 작은 원자들로 구성된 분자이다.

11강

문학 – 고전운문

어부단가 _이현보

✓ 한방에! 개념정리

✓ 한방에! 핵심정리

갈래	평시조, 연시조
성격	자연 친화적
주제	자연을 벗하여 살아가는 여유롭고 풍류적인 삶
특징	① 설의적 표현을 통해 화자의 정서와 의도를 강조함. ② 대구법과 시각적 심상을 활용하여 시적 공간을 형상화함. ③ 한자어를 사용하여 정경을 추상적이고 관념적으로 묘사함. ④ 서로 대조적인 공간을 통해 화자가 지향하는 세계를 드러냄.
해제	이 작품은 고려 때부터 전해 내려오던 〈어부가〉를 개작한 작품이다. 자연을 벗 삼아 고기를 잡는 한가한 삶의 모습을 통해 생업으로서의 고기잡이가 아닌, 자연을 벗하며 세월을 낚는 풍류객으로서의 어부의 모습을 보여 주고 있다. 한편 화자는 자연 속에서 여유를 느끼며 풍류를 즐기면서도 서울에 계신 임금에 대한 걱정, 나라를 구제할 선비에 대한 고민도 드러내고 있다. 이는 자연 속에 묻혀 지내면서도 현실 정치에 대한 미련을 버릴 수 없었던 당시 양반들의 의식과 태도를 보여 준다.

※ 다음 글을 읽고 물음에 답하시오.

이 중에 시름없으니 어부의 생애로다

일엽편주*를 **만경파***에 띄워 두고

인세를 다 잊었거니 날 가는 줄을 아는가

〈제1수〉

[A] ⎡ 굽어보면 **천심 녹수*** 돌아보니 **만첩청산***

    ⎢ 십장홍진*이 얼마나 가렸는가

    ⎣ **강호**에 월백하거든* 더욱 **무심**하여라

〈제2수〉

청하*에 밥을 싸고 **녹류***에 고기 꿰어

노적 화총*에 배 매어 두고

일반 청의미*를 어느 분이 아실까

〈제3수〉

산두에 한운*이 일고 수중에 백구*가 난다

무심(無心)코 다정(多情)한 것이 이 두 것이로다

일생(一生)에 시름을 잊고 너를 좇아 놀리라

〈제4수〉

장안*을 돌아보니 **북궐**이 천 리로다

어주*에 누웠던들 잊은 틈이 있으랴

두어라 내 시름 아니라 제세현*이 없으랴

〈제5수〉

- 이현보, 〈어부단가〉 -

✓ 한방에! 어휘풀이

* 일엽편주(一葉片舟): 한 척의 작은 배.
* 만경파(萬頃波): 한없이 넓고 푸른 바다.
* 천심 녹수(千尋綠水): 천 길이나 되는 깊고 푸른 물.
* 만첩청산(萬疊靑山): 겹겹이 둘러싸인 푸른 산.
* 십장홍진(十丈紅塵): 열 길이나 되는 붉은 먼지. 번거롭고 속된 세상을 비유적으로 이르는 말.
* 월백하다(月白하다): 달이 밝다.
* 청하(靑荷): 푸른 연잎.
* 녹류(綠柳): 푸른 버드나무.
* 노적 화총(蘆荻花叢): 갈대와 억새풀이 가득한 곳.
* 일반 청의미(一般淸意味): 보통 사람이 품은 맑은 뜻.
* 한운(閑雲): 높다란 하늘에 한가히 오락가락하는 구름.
* 백구(白鷗): 갈매기.
* 장안(長安): 서울.
* 어주(魚舟): 낚시로 물고기를 잡을 때 쓰는 작은 배.
* 제세현(濟世賢): 세상을 구할 어진 인물.

01 표현상의 특징 파악하기

윗글의 표현상 특징으로 적절한 것은?

① 역설적 표현을 통해 자연의 아름다움을 부각하고 있다.

② 동일한 시어를 반복적으로 활용하여 운율을 형성하고 있다.

③ 설의적 표현을 통해 화자가 추구하는 삶의 태도를 강조하고 있다.

④ 청각적 심상을 활용하여 공간이 지닌 상징적 의미를 드러내고 있다.

⑤ 대상을 의인화하여 대상에 대한 화자의 비판적 인식을 나타내고 있다.

02 작품의 내용 파악하기

윗글의 내용에 대한 설명으로 적절한 것은?

① 〈제1수〉에서는 자연 속에서 고기를 잡으며 생계를 이어 나가는 어부의 성실한 모습이 드러난다.

② 〈제2수〉에서 화자는 자연 속에 파묻혀 살면서도 속세에 대한 미련을 버리지 못하고 있다.

③ 〈제3수〉에서 화자는 자연과 어울려 살아가는 삶의 만족감을 모르는 사람들을 안타까워하고 있다.

④ 〈제4수〉에서 화자는 주위 자연물과 일체감을 느끼며 자연과 어울려 살고 싶은 마음을 드러낸다.

⑤ 〈제5수〉에서 화자는 나랏일에 대한 걱정과 근심 때문에 다시 속세로 돌아가 제세현이 되고자 한다.

중요 03 외적 준거를 바탕으로 작품 감상하기

보기 를 참고하여 윗글을 감상한 내용으로 적절하지 <u>않은</u> 것은?

> 보기
>
> 〈어부단가〉는 일찍이 고려 때부터 전해 내려오던 〈어부가〉를 이현보가 5수의 〈어부단가〉로 개작한 것이다. 속세를 떠나 자연 속에서 풍류를 즐기며 살아가는 것을 추구하면서 임금과 조정을 생각하며 근심하기도 하는 화자의 모습은 이상과 현실 사이에서 갈등하는 당시 사대부 계층의 정신세계를 잘 보여 주고 있다. 하지만 자연의 정경이나 그곳에서의 생활상을 구체적으로 나타내지 않고 상투적 한자어를 통해 관념적으로만 제시하였다는 한계를 보이기도 한다.

① '만경파'는 속세를 떠난 화자가 풍류를 즐기는 공간으로, '인세'와 대조적인 의미를 지니는군.

② 화자는 '천심 녹수', '만첩청산'과 같은 상투적 한자어를 통해 자연을 구체적으로 묘사하지 않고, 관념적으로 표현하고 있군.

③ 화자가 '강호'에 달이 깃든 모습에 '무심'한 이유는 자연 속에 있으면서도 임금과 조정을 생각했기 때문이군.

④ '청하'와 '녹류'는 자연에서 소박하게 살아가는 화자의 삶을 보여 주는 소재이군.

⑤ '어주'에 있으면서도 '북궐'을 생각하는 화자의 모습은 사대부의 정신세계를 대변하는군.

서답형 04 시어의 의미 파악하기

보기 는 윗글과 유사한 주제의 시조이다. 보기 의 ㉠과 유사한 의미의 시어를 [A]에서 찾아 쓰시오.

> 보기
>
> 물가에 외로운 솔 혼자 어이 씩씩한고
> 배 매어라 배 매어라
> 먼 구름 원망하지 말아라 세상을 가리운다
> 지국총 지국총 어사와
> 파도 소리 싫증 내지 마라 ㉠ <u>먼지</u>를 막는도다
>
> – 윤선도, 〈어부사시사〉

길모퉁이에서 만난 사람 _ 양귀자

| 정답 및 해설 | 76쪽

갈래	단편 소설
성격	관찰적, 예찬적
주제	평범한 이웃들의 삶에 관한 심미적 성찰
특징	① 등장인물 간 뚜렷한 갈등이 나타나지 않음. ② 이웃을 바라보는 서술자의 따뜻한 시선이 드러남. ③ 서술자의 관찰과 묘사로 인물의 성격과 특징을 드러냄.
해제	이 작품은 작가가 일상에서 만난 다양한 이웃들을 따뜻한 시선에서 바라보고 있는 인물 소설이다. 이 소설은 인물 간의 갈등에 의해 사건이 전개되지 않고 다양한 인물에 관한 서술자의 관찰과 묘사, 서술자의 생각을 중심으로 이야기가 전개된다. 이러한 서술자의 태도는 독자에게 행복한 삶에 관해 성찰하게 하며 평범한 삶도 가치 있음을 생각하게 한다.

※ 다음 글을 읽고 물음에 답하시오.

우선 그 첫 번째 예술가

그이는 늘 흰 가운을 입고 있다. 그리고 여자이다. 이렇게 말하면 여류 조각가를 상상할지도 모르겠다. 아니, 그 짐작이 맞을지도 모른다. 그이가 빚어내는 작품도 일종의 조각이라면 조각일 수도 있다.

그이는 매일 아침 9시에 일터로 나와서 다시 저녁 9시가 되면 가운을 벗고 집으로 놀아간다. 일터에서의 그이는 다소 무뚝뚝하고 뻣뻣하다. 남하고 싱거운 소리를 나누는 일도 거의 없다. 잘 웃지도 않는다. 오히려 늘 화를 내고 있는 것처럼 보이기도 한다.

그런 얼굴로 그이는 늘 일을 하고 있다. 그이가 만드는 작품은 불티나게 팔리고 있으므로 하기야 쉴 틈도 많지 않다. 묵묵히 일만 하고 있는 그이를 우리는 '**김밥 아줌마**'라고 부른다. 따라서 그이가 만드는 작품은 자연히 김밥이라는 이름을 가지고 있다. 하지만 그이의 김밥은 보통의 김밥과는 아주 다르다. 언제 먹어도 그이만이 낼 수 있는 담백하고 구수한 맛이 사람을 끌어당긴다. 그이의 김밥은 절대 맛을 속이지 않는다.

김밥 아줌마는 작품을 만들 때 사람들이 보고 있으면 막 화를 낸다. 누군가 쳐다보면 마음이 흔들려서 실패작만 나온다는 것이다. 김밥을 말고 있을 때는 누가 무슨 말을 해도 들은 척을 하지 않는다. 한 번 더 말을 시키면 여지없이 성질을 내며 일손을 놓아 버린다. 그이는 파는 일엔 전혀 관심이 없고 오직 김밥을 만드는 그 행위에만 몰두해 있는 사람처럼 보인다.

언젠가 나도 무심히 김밥 마는 것을 구경하고 있다가 당했다. 쳐다보고 있으니까 김밥 옆구리가 터지는 실수를 다 한다고 신경질을 내는 그이가 무서워서 주문한 김밥을 싸는 동안 멀찌감치 떨어져 있었다. 그러나 집에 돌아와서 먹어 본 김밥은 그이에게 당한 것쯤이야 까맣게 잊어버리고도 남을 만큼 그 맛이 환상적이었다. 그 김밥은 돈 몇 푼의 이익을 위해 말아진 그런 김밥이 아니었다. 나는 그래서 그이의 김밥을 서슴지 않고 '작품'이라 부른다.

긴데요,의 김대호 씨

김대호 씨는 느리고 길다. 그를 아는 사람이라면 나의 이 간결한 인물 묘사에 대해 단숨에 동의할 것이다. 나는 그것을 믿는다. 왜냐하면 그처럼 길고 느린 사람은 아직까지 만나 본 적이 없으니까. 김대호 씨는 도대체가 빠릿빠릿한 구석이 전혀 없다. 아무리 급한 일이 생겨도 김대호 씨 특유의 느릿느릿한 걸음에 속력이 붙는 것을 기대할 수 없다.

(중략)

전화벨이 울린다. 김대호 씨가 전화를 받는다. 그러면 사무실 내의 모든 눈이 그에게 쏠린다. 전화를 건 사람은 아마도 김대호 씨를 바꿔 달라고 하는 모양이다. 그러면 그는 그 특유의 **느릿느릿한 말투**로 이렇게 말한다.

"제가 긴데요."

그러면 모두들 웃음을 참지 못하고 킥킥거리지 않을 수 없는 것이다. 행여라도 전화를 건 상대방이 못 알아듣고 다시 묻기라도 하면 이번엔 더욱 느린 박자로 또박또박 대답을 해 준다.

"제가 긴, 데, 요."

그래서 김대호 씨를 사람들은 아예 '긴데요'라고 부른다. 그의 별명은 김대호 씨가 속한 사무실만이 아니라 회사 전체에 널리 퍼져 있어서 언제부턴가는 아무도 그의 진짜 이름을 부르지 않게 되어 버렸다.

물론 그를 별명으로 부르는 데 어떤 악의가 있는 것은 결코 아니었다. 오히려 그렇게 스스럼없이 별명이 통하는 것만 보아도 김대호 씨의 대인 관계가 아주 원만한 편이라는 것을 능히 짐작할 수가 있다. 사실로 그는 키가 큰 만큼 이해의 길이도 길고, 느리고 낙천적인 만큼 주위 사람들을 편하게 해 주는 품성을 지니고 있었다.

그의 미덕은 품성에만 있는 게 아니었다. 좀 느리기는 하지만 그는 맡은 일만큼은 빈틈없이 해내는 사람이었다. 덤벙거리지 않으니 실수도 없고, 진득한 성격이라 잔꾀를 부릴 줄도 몰라 일에 하자*를 내는 경우가 거의 없었다. 말하자면 사람들은 김대호 씨를 사랑하고 있는 셈이었다.

그래서 그를 **아끼는 몇몇 사람**은 요즘 김대호 씨에게 이런 충고까지 하고 있었다.

"긴데요 씨, 장가를 가고 싶으면 우선 그 느린 말투부터 고쳐요. 아니, 제가 긴데요, 하는 전화 받는 말버릇부터 고치자고."

요즘 유행하는 누구의 말씨까지 흉내 낸 그 충고는 노총각인 김대호 씨에게 상당한 설득력을 발휘한 모양이었다. 그는 아주 심각한 얼굴로 고개를 끄덕였다. 그러고는 혼자 웅얼웅얼 연습도 여러 번 했다. 천성이 느린 사람이라 그것도 연습이라고 며칠을 웅얼거리더니 마침내 어느 날, 오늘부터는 긴데요가 아니라 김대호로 돌아오겠다고 선언을 하기에 이르렀다.

그리고 그날 그를 찾는 첫 전화가 걸려 왔다. 사무실 식구들은 모두 그의 입에서 터져 나올 세련된 말을 기대하며 귀를 모았다.

김대호 씨는 큰기침을 하고 수화기를 들었다. 전화를 건 상대방은 아마 이렇게 물었을 것이었다.

"김대호 씨 좀 부탁합니다."

그러나 그는 많은 연습에도 불구하고 얼결에 이렇게 대답하고 말았다.

"네, 제가, 전데요."

물론 사무실 안은 당장에 웃음바다가 되었고, 그 일로 김대호 씨는 '긴데요'에 이어 '제가 전데요'라는 긴 별명까지 하나 더 가지게 되었다. 그는 그 한 번의 실패를 끝으로 더 이상 '긴데요'를 고치려는 시도를 하지 않았다.

"에이, 저는 아무래도 긴데요가 더 어울려요. 사실로도 저는 길잖아요."

[A] 정말이다. 그는 길다. 그리고 느리기도 하다. 진실을 말하자면 우리 옆에 이렇게 길고도 느린 사람이 존재하는 것도 행복한 일인 것이다. 요즘처럼 정신없이 핑핑 돌아가는 혼 빠진 세상에서는. 그래서 우리의 김대호 씨는 오늘도 걸려 오는 전화에 대고 그 느릿느릿한 말투로 여전히 이렇게 말하고 있다.

"제가 긴데요……."

- 양귀자, 〈길모퉁이에서 만난 사람〉 -

✻ 전체 줄거리
이 글의 서술자인 '나'는 '나'가 사는 동네에서 만난 여섯 사람의 이야기를 다룬다. 첫 번째 인물은 대학 졸업 후 석사 학위를 받은 '김 선배'로, 대기업에서 근무하였지만 그만두고 택시 운전을 하는 자유인이다. 두 번째는 '김밥 아줌마', 세 번째는 '야채 장수'로, 두 사람 모두 자신의 일에 최선을 다하며 '나'에게는 예술인이나 다름없는 인물들이다. 네 번째 사람은 전화를 받을 때마다 '제가 긴데요'라고 하는, 키가 크고 말투와 행동이 느린 '김대호 씨'이다. '나'는 그를 보며 정신없이 돌아가는 현대 사회에서 이러한 그의 존재가 있어 행복함을 느낀다. 다섯 번째 인물은 해박한 군사 지식과 군대식 예절이 몸에 밴 '박영국 씨'이고, 여섯 번째 사람은 동네의 시시콜콜한 일을 모두 알고 있어 동네의 소식통으로 알려진 전파상 '김 박사'이다.

11강

✔ 한방에! 어휘풀이

* 하자(瑕疵): 옥의 얼룩진 흔적이라는 뜻으로, '흠'을 이르는 말.

01 서술상의 특징 파악하기

윗글에 대한 설명으로 적절하지 않은 것은?

① 인물 간의 갈등 관계에 초점이 맞춰져 있다.
② 소제목을 제시하여 독자의 흥미를 유발한다.
③ 인물을 바라보는 작가의 따뜻한 시선이 드러난다.
④ 인물의 행동을 구체적으로 묘사하여 인물의 성격을 전달한다.
⑤ 인물을 관찰함으로써 작가가 생각하는 삶의 태도가 드러난다.

02 작품의 내용 이해하기

인물에 대한 설명으로 적절하지 않은 것은?

① '나'는 '그이'와 '김대호 씨'를 모두 긍정적으로 바라보고 있다.
② '나'는 '그이'가 경제적 이익보다 자신이 하는 일을 더욱 중요하게 생각한다고 느낀다.
③ '김대호 씨'는 큰 키에 맞지 않게 덤벙거리고 실수가 잦지만 낙천적이다.
④ '김대호 씨'는 특유의 느릿느릿한 말투 때문에 주변 사람들에게 웃음을 준다.
⑤ '그이'와 '김대호 씨' 모두 자신이 맡은 일을 완벽하게 해내고자 노력한다.

중요 03 외적 준거를 바탕으로 작품 감상하기

보기 를 참고하여 윗글을 감상한 내용으로 적절하지 않은 것은?

> **보기**
>
> 〈길모퉁이에서 만난 사람〉은 작가가 서울로 주거지를 옮긴 후 맞닥뜨린 주변의 인물 50여 명을 3년 간의 작업 끝에 갖은 양식으로 묘사한 사람 사는 이야기 모음이다. 대다수 사람들은 그냥 지나치고 마는 아주 사소한 사연들을 빛나는 이야기로 일궈내면서, 작가의 역량 또한 두드러지게 드러내는 작품이다.
> "소설의 주인공들은 모두 저를 만난 죄밖에 없는 소박한 사람들이란 점에서 한편으론 미안한 생각이 없지 않아요. 모든 인물 묘사에 애정을 갖고 솔직하게 접근했지만 그들의 희로애락이 작품에서 얼마나 진지하게 투영됐을지 걱정도 되고요."
> 평범하면서도 작가의 입장에선 그대로 놓칠 수 없는 소시민의 삶을 기존 소설의 단순한 틀로 담아내기엔 아쉬움이 커 인물 소설의 형태로 시도했다는 것이 작가의 설명이다.
>
> — 1993. 12. 16 〈서울신문〉

① 윗글의 '그이'와 '김대호 씨'는 작가가 서울에서 만난 50여 명의 사람들에 해당하겠군.
② '김밥'과 '느릿느릿한 말투'는 작가가 인물에 애정을 갖고 묘사했음을 보여 주는 소재겠군.
③ '김대호 씨'를 '아끼는 몇몇 사람'은 '김대호 씨'의 희로애락을 작품에서 투영시키는 존재겠군.
④ 윗글의 제목에서 '길모퉁이'란 대다수 사람들이 지나치고 마는 사소한 곳을 가리키는 말이겠군.
⑤ 작가는 기존 소설의 형태가 '그이', '김대호 씨' 등의 다양한 인물을 다루기에 적합하지 않다고 보았군.

＊ **역량(力量)**: 어떤 일을 해낼 수 있는 힘.
＊ **희로애락(喜怒哀樂)**: 기쁨과 노여움과 슬픔과 즐거움을 아울러 이르는 말.

서답형 04 구절의 의미 파악하기

윗글의 '나'가 '김대호 씨'의 행동을 통해 전달하고자 하는 삶의 태도를 [A]에서 찾아 조건 에 맞게 쓰시오.

> **조건**
>
> • 문장의 첫 어절과 마지막 어절을 쓸 것.

문제풀이

복습하기

작문

예상 독자	우리 학교 [1] [ ][ ] 선생님
건의문의 배경	• 학생 1인당 연간 [2] [ ][ ] 권수 하락 • 학생들의 도서관 이용 저조
문제점에 따른 건의 사항	• 도서관 이용 가능 시간 부족 → 방과 후에도 도서관 개방 • 특정 분야에 편중된 도서 → 분야별로 다양한 도서 구입 고려 • 한정된 도서 수량 → 학교 도서관과 연계된 [3] [ ][ ][ ] 서비스 도입
건의 사항에 대한 기대 효과	우리 학교 도서관의 [4] [ ][ ][ ] 을 높일 수 있음.

비문학

1문단	명제의 개념과 특징
2문단	[5] [ ][ ] 여부의 판단이 어려운 명제
3문단	[6] [ ][ ] 명제의 개념과 특징

문학 – 어부단가(이현보)

제1수	현실 정치를 잊고 자연에 묻혀 사는 한가로운 생활
제2수	속세와 단절된 자연에서의 [7] [ ][ ] 없는 삶
제3수	자연을 즐기면서 살아가는 삶의 참된 의미
제4수	평생토록 자연과 친화하며 살고 싶은 마음
제5수	현실 정치에 대한 걱정과 [8] [ ][ ][ ] 의 출현에 대한 기대

문학 – 길모퉁이에서 만난 사람(양귀자)

김밥 아줌마	• 늘 흰 [9] [ ][ ] 을 입고 있음. • 무뚝뚝하고 [10] [ ] 이 없음. • 김밥을 말고 있을 때는 누가 무슨 말을 해도 들은 척을 하지 않음. • 파는 일엔 전혀 관심이 없고 오직 김밥을 만드는 행위에만 몰두한 사람처럼 보임.
[11] [ ][ ][ ] 씨	• 빠릿빠릿한 구석이 전혀 없음. • 키가 큰 만큼 [12] [ ][ ] 의 길이도 길고, 느리고 낙천적인 만큼 주위 사람들을 편하게 해 줌. • 맡은 일만큼은 빈틈없이 해내는 사람임.

정답	1 교장　2 대출　3 전자책　4 이용률　5 진위　6 분석　7 욕심　8 제세현　9 가운　10 말　11 김대호　12 이해

한수

12

Contents

한방에! 개념정리

한방에! 핵심정리

＊**관형어**
명사나 대명사와 같은 체언 앞에서
그 뜻을 꾸며 주는 문장 성분
예 <u>모든</u> 책, <u>착한</u> 아이

＊**관형사**
• 체언 앞에서 체언의 뜻을 꾸며주는
  품사
예 <u>온갖</u> 꽃, <u>다른</u> 것, <u>두</u> 친구
• 조사와 결합할 수 없으며 용언과
  달리 활용이 불가능함.

＊**관형어의 유형**
• 체언에 관형격 조사 '의'가 결합하
  는 경우
예 <u>선생님의</u> 목소리
  → 체언 '선생님' +조사 '의'가 결
    합함.
  <u>선생님</u> 목소리
  → 관형적 조사 없이 명사만으로
    도 관형어가 될 수 있음.
• 용언의 어간에 관형사형 어미 '-(으)
  ㄴ', '-(으)ㄹ' 등이 결합하는 경우
예 <u>마실</u>('마시-'+'-ㄹ') 물
  <u>맑은</u>('맑-'+'-은') 물
• 관형사가 관형어가 된 경우
예 <u>온갖</u> 꽃

※ 다음 글을 읽고 물음에 답하시오.

[대화 1]

[자료]

　관형어는 문장을 구성하는 성분 중 하나로, 품사 가운데 명사나 대명사와 같은 체언 앞에서 그 뜻을 꾸며 주는 기능을 한다. 예를 들어 '모든 책'의 '모든'은 뒤에 오는 명사 '책'에 '빠짐이나 남김이 없이 전부의.'라는 의미를 더해 주는 관형어이다.
　다음 문장들의 밑줄 친 부분은 모두 관형어이다.

ㄱ. <u>선생님의</u> 목소리가 들린다.

ㄴ. <u>마실</u> 물이 있다. / <u>맑은</u> 물이 있다.

ㄷ. <u>온갖</u> 꽃이 활짝 피어 있다.

　ㄱ은 체언에 관형격 조사 '의'가 결합하여 관형어가 된 경우이다. '선생님의'는 명사 '선생님'에 관형격 조사 '의'가 결합하여 '목소리'를 꾸며 주고 있다. 이 경우 '선생님 목소리'와 같이 관형격 조사 없이 명사만으로도 관형어가 될 수 있다. 하지만 관형격 조사 '의'를 반드시 써야 하는 경우가 있고, '의'가 생략되면 의미가 달라지는 경우도 있다.
　ㄴ은 ㉠ <u>동사나 형용사와 같은 용언의 어간에 관형사형 어미 '-(으)ㄴ', '-(으)ㄹ' 등이 결합하여 관형어가 된 경우</u>이다. '마실'은 동사의 어간 '마시-'에 관형사형 어미 '-ㄹ'이 결합하여 '물'을 꾸며 주고 있고, '맑은'은 형용사의 어간 '맑-'에 관형사형 어미 '-은'이 결합하여 '물'을 꾸며 주고 있다.
　ㄷ은 관형사가 관형어가 된 경우이다. 관형사는 체언 앞에서 체언의 뜻을 꾸며 주는 품사이다. 관형사 '온갖'은 명사 '꽃'을 꾸며 주며 '이런저런 여러 가지의.'라는 의미를 더해 주고 있다. 관형사는 체언과 달리 조사와 결합할 수 없으며, 용언과 달리 활용이 불가능하다는 특성이 있다.

[대화 2]

01 관형사와 관형어의 분류 기준 이해하기

[A], [B]에 들어갈 말을 바르게 짝지은 것은?

	[A]	[B]
①	품사가 무엇인가	의미가 무엇인가
②	품사가 무엇인가	문장 성분이 무엇인가
③	문장 성분이 무엇인가	문장의 종류가 무엇인가
④	문장의 종류가 무엇인가	의미가 무엇인가
⑤	문장의 종류가 무엇인가	문장 성분이 무엇인가

중요 02 관형어의 다양한 특성 이해하기

윗글을 참고하여 보기 를 이해한 것으로 적절하지 않은 것은?

보기

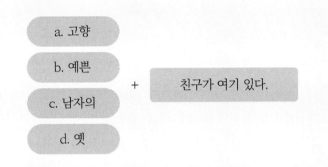

a. 고향
b. 예쁜
c. 남자의
d. 옛

\+ 친구가 여기 있다.

① a~d는 모두 체언 '친구'를 꾸며 주는 역할을 한다.
② a는 조사가 없이 체언만으로 관형어가 된 경우이다.
③ b는 용언의 어간 '예쁘-'에 관형사형 어미 '-ㄴ'이 결합된 것이다.
④ c에서 관형격 조사 '의'가 생략되어도 문장의 원래 의미가 달라지지 않는다.
⑤ d는 조사가 결합할 수 없으며 활용이 불가능하다.

서답형 03 관형어의 유형 이해하기

보기 의 ⓐ~ⓔ 중, 윗글의 ㉠에 해당하지 않는 것 세 개를 골라 쓰시오.

보기

못나고 흠집 ⓐ 난 사과만 ⓑ 두세 광주리 담아 놓고
그 사과만큼이나 못난 아낙네는 난전에 앉아있다
지나가던 못난 지게꾼은 잠시 머뭇거린다
ⓒ 주머니 속에서 꼬깃꼬깃한 천 원짜리 한 장 꺼낸다
파는 장사치도 ⓓ 팔리는 사과도 사는 손님도
모두 똑같이 못나서 ⓔ 실은 아무도 못나지 않았다

- 조향미, 〈못난 사과〉

문제풀이

12강

정치 과정과 시민의 정치 참여

| 정답 및 해설 | 80쪽

✔ 한방에! 개념정리

✔ 한방에! 핵심정리

갈래	설명문
주제	정치 과정과 시민의 정치 참여 형태
해제	이 글은 정책이 수립되는 과정과, 국가 기관과 개인이 정치에 참여하는 다양한 방식을 서술한다. 국가 기관은 정치 주체인 개인이나 집단의 다양한 요구를 해결하기 위해 정책을 수립하고 집행함으로써 사회를 유지한다. 이때 개인은 자신의 요구를 표현함으로써 정책에 영향을 미친다. 이 과정을 정치 과정이라 하며, 민주 정치에서 시민들의 정치 참여는 국민 주권과 다수결의 원리를 실현할 수 있다는 의의를 가진다.

*문단 중심 내용

1문단	정치 과정의 개념과 정책 집행 과정
2문단	정치 과정에 영향을 미치는 국가 기관
3문단	시민의 정치 참여 과정
4문단	민주 정치에서 정치 참여의 의의

✔ 한방에! 어휘풀이

★ 대의 민주주의(代議民主主義): 국민들이 개별 정책에 대해 직접적으로 투표권을 행사하지 않고 대표자를 선출해 정부나 의회를 구성하여 정책문제를 처리하도록 하는 민주주의.

※ 다음 글을 읽고 물음에 답하시오.

민주주의 국가에서 정치 과정이란 사회의 다양한 문제를 둘러싼 요구가 정책 결정 기구에 투입되어 정책으로 나타나는 모든 과정을 말한다. 사람들이 더불어 살아가는 국가라는 정치 공동체에는 다양한 문제가 나타나며, 개인이나 집단이 요구를 표출하면 정부는 정책을 통해 이를 해결한다. 그런데 정부 정책은 어떤 집단에게는 혜택이 될 수 있지만 다른 어떤 집단에게는 손해를 입힐 수도 있기 때문에 정부 정책에 대한 개인이나 집단의 입장은 대부분 찬성과 반대로 나뉜다. 정치 주체인 개인이나 집단이 정부 정책에 지지나 반대 의사를 표현하면 정책 결정 기구는 갈등을 조정하면서 정책을 수립하고 집행한다. 그리고 집행된 정책은 여러 구성원이나 집단의 평가를 통해 재조정된다. 예를 들어 ㉠ 기름값이 올라 재정난을 겪는 버스 운송 사업자가 행정부에 버스비 인상을 요구할 수 있다. 그러나 버스비가 오르면 피해를 보게 될 버스 이용자들은 이에 반대할 것이다. 이런 상황에서 행정부는 버스비를 올리되 버스 운송 사업자들이 요구한 것보다는 요금 인상 폭을 낮추는 조정안을 선택할 수 있다.

이처럼 정책은 사회의 다양한 요구가 표출되는 과정인 투입, 정책 결정 기구가 정책을 수립하고 집행하는 과정인 산출, 산출된 정책에 대한 사회의 평가가 재투입되는 과정인 환류 과정을 거쳐 진행된다. 이 과정에 영향을 미치는 국가 기관으로는 입법부, 행정부, 사법부가 대표적이다. 입법부는 사회 구성원의 요구를 반영하여 법을 만들고, 행정부는 법을 집행하며, 사법부는 법을 해석하고 심판하는 정책 결정 기구이다. 이들은 정책 수립과 집행을 통해 사회의 문제를 해결하고 다양한 행위자 간 갈등을 조정함으로써 사회를 유지하는 역할을 한다.

국가 기관뿐만 아니라 개인도 다양한 방식으로 자신의 요구를 표현하여 정치 과정에 영향을 미칠 수 있다. 그러나 개인적으로 정책에 대해 지지나 반대 의사를 표시하는 것보다는 집단을 통해 요구를 투입하는 것이 더욱 효과적이다. 집단적인 정치 참여 주체로는 정당, 이익 집단, 시민 단체 등이 있다. 이들은 투입이나 환류 과정에서 정치 참여를 통해 자신들의 요구와 유사한 의견을 조직화하거나 우호적 여론을 형성하여 이를 정책 결정 기구가 받아들이도록 노력한다.

정치 참여는 시민들이 정치 과정에 참여하는 것을 말한다. 즉, 국가 기관의 정책 결정 과정에 영향을 주고자 하는 개인들의 행위이다. 민주 정치에서 시민들의 정치 참여가 지니는 의미는 다음과 같다. 첫째, 대의 민주주의*의 한계를 보완하고 국민 주권을 실현한다. 시민들은 적극적으로 정치에 참여하여 자신들이 원하는 것을 정책에 반영함으로써 민주주의의 기본 원리인 국민 주권의 원리를 실현할 수 있다. 둘째, 민주주의의 원리인 정치적 평등과 **다수결의 원리**를 실현한다. 대표자들은 때로는 다수 시민이 원하는 방향과는 다른 정책이나 소수의 이익만을 대변하는 정책을 수립하기도 하는데, 시민들이 적극적으로 정치에 참여하면 정책 결정 과정에 그 영향력이 반영되어 다수가 원하는 정책이 수립될 수 있다.

01 내용 전개 방식 파악하기

윗글의 전개 방식으로 가장 적절한 것은?

① 정치 체제의 발전 과정을 시대순에 따라 설명하고 있다.

② 국가별로 정치 체제가 다른 이유를 지리적 요인을 근거로 들어 설명하고 있다.

③ 대의 민주주의의 장단점을 각각 제시하고 이에 대한 절충 방안을 설명하고 있다.

④ 정치 과정에 영향을 미치는 요인을 국가 기관과 시민의 정치 참여로 나누어 설명하고 있다.

⑤ 시민이 주체가 되어 입법 과정에 영향을 미친 실제 사례를 다양한 관점에서 분석하고 있다.

02 중심 내용 파악하기

<u>정치 과정</u>에 대한 이해로 적절하지 <u>않은</u> 것은?

① 정부 정책에 대한 개인이나 집단의 입장이 무조건 일치하지는 않는다.

② 한 번 집행된 정책은 그 정책이 폐기되고 다른 정책이 집행될 때까지 조정되지 않는다.

③ 정치 과정에 영향을 미치는 대표적인 국가 기관으로는 입법부, 행정부, 사법부가 있다.

④ 국가 기관은 정책 수립과 집행을 통해 다양한 행위자 간 갈등을 조정하며 사회를 유지할 수 있다.

⑤ 시민들이 정치 과정에 적극적으로 참여하면 민주주의의 기본 원리를 실현하는 데 도움을 줄 수 있다.

중요 03 구체적 사례에 적용하기

윗글을 참고하여 보기 를 이해한 내용으로 적절하지 <u>않은</u> 것은?

> **보기**
>
> 　학생 A는 횡단보도가 집과 너무 먼 곳에 있는 까닭에 등교 시간이 오래 걸려 큰 불편을 겪고 있다. A는 집 앞 도로에 횡단보도를 설치해 달라는 요구를 **시청**에 전달하기 위해 주민들에게 설문 조사를 실시하였고, A와 같은 불편을 느끼던 주민들의 서명을 받아 집 근처에 횡단보도를 설치해 줄 것을 건의하였다. 이에 따라 시청에서는 횡단보도 설치를 위한 정책 공청회를 개최하였다. 그곳에서 이익 집단인 '△△전통시장 상인회'는 횡단보도 설치로 인해 전통시장의 매출이 떨어질 것을 우려하며 반대한 반면, 시민 단체인 '□□ 교통시민연대'는 횡단보도 설치로 자동차의 통행 속도가 낮아져 사고율이 낮아질 것을 기대하며 찬성하였다.

① 횡단보도 설치 정책은 '△△전통시장 상인회'에는 손해가 될 수 있지만 '□□ 교통시민연대'에는 이득이 될 수 있겠군.

② '학생 A'가 주민들의 서명을 받아 집단으로 건의한 것은 개인보다 집단을 통해 요구를 전달하는 것이 효과적이기 때문이겠군.

③ '시청'은 정책을 수립하고 집행하는 산출 과정 이전에 정책에 대한 요구를 파악하고 갈등을 조정하기 위해 공청회를 열었겠군.

④ '△△전통시장 상인회'와 '□□ 교통시민연대'는 집단적인 정치 참여 주체로서 자신들의 요구를 정책 결정 기구에 표현하기 위해 노력하겠군.

⑤ 시민들이 집단으로 정책 결정 과정에 영향력을 반영하면 다수 시민이 원하는 정책이 수립되지 못하므로 다수결의 원리가 실현되기 어려워지겠군.

서답형 04 세부 내용 파악하기

다음은 정책 과정에 따라 ⊙을 정의한 것이다. 빈칸에 들어갈 적절한 말을 골라 쓰시오.

> ⊙은 사회의 다양한 요구가 표출되는 (투입 / 산출 / 환류) 과정에 속한다.

문제풀이

145

12 강

나를 멈추게 하는 것들 _ 반칠환

| 정답 및 해설 | 82쪽

갈래	자유시, 서정시
성격	사색적, 성찰적
주제	일상적이고 사소한 것들에게서 얻는 삶의 위안과 가치
특징	① 시각적 심상을 통해 화자가 발견한 가치를 효과적으로 드러냄. ② 중심 소재를 나열하여 화자에게 깨달음을 준 대상의 공통된 속성을 강조함. ③ 유사한 문장 구조의 반복을 통해 운율을 형성하고 주제를 효과적으로 드러냄.
해제	이 작품은 화자가 일상의 평범하고 사소한 대상을 발견하고 그것에 대한 가치를 통해 자신의 삶을 돌아보는 시이다. 화자는 일상의 사소한 대상에서 의미를 발견하고 이러한 심미적 인식의 체험을 시의 마지막 연에 함축적으로 표현하고 있다. 마지막 연에서 화자는 작고 나약하지만 굳세게 살아가는 사물과 사람들을 통해 삶의 위안과 힘을 얻는다고 말하며 그것을 통해 앞으로 나아갈 수 있다는 뜻을 전하고 있다.

※ 다음 글을 읽고 물음에 답하시오.

보도블록 틈에 핀 씀바귀꽃 한 포기가 나를 멈추게 한다

어쩌다 서울 하늘을 선회하는* 제비 한두 마리가 나를 멈추게 한다

육교 아래 봄볕에 탄 까만 얼굴로 도라지를 다듬는 할머니의 옆모습이 나를 멈추게 한다

굽은 허리로 실업자 아들을 배웅하다 돌아서는 어머니의 뒷모습은 나를 멈추게 한다

㉠ 나는 언제나 나를 멈추게 한 힘으로 다시 걷는다

— 반칠환, 〈나를 멈추게 하는 것들〉 —

반칠환(1964~)

1992년 동아일보 신춘문예로 등단했다. 풍자와 해학을 통해 현대 문명을 비판하면서도 어린 아이와도 같은 동화적 상상력으로 인간성의 회복과 함께 자연과 인간이 하나가 되는 건강하고 풍요로운 공동체 사회에 대한 이상을 작품에 녹여내었다. 대표적인 시집으로 《뜰채로 죽은 별을 건지는 사람》, 《웃음의 힘》 등이 있다.

* 선회하다(旋回하다): 둘레를 빙글빙글 돌다.

윗글에 대한 감상으로 적절하지 <u>않은</u> 것은?

① 시각적 심상을 통해 화자가 발견한 가치를 드러내고 있군.

② 중심 소재를 나열함으로써 주제를 효과적으로 드러내고 있군.

③ 대상을 통해 깨달음을 얻는다는 점에서 반성적 성격을 띠고 있군.

④ 동일한 어구를 반복하여 화자가 언급하는 대상들의 공통점을 나타내고 있군.

⑤ 우리 주위에서 흔히 발견할 수 있는 작고 연약한 존재를 중심 소재로 활용하였군.

02 작품의 내용 파악하기

㉠에 대한 설명으로 적절한 것은?

① 매일 반복되는 일상에서 벗어나고 싶어 한다.

② 어릴 적 할머니와 함께 지내던 추억을 떠올리고 있다.

③ 자신을 묵묵하게 지지하는 어머니에 대한 사랑을 느끼고 있다.

④ 어느 봄날 길을 걷다가 발견한 대상들로부터 깨달음을 얻고 있다.

⑤ 여행을 하면서 마주친 존재들에 대한 애정과 사랑을 전하고 있다.

중요 # 03 작품 비교하기

윗글과 보기 의 공통점으로 적절한 것은?

보기

봄은,
제비꽃을 모르는 사람을 기억하지 않지만

제비꽃을 아는 사람 앞으로는
그냥 가는 법이 없단다

그 사람 앞에는
제비꽃 한 포기를 피워두고 가거든

참 이상하지?
해마다 잊지 않고 피워두고 가거든

- 안도현, 〈제비꽃에 대하여〉

① 자연의 강인한 생명력을 강조하고 있다.

② 사랑하는 대상을 향한 그리움과 안타까움이 드러나 있다.

③ 일상적이고 사소한 존재를 통해 삶의 가치를 발견하고 있다.

④ 절망적 상황에서도 희망을 잃지 않고 살아가겠다는 굳은 의지를 드러낸다.

⑤ 시련과 고난을 겪지 않고서는 제대로 결실을 맺을 수 없다는 삶의 태도를 나타낸다.

서답형 # 04 구절의 의미 파악하기

ⓐ에 해당하는 시행의 첫 어절과 마지막 어절을 쓰시오.

> 심미적 인식이란 대상의 가치를 아름다움의 측면에서 깨닫는 행위, 또는 그러한 ⓐ <u>깨달음의 결과</u>를 말한다. 우리는 문학 작품을 감상함으로써 작가의 심미적 인식을 공유하고, 우리가 사는 세계를 깊이 있게 이해하며, 삶의 의미를 성찰하게 된다.

한방에! 개념정리

한방에! 핵심정리

갈래	한문 수필, 기행문
성격	체험적, 비유적, 교훈적
주제	광활한 요동 별판을 보며 느끼는 감회
특징	① 문답의 방식으로 내용을 서술함. ② 창의적 발상을 기반으로 글쓴이의 주장을 전개함. ③ 비유와 예시를 통해 독자의 이해를 돕고 공감을 얻음.
해제	이 작품은 박지원이 청나라 고종의 칠순 연회에 가는 도중 고종의 피서지인 열하를 여행한 후 다시 북경으로 돌아오기까지의 여정을 기록한 〈열하일기〉에 실린 글 중 한 편이다. 광활한 요동 별판을 보고 통곡하기 좋은 곳이라고 한 창의적 발상이 돋보이며, 요동 별판을 보고 느낀 기쁨을 갓난아이가 넓은 세상에 나와 기뻐 우는 것으로 비유하였다.

※ 다음 글을 읽고 물음에 답하시오.

7월 초8일 갑신일* / 맑다.

정사*와 한 가마를 타고 삼류하(三流河)를 건너 냉정(冷井)에서 아침을 먹었다. 십여 리를 가다가 산기슭 하나를 돌아 나가니 태복이란 놈이 갑자기 국궁*을 하고는 말 머리로 쫓아와서 땅에 엎드리고 큰 소리로,

"백탑*이 현신*하였기에, 이에 아뢰나이다."한다. 태복은 정 진사의 마두*이다.

산기슭이 가로막고 있어 백탑이 보이지 않기에 말을 급히 몰아 수십 보를 채 못 가서 겨우 산기슭을 벗어났는데, 안광*이 어질어질하더니 홀연히 검고 동그란 물체가 오르락내리락한다. 이제야 깨달았다. 사람이란 본래 의지하고 붙일 곳 없이 단지 하늘을 이고 땅을 밟고 이리저리 나다니는 존재라는 것을.

말을 세우고 사방을 둘러보다가 나도 모르게 손을 들어 이마에 얹고,

"한바탕 통곡하기 좋은 곳이로구나."

했더니 ㉠ 정 진사가,

"천지간에 이렇게 시야가 툭 터진 곳을 만나서는 별안간 통곡할 것을 생각하시니, 무슨 까닭입니까?"

하고 묻기에 ㉡ 나는,

"그렇긴 하나, 글쎄. 천고의 영웅들이 잘 울고, 미인들이 눈물을 많이 흘렸다고 하나, 기껏 소리 없는 눈물이 두어 줄기 옷깃에 굴러떨어진 정도에 불과하였지, 그 울음소리가 천지 사이에 울려 퍼지고 가득 차서 마치 악기에서 나오는 소리와 같다는 얘기는 들어 보지 못했네.

사람들은 단지 인간의 칠정(七情) 중에서 오로지 슬픔만이 울음을 유발한다고 알고 있지, 칠정이 모두 울음을 자아내는 줄은 모르고 있네. 기쁨이 극에 달하면 울음이 날 만하고, 분노가 극에 치밀면 울음이 날 만하며, 즐거움이 극에 이르면 울음이 날 만하고, 사랑이 극에 달하면 울음이 날 만하며, 미움이 극에 달하면 울음이 날 만하고, 욕심이 극에 달해도 울음이 날 만한 걸세. 막히고 억눌린 마음을 시원하게 풀어 버리는 데에는 소리를 지르는 것보다 더 빠른 방법이 없네.

통곡 소리는 천지간에 우레와 같이 지극한 감정에서 터져 나오고, 터져 나온 소리는 사리*에 절실할 것이니 웃음소리와 뭐가 다르겠는가? 사람들이 태어나서 사정이나 형편이 이런 지극한 경우를 겪어 보지 못하고 칠정을 교묘하게 배치하여 슬픔에서 울음이 나온다고 짝을 맞추어 놓았다네. 그리하여 초상이 나서야 비로소 억지로 '아이고' 하는 등의 소리를 질러 대지.

그러나 정말 칠정에서 느껴서 나오는 지극하고 진실한 통곡 소리는 천지 사이에 억누르고 참고 억제하여 감히 아무 장소에서나 터져 나오지 못하는 법이네. 한나라 때 가의(賈誼)는 적당한 통곡의 자리를 얻지 못해 울음을 참다가 견뎌 내지 못하고 갑자기 한나라 궁실인 선실(宣室)을 향해 한바탕 길게 울부짖었으니, 어찌 사람들이 놀라고 괴이하게 여기지 않을 수 있겠는가?"

하니 정 진사는,

"지금 여기 울기 좋은 장소가 저토록 넓으니, 나 또한 그대를 좇아 한바탕 울어야 마땅하겠는데,

칠정 가운데 어느 정에 감동받아 울어야 할지 모르겠습니다."

하기에 나는,

"그건 갓난아이에게 물어보시게. 갓난아이가 처음 태어나 칠정 중 어느 정에 감동하여 우는지? 갓난아이는 태어나 처음으로 해와 달을 보고, 그다음에 부모와 앞에 꽉 찬 친척들을 보고 즐거워하고 기뻐하지 않을 수 없을 것이네. 이런 기쁨과 즐거움은 늙을 때까지 두 번 다시 없을 터이니, 슬퍼하거나 화를 낼 이치가 없을 것이고 응당 즐거워하고 웃어야 할 것이 아닌가. 그런데도 도리어 한없이 울어 대고 분노와 한이 가슴에 꽉 찬 듯이 행동을 한단 말이야. 이를 두고, 신성하게 태어나거나 어리석고 평범하게 태어나거나 간에 사람은 모두 죽게 되어 있고, 살아서는 허물과 걱정 근심을 백방으로 겪게 되므로, 갓난아이는 자신이 태어난 것을 후회하여 먼저 울어서 자신을 위로하는 것이라고 한다면, 이는 갓난아이의 본마음을 참으로 이해하지 못해서 하는 말이네. 갓난아이가 어머니 태중*에 있을 때 캄캄하고 막히고 좁은 곳에서 웅크리고 부대끼다가 갑자기 넓은 곳으로 빠져나와 손과 발을 펴서 기지개를 켜고 마음과 생각이 확 트이게 되니, 어찌 참소리를 질러 억눌렸던 정을 다 크게 씻어 내지 않을 수 있겠는가!

그러므로 갓난아이의 거짓과 조작이 없는 참소리를 응당 본받는다면, 금강산 비로봉에 올라 동해를 바라봄에 한바탕 울 적당한 장소가 될 것이고, 황해도 장연(長淵)의 금모래 사장에 가도 한바탕 울 장소가 될 것이네. 지금 요동 들판에 임해서 여기부터 산해관(山海關)까지 일천이백 리가 도무지 사방에 한 점의 산이라고는 없이, 하늘 끝과 땅끝이 마치 아교로 붙인 듯, 실로 꿰맨 듯하고 고금의 비와 구름만이 창창하니, 여기가 바로 한바탕 울어 볼 장소가 아니겠는가?"

한낮에는 매우 더웠다. 말을 달려 고려총(高麗叢), 아미장(阿彌庄)을 지나서 길을 나누어 갔다. 나는 주부* 조달동, 변군, 박래원, 정 진사, 겸인* 이학령과 함께 옛 요동으로 들어갔다. 번화하고 풍부하기는 봉성의 열 배쯤 되니 따로 요동 여행기를 써 놓았다. 서문을 나서서 백탑을 구경하니 그 제조의 공교하고* 화려하며 웅장함이 가히 요동 벌판과 맞먹을 만하다. 따로 백탑에 대해 적은 〈백탑기(白塔記)〉가 뒤편에 있다.

– 박지원, 〈통곡할 만한 자리〉 –

＊내용 구성

기	'나'가 요동 벌판을 보고 한바탕 통곡하기 좋은 곳이라 말함.
승	정 진사가 통곡하기 좋은 곳이라고 말한 이유를 묻자 '나'가 칠정이 극에 달하면 울게 된다고 답함.
전	정 진사가 칠정 중에서 어느 정을 골라 울어야 하는가를 묻자 '나'가 넓은 곳에 처한 즐거움에 울어야 한다고 하면서 광활한 요동 벌판이 통곡할 만한 자리임을 다시 한 번 확인함.
결	'나'는 요동 벌판을 감상한 뒤 일행들과 함께 옛 요동으로 돌아감.

12강

✓ **한방에! 어휘풀이**

＊ **갑신일(甲申日):** 1780년(정조 4년) 7월 8일.

＊ **정사(正使):** 사신 가운데 우두머리가 되는 사람 또는 그런 지위. 박지원의 팔촌 형인 박명원을 가리킴.

＊ **국궁(鞠躬):** 윗사람 앞에서 존경하는 뜻으로 몸을 굽힘.

＊ **백탑(白塔):** 중국 요나라와 금나라의 전탑(塼塔)을 이르는 말.

＊ **현신(現身):** 다른 사람에게 자신을 보임. 흔히 아랫사람이 윗사람에게 예를 갖추어 자신을 보이는 일을 이른다.

＊ **마두(馬頭):** 역마(驛馬)에 관한 일을 맡아보던 사람.

＊ **안광(眼光):** 눈의 정기.

＊ **사리(事理):** 일의 이치.

＊ **태중(胎中):** 아이를 배고 있는 동안.

＊ **주부(主簿):** 조선 시대에, 각 아문의 문서와 부적(符籍)을 주관하던 종육품 벼슬.

＊ **겸인(傔人):** 청지기. 양반집에서 잡일을 맡아보거나 시중을 들던 사람.

＊ **공교하다(工巧하다):** 솜씨나 꾀 따위가 재치가 있고 교묘하다.

✓ **한방에! 작가소개**

박지원(1737~1805)

조선 후기의 실학자 겸 소설가이다. 중국을 기행하는 동안 중국의 문물제도를 목격하고 견문한 내용을 각 분야로 나누어 기록한 것을 바탕으로 당시 한국의 정치·경제·사회·문화 등 각 방면에 걸쳐 비판과 개혁을 논한 <열하일기>를 집필하였다. 또한 홍대용, 박제가 등과 함께 청나라의 문물을 배워야 한다는 이른바 북학파의 일원으로 이용후생의 실학을 강조하였으며, 자유롭고 기발한 문체를 구사하여 여러 편의 한문 소설을 발표함으로써 양반 계층의 타락상을 고발하고 근대사회를 예견하는 새로운 인간상을 창조하였다.

교과서에 수록된 작가의 다른 작품

〈양반전〉	천한 신분의 부자가 신분 상승을 위해 가난한 양반에게서 양반 신분을 사려는 상황을 바탕으로 양반의 부패와 허위를 고발한 소설
〈허생전〉	허생이 만 냥으로 매점매석하여 백만 냥을 만든 상황과 정승 이완과 나누는 대화를 통해 조선의 취약한 경제 구조와 양반의 허위의식을 비판한 소설
〈광문자전〉	비천한 거지이지만 따스한 성품을 지닌 광문의 일화를 제시하여 신의 없고 위선적인 양반을 풍자한 소설

01 서술상 특징 파악하기

윗글에 대한 설명으로 적절하지 <u>않은</u> 것은?

① 개인적 체험을 바탕으로 글쓴이의 생각과 느낌을 서술하고 있다.

② 구체적인 지명을 언급하며 여행 공간의 이동 경로를 밝히고 있다.

③ 두 인물이 질문과 대답을 반복하는 방식으로 내용을 전개하고 있다.

④ 사물의 본질을 분석하며 얻게 된 깨달음을 진솔하게 서술하고 있다.

⑤ 비유적인 표현을 활용하여 글쓴이의 주장에 대한 독자의 이해를 돕고 있다.

02 작품의 내용 파악하기

㉠, ㉡에 대한 설명으로 적절하지 <u>않은</u> 것은?

① ㉠은 상식을 벗어나는 ㉡의 감상에 의문을 자아내고 있다.

② ㉠은 ㉡의 주장에 대해 긍정하지만, ㉡의 행동에 대해서는 염려를 드러내고 있다.

③ ㉠은 자신의 질문에 대한 ㉡의 답변을 듣고 그와 관련된 의문을 다시 질문하고 있다.

④ ㉡은 ㉠의 질문에 대한 자신의 견해를 밝히기 위해 옛 고사를 예시로 들고 있다.

⑤ ㉡은 요동의 광활한 벌판을 목격한 뒤 ㉠을 포함한 일행과 함께 옛 요동으로 들어갔다.

중요 03 외적 준거를 바탕으로 작품 이해하기

보기 를 읽고, 윗글의 글쓴이가 하였을 반응으로 적절한 것은?

> **보기**
>
> "곡하는 것에도 도(道)가 있다. 인간의 일곱 가지 정(情) 가운데 슬픔보다 감동을 일으키기 쉬운 것은 없다. 슬픔에 이르면 반드시 곡을 하기 마련인데, 그 슬픔을 자아내는 사연도 복잡다단하다. 시사가 어떻게 해 볼 도리가 없이 진행되는 것을 가슴 아프게 생각하여 통곡한 가의가 있었고, 하얀 비단실이 본바탕을 잃고 다른 색깔로 변하는 것을 슬퍼하여 통곡한 묵적이 있었으며, 좋은 시대와 좋은 운명을 만나지 못해 스스로 세상 밖에 버려진 신세가 되어, 통곡하는 행위로써 자신의 뜻을 드러내 보인 당구가 있었다. 저 여러 군자들은 모두가 깊은 생각이 있어서 통곡했을 뿐, 이별에 마음이 상해서나 남에게 굴욕을 느껴 가슴을 부여안은 채, 아녀자가 하는 통곡을 좀스럽게 흉내 내지 않았다."
>
> – 허균, 〈통곡헌기〉

* **복잡다단하다(複雜多端하다)**: 일이 여러 가지가 얽혀 있거나 어수선하여 갈피를 잡기 어렵다.
* **시사(時事)**: 그 당시에 일어난 여러 가지 사회적 사건.
* **아녀자(兒女子)**: '여자'를 낮잡아 이르는 말.

① 묵적은 천고의 영웅들처럼 통곡함으로써 막히고 억눌린 마음을 시원하게 풀어 버렸겠군.

② 허균은 '나'와 마찬가지로 가의가 좋은 세상에 대한 감정이 극에 달해 통곡한 것이라 생각하였군.

③ 당구는 남에게 굴욕을 느껴 가슴을 부여잡고 통곡하였으므로 통곡에 대한 '나'의 생각과 유사하군.

④ 허균 또한 '나'와 마찬가지로 다양한 군자의 사례를 들어 통곡에 관한 창의적인 인식을 드러내고 있군.

⑤ 슬픔보다 감동을 일으키기 쉬운 것은 없다는 허균의 생각은 슬픔만이 울음을 유발한다는 편견을 강화하는군.

서답형 04 작품의 내용 파악하기

보기 는 윗글에 대한 평가를 담은 한시이다. 글쓴이의 관점에서 보기 의 [A]에 해당하는 두 가지 감정을 차례대로 쓰시오.

> **보기**
>
> 천추의 커다란 울음터라니
> 재미난 그 비유 신묘도 해라
> [A] ⎰ 갓 태어난 핏덩이 어린아이가
>   ⎱ 세상 나와 우는 것에 비유하였네
>
> – 김정희, 〈요야〉

문제풀이

복습하기

문법

¹□□□	품사 가운데 체언 앞에서 그 뜻을 꾸며주는 기능을 함.
유형	① 체언에 관형격 조사 '의'가 결합된 경우 ② 용언의 ²□□에 관형사형 어미가 결합된 경우 ③ ³□□□가 관형어가 된 경우

비문학

1문단	정치 과정의 개념과 ⁴□□ 집행 과정	3문단	⁵□□의 정치 참여 과정
2문단	정치 과정에 영향을 미치는 국가 기관	4문단	민주 정치에서 정치 참여의 의의

문학 – 나를 멈추게 하는 것들(반칠환)

1연	'나'를 멈추게 하는 ⁶□□□□
2연	'나'를 멈추게 하는 제비
3연	'나'를 멈추게 하는 ⁷□□□의 옆모습
4연	'나'를 멈추게 하는 어머니의 ⁸□□□
5연	'나'를 멈추게 하는 것들의 가치

문학 – 통곡할 만한 자리(박지원)

'나'가 요동 벌판을 보고 한바탕 통곡하기 좋은 곳이라 말함.

↓

정 진사가 통곡하기 좋은 곳이라 말한 연유를 묻자, '나'가 ⁹□□이 극에 달하면 울게 된다고 답함.

↓

⁹□□ 중에서 어느 정을 골라 울어야 하느냐는 정 진사의 물음에 '나'는 넓은 곳에 처한 기쁨과 ¹⁰□□□에 울어야 한다고 답함.

↓

'나'는 ¹¹□□□□의 울음을 본받는다면 금강산 비로봉, 황해도 장연의 금모래 사장 등이 한바탕 울 장소에 적합하다고 답함.

↓

'나'는 요동 벌판을 감상한 뒤 일행들과 함께 옛 ¹²□□으로 돌아감.

정답	1 관형어　2 어간　3 관형사　4 정책　5 시민　6 씀바귀꽃　7 할머니　8 뒷모습　9 칠정　10 즐거움　11 갓난아이 12 요동

13

Contents

※ 다음 글을 읽고 물음에 답하시오.

국어 문장에서 서술어로 쓰이는 것은 용언인 동사와 형용사, 그리고 체언에 '이다'가 붙어서 이루어지는 표현이다.

> (1) 준영이가 책을 읽는다. / 읽느냐? / 읽는구나.
>
> (2) 준영아, 책을 읽어라. / 읽자.

(1), (2)는 동사 '읽다'가 문장 안에서 그 형태가 변하는 예이다. 이때 변하지 않는 부분인 '읽–'은 어간이고, 변하는 부분인 '–는다, –느냐, –는구나, –어라, –자'는 어미이다. 이처럼 용언 어간에 여러 가지 어미가 붙는 일을 '활용'이라 한다.

> (3) 꽃이 예쁘다. / 예쁘냐? / 예쁘구나.
>
> (4) 꽃아, *예뻐라. / *예쁘자. (*표는 비문법적인 표현.)

(3), (4)는 형용사 '예쁘다'가 활용하는 예이다. (1), (2)와 비교해 보았을 때, 동사와 형용사는 활용의 방식에서 차이를 보인다. 먼저 (1)과 (3)에서 볼 수 있듯이, 동사 활용에는 '–는/ㄴ다, –느냐, –는구나'가 쓰이지만 형용사 활용에는 '–다, –(으)냐, –구나'가 쓰인다. 다음으로 (2)와 (4)에서 볼 수 있듯이, 동사 어간과 달리 형용사 어간에는 명령형 어미 '–아라/어라', 청유형 어미 '–자'가 붙을 수 없다. '꽃이 참 예뻐라!'와 같이 '예뻐라'가 쓰이기도 하는데, 이때의 '–어라'는 명령형 어미가 아니라 감탄형 어미이다.

> (5) 이것이 책이다.(*책이는다.) / 책이냐?(*책이느냐?) / 책이로구나.(*책이는구나.) / *책이어라. / *책이자.

(5)는 체언 '책'에 '이다'가 결합한 어절 전체가 문장에서 서술어로 쓰이는 예이다. (5)에서 볼 수 있듯이, '이다'도 용언처럼 활용을 한다. 이때 '–는/ㄴ다, –느냐, –는구나', 그리고 명령형 어미 '–아라/어라', 청유형 어미 '–자' 등의 어미와는 결합하지 않는다. 이런 점을 고려하면 '이다'의 활용 양상은 대체로 (3), (4)에 나타난 형용사의 활용 양상과 유사하다는 것을 알 수 있다.

01 국어의 활용 이해하기

윗글에 대한 이해로 적절하지 <u>않은</u> 것은?

① 동사와 형용사는 문장에서 서술어로 쓰일 수 있다.

② 형용사는 활용할 때 감탄형 어미와 결합할 수 있다.

③ 용언이 활용할 때 어간에 붙는 부분을 어미라고 한다.

④ 동사는 형용사에 비해 '이다'와 활용 양상이 유사하다.

⑤ '이다'는 활용할 때 명령형 어미나 청유형 어미와는 결합하지 않는다.

중요 ▶ 02 국어의 품사별 특성 이해하기

윗글을 바탕으로 보기 의 ⓐ~ⓔ를 이해한 내용으로 적절하지 <u>않은</u> 것은?

보기

> ⓐ 나는 주로 저녁에 <u>씻는다</u>.
> ⓑ 오늘 날씨가 정말 <u>춥구나</u>.
> ⓒ 규연아, 지금 밥 <u>먹자</u>.
> ⓓ 창문을 활짝 <u>열어라</u>.
> ⓔ 그는 어떤 <u>사람이냐</u>?

① ⓐ의 '씻는다'는 어간이 '-는다'와 결합한 것으로 보아 동사이다.

② ⓑ의 '춥구나'는 어간이 '-구나'와 결합한 것으로 보아 형용사이다.

③ ⓒ의 '먹자'는 어간이 청유형 어미 '-자'와 결합한 것으로 보아 동사이다.

④ ⓓ의 '열어라'는 어간이 명령형 어미 '-어라'와 결합한 것으로 보아 형용사이다.

⑤ ⓔ의 '사람이냐'는 체언에 '이다'가 결합한 말이 활용한 것이다.

서답형 ▶ 03 국어 품사의 활용 이해하기

보기 2 는 보기 1 의 밑줄 친 부분을 설명하는 내용이다. 빈칸에 들어갈 말을 골라 차례대로 쓰시오.

보기 1

> 두 볼에 흐르는 빛이
> 정작으로 고와서 <u>서러워라</u>.
>
> – 조지훈, 〈승무〉

보기 2

> '서러워라'의 기본형은 '서럽다'이며, (감탄형 / 명령형 / 청유형) 어미와 결합한 (동사 / 형용사)이다.

문제풀이

13강

독서 - 과학(화학)

액상 과당

갈래	설명문
주제	액상 과당의 문제점
해제	이 글은 액상 과당의 문제점을 설명하고 있다. 액상 과당은 옥수수 시럽에 포함된 포도당이 효소를 통해 과당으로 변환되어 만들어지며, 청량음료 등을 만들 때 많이 사용된다. 그러나 과당을 섭취하면 포만감을 느끼게 해주는 호르몬인 렙틴의 분비가 촉진되지 않기 때문에 식욕이 줄어들지 않고 포만감도 못 느끼게 된다. 게다가 과당은 포도당보다 더 쉽게 지방으로 축적되므로 액상 과당을 첨가한 식품을 섭취할 때에는 주의해야 한다.

*문단 중심 내용

1문단	액상 과당의 개념
2문단	옥수수 시럽의 구성 요소
3문단	액상 과당의 비율 표기
4문단	당의 흡수와 소화 과정
5문단	액상 과당 첨가 식품을 섭취할 때의 주의점

※ 다음 글을 읽고 물음에 답하시오.

최근에 사람들의 관심을 끄는 화학 용어로 '액상 과당(High Fructose Corn Syrup)'이 있다. 액상 과당은 옥수수 녹말을 분해한 옥수수 시럽의 성분을 조절하여 만든, 단맛이 나는 액체 시럽이다.

옥수수 시럽에는 단당*인 포도당과 포도당 분자 2개가 화학 결합으로 생성된 이당*인 맥아당, 그리고 포도당 분자 여러 개가 화학 결합으로 이루어진 올리고당 등 여러 종류의 당들이 포함되어 있다. 하지만 포도당을 비롯하여 다양한 종류의 당 분자를 포함하고 있는 옥수수 시럽은 설탕보다 덜 달다. 그 이유는 옥수수 시럽의 구성 성분인 포도당과 맥아당이 모두 설탕보다 단맛이 덜하기 때문이다. 그런데 옥수수 시럽에 포함된 포도당을 효소를 이용해서 과당으로 변환시켜 주면, 옥수수 시럽은 과당의 비율이 높은 액상 과당이 되어 설탕보다 단맛을 내게 된다.

액상 과당의 영문 약자 HFCS 바로 다음에 표기된 숫자는 과당의 비율을 나타낸다. 예를 들어 HFCS 55는 과당이 55%, HFCS 42는 과당이 42% 포함된 액상 과당이라는 것이다. 흔히 사용되는 액상 과당 HFCS 55는 설탕보다 가격이 싸고, 물에 잘 녹는다는 장점이 있어서 청량음료 등을 만들 때 많이 사용된다.

포도당과 과당의 흡수, 대사, 소화 과정은 그 경로가 각각 다르다. 일단 음식에 포함된 녹말은 몸에서 포도당으로 분해되어 혈액으로 흡수된다. 그러면 췌장에서 인슐린이 분비되고*, 인슐린은 포도당을 적절하게 포획하여 동물성 녹말이라 불리는 글리코젠으로 간 혹은 근육에 저장한다. 글리코젠은 에너지가 필요할 때 체내에서 급속히 분해되어 대량의 포도당으로 변화가 가능한 분자이다. 이렇게 우리 몸에서 포도당이 흡수되고 인슐린이 분비될 때, ㉠ 렙틴이라는 호르몬도 분비된다. 렙틴의 분비는 또 다른 호르몬인 ㉡ 그렐린의 분비 속도를 늦추어 준다. 렙틴은 지방세포에서 분비되며 양이 많아지면 포만감*을 느끼게 해주는 역할을 한다. 그렐린은 공복 호르몬으로 위 혹은 췌장에서 분비되며, 식사 전에는 양이 증가했다가 식사 후에는 양이 감소한다.

하지만 포도당과 달리 인슐린 분비를 촉진하지* 않는 과당이 흡수되면 렙틴의 분비도 촉진되지 않는다. 그 결과 공복 호르몬의 양이 식사 전의 상태를 유지하게 되므로 음식을 더 먹고 싶다는 욕구가 줄어들지 않고 포만감도 못 느끼게 된다. 설상가상으로 과당은 포도당보다 더 쉽게 지방으로 축적이 된다. 따라서 액상 과당을 첨가한 식품을 섭취할 때에는 주의할 필요가 있다.

* 단당(單糖): 가수 분해로는 더 이상 간단한 화합물로 분해되지 않는 당류.
* 이당(二糖): 두 개의 단당류가 결합된 당.
* 분비되다(分泌되다): 생세포의 작용에 의하여 만들어진 액즙이 배출관으로 보내지다.
* 포만감(飽滿感): 넘치도록 가득 차 있는 느낌.
* 촉진하다(促進하다): 다그쳐 빨리 나아가게 하다.

01 세부 내용 파악하기

윗글을 통해 알 수 있는 내용으로 적절하지 않은 것은?

① 포도당은 과당만큼 쉽게 지방으로 축적되지는 않는다.
② 옥수수 시럽을 구성하는 당류는 설탕보다 단맛이 덜하다.
③ 과당의 비율이 높은 액상 과당일수록 더 큰 포만감을 느낀다.
④ 인슐린은 포도당을 글리코젠으로 바꾸어 저장하는 역할을 한다.
⑤ 청량음료를 만들 때는 설탕보다 액상 과당을 사용하는 것이 경제적이다.

02 세부 내용 파악하기

㉠과 ㉡에 대한 설명으로 가장 적절한 것은?

① ㉠과 ㉡은 모두 식사 후에 양이 감소한다.
② ㉠은 공복감을, ㉡은 포만감을 느끼게 한다.
③ ㉠은 췌장에서, ㉡은 지방세포에서 분비된다.
④ ㉠이 분비되면 ㉡의 분비 속도가 늦추어진다.
⑤ ㉠이 분비되면 ㉡의 양이 식사 전 상태로 유지된다.

중요 ▶ 03 구체적 사례에 적용하기

윗글을 읽은 학생이 보기 에 대해 보일 수 있는 반응으로 적절하지 않은 것은?

보기

혜미는 평소 청량음료를 좋아하여 많이 섭취하는데, 혜미의 엄마는 밥을 먹기 전에 음료를 섭취하면 배가 불러 정량의 식사를 하지 못한다고 걱정한다. 하지만 혜미는 청량음료를 섭취해도 배가 부른 것을 잘 모르겠다고 하며 음료를 식전에도 섭취했고, 배가 고파서 식사도 많이 한 결과 체중이 정상 체중보다 증가했다. 그리고 5년 후 고지혈증 판정을 받았다. 고지혈증은 필요 이상으로 많은 지방 성분이 혈관 벽에 쌓여 염증을 일으키는 질환이다.

① 혜미는 청량음료를 섭취한 후 실제 포만감을 잘 느끼지 못했군.
② 청량음료의 섭취를 조절해야만 고지혈증의 위험에서 벗어날 수 있겠군.
③ 혜미의 엄마는 청량음료가 렙틴의 분비를 제대로 촉진하지 못한다는 점을 모르고 있군.
④ 혜미의 체중이 증가한 것은 과당이 포도당보다 더 쉽게 지방으로 축적이 되기 때문이겠군.
⑤ 액상 과당의 영문 약자 HFCS 바로 다음에 표기된 숫자가 낮은 음료를 섭취하면 문제가 해결되겠군.

서답형 ▶ 04 인과 관계 파악하기

ⓐ, ⓑ에 들어갈 말을 찾아 차례대로 쓰시오.

과당은 (ⓐ) 분비를 촉진하지 않기 때문에, (ⓐ)이/가 분비될 때 함께 분비되어 포만감을 느끼게 해주는 호르몬인 (ⓑ)의 분비도 촉진되지 않아서 포만감을 느끼지 못하게 된다.

문제풀이

13강

문학 – 고전운문

만흥 _ 윤선도

갈래	평시조, 연시조
성격	자연 친화적, 탈속적
주제	자연에서 사는 즐거움과 임금의 은혜
특징	① 안분지족, 물아일체의 태도가 드러남. ② 자연에 묻혀 살면서도 임금의 은혜를 잊지 않는 조선 사대부 시조의 특징이 드러남.
해제	이 작품은 자연에서 살아가며 느끼는 만족감을 표현하고 있다. 어지러운 정치 현실에서 벗어나 자연 속에 묻혀 한가롭게 살면서도, 임금의 은혜를 잊지 않는 사대부 시조의 전통을 따르고 있다.

※ 다음 글을 읽고 물음에 답하시오.

산수 간 바위 아래 **띠집***을 짓노라 하니
㉠ 그 모르는 남들은 웃는다 한다마는
어리석고 향암*의 뜻에는 내 분인가 하노라

〈제1수〉

보리밥 풋나물을 알맞게 먹은 후에
바위 끝 물가에서 실컷 노니노라
그 밖의 여남은 일이야 부러워할 줄이 있으랴

〈제2수〉

잔 들고 혼자 앉아 먼 산을 바라보니
㉡ 그리던 임이 온들 반가움이 이러하랴
말씀도 웃음도 아녀도 못내 좋아하노라

〈제3수〉

누가 **삼공*****보다 낫다 하더니** 만승*의 지위가 이만하랴
이제야 생각하니 소부 허유*가 영리했더라
㉢ 아마도 임천한흥*을 비길 곳이 없구나

〈제4수〉

㉣ 내 성격이 게으르더니 하늘이 아시어
인간 만사를 하나도 아니 맡겨
다만 **다툴 이 없는 강산**을 지키라 하시도다

〈제5수〉

㉤ 강산이 좋다 한들 내 분으로 누웠느냐
임금 은혜를 이제 더욱 아옵니다
아무리 갚고자 하여도 할 일이 없구나

〈제6수〉

- 윤선도, 〈만흥〉 -

* 띠집: 풀로 지붕을 엮은 집.
* 향암(鄕闇): 시골에서 지내 온갖 사리에 어둡고 어리석음. 또는 그런 사람.
* 삼공(三公): 의정부에서 국가 주요 정책을 결정하는 일을 맡아보던 세 벼슬. 영의정, 좌의정, 우의정을 이른다.
* 만승(萬乘): 만 대의 수레라는 뜻으로, 천자 또는 천자의 자리를 이르는 말.
* 소부 허유: 부귀영화를 마다하는 사람을 비유적으로 이르는 말. 중국의 요임금이 허유에게 천하를 주겠다고 하자 허유는 더러운 말을 들었다고 하여 강물에 귀를 씻었으며, 소부는 허유가 귀를 씻은 더러운 물을 소에게 먹일 수 없다고 하여 소를 끌고 돌아갔다는 데서 유래한다.
* 임천한흥(林泉閑興): 자연에서 느끼는 한가로운 흥취.

01 표현상의 특징 파악하기

윗글에 대한 설명으로 가장 적절한 것은?

① 대화체를 활용하여 주제 의식을 전달하고 있다.
② 색채 이미지를 활용하여 자연의 풍경을 묘사하고 있다.
③ 설의적 표현을 활용하여 속세의 사람들을 풍자하고 있다.
④ 고사를 언급하여 화자의 정서를 효과적으로 드러내고 있다.
⑤ 자연물에 감정을 이입하여 자연과의 친밀감을 표현하고 있다.

★ 고사(故事): 유래가 있는 옛날의 일.

02 시구의 의미 파악하기

㉠~㉤을 이해한 내용으로 적절하지 않은 것은?

① ㉠: 자연의 가치를 모르고 화자를 비웃는 사람들의 모습이 나타나고 있다.
② ㉡: 자연 속에서 그리운 임을 만난 화자의 반가움이 나타나고 있다.
③ ㉢: 자연 속에서 사는 삶에 대한 화자의 만족감이 나타나고 있다.
④ ㉣: 자신을 낮추어 표현하는 화자의 겸손함이 나타나고 있다.
⑤ ㉤: 지금의 삶이 임금의 덕이라는 화자의 충의가 나타나고 있다.

중요 03 외적 준거를 바탕으로 작품 감상하기

보기 를 참고하여 윗글을 감상한 내용으로 적절하지 않은 것은?

보기

강호가도(江湖歌道)는 조선 시대 시가 문학의 사조 중 하나이다. 어지러운 정치적 현실로 인해 사대부들은 자기 몸을 보전하기 어려워졌고, 이에 뜻있는 사람들은 벼슬을 버리고 자연에 파묻혀 살았다. 이러한 사대부들에게 있어 자연은 세속과 동떨어진, 검소한 삶의 공간이었다. 한편으로는 자연을 노래하면서도 임금의 은혜에 감사하는 마음을 잊지 않는 유교적 가치관을 담기도 하였다.

① 〈제1수〉의 '띠집'과 〈제2수〉의 '보리밥 풋나물'은 화자가 자연에서 검소하게 살고 있음을 나타내는군.
② 〈제2수〉의 '그 밖의 여남은 일'은 부귀영화와 같은 세속의 일을 가리키는군.
③ 〈제4수〉의 '삼공보다 낫다 하더니'는 화자가 자신의 안위를 위해 벼슬을 버려야 했음을 암시하는군.
④ 〈제5수〉의 '다툴 이 없는 강산'은 어지러운 정치적 현실과 대비되는 자연의 모습을 제시하는군.
⑤ 〈제6수〉의 '아무리 갚고자 하여도 할 일이 없구나'는 임금의 은혜에 감사하는 마음을 드러내는군.

★ 보전하다(保全하다): 온전하게 보호하여 유지하다.
★ 안위(安慰): 몸을 편안하게 하고 마음을 위로함.

서답형 04 소재의 의미 파악하기

〈제3수〉에서 '그리던 임'보다 나은 존재로 언급된 시어를 찾아 2어절로 쓰시오.

※ 다음 글을 읽고 물음에 답하시오.

[앞부분 줄거리] 일제 강점기 때 징용이 되어 비행장을 닦고 굴을 뚫다가, 다이너마이트가 터져 한쪽 팔을 잃은 만도는 전쟁에서 돌아오는 아들 진수를 마중하러 나간다.

쾌애액 기차 소리였다. 멀리 산모퉁이를 돌아오는가 보다. 만도는 앉았던 자리를 털고 벌떡 일어서며 옆에 놓아두었던 고등어를 집어 들었다. 기적* 소리가 가까워질수록 가슴이 울렁거렸다. 대합실 밖으로 뛰어나가 플랫폼이 잘 보이는 울타리 쪽으로 가서 발돋움을 했다.

땡땡땡 종이 울리자, 잠시 후 차는 소리를 지르면서 들이닥쳤다. 기관차의 옆구리에서는 김이 픽픽 풍겨 나왔다. 만도의 얼굴은 바짝 긴장되었다. 시꺼먼 열차 속에서 꾸역꾸역 사람들이 밀려 나왔다. 꽤 많은 손님이 쏟아져 내리는 것이었다. 만도의 두 눈은 곧장 이리저리 굴렸다. 그러나 아들의 모습은 쉽사리 눈에 띄지 않았다. 저쪽 출찰구*로 밀려가는 사람의 물결 속에, 두 개의 지팡이를 짚고 절룩거리며 걸어 나가는 상이군인*이 있었으나, 만도는 그 사람에게 주의가 가지는 않았다.

기차에서 내릴 사람은 모두 내렸는가 보다. 이제 미처 차에 오르지 못한 사람들이 플랫폼을 이리저리 서성거리고 있을 뿐인 것이다. 그놈이 거짓으로 편지를 띄웠을 리 없을 건데……. ㉠ 만도는 자꾸 가슴이 떨렸다. 이상한 일이다, 하고 있을 때였다. 분명히 뒤에서,

"아부지!"

부르는 소리가 들렸다. 만도는 깜짝 놀라며, 얼른 뒤를 돌아보았다. 그 순간, 만도의 두 눈은 무섭도록 크게 떠지고, 입은 딱 벌어졌다. 틀림없는 아들이었으나, 옛날과 같은 진수는 아니었다. 양쪽 겨드랑이에 지팡이를 끼고 서 있는데, 스쳐 가는 바람결에 한쪽 바짓가랑이가 펄럭거리는 것이 아닌가.

만도는 눈앞이 노오래지는 것을 어쩌지 못했다. 한참 동안 그저 멍멍하기만 하다가, 코허리가 찡해지면서 두 눈에 뜨거운 것이 핑 도는 것이었다.

[A]
"에라이, 이놈아!"

만도의 입술에서 모질게 튀어나온 첫마디였다. 떨리는 목소리였다. 고등어를 든 손이 불끈 주먹을 쥐고 있었다.

"이기 무슨 꼴이고, 이기." / "아부지!" / "이놈아, 이놈아……"

만도의 들창코가 크게 벌름거리다가 훌쩍 물코*를 들이마셨다. 진수의 두 눈에서는 어느결에 눈물이 꾀죄죄하게 흘러내리고 있었다. 만도는 모든 게 진수의 잘못이기나 한 듯 험한 얼굴로,

"가자, 어서!" / 무뚝뚝한 한 마디를 내던지고는 성큼성큼 앞장을 서 가는 것이었다.

(중략)

"선생하다가 이래 안 됐심니꼬. 수뮤탄* 쪼가리에 맞았심더."

"수류탄 쪼가리에?" / "예." / "음."

"얼른 낫지 않고 막 썩어 들어가기 땜에 군의관이 짤라 버립디더. 병원에서예. 아부지!"

"와?" / "이래 가지고 우째 살까 싶습니더."

"우째 살긴 뭘 우째 살아? 목숨만 붙어 있으면 다 사는 기다. 그런 소리 하지 마라." / "……."

"나 봐라. 팔뚝이 하나 없어도 잘만 안 사나. 남 봄에 좀 덜 좋아서 그렇지, 살기사 왜 못 살아."

"차라리 아부지같이 팔이 하나 없는 편이 낫겠어예. 다리가 없어 노니, 첫째 걸어 댕기기가 불편해서 똑 죽겠심더."

[B] "야야. 안 그렇다. 걸어댕기기만 하면 뭐하노, 손을 지대로 놀려야 일이 뜻대로 되지." / "그러까예?"

"그렇다니, 그러니까 집에 앉아서 할 일은 니가 하고, 나댕기메 할 일은 내가 하고, 그라면 안 대겠나, 그제?" / "예."

진수는 아버지를 돌아보며 대답했다. 만도는 돌아보는 아들의 얼굴을 향해 지그시 웃어 주었다.

(중략)

개천 둑에 이르렀다. 외나무다리가 놓여 있는 그 시냇물이다. 진수는 슬그머니 걱정이 되었다. **물은 그렇게 깊은 것 같지 않**지만, 밑바닥이 모래흙이어서 지팡이를 짚고 건너가기가 만만할 것 같지 않기 때문이다. 외나무다리는 도저히 건너갈 재주가 없고……. 진수는 하는 수 없이 둑에 퍼지고 앉아서 바짓가랑이를 걷어 올리기 시작했다.

만도는 잠시 멀뚱히 서서 아들의 하는 양을 내려다보고 있다가,

"진수야, 그만두고, 자아, 업자." / 하는 것이었다.

"업고 건느면 일이 다 되는 거 아니가. 자아, 이거 받아라."

고등어 묶음을 진수 앞으로 내민다.

진수는 퍽 난처해하면서, 못 이기는 듯이 그것을 받아 들었다. 만도는 등허리를 아들 앞에 갖다 대고, **하나밖에 없는 팔을 뒤로 버쩍 내밀며**, / "자아, 어서!"

하고 재촉했다. 진수는 지팡이와 고등어를 각각 한 손에 쥐고, 아버지의 등허리로 가서 슬그머니 업혔다. 만도는 팔뚝을 뒤로 돌리면서, **아들의 하나뿐인 다리를 꼭 안**았다. 그리고,

"팔로 내 목을 감아야 될 끼다." / 했다.

진수는 무척 황송한* 듯 한쪽 눈을 찍 감으면서, 고등어와 지팡이를 든 두 팔로 아버지의 굵은 목줄기를 부둥켜안았다.

만도는 아랫배에 힘을 주며, '끙!' 하고 일어났다. 아랫도리가 약간 후들거렸으나 걸어갈 만은 했다. 외나무다리 위로 조심조심 발을 내디디며 만도는 속으로,

'이제 새파랗게 젊은 놈이 벌써 이게 무슨 꼴이고. **세상을 잘못 만나서 진수 니 신세도 참 똥이다**, 똥.'

이런 소리를 주워섬겼고, 아버지의 등에 업힌 진수는 곧장 미안스러운 얼굴을 하며,

'나꺼정 이렇게 되다니, 아부지도 참 복도 더럽게 없지, 차라리 내가 죽어 버렸더라면 나았을 낀데…….'

하고 속으로 중얼거렸다.

만도는 아직 술기가 약간 있었으나, 용케 몸을 가누며 **아들을 업고 외나무다리를 조심조심 건너가**는 것이었다.

눈앞에 우뚝 솟은 용머리재*가 이 광경을 가만히 내려다보고 있었다.

- 하근찬, 〈수난이대〉 -

❋ 전체 줄거리

만도는 6·25 전쟁에서 돌아오는 아들 진수를 마중 나가기 위해 기차역으로 향한다. 만도에게는 한쪽 팔이 없는데, 이는 일제 때 강제 징용을 당해 공사를 하다가 다이너마이트 폭발 사고를 당했기 때문이다. 진수가 전쟁에서 한쪽 다리를 잃고 돌아왔음을 알게 된 만도는 그 때문에 더욱 큰 분노와 절망을 느낀다. 만도는 주막에 들른 뒤, 진수에게서 다리를 잃은 사연을 듣고 진수를 위로한다. 그리고 진수를 업고 외나무다리를 건너며 수난 극복의 의지를 드러낸다.

✔ 한방에! 어휘풀이

- ★ 기적(汽笛): 기차나 배 따위에서 증기를 내뿜는 힘으로 내는 경적 소리.
- ★ 출찰구(出札口): 차나 배에서 내린 손님이 표를 내고 나가거나 나오는 곳.
- ★ 상이군인(傷痍軍人): 전투나 군사상 공무 중에 몸을 다친 군인.
- ★ 물코: 물기가 많은 콧물.
- ★ 수류탄(手榴彈): 손으로 던져 터뜨리는 작은 폭탄.
- ★ 황송하다(惶悚하다): 분에 넘쳐 고맙고도 거북스럽다.
- ★ 재: 높은 산의 마루를 이룬 곳.

작품의 내용 파악하기

윗글의 내용에 대한 설명으로 가장 적절한 것은?

① 만도는 대합실 안에서 진수가 나오기를 기다렸다.
② 진수는 수류탄 파편에 맞아 다리를 잘라내야 했다.
③ 만도는 다리를 절룩거리는 상이군인을 보며 진수를 떠올렸다.
④ 만도는 진수가 한쪽 다리를 잃은 것을 알고도 동요하지 않았다.
⑤ 진수는 자신이 죽지 않은 것이 만도에게 위안이 된다고 생각했다.

* 파편(破片): 깨어지거나 부서진 조각.

02 **장면의 의미 파악하기**

[A], [B]를 이해한 내용으로 가장 적절한 것은?

① 진수는 [A]에서 질문에 대한 답을 듣고 있고, [B]에서 질문에 대해 답하고 있다.
② 만도는 [A]에서 긍정적인 태도를 보이고 있고, [B]에서 부정적인 태도를 보이고 있다.
③ 진수는 [A]에서 자신의 처지를 설명하고 있고, [B]에서 자신의 심정을 드러내고 있다.
④ 만도는 [A]에서 진심과 반대로 행동하고 있고, [B]에서 진심 어린 위로를 건네고 있다.
⑤ 진수는 [A]에서 상황을 다른 각도에서 보고 있고, [B]에서 자신의 경험을 말하고 있다.

중요 **03** **소재의 의미 파악하기**

보기 를 참고하여 윗글을 이해한 내용으로 적절하지 않은 것은?

보기

〈수난이대〉라는 제목은 아버지와 아들, 2대에 걸친 수난을 가리킨다. 아버지 만도는 일제 강점기 징용으로 인해 한쪽 팔을 잃고, 아들 진수는 6·25 전쟁에 참전했다가 한쪽 다리를 잃는다. 이 부자의 수난은 결국 폭력적인 현대사로 인해 우리 민족이 겪은 비극을 상징하며, 마지막 장면을 통해 서로를 도움으로써 민족적 수난을 극복할 수 있다는 가능성을 보여 준다.

① 만도와 진수가 건널 시냇물의 '물은 그렇게 깊은 것 같지 않'다는 것은, 그들 앞에 놓인 수난을 충분히 극복할 수 있음을 의미한다.
② 만도가 '업고 건느면 일이 다 되는 거 아니'냐고 말하는 것은, 수난을 극복하기 위한 방법으로 화합을 제시하는 것이다.
③ 만도가 '하나밖에 없는 팔을 뒤로 버쩍 내밀며' '아들의 하나뿐인 다리를 꼭 안'는 것은, 우리 민족이 겪은 비극을 드러낸다.
④ 만도가 '세상을 잘못 만나서 진수 니 신세도 참 똥이다'라고 생각하는 것은, 역사적 폭력으로 인해 개인이 고통받고 있음을 의미한다.
⑤ 만도가 '아들을 업고 외나무다리를 조심조심 건너가'는 것은, 민족적 수난을 극복할 수 있다는 가능성을 보여 준다.

서답형 **04** **인물의 심리 파악하기**

㉠에 담긴 만도의 심리를 설명하는 말로 적절한 것을 골라 차례대로 쓰시오.

> 만도는 (아들 / 아버지)의 모습을 찾으며 (기대 / 불안)(해)하고 있다.

복습하기

문법

활용	용언 [1]◻◻에 여러 가지 [2]◻◻가 붙는 일

동사의 활용	형용사의 활용
'-는/ㄴ다, -느냐, -는구나'	'-다, -(으)냐, -구나'
명령형, [3]◻◻◻ 어미와 결합함.	명령형, [3]◻◻◻ 어미와 결합하지 않음.

비문학

1문단	[4]◻◻◻◻의 개념
2문단	[5]◻◻◻ 시럽의 구성 요소
3문단	액상 과당의 비율 표기
4문단	당의 흡수와 소화 과정
5문단	액상 과당 첨가 식품을 섭취할 때의 주의점

문학 – 만흥(윤선도)

제1수	안분자족하는 삶의 만족감	제4수	자연에서의 삶에 대한 자부심
제2수	안빈낙도하는 삶의 즐거움	제5수	자연에 귀의한 삶
제3수	[6]◻◻과 하나가 된 삶의 즐거움	제6수	임금의 [7]◻◻에 대한 감사

문학 – 수난이대(하근찬)

만도	진수
한쪽 [8]◻을 잃음.	[9]◻◻◻ 쪼가리에 맞아 한쪽 [10]◻◻를 잃음.

↓

만도는 진수를 업은 채 [11]◻◻◻◻◻를 건너감.

↓

민족의 수난 극복 의지를 보여 줌.

정답 1 어간　2 어미　3 청유형　4 액상 과당　5 옥수수　6 자연　7 은혜　8 팔　9 수류탄　10 다리　11 외나무다리

한수

14

Contents

14강

매체

궁중 채화 만들기

※ 다음은 실시간 인터넷 방송이다. 물음에 답하시오.

우리 문화 지킴이들, 안녕! 우리 전통문화를 소개하고 체험하는 문화 지킴이 방송의 진행자, 역사임당입니다. 오늘은 과거 궁중 연회에서 장식 용도로 사용되었던 조화인 궁중 채화를 만들어 보려고 해요. 여러분도 실시간 채팅으로 참여해 주세요.

[A]
> 🧑 빛세종 : 채화? '화'는 꽃인데 '채'는 어떤 뜻이죠?

빛세종님, 좋은 질문! 채화의 '채'가 무슨 뜻인지 물으셨네요. 여기서 '채'는 비단을 뜻해요. 궁중 채화를 만드는 재료로 비단을 비롯한 옷감이 주로 쓰였기 때문이죠.

(사진을 보여 주며) 주로 복사꽃, 연꽃, 월계화 등을 만들었대요. 자, 이 중에서 오늘 어떤 꽃을 만들어 볼까요? 여러분이 골라 주세요.

[B]
> 🧑 햇살가득 : 월계화?? 월계화 만들어 주세요!

좋아요! 햇살가득님이 말씀하신 월계화로 결정!

그럼 꽃잎 마름질부터 해 보겠습니다. 먼저 비단을 두 겹으로 겹쳐서 이렇게 꽃잎 모양으로 잘라 줍니다. 꽃잎을 자를 때 가위는 그대로 두고 비단만 움직이며 잘라야 해요. 보이시죠? 이렇게, 비단만, 움직여서. 그래야 곡선은 곱게 나오면서 가위 자국이 안 남아요. 이런 식으로 다양한 크기의 꽃잎을 여러 장 만들어요. 자, 다음은 뜨거운 인두에 밀랍을 묻힌 후, 마름질한 꽃잎에 대고 이렇게 살짝 눌러 주세요. 보셨나요? 녹인 밀랍을 찍어서 꽃잎에 입혀 주면 이렇게 부피감이 생기죠.

[C]
> 🧑 꼼꼬미 : 방금 그거 다시 보여 주실 수 있어요?

물론이죠, 꼼꼬미님! 자, 다시 갑니다. 뜨거운 인두에 밀랍을 묻혀서 꽃잎 하나하나에, 이렇게, 누르기. 아시겠죠?

필요한 꽃잎 숫자만큼 반복해야 하는데 여기서 이걸 계속하면 정말 지루하겠죠? (미리 준비해 둔 꽃잎들을 꺼내며) 짜잔! 그래서 꽃잎을 이만큼 미리 만들어 뒀지요! 이제 작은 꽃잎부터 큰 꽃잎 순서로 겹겹이 붙여 주면 완성! 다들 박수! 참고로 궁중 채화 전시회가 다음 주에 ○○시에서 열릴 예정이니 가 보셔도 좋을 것 같네요.

[D]
> 🧑 아은맘 : ○○시에 사는데, 전시회 지난주에 이미 시작했어요. 아이랑 다녀왔는데 정말 좋았어요. ㅎㅎㅎ

아, 전시회가 이미 시작되었다고 하네요. 아은맘님 감사!

자, 이제 마칠 시간이에요. 혼자서 설명하고 시범까지 보이려니 미흡한 점이 많았겠지만 끝까지 함께해 주셔서 감사합니다. 오늘 방송 어떠셨나요?

[E]
> 🧑 영롱이 : 저 오늘 진짜 우울했는데ㅠ 언ㅣ 방송 보면서 기분이 좋아졌어요. 저 오늘부터 언니 팬 할래요. 사랑해유♥

와, 영롱이님께서 제 팬이 되어 주신다니 정말 힘이 납니다. (손가락 하트를 만들며) 저도 사랑해요!

다음 시간에는 궁중 채화를 장식하는 나비를 만들어 볼게요. 지금까지 우리 문화 지킴이, 역사임당이었습니다. 여러분, 안녕!

01 매체의 정보 구성 방식 파악하기

위 방송에 반영된 기획 내용으로 가장 적절한 것은?

① 접속자 이탈을 막으려면 흥미를 유지해야 하니, 꽃잎을 미리 준비해 반복적인 과정을 생략해야겠군.

② 소규모 개인 방송으로 자원에 한계가 있으니, 제작진을 출연시켜 인두로 밀랍을 묻히는 과정을 함께해야겠군.

③ 실시간으로 진행되어 편집을 할 수 없으니, 마름질 과정에서 실수가 나올 것에 대비하여 미리 양해를 구해야겠군.

④ 텔레비전 방송에 비해 비공식적이고 사적인 매체이니, 방송에 대한 긍정적 평가와 고정 시청자 등록을 부탁해야겠군.

⑤ 방송 도중 접속한 사람은 이전 내용을 볼 수 없으니, 마무리 인사 전에 채화 만드는 과정을 요약해서 다시 설명해야겠군.

중요 **02** 수용자의 특성 이해하기

보기 를 바탕으로, [A]~[E]에서 파악할 수 있는 수용자의 특징에 대한 이해로 적절하지 않은 것은?

보기

실시간 인터넷 방송은 영상과 채팅의 결합을 통해 방송 내용의 생산과 수용이 쌍방향으로 이뤄진다. 예컨대 수용자는 방송 중 채팅을 통해 이어질 방송의 내용과 순서를 정하는 데 영향을 미치고, 이미 제시된 방송의 내용을 추가, 보충, 정정하게 하는 등 능동적인 역할을 수행할 수 있다. 또 생산자와 정서적인 유대를 형성하기도 한다.

① [A]: '빛세종'은 더 알고 싶은 내용을 질문함으로써 진행자가 방송 내용을 보충하여 제시하도록 하고 있다.

② [B]: '햇살가득'은 자신이 원하는 바를 밝힘으로써 진행자가 생산할 내용을 선정하는 데 관여하고 있다.

③ [C]: '꼼꼬미'는 제시되지 않은 부분을 추가하도록 요청함으로써 진행자가 방송의 순서를 정하는 데 영향을 미치고 있다.

④ [D]: '아은맘'은 제시된 내용 중 잘못된 부분을 언급함으로써 진행자가 오류를 인지하고 정정하도록 하고 있다.

⑤ [E]: '영롱이'는 자신의 감정 변화를 제시함으로써 진행자와 정서적인 유대를 형성하고 있다.

 03 매체의 정보 파악하기

㉠, ㉡에 들어갈 말을 찾아 차례대로 쓰시오.

위 방송에서는, 다음 방송의 소재가 궁중 (㉠)을/를 장식하는 (㉡)임을 안내하고 있다.

문제풀이

※ 다음 글을 읽고 물음에 답하시오.

　퇴행성 뇌 질환의 일종인 파킨슨병은 그 발병 원인으로 반복적인 충격, 유전자 이상 등 여러 가지 이유를 들 수 있는데 공통적으로 소뇌 쪽의 흑색질 부위가 서서히 파괴되며 발생하는 것으로 알려져 있다. 소뇌는 인체의 운동 능력을 조정하는 부위이기 때문에 이 부위가 파괴되는 파킨슨병의 경우 신체의 운동 능력 조절 기능이 저하된다. 그래서 이 병에 걸리면 손발 혹은 입술의 떨림, 근육의 경직, 앞으로 넘어질 듯한 보행 등의 증상이 주로 나타난다.

　흑색질 부위의 뇌세포들은 도파민을 분비하는 기능을 하는데, 이 세포들이 파괴되면 도파민이 부족해진다. 도파민은 뇌 속에서 중요한 역할을 하는 신경전달물질로 도파민 부족은 소뇌의 기능을 떨어뜨려 파킨슨병을 일으킬 수 있다. 또한 도파민 과다는 대뇌피질을 지나치게 자극하여 정신 분열이나 환각 등을 일으킬 수 있다. 따라서 균형 잡힌 도파민 농도를 유지하는 것은 뇌의 정상적인 활동을 위해 매우 중요하다.

　파킨슨병에 걸린 환자는 흑색질의 도파민 분비 신경 세포가 죽어 버리기 때문에 도파민 부족에 시달릴 수밖에 없다. 파킨슨병의 다양한 증상들은 주로 도파민의 부족 탓에 생긴다. 따라서 이 경우 부족한 도파민을 외부에서 주입해 주는 것만으로도 상당한 효과를 볼 수 있다. 실제 파킨슨병 환자들에게 가장 많이 쓰이는 것은 ㉠엘-도파(L-dopa)라는 약인데, 이 약을 먹게 되면 약제가 몸속으로 들어와 효소에 의해 도파민으로 변하면서 파킨슨병의 증상들을 약화시켜 준다.

　그러나 엘-도파의 투여는 임시방편일 뿐이다. 먼저, 약을 반복적으로 투여해야 한다는 부담이 존재한다. 도파민을 공급한다고 한들 파괴된 뇌세포가 살아나는 것도 아니고, 뇌세포의 파괴가 멈추는 것도 아니기 때문이다. 따라서 도파민의 투여는 부족한 도파민을 채워 주어 증상을 개선해 주는 효과는 있지만, 파킨슨병 자체를 근본적으로 치료하지는 못한다. 그리고 파킨슨병이 점점 진행되어 흑색질 뇌세포들이 더 많이 파괴될수록 더 많은 도파민을 투여해야 하는데, 그러면 경련과 같은 부작용이 일어날 위험이 커진다.

　그래서 다음으로 연구된 것이 ㉡도파민을 만드는 흑색질의 신경 세포 자체를 뇌에 이식하는 방법이다. 성인의 신경 세포는 면역거부반응 때문에 이식이 힘들기 때문에, 주로 낙태된 태아에서 추출한 신경 세포를 환자의 뇌에 이식하는 방법이 사용되었다. 이 방법은 부작용이 적다는 장점이 있으나 파킨슨병을 근본적으로 치료하는 방법이 아니라는 점, 이식된 신경 세포는 3년밖에 살지 못해서 그때마다 다시 태아의 신경 세포를 이식해야 한다는 점, 신경 세포를 이식하기 위해 뇌 절개 수술이 필요하다는 점 등이 문제점으로 지적된다.

　최근에는 배아줄기세포를 얻어 이를 실험실에서 배양시켜 이식하는 방법이 연구되고 있다. 배아줄기세포는 우리 몸의 어떤 세포로든 분화가 가능한 세포이다. 그래서 적절한 처리를 하게 되면 이론적으로 세포의 이상으로 인해 일어나는 모든 질병의 치료가 가능하다. 그러나 이론을 현실에 적용하기까지 앞으로 많은 난관을 거쳐야 할 것으로 예상된다.

01 핵심 내용 이해하기

윗글을 통해 알 수 있는 내용으로 적절하지 <u>않은</u> 것은?

① 파킨슨병의 발병 원인
② 파킨슨병의 주된 증상
③ 흑색질 부위 뇌세포들의 기능
④ 배아줄기세포의 이론상 활용 방안
⑤ 대뇌피질이 우리 몸에서 수행하는 역할

02 주요 개념 비교하기

㉠, ㉡에 대한 이해로 적절하지 <u>않은</u> 것은?

① ㉠은 파킨슨병의 증상을 약화시키는 방법이다.
② ㉡은 성인의 뇌에서 추출한 신경 세포가 필요하다.
③ ㉠은 ㉡과 달리 병세가 악화될수록 부작용의 위험이 커진다.
④ ㉡은 ㉠과 달리 뇌 절개 수술이 필요하다는 부담이 존재한다.
⑤ ㉠과 ㉡은 모두 파킨슨병을 근본적으로 치료할 수 있는 방법이 아니다.

중요 03 다른 상황에 적용하기

윗글을 참고하여 보기 의 루게릭병 을 이해한 내용으로 적절하지 <u>않은</u> 것은?

보기

　루게릭병 은 프랑스의 신경학자인 샤르코에 의해 최초로 보고된 질환이다. 원래 질환명은 근위축성측색경화증이나, 미국의 유명 야구선수인 루 게릭이 앓은 바 있어 루게릭병이라는 별명을 얻게 되었다. 초기에는 근육의 약화가 시작되며, 이후 1~5년에 걸쳐 모든 종류의 자발적 움직임이 불가능해진다. 여기에는 걷기, 말하기, 삼키기, 숨쉬기 등이 포함되며, 결국 숨쉬기에 관여하는 근육이 작동하지 못해 사망에 이른다. 루게릭병의 원인으로는 도파민 분비 신경 세포의 문제로 도파민이 과다 분비되는 것을 들 수 있다. 현재 유일한 치료제로는 도파민의 분비를 억제하는 약물인 릴루졸이 있는데, 이 또한 증상을 완전히 치료할 수 없으며 생존 기간을 일부 연장하는 수준이다.

① 현재의 의료기술로는 루게릭병을 완벽하게 치료하는 것이 불가능하군.
② 루게릭병 환자는 도파민으로 인해 대뇌피질이 지나치게 자극되었겠군.
③ 루게릭병 환자는 파킨슨병 환자와 마찬가지로 주된 증상으로 환각 등을 경험하겠군.
④ 루게릭병 환자는 파킨슨병 환자와 마찬가지로 신체의 운동 능력 기능이 저하되겠군.
⑤ 배아줄기세포에 적절한 처리를 하여 치료에 활용한다면 이론적으로 루게릭병도 치료가 가능하겠군.

서답형 04 인과 관계 파악하기

ⓐ, ⓑ에 들어갈 말을 찾아 차례대로 쓰시오.

　파킨슨병 환자는 (ⓐ)을/를 분비하는 (ⓑ) 부위의 뇌세포가 파괴되었기 때문에 (ⓐ)이/가 부족해진다.

14강

꽃 _ 김춘수

| 정답 및 해설 | 96쪽

갈래	자유시, 서정시
성격	관념적, 상징적, 철학적
주제	의미 있는 존재가 되고자 하는 소망
특징	① 존재의 의미를 점층적으로 확대함. ② 관념적인 주제를 구체적인 소재를 통해 표현함.
해제	이 작품은 자연물인 꽃을 통해 존재의 의미와 관계를 이야기한다. 존재의 참된 모습을 인식해 나가는 과정을 통해, 진정한 인간관계의 형성을 소망하는 마음을 표현한다.

※ 다음 글을 읽고 물음에 답하시오.

내가 ㉠ 그의 이름을 불러 주기 전에는
그는 다만
하나의 몸짓에 지나지 않았다.

내가 ㉡ 그의 이름을 불러 주었을 때
그는 나에게로 와서
꽃이 되었다.

내가 그의 **이름을 불러 준 것**처럼
나의 이 빛깔과 향기에 알맞는
㉢ 누가 나의 이름을 불러 다오.
그에게로 가서 나도
㉣ 그의 꽃이 되고 싶다.

㉤ 우리들은 모두
무엇이 되고 싶다.
너는 나에게 나는 너에게
잊혀지지 않는 **하나의 눈짓**이 되고 싶다.

- 김춘수, 〈꽃〉 -

01 표현상의 특징 파악하기

윗글에 대한 설명으로 가장 적절한 것은?

① 색채어를 활용하여 화자의 감정을 강조하고 있다.

② 사물을 의인화하여 화자의 의지를 형상화하고 있다.

③ 동일한 시구를 반복하여 화자의 소망을 강조하고 있다.

④ 상징적인 시어를 통해 대상에 대한 원망을 표현하고 있다.

⑤ 자연물을 통해 과거의 삶을 성찰하는 태도를 보이고 있다.

★ 성찰하다(省察하다): 자기의 마음을 반성하고 살피다.

02 시구의 의미 파악하기

㉠~㉤을 이해한 내용으로 적절하지 않은 것은?

① ㉠: '나'가 '그'를 인식하기 이전을 가리킨다.

② ㉡: '나'가 '그'와 관계를 맺는 순간을 의미한다.

③ ㉢: '나'가 자신의 본질을 숨기고 있음을 암시한다.

④ ㉣: 의미 있는 존재가 되고자 하는 '나'의 소망이 드러난다.

⑤ ㉤: 인식의 주체가 '나'에서 '우리'로 확대되었음을 나타낸다.

★ 암시하다(暗示하다): 넌지시 알리다.

중요 03 외적 준거를 바탕으로 작품 감상하기

보기를 바탕으로 하여 윗글을 이해한 내용으로 적절하지 않은 것은?

보기

　　프랑스의 철학자 알튀세르는 '호명'은 인간의 자아 정체성을 규정하는 핵심이라고 하였다. 그의 이론에 따르면, 누군가가 우리의 이름을 불러 주기 전에는 우리는 아무것도 아닌 상태에 있다. 우리의 자아 정체성은 외부의 누군가가 우리를 인식하고 이름을 붙여 불러 줄 때 비로소 형성되는 것이다. 즉, 알튀세르는 인간의 자아가 외부 세계와의 관계를 반드시 필요로 한다고 보았다.

① '하나의 몸짓'은 호명 이전의 아무것도 아닌 상태를 의미하는군.

② '꽃'은 호명으로써 형성된 자아 정체성을 의미하는군.

③ '이름을 불러 준 것'은 외부에서 대상을 인식하여 호명하는 것이군.

④ '무엇'은 인간의 자아 정체성을 규정하는 데 있어 핵심적인 부분이군.

⑤ '하나의 눈짓'이 되기 위해서는 외부 세계와의 관계가 필요하겠군.

서답형 04 시어의 의미 파악하기

'존재의 본질'을 의미하는 시어를 윗글에서 찾아 2어절로 쓰시오.

문제풀이

✔ 한방에! 개념정리

✔ 한방에! 핵심정리

갈래	영웅 소설, 군담 소설
성격	전기적, 일대기적
주제	고난을 극복하고 업적을 이룬 영웅의 삶
특징	① 전형적인 영웅 서사 구조가 드러남. ② 일화를 삽입하여 인물의 성격을 부각함. ③ 유사한 성격의 사건이 반복적으로 제시됨.
해제	이 작품은 명나라를 배경으로 하여, 불우한 어린 시절을 보낸 소대성(소생)이 비현실적인 능력으로 위기를 극복하고 업적을 이룩하는 영웅 군담 소설이다. 이 승상의 집에서 지내던 소대성을 밥만 먹고 잠만 자는 사람으로 그린 대목이 특징적이며, 전체적으로는 천상계와 지상계의 이원적 세계관을 바탕으로 서술된다는 특징을 갖는다.

※ 다음 글을 읽고 물음에 답하시오.

[앞부분 줄거리] 명나라 병부상서 소양은 아들이 없어 근심하다가 대성을 얻는다. 대성은 본래 용왕의 아들로, 어릴 때부터 뛰어난 재주를 보인다. 부모가 죽은 뒤 대성은 길을 떠돌다가 이 승상을 만나 승상의 집으로 가게 된다. 승상은 대성의 비범함을 알아보고 딸 채봉과 혼인시키고자 한다.

그날 이후에 승상이 길일을 잡아 인륜대사*를 치르고자 했다. 그러나 불과 대여섯 달 뒤에 승상이 갑자기 병이 났는데, 갖은 약을 써도 차도*가 없었다. 승상은 끝내 일어나지 못할 것을 예감하고는 부인을 불러 손을 잡고 말했다.

[A]「"내 병은 치유되기가 어려울 것 같소. 이제 내 나이 일흔이라 죽어도 여한*이 없으나, 다만 딸아이의 혼사 치르는 것을 내 눈으로 보지 못함이 한이라오. 내가 죽으면 집안의 대소사는 부인이 주장해야 할 것이니, 딸아이의 인륜대사를 내 뜻대로 꼭 치러 주오. 황천길을 떠나는 이 사람의 한이 없게 해주오."」

이어 승상은 채봉을 불러서 말했다.

"내 너의 혼사를 보지 못하고 저승으로 가니, 그 한이 가슴에 맺히는구나. 그러나 삼 년 후에도 중헌에서 지은 글을 잊지 말아야 한다. 내 너의 성정*을 아나니 달리 부탁할 말은 없구나."

이는 왕 부인이 소생에게 뜻이 적음을 보고 채봉에게 간곡히 당부한 것이라. 마지막으로 승상은 소생을 불렀다.

"사람의 목숨은 하늘의 뜻에 달렸는지라 이를 거역할 순 없으니, 내 자네를 만나 회포*를 다 풀지도 못하고 황천길을 떠나네. 딸아이의 일생은 자네에게 달렸으니 혹 부족한 점이 있어도 이 늙은이를 생각해서 내치지 말며, ㉠세 아들이 혹 옹졸한* 일을 하더라도 개의치 말고 오랫동안 평안히 지내게."

말을 마친 승상은 세상을 떠났다. 이에 이 승상의 가족들이 모두 슬퍼하여 집 안에는 곡소리가 진동했다. 소생은 승상이 운명하자 입관하고* 성복하기*까지의 의례를 극진하게 지냈다. 소생의 이런 모습을 본 사람마다 칭찬하지 않는 이가 없었다.

이때 이 승상의 아들들이 승상의 부고를 듣고서 밤낮으로 달려와 승상의 영전*에 통곡했다. 소생이 통곡하는 이들에게 조의를 표하니, 이들은 소생을 알지 못하는지라 누구냐고 왕 부인에게 물었다. 부인이 소생에 대해 이야기하니, 이들은 단지 그 이야기를 듣고만 있을 따름이라.

며칠이 지난 후 서당에서 나와 위문할 때, ㉡소생이 이생 등을 보니 누구도 그 부친의 명감*이 없는지라 생각에 잠겼다.

'이제 승상이 세상을 떠나셨으니 누가 나를 알아줄 것인가.'

소생은 그 이후로 모든 서책을 물리고 의관을 폐한 채, 하루 종일 잠자기만 일삼았다. 그러다 승상의 장례 치를 날이 되자 마지못해 의관을 격식에 맞게 차려입고 이 승상의 가족들과 함께 장사를 극진히 모셨다. 그러고는 또 서당에 누워 일어나지를 않았다. 이에 왕 부인이 아들들과 소생에 대해 자주 의논했다.

"소생의 거동이 아주 태만하구나. 학업을 전폐하고 밤낮으로 잠자기만 일삼으니 어찌 공명하기

✱ 전체 줄거리
명나라 병부상서 소양은 아들이 없어 근심하다가 대성을 얻는다. 대성은 본래 용왕의 아들로, 어릴 때부터 뛰어난 재주를 보인다. 부모가 죽은 뒤 대성은 길을 떠돌다가 이 승상을 만나 승상의 집으로 가게 된다. 승상은 대성을 자신의 딸 채봉과 혼인시키고자 하나, 부인은 이를 달갑지 않게 여긴다. 승상이 죽자 부인과 세 아들은 자객을 보내 대성을 죽이려 하고, 집을 떠난 대성은 노승을 만나 병법과 무술을 공부한다. 대성은 호국을 물리치고 큰 공을 세우면서 노국의 왕이 되고, 채봉과 다시 만나 부부의 연을 맺는다.

를* 바랄 수 있으리오. 채봉과의 혼사를 물리고자 하는데, 너희들의 생각은 어떠하냐?"

"이제 아버님은 아니 계신지라 어머님께서 집안의 모든 일을 책임지고 맡아야 하시니, 소자들에게 하문하실* 일이 아니옵니다. ⓒ 저희들이야 소생을 잠깐 보았지만 단정한 선비는 아니었습니다. 필시 채봉에게 흠이 될 것이옵니다."

"본디 빌어먹는 걸인을 승상께서 취중에 망령되이* 이 집에 살도록 허락하신 것이다. 그러니 너희들은 어서 소생을 내칠 방도를 찾아보아라."

승상의 아들들이 서당에 나가니, 소생은 깊은 잠에 빠져 있었다. 그들은 잠이 든 소생을 흔들어 깨워 앉히고는 말했다.

"선비가 학업을 전폐하고 밤낮으로 잠자기만 일삼으니, 어찌 공명을 바라겠소?"

"공명은 호방하고* 쾌활한 사람의 일이라오. 선대인*의 은혜를 입어 귀댁에 의탁했으나*, 나에게 말할 수 없는 수심이 있어 절로 공명의 뜻이 사라졌소."

"그렇다 하더라도 장부로서 할 일이 아니오. 수심 때문에 학업을 전폐한단 말이오?"

소생은 이들의 말에 미소만 지을 뿐, 아무런 대꾸를 하지 않았다.

ⓔ "이제 아버님께서 계시지 않는데다, 우리가 경성으로 돌아가면 소형을 대접할 사람이 없으니 소형의 마음이 무료할까 걱정이오."

소생은 도량*이 바다처럼 넓은지라 어찌 이들의 속내를 모르겠는가마는, 모른 체하고 공손히 대답했다.

"의지할 데 없는 사람이 일이 년 의탁함도 감사하옵거니와, 선대인의 금석* 같은 언약이 있어 지금까지 있었으니 이형들의 넓은 이해를 바라오."

"비록 언약이 있다 하나 삼 년은 아득하니, 소형이 있는 곳이 무료할까 염려하는 것이오."

말을 주고받은 이생들이 내당*으로 들어가 부인께 소생의 말을 전하니, 부인이 크게 화를 내며 말했다.

"흉악한 놈이 혼사를 핑계 삼아 우리 가문을 욕보이는구나."

승상의 장자 태경이 신중히 말했다.

[B]
"그자는 저 스스로 우리 집에 온 것이 아니라, 돌아가신 아버님께서 데려다가 언약을 맺도록 하여서 제 딴에는 신의를 지킨답시고 있는 것이옵니다. 한데 우리가 아무런 이유도 없이 그자를 내치면 세간의 시비를 사게 되어 일이 난처해질까 하나이다. 그러니 비밀스럽게 일을 처리하지 않으면 그자를 내치는 것이 어려울 것이옵니다."

[중간 부분 줄거리] 부인과 세 아들은 자객을 보내어 대성을 해치기로 한다.

한편, 소생은 승상의 자식들을 보내 놓고 깊은 시름에 잠겼다.

'주인이 객을 싫어하니, 나는 장차 어디로 가야 한단 말인가!'

마음이 편치 않아 책을 놓고 멍하니 있는데, 그때 갑자기 창틈으로 불어온 광풍에 소생이 쓴 관이 벗겨져 공중으로 솟았다가 방바닥에 떨어졌다. ⓜ 소생은 그 관을 태우고 주역*을 내어서 팔괘*를 보니, 앞으로 벌어질 괴이한 일이 눈앞에 보였다. 마음으로 비웃으며 촛불을 돋우고 밤이 새기를 기다리니, 삼경*이 지나 방 안으로 음산한 바람이 들어왔다.

– 작자 미상, 〈소대성전〉 –

✔ 한방에! 어휘풀이

★ 인륜대사(人倫大事): 사람이 살아가면서 치르게 되는 큰 행사. 여기서는 혼인을 뜻함.

★ 차도(差度): 병이 조금씩 나아가는 정도.

★ 여한(餘恨): 풀지 못하고 남은 원한.

★ 성정(性情): 성질과 심정.

★ 회포(懷抱): 마음속에 품은 생각이나 정.

★ 옹졸하다(壅拙하다): 성품이 너그럽지 못하고 생각이 좁다.

★ 입관하다(入棺하다): 시신을 관속에 넣다.

★ 성복하다(成服하다): 초상이 나서 처음으로 상복을 입다.

★ 영전(靈前): 신이나 죽은 사람의 영혼을 모셔 놓은 자리의 앞.

★ 명감(明鑑): 뛰어난 식견.

★ 공명하다(功名하다): 공을 세워서 자기의 이름을 널리 드러내다.

★ 하문하다(下問하다): 윗사람이 아랫사람에게 묻다.

★ 망령되다(妄靈되다): 늙거나 정신이 흐려서 말이나 행동이 정상을 벗어난 데가 있다.

★ 호방하다(豪放하다): 의기가 장하여 작은 일에 거리낌이 없다.

★ 선대인(先大人): 돌아가신 남의 아버지를 높여 이르는 말.

★ 의탁하다(依託하다): 어떤 것에 몸이나 마음을 의지하여 맡기다.

★ 도량(度量): 사물을 너그럽게 용납하여 처리할 수 있는 넓은 마음과 깊은 생각.

★ 금석(金石): 쇠붙이와 돌을 아울러 이르는 말.

★ 내당(內堂): 안주인이 거처하는 방.

★ 주역(周易): 유학의 다섯 경서 중 하나. 온갖 사물의 형상을 음양으로써 설명하여 그 으뜸을 태극이라 하였고 거기서 64괘를 만들었는데, 이에 맞추어 철학·윤리·정치상의 해석을 덧붙였다.

★ 팔괘(八卦): 중국 상고 시대에 복희氏가 지었다는 여덟 가지의 괘.

★ 삼경(三更): 하룻밤을 오경(五更)으로 나눈 셋째 부분. 밤 열한 시에서 새벽 한 시 사이이다.

01 구절의 의미 파악하기

㉠~㉤을 이해한 내용으로 적절하지 않은 것은?

① ㉠: 승상의 아들들이 소대성을 해치려 할 것을 암시한다.
② ㉡: 승상이 소대성의 비범함을 알아차리지 못했음을 의미한다.
③ ㉢: 승상의 아들들이 소대성의 겉모습만 보고 내린 평가를 가리킨다.
④ ㉣: 소대성이 떠나 주기를 바라는 마음을 우회적으로 표현한 것이다.
⑤ ㉤: 소대성에게 비현실적인 능력이 있음을 나타낸다.

* 비범하다(非凡하다): 보통 수준보다 훨씬 뛰어나다.
* 우회적(迂廻的): 곧바로 가지 않고 멀리 돌아서 가는.

02 인물의 말하기 방식 파악하기

[A], [B]에 드러난 인물의 말하기 방식으로 가장 적절한 것은?

① [A]와 [B]는 모두 사자성어를 활용하여 상대에게 당부를 하고 있다.
② [A]와 [B]는 모두 특정한 상황을 가정하여 예상되는 결과를 말하고 있다.
③ [A]는 명령형 문장으로, [B]는 의문형 문장으로 자신의 뜻을 표현하고 있다.
④ [A]는 미래에 발생할 문제점을, [B]는 상황을 타개하기 위한 해결책을 제시하고 있다.
⑤ [A]는 상황을 과장하면서, [B]는 자신을 낮추면서 인물에 대한 비판을 드러내고 있다.

중요 03 작품의 내용 이해하기

보기는 소대성이 자객을 물리친 후 지은 이별시이다. 보기를 이해한 내용으로 적절하지 않은 것은?

보기

주인의 은혜 무거움이여, 태산이 가볍도다.
객의 정이 깊음이여, 하해가 얕도다.
사람이 **지음을 잃음**이여, 의탁이 장구치 못하리로다.
후손의 불초함이여, 원수를 맺었도다.
자객의 보검이 촛불 아래 빛남이여, 목숨을 보전하여 천 리를 향하는도다.
아름다운 인연이 뜬구름 되었으니,
모르겠노라, 어느 날에 대성의 그림자가 이 집에 다시 이르리오.

① '주인의 은혜'는 승상이 소대성에게 베푼 은혜를 의미한다.
② '객의 정'은 승상에 대한 소대성의 정을 의미한다.
③ '지음을 잃음'은 소대성이 승상의 아들들과 오해가 생겼음을 의미한다.
④ '후손의 불초함'은 승상의 아들들이 소대성을 죽이려 한 것을 의미한다.
⑤ '아름다운 인연'은 소대성과 채봉의 인연을 의미한다.

* 태산(泰山): 높고 큰 산.
* 객(客): 찾아온 사람.
* 하해(河海): 큰 강과 바다를 아울러 이르는 말.
* 지음(知音): 마음이 서로 통하는 친한 벗을 비유적으로 이르는 말.
* 장구하다(長久하다): 매우 길고 오래다.
* 불초하다(不肖하다): 못나고 어리석다.

서답형 04 인물의 태도, 심리 파악하기

빈칸에 들어갈 말로 적절한 것을 골라 차례대로 쓰시오.

소대성은 말할 수 없는 (수심 / 잘못)이 있어 (공명 / 혼인)의 뜻이 사라졌기 때문에 밤낮으로 잠자기만 일삼았다.

문제풀이

복습하기

빛세종	¹◻◻ 라는 명칭에 담긴 의미를 질문함.
햇살가득	²◻◻◻ 를 만들어 달라는 의견을 냄.
꼼꼼미	방송에서 제시된 내용을 다시 보여 줄 것을 요청함.
아은맘	³◻◻◻ 에 대해 잘못된 정보를 정정함.
영롱이	진행자의 방송에 대해 긍정적인 반응을 보임.

비문학

1문단	⁴◻◻◻◻ 의 원인과 증상
2문단	균형 잡힌 ⁵◻◻◻ 농도의 중요성
3문단	파킨슨병 치료 방법 ① – 엘-도파
4문단	엘 – 도파의 한계
5문단	파킨슨병 치료 방법 ② – ⁶◻◻◻◻ 이식
6문단	파킨슨병 치료 방법 ③ – ⁷◻◻◻◻◻◻ 이식

문학 – 꽃(김춘수)

1연	⁸◻◻ 을 부르기 전 의미 없는 존재인 '그'	3연	⁹◻◻ 있는 존재가 되고자 하는 소망
2연	이름을 부른 뒤 의미 있는 존재가 된 '그'	4연	서로에게 의미 있는 존재가 되고자 하는 소망

문학 – 소대성전(작자 미상)

승상이 딸 ¹⁰◻◻ 과 소생을 결혼시키지 못하고 죽음.

↓

소생은 승상의 장례를 극진하게 지냄.

↓

승상의 아들들이 소생을 보고 ¹¹◻◻◻ 으로부터 이야기를 들음.

↓

소생은 승상의 죽음을 탄식하며 하루종일 ¹²◻◻◻ 만 일삼음.

↓

왕 부인과 아들들은 ¹⁰◻◻ 과 소생의 혼사를 물리고자 함.

정답   1 채화   2 월계화   3 전시회   4 파킨슨병   5 도파민   6 신경 세포   7 배아줄기세포   8 이름   9 의미   10 채봉   11 왕 부인   12 잠자기

한수

15

Contents

※ 다음 글을 읽고 물음에 답하시오.

　문법적으로 적절한 문장은 필수적인 문장 성분을 온전히 갖추어야 한다. 이때 필수적인 문장 성분은 서술어에 따라 달라진다. 예를 들어 '풀다'가 서술어로 쓰이면 이 서술어는 주어와 목적어를 요구한다. 따라서 다른 맥락이 주어지지 않는다면 '*나는 풀었다.'라는 문장은 서술어가 요구하는 문장 성분이 온전히 갖추어지지 않아서 문법적으로 부적절한 문장이 된다.

　서술어가 요구하는 문장 성분에 대한 정보는 국어사전에서 확인할 수 있다. 다음은 국어사전의 일부이다.

[A]

> **풀다** 동
>
> ① 【…을】
>
> 　「1」　묶이거나 감기거나 얽히거나 합쳐진 것 따위를 그렇지 아니한 상태로 되게 하다.
>
> 　　　　　　　　　⋮
>
> 　「5」　모르거나 복잡한 문제 따위를 알아내거나 해결하다.
>
> ② 【…에 …을】
>
> 　「1」　액체에 다른 액체나 가루 따위를 섞다.

　'【 】' 기호 안에는 표제어 '풀다'가 서술어로 쓰일 때 요구하는 문장 성분에 대한 정보가 제시되어 있다. 이러한 정보를 '문형 정보'라고 한다. 원칙적으로 서술어는 주어를 항상 요구하므로 문형 정보에는 주어를 제외한 필수적 문장 성분에 대한 정보가 제시된다. 하나의 단어가 여러 의미를 가진 경우도 있다. 이러한 단어가 서술어로 쓰일 때 어떤 의미로 쓰이는지에 따라 서술어가 요구하는 문장 성분이 다를 수 있으며, 국어사전에서도 문형 정보가 다르게 제시된다.

　필수적인 문장 성분이 갖추어져 있어도 문장 성분 간에 호응이 되지 않으면 문법적으로 부적절한 문장이 될 수 있다. 호응이란 어떤 말이 오면 거기에 응하는 말이 오는 것을 말한다.

> 　길을 걷다가 흙탕물이 신발에 튀었다. 나는 신발에 얼룩을 남기고 싶지 않았다. *그래서 나는 <u>물에 세제와 신발을 풀었다</u>. 다행히 금세 자국이 없어졌다.

　위 예에서 밑줄 친 문장이 문법적으로 부적절한 이유는 [　㉠　]와 서술어가 호응하지 않기 때문이다. 여기에 쓰인 '풀다'의 [　㉠　]로는 [　㉡　]이 와야 호응이 이루어진다.

　※ '*'는 문법적으로 부적절한 문장임을 나타냄.

01 서술어가 요구하는 문장 성분 이해하기

[A]를 이해한 내용으로 적절하지 <u>않은</u> 것은?

① ②-「1」의 의미로 쓰이는 '풀다'는 부사어를 요구한다.

② 문형 정보에 주어가 표시되지 않았지만 '풀다'는 주어를 요구한다.

③ ①-「1」과 ②-「1」의 의미로 쓰이는 '풀다'는 모두 목적어를 요구한다.

④ '풀다'가 ①-「1」의 의미로 쓰일 때와 ①-「5」의 의미로 쓰일 때는 필수적 문장 성분의 개수가 같다.

⑤ '그는 십 분 만에 선물 상자의 매듭을 풀었다.'에 쓰인 '풀다'의 문형 정보는 사전에 '【…에 …을 】'로 표시된다.

02 문장 성분의 호응 이해하기

㉠, ㉡에 들어갈 말로 적절한 것은?

	㉠	㉡
①	목적어	액체나 가루 따위에 해당하는 말
②	목적어	복잡한 문제 따위에 해당하는 말
③	부사어	액체에 해당하는 말
④	주어	복잡한 문제 따위에 해당하는 말
⑤	주어	액체에 해당하는 말

서답형 03 서술어가 요구하는 문장 성분 이해하기

보기1 을 참고하여 보면, 보기2 의 문장은 문법적으로 부적절하다. 이때 빈칸에 들어갈 말로 적절한 것을 골라 차례대로 쓰시오.

보기1

주다 동

① 【…에/에게 …을】

「1」 물건 따위를 남에게 건네어 가지거나 누리게 하다.

보기2

나는 선물을 주었다.

〈보기 2〉의 문장은 (목적어 / 부사어)가 (있기 / 없기) 때문에 문법적으로 부적절하다.

☑ 한방에! 개념정리

☑ 한방에! 핵심정리

갈래	설명문
주제	교육 연극과 연극치료 방법
해제	이 글은 교육 연극과 연극치료 방법을 설명하고 있다. 교육 연극 중 대표 격인 창의적인 연극 놀이는, 공연을 올리기 위한 과정에서 학생들의 자유로운 표현과 창의성을 길러주고자 한다. 참여자들은 스스로 인물을 만들어내고 그 인물이 되어 연습함으로써 풍부한 삶의 경험을 가질 수 있다. 한편 연극치료는 연극의 이야기 자체에 내재한 극적 특성을 통해 치료의 효과를 거두려는 것으로, 가상의 이야기를 빌려 옴으로써 내담자는 자기 자신의 감정과 거리를 둘 수 있게 된다.

＊문단 중심 내용

1문단	연극을 통한 활동 방법 소개
2문단	교육 연극의 방법과 효과
3문단	연극치료의 방법과 효과

☑ 한방에! 어휘풀이

★ **전제(前提):** 어떠한 사물이나 현상을 이루기 위하여 먼저 내세우는 것.

★ **내재하다(內在하다):** 어떤 사물이나 범위의 안에 들어 있다.

★ **내담자(來談者):** 상담실 따위에 자발적으로 찾아와서 이야기하는 사람.

★ **고착되다(固着되다):** 특정한 대상이나 생각에 집착하여 벗어나지 못하게 되다.

★ **간헐적(間歇的):** 얼마 동안의 시간 간격을 두고 되풀이하여 일어나는 것.

※ 다음 글을 읽고 물음에 답하시오.

연극을 통해 지식의 확장과 인성의 발달을 도모하는 교육 연극과 연극을 통해 마음의 상처를 치유하는 연극치료가 현대 사회에 주목받고 있다. 그런데 교육 연극과 연극치료는 그 ㉠ 목적과 방법에서 차별성을 갖고 있다.

먼저 교육 연극을 가장 대표적인 창의적인 연극 놀이로 설명해보자. 연극 놀이는 공연을 전제*로 하는 것이기는 하지만, 공연을 올리기 위한 과정이 학생들의 자유로운 표현과 창의성을 길러주는 교육적 차원에서 이루어진다는 것을 핵심 내용으로 한다. 연극 놀이에서 참여자들은 스스로 아이디어를 구상하고, 인물을 만들어내기 위한 활동을 하며 기존의 지식이나 자신이 겪었던 경험, 미디어 자료 등을 소재로 활용한다. 이 과정에서 참여자들은 자유롭게 허구적 인물의 삶을 가상적으로 창조하고 그 인물이 되어 연습한다. 이는 풍부한 삶의 경험을 갖게 하고, 어떤 삶의 태도가 더 가치 있는 것인가를 판단할 수 있게 하며, 이를 통해 얻은 세계관을 자유롭게 표현하는 경험을 학생들에게 부여한다. 위니프레드 워드는 이러한 연극 놀이가 창의적 상상력을 통해 감정의 조절을 가능하게 하고, 자기표현의 방법을 알게 할 뿐만 아니라 현실 사회 속에서의 상호 이해와 상호 협력의 자질을 키워준다고 설명한다. 이런 까닭에 교육 연극은 장기적 계획하에 지속적으로 진행되는 것이 일반적이다.

다음으로 연극치료는 연극의 요소를 치료적 도구로 활용하는 것이 아니라 연극의 이야기 자체에 내재한* 극적 특성을 통해 치료적 효과를 거두려는 것을 의미한다. 이는 단순한 역할 바꾸기도 아니며 역할 연기를 통한 사회기술 훈련도 아니다. 연극치료에서는 내담자* 각자의 관점에서 진실을 찾아낼 수 있도록 격려하지만, 그 진실 탐구의 통로가 실제 벌어진 내담자 자신들의 자서전적 사건이 아닌 이미 존재하는 가상의 이야기를 빌려 옴으로써 이루어진다. 내담자들은 허구적 세계의 인물들이 되어 가상적 인물들에게 공감하거나 자신을 그들과 동일시하게 되며, 그 인물들의 관점에서 판단하고 특정한 행위를 스스로 선택하게 된다. 그럼으로써 행위의 원인과 그 행위의 결과를 재구성하도록 이끌어 자신의 내면과 상황을 새롭게 바라보게 되고 비로소 자신을 변화시키게 되는 것이다. 이는 내담자가 고착된* 과거의 감정을 직접 드러냄으로써 그 감정을 객관화하여 비로소 오류가 있는 자신의 감정과 거리 두기를 할 수 있는 힘을 길러주는 방식으로 이루어진다. 그리고 이러한 발견과 변화로 이어지는 과정은 이후 현실 세계에서의 감정과 생활을 조정하고 안착할 수 있도록 돕는 기능을 한다. 이렇게 연극치료는 현실 세계에서 벌어질 법한 실제적 경험을 연극을 통해 제공하여 그 허구적 경험 속에서 이상적으로 돌출하는 행동을 관찰할 수 있는 기회를 제공하고 이렇게 해서 관찰된 내용은 현실 세계의 적용으로 이어진다. 연극치료는 보통 예외적이고 일시적인 것이어서 간헐적*으로 이루어진다.

01 세부 내용 파악하기

윗글에 대한 설명으로 적절하지 않은 것은?

① 창의적인 연극 놀이는 공연을 전제로 한다.
② 창의적인 연극 놀이는 상호 이해와 상호 협력의 자질을 키워준다.
③ 연극치료는 행위의 재구성으로 자신의 내면을 새롭게 바라보게 한다.
④ 연극치료는 고착된 과거의 감정을 객관화하는 과정을 바탕으로 한다.
⑤ 창의적인 연극 놀이는 연극의 이야기에 내재한 극적 특성을 활용한다.

02 세부 내용 추론하기

㉠에 대한 설명으로 가장 적절한 것은?

① 감정의 조절 가능성 여부에 따라 차이가 있다.
② 현실 사회와의 관련성 여부에 따라 차이가 있다.
③ 새로운 가상 이야기의 창조 여부에 따라 차이가 있다.
④ 허구적 세계의 인물이 되는가의 여부에 따라 차이가 있다.
⑤ 연극이 차지하는 비중이 달라지는지 여부에 따라 차이가 있다.

중요 03 구체적 사례에 적용하기

보기 를 바탕으로 윗글을 이해한 내용으로 적절하지 않은 것은?

> **보기**
>
> 교육은 있는 그대로의 상태에서 발달을 바라보고 출발한다. 이는 모든 학생들이 동일한 발달을 이룰 수 있는 대상으로 보기 때문이며, 그래서 최종 목표를 달성하는 것이 가능하다는 전제가 깔려 있다. 그러나 치료는 특별한 징후를 조건으로 출발한다. 따라서 치료는 재생과 회생을 목표로 한다. 결국 교육 연극은 최종 도착점이 강조되고, 연극치료는 시작하는 계기와 지점이 강조된다.

① 창의성을 길러주는 것은 교육 연극의 도착점이라고 할 수 있다.
② 교육 연극이 지속적으로 이루어지는 것은 학생들의 발달을 위한 것이다.
③ 풍부한 삶의 경험을 갖게 하는 것은 현재보다 더 나은 상태를 지향하는 교육 연극의 특징이다.
④ 행위의 원인과 결과를 재구성하도록 이끄는 것은 연극치료를 통해 재생의 효과를 거두기 위한 것이다.
⑤ 상상 속 인물과의 거리 두기를 시도하는 것은 원래 상태로 돌리기 위한 연극치료의 목적과 관련이 있다.

서답형 04 세부 내용 파악하기

다음은 교육 연극과 연극치료의 차이점을 서술한 것이다. 빈칸에 들어갈 말로 적절한 것을 골라 차례대로 쓰시오.

> 교육 연극은 장기적 계획하에 (간헐적 / 지속적)으로 진행되는 것이 일반적이지만, 연극치료는 예외적이고 일시적인 것이어서 (간헐적 / 지속적)으로 이루어진다.

문제풀이

한방에! 개념정리

한방에! 핵심정리

갈래	장편 가사, 월령체 가사
성격	교훈적, 계몽적
주제	각 달과 절기의 농사일과 세시 풍속
특징	① 교훈성과 계몽성을 높임. ② 농촌의 풍경을 실감 나게 제시함. ③ 다양한 표현법과 직설적 표현을 사용함.
해제	이 작품은 우리말로 농업 기술 보급을 시도한 월령체 노래 중 가장 규모가 크다. 농민들을 교화하고 계몽시키기 위한 목적으로 쓰였으며, 조선 시대의 생활사 및 풍속사를 알 수 있는 자료로서의 가치가 있다.

※ 다음 글을 읽고 물음에 답하시오.

정월은 맹춘*이라 입춘 우수 절후*로다.

산중 간학*에 빙설은 남았으니

평교* 광야에 경치가 변하도다.

어와 우리 성상 애민 중농 하오시니

간측하신* 권농 윤음* 방곡에 반포하니,

슬프다 농부들아 아무리 무지한들

네 몸 이해 고사하고 성의를 어길쏘냐?

산전 수답* 상반하여* 힘대로 하오리라.

일 년 흉풍은 측량치 못하여도

인력이 극진하면 천재는 면하나니

제각각 권면하여 게을리 굴지 마라.

일년지계 재춘하니 범사를 미리 하라.

봄에 만일 실시하면* 종년* 일이 낭패되네.

농지를 다스리고 농우를 살펴 먹여

재거름 재워 놓고 일변*으로 실어 내어

맥전*의 오줌 주기 세전*보다 힘써 하소.

늙으니 근력 없고 힘든 일은 못 하여도

낮이면 이엉 엮고 밤이면 새끼 꼬아

때맞춰 지붕 이니 큰 근심 덜었도다.

과일나무 보굿* 따고 가지 사이 돌 끼우기

정조*날 미명*시에 시험조로 하여 보소.

며느리 잊지 말고 송국주 걸러라.

삼춘 백화시*에 화전 일취 하여 보자.

한방에! 어휘풀이

* 맹춘(孟春): 이른 봄. 주로 음력 정월을 이른다.
* 절후(節候): 한 해를 스물넷으로 나눈, 계절의 표준이 되는 것.
* 간학(澗壑): 물이 흐르는 골짜기.
* 평교(平郊): 들 밖. 또는 시외에 있는 넓고 평평한 들.
* 간측하다(懇惻하다): 간절하고 지성스럽다.
* 권농 윤음(勸農綸音): 농사를 장려하는 임금의 교서.
* 수답(水畓): 바닥이 깊고 물길이 좋아 기름진 논.
* 상반하다(相半하다): 서로 절반씩 어슷비슷하다.
* 실시하다(失時하다): 때를 놓치다.
* 종년(終年): 한 해를 마침.
* 일변(一邊): 어느 한편. 또는 한쪽 부분.
* 맥전(麥田): 보리를 심은 밭.
* 세전(歲前): 설을 쇠기 전.
* 보굿: 굵은 나무줄기에 비늘 모양으로 덮여 있는 겉껍질.
* 정조(正朝): 설날 아침.
* 미명(未明): 날이 채 밝지 않음. 또는 그런 때.
* 삼춘(三春) 백화시(百花時): 온갖 꽃이 만발한 춘삼월.

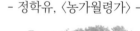

- 정학유, 〈농가월령가〉 -

01 표현상의 특징 파악하기

윗글에 대한 내용으로 가장 적절한 것은?

① 청각적 심상을 활용하여 풍경을 묘사하고 있다.
② 색채 이미지를 활용하여 강한 인상을 주고 있다.
③ 비유적인 표현을 활용하여 교훈을 전달하고 있다.
④ 가정법을 활용하여 풍자적인 태도를 보이고 있다.
⑤ 4음보를 활용하여 안정적인 구조를 형성하고 있다.

02 작품의 내용 파악하기

윗글의 화자가 주장하는 내용으로 적절하지 <u>않은</u> 것은?

① 농사에서는 때를 놓치지 않는 것이 중요하다.
② 농사를 권장하는 임금님의 뜻을 어겨서는 안 된다.
③ 늙은 농부는 힘이 없으니 농사일을 면해 주어야 한다.
④ 농업에 극진히 임함으로써 자연의 재앙을 피해 갈 수 있다.
⑤ 일 년의 계획은 봄에 하는 것이니 모든 일을 미리 해야 한다.

중요 03 작품 간의 공통점, 차이점 파악하기

윗글과 보기 를 비교한 내용으로 가장 적절한 것은?

> **보기**
>
> 서산에 돋을볕 비추고 구름은 느지막이 내린다
> 비 온 뒤 묵은 풀이 뉘 밭이 우거졌던고
> 두어라 차례 정한 일이니 매는 대로 매리라
>
> — 위백규, 〈농가〉

① 윗글과 〈보기〉는 모두 백성들을 꾸짖고 있다.
② 윗글과 〈보기〉는 모두 임을 그리워하고 있다.
③ 윗글과 〈보기〉는 모두 농사일을 설명하고 있다.
④ 〈보기〉는 윗글과 달리 해야 할 일을 언급하고 있다.
⑤ 〈보기〉는 윗글과 달리 농업을 부정적으로 생각하고 있다.

* 돋을볕: 아침에 해가 솟
아오를 때의 햇볕.

서답형 04 화자의 정서 파악하기

윗글에서 화자의 감정이 직접적으로 드러난 시어를 찾아 쓰시오.

문제풀이

갈래	희곡, 장막극
성격	사실적, 비극적, 비판적
주제	전후 근대화 과정에서 해체된 가족의 삶
특징	① 전통과 현대의 충돌을 표현함. ② 한 가족의 몰락을 통해 당시의 시대상을 드러냄.
해제	이 작품은 변화하는 시대에 적응해 나가지 못하는 최 노인 가족의 불행을 사실적으로 그려내고 있다. 구세대인 최 노인은 옛것을 고집하며 자식들과 대립을 이룬다. 신세대인 경수나 경애 역시 새로운 사회에 제대로 뿌리내리지 못하고, 삶의 방향을 상실한 채 방황한다. 이러한 가족의 모습은 신식 고층 건물의 모습과 대조되어, 전후의 현실적 모순을 상징적으로 제시한다.

※ 다음 글을 읽고 물음에 답하시오.

최 노인: 사실이야! 빌어먹을 것! (좌우의 높은 집들을 쏘아보며) 무슨 집들이 저따위가 있어! 게다가 저것들 등쌀에 우린 일 년 열두 달 햇볕 구경이라곤 못 하게 되었지! ㉠ 당신도 알겠지만 옛날에 우리 집이 어디 이랬소?

경운: (웃으며) 아버지두……. 세상이 밤낮으로 변해 가는 시대인데요…….

최 노인: 변하는 것도 좋구 둔갑하는 것도 상관하지 않지만 글쎄 염치들이 있어야 염치가!

경운: 왜요?

최 노인: 제깟 놈들이 돈을 벌었으면 벌었지 온 장안 사람들에게 내보라는 듯이 저따위로 층층이 쌓아 올릴 줄만 알고 이웃이 어떻게 피해를 입고 있다는 걸 모르니 말이다!

경운: 피해라뇨?

최 노인: (화단 쪽을 가리키며) 저기 심어 놓은 화초며 고추 모가 도모지 자라질 않는단 말이야! 아까도 들여다보니까 고추 모에서 꽃이 핀 지는 벌써 오래전인데 열매가 열리지 않잖아! 이상하다 하고 생각을 해 봤더니 저 멋없는 것이 좌우로 탁 들어 막아서 햇볕을 가렸으니 어디 자라날 재간이 있어야지! **이러다간 땅에서 풀도 안 나는 세상이 될** 게다! 말세야 말세!

(이때 경재 제복을 차려입고 책을 들고나와서 신을 신다가 아버지의 얘기를 듣고는 깔깔대고 웃는다.)

경재: 원 아버지두…….

최 노인: 이놈아 뭐가 우스워?

경재: ㉡ 지금 세상에 남의 집 고추밭을 넘어다보며 집을 짓는 사람이 어디 있어요?

최 노인: 옛날엔 그렇지 않았어!

경재: 옛날 일이 오늘에 와서 무슨 소용이 있어요? 오늘은 오늘이지. (웅변 연사의 흉을 내며) **역사는 강처럼 쉴 새 없이 흐르고** 인생은 뜬구름처럼 변화무상하다는 이 엄연한 사실을, 이 역사적인 사실을 똑바로 볼 줄 아는 사람만이 자신의 운명을 개척할 수 있다는 사실을 최소한도로 아셔야 할 것입니다! 에헴!

(중략)

경재: '미쓰 코리아'가 들어오시네!

경애: 까불어?

경재: ㉢ 도대체 큰누나는 언제 영화에 출연하는 거요?

경애: 가까운 장래! (하며 마루에 앉는다.)

경재: 혜성처럼 나타난 '뉴 페이스' 최경애 양인가?

경애: 한국의 '킴 노박*'이다!

경재: 하나님 맙수사! '최 호박'이 안 되었으면…….

경애: 아니 이 녀석이! (하며 때리려 하자 소리를 지르며 퇴장)

최 노인: 경재란 놈은 어디 가든 제 밥벌이는 할 거야. (하며 만족한 웃음을 띄운다.)

어머니: 좀 경한* 편이죠. (경애에게) 웬 목욕이 그렇게 오래 걸리니?

최 노인: 그래도 밤낮 익모초 씹는 쌍판보다는 낫지! 이 집에 그 누구처럼……

(어머니와 경운은 뜻 품은 시선을 서로 던진다. 경애는 손톱에 손질을 하고 있다.)

최 노인: 경수 녀석은 어젯밤에도 안 들어왔지? (하며 험악한 시선을 던진다.)

어머니: (변명하듯) 어디 친구네 집에서나 잤겠죠……

최 노인: (성을 내며) 제집과 남의 집 분간도 못하는 놈이 어디 있어? (하며 담배를 다시 피워 문다.)

어머니: 내버려 두시구려! 어디 그 애에게 그런 재미도 없어서야 되겠수?

최 노인: 재미? ㉣ 지금 우리 형편이 재미를 보기 위해서 살아갈 팔자야?

어머니: 그렇지만 마음대로 안 되니까……

최 노인: 당신은 좀 잠자코 있어! (하고 소리를 벌컥 지른다. 경운은 빨랫줄에다 빨래를 널며 눈치만 보고 경애는 재빨리 건넌방으로 들어간다.)

최 노인: 사람이란 염치가 있어야 하는 법이야! 제 놈이 군대에 갔다 왔으면 왔지 놀고 먹으라는 법은 없어! 한두 살 먹은 어린애도 아니고 내일모레 삼십 고개를 바라보는 녀석이 **취직이 안 된다 핑계 치고 비슬비슬 놀고만 있으면 돼?** 첫째로 경운이 미안해서라도 그럴 수는 없지!

경운: 아이 아버지두……. 오빠인들 속조차 없겠어요? 아무리 일자리를 구하려고 해도 안 써 주는 걸……. **사회가 나쁘지 오빠야 무슨 잘못**이에요?

어머니: 사실이에요……

최 노인: 뭐가 사실이야? 나이 어린 누이가 그 굴속 같은 인쇄 공장에서 온종일 쭈구리고 앉아서 활자 줍는 노동으로 벌어들인 쥐꼬리만 한 월급에만 의지하는 것이 사실이란 말이야? 나도 가게가 전과 같이 세가 난다면 이런 소리도 않지. 허지만 골목 안 똥개까지 신식만을 찾는 세상이라 사모관대*나 원삼* 쪽도리 따위는 이제 소꿉장난으로 아니 장사가 돼야지! ㉤ 지난 봄철만 하드라도 꼭 네 번밖에 안 나갔지 뭐야! 이럴 때 그 신식 나이롱 면사포나 두어 벌 장만한다면 또 모르지만…….

경애: (화장하던 얼굴을 내밀며) 아버지, 조금만 기다리세요. 제가 **최신식 미제* 면사포를 사 올** 테니까요.

최 노인: 네 말은 이제 콩으로 메주를 쑨대도 안 믿겠다! 네가 활동사진 배우가 되기를 기다리다간 엉덩이에 없는 꼬리가 나게 됐어!

― 차범석, 〈불모지〉 ―

＊**전체 줄거리**

최 노인은 서울 종로의 낡은 기와집에서 살며 전통 혼구 대여업을 하고 있다. 군 제대 후 직업을 얻지 못한 첫째 아들 경수, 영화배우가 되기를 꿈꾸는 첫째 딸 경애, 출판사에서 일하며 가족의 생계를 책임지고 있는 둘째 딸 경운, 대학 진학을 앞둔 막내 경재, 그리고 그러한 자식들을 염려하는 어머니는 모두 최 노인에게 경제적 어려움을 덜기 위해 집을 팔 것을 종용한다. 최 노인은 집을 세 놓기로 하지만, 아버지가 집을 헐값에 팔려는 것으로 오해한 경수가 복덕방 노인에게 폭언을 하여 계획이 어그러진다. 최 노인은 경수를 크게 꾸짖고, 가족들이 한통속으로 집을 팔기만을 원한다며 화를 낸다. 경애는 영화사에 사기를 당해 돈을 잃은 채 돌아오고, 경수의 취업 통지서가 도착하지만 이는 경수가 강도질을 하려다 체포된 후다. 경운은 경애가 스스로 목숨을 끊었음을 발견하고, 최 노인은 경애의 유서를 읽으며 절규한다.

✓ 한방에! 어휘풀이

＊ **킴 노박:** 미국의 여성 배우.

＊ **경하다(輕하다):** 언행이 경솔하다.

＊ **사모관대(紗帽冠帶):** 사모(고려 말기에서 조선 시대에 걸쳐 벼슬아치들이 관복을 입을 때에 쓰던 모자)와 관대(옛날 벼슬아치들의 제복)를 아울러 이르는 말. 본디 벼슬아치의 복장이었으나, 지금은 전통 혼례에서 착용한다.

＊ **원삼(圓衫):** 부녀 예복의 하나. 흔히 비단이나 명주로 지으며 연두색 길에 자주색 깃과 색동 소매를 달고 옆을 튼 것으로 홑옷, 겹옷 두 가지가 있다. 주로 신부나 궁중에서 내명부들이 입었다.

＊ **미제(美製):** 미국에서 만듦. 또는 그런 물건.

15강

윗글의 내용으로 가장 적절한 것은?

① 최 노인은 경애가 영화배우가 될 것이라고 믿고 있다.

② 경운과 어머니는 모두 경수가 처한 상황을 안타까워하고 있다.

③ 최 노인은 경애와 달리 신식 물품을 들일 필요성을 모르고 있다.

④ 경운과 경재는 모두 세상이 변화하고 있음을 이해하지 못하고 있다.

⑤ 어머니는 최 노인과 달리 경재의 성격을 긍정적으로 바라보고 있다.

㉠~㉤을 이해한 내용으로 적절하지 않은 것은?

① ㉠: 과거에는 집 주위에 고층 건물이 없었음을 알 수 있다.

② ㉡: 배려 없고 이기적인 사람이 많은 사회임을 알 수 있다.

③ ㉢: 경재가 영화배우라는 경애의 꿈을 응원하고 있음을 알 수 있다.

④ ㉣: 최 노인이 경수에 대해 부정적인 생각을 가지고 있음을 알 수 있다.

⑤ ㉤: 전통 혼례보다 신식 결혼식을 선호하는 사람이 많음을 알 수 있다.

보기 를 참고하여 윗글을 감상한 내용으로 적절하지 않은 것은?

보기

　제목인 '불모지'는 사전적으로는 식물이 자라지 못하는 거칠고 메마른 땅을 뜻한다. 〈불모지〉에서 이는 사회적인 의미로 확장되어 6·25 전쟁 이후 급속한 근대화로 인한 변화에 적응하지 못한 사람들이 제대로 된 삶을 꾸려나가지 못하는, 생명력을 상실한 사회를 상징한다. 작가는 1950년대의 한국사회를 구세대와 신세대 모두 한곳에 뿌리내리지 못하고, 정신적·경제적 피폐함에서 벗어나려 애쓰나 결국 벗어나지 못하는 '불모지'라고 선언하고 있다.

① 최 노인이 '이러다간 땅에서 풀도 안 나는 세상이 될' 거라고 말하는 것은, 제목의 사전적 의미와 연관되는 것이군.

② 경재가 '역사는 강처럼 쉴 새 없이 흐'른다고 말하는 것은, 급속한 근대화로 인해 변화하는 사회의 모습을 가리키는 것이군.

③ 경수가 '취직이 안 된다 핑계 치고 비슬비슬 놀고만 있'다는 것은, 제대로 된 삶을 꾸려나가지 못하는 사람들의 모습을 보여 주는 것이군.

④ 경운이 '사회가 나쁘지 오빠야 무슨 잘못이'냐고 말하는 것은, 사람들이 뿌리내리지 못하는 것이 사회의 책임이라는 의도를 담은 것이군.

⑤ 경애가 '최신식 미제 면사포를 사 올' 거라고 말하는 것은, 경제적으로 피폐한 삶에서 벗어나고자 하는 신세대의 몸부림을 나타내는 것이군.

다음은 윗글에서 사용된 언어유희를 설명한 것이다. 빈칸에 들어갈 말로 적절한 것을 골라 쓰시오.

　경재의 대사에서 (언어 도치 / 동음이의어 / 발음의 유사성)을/를 활용하여 '킴 노박'을 '최 호박'으로 표현하였다.

문제풀이

복습하기

문법

문법적으로 적절한 문장	① 필수적인 ¹☐☐☐☐을 갖춤.
	– 국어 사전의 ²☐☐☐☐에서 확인할 수 있음.
	② ¹☐☐☐☐이 ³☐☐함.
	– ³☐☐ : 어떤 말이 오면 거기에 응하는 말이 오는 것

비문학

1문단	⁴☐☐을 통한 활동 방법 소개
2문단	⁵☐☐☐☐의 방법과 효과
3문단	⁶☐☐☐☐의 방법과 효과

문학 – 농가월령가(정학유)

1행	⁷☐☐의 절기 소개
2~3행	정월을 맞이한 자연의 변화
4~13행	⁸☐☐☐에 힘쓰도록 권면
14~23행	정월에 해야 할 일 소개

문학 – 불모지(차범석)

최 노인	• 고층 건물로 인해 ⁹☐☐에 열매가 열리지 않는 것에 대해 분통을 터트림.
	• ¹⁰☐☐☐☐나 원삼 쪽도리 등을 대여하는 일을 하나 장사가 잘 되지 않음.
경재	• ¹¹☐☐는 변화하는 것이며 거기에 적응해야 한다는 생각을 가짐.
경애	• ¹²☐☐ 데뷔를 꿈꾸며 허영심이 많음.
	• 최신식 미제 ¹³☐☐☐를 사 오겠다고 하며 허세를 부림.
경운	• ¹⁴☐☐☐☐에서 활자를 주우며 받는 월급으로 집안을 먹여 살림.
	• 직장을 얻지 못한 오빠 경수를 두둔함.

정답 1 문장 성분 2 문형 정보 3 호응 4 연극 5 교육 연극 6 연극치료 7 정월 8 농사일 9 고추 10 사모관대 11 역사 12 영화 13 면사포 14 인쇄 공장

한수

16

Contents

| 정답 및 해설 | 107**쪽**

＊시제
- 어떤 행위, 사건, 상태의 시간적 위치를 언어적으로 나타내 주는 문법 범주
- 사건시: 사건이 발생한 시점 발화시: 그 사건을 언어로 표현하는 시점

＊문법 요소가 다르게 쓰이는 경우

선어말 어미 '-ㄴ-/-는-'	미래를 나타내는 경우 예 경기는 내일 오후 다섯 시에 열린다.
선어말 어미 '-겠-'	추측을 나타내는 경우 예 지금 가면 벌써 시상식이 다 끝났겠다.

※ 다음 글을 읽고 물음에 답하시오.

어떤 행위, 사건, 상태의 시간적 위치를 언어적으로 나타내 주는 문법 범주를 시제라고 한다. 시제는 사건이 발생한 시점인 사건시와 그 사건을 언어로 표현하는 시점인 발화시의 선후 관계에 따라 결정된다.

과거 시제는 사건시가 발화시보다 앞서는 시제로, 주로 선어말 어미 '-았-/-었-'을 통해 실현된다. 또 동사 어간에 붙는 관형사형 어미 '-(으)ㄴ'과 용언의 어간이나 서술격 조사에 붙는 '-던'을 통해 실현된다. 현재 시제는 사건시와 발화시가 일치하는 시제로, 동사에서는 선어말 어미 '-ㄴ-/-는-' 및 관형사형 어미 '는'을 통해서 실현되고, 형용사나 서술격 조사에서는 관형사형 어미 '-(으)ㄴ'을 통해 실현되거나 선어말 어미 없이 기본형을 사용하여 현재의 의미를 나타낸다. 미래 시제는 사건시가 발화시보다 나중인 시제로, 선어말 어미 '-겠-'을 통해 실현되는 것이 일반적이나 관형사형 어미 '-(으)ㄹ', 관형사형 어미 '-(으)ㄹ'과 의존 명사 '것'이 결합된 '-(으)ㄹ 것'을 통해서도 실현된다. 이러한 방법 외에도 '어제, 지금, 내일' 등과 같은 부사어를 사용하여 시제를 드러내기도 한다.

그런데 시간을 표현하는 데 사용되는 문법 요소가 언제나 특정한 시제를 나타내는 것은 아니다. 예를 들어 선어말 어미 '-ㄴ-/-는-'은 주로 현재 시제를 나타내는 데 사용되지만 ⓐ 미래를 나타내는 경우에 쓰이기도 하고, 선어말 어미 '-겠-'은 주로 미래 시제를 표현하는 데 사용되지만 ⓑ 추측을 나타내는 경우에 쓰이기도 한다.

• 시제의 종류

	과거 시제	현재 시제	미래 시제
개념	사건시가 발화시보다 앞서는 시제	사건시와 발화시가 일치하는 시제	사건시가 발화시보다 나중인 시제
실현	• 선어말 어미 '-았-/-었-' • 동사 어간 + 관형사형 어미 '-(으)ㄴ' • 용언 어간/서술격 조사 + '-던'	• 동사 + 선어말 어미 '-ㄴ-/-는-', 관형사형 어미 '-는' • 형용사/서술격 조사 + 관형사형 어미 '-(으)ㄴ' • 선어말 어미 없이 기본형	• 선어말 어미 '-겠-' • 관형사형 어미 '-(으)ㄹ' • 관형사형 어미 '-(으)ㄴ' + 의존 명사 '것' • 부사어 '어제, 지금, 내일'

중요 01 시간 표현 이해하기

윗글을 바탕으로 보기 의 ㉠~㉢을 이해한 내용으로 적절하지 <u>않은</u> 것은?

보기

㉠ 비가 지금 내린다.
㉡ 비가 내일 내릴 것이다.
㉢ 내가 찾아간 곳에 비가 많이 내렸다.

① ㉠에는 사건시와 발화시가 일치하는 시제가 나타난다.
② ㉡에는 선어말 어미를 활용한 시간 표현이 나타난다.
③ ㉢에는 관형사형 어미를 활용한 시간 표현이 나타난다.
④ ㉠과 ㉡에는 부사어를 활용한 시간 표현이 나타난다.
⑤ ㉡에는 사건시가 발화시보다 나중인, ㉢에는 사건시가 발화시보다 앞서는 시제가 나타난다.

02 시간 표현 이해하기

윗글을 참고할 때 ⓐ, ⓑ에 해당하는 예끼리 묶인 것으로 적절한 것은?

① ⌈ ⓐ: 잠시 후 결과가 발표된다.
  ⌊ ⓑ: 일찍 출발하느라 고생했겠다.

② ⌈ ⓐ: 삼촌은 곧 여기를 떠난다.
  ⌊ ⓑ: 잠시만 비켜주시겠습니까?

③ ⌈ ⓐ: 사람은 누구나 꿈을 꾼다.
  ⌊ ⓑ: 제가 먼저 발표하겠습니다.

④ ⌈ ⓐ: 지구는 태양의 주위를 돈다.
  ⌊ ⓑ: 이제 늦지 않도록 하겠습니다.

⑤ ⌈ ⓐ: 그가 내 의도를 알아채고 웃는다.
  ⌊ ⓑ: 우리 고향은 이미 추수가 다 끝났겠다.

서답형 03 시간 표현 이해하기

보기 의 밑줄 친 부분이 과거, 현재, 미래 중 어느 시제에 해당하는지 쓰시오.

보기

이것은 내가 쓴 책이다.

문제풀이

심리학에서의 개인 – 상황 논쟁

| 정답 및 해설 | 108쪽

※ 다음 글을 읽고 물음에 답하시오.

　사람의 행동은 상황에 의해 유발될까, 아니면 개인이 가진 고유한 성격에 의해 유발될까? 심리학자 미셸은 심리학 박사학위 논문에서 당시의 성격심리학으로는 인간 행동을 예측하기가 어렵다고 주장하며, 인간의 행동은 성격보다 상황에 더 큰 영향을 받는다고 주장했다. 이러한 그의 주장은 성격 특질＊을 연구하던 학자들의 반발을 유발했고, 치열한 논쟁이 진행되면서 성격심리학 연구에 큰 영향을 미쳤다. 이를 개인-상황 논쟁이라고 부른다. 미셸이 비판했던 당시의 성격심리학은 성격특질이론이었는데, 미셸은 이들 이론에 근거한 성격검사 방법으로 파악한 성격특성이 인간의 행동을 이해하는 데 별 도움이 되지 않는다고 밝혔다.

　개인-상황 논쟁의 초기에는 '행동을 지배하는 것이 성격이냐 상황이냐'의 논쟁이 주류였지만 차츰 둘 중 어느 것이 더 중요한가로 발전했는데, 결론적으로는 둘 다 중요할 뿐 아니라 상호작용한다는 관점인 상호작용이론으로 수렴되었다. 즉 같은 상황이라고 하더라도 사람의 성격에 따라 행동이 달라지고, 같은 성격이라도 상황에 따라 다른 행동을 한다는 것이다. 일례로 같은 스트레스 상황이라고 하더라도 신경이 예민한 정도에 따라 우울증을 초래하기도 하고 그렇지 않기도 한다. 또한 상황에 따라 개성적인 성격이 잘 드러나기도 하지만 어떤 상황에서는 사람들이 성격과 관계없이 동일한 행동을 한다.

[A]

　미셸은 이를 상황 강도라는 개념으로 설명했다. 상황 강도는 사람의 서로 다른 성격이 얼마나 드러날 수 있는 상황인지에 대한 정도로, 심리학 개념인 '압력 이론'을 발전시켜 압력의 강도에 따라 인간 행동에 영향을 미치는 상황을 분류한 것이다. 예컨대 신호등이 빨간불이면 모두가 정지해야 하고, 파란불이면 모두가 가야 한다. 이는 사람들이 자신의 성격과 관계없이 동일한 행동을 하도록 만드는 강한 상황이다. 반면 주제 통각 검사＊를 하는 경우는, 모호한 그림을 보고 이야기를 만들어내는 것이기 때문에 자신의 성격이 드러나는 약한 상황이라고 할 수 있다. 미셸은 강한 상황에서는 모든 사람이 같은 방식으로 상황을 이해하고 동일한 반응을 할 것이라고 주장했다. 그리고 약한 상황에서는 사람들이 상황을 이해하는 방식이 각자 다르고, 특정 행동을 반드시 하리라고 기대되지는 않는다고 보았다.

　상황에 대한 연구가 진전되면서, 상황을 어떻게 받아들이느냐가 개인마다 모두 다르다는 사실이 밝혀졌다. 상황을 개인과 분리하여 이해할 수 없다는 의미이다. 우리가 주변에서 일어나는 사건이나 상황을 해석하는 방식은 심리적 경험에 광범위하게 영향을 미친다는 것이 밝혀지면서, 개인이 상황을 해석하는 방식에 따라 성격 구조가 달라질 수 있다는 것이 증명되었다. 이는 상황과 개인 성격의 요인을 별개로 분석하던 개인-상황 논쟁의 초기 연구와는 반대의 경향으로, 상황 요인과 개인의 성격 요인을 별개로 분석하는 것이 아니라 ⓐ 개인이 상황을 판단하는 구조를 분석해야 한다는 공감대가 확산되었다. 그러면서 점차 상황과 개인의 구별이 의미가 없어지게 되어 상호작용하는 상황과 성격을 하나로 보게 되며 성격심리학이 발전하게 된 것이다.

01 내용 전개 방식 파악하기

윗글에 대한 설명으로 가장 적절한 것은?

① 글에 사용된 용어의 개념을 설명하고 있다.
② 서로 다른 두 학자의 이론을 절충하고 있다.
③ 문헌 자료를 통해 주장의 근거를 제시하고 있다.
④ 구체적인 수치를 통해 연구의 성과를 밝히고 있다.
⑤ 화제에 대한 통념을 소개하고 이를 반박하고 있다.

> ★ 절충하다(折衷하다): 서
> 로 다른 사물이나 의견,
> 관점 따위를 알맞게 조
> 절하여 서로 잘 어울리
> 게 하다.

02 세부 내용 파악하기

윗글을 통해 알 수 있는 내용으로 적절하지 <u>않은</u> 것은?

① 압력 이론은 미셸이 인간 행동에 영향을 미치는 상황을 분류하는 작업에 영향을 미쳤다.
② 주변에서 일어나는 사건이나 상황을 해석하는 방식은 개인마다 모두 다를 수 있음이 밝혀졌다.
③ 개인 – 상황 논쟁의 초기에는 상황 요인과 개인의 성격 요인을 분리하여 별개로 각각 분석하였다.
④ 미셸은 당시 성격특질이론에 근거한 성격검사 결과로는 인간의 행동을 이해하기 어렵다고 보았다.
⑤ 상호작용이론에서는 같은 스트레스 상황에 놓인 사람들은 우울을 호소하는 정도가 같다고 주장한다.

 **03** 구체적 사례에 적용하기

[A]의 관점을 바탕으로 보기 의 ㉠, ㉡을 이해한 것으로 가장 적절한 것은?

> **보기**
>
> 　최근 군에 입대하여 신병 훈련을 받고 있는 훈련병 김○○은 ㉠ 조교가 훈련병들을 통솔하는 모습을 보고 신기함을 느꼈다. 훈련병들이 조교의 지휘하에 훈련을 받을 때는 모두가 같은 행동을 보였으므로 군에 입대하면 모든 사람이 똑같아진다고 생각했는데, 동기와 식사를 하며 이야기를 나누어 보니 여전히 사람마다 다른 생각과 가치관을 가지고 있는 것이었다. ㉡ 동기들과 편하게 쉬고 있을 때는 관점의 차이를 보이다가도 조교가 지휘하기 시작하면 다시 모두가 '반드시 그래야만 한다.'고 보는 관점이 동일해졌다.

① ㉠의 훈련병들은 모두 같은 성격 특질을 가지고 있을 것이다.
② ㉡은 사람들이 모두 동일한 행동을 하도록 만드는 상황이다.
③ ㉠은 ㉡보다 압력이 강한 상황으로 자신의 성격과 개성이 강하게 드러나게 된다.
④ ㉡은 ㉠보다 압력이 약한 상황으로 특정 행동을 반드시 할 것으로 기대되지 않는다.
⑤ ㉠과 ㉡에서 훈련병들의 행동과 관점이 달라진 것은 개인의 성격유형이 달라졌기 때문이다.

04 세부 내용 파악하기

ⓐ와 같은 주장이 나오게 된 이유를 설명하는 말로 적절한 것을 골라 차례대로 쓰시오.

> 　개인이 (상황 / 성격)을 해석하는 방식에 따라 (상황 / 성격) 구조가 달라질 수 있음이 증명되었기 때문이다.

문제풀이

16 강

성북동 비둘기 _ 김광섭

✓ 한방에! ㉻㉼㉽㉾

갈래	자유시, 서정시
성격	상징적, 문명 비판적
주제	문명에 의한 자연 파괴와 인간성 상실 비판
특징	① 문명과 자연의 대립 구조가 나타남. ② 상황을 먼저 제시한 후 주제를 드러냄. ③ 상징적 소재와 감각적 이미지를 통해 주제를 형상화함.
해제	이 작품은 우의적인 수법으로 현대 문명에 대한 비판 의식을 드러내고 있다. 1960년대부터 급속하게 진행된 도시화, 산업화로 인해 삶의 터전을 빼앗긴 비둘기의 상황을 제시하고, 사랑과 평화를 상징하는 비둘기가 쫓겨 가는 모습을 통해 자연을 파괴하고 인간성을 상실하게 하는 문명을 비판한다.

※ 다음 글을 읽고 물음에 답하시오.

성북동 산에 ㉠번지가 새로 생기면서
본래 살던 성북동 비둘기만이 ㉡번지가 없어졌다.
새벽부터 **돌 깨는 산울림**에 떨다가
가슴에 금이 갔다.
그래도 성북동 비둘기는
하느님의 광장 같은 새파란 아침 하늘에
성북동 주민에게 축복의 메시지나 전하듯
성북동 하늘을 한 바퀴 휘 돈다.

성북동 메마른 골짜기에는
조용히 앉아 콩알 하나 찍어 먹을
널찍한 마당은커녕 가는 데마다
채석장* 포성*이 메아리쳐서
피난하듯 지붕에 올라앉아
아침 구공탄* 굴뚝 연기에서 향수를 느끼다가
산1번지 채석장에 도루 가서
금방 따낸 **돌 온기(溫氣)에 입을 닦는다.**

　　예전에는 사람을 성자(聖者)처럼 보고
　　사람 가까이
[A]　사람과 같이 사랑하고
　　사람과 같이 평화를 즐기던
　　사랑과 평화의 새 비둘기는
이제 산도 잃고 사람도 잃고
사랑과 평화의 사상까지
낳지 못하는 **쫓기는 새가 되었다.**

　　　　　　　　　　　　　　　　　　　　　　　– 김광섭, 〈성북동 비둘기〉 –

✓ 한방에! ㉵㉶㉷㉸

* **채석장(採石場)**: 석재로 쓸 돌을 캐거나 떠 내는 곳.
* **포성(砲聲)**: 대포를 쏠 때에 나는 소리.
* **구공탄(九孔炭)**: 구멍이 뚫린 연탄을 통틀어 이르는 말.

01 표현상의 특징 파악하기

윗글에 대한 내용으로 적절하지 <u>않은</u> 것은?

① 공간을 이동하며 시적 상황을 전개하고 있다.
② 음성 상징어를 활용하여 운율을 형성하고 있다.
③ 현재 시제를 사용하여 현장감을 부여하고 있다.
④ 과거와 현재를 대비하여 주제를 강조하고 있다.
⑤ 시구를 반복하여 시적 대상의 상황을 표현하고 있다.

02 시어의 의미 파악하기

㉠과 ㉡에 대한 내용으로 가장 적절한 것은?

① ㉠과 ㉡은 모두 자연이 보존되어 있는 공간이다.
② ㉠은 문명의 단점이, ㉡은 문명의 이점이 드러나는 공간이다.
③ ㉠은 문명을 상징하는 공간이고, ㉡은 자연을 상징하는 공간이다.
④ ㉠은 비둘기가 지향하는 공간이고, ㉡은 비둘기를 내쫓은 공간이다.
⑤ ㉠은 인간과 자연이 조화로운 공간이고, ㉡은 그렇지 않은 공간이다.

중요 03 외적 준거를 바탕으로 작품 감상하기

보기 를 참고하여 윗글을 이해한 내용으로 적절하지 <u>않은</u> 것은?

보기

〈성북동 비둘기〉는 1960년대의 도시화, 산업화로 인해 자연이 파괴되어 가는 세태에 대한 비판적인 의식을 담고 있다. 도시 문명이 자연의 영역을 침범하면서 삶의 터전을 잃고 떠도는 비둘기가 사랑과 평화를 상징하는 새라는 점에서는, 자연의 파괴뿐만이 아니라 인간성의 상실 또한 비판하고 있다고 볼 수 있다.

① '돌 깨는 산울림'은 문명에 의한 자연 파괴를 형상화한 것이군.
② '성북동 메마른 골짜기'는 문명에 의해 파괴된 자연을 상징하는 것이군.
③ 비둘기가 '피난하듯 지붕에 올라앉'는 것은 문명이 자연을 침범했기 때문이군.
④ 비둘기가 '돌 온기에 입을 닦'는 것은 인간성의 회복을 희망하는 마음을 드러내는군.
⑤ 비둘기가 '쫓기는 새가 되었'다는 것은 도시화, 산업화로 인해 인간성이 상실되었음을 의미하는군.

서답형 04 작품의 내용 파악하기

[A]의 의미를 설명하는 말로 적절한 것을 골라 쓰시오.

[A]에서 묘사되는 비둘기는 사람과 더불어 사랑과 평화를 즐기며 살고 있으며, 이는 (문명 / 자연)과 인간의 공존을 나타낸다.

문제풀이

16강

이춘풍전 _작자 미상

✔ 한방에! 개념정리

✔ 한방에! 핵심정리

갈래	풍자 소설, 판소리계 소설
성격	풍자적, 해학적, 교훈적
주제	무능력한 남성에 대한 비판과 적극적 여성상의 제시
특징	① 상반된 인물을 통해 주제를 드러냄. ② 물질 중심적 가치관이 형성되어 가던 시대적 배경을 반영함.
해제	이 작품은 무능하고 이기적인 남편과 유능하고 적극적인 아내를 대비하며, 조선 후기의 부패한 사회상을 드러낸다. 가장으로서의 능력이 없음에도 가부장적 가치관을 고수하는 남성을 풍자함과 동시에 비판의 대상이었던 남성이 아내를 통해 개과천선하는 모습이 나타나기도 한다.

✷ 전체 줄거리

춘풍은 가정을 돌보지 않고, 허세와 낭비벽으로 가산을 탕진한다. 춘풍은 낙담하여 아내에게 방탕한 생활을 하지 않을 것을 약속하지만, 아내가 노력하여 집안을 일으키자 다시 교만해진다. 춘풍은 장사를 하러 간 평양에서 또다시 전 재산을 잃고, 기생 추월의 하인이 된다. 아내는 평양 감사의 도움을 받아 비장이 되어 평양으로 가 추월에게 빼앗겼던 춘풍의 재산을 되찾아 준다. 한양의 집으로 돌아온 춘풍이 의기양양한 모습을 보이자 아내는 다시 비장 복장으로 나타나 춘풍을 꾸짖는다. 이후 아내는 자신의 정체를 밝히고, 부부는 화목하게 산다.

※ 다음 글을 읽고 물음에 답하시오.

[앞부분 줄거리] 춘풍은 평양 기생 추월에게 빠져 재산을 다 잃는다. 춘풍의 아내는 회계 비장*이 되어 남장을 한 채 평양으로 가서는 춘풍을 잡아들인다.

"너 매 잡아라. 춘풍아 너 들어라. 그 돈을 다 어찌하였느냐? 투전*을 하였느냐? 돈 쓴 곳을 바로 아뢰어라."

춘풍이 형틀 위에서 울면서 여쭈되,

"소인이 **호조* 돈을 내어 쓰고** 평양에 내려와서 내 집 주인 **추월이와 일 년을 함께 놀고** 나니 한 푼도 없어지고 이 지경이 되었으니, 나리님 분부대로 죽이거나 살리거나 하옵소서."

비장이 본래 추월이라 하면 원수같이 아는 중에, 이 말 듣고 이를 갈고 호령하여 사령*에게 분부하되,

"네 가서 그년 잡아 오라. 바삐바삐 잡아 오되, 만일 지체하였다가는 네가 중죄를 당하리라."

하니 사령이 덜미 집어 잡아 왔거늘,

"형틀 위에 올려 매고 벌태장 골라잡고 각별히 매우 쳐라. 사령, 네가 사정*을 두었다가는 네 목숨이 죽으리라."

하나 치고 고찰하고*, 둘을 치고 고찰한다. **매마다 표를 하며 십여 대를 중장하며**,

"이년, 바삐 다짐하여라."

호령을 서리같이 하는 말이, / "네 죄를 네가 아느냐?"

추월이 여쭈되, / "춘풍이 가져온 돈, 소녀가 어찌 아오리까?"

비장이 이 말 듣고 성을 내어 분부하되,

"여담절각*이라 하는 말을 네 아느냐? 불 같은 호조 돈을 영문이 물어 주랴, 본관에서 물어 주랴, 백성에게 수렴하랴*? 네 이 지경에 무슨 잔말하랴?"

군뢰* 등이 두 눈을 부릅뜨고 형장을 높이 들어, 백일청천*에 벼락 치듯 만첩청산* 울리듯 금장* 소리 호통치며 하는 말이,

"네가 모두 발명치* 못할까? 너를 우선 죽이리라."

하고 주장*으로 지르면서 오십 대 중장하고,

"바삐 다짐 못 할쏘냐?"

서리같이 호령하니, 추월이 기가 막혀 혼백이 달아난 듯 혼미 중에 겁내어 죽기를 면하려고 애걸하여 여쭈되,

"국법도 엄숙하고 관령도 지엄하고 나리님 분부도 엄하오니, 춘풍이 가져온 돈을 영문 분부대로 소녀가 바치리다."

(중략)

평양에서 사또 본관이 분부하되, 추월을 잡아들여 돈 바치라 성화하니, 십일이 다 못 되어 오천 냥을 다 바쳤것다.

춘풍이가 돈을 싣고 서울로 올라갈 제, 이때 춘풍의 아내 문밖에 썩 나서서 춘풍의 손을 부여잡고,

"어이 그리 더디 온가? 장사에 이익 많아 평안히 오시니까?"

춘풍이 반기면서 / "그 사이에 잘 있었는가?"

하고 열두 바리* 실은 **돈을 장사에서 남긴 듯이 여기저기 들여놓고 의기양양하는구나.** 춘풍 아내가 춘풍에게 차담상*을 별나게 차려 들이거늘, 춘풍이 온 교태를 다할 적에 기구하고 볼만하다. 콧살도 찡그리며 입맛도 다셔 보고 젓가락도 휘저으며 하는 말이,

"생치* 다리도 덜 구워졌으며, 자반에도 기름이 적고, 황육*조차 맛이 적다. 평양으로 갈까 보다. 호조 돈 아니었더라면 올라오지 아니했지. 내일 호조 돈을 다 바치고 평양으로 내려갈 제, 너도 함께 따라가서 평양 감영* 작은집의 그 음식 좀 먹어 보소."

온갖 교만 다할 적에, 춘풍 아내 춘풍을 속이려고 황혼을 기다려서 여자 의복 벗어 놓고 **비장 의복 다시 입고 흐늘거리며 들어오니,** 춘풍이 의아하여 방 안에서 주저주저하는지라. 비장이 호령하되,

㉠ "평양에 왔던 일을 생각하라! 네 집에 왔다한들 그다지 거만하냐?"

춘풍이 그제야 자세히 본즉, 과연 평양에서 돈 받아 주던 회계 비장이라. 깜짝 놀라면서 문밖에 뛰어내려 문안을 여쭈되, 회계 비장 하는 말이, / "평양에서 맞던 매가 얼마나 아프더냐?"

춘풍이 여쭈되, / "어찌 감히 아프다 하오리까? 소인에게는 상이로소이다."

회계 비장 하는 말이,

"평양에서 떠날 적에 너더러 이르기를, 돈을 싣고 서울로 올라오거든 댁에 문안하라 하였더니, 소식이 없기로 매일 기다리다가 아까 마침 남산 밑의 박승지 댁에 가 술을 먹고 대취하여* 종일 놀다가, 홀연히 네가 왔단 말을 듣고 네 집에 왔으니 흰죽이나 쑤어 달라!"

하니, 춘풍이 제 지어미를 아무리 찾은들 있을쏜가. 제가 손수 죽을 쑤려고 죽쌀을 내어 들고 부엌으로 나가거늘, 비장이 호령하되, / "네 지어미는 어디 가고, 나에게 내외를 하느냐?"

춘풍이 묵묵부답하고 혼잣말로 심중에 헤아리되,

'그립던 차에 가솔*을 만났으니 우리 둘이 잠이나 잘 자 볼까 하였더니, 아내는 간데없고 비장은 이처럼 호령하니 진실로 민망하나 무가내하*라.'

회계 비장이 내다보니, 춘풍의 죽 쑤는 모양이 우습고도 볼만하다. 그제야 죽상을 들이거늘, 비장이 먹기 싫은 죽을 조금 먹는 체하다가 춘풍에게 상째로 주며 하는 말이,

"네가 **평양 감영 추월의 집에 사환*으로** 있을 때에 다 깨진 헌 사발에 누룽지에 국을 부어서 숟가락 없이 뜰아래 서서 되는대로 먹던 일을 생각하며 다 먹어라!"

하니, 그제야 춘풍이 아내가 어디서 죽 먹는 양을 볼까 하여 여기저기 살펴보며 얼른얼른 먹는지라. 그제야 춘풍 아내 혼잣말로,

'이런 거동 볼작시면, 누가 아니 웃고 볼까? 하는 행실 저러하니 어디 가서 사람으로 보일런가? 아무튼 속이기를 더 하자니 차마 우스워 못 하겠다. 이런 꼴을 볼작시면, 나 혼자 보기 아깝도다.'

이런 거동 저런 거동 다 본 연후에, 회계 비장 의복 벗어 놓고 여자 의복 다시 입고 웃으면서,

"이 멍청아!" / 하며 춘풍의 등을 밀치면서 하는 말이,

"안목이 그다지 무도한가?" / 하니 춘풍이 어이없어 하는 말이,

"이왕에 자네인 줄 알았으나, 의사를 보려고 그리 했지."

하고, 그날 밤에 부부 둘이 원앙금침 펼쳐 덮고 누웠으니 아주 그만 제법이로구나.

- 작자 미상, 〈이춘풍전〉 -

✔ 한방에! 어휘풀이

* 비장(裨將): 조선 시대에, 감사 등을 따라다니며 일을 돕던 무관 벼슬.
* 투전(鬪牋): 노름 도구의 하나.
* 호조(戶曹): 조선 시대에, 육조 가운데 호구, 공납, 부사, 조세 및 국가 재정과 관련된 부분을 맡아보던 관아.
* 사령(使令): 조선 시대에, 각 관아에서 심부름하던 사람.
* 사정(私情): 개인의 사사로운 정.
* 고찰하다(考察하다): 죄인에게 매질을 할 때 형리를 감시하면서 낱낱이 살피어 몹시 치게 하다.
* 여담절각(汝담折角): 너의 집 담이 아니었으면 내 소의 뿔이 부러졌겠느냐는 뜻으로, 남에게 책임을 지우려고 억지를 쓰는 말.
* 수렴하다(收斂하다): 돈이나 물건 따위를 거두어들이다.
* 군뢰(軍牢): 조선 시대에, 군대에서 죄인을 다루는 일을 맡아보던 병졸.
* 백일청천(白日靑天): 해가 비치고 맑게 갠 푸른 하늘.
* 만첩청산(萬疊靑山): 겹겹이 둘러싸인 푸른 산.
* 금장(禁杖): 죄인을 치거나 찌르는 데에 쓰던, 창처럼 생긴 형구.
* 발명하다(發明하다): 죄나 잘못이 없음을 말하여 밝히다.
* 주장(朱杖): 주릿대나 무기 따위로 쓰던 붉은 칠을 한 몽둥이.
* 바리: 마소의 등에 잔뜩 실은 짐을 세는 단위.
* 차담상(차啖床): 손님을 대접하기 위하여 내놓은 다과 따위를 차린 상.
* 생치(生雉): 익히거나 말리지 아니한 꿩고기.
* 황육(黃肉): 소의 고기.
* 감영(監營): 조선 시대에, 관찰사가 직무를 보던 관아.
* 대취하다(大醉하다): 술에 잔뜩 취하다.
* 가솔(家率): 한집안에 딸린 구성원.
* 무가내하(無可奈何): 달리 어찌할 수 없음.
* 사환(使喚): 잔심부름을 시키기 위하여 고용한 사람.

197

01 서술상의 특징 파악하기

윗글의 서술상 특징으로 가장 적절한 것은?

① 공간의 변화에 따라 인물 간의 갈등이 심화되고 있다.
② 서술자가 개입하여 작품 속 인물에 대해 평가하고 있다.
③ 구체적인 외양 묘사를 통해 인물의 특징을 드러내고 있다.
④ 과거와 현재를 교차하여 사건을 입체적으로 서술하고 있다.
⑤ 잦은 장면 전환을 통해 긴장감 있는 분위기를 조성하고 있다.

02 인물의 심리, 태도 파악하기

윗글의 인물에 대한 설명으로 적절하지 않은 것은?

① 비장은 춘풍이 죽을 쑤는 모습을 우습게 여겼다.
② 비장은 추월에게 사적인 원한을 품고 가혹하게 벌하였다.
③ 추월은 자신의 잘못을 반성하고 관아에 돈을 물어 주었다.
④ 춘풍은 아내가 자신이 죽 먹는 모습을 볼까 봐 걱정하였다.
⑤ 춘풍은 서울에 온 비장이 자신의 아내임을 알아보지 못하였다.

중요 03 외적 준거를 바탕으로 작품 이해하기

보기 를 참고하여 윗글을 이해한 내용으로 적절하지 않은 것은?

보기

> 〈이춘풍전〉은 평민을 주인공으로 하여 일상적인 삶의 모습을 그리는 판소리계 소설이다. 무능하고 방탕한 남편 때문에 가정이 몰락하였다가, 유능하고 지혜로운 아내에 의해 다시 일으켜지는 전개에서 남성 중심 사회에 대한 비판과 더불어 여성의 능력을 부각한 것을 엿볼 수 있다. 춘풍이 위선과 허세에 가득 찬 인물로 그려지는 반면, 춘풍의 아내는 남편을 구하기 위해 적극적으로 나서며 악인을 징벌하는 진취적인 인물로 그려진다. 이때 사용되는 남장 모티프는 여성이 여성에게 가해지는 억압을 피하기 위한 장치이자, 남성 중심 사회의 허구성을 단적으로 보여 준다.

① 춘풍이 '호조 돈을 내어 쓰고' '추월이와 일 년을 함께 놀'았다는 것은, 무능하고 방탕한 남편으로서의 춘풍의 모습을 보여 주는군.
② 춘풍의 아내가 사령을 시켜 추월에게 '매마다 표를 하며 십여 대를 중장하'는 것은, 악인을 직접 징벌하는 적극적인 행위이군.
③ 춘풍이 '돈을 장사에서 남긴 듯이 여기저기 들여놓고 의기양양하'는 것은, 위선과 허세에 찬 인물상을 표현하기 위한 것이군.
④ 춘풍의 아내가 '비장 의복 다시 입고 흐늘거리며 들어오'는 것은, 남성 중심 사회의 허구성을 보여 주는 장치이군.
⑤ 춘풍이 '평양 감영 추월의 집에 사환으로 있'었다는 것은, 남성보다 우월한 여성의 능력을 드러내는 것이군.

★ 징벌하다(懲罰하다): 옳지 아니한 일을 하거나 죄를 지은 데 대하여 벌을 주다.

★ 허구성(虛構性): 사실에서 벗어나 만들어진 모양이나 요소를 가지는 성질.

서답형 04 발화의 의도 파악하기

⊙의 의미를 설명하는 말로 적절한 것을 골라 차례대로 쓰시오.

> ⊙에는 (가정 / 관아)에서만 허세를 부리는 (남성 / 여성)에 대한 비판 의식이 담겨 있다.

문제풀이

복습하기

시제	어떤 행위, 사건, 상태의 시간적 위치를 언어적으로 나타내 주는 문법 범주 • [¹ □ □] 시제: 사건시가 발화시보다 앞서는 시제 • [² □ □] 시제: 사건시와 발화시가 일치하는 시제 • [³ □ □] 시제: 사건시가 발화시보다 나중인 시제
⁴ □ □ □	사건이 발생한 시점
⁵ □ □ □	그 사건을 언어로 표현하는 시점

비문학

1문단	⁶ □ □ □ □ □ □ 에 대한 미셸의 비판	3문단	미셸의 ⁸ □ □ □ □ 개념
2문단	⁷ □ □ □ □ □ □ □ 의 등장	4문단	상호작용을 중시하는 성격심리학의 발전

문학 – 성북동 비둘기(김광섭)

1연	⁹ □ □ 이 파괴되어 삶의 터전을 잃어버린 비둘기
2연	문명에 소외되어 과거의 자연을 그리워하는 비둘기
3연	¹⁰ □ □ 과 ¹¹ □ □ 의 사상을 잃은 비둘기

문학 – 이춘풍전(작자 미상)

춘풍의 아내가 회계 ¹² □ □ 이 되어 춘풍을 잡아들임.

↓

춘풍의 아내가 ¹³ □ □ 을 매질하여 돈을 갚겠다는 다짐을 받아 냄.

↓

춘풍이 의기양양하게 집으로 돌아와 교만하게 행동함.

↓

춘풍의 아내가 다시 ¹² □ □ 의 의복을 입고 집에 들어옴.

↓

춘풍의 아내가 춘풍에게 ¹⁴ □ □ 을 쑤어 오라고 명령함.

↓

춘풍이 처음부터 아내를 알아본 것처럼 말하며 체면을 차림.

정답	1 과거 2 현재 3 미래 4 사건시 5 발화시 6 성격특질론 7 상호작용이론 8 상황 강도 9 자연 10 사랑 11 평화 12 비장 13 추월 14 흰죽

17

Contents

갈래	발표
화제	기아 문제에 대한 관심 촉구
특징	① 그림을 활용하여 소재에 대한 청중의 흥미를 이끌어 냄. ② 청중에게 문제 해결을 위해 노력할 것을 직접적으로 요청함.

※ 다음은 학생의 발표이다. 물음에 답하시오.

안녕하세요? 여러분, '유토피아'라는 말을 들어 본 적이 있으세요? (청중의 대답을 듣고) 네, 많이들 알고 계시네요. 유토피아란 이 세상에 없는 좋은 곳이라는 의미로, 이상향이라고도 합니다. 현실의 고통에서 벗어나고 싶었던 인류는 저마다의 유토피아를 꿈꿔 왔는데요, 그중 하나가 '코케뉴'입니다. (그림을 보여 주며) 이 그림처럼 배고픔에 시달리던 중세 유럽인들이 꿈꾼 코케뉴는 포도수 강불이 흐르고 따뜻한 파이와 빵이 비로 내리는 곳입니다. 그들은 이곳에서의 풍요로운 삶을 상상하며 잠시 배고픔을 잊고 싶었을 것입니다.

(화면을 가리키며) 다음 그림들을 보시죠. 첫 번째 그림은 밀레의 '이삭 줍는 여인들', 두 번째 그림은 고흐의 '감자 먹는 사람들'입니다. 이 두 작품에는 18세기 유럽을 강타한 흉년과 연이은 전쟁 이후, 식량난에 시달리던 농민들의 모습이 나타나 있습니다. 우리는 이 ㉠ 세 그림을 통해 오랜 시간 인류가 배고픔으로 인해 고통을 받았음을 알 수 있습니다.

그런데 지금은 어떤가요? 주위를 둘러보면 마치 코케뉴가 실현된 것처럼 보입니다. 편의점이나 마트에는 다양한 식품들이 가득 진열돼 있고, 원하는 음식을 쉽게 주문해 먹을 수 있습니다. (화면을 가리키며) 이런 ㉡ 영상을 보신 적이 있으시죠? (청중의 반응을 확인한 후) 네, 바로 '먹는 방송', '먹방'인데요, 요즘은 이렇게 음식을 먹는 소리를 들려주거나, 많은 양의 음식을 맛있게 먹는 모습을 보여 주는 '먹방'이 인기를 끌고 있습니다.

만약 코케뉴를 꿈꾸던 중세의 농부가 현재의 세상을 본다면, 지금 이곳이 코케뉴와 비슷하다고 생각할지도 모릅니다. 하지만 이 세상이 누구에게나 코케뉴와 같은 곳일까요? 한쪽에서는 음식이 너무 풍족한 나머지 비만이나 넘쳐 나는 음식물 쓰레기가 문제인 반면, 다른 쪽에서는 아직도 많은 사람들이 기아로 목숨을 잃고 있습니다. (화면을 가리키며) 지금 보시는 화면은 기아 문제 해결을 목표로 하는 단체인 '세계 기아 리포트'의 2020년 ㉢ 통계 자료인데요, 현재 약 6억 9천만 명 정도의 사람이 굶주림에 시달리고 있다는 점을 알 수 있습니다. 이 자료에서 37개의 국가들은 2030년이 되어도 상황이 나아지지 않거나 오히려 악화될 수도 있음을 확인할 수 있습니다.

중세의 유럽인들이 꿈꾸던 코케뉴는 누군가만 배부른 세상이 아니라 누구도 배고프지 않은 세상이었을 겁니다. 우리가 살아가는 세상이 코케뉴가 될 수 있는 길은 우리 모두가 기아 문제에 관심을 갖고 이를 해결하기 위한 노력에 동참하는 것입니다. 이 발표를 계기로 여러분이 기아 문제에 관심을 갖게 되기를 바랍니다. 일상에서 실천할 수 있는 작은 노력으로 음식물 쓰레기 줄이기부터 시작해 보는 것은 어떨까요? 이상으로 발표를 마치겠습니다.

01 발표 표현 전략 사용하기

위 발표자의 말하기 방식으로 가장 적절한 것은?

① 전문가의 말을 인용하여 내용의 신뢰성을 높이고 있다.
② 질문을 던지는 방식을 통해 청중과 상호 작용하고 있다.
③ 발표하는 중에 청중이 주의해야 할 점을 안내하고 있다.
④ 화제를 선정하게 된 이유를 밝히며 발표를 시작하고 있다.
⑤ 내용에 대한 청중의 이해 여부를 점검하며 발표를 마무리하고 있다.

★ 선정하다(選定하다): 여
  럿 가운데서 어떤 것을
  뽑아 정하다.

02 발표에서 매체 활용하기

위 발표에서 발표자의 자료 활용에 대한 설명으로 가장 적절한 것은?

① ㉠: 배고픔의 문제가 해결되는 과정을 설명하기 위해 세 그림을 차례대로 보여 주었다.
② ㉠: 시대마다 코케뉴의 개념이 달라진 원인을 설명하기 위해 세 그림의 차이점을 부각하였다.
③ ㉡: 코케뉴의 실현을 목표로 한 구체적 실천 과제를 제시하기 위해 영상을 활용하였다.
④ ㉢: 세계 기아 문제의 실태와 심각성을 알리기 위해 통계 자료를 활용하였다.
⑤ ㉢: 최근 몇 년간 진행된 기아 문제 해결의 성과를 소개하기 위해 통계 자료를 활용하였다.

★ 실태(實態): 있는 그대로
  의 상태. 또는 실제의 모양.
★ 성과(成果): 이루어 낸
  결실.

중요 03 발표 내용 점검하기

다음은 위 발표를 들은 학생들의 반응이다. 보기 중 학생들의 반응에서 확인할 수 있는 것만을 고른 것은?

> • **학생 1**: 발표를 들으니 기아 문제로 고통받는 사람들이 많은데 기아 문제의 원인이나 해결 방안에는
>   어떤 것이 있을까? '세계 기아 리포트' 홈페이지나 관련 블로그를 찾아봐야겠어.
> • **학생 2**: 여전히 기아로 고통받는 사람들이 있다는 사실을 너무 모른 척하고 지낸 것 같아. 어제 식당
>   에서 먹을 수 있는 양보다 더 많은 음식을 주문하고 다 먹지 못한 내 행동을 돌아보게 됐어.

보기

ㄱ. 발표 내용이 사실과 부합하는지 점검하고 있다.
ㄴ. 발표에서 언급되지 않은 내용을 추론하고 있다.
ㄷ. 발표를 듣고 나서 자신의 행동을 성찰하고 있다.
ㄹ. 발표자의 주장에 대한 구체적 근거를 파악하고 있다.
ㅁ. 발표 내용과 관련된 궁금증을 해소할 방안을 생각하고 있다.

① ㄱ, ㄴ　　　② ㄱ, ㄷ　　　③ ㄴ, ㄹ　　　④ ㄷ, ㅁ　　　⑤ ㄹ, ㅁ

★ 부합하다(符合하다): 사
  물이나 현상이 서로 꼭
  들어맞다.

서답형 04 발표 맥락 분석하기

빈칸에 공통으로 들어갈 말을 찾아 쓰시오.

> 발표자는 현재의 세상이 (　　　)와/과 비슷해 보이지만, 진정한 (　　　)을/를 이룩하기 위해서는
> 기아 문제를 해결하기 위한 우리 모두의 노력이 필요하다고 말하기 위해 (　　　)을/를 언급하였다.

문제풀이

☑ 한방에! 개념정리

☑ 한방에! 핵심정리

갈래	설명문
주제	언론 모델의 세 가지 종류
해제	이 글은 언론 모델의 세 가지 종류를 설명하고 있다. 권위주의 언론 모델에서는 인간은 비이성적이기 때문에 국가의 명령이 필요하다고 주장한다. 이 모델에서는 국가가 언론을 도구화하고, 언론이 국가의 정책을 지지하도록 한다. 자유주의 언론 모델에서는 인간은 이성적이기 때문에 정확한 정보를 제공하여 판단에 근거를 부여해야 한다고 주장한다. 이 모델에서는 언론이 정부를 견제하거나 비판할 수 있다. 자유주의 언론 모델을 보완하기 위해 제안된 사회적 책임 언론 모델에서는 인간의 합리성에 회의를 품는다. 이 모델에서는 언론이 사회의 가치나 목적을 제시하는 사명을 띤다고 본다.

* 문단 중심 내용

1문단	국가의 사회 체제를 반영하는 언론
2문단	권위주의 언론 모델의 특성
3문단	자유주의 언론 모델의 특성
4문단	사회적 책임 언론 모델의 특성
5문단	새로운 언론 모델의 등장 예상

※ 다음 글을 읽고 물음에 답하시오.

언론은 언제부터 지금과 같은 모습을 띠게 되었을까? 각 국가의 언론은 정치, 경제, 문화 등 다른 영역의 제도가 어떻게 운영되고 있는가에 따라 그 모습을 달리한다. 지구상에 존재하는 모든 국가의 언론은 그 사회 체제의 성격을 반영하고 있으므로, 모두 나름대로의 특성을 지니고 있는 것이다. 이런 측면에서 언론의 다양한 유형을 분류할 수 있는데, 언론이 가진 성격에 따라 권위주의 언론 모델, 자유주의 언론 모델, 사회적 책임 언론 모델로 나누는 것이 일반적이다.

㉠ 권위주의 언론 모델은 인간이란 태생적으로 비이성적이고 감성에 치우치기 쉬운 성향을 지녔기 때문에 자유롭게 방치할 경우, 개인의 능력을 충분히 발휘할 수 없다고 가정한다. 즉 전체 사회의 운영을 책임지고 있는 국가의 지도와 명령에 따라 일사불란하게 움직일 때 비로소 개인은 완전하게 되며 또한 행복하게 된다는 것이다. 따라서 이 모델에서 말하는 언론의 사명이란 국가의 정책을 지지하고, 국민들로 하여금 국가의 권위에 복종하도록 만드는 것이다. 국가는 강압과 회유의 수단을 모두 동원하여 언론을 도구화하며, 언론이 국가의 정책을 비판하거나 집권층을 비난할 수 있도록 허용하지 않는다.

㉡ 자유주의 언론 모델에서는 언론은 정부의 도구가 아니라고 주장한다. 언론은 오히려 정부를 견제하거나 비판할 수 있는 위치에서 시민들에게 판단을 위한 유용한 정보를 제공하는 기관이라는 것이다. 또한 인간이 이성에 따라 합리적으로 사고할 수 있으므로 정확한 정보를 사람들에게 제공하여 사람들의 판단과 행동에 객관적인 근거를 부여해야 한다고 본다. 이런 측면에서 언론은 행정부, 입법부, 사법부로부터 완전한 독립성을 보장받는 제4부로 인식된다. 모든 시민들에게 언론의 자유가 주어져야 한다는 자유주의 언론 모델은 "의회는 언론 및 출판의 자유를 제한하는 어떤 법률도 제정할 수 없다."고 천명한 미국의 연방 수정 헌법 제1조에 잘 나타나 있다.

㉢ 사회적 책임 언론 모델은 독특한 인간관이나 세계관에 입각했다기보다는 자유주의 언론 모델의 병폐*를 시정하고* 취약점을 보완하기 위해 제안되었다. 따라서 자유주의 모델이 가정하고 있는 인간의 이성, 합리성, 도덕적 양식에 대해 회의를 품으며, 다양한 의견이나 정보를 시민들에게 제공한다는 자유주의 시각의 단순성을 비판하면서 언론이 사명감과 책임의식을 가지고 공익에 봉사해야 한다고 본다. 그러기 위해 언론은 자유를 보장받아야 하며, 다양한 의견이 교환되는 광장이나 공론장이 되어야 하고, 사회가 지향해야 할 가치나 목적을 명확히 제시해야 하는 사명을 띤다.

현재 세계 각국의 언론 상황을 살펴보면, 한때 개발 독재* 정책을 펼쳤던 우리나라를 포함하여 많은 제3세계 국가들이 민주화 과정을 거치면서 권위주의 언론 모델을 포기하기에 이르렀다. ⓐ 그러나 특정한 하나의 언론 모델이 세계의 공통규범으로 자리 잡을 수는 없다. 결국 시대적 상황이 빠르게 변화되는 만큼 새로운 언론 모델이 지속적으로 개발될 것으로 여겨진다.

☑ 한방에! 어휘풀이

* 병폐(病弊): 병통(깊이 뿌리박힌 잘못이나 결점)과 폐단(옳지 못한 경향이나 해로운 현상)을 아울러 이르는 말.
* 시정하다(是正하다): 잘못된 것을 바로잡다.
* 개발 독재(開發獨裁): 경제 개발의 기치 아래 자행되는 강권 정치.

윗글에 대한 설명으로 가장 적절한 것은?

① 화제와 관련한 이론들의 특징과 한계를 각각 분석하고 있다.

② 화제와 관련한 관점들의 장점과 단점을 각각 제시하고 있다.

③ 중립적 입장에서 화제와 관련한 오해를 객관적으로 점검하고 있다.

④ 화제와 관련하여 설명할 내용을 유형에 따라 구분하여 제시하고 있다.

⑤ 독자의 이해를 돕기 위해 전문가의 견해를 인용하여 주장을 뒷받침하고 있다.

02 핵심 내용 이해하기

㉠~㉢에 대한 이해로 적절하지 <u>않은</u> 것은?

① ㉠은 ㉡과 달리 언론을 국가에 종속된 도구로 본다.

② ㉡은 ㉠과 달리 인간이 이성적으로 판단할 수 있다고 본다.

③ ㉢은 ㉡과 달리 인간의 이성과 합리성에 회의를 지닌다.

④ ㉠, ㉢은 모두 언론이 다양한 의견 교환의 장이 되어야 한다고 본다.

⑤ ㉡, ㉢은 모두 언론의 자유가 주어져야 한다고 본다.

03 세부 내용 추론하기

ⓐ의 이유로 가장 적절한 것은?

① 언론 모델에 영향을 주는 사회 제도는 국가마다 각기 다른 특색을 지니고 있기 때문이다.

② 자유주의 언론 모델은 가장 완성된 언론의 유형으로 병폐와 취약점이 전혀 없기 때문이다.

③ 현대 사회에서 언론은 더 이상 개성적인 모습을 나타내지 않고 사실 전달에 치중하기 때문이다.

④ 언론이 택하는 모델과 상관없이 사람들은 각자 지닌 이성에 따라 합리적으로 사고하기 때문이다.

⑤ 국가는 국민의 행복 증진을 위하여 강한 권위를 동원하여 정책과 제도를 홍보해야 하기 때문이다.

서답형 04 세부 내용 파악하기

보기 와 가장 가까운 언론 모델의 명칭을 쓰시오.

보기

언론의 사명은 매일 일어나는 사건들에 대해 정확하고 진실되며 종합적인 보도를 하는 데 있다. 이는 정확한 보도를 강조할 뿐 아니라 사실과 의견을 분명히 구분할 것을 요구한다. 특히, 사실을 그저 객관적으로 보도하는 데 그치지 않고 사건의 의미를 알 수 있는 문맥적 진실 보도를 강조하고 있다. 언론 매체는 사회가 공유하는 가치나 목적을 명확하게 제시하는 역할 또한 겸하고 있기 때문에, 보다 포괄적인 보도를 해야 하기 때문이다.

문제풀이

청산별곡 _ 작자 미상

| 정답 및 해설 | 117쪽

갈래	고려 가요
성격	애상적, 현실 도피적
주제	삶의 고뇌와 비애에서 벗어나고 싶은 소망
특징	① 상징을 통해 주제 의식을 강조함. ② 울림소리인 'ㄹ, ㅇ'을 활용하여 운율감을 조성함.
해제	이 작품은 비유와 상징성이 뛰어난 고려 가요의 대표작이다. 권력층이 부패하고, 외세의 침략으로 인해 국토가 황폐해진 고려 후기에 불린 것으로 추정되는데, 때문에 현실의 고통에서 벗어날 수 있는 도피처를 노래한 것으로 보인다.

※ 다음 글을 읽고 물음에 답하시오.

살어리 살어리랏다 청산에 살어리랏다.
머루랑 다래랑 먹고 청산에 살어리랏다.
　　얄리얄리 얄랑셩 얄라리 얄라

우는구나 우는구나 새여 자고 일어나 우는구나 새여.
너보다 시름 많은 나도 자고 일어나 우노라.
　　얄리얄리 얄라셩 얄라리 얄라

가던 새 가던 새 본다 물 아래 가던 새 본다.
이끼 묻은 쟁기를 가지고 물 아래 가던 새 본다.
　　얄리얄리 얄라셩 얄라리 얄라

이러하고 저러하고 하여 낮은 지내왔지만,
올 이도 갈 이도 없는 밤은 또 어찌할 것인가.
　　얄리얄리 얄라셩 얄라리 얄라

어디다 던지던 ㉠ 돌인가 누구를 맞히려던 돌인가.
미워할 이도 사랑할 이도 없이 맞아서 울고 있노라.
　　얄리얄리 얄라셩 얄라리 얄라

살어리 살어리랏다 바다에 살어리랏다.
해초랑 구조개*랑 먹고 바다에 살어리랏다.
　　얄리얄리 얄라셩 얄라리 얄라

가다가 가다가 듣노라 외딴 부엌 가다가 듣노라.
사슴이 장대에 올라서 해금을 켜는 것을 듣노라.
　　얄리얄리 얄라셩 얄라리 얄라

가더니 배부른 독에 독한 술을 빚는구나.
조롱꽃 **누룩이 매워 잡으니 내 어찌하리오.**
　　얄리얄리 얄라셩 얄라리 얄라

　　　　　　　　　　　　　　- 작자 미상, 〈청산별곡〉 -

＊ 구조개: 굴과 조개를 아울러 이르는 말.

01 표현상의 특징 파악하기

윗글에 대한 설명으로 가장 적절한 것은?

① 역설적 표현을 사용하여 화자의 처지를 강조하고 있다.

② 계절적 소재를 활용하여 작품의 분위기를 조성하고 있다.

③ 자연물에 감정을 이입하여 화자의 정서를 표현하고 있다.

④ 상징적 시어를 제시하여 화자의 태도 변화를 보여 주고 있다.

⑤ 색채 이미지를 대비하여 시적 상황에 생동감을 부여하고 있다.

02 소재의 기능 파악하기

㉠의 의미로 가장 적절한 것은?

① 화자가 동경하는 변함없는 자연을 의미한다.

② 화자가 극복하려 하는 현실의 고통을 의미한다.

③ 화자의 의지와 관계없는 운명적인 고난을 의미한다.

④ 화자가 현실의 고통을 잊게 하는 매개체를 의미한다.

⑤ 화자가 살고자 하는 자연적이고 소박한 삶을 의미한다.

중요 ▶ 03 외적 준거를 바탕으로 작품 감상하기

보기 를 참고하여 윗글을 감상한 내용으로 적절하지 않은 것은?

보기

　〈청산별곡〉은 작자가 알려져 있지 않고 구전되어 내려오다가 나중에서야 문자로 정착된 작품이기 때문에, 그 해석에 대해 여러 견해가 있다. 보통 ⓐ 고려 후기 전란을 피해 정처 없이 유랑하는 서민의 처지에 대한 노래로 보는 견해, ⓑ 속세의 고뇌를 해소하기 위해 청산을 찾으면서도 삶에 대한 의지를 보이는 지식인의 노래로 보는 견해, ⓒ 실연한 사람이 슬픔을 잊기 위해 현실을 도피하려 하는 마음을 담은 노래로 보는 견해가 널리 알려져 있다.

① ⓐ로 볼 경우, '머루랑 다래랑 먹고 청산에 살어리랏다'에는 가혹한 현실에서 도피하려는 마음이 담겨 있군.

② ⓐ로 볼 경우, '이끼 묻은 쟁기를 가지고'에는 한 곳에 정착하여 농사를 짓고 싶어 하는 마음이 담겨 있군.

③ ⓑ로 볼 경우, '누룩이 매워 잡으니 내 어찌하리오'에는 술을 통해 고뇌를 해소하려는 마음이 담겨 있군.

④ ⓒ로 볼 경우, '올 이도 갈 이도 없는 밤은 또 어찌할 것인가'에는 실연으로 인한 고독과 절망이 담겨 있군.

⑤ ⓒ로 볼 경우, '살어리 살어리랏다 바다에 살어리랏다'에는 슬픔을 잊기 위해 바다로 도피하려는 마음이 담겨 있군.

서답형 ▶ 04 시어의 의미 파악하기

윗글에서 현실과 대조되는 공간으로 제시된 시어 두 개를 찾아 쓰시오.

문제풀이

✔ 한방에! 개념정리

✔ 한방에! 핵심정리

갈래	단편 소설
성격	풍자적, 해학적, 전기적
주제	물질 만능주의에 빠진 현대 사회 비판
특징	① 전통적 '전'의 양식을 차용함. ② 사투리를 사용하여 향토성을 살림.
해제	이 작품은 전의 형식을 빌려 '유자'라는 한 인물의 생을 일대기 형식으로 서술하고 있다. 사투리를 사용하여 향토성을 살린 것이나, 희극적인 상황을 설정한 것 등에서도 전통적인 서사를 계승한 흔적이 보인다. 한편으로, 현대인의 이기심과 물질 만능주의를 유자의 우스꽝스러운 행동을 통해 비판하고 있기도 하다는 점에서 세태 소설의 면모를 보인다.

※ 다음 글을 읽고 물음에 답하시오.

하루는 어디로 어디로 해서 어디로 좀 와보라고 하기에 물어물어 찾아갔더니, 귀꿈맞게도* 붕어니 메기니 하고 민물고기로만 술상을 보는 후미진 대폿집*이었다.

나는 한내를 떠난 이래 처음 대하는 민물고기 요리여서 새삼스럽게도 해감내*가 역하고 싫었으나, 그는 흙탕내도 아니고 시궁내도 아닌 그 해감내가 문득 그리워져서 부득이 그 집으로 불러냈다는 것이었다.

"허울 좋은 하눌타리지, 수챗구녕내가 나서 워디 먹겄나, 이까짓 냄새가 뭣이 그리워서 이걸 다 돈 주구 사먹어. 나 원 참, 취미두 별 움둑가지 같은 취미가 다 있구면."

내가 사뭇 마뜩찮아했더니,

"그래두 좀 구적구적헌 디서 사는 고기가 하꾸라이*버덤은 맛이 낫어."

하면서 그날사 말고 수그러들 기미를 보이지 않는 것이었다. 그가 자기주장에 완강할 때는 반드시 경험론적인 설득 논리로써 무장이 되어 있는 경우였다.

"무슨 얘기가 있는 모양이구면."

"있다면 있구 읎다면 읎는디, 들어 볼라남?"

그는 이야기를 펼쳐 놓았다.

총수*의 자택에 연못이 생긴 것은 그 며칠 전의 일이었다. 뜰 안에다 벽이고 바닥이고 시멘트를 들어부어 만들었으니 연못이라기보다는 수족관이라고 하는 편이 알맞은 시설이었다. 시멘트가 굳어지자 물을 채우고 울긋불긋한 비단잉어들을 풀어 놓았다.

비단잉어들은 화려하고 귀티 나는 맵시로 보는 사람마다 탄성을 자아내게 하였으나, 그는 처음부터 흘기눈*을 떴다. 비행기를 타고 온 수입고기라서가 아니었다. 그 회사 직원의 몇 사람 치 월급을 합쳐도 못 미치는 상식 밖의 몸값 때문이었다.

"대관절 월매짜리 고기간디 그려?" / 내가 물어 보았다.

"마리당 팔십만 원쓱 주구 가져왔댜."

그 회사 직원들의 봉급 수준을 모르기에 내 월급으로 계산을 해보니, 자그마치 **3년 4개월 동안이나 봉투째로 쌓아야 겨우 한 마리 만져 볼까 말까 한 값**이었다.

"웬 늠으 잉어가 사람버덤 비싸다나?"

내가 기가 막혀 두런거렸더니,

"보통 것은 아닐러먼그려. 뺄어낸벤또(베토벤)라나 뭐라나를 틀어 주면 또 그 가락대루 따러서 허구, 차에코풀구싶어(차이코프스키)라나 뭐라나를 틀어 주면 또 그 가락대루 따러서 허구, 좌우간 곡을 틀어 주는 대루 못 추는 춤이 읎는 순전 딴따라 고기닝께. 물고기두 **꼬랑지 흔들어서 먹구 사는 물고기**가 있다는 건 이번에 그 집에서 츰 봤구면."

그런데 이 비단잉어들이 어제 새벽에 떼죽음을 한 거였다. 자고 일어나 보니 죄다 허옇게 뒤집어진 채로 떠 있는 것이었다.

총수가 실내화를 꿴 발로 뛰어나왔지만 아무 소용 없는 일이었다.

"어떻게 된 거야?"

한동안 넋 나간 듯이 서 있던 총수가 하고많은 사람 중에 하필이면 유자를 겨냥하며 물은 말이었다.

"글쎄유, 아마 밤새에 고뿔*이 들었던 개비네유."

유자는 부러 딴청을 하였다.

"뭐야? 물고기가 물에서 감기 들어 죽는 물고기두 봤어?"

총수는 그가 마치 혐의자나 되는 것처럼 화풀이를 하려 드는 것이었다.

그는 비위가 상해서,

"㉠ 그야 팔자가 사나서 이런 후진국에 시집와 살라니께 여러 가지루다 객고*가 쌓여서 조시두 안 좋았을 테구…… 그런디다가 부룻쓰*구 지루박*이구 가락을 트는 대루 디립다 춰댔으니께 과로해서 몸살끼두 다소 있었을 테구…… 본래 **받들어서 키우는 새끼덜일수록이 다다 탈이 많은 법**이니께……."

그는 시멘트의 독성을 충분히 우려 내지 않고 고기를 넣은 것이 탈이었으려니 하면서도 부러 배참*으로 의뭉을 떨었다.

"하는 말마다 저 말 같잖은 소리…… 시끄러 이 사람아."

총수는 말 가운데 어디가 어떻게 듣기 싫었는지 자기 성질을 못 이기며 돌아섰다.

그는 총수가 그랬다고 속상해할 만큼 속이 옹색한 편이 아니었다.

그렇지만 오늘 아침에 들은 말만은 쉽사리 삭일 수가 없었다.

총수는 오늘도 연못이 텅 빈 것이 못내 아쉬운지 식전마다 하던 정원 산책도 그만두고 연못가로만 맴돌더니,

"유 기사, 어제 그 고기들은 다 어떡했나?"

또 그를 지명하며 묻는 것이었다. / 그는 아무렇지 않게 대답했다.

"한 마리가 황소 너댓 마리 값이나 나간다는디, 아까워서 그냥 내뻔지기두 거시기 허구, 비싼 고기는 맛두 괜찮겠다 싶기두 허구…… 게 비늘을 대강 긁어서 된장끼 좀 허구, 꼬치장두 좀 풀구, 마늘두 서너 통 다져 늫구, 멀국*두 좀 있게 지져서 한 고뿌*덜씩 했지유."

"뭣이 어쩌구 어째?" / "왜유?"

"왜애유? 이런 잔인무도한 것들 같으니……."

총수는 분기탱천하여* 부쩌지를 못하였다. 보아하니 아는 문자는 다 동원하여 호통을 쳤으면 하나 혈압을 생각하여 참는 눈치였다.

"달리 처리헐 방법두 읎잖은감유."

총수의 성깔을 덧들이려고* 한 말이 아니었다. 그가 할 수 있는 것이 그 방법 말고는 없었기 때문에 그렇게 뒷동*을 단 거였다.

총수는 우악스럽고 무식하기 짝이 없는 아랫것들하고 따따부따해* 봤자 공연히 위신*이나 흠이 가고 득될 것이 없다고 판단했는지, 숨결이 웬만큼 고루 잡힌 어조로,

"그 불쌍한 것들을 저쪽 잔디밭에다 고이 묻어 주지 않고, 그래 그걸 **술안주해서 처먹어 버려?** 에이…… 에이…… 피두 눈물두 없는 독종들……."

하고 혼잣말처럼 중얼거리면서 들어가 버리는 것이었다.

– 이문구, 〈유자소전〉 –

⁕ 전체 줄거리

본명은 유재필이지만 '유자'라고 불리는 '나'의 친구는 어릴 때부터 심지가 굳고 재담이 뛰어났다. 유자는 학교를 졸업한 뒤 정치인을 따라다니다가, 정치인이 몰락하자 군대에 들어가 사주를 봐 주며 도사 노릇을 한다. 어느 날 '나'를 찾아온 유자는 자신이 재벌그룹 총수의 운전수로 일하고 있음을 밝힌다. 유자는 총수의 사치스러운 생활에 반감을 드러내다가 회사의 노선 상무로 좌천되지만, 그 일을 하면서도 약자들을 돕는다. 말년에 종합병원 원무 실장으로 일하던 유자는 시위를 하다 다친 노동자들을 무상으로 진료할 수 있게 한 뒤 퇴직하고, 마지막까지 남을 돕다가 간암으로 생을 마감한다.

✔ 한방에! 어휘풀이

★ **귀꿈맞다**: 전혀 어울리지 아니하고 촌스럽다.

★ **대폿집**: 대폿술(큰 술잔으로 마시는 술)을 파는 집.

★ **해감내(海감내)**: 바닷물 따위에서 흙과 유기물이 썩어서 생긴 찌꺼기의 냄새.

★ **하꾸라이**: '외래'를 뜻하는 일본말.

★ **총수(總帥)**: 어떤 집단의 우두머리.

★ **흘기눈**: 눈동자가 한쪽으로 쏠려, 정면으로 보지 못하고 언제나 흘겨보는 사람.

★ **고뿔**: '감기'를 일상적으로 이르는 말.

★ **객고(客苦)**: 객지에서 고생을 겪음. 또는 그 고생.

★ **부룻쓰**: 블루스. 미국 남부의 흑인들 사이에서 일어난 두 박자 또는 네 박자의 애조를 띤 악곡.

★ **지루박**: 지르박. 1930년대 후반부터 미국에서 유행한 사교춤.

★ **배참**: 꾸지람을 듣고 그 화풀이를 다른 데다 함.

★ **멀국**: 국물.

★ **고뿌**: '컵'을 뜻하는 일본 말.

★ **분기탱천하다(憤氣撑天하다)**: 분한 마음이 하늘을 찌를 듯 격렬하게 북받쳐 오르다.

★ **덧들이다**: 남을 건드려서 언짢게 하다.

★ **뒷동**: 일의 뒷부분. 또는 뒤 토막.

★ **따따부따하다**: 딱딱한 말씨로 따지고 다투다.

★ **위신(威信)**: 위엄과 신망을 아울러 이르는 말.

01 서술상의 특징 파악하기

윗글에 대한 내용으로 적절하지 <u>않은</u> 것은?

① 대화를 제시하여 인물 간의 갈등을 드러내고 있다.

② 언어유희를 활용하여 독자의 웃음을 유발하고 있다.

③ 작품 안의 서술자가 작품 안의 인물에 대해 서술하고 있다.

④ 시간 순서에 따라 사건을 나열하며 이야기를 전개하고 있다.

⑤ 사투리를 사용하여 작중 상황을 현실감 있게 전달하고 있다.

02 인물의 태도, 심리 파악하기

윗글의 인물에 대한 설명으로 적절하지 <u>않은</u> 것은?

① '나'는 유자와 달리 민물고기 요리를 싫어하였다.

② 유자는 총수에게 핀잔을 들은 일로 앙심을 품었다.

③ 총수는 사람보다 비단잉어를 더 중시하는 모습을 보였다.

④ 유자는 비단잉어가 죽은 이유를 짐작했지만 말하지 않았다.

⑤ 총수는 체면을 중시했기 때문에 유자에게 크게 화를 내지 않았다.

중요 ▶ **03** 외적 준거를 바탕으로 작품 이해하기

보기 를 참고하여 윗글을 이해한 내용으로 적절하지 <u>않은</u> 것은?

보기

　　총수는 비상식적인 가격을 주고 비단잉어를 사들이는데, 이는 상류층의 허영심과 사치스러움을 드러 낸다. 비단잉어는 총수의 과시욕을 드러내는 소재이자, 상류층과 하류층을 구분 짓는 잣대이다. 이는 결국 총수의 삶의 태도를 비판하기 위해 작가가 선택한 소재인 것으로 이해할 수 있다.

① 유자가 '구적구적헌 디서 사는 고기가 하꾸라이버텀은 맛이 낫'다고 말하는 것은, 상류층의 향유 대상이 항상 더 우월하지는 않다는 의미이군.

② 비단잉어가 '나'의 월급을 '3년 4개월 동안이나 봉투째로 쌓아야 겨우 한 마리 만져 볼까 말까 한 값'이라는 것은, 상류층의 사치를 예시로 드러낸 것이군.

③ 유자가 비단잉어를 가리켜 '꼬랑지 흔들어서 먹구 사는 물고기'라고 말하는 것은, 총수의 허영심과 과시욕을 비꼬는 말이군.

④ 유자가 '받들어서 키우는 새끼덜일수록이 다다 탈이 많은 법'이라고 말하는 것은, 총수의 사치스러운 삶의 태 도를 비판하는 것이군.

⑤ 유자가 죽은 비단잉어를 '술안주해서 처먹어 버'렸다는 것은, 상류층의 삶의 태도에 정면으로 반감을 드러낸 것이군.

* 향유(享有): 누리어 가짐.

서답형 ▶ **04** 발화의 의도 파악하기

다음은 ㉠에 담긴 의미를 설명한 것이다. ⓐ, ⓑ에 들어갈 말을 찾아 차례대로 쓰시오.

　　㉠에는 (　ⓐ　)이/가 (　ⓑ　)을/를 키우는 것이 어울리지 않는 행위임을 강조하는 의미가 담겨 있다.

문제풀이

복습하기

화법

1문단	[1]□□□□의 개념과 코케뉴
2문단	인류가 [2]□□□으로 인해 고통을 받았음을 보여 주는 그림
3문단	[3]□□□가 실현된 것처럼 보이는 현대 사회
4문단	실제로는 많은 사람들이 굶주림에 시달리고 있는 현실
5문단	청중들에게 [4]□□ 문제에 관심을 가질 것 촉구

비문학

1문단	국가의 사회 체제를 반영하는 [5]□□
2문단	[6]□□□□ 언론 모델의 특성
3문단	[7]□□□□ 언론 모델의 특성
4문단	[8]□□□□□ 언론 모델의 특성
5문단	새로운 언론 모델의 등장 예상

문학 – 청산별곡(작자 미상)

제1수	[9]□□에 대한 동경	제5수	운명에 대한 체념
제2수	삶의 비애와 고독	제6수	[10]□□에 대한 동경
제3수	속세에 대한 미련	제7수	기적을 바라는 절박함
제4수	절망적인 비탄	제8수	[11]□을 통한 고뇌의 해소

문학 – 유자소전(이문구)

비단잉어	유자의 심리와 행동
마리당 팔십만 원의 몸값	못마땅해함.
[12]□□□의 독성 때문에 죽은 것으로 추정됨.	밤새 [13]□□이 들었던 것이라고 딴청을 피움.
연못이 텅 빔.	비늘을 벗겨 [14]□□□로 먹음.

정답
1 유토피아   2 배고픔   3 코케뉴   4 기아   5 언론   6 권위주의   7 자유주의   8 사회적 책임   9 청산   10 바다   11 술
12 시멘트   13 고불   14 술안주

18

Contents

18강

작문

디지털 탄소발자국을 줄이기 위한 노력

한방에! 개념정리

한방에! 핵심정리

갈래	건의문
주제	디지털 탄소발자국 줄이기에 동참하자.
특징	① 문제 상황과 배경을 제시함. ② 문제 해결을 위한 실천 방법을 나열함.

※ 다음은 학생의 초고이다. 물음에 답하시오.

가 작문 상황

◦ 작문 목적: 디지털 기기의 사용이 지구 환경에 미치는 영향을 알려, 디지털 탄소발자국 줄이기에 동참할 것을 권유함.
◦ 예상 독자: 학교 학생들

나 학생의 초고

최근 '기후변화'와 '지속가능'의 개념들이 뉴스에서도 언급되는 등 지구적인 관심사가 되면서 다양한 분야에서 탄소발자국을 ㉠ 감소시키고 줄이려는 노력이 이어지고 있다. '탄소발자국'은 제품의 생산에서 소비, 폐기에 이르는 전 과정에서 직간접적으로 발생하는 이산화탄소의 총량으로, 한마디로 우리가 살아가면서 지구에 남기는 흔적이다.

그런데 탄소발자국 줄이기와 관련하여 간과해서는 안 될 분야가 바로 디지털 영역이다. 디지털 기기는 사용 흔적이 눈에 보이지 않아 대수롭지 않게 여기는 경우가 많은데 실제로는 그렇지 않기 때문이다. 디지털 기기와 데이터 센터에 있는 서버를 연결하는 과정에서 이산화탄소가 발생하며, 데이터 센터의 적정 온도를 유지하는 데에도 이산화탄소가 많이 발생한다. ㉡ 그러나 스마트폰과 노트북 등 디지털 기기를 사용하는 것만으로도 지구를 병들게 할 수 있는 것이다.

그렇다면 이러한 디지털 탄소발자국을 줄이기 위해 우리가 실천할 수 있는 일에는 무엇이 있을까? 우리의 일상과 떼려야 뗄 수 없는 스마트폰과 관련지어 생각해 보자. 우선, 스마트폰 사용 시간을 줄이는 것이다. 통화를 하거나 데이터를 사용하는 것뿐만 아니라 습관적으로 화면을 켜는 행위도 그만큼 전력을 소모해 이산화탄소를 발생시킨다고 하니, 환경을 위해 ㉢ 조금 멀리하는 것이 필요하다. 다음으로, 콘텐츠를 스트리밍하는 대신에 다운로드하는 것이다. 스트리밍은 인터넷을 사용하면서 발생하는 트래픽의 상당 부분을 차지하므로, 자주 듣고 보는 음악과 영상을 미리 다운로드하는 것이 탄소발자국을 줄이는 좋은 방법이 된다. 끝으로, 스마트폰을 자주 바꾸지 않는 것이다. ㉣ 스마트폰 한 대를 생산할 때 배출되는 이산화탄소의 양은 스마트폰 한 대를 약 10년 동안 사용할 때의 양과 같다고 한다. 스마트폰의 교체가 잦을수록 이산화탄소 발생량이 점점 증가하므로 스마트폰의 교체 주기를 늘리는 것이 탄소발자국을 줄이는 방법이 될 수 있다.

이처럼 디지털 탄소발자국을 줄이는 것은 개개인의 작은 실천에서 시작될 수 있다. 고개 숙여 스마트폰을 보는 대신 앞에 앉아 있는 사람과 눈 ㉤ 마추며 대화를 나누는 것은 어떨까? 어쩌면 스마트폰을 잠시 내려놓는 일은 사람들 간의 관계를 회복할 뿐만 아니라 지구의 건강을 지키는 일일 것이다.

01 글쓰기 전략 파악하기

(나)에 활용된 글쓰기 전략으로 적절하지 않은 것은?

① 비유적 표현을 활용하여 독자의 경각심을 높인다.

② 서두에 시사 용어를 사용하여 독자의 관심을 유도한다.

③ 묻고 답하는 방식을 통해 전달하려는 내용을 강조한다.

④ 다양한 실천 방안을 제시하여 독자의 참여를 이끌어낸다.

⑤ 예상되는 반론을 언급하여 글의 내용에 공정성을 부여한다.

★ 경각심(警覺心): 정신을 차리고 주의 깊게 살피어 경계하는 마음.

★ 서두(序頭): 일이나 말의 첫머리.

★ 시사(時事): 그 당시에 일어난 여러 가지 사회적 사건.

중요 ## 02 자료 활용의 적절성 파악하기

보기는 (나)를 쓴 '학생'이 '초고'를 보완하기 위해 추가로 수집한 자료들이다. 자료의 활용 방안으로 적절하지 않은 것은?

보기

ㄱ. 통계 자료

1. 스마트폰의 디지털 탄소발자국

데이터 8.6MB 사용 = 자동차 1km 주행

CO_2 95g 배출

2. 디지털 탄소발자국의 비율(%)

구분	디지털 탄소발자국 / 탄소발자국
2013년	2.5%
2018년	3%
2020년	3.7%
2040년	14% 초과 추정

ㄴ. 신문 기사

○○구는 지속가능한 지역 사회를 만들고 기후변화에 대응하기 위해 '디지털 탄소발자국 줄이기 5대 지침'을 시행한다고 밝혔다. 세부 지침은 컴퓨터 절전 프로그램 사용, 스팸 메일·쪽지 차단, 북마크 활용, 스트리밍 대신 다운로드, 전자기기 교체 주기 늘리기 등이다.

ㄷ. 전문가 인터뷰 자료

"2020년 7월 한 달 동안 스마트폰 가입자가 사용한 데이터는 1인당 평균 12.5GB 정도 되는데요, 이것은 한 달 동안 1인당 137.5kg의 이산화탄소를 배출한 셈이 됩니다. 실제 한 대학교 연구진은 개인이 스마트폰을 사용하면서 발생하는 이산화탄소가 다른 디지털 기기를 사용하는 과정에서 나온 이산화탄소의 총량을 넘어설 것이라고 지적하기도 했죠."

① ㄱ-1을 활용하여, CO_2 배출량을 자동차 주행과 비교함으로써 스마트폰 데이터의 사용이 탄소발자국을 남기고 있다는 것을 강조해야겠어.

② ㄱ-2를 활용하여, 탄소발자국에서 디지털 탄소발자국이 차지하는 비중이 앞으로 더 늘어날 것임을 알려야겠어.

③ ㄴ을 활용하여, 디지털 탄소발자국을 줄여 기후변화에 대응하는 실천 방안을 추가로 제시해야겠어.

④ ㄱ-1과 ㄷ을 활용하여, 스마트폰 데이터의 사용으로 발생하는 디지털 탄소발자국을 구체적인 수치로 나타내야겠어.

⑤ ㄱ-2와 ㄴ을 활용하여, 디지털 탄소발자국을 줄이기 위해 현행 제도의 문제점을 지적하고 이를 개선해야 함을 부각해야겠어.

★ 현행(現行): 현재 행하여지고 있음. 또는 행하고 있음.

---

03 고쳐 쓰기의 적절성 파악하기

㉠~㉤을 고쳐 쓰기 위한 방안으로 적절하지 않은 것은?

① ㉠: 의미가 중복되므로 '감소시키고'를 삭제한다.

② ㉡: 문맥을 고려하여 '그래서'로 고친다.

③ ㉢: 필요한 문장 성분이 생략되어 있으므로 '스마트폰을'을 첨가한다.

④ ㉣: 글의 통일성을 해치는 내용이므로 삭제한다.

⑤ ㉤: 맞춤법에 어긋나므로 '맞추며'로 고친다.

문제풀이

18 강

해양에서의 해류 순환 시스템

| 정답 및 해설 | 122쪽

한방에! 개념정리

한방에! 핵심정리

갈래	설명문
주제	해류의 순환 시스템
해제	이 글은 해류의 순환 시스템을 설명하고 있다. 심층 순환은 수온이 낮아지거나 염분이 높아지면 밀도가 높아진 해수가 심해로 가라앉아 순환이 일어나는 현상이다. 이때 심층의 찬 해수가 표층으로 올라오는 현상을 용승, 표층의 해수가 심층으로 가라앉는 현상을 침강이라고 한다. 특정 해역의 기온으로 인해 전 지구적인 해류 순환이 일어나기도 하며, 지구의 열에너지를 전달하는 데 큰 역할을 한다.

* 문단 중심 내용

1문단	심층 순환의 개념과 요인
2문단	기온과 밀도로 인해 발생하는 심층 순환
3문단	용승과 침강
4문단	연안 용승과 연안 침강
5문단	전 지구적인 해류 순환
6문단	해수의 순환이 하는 역할

한방에! 어휘풀이

* 수온 약층(水溫躍層): 수온이 급격하게 변화하는 층. 수심이 얕은 고온층과 수심이 깊은 저온층 사이에 분포한다.
* 무역풍(貿易風): 중위도 고압대에서 열대 수렴대로 부는 바람. 이 바람은 북반구에서는 동북풍, 남반구에서는 동남풍이 되며, 일년 내내 끊임없이 분다.

※ 다음 글을 읽고 물음에 답하시오.

해양에서는 표층뿐만 아니라 수심이 깊은 곳에도 해류가 존재한다. 표층에서 수온이 낮아지거나 염분이 높아지면 밀도가 높아진 해수가 심해로 가라앉아 해수의 순환이 일어나는데, 이를 심층 순환이라고 한다. 심층 순환은 기온과 밀도, 바람 등의 요인으로 발생한다.

기온과 밀도는 심층 순환을 발생시키는 대표적인 요인이다. 극 해역의 좁은 면적에서 차갑게 냉각된 해수는 밀도가 높아져 상대적으로 빨리 가라앉는다. 이후 가라앉은 해수는 저위도로 이동하여 적도에서부터 온대해역까지 걸쳐 매우 천천히 상승하고 표층을 따라 극 쪽으로 이동한다. 심층 해수의 상승 운동은 수온이 수심에 따라 급격하게 변화하는 층인 수온 약층*을 저위도에 형성한다. 극지방에서는 표층의 온도와 바닥의 온도가 거의 동일하기 때문에 수온 약층이 존재하지 않는다. 심층 순환으로 표층의 해수가 가라앉으면서 심해에 산소를 공급하여 준다.

바람의 영향으로 해수가 수평 방향으로 이동하면 이를 채우기 위해 수직 방향으로 해수가 이동할 수 있다. 해수의 수직 이동에서 심층의 찬 해수가 표층으로 올라오는 현상을 ㉠ 용승이라 하고, 표층의 해수가 심층으로 가라앉는 현상을 ㉡ 침강이라고 한다. 특히, 적도 부근에서 무역풍* 때문에 발생하는 용승을 적도 용승이라고 한다. 태풍이 해양을 지나가는 동안 태풍의 강한 바람이 해수를 주변으로 발산시키면 그 중심에서 용승이 일어난다.

연안의 요인으로 일어나는 용승과 침강은 연안 용승, 연안 침강으로 구별하여 설명한다. 연안에서 바람 때문에 표층 해수가 먼바다 쪽으로 이동하면 이를 채우기 위해 심층에서 찬 해수가 올라오는 용승이 일어나는데, 이를 연안 용승이라고 한다. 반대로 바람 때문에 먼바다의 표층 해수가 연안으로 이동하면 해수가 가라앉는 연안 침강이 일어난다. 용승은 상승 속도가 매우 느리므로 실제 흐름을 관측하기는 거의 불가능하다. 심층에서 찬 해수가 올라오면 침강 현상과 달리 표층 해수의 수온이 내려가므로 용승이 일어났음을 알 수 있다.

특정 해역의 기온으로 인하여 전 지구적인 해류 순환이 일어나기도 한다. 수온이 낮은 고위도 해역에서 해수가 얼면 주변 해수는 염분이 높아져 밀도가 높아지는데, 이 해수가 가라앉으면서 심층 순환이 시작된다. 가라앉아 흐르기 시작하는 해수는 수온과 염분이 변하지 않고 상당 기간 유지되는데, 이처럼 수온과 염분이 거의 같은 해수 덩어리를 수괴라고 한다. 심층 순환과 관련된 대표적인 수괴는 북대서양 심층수와 남극 저층수이다. 북대서양 심층수는 그린란드 남쪽의 래브라도해와 그린란드 동쪽의 노르웨이해에서 수 km 깊이까지 가라앉아 형성되고, 남쪽으로 확장하여 남대서양으로 흘러간다. 남극 저층수는 남극 대륙 주변의 웨들해에서 겨울철에 결빙이 일어나면서 해수가 심층으로 가라앉아 형성되고, 북쪽으로 확장하여 흐른다.

이처럼 해수의 순환은 지구의 열에너지를 전달하는 데에 큰 역할을 한다. 하나의 순환에 변화가 생기면 전체 해수 순환에 변화가 일어나고, 전 지구의 기후에 영향을 준다.

01 세부 내용 파악하기

윗글을 통해 알 수 없는 것은?

① 심층의 해류 순환이 일어나는 이유   ② 수온 약층이 생태계에 미치는 영향
③ 용승이 일어났음을 알 수 있는 방법   ④ 적도 부근의 용승을 발생시키는 요인
⑤ 해수가 가라앉으며 생기는 수괴의 사례

02 핵심 내용 이해하기

㉠, ㉡에 대한 이해로 적절하지 않은 것은?

① ㉠은 수온 약층을 저위도에 형성한다.
② ㉡은 심해 해수에 산소를 공급하는 기능을 한다.
③ ㉠은 ㉡과 달리 표층 해수의 수온을 하강시킨다.
④ ㉡은 ㉠과 달리 표층 해수의 이동에 의해 발생한다.
⑤ ㉠과 ㉡은 모두 연안의 영향을 받아 발생할 수 있다.

중요 03 구체적 사례에 적용하기

윗글을 바탕으로 보기 를 이해한 내용으로 적절하지 않은 것은?

보기

　아래 그림은 해역의 온도에 따른 해류의 순환을 그림으로 나타낸 것이다. 지역의 기온에 따라 해수의 용승과 침강이 일어나며, 해수가 용승한 해역인 [A 지역]의 표층 해수가 [B 지역]으로 이동함을 알 수 있다. 단, 연안과 바람의 영향을 받지 않는다고 가정한다.

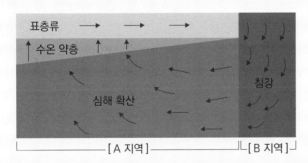

① [A 지역]은 수온 약층에서 용승이 일어나고 있으므로 저위도 해역으로 볼 수 있겠군.
② [B 지역]은 표층의 해수가 가라앉고 있으므로 기온이 낮은 극 해역으로 볼 수 있겠군.
③ [B 지역]의 해역에서 해수가 얼면 주변 해수의 염분이 높아져 밀도가 높아지겠군.
④ [A 지역]에서는 [B 지역]과 달리 해류의 수온과 염분 농도가 상당 기간 유지되겠군.
⑤ [A 지역]과 [B 지역]에 이르기까지 해류가 순환하며 지구의 열에너지가 전달되겠군.

서답형 04 핵심 내용 이해하기

빈칸에 들어갈 말로 적절한 것을 골라 차례대로 쓰시오.

　온도가 (높거나 / 낮거나) 염도가 (높은 / 낮은) 해수는 밀도가 (높기 / 낮기) 때문에 가라앉는데, 이를 침강이라고 한다.

문제풀이

갈래	자유시, 서정시
성격	서정적, 비유적
주제	조화로운 삶의 추구
특징	① 인간의 삶을 나무에 비유함. ② 반복, 인과, 점층 등을 활용하여 숲의 아름다움을 표현함.
해제	이 작품에서 나무는 인간 개인을, 나무가 모인 숲은 공동체를 의미한다. 즉, 나무의 움직임을 통해 인간의 삶을 형상화하고 있는 것으로, 인간들이 나무들처럼 공동체 의식을 가지고 조화롭게 살아가기를 바라는 소망이 담겨 있다.

※ 다음 글을 읽고 물음에 답하시오.

나무 하나가 흔들린다
나무 하나가 흔들리면
나무 둘도 흔들린다
나무 둘이 흔들리면
나무 셋도 흔들린다

이렇게 이렇게

나무 하나의 꿈은
나무 둘의 꿈
나무 둘의 꿈은
나무 셋의 꿈

나무 하나가 고개를 젓는다
옆에서
나무 둘도 고개를 젓는다
옆에서
나무 셋도 고개를 젓는다

ⓐ 아무도 없다
아무도 없이
나무들이 흔들리고
고개를 젓는다

[A] ┌ 이렇게 이렇게
    └ 함께

- 강은교, 〈숲〉 -

01 표현상의 특징 파악하기

윗글에 대한 설명으로 적절하지 <u>않은</u> 것은?

① 의인법을 활용하여 나무를 사람처럼 표현하고 있다.

② 반복법을 활용하여 비슷한 문장 구조를 통해 운율을 형성하고 있다.

③ 역설법을 활용하여 나무 하나의 꿈이 나무 둘의 꿈이라고 말하고 있다.

④ 점층법을 활용하여 나무 하나에서 나무 둘, 나무 셋으로 늘려가고 있다.

⑤ 비유법을 활용하여 바람 부는 숲과 조화로운 공동체를 동시에 표현하고 있다.

> ★ **점층법(漸層法)**: 문장의 뜻을 점점 강하게 하거나, 크게 하거나, 높게 하여 마침내 절정에 이르도록 하는 수사법.

02 시구의 의미 파악하기

[A]에 담긴 의미로 가장 적절한 것은?

① 자연의 질서에 순응하고자 하는 간절함

② 현실의 고뇌를 잊기 위한 자연에의 귀의

③ 임과의 이별을 받아들이고 싶지 않은 마음

④ 함께 어울려 조화롭게 살아가는 삶의 소중함

⑤ 세상과 화합하여 살아가지 못하는 것에 대한 고뇌

> ★ **귀의(歸依)**: 돌아가거나 돌아와 몸을 의지함.

중요 **03** 감상의 적절성 평가하기

 의 ㉠~㉣의 관점에 따라 윗글을 평가한 내용으로 적절하지 <u>않은</u> 것은?

보기

> 시의 감상 방법에는 내재적 관점과 외재적 관점이 있다. 절대주의적 관점이라고 부르는 ㉠ 내재적 관점은 외부 요소는 고려하지 않고 오로지 작품 자체에만 집중하여 감상하는 관점이다. 외재적 관점은 다시 세 가지로 나뉘는데, 먼저 ㉡ 반영론적 관점은 작품 내에 현실이 어떻게 반영되어 있는지를 중심으로 작품을 해석하는 관점이다. ㉢ 표현론적 관점은 작가와 관련된 다양한 요소들이 작품 속에 어떻게 나타나는지 살펴보며 작품을 해석하는 관점이고, ㉣ 효용론적 관점은 작품이 독자에게 미치는 영향을 중심으로 작품을 감상하는 관점이다.

① ㉠: 화자가 작품 표면에 직접 드러나 있지는 않군.

② ㉠: 나무가 흔들리는 모습을 시각적 심상을 활용하여 묘사하고 있군.

③ ㉡: 나무가 함께 흔들리는 모습에는 인간의 삶이 조화롭기를 바라는 현실의 욕구가 반영되어 있군.

④ ㉢: 시인이 바람에 숲 전체가 흔들리는 모습을 보고 지은 시라는 것을 알면 의미가 색다르군.

⑤ ㉣: 한 나무가 흔들리면 다른 나무도 흔들리는 것을 통해 자기 주관의 중요성을 말하고 있군.

> ★ **주관(主觀)**: 자기만의 견해나 관점.

 04 시구의 의미 파악하기

ⓐ에 담긴 의미를 설명하는 말로 적절한 것을 골라 쓰시오.

> 나무들이 (내부적 / 외부적) 요소에 의해 움직이는 것이 아니라는 것을 의미한다.

문제풀이

18강

규중칠우쟁론기 _ 작자 미상

✔ 한방에! 개념정리

✔ 한방에! 핵심정리

갈래	고전 수필, 가전체 수필
성격	교훈적, 우화적, 풍자적
주제	① 공치사를 일삼는 세태에 대한 비판 ② 역할과 직분에 따른 성실한 삶의 가치
특징	① 3인칭 시점의 객관적인 태도로 서술함. ② 바느질에 쓰이는 사물을 의인화하여 표현함.
해제	이 작품은 바느질 용구를 의인화하여 사람의 일에다 견주고 있다. 바느질 용구의 생김새나 쓰임에 따라 명칭을 정하고, 그 거동을 묘사하는 데 있어 탁월한 글솜씨를 발휘하고 있어 주목할 만하다. 자신의 공을 내세우며 남을 헐뜯는 등장인물을 통해 세태를 풍자하는 한편, 자신의 직분에 따른 성실한 삶을 칭찬하고 있다고도 볼 수 있다. 한문이 아닌 국문으로 여성의 관심사를 서술하였다는 의의를 갖는다.

※ 다음 글을 읽고 물음에 답하시오.

하루는 칠우가 모여 바느질의 공을 의논하는데 척 부인이 긴 허리를 뽐내며 말하기를,

"여러 벗들은 들으라. 가는 명주, 굵은 명주, 흰 모시, 가는 실로 짠 천, 파랑, 빨강, 초록, 자주 비단을 다 내어 펼쳐 놓고 남녀의 옷을 마련할 때, 길이와 넓이며 솜씨와 격식을 내가 아니면 어찌 이루리오. 그러므로 옷 짓는 공은 내가 으뜸이 되리라."

교두 각시가 두 다리를 빠르게 놀리며 뛰어나와 이르되,

"척 부인아, 그대 아무리 마련*을 잘한들 베어 내지 아니하면 모양이 제대로 되겠느냐? ㉠ 내 공과 내 덕이니 네 공만 자랑 마라."

세요 각시가 가는 허리를 구부리며 날랜 부리 돌려 이르되,

"두 벗의 말이 옳지 않다. ⓐ 진주가 열 그릇이나 꿰어야 구슬이라 할 것이니, 재단*에 두루 능하다 하나 내가 아니면 옷 짓기를 어찌하리오. 잘게 누빈 누비*, 듬성하게 누빈 누비, 맞대고 꿰맨 솔기*, 긴 옷을 지을 때 나의 날래고 빠름이 아니면 어찌 잘게 뜨며, 굵게 박아 마음대로 하리오. 척 부인이 재고 교두 각시가 옷감을 베어 낸다 하나, 나 아니면 공이 없으련만 두 벗이 무슨 공이라 자랑하느뇨."

청홍흑백 각시가 얼굴이 붉으락푸르락하여 화내며 말하기를,

"세요야, 네 공이 내 공이라. 자랑 마라. 네 아무리 잘난 체하나 한 솔기나 반 솔기인들 내가 아니면 네 어찌 성공하리오."

감투 할미가 웃으며 이르되,

"각시님네, 웬만히 자랑하소. 이 늙은이 머리부터 발끝까지 온몸으로 아기씨 네 손부리* 아프지 아니하게 바느질 도와 드리나니, ㉡ 옛말에 이르기를 '닭의 입이 될지언정 소의 꼬리는 되지 말라.'고 했소. 청홍흑백 각시는 세요의 뒤를 따라다니며 무슨 말 하시느뇨. 실로 얼굴이 아까워라. 나는 매양 세요의 귀에 찔렸으나, 낯가죽이 두꺼워 견딜 만하여 아무 말도 아니하노라."

인화 부인이 이르되,

"그대들은 다투지 마라. 나도 잠깐 공을 말하리라. 잘거나 듬성한 누비가 누구 덕에 젓가락같이 고우며, 옷 솔기도 나 아니면 어찌 풀로 붙인 듯이 고우리오. 바느질 솜씨 보잘것없는 자의 들락날락 바르지 못한 바느질도 나의 손바닥으로 한 번 씻으면 잘못한 흔적이 감추어지니, 세요의 공이 나로 인하여 빛나느니라."

울 낭자가 커다란 입을 벌리고 너털웃음을 웃으며 이르되,

"인화야, 너와 나는 하는 일이 같다. 그러나 인화는 바느질할 때뿐이지만 나는 천만 가지 의복에 아니 참여하는 곳이 없다."

규중 부인이 이르되,

"칠우의 공으로 의복을 다스리나, ㉢ 그 공이 사람이 쓰기에 달려 있는데 어찌 칠우의 공이라 하리오."

하고 말을 마치자 칠우를 밀치고 베개를 돋우고 깊이 잠이 드니, 척 부인이 탄식하며 이르되,

"매정할 사 사람이요, 공 모르는 것은 여자로다. 의복 마를 때는 먼저 찾으면서 일이 끝나면 자기 공이라 하고, 게으른 종 잠 깨우는 막대는 내가 아니면 못 칠 줄로 알고, 내 허리 부러짐도 모르니 어찌 야속하고 노엽지 않으리오."

교두 각시가 이어서 말하기를,

"그대 말이 옳다. 옷을 마르며* 벨 때는 나 아니면 못하련만, 잘 드나니 아니 드나니 하고 내어 던지며 양다리를 각각 잡아 흔들 때는 불쾌하고 노엽기를 어찌 헤아리겠소. 세요 각시가 잠깐이라도 쉬려고 달아나면 매양 내 탓인 양 여겨 내게 트집을 잡고, 마치 내가 감춘 듯이 문고리에 거꾸로 달아 놓고 좌우로 돌려 보며 앞뒤로 검사해서 찾아낸 것이 몇 번인 줄 알리오. 그 공을 모르니 어찌 슬프고 원망스럽지 않으리오."

세요 각시 한숨짓고 이르되,

"너는 그렇거니와 나는 일찍이 무슨 일로 사람의 손에 보채이며 싫은 소리를 듣는지 사무치게 원통하구나. 더욱이 나의 약한 허리 휘두르며 날랜 부리를 돌려 힘껏 바느질을 돕는 줄도 모르고 마음에 맞지 아니하면 나의 허리를 분질러 화로에 넣으니 어찌 원통하지 않으리오. 사람과는 극한의 원수 지간이라. 갚을 길이 없어 이따금 손톱 밑을 찔러 피를 내어 한을 풀면 조금 시원하나, ㉣ 간사하고 흉악한 감투 할미가 밀어 만류하니 더욱 애달프고 못 견딜 일이로다."

인화가 눈물지으며 이르되,

"그대는 아프다 어떻다 하는구나. 나는 무슨 죄로 붉은 불 가운데 낯을 지지면서 굳은 것 깨치는 일은 나에게 다 시키니 섧고* 괴로운 것을 헤아리지 못하겠구나."

울 낭자가 슬픈 표정으로 말하기를,

"그대와 나는 하는 일이 같고 욕되기도 마찬가지라. 제 옷을 문지르고 멱*을 잡아 들까부르며* 우겨 누르니, ㉤ 하늘이 덮치는 듯 심신이 아득하여 내 목이 따로 떨어진 적이 몇 번이나 되는 줄 알리오."

[A]
칠우가 이렇게 이야기를 주고받으며 회포를 푸는데 자던 여자가 문득 깨어나 칠우에게 이르기를,

"여러 벗들은 어찌 그토록 내 허물을 들추어 말하느냐?"

감투 할미가 머리를 조아려 사죄하며 말하기를,

"젊은 것들이 망령되게 생각이 없는지라 모자람이 많사옵니다. 저희들이 재주를 믿고 공이 많음을 자랑하며 원망을 했으니 마땅히 곤장을 쳐야 하나, 평소의 깊은 정과 저희들의 조그만 공을 생각하여 용서하심이 옳을까 하나이다."

여자가 답하기를,

"할미 말을 좇아 더 이상 잘못을 묻지 않을 것이다. 내 손부리가 성한 것이 할미의 공이라. 꿰어 차고 다니며 은혜를 잊지 아니할 것이니, 금주머니를 짓고 그 가운데 넣어 몸에 지니고 다니며 서로 떠나지 않게 하리라."

하고 말하니, 할미는 머리를 조아려 사례하고 나머지 벗들은 부끄러워하며 물러나니라.

– 작자 미상, 〈규중칠우쟁론기〉 –

＊ 내용 구성

부인의 첫 번째 잠	규중 칠우의 공치사
잠에서 깸	규중 칠우에 대한 꾸중
부인의 두 번째 잠	규중 칠우의 불평
잠에서 깸	규중 칠우에 대한 꾸중과 감투 할미의 사과

＊ 각 인물에 대응하는 사물

척 부인	자
교두 각시	가위
세요 각시	바늘
청홍흑백 각시	실
감투 할미	골무
인화 부인	인두
울 낭자	다리미

✔ 한방에! 어휘풀이

＊ 마련: 마름질. 옷감이나 재목 따위를 치수에 맞도록 재거나 자르는 일.

＊ 재단(裁斷): 옷감이나 재목 따위를 치수에 맞도록 재거나 자르는 일.

＊ 누비: 두 겹의 천 사이에 솜을 넣고 줄이 죽죽 지게 박는 바느질. 또는 그렇게 만든 물건.

＊ 솔기: 옷이나 이부자리 따위를 지을 때 두 폭을 맞대고 꿰맨 줄.

＊ 손부리: 손가락의 끝을 비유적으로 이르는 말.

＊ 마르다: 옷감이나 재목 따위의 재료를 치수에 맞게 자르다.

＊ 섧다: 원통하고 슬프다.

＊ 멱: 목의 앞쪽.

＊ 들까부르다: 위아래로 심하게 흔들다.

181

01 인물의 말하기 방식 파악하기

윗글의 인물들의 말하기 방식으로 가장 적절한 것은?

① '척 부인'은 '감투 할미'를 깎아내리면서 공을 내세우고 있다.

② '청홍흑백 각시'는 '세요 각시'의 겸손함을 칭찬하면서 공을 내세우고 있다.

③ '울 낭자'는 '인화 부인'보다 하는 일이 더 많음을 들어 공을 내세우고 있다.

④ '교두 각시'는 '세요 각시'와 비교당하는 것에 대한 원망을 토로하고 있다.

⑤ '인화 부인'은 '울 낭자'와 서로 공감대를 형성하며 원망을 토로하고 있다.

★ **토로하다(吐露하다):** 마음에 있는 것을 죄다 드러내어서 말하다.

02 구절의 의미 파악하기

㉠~㉤에 대한 설명으로 적절하지 <u>않은</u> 것은?

① ㉠: 자로 옷감을 재어도 가위로 자르지 않으면 소용없다는 의미이다.

② ㉡: 옛말을 인용하여 바늘을 따라다녀야 하는 실의 처지를 폄하하는 것이다.

③ ㉢: 도구의 공보다는 도구를 사용하는 사람의 공이 더 크다는 사고방식이 담겨 있다.

④ ㉣: 골무로 인해 사람의 손가락이 바늘에 찔리지 않는 것을 표현하는 것이다.

⑤ ㉤: 사람이 다리미를 원래의 용도로 사용하지 않는 것을 비난하는 것이다.

★ **폄하하다(貶下하다):** 가치를 깎아내리다.

중요 03 외적 준거를 바탕으로 작품 이해하기

보기 를 참고하여 [A]를 이해한 내용으로 가장 적절한 것은?

> **보기**
>
> 〈규중칠우쟁론기〉는 사물을 의인화하여 인간 세상을 표현하고 있다. 긍정적인 측면에서 보자면, 규중 칠우의 쟁론은 자신의 직분에 따라 성실하게 살아가야 한다는 교훈을 주고 있다. 하지만 부정적인 측면에서 보자면, 공치사를 일삼는 세태와 더불어 간신배를 풍자한다고 볼 수 있다.

① 공동체 생활에 염증을 느끼는 젊은 세대와, 이를 무작정 비난하는 노인 세대를 풍자하고 있다.

② 자신의 재주만 믿고 오만하게 행동하는 사람과, 작은 재주도 크게 받아들이는 지배층을 풍자하고 있다.

③ 윗사람의 허물을 지적하지 못하는 사람과, 바른말을 하는 사람을 오히려 처벌하는 지배층을 풍자하고 있다.

④ 곤경을 벗어나고자 윗사람에게 아첨하는 사람과, 자신에게 아첨하는 사람을 편애하는 지배층을 풍자하고 있다.

⑤ 다른 사람을 깎아내려 자신만 비난을 피하는 사람과, 잘못을 지적한 사람에게 가혹한 벌을 내리는 지배층을 풍자하고 있다.

★ **직분(職分):** 직무상의 본분.

★ **공치사(功致辭):** 남을 위하여 수고한 것을 생색내며 스스로 자랑함.

★ **염증(厭症):** 싫은 생각이나 느낌. 또는 그런 반응.

★ **무작정(無酌定):** 얼마든지 혹은 어떻게 하리라고 미리 정한 것이 없이.

★ **아첨하다(阿諂하다):** 남의 환심을 사거나 잘 보이려고 알랑거리다.

★ **편애하다(偏愛하다):** 어느 한 사람이나 한쪽만을 치우치게 사랑하다.

서답형 04 발화의 의도 파악하기

빈칸에 들어갈 인물을 찾아 쓰시오.

> ⓐ는 아무리 훌륭하고 좋은 것이라도 다듬고 정리하여 쓸모 있게 만들어 놓아야 값어치가 있음을 비유적으로 이르는 말이다. 이를 보면, '세요 각시'가 ⓐ를 언급한 것은 '(   )'와/과 '교두 각시'가 천을 재단하더라도 자신이 없으면 옷을 지을 수 없다고 주장하기 위해서이다.

복습하기

작문

1문단	¹ ☐☐☐☐☐ 의 개념
2문단	² ☐☐☐ 기기에서 발생하는 이산화탄소
3문단	디지털 탄소발자국을 줄이기 위한 방법
4문단	개개인의 작은 실천 강조

비문학

1문단	³ ☐☐☐☐ 의 개념과 요인
2문단	기온과 밀도로 인해 발생하는 심층 순환
3문단	용승과 ⁴ ☐☐
4문단	⁵ ☐☐ 용승과 ⁵ ☐☐ 침강
5문단	전 지구적인 ⁶ ☐☐☐☐
6문단	해수의 순환이 하는 역할

문학 – 숲(강은교)

1~2연	나무들이 같이 흔들림
3연	나무들이 ⁷ ☐ 을 서로 공유함
4연	나무들이 함께 ⁸ ☐☐ 를 저음
5~6연	나무들이 아무도 없이 흔들리고, 고개를 저으며 함께 살아감

문학 – 규중칠우쟁론기(작자 미상)

척 부인	⁹ ☐	감투 할미	¹³ ☐☐
교두 각시	¹⁰ ☐☐	인화 부인	¹⁴ ☐☐
세요 각시	¹¹ ☐☐	울 낭자	¹⁵ ☐☐☐
청홍흑백 각시	¹² ☐		

가위 골무 다리미 바늘 실 인두 자

정답   1 탄소발자국   2 디지털   3 심층 순환   4 침강   5 연안   6 해류 순환   7 꿈   8 고개   9 자   10 가위   11 바늘   12 실   13 골무   14 인두   15 다리미

19

Contents

✔ 한방에! 개념정리

✔ 한방에! 핵심정리

* 높임 표현
- 화자가 대상의 높고 낮은 정도를 언어적으로 구별하는 것
- 주체 높임: 서술어의 주체를 높이는 방식
  → 선어말 어미 '-(으)시-', 특수 어휘, 조사 '께서'
- 객체 높임: 서술어의 객체를 높이는 방식
  → 특수 어휘, 조사 '께'
- 상대 높임: 청자를 높이거나 낮추는 방식
  → 하십시오체(격식체), 해요체(비격식체)

* 피동 표현
- 주어가 다른 주체에 의해 동작이나 행위를 당하는 것을 표현하는 것
- 피동 접미사 '-이-', '-히-', '-리-', '-기-'
  동사 어간 + '-어/아지다', '-게 되다'
  일부 명사 뒤 '-되다'

※ 다음 글을 읽고 물음에 답하시오.

담화 상황에서 화자가 자신의 의도를 명확하게 전달하고 청자와 원활하게 의사소통을 하기 위해서는 대상과 상황에 맞게 문법 요소를 활용해야 한다. 이러한 문법 요소에는 높임 표현, 피동 표현 등이 있다.

높임 표현은 화자가 대상의 높고 낮은 정도를 언어적으로 구별하는 것이다. 이는 화자가 높이려는 대상이 누구인지에 따라 주체 높임, 객체 높임, 상대 높임으로 구분된다. 주체 높임은 서술어의 주체를 높이는 방식이다. 이는 일반적으로 서술어에 선어말 어미 '-(으)시-'가 붙어서 실현되며, '주무시다, 잡수시다'와 같은 특수한 어휘나 조사 '께서'로 실현되기도 한다. 주체 높임에는 높임의 대상을 직접적으로 높이는 방식과 높이려는 대상의 신체 일부분, 소유물, 생각 등과 관련된 서술어에 '-(으)시-'를 사용해 높임의 대상을 간접적으로 높이는 방식이 있다. 객체 높임은 목적어나 부사어가 지시하는 대상, 즉 서술어의 객체를 높이는 방식이다. 이는 보통 '드리다, 모시다'와 같은 특수한 어휘나 조사 '께'로 실현된다. 상대 높임은 청자를 높이거나 낮추는 방식이다. 상대 높임은 종결 어미를 통해 실현되는데 하십시오체, 하오체, 하게체, 해라체와 같은 격식체와 해요체, 해체와 같은 비격식체로 나뉜다. 보통 공적인 상황에서 예의를 갖추며 상대를 높일 때에는 격식체의 하십시오체를 사용하고, 사적인 상황에서 친밀감을 드러내며 높일 때에는 비격식체의 해요체를 사용한다.

[A]
한편 피동 표현은 주어가 다른 주체에 의해 동작이나 행위를 당하는 것을 표현하는 것이다. 이와 반대로 주어가 동작이나 행위를 제힘으로 함을 표현하는 것은 능동 표현이라고 한다. 그런데 능동 표현을 피동 표현으로 바꾸거나 피동 표현을 능동 표현으로 바꾸면 문장 성분에 변화가 일어난다. 피동 표현은 능동의 동사에 피동 접미사 '-이-', '-히-', '-리-', '-기-'가 붙거나, 동사의 어간에 '-어/아지다', '-게 되다' 등이 붙어서 실현된다. 그리고 일부 명사 뒤에 '-되다'가 결합하여 실현되기도 한다. 피동 표현이 실현되면 동작이나 행위를 당하는 대상이 주어로 나타나므로 동작이나 행위를 당한 대상이 강조되는 효과가 있다. 그런데 간혹 피동 표현을 만드는 요소를 중복으로 결합하여 이중 피동 표현을 사용하는 일이 발생한다. 이러한 경우 잘못된 표현이 되어 화자의 의도를 효과적으로 드러내기 어렵고 상대방과의 원활한 의사소통을 방해할 수 있다. 그러므로 피동 표현의 쓰임새를 정확하게 이해하여 피동 표현을 사용하는 일은 중요하다.

중요 01 높임 표현 탐구하기

윗글을 바탕으로 보기 를 탐구한 내용으로 적절하지 않은 것은?

보기

ㄱ. (회장이 학급 친구들에게) 지금부터 학급 회의를 시작하겠습니다.
ㄴ. (언니가 동생에게) 나는 지난주에 할머니를 뵙고 왔어.
ㄷ. (형이 동생에게) 할아버지께서는 지금 어디 계시니?
ㄹ. (학생이 선생님에게) 선생님의 옷이 멋지십니다.
ㅁ. (아들이 어머니에게) 아버지께 다녀왔어요.

① ㄱ: '회장'은 공적인 상황에서 종결 어미를 사용하여 상대인 '학급 친구들'을 높이고 있다.
② ㄴ: '언니'는 특수한 어휘를 사용하여 객체인 '할머니'를 높이고 있다.
③ ㄷ: '형'은 조사와 선어말 어미를 사용하여 주체인 '할아버지'를 높이고 있다.
④ ㄹ: '학생'은 선어말 어미를 사용하여 '선생님'을 간접적으로 높이고 있다.
⑤ ㅁ: '아들'은 조사를 사용하여 객체인 '아버지'를 높이고 있다.

중요 02 피동 표현 이해하기

[A]를 바탕으로 보기 의 ㉠~㉢에 대해 설명한 것으로 적절하지 않은 것은?

보기

학생 1: 어제 유기견 보호 센터에서 한 봉사활동은 어땠어?
학생 2: 응, 좋았어. 강아지들과 놀아 주고 산책도 했어. 그리고 친구들의 마음이 ㉠담긴 성금도 전달했지.
학생 1: ㉡버려지는 강아지들이 ㉢구조되는 데 성금이 ㉣쓰인다고 해서 나도 모금에 동참했어.
학생 2: 아, 그래? 유기견 보호 행사가 다음 주에 ㉤열린다는데 너도 같이 갈래?
학생 1: 응. 좋아.

① ㉠은 능동의 동사에 피동 접미사 '-기-'가 결합하여 실현된 피동 표현이다.
② ㉡은 피동 접미사 '-리-'가 쓰인 동사의 어간에 '-어지다'가 중복해서 결합한 이중 피동 표현이다.
③ ㉢은 명사 뒤에 '-되다'가 결합하여 주어가 행위를 당하는 것을 표현하고 있다.
④ ㉣은 '쓴다고'와 같이 능동 표현으로 바뀔 경우 ㉣의 주어가 목적어로 바뀐다.
⑤ ㉤은 행사를 여는 주체보다 '유기견 보호 행사'가 강조되는 효과가 드러나는 피동 표현이다.

서답형 03 높임 표현, 피동 표현 이해하기

ⓐ~ⓒ에 들어갈 말로 적절한 것을 차례대로 쓰시오.

'아버지께서 동생에게 밥을 먹이셨습니다.'라는 문장은 특수 어휘 '께서'와 선어말 어미 '-(으)시-'를 통해 (ⓐ) 높임이 실현되었고, 하십시오체를 통해 (ⓑ) 높임이 실현되었다. 한편, '먹이셨습니다'는 피동 접미사 '(ⓒ)'을/를 통해 피동 표현이 실현되었다.

| 정답 및 해설 | **130**쪽

※ 다음 글을 읽고 물음에 답하시오.

일반적으로 전지는 1차 전지와 2차 전지로 나뉜다. 1차 전지는 한 번 사용하고 나면 재사용이 불가능하지만 2차 전지는 전기에너지와 화학에너지의 반응을 통해 방전된 후에도 충전할 수 있어 재사용이 가능하다. 휴대전화와 전기 자동차에 사용되는 배터리가 모두 2차 전지에 해당한다. 그렇다면 2차 전지는 어떠한 원리로 작동할까?

보통 2차 전지라고 하면 리튬이온전지를 일컫는다. 이 전지는 양극과 음극을 도선*으로 연결하여, 전지의 전력을 사용할 때는 음극에 있는 리튬이온에서 전자가 분리되어 도선을 통해 음극에서 양극으로 전자가 흐른다. 음극에 있는 리튬이온은 전자를 내보내려는 성질이 있기 때문이다. 이러한 전자의 이동을 통해 전기를 일으켜 전력이 소모되는 방전이 일어난다. 방전 시에는 음극에 있던 리튬이온도 전해질*을 통해 음극에서 양극으로 이동한다. 이런 방식으로 전지가 모두 방전되고 나면 리튬이온과 전자는 양극에 모여 있게 되는데, 이때 리튬이온은 안정적인 상태가 되기 때문에 자발적으로 전자를 내보내지 않는다. 따라서 충전기를 통해 외부에서 전압을 가함으로써 리튬이온과 전자를 다시 음극으로 보내고, 이 이온을 음극에서 저장하는 방식으로 충전이 이루어진다. 다시 말해 화학에너지를 전기에너지로 변환하는 방전과 전기에너지를 화학에너지로 다시 저장하는 충전을 통해 2차 전지의 반복적인 사용이 가능한 것이다.

이러한 작동을 위해 2차 전지는 양극재, 음극재, 전해질, 분리막으로 구성된다. 양극재에는 니켈 카드뮴, 니켈 수소 등 다양한 소재가 사용되는데 리튬이온이 가장 많이 사용되는 것은 에너지 밀도가 높아 성능이 우수하고 메모리 효과가 없기 때문이다. 메모리 효과란 전지가 완전히 방전되기 전에 충전하면 전기량이 남아 있음에도 충전기가 완전 방전으로 기억하는 효과를 가지게 되어, 최초에 가지고 있는 충전용량보다 용량이 줄어들면서 전지의 수명이 줄어드는 현상을 말한다. 그리고 리튬이온전지에서 음극재로는 흑연이 주로 사용된다. 흑연은 종이가 겹쳐 있는 것과 같은 층상 구조*를 이루고 있어 양극에서 빠져나온 리튬 원자들이 흑연의 층상 구조 사이로 끼어들고 전력을 사용할 때는 다시 이 구조에서 빠져나오게 된다. 이렇게 리튬이온을 반복적으로 저장하고 배출하면서도 그 구조의 변화가 적어 전지의 수명이 길어지는 효과를 거둘 수 있다. 또한 전해질에는 리튬을 용해할* 수 있는 액체 전해질이 사용된다. 그리고 분리막은 양극과 음극을 분리하는 역할을 한다. 양극과 음극이 연결되면 전지가 고장이 나거나 폭발이 일어날 수 있어 양극과 음극을 서로 분리하는 것이다. 다만, 분리막에는 아주 작은 구멍이 있어 리튬이온이 이동할 수 있다.

✓ 한방에! 어휘풀이

★ **도선(導線)**: 전기의 양극을 이어 전류를 통하게 하는 쇠붙이 줄.
★ **전해질(電解質)**: 물 따위의 용매에 녹아서, 이온화하여 음양의 이온이 생기는 물질.
★ **층상 구조(層狀構造)**: 지질 이중층으로 만들어진 막이 겹겹이 쌓인 입체 구조.
★ **용해하다(溶解하다)**: 녹거나 녹이다.

01 내용 전개 방식 파악하기

윗글에 대한 설명으로 가장 적절한 것은?

① 특정한 기술에 대한 사회적 찬반 논쟁을 요약하고 있다.
② 특정한 기술이 갖는 문제점과 해결 방안을 제시하고 있다.
③ 화제가 되는 대상의 기술이 발전해온 역사를 소개하고 있다.
④ 화제가 되는 대상이 작동하는 원리와 구조를 설명하고 있다.
⑤ 특정한 기술의 장단점을 소개하고 미래의 발전 방향을 제안하고 있다.

02 핵심 내용 이해하기

윗글에서 알 수 있는 내용으로 적절하지 <u>않은</u> 것은?

① 음극에 저장되어 있는 리튬이온은 전자를 내보내려는 성질이 있다.
② 2차 전지는 재사용과 충전이 가능하다는 점에서 1차 전지와 구분된다.
③ 2차 전지는 양극에 리튬이온이 모여 있게 함으로써 충전이 이루어진다.
④ 리튬이온전지의 분리막은 양극과 음극의 연결로 인한 고장을 예방한다.
⑤ 완전한 방전 후 충전하면 메모리 효과에 의한 수명 감소를 방지할 수 있다.

중요 03 구체적 사례에 적용하기

윗글을 바탕으로 보기 를 이해한 내용으로 적절하지 <u>않은</u> 것은?

보기

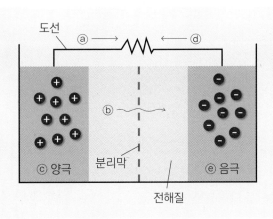

① ⓐ는 전기에너지를 화학에너지로 저장하는 과정에 해당한다.
② ⓑ처럼 이동한 전자는 흑연의 층상 구조 사이에 저장된다.
③ ⓒ에 있는 리튬이온은 외부의 힘에 의해 다른 극으로 이동한다.
④ ⓓ와 같은 전자의 이동은 전지의 전력을 사용할 때 일어난다.
⑤ ⓔ에 사용되는 소재의 구조 변화가 적으면 전지의 수명이 길어진다.

서답형 04 인과 관계 파악하기

2차 전지의 양극재에 리튬이온이 주로 사용되는 이유를 서술하는 말로 적절한 것을 골라 차례대로 쓰시오.

에너지 밀도가 (높아 / 낮아) 성능이 우수하고 메모리 효과가 (있기 / 없기) 때문이다.

한방에! 핵심정리

갈래	평시조, 연시조
성격	교훈적, 계몽적, 설득적
주제	유교 윤리의 실천
특징	① 청유형, 명령형 어미로 유교 윤리의 실천을 권장함. ② 우리말로 된 일상어를 사용하여 백성들이 이해하기 쉽게 함.
해제	이 작품은 작가가 강원도 관찰사였을 때 백성들을 교화하기 위해 지은 시조이다. 총 16수로 되어 있으며, 부모님에 대한 효도에서부터 인간관계에서 지켜야 할 도리, 바람직한 생활 태도에 이르기까지 일상적인 삶에서 유교 윤리를 실천할 것을 강조하고 있다.

※ 다음 글을 읽고 물음에 답하시오.

아버님 날 낳으시고 어머님 날 기르시니
㉠ 두 분 아니시면 이 몸이 살았을까
하늘 같은 끝없는 은덕*을 어찌 다 갚으리

〈제1수〉

㉡ 임금과 백성 사이 하늘과 땅이로되
나의 설운 일을 다 알려 하시거든
우린들 살진 미나리를 혼자 어찌 먹으리

〈제2수〉

형아 아우야 네 살을 만져 보아라
누구에게서 태어났기에 양자*조차 같으신가
㉢ 한 젖 먹고 길러 나서 딴 마음을 먹지 마라

〈제3수〉

마을 사람들아 옳은 일 하자꾸나
사람이 되어 나서 옳지 못하면
마소*를 갓 고깔 씌워 밥 먹이나 다르랴

〈제8수〉

㉣ 오늘도 다 새었다 호미 메고 가자꾸나
내 논 다 매거든 네 논 좀 매어 주마
올 길에 뽕 따다가 누에 먹여 보자꾸나

〈제13수〉

이고 진 저 늙은이 짐 풀어 나를 주오
나는 젊었으니 돌인들 무거울까
㉤ 늙기도 서럽거늘 짐조차 지실까

〈제16수〉

- 정철, 〈훈민가〉 -

한방에! 어휘풀이

* 은덕(恩德): 은혜와 덕. 또는 은혜로운 덕.
* 양자(樣姿): 겉으로 나타난 모양이나 모습.
* 마소: 말과 소를 아울러 이르는 말.

01 화자의 특징 파악하기

윗글의 화자가 백성의 한 사람으로 설정된 이유로 가장 적절한 것은?

① 청자로 하여금 친근함을 느끼게 하기 위해서이다.
② 청자에게 훈계할 수 있는 위치가 되기 위해서이다.
③ 지배층의 무능함을 효과적으로 비판하기 위해서이다.
④ 백성도 양반과 같이 유교 윤리를 지켜야 함을 강조하기 위해서이다.
⑤ 백성들의 언어를 사용하여 해학적인 분위기를 조성하기 위해서이다.

02 표현상의 특징 파악하기

㉠~㉤에 대한 설명으로 적절하지 <u>않은</u> 것은?

① ㉠: 설의적 표현을 활용하여 부모의 은혜를 강조하고 있다.
② ㉡: 비유적 표현을 활용하여 임금과 백성의 높낮이를 설명하고 있다.
③ ㉢: 명령형 표현을 활용하여 형제간의 우애를 지킬 것을 말하고 있다.
④ ㉣: 청유형 표현을 활용하여 함께 농사를 지으러 갈 것을 권하고 있다.
⑤ ㉤: 대조적 표현을 활용하여 늙어서 노동이 힘들어진 상황을 한탄하고 있다.

중요 03 작품 간의 공통점, 차이점 비교하기

윗글과 보기를 비교한 내용으로 적절하지 <u>않은</u> 것은?

> **보기**
>
> 임금은 아버지요,   이들을 먹여 다스려서
> 신하는 사랑하실 어머니요,   이 땅을 버리고 어디로 갈 것이냐 한다면,
> 백성은 어린아이라고 한다면,   나라 안이 유지될 줄 알 것입니다.
> 백성이 사랑을 알 것입니다.   아아, 임금답게, 신하답게, 백성답게 한다면,
> 꾸물거리며 사는 백성이   나라 안이 태평할 것입니다.
>   – 충담사, 〈안민가〉

① 윗글과 〈보기〉는 모두 사람의 도리에 대해 다루고 있다.
② 윗글과 〈보기〉는 모두 청자에게 권유의 말을 하고 있다.
③ 윗글은 청자를 백성으로, 〈보기〉는 청자를 임금으로 설정하고 있다.
④ 윗글은 〈보기〉와 달리 각자의 본분에 충실할 것을 주장하고 있다.
⑤ 〈보기〉는 윗글과 달리 나라를 다스리는 방법에 대해 이야기하고 있다.

서답형 04 시구의 의미 파악하기

보기에서 설명하는 사자성어와 관련 있는 시구를 찾아 첫 어절과 마지막 어절을 쓰시오.

> **보기**
>
> • 상부상조(相扶相助): 서로서로 도움.

19강

문학 – 현대소설

삼대 _ 염상섭

※ 다음 글을 읽고 물음에 답하시오.

"왜 그런 말씀 하셔요. 그까짓 재산이 무업니까. 그런 걱정은 모두 병환 중이시니까 신경이 피로하셔서 안 하실 걱정을 하십니다. 얼마 있으면 꼭 일어나십니다."

덕기는 조부를 안위시키려고* 애썼다.

"네 말대로 되었으면 작히*나 좋으랴만 다시 일어난대도 나는 폐인이나 다름없을 것이다. 어쨌든 이 금고 열쇠를 맡아라. 어떤 놈이 무어라고 하든지 소용없다. 이 열쇠 하나를 네게 맡기려고 그렇게 급히 부른 것이다. 하지만 맡겨 노면 이제는 나도 마음 놓고 눈을 감겠다. 그러나 내가 죽기까지는 네 마음대로 한만히* 열어보아서는 아니 된다. 금고 속에는 네 도장까지 있다마는 **내가 눈을 감기 전에는 네 도장이라도 네 손으로 써서는 아니 된**다. 이 열쇠는 맡아 두었다가 내가 천행*으로 일어나면 그대로 내게 다시 다오."

조부는 수원집까지 내보내 놓고 머리맡의 조그만 손금고를 열라고 하여 열쇠 꾸러미를 꺼내 맡기고 이렇게 일러 놓았다.

"아직 제가 맡을 것이야 있습니까? 저는 할아버님 병환만 웬만하시면 곧 다시 가야 할 텐데요? 그리고 아범을 제쳐 놓고 제가 어떻게 맡겠습니까?"

덕기로서는 도리로 보아도 그렇지마는 **공부를 집어치우고 살림꾼으로 들어앉을 수도 없는 일이**었다.

"다시 간다고?…… 못 간다. 내가 살아난대도 다시 못 간다."

조부는 절대 엄명*이었다.

"하던 공부를 그만둘 수야 있겠습니까. 불과 한 달이면 졸업인데요."

[A] "공부가 중하냐? 집안일이 중하냐? 그것도 네가 없어도 상관없는 일이면 모르겠지만 나만 눈 감으면 이 집 속이 어떻게 될지 너도 아무리 어린애다만 생각해 봐라. 졸업이고 무엇이고 다 단념하고 그 열쇠를 맡아야 한다. 그 열쇠 하나에 네 평생의 운명이 달렸고 이 집안 가운*이 달렸다. 너는 열쇠를 붙들고 사당을 지켜야 한다. 네게 맡기고 가는 것은 사당과 열쇠 — 두 가지뿐이다. 그 외에는 유언이고 뭐고 다 쓸데없다. 이때까지 공부를 시킨 것도 그 두 가지를 잘 모시고 지키게 하자는 것이니까 그 두 가지를 버리고도 공부를 한다면 그것은 송장 내놓고 장사 지내는 것이다. 또 공부도 그만큼 했으면 지금 세상에 행세*도 넉넉히 할 게 아니냐."

조부는 이만큼 이야기하기에도 기운이 폭 빠졌다. 이마에는 기름땀이 쭉 솟고 숨이 차서 가슴을 헤치려고 한다.

"살림은 아직 아범더러 맡으라고 하시지요."

덕기는 그래도 간하여* 보았다.

"쓸데없는 소리 마라! ㉠ 싫거든 이리 다오. 너 아니면 맡길 사람이 없겠니. 그 대신 내일부터 문전걸식*을 하든 어쩌든 나는 모른다."

조부는 이렇게 화는 내면서도 그 열쇠를 다시 넣어 버리려고는 하지 않았다.

덕기는 병인을 거슬러서는 안 되겠기에 추후로 다시 어떻게 하든지 아직은 순종하리라고 가만히 고개를 떨어뜨리고 있으려니까 밖에서 부석부석 옷 스치는 소리가 나더니 수원집이 얼굴이 발개서 들어온다. 이때까지 영창* 밑에 바짝 붙어 앉아서 방 안의 수작을 한 마디도 놓치지 않고 엿듣고 앉았던 것이다.

덕기는 수원집이 들어오는 것을 보자 앞에 놓인 열쇠를 얼른 집어 들고 일어서 버렸다.

"애아범, 잠깐 거기 앉게."

수원집의 얼굴에는 살기가 돌면서 나가려는 덕기를 붙든다.

수원집은 열쇠가 놓였으면 우선 그것부터 집어 놓고서 따지려는 것이라서 덕기가 성큼 넣어 버리는 것을 보니 인제는 절망이다. 영감이 좀 더 혼돈천지*로 앓거나 덕기가 이 집에서 초혼* 부르는 소리가 난 뒤에 오거나 하였더라면 머리맡 철궤* 안의 열쇠를 한 번은 만져 볼 수가 있었을 것이다. 금고 열쇠를 한 번만 만져 볼 틈을 타면 일은 피는 것이었다. 그러나 그 틈을 탈 새가 없이 이 집에 사자*가 다녀 나가기 전에 덕기가 먼저 온 것이다. 덕기의 옴이 빨랐던지 '사자'의 옴이 늦었던지? 저희들의 일 꾸밈이 어설프고 굼뜬 탓이었던지? 어쨌든 인제는 만사휴의*다!

"이 댁 살림을 누가 맡든지 그거야 내 아랑곳 있나요. 하지만 지금 말씀 논지*로 보면 살림을 아주 내맡기시는 모양이니 이왕이면 나더러는 어떻게 하라실지 이 자리에서 아주 분명히 말씀을 해 주시죠."

수원집은 암상*이 발끈 난 것을 참느라고 발갛던 얼굴이 파랗게 죽는다.

"무엇을 어떻게 해 달라는 것인가?"

영감은 가슴이 벌렁벌렁하여 입을 딱 벌리고 누웠다가 간신히 대꾸를 한다.

[B]
"지금이라도 이 댁에서 나가라면 그야 하는 수 없이 나가지요. 그렇지만 영감께선 안 할 말씀으로 내일이 어떨지 모르는데 영감만 먼저 가시는 날이면 저는 이 집에 한시를 머물 수 없을 게 아닙니까. 저년만 없으면야 영감이 가시면 나도 뒤쫓아 가기로 원통할 게 무에 있겠습니까마는 요 알뜰한 세상에 무얼 바라고 누구를 바라고 더 살려 하겠습니까마는 이럴 수도 없고 저럴 수도 없는 제 사정도 생각해 봐 주셔야 아니합니까!"

수원집의 목소리는 벌써 울음에 젖었다.

"그 왜 말을 그렇게 하슈?"

덕기가 탄하였다*.

"내 말이 그른가? 자네도 생각을 해 보게. **할아버지만 돌아가시면 이 집안에서 나를 누가 끔찍이 알아줄 사람이 있겠**나?"

수원집은 코멘소리*를 하며 눈물을 씻는다. 덕기도 아닌 게 아니라 그렇기도 하다는 생각은 하였으나 어쩌면 눈물이 마침 대령하고 있었던 것처럼 저렇게도 나올까 싶었다.

"하지만 지금 할아버지께서 돌아가시는 거요, 또 내가 살림을 떼맡는 자국인가요. **이 자리에서 그런 소리는 도무지 할 게 아니**에요."

그래도 덕기는 타이르듯이 달래었다.

– 염상섭, 〈삼대〉 –

191쪽

한방에! 어휘풀이

* **안위하다(安慰하다):** 몸을 편안하게 하고 마음을 위로하다.
* **작히:** '어찌 조금만큼만', '얼마나'의 뜻으로 희망이나 추측을 나타내는 말.
* **한만히(汗漫히):** 되는대로 내버려 두고 등한하게.
* **천행(天幸):** 하늘이 준 큰 행운.
* **엄명(嚴命):** 엄하게 명령함. 또는 그런 명령.
* **가운(家運):** 집안의 운수.
* **행세(行勢):** 세도를 부림.
* **간하다(諫하다):** 웃어른이나 임금에게 옳지 못하거나 잘못된 일을 고치도록 말하다.
* **문전걸식(門前乞食):** 이 집 저 집 돌아다니며 빌어먹음.
* **영창(映窓):** 방을 밝게 하기 위하여 방과 마루 사이에 낸 두 쪽의 미닫이.
* **혼돈천지(混沌天地):** 의식이 몽롱한 지경을 비유적으로 이르는 말.
* **초혼(招魂):** 사람이 죽었을 때에, 그 혼을 소리쳐 부르는 일.
* **철궤(鐵櫃):** 철판으로 만든 궤. 귀중한 물건을 넣어 두는 데 쓴다.
* **사자(使者):** 죽은 사람의 혼을 저승으로 잡아간다는 귀신.
* **만사휴의(萬事休矣):** 모든 것이 헛수고로 돌아감을 이르는 말.
* **논지(論旨):** 논하는 말이나 글의 취지.
* **암상:** 남을 시기하고 샘을 잘 내는 마음. 또는 그런 행동.
* **탄하다:** 남의 말을 탓하여 나무라다.
* **코멘소리:** 코가 막힌 사람이 하는 말소리.

01 서술상의 특징 파악하기

윗글에 대한 설명으로 가장 적절한 것은?

① 장면을 빈번하게 전환하여 인물의 태도 변화를 나타내고 있다.

② 서술자가 개입하여 인물의 상황에 대한 주관적 판단을 드러내고 있다.

③ 인물의 처지를 우스꽝스럽게 묘사하여 해학적 분위기를 조성하고 있다.

④ 과거의 사건과 현재의 사건을 교차하여 인물 간의 갈등을 표현하고 있다.

⑤ 동시에 일어난 사건을 병치하여 사건에 대한 서로 다른 관점을 제시하고 있다.

> *★ 병치하다(竝置하다): 두 가지 이상의 것을 한곳에 나란히 두거나 설치하다.

02 인물의 말하기 방식 파악하기

[A]와 [B]의 말하기 방식으로 가장 적절한 것은?

① [A]와 [B]는 모두 상황을 가정하여 말하고 있다.

② [A]는 [B]와 달리 상대에 대한 원망을 드러내고 있다.

③ [B]는 [A]와 달리 상대에게 베푼 호의를 언급하고 있다.

④ [A]는 비유적 표현을, [B]는 역설적 표현을 활용하고 있다.

⑤ [A]는 감정에 호소하며, [B]는 권위를 내세우며 주장하고 있다.

중요 **03** 외적 준거를 바탕으로 작품 이해하기

보기 를 참고하여 윗글을 이해한 내용으로 적절하지 않은 것은?

> **보기**
>
> 조 의관(조부)은 구한말 세대를 대표하는 인물로, 봉건적 가치관을 지니고 있다. 그는 가문과 재산에 대한 집착이 강하며 조상을 숭배하는 것을 당연한 예로 여긴다. 손자 조덕기는 식민지 세대를 대표하는 인물로, 근대적 감각과 중립적 가치관을 지니고 있으나 다소 우유부단한 면이 있다. 조씨 가문의 갈등은 조 의관의 재산을 둘러싸고 촉발되는데, 조 의관의 재산을 노리며 위선적으로 행동하는 수원집과 그에 맞서 재산을 지키려 하는 덕기 사이의 갈등이 그것이다.

① 조 의관이 덕기에게 '내가 눈을 감기 전에는 네 도장이라도 네 손으로 써서는 아니 된'다고 말하는 것은, 재산에 대한 집착 때문이군.

② 덕기가 '공부를 집어치우고 살림꾼으로 들어앉을 수도 없는 일'이라고 생각하는 것은, 조 의관과 달리 근대적 가치관을 지녔음을 보여 주는군.

③ 덕기가 '수원집이 들어오는 것을 보자 앞에 놓인 열쇠를 얼른 집어 들고 일어서 버'리는 것은, 수원집으로부터 재산을 지키기 위한 행동이군.

④ 수원집이 '할아버지만 돌아가시면 이 집안에서 나를 누가 끔찍이 알아줄 사람이 있겠'냐고 말하며 우는 것은, 수원집의 위선적인 면모를 보여 주는군.

⑤ 덕기가 수원집에게 '이 자리에서 그런 소리는 도무지 할 게 아니'라고 말하는 것은, 조 의관과 수원집 사이에서 우유부단하게 행동하는 모습을 보여 주는군.

서답형 **04** 발화의 의도 파악하기

다음은 ㉠의 표면적 의미와 실제 의미를 설명한 것이다. ⓐ, ⓑ에 들어갈 말을 찾아 차례대로 쓰시오.

> ㉠은 표면적으로는 (ⓐ)이/가 아니라도 (ⓑ)을/를 맡길 사람이 있다는 뜻이지만, 실제로는 (ⓐ) 외에는 (ⓑ)을/를 맡길 사람이 없다는 의미를 담고 있다.

문제풀이

복습하기

문법

¹ ☐☐ 표현	화자가 대상의 높고 낮은 정도를 언어적으로 구별하는 것 • ² ☐☐ 높임: 서술어의 주체를 높이는 방식 • ³ ☐☐ 높임: 목적어나 부사어가 지시하는 대상을 높이는 방식 • ⁴ ☐☐ 높임: 청자를 높이거나 낮추는 방식
⁵ ☐☐ 표현	주어가 다른 주체에 의해 동작이나 행위를 당하는 것을 표현하는 것

비문학

1문단	⁶ ☐☐ 전지의 특징
2문단	⁷ ☐☐☐☐☐☐ 의 작동 원리
3문단	⁷ ☐☐☐☐☐☐ 의 구조

문학 – 훈민가(정철)

제1수	⁸ ☐☐ 에 대한 효도
제2수	⁹ ☐☐ 에 대한 충의
제3수	¹⁰ ☐☐ 간의 우애
제8수	옳은 일의 권장
제13수	근면과 상부상조
제16수	¹¹ ☐☐ 에 대한 공경

문학 – 삼대(염상섭)

조 의관 (조부)	¹² ☐☐ 에게 금고의 ¹³ ☐☐ 를 주며, ¹⁴ ☐☐ 를 그만두고 집안일을 맡으라고 함.
덕기	살림을 아버지에게 맡기는 것이 좋다고 생각하나 일단은 조부의 뜻을 따르기로 함.
수원집	¹⁵ ☐☐☐ 의 첩으로, 조 의관이 죽은 뒤 자신의 처지를 생각해 달라고 하며 위선을 부림.

정답	1 높임 2 주체 3 객체 4 상대 5 피동 6 2차 7 리튬이온전지 8 부모 9 임금 10 형제 11 노인 12 덕기 13 열쇠 14 공부 15 조 의관

20

Contents

※ 다음 글을 읽고 물음에 답하시오.

'홀쭉이'와 '홀쭈기' 중 무엇이 올바른 표기일까? 이런 질문에 답을 제시해 주고 있는 것이 바로 한글 맞춤법이다. 한글 맞춤법 제1항을 보면, '한글 맞춤법은 표준어를 소리대로 적되, 어법에 맞도록 함을 원칙으로 한다.'라고 나와 있다.

한글 맞춤법의 기본적인 원칙은 표준어를 소리 나는 대로 적는 것이다. 그러나 단어나 문장이 만들어지는 과정에서 소리가 바뀌는 경우에는 사정이 달라진다. 그래서 함께 제시된 것이 '어법에 맞도록' 적는다는 원칙이다. 어법에 맞게 적는다는 것은 형태소들이 만나 소리가 바뀔지라도 형태소의 본 모양을 밝히어 적는 것을 의미한다.

국어의 단어와 문장은 형태소들이 결합하여 만들어진다. 형태소는 체언이나 용언의 어간 등 실질적인 의미를 표시하는 실질 형태소와, 접사나 용언의 어미, 조사처럼 실질 형태소에 결합하여 보조적 의미를 덧붙이거나 문법적 관계를 표시하는 형식 형태소로 나뉜다. 예를 들어 '꽃나무', '덮개'를 보면 실질 형태소(꽃, 나무)끼리 만나 이루어지거나 실질 형태소(덮-)에 형식 형태소(-개)가 붙어 단어가 만들어진다. 또한 '모자를 쓰다'에서는 실질 형태소(모자, 쓰-)에 각각 형식 형태소(를, -다)가 붙어 문장이 만들어진다.

그렇다면 어떠한 경우에 '어법에 맞도록' 적어야 할까? 체언에 조사가 붙거나 용언의 어간에 어미가 붙어 소리가 바뀔 때 형태를 밝히어 적는다. 예를 들어 '꽃이'는 [꼬치]로, '잡아'는 [자바]로 발음되지만 각각 '꽃이'와 '잡아'와 같이 실질 형태소와 형식 형태소를 구별하여 적어야 한다.

두 개의 용언이 어울려 한 개의 용언이 될 때에 '들어가다'처럼 앞말의 본뜻이 유지되고 있는 것은 그 원형을 밝히어 적는다. 다만, '드러나다'처럼 앞말이 그 본뜻에서 멀어진 것은 원형을 밝히어 적지 않는다.

어근에 접사가 붙어 새로운 말이 만들어질 때에도 소리 나는 대로 적지 않고 형태를 밝히어 적는다. 예를 들어 '삶'은 '살다'의 어간 '살-'에 접미사 '-ㅁ'이 붙어서 파생된 명사로 [삼:]이라 발음되지만 '삶'으로 적는다. 그리고 '많이'는 '많다'의 어간 '많-'에 접미사 '-이'가 붙어서 부사가 된 것으로 [마:니]라고 발음되지만 '많이'로 적는다. 이처럼 ㉠ 용언의 어간에 '-이'나 '-음/-ㅁ'이 붙어서 명사로 된 것과 ㉡ 용언의 어간에 '-이'나 '-히'가 붙어서 부사로 된 것은 그 어간의 원형을 밝히어 적는다. 다만, ㉢ 어간에 '-이'나 '-음'이 붙어서 명사로 바뀐 것이라도 그 어간의 뜻과 멀어진 것은 원형을 밝히어 적지 않는다.

윗글을 바탕으로 보기 를 탐구한 내용으로 적절하지 않은 것은?

보기

- 먹을 것은 많았지만, 마음 편히 먹고 있을 수만은 없었다.
  ⓐ ⓑ   ⓒ
- 집으로 돌아오다가 너무 지쳐 쓰러질 뻔했다.
         ⓓ   ⓔ

① ⓐ는 용언의 어간 '먹-'에 어미 '-을'이 결합했으므로 형태를 밝히어 적었군.

② ⓑ는 체언 '것'에 조사 '은'이 붙었으므로 형태를 밝히어 적었군.

③ ⓒ는 실질 형태소 '수'와 형식 형태소 '만', '은'이 결합했으므로 형태를 밝히어 적지 않았군.

④ ⓓ는 앞말의 본뜻이 유지되고 있으므로 형태를 밝히어 적었군.

⑤ ⓔ는 앞말이 본뜻에서 멀어졌으므로 형태를 밝히어 적지 않았군.

02 한글 맞춤법 적용하기

윗글의 ㉠~㉢에 해당하는 예로 적절하지 않은 것은?

① ㉠: 나는 고양이에게 먹이를 주었다.

② ㉠: 모두들 그의 정신력을 높이 칭찬했다.

③ ㉡: 나는 그 사실을 익히 들어 알고 있다.

④ ㉢: 그는 상처에서 흐르는 고름을 닦았다.

⑤ ㉢: 그들은 새로 만든 도로의 너비를 측정했다.

서답형 **03** 한글 맞춤법 적용하기

㉮~㉰에 들어갈 말을 차례대로 쓰시오.

'울음'은 용언의 어간 '(㉮)'에 접미사 '(㉯)'이/가 붙어서 (㉰)(으)로 된 것이므로 원형을 밝히어 적는다.

문제풀이

20강

✔ 한방에! 개념정리

✔ 한방에! 핵심정리

갈래	설명문
주제	이탈리아 오페라의 세계화 과정
해제	이 글은 이탈리아 오페라의 세계화 과정을 설명하고 있다. 17세기 이탈리아 오페라 음악가들은 유럽의 상류층 여행객들에 의해 유럽 전역으로 진출하였다. 17세기에는 베네치아 오페라가, 18세기 전반에는 나폴리 희극 오페라가 유명했으며, 18세기 중반에는 밀라노가 이탈리아 음악을 주도하였다. 그러나 18세기 중반을 넘어서며 점차 중산층이 오페라를 즐기게 되었고, 이탈리아 오페라 음악은 이로 인해 위축되었다가 프리드리히 2세의 합스부르크 제국 침공을 계기로 밀라노에서 다시 저항 음악이 작곡되기 시작하였다.

*문단 중심 내용

1문단	17세기 이탈리아 오페라의 유럽 진출
2문단	베네치아 오페라와 나폴리 희극 오페라
3문단	18세기 중반 밀라노의 이탈리아 저항 음악
4문단	18세기 중반 이후 이탈리아 오페라의 위축
5문단	프리드리히 2세의 합스부르크 침공과 이탈리아 저항 음악의 재기

※ 다음 글을 읽고 물음에 답하시오.

현대인들이 가장 즐겨 듣는 오페라 음악에는 이탈리아 출신 오페라 작곡가의 작품이 많다. 17세기에 이탈리아 오페라 음악가들은 본격적으로 유럽 전역으로 진출하기 시작하였다. 이러한 움직임은 수행원을 거느리고 여러 해 동안 이탈리아 문화를 현지 체험하는 '대여행'을 했던 유럽의 상류층 여행객들이 있었기에 가능했다. 그 이전까지 이탈리아의 예술은 주로 건축과 조각, 회화와 같은 시각 예술 분야에서만 두드러졌었다.

17세기와 18세기에 유럽에 이탈리아 음악이 전파되던 주 무대는 이탈리아의 도시 베네치아와 나폴리이다. 17세기에 유럽에 전파된 이탈리아 음악은 주로 '베네치아 오페라'였다. 변성기를 거치지 않은 소년과 변성기를 거친 성인 남성으로 이루어진 베네치아 오페라 합창단인 카스트라토는 각지의 궁정에서 파격적인 대우를 받으며 국제적으로 활동하였다. 한편 18세기 전반에는 나폴리 방언을 주로 사용하는 새로운 양식의 '나폴리 희극 오페라'가 등장하였다. 나폴리의 피오렌티니 극장에서 1722년 처음으로 상연된 〈노예선의 연인〉은 노예선의 선장을 제외하고는 모든 등장인물이 나폴리 방언으로 노래하는 전형적인 나폴리 희극 오페라이다.

18세기 중반에는 이탈리아의 경제 수도인 밀라노가 이탈리아 음악을 주도하게 되었다. 밀라노가 함락되어 합스부르크 제국의 지배를 받게 되며 이탈리아 저항 음악이 탄생하게 되었고, 이는 삼마르티니가 악곡을 많이 작곡하며 세계적인 작곡가로 성장하게 된 요인으로 작용하게 되었다. 삼마르티니의 앙상블 음악은 이탈리아의 축제 음악에서 매우 큰 상업적 성공을 거두게 되었고, 삼마르티니는 곧 북유럽의 음악에서 중심적 역할을 하게 되었다.

18세기 중반을 넘어서며 이탈리아 오페라 음악은 잠시 동안 크게 위축되는 시기를 겪는다. 이탈리아 오페라 음악이 전 세계로 전파되는 수단은 주로 상류층 여행객들이었으므로, 점차 중산층이 오페라를 즐기게 되면서 영국 등지에서 중산층을 겨냥한 오페라 악곡을 공급하자 세상의 관심이 이들로 옮겨가게 된다. 18세기에 중산층의 음악적 영향력이 자라난 것은 이들이 직접 연주에 참여할 수 있는 비교적 단순하고 쉬운 악보에 '아마추어와 전문가 모두를 위한'이라는 문구가 붙어 대거 출판된 것을 통해서도 알 수 있다. 영국의 런던에서는 이러한 추세에 발맞추어 공공 연주회를 창립하여 오페라 연주 관람료를 크게 낮추었고, 이는 전 세계적으로 큰 충격을 주어 세계 각국의 궁정과 도시들이 왕립, 또는 시립 교향악단을 창립하게 되는 계기로 작용하였다.

그러나 프리드리히 2세가 합스부르크 제국을 침공하며, 합스부르크 제국의 통치하에 놓여 있던 이탈리아 도시 밀라노에서 다시 저항 음악이 왕성하게 작곡되기 시작하였고, 이는 전 세계의 이목을 집중시키는 데 성공하였다. 그래서 현대인들이 가장 즐겨 듣는 오페라 음악에는 이탈리아 출신 오페라 작곡가의 작품이 많아지게 된 것이다.

01 글쓰기 전략 파악하기

윗글에 대한 설명으로 가장 적절한 것은?

① 화제와 관련한 통계 자료를 다양한 관점에서 해석하고 있다.
② 화제에 대한 여러 철학자들의 주장과 그 의의를 제시하고 있다.
③ 화제와 관련한 역사적 사실을 시간의 흐름에 따라 제시하고 있다.
④ 화제에 대한 논쟁이 벌어진 원인을 지리적 요인으로 제시하고 있다.
⑤ 화제와 관련한 이론을 발전시킨 학자의 연구 성과를 요약하고 있다.

02 세부 내용 이해하기

윗글을 통해 알 수 있는 내용으로 적절하지 않은 것은?

① 카스트라토는 각지에서 나폴리 오페라를 공연하였다.
② 영국에서는 중산층을 위한 오페라 악곡을 공급하였다.
③ 여행객들을 통해 17세기 이탈리아 음악이 전파되었다.
④ 나폴리 희극 오페라는 나폴리 방언을 주로 사용하였다.
⑤ 밀라노에서 작곡된 저항 음악은 사람들의 관심을 끌었다.

중요 **03** 구체적 사례에 적용하기

윗글의 내용을 바탕으로 보기 를 이해한 것으로 가장 적절한 것은?

보기

　　프로이센의 왕 프리드리히 2세는 18세기 중반 영국 런던의 공공 연주회 문화에 영감을 받아, 이를 받아들여 영국의 제도를 자국에 정착시키며 오페라의 세계화에 일조하였다. 일례로 그가 왕으로 등극한 후 처음으로 한 업무가 베를린에 왕립 오페라 극장을 건립하고 오페라 음악단을 꾸린 것이었다.

① 베를린 왕립 오페라 극장에서는 상류층만을 위한 오페라가 상연되었겠군.
② 프리드리히 2세는 중산층 관객이 〈노예선의 연인〉을 관람하는 모습에 영감을 받았겠군.
③ 프로이센의 오페라 음악단은 18세기 후반 삼마르티니의 앙상블 음악에 영향을 미쳤겠군.
④ 베를린 왕립 오페라 극장에서 상연되는 오페라는 기존보다 연주 관람료를 낮게 책정했겠군.
⑤ 프리드리히 2세는 베를린 방언으로 노래하는 오페라의 상연 문화를 정착시키기 위해 노력했겠군.

서답형 **03** 세부 내용 이해하기

㉠, ㉡에 들어갈 말을 찾아 차례대로 쓰시오.

합스부르크 제국이 (㉠)을/를 지배하게 되면서 (㉡) 저항 음악이 탄생하게 되었다.

✔ 한방에! 개념정리

✔ 한방에! 핵심정리

갈래	자유시, 서정시
성격	의지적, 교훈적, 서정적, 감각적
주제	시련을 인내하며 가치 있는 것을 추구하는 삶의 자세
특징	① 나무의 모습을 통해 교훈을 전달함. ② 계절적 배경을 활용하여 시상을 전개함. ③ 시각적, 촉각적 심상 등 감각적 표현을 활용함. ④ 나무를 사람처럼 의인화하여 나무의 모습을 생생하게 표현함.
해제	이 작품은 겨울 동안 상처와 아픔을 겪은 나무가 봄이 되어 마침내 이파리를 피워 내는 과정을 형상화한 시이다. 고난과 시련을 견디며 가치 있는 것을 성취해 내는 나무의 모습을 사람의 모습에 빗대어 표현하고 있다.

※ 다음 글을 읽고 물음에 답하시오.

나무는 몸이 아팠다.
눈보라에 상처를 입은 곳이나
빗방울들에게 얻어맞았던 곳들이
㉠ 오래전부터 근지러웠다.
땅속 깊은 곳을 오르내리며
겨우내* 몸을 덥히던 물이
이제는 갑갑하다고
한사코 나가고 싶어 하거나
살을 에는 바람과 외로움을 견디며
봄이 오면 정말 좋은 일이 있을 거라고
스스로에게 했던 말들이
그를 못 견디게 들볶았기 때문이다.
그런 마음의 헌데 자리가 아플 때마다
그는 하나씩 이파리를 피웠다.

— 이상국, 〈봄나무〉 —

✔ 한방에! 같이볼작품

흔들리지 않고 피는 꽃이 어디 있으랴
이 세상 그 어떤 아름다운 꽃들도
다 흔들리면서 피었나니
흔들리면서 줄기를 곧게 세웠나니
흔들리지 않고 가는 사랑이 어디 있으랴

젖지 않고 피는 꽃이 어디 있으랴
이 세상 그 어떤 빛나는 꽃들도
다 젖으며 젖으며 피었나니
바람과 비에 젖으며 꽃잎 따뜻하게 피웠나니
젖지 않고 가는 삶이 어디 있으랴

— 도종환, 〈흔들리며 피는 꽃〉

✔ 한방에! 어휘풀이

★ 겨우내: 한겨울 동안 계속해서.

01 시어의 의미 파악하기

윗글에 대한 설명으로 적절하지 않은 것은?

① '나무'는 아픔을 인내하며 시련 속에서도 희망을 잃지 않고 있다.
② '눈보라'와 '빗방울'은 '나무'가 겪는 고난과 시련을 의미한다.
③ '물'은 안에서 밖으로 나가려 하는 존재로 '나무'의 몸이 아픈 원인이다.
④ '그'는 나무가 무사히 '이파리'를 피워낼 때까지 지켜주는 존재이다.
⑤ '이파리'는 나무가 아픔을 이겨내고 피운 생명으로 가치 있는 결과물이다.

02 시구의 특징 파악하기

㉠과 동일한 심상이 쓰인 시구로 적절한 것은?

① 메마른 입술에 쓰디쓰다   ‒ 정지용, 〈고향〉
② 분수처럼 흩어지는 푸른 종소리   - 김광균, 〈외인촌〉
③ 발목이 시리도록 밟아도 보고   - 이상화, 〈빼앗긴 들에도 봄은 오는가〉
④ 미역취 한 이파리 상긋한 산 내음새   - 김관식, 〈거산호2〉
⑤ 까마득한 날에 하늘이 처음 열리고 어디 닭 우는 소리 들렸으랴   - 이육사, 〈광야〉

중요 03 작품 간의 공통점 파악하기

윗글과 보기 의 공통점으로 적절하지 않은 것은?

보기

나무는 자기 몸으로
나무이다
자기 온몸으로 나무는 나무가 된다
자기 온몸으로 헐벗고 영하 13도
영하 20도 지상에
　　　　　(중략)
온 혼으로 애타면서 속으로 몸속으로 불타면서
버티면서 거부하면서 영하에서
영상으로 영상 5도 영상 13도 지상으로
밀고 간다, 막 밀고 올라간다

온몸이 으스러지도록
으스러지도록 부르터지면서
터지면서 자기의 뜨거운 혀로 싹을 내밀고
천천히, 서서히, 문득, 푸른 잎이 되고
푸르른 사월 하늘 들이받으면서
나무는 자기의 온몸으로 나무가 된다
아아, 마침내, 끝끝내
꽃 피는 나무는 자기 몸으로
꽃 피는 나무이다
　　　　　- 황지우, 〈겨울-나무로부터 봄-나무에로〉

① 나무를 의인화하여 시상을 전개하고 있다.
② 고난과 시련을 이겨내는 나무의 모습이 드러난다.
③ 겨울에서 봄으로의 계절의 흐름을 보여 주고 있다.
④ 나무를 통해 바람직한 삶의 태도를 유추해내고 있다.
⑤ 상승적이고 역동적인 이미지를 사용하여 나무의 의지를 보여 준다.

서답형 04 시어의 의미 파악하기

윗글에서 겨울과 봄을 나타내는 소재를 찾아 차례대로 쓰시오.

한방에! 개념정리

한방에! 핵심정리

갈래	군담 소설, 여성 영웅 소설
성격	전기적, 우연적, 영웅적, 일대기적
주제	① 남성 중심 사회에 대한 비판 ② 홍계월의 영웅적인 행적과 활약
특징	① 남장 모티브를 사용함. ② 여성을 주체적이고 의지적으로 표현함. ③ 남성보다 우월한 여성이 영웅으로 등장함. ④ 여성의 봉건적 역할을 거부하는 근대적 가치관이 담겨 있음.
해제	이 작품은 조선 후기 대표적인 여성 영웅 소설이다. 작품 속에서는 남성보다 우월한 여성이 등장하며 남편이 아내의 지배를 받고, 남편이 군법을 위반하여 상관인 아내에게 엄벌을 받기도 한다. 또한 여성임이 밝혀진 주인공의 벼슬을 회수하지 않고 오히려 중대한 국난의 지휘를 맡긴 점에서 가부장적 사회 체제를 거부하는 여성 독자들의 목소리가 반영된 것으로 볼 수 있다. 이런 점에서 남성의 전유물로 여겨지던 여성들에게 새로운 여성상을 제시하며 여성의 사회적 지위의 향상에 대한 희망을 표현하고 있다고 볼 수 있다.

※ 다음 글을 읽고 물음에 답하시오.

[앞부분 줄거리] 명나라 때 이부 시랑* 홍무는 나이 사십이 되도록 자녀가 없어 고민하였다. 그러던 어느 날, 부인 양 씨의 꿈에 선녀가 나타난 후 무남독녀 계월을 얻었는데, 어려서부터 대단히 총명하였다. 계월이 다섯 살 때, 반란으로 인해 부모와 헤어지게 되고 여공의 도움으로 목숨을 건진다. 여공은 계월의 이름을 평국이라 고친 후, 동갑인 아들 보국과 함께 가르침을 받게 한다. 이후 계월과 보국은 나란히 과거에 급제하고, 오랑캐가 나라를 침범하자 천자의 명을 받아 계월은 원수로, 보국은 부원수로 전쟁터에 나간다. 이 과정에서 계월은 헤어졌던 부모와 우연히 만난다. 전쟁 후 계월의 병이 깊어지자 천자는 어의*를 보내고, 어의의 진맥*으로 계월이 여자임이 탄로난다. 계월은 상소를 올려 천자를 속인 죄를 청하나, 천자는 계월이 자신을 속인 것을 용서하며 보국과의 혼인을 중매한다. 그러나 보국이 자신보다 벼슬이 높은 계월에게 열등감을 품으며 두 사람은 갈등을 겪는다. 혼례 다음 날, 보국의 애첩 영춘이 계월의 행차를 보고도 예를 갖추지 않자 계월은 군법을 적용하여 영춘의 목을 베게 하고 이에 보국이 여공을 찾아간다.

"계월이 전날은 대원수* 되어 소자를 중군장으로 부렸으니 군대에 있을 때에는 소자가 계월을 업신여기지 못했사옵니다. 하지만 지금은 계월이 소자의 아내이오니 어찌 소자의 사랑하는 영춘을 죽여 제 마음을 편안하지 않게 할 수가 있단 말이옵니까?"

여공이 이 말을 듣고 만류했다.

"계월이 비록 네 아내는 되었으나 벼슬을 놓지 않았고 기개가 당당하니 족히 너를 부릴 만한 사람이다. ㉠ 그러나 예로써 너를 섬기고 있으니 어찌 마음 씀을 그르다고 하겠느냐? 영춘은 네 첩이다. 자기가 거만하다가 죽임을 당했으니 누구를 한하겠느냐? 또한 계월이 잘못해 궁노나 궁비를 죽인다 해도 누가 계월을 그르다고 책망할 수 있겠느냐? 너는 조금도 염려하지 말고 마음을 변치 마라. 만일 계월이 영춘을 죽였다 하고 계월을 꺼린다면 부부 사이의 의리도 변할 것이다. 또한 계월은 천자께서 중매하신 여자라 계월을 싫어한다면 네게 해로움이 있을 것이니 부디 조심하라."

"장부가 되어 계집에게 괄시*를 당할 수 있겠나이까?"

보국이 이렇게 말하고 그 후부터는 계월의 방에 들지 않았다. 이에 계월이,

㉡ '영춘이 때문에 나를 꺼려 오지 않는구나.' / 라고 생각했다.

"누가 보국을 남자라 하겠는가? 여자에게도 비할 수 없구나."

이렇게 말하며 자신이 남자가 되지 못한 것이 분해 눈물을 흘리며 세월을 보냈다.

각설*, 이때 남관의 수장이 장계*를 올렸다. 천자께서 급히 뜯어보시니 다음과 같은 내용이었다.

오왕과 초왕이 반란을 일으켜 지금 황성을 범하고자 하옵니다. 오왕은 구덕지를 얻어 대원수로 삼고 초왕은 장맹길을 얻어 선봉으로 삼았사온데, 이들이 장수 천여 명과 군사 십만을 거느려 호주 북쪽 고을 칠십여 성을 무너뜨려 항복을 받고 형주 자사 이왕태를 베고 짓쳐* 왔사옵니다. 소장의 힘으로는 능히 방비할* 길이 없어 감히 아뢰오니 엎드려 바라건대, 황상께서는 어진 명장을 보내셔서 적을 방비하옵소서.

천자가 깜짝 놀라 조정의 모든 신하와 의논했다. 우승상 정영태가 말했다.

"이 도적은 좌승상 평국을 보내 막아야 합니다. 급히 평국을 부르십시오."

천자가 듣고 지긋이 생각하다가 말했다.

"평국이 전날에는 세상에 나왔기에 불렀지만, 지금은 규중*에 있는 여자니 어찌 불러서 전장에 보내겠는가?"

모든 신하가 말했다.

"평국이 지금 규중에 있으나, 이름이 조야*에 있고 또한 작록*을 거두지 않았으니, 어찌 규중에 있다 하여 꺼리겠나이까?"

천자가 마지못해 급히 평국을 불러냈다. 이때 평국은 규중에서 홀로 지내면서 날마다 시녀를 데리고 장기와 바둑으로 세월을 보내고 있었다. 그런데 사관*이 와서 천자가 부르는 명령을 전하자, 평국이 크게 놀라, 급히 여자 옷을 벗고 조복*으로 갈아입고 사관을 따라 들어가 천자 앞에 엎드렸다. 천자가 매우 기뻐하며 말했다.

"경이 규중에 머문 후로는 오래 보지 못하여 밤낮으로 보고 싶더니 이제 경을 보니 매우 기쁘도다. 그런데 짐이 덕이 없어 지금 오나라와 초나라 양국이 반역하여, 호주 북쪽 지방을 쳐서 항복을 받고 남관을 헤치고 황성을 침범한다고 하니, ⓒ 경은 나아와 나라와 조정을 편안하게 지키도록 하라."

하신대 평국이 엎드려 아뢰었다.

"신첩이 외람되게* ⓓ 폐하를 속이고 높은 공후 작록을 영화롭게 지내기가 황공합니다. 신첩의 죄를 용서하시고 이처럼 사랑하시니, 신첩이 비록 어리석으나 힘을 다해 성은을 만분의 일이나 갚고자 합니다. 폐하는 근심치 마소서."

천자가 매우 기뻐하며 즉시 수많은 군사와 말을 뽑아 모으도록 했다. 원수가 친히 붓을 잡아 보국에게 전령하기를, '적병이 급하니 중군장은 급히 대령하여 군령을 어기지 말라.' 했거늘, 보국이 전령을 보고 분함을 이기지 못하여 부모에게 말했다.

"계월이 소자를 중군으로 부리려 하니, 이런 일이 어디 있습니까?"

여공이 말했다.

"전날 너에게 무엇이라 일렀더냐? 계월을 괄시하다가 이런 일을 당하니, 어찌 그르다고 하겠느냐? 나랏일이 매우 중요하니 어찌할 수 없구나."

여공이 보국에게 바삐 가라고 재촉했다.

보국이 할 수 없어 갑옷과 투구를 갖추고 진중*에 나아가 원수 앞에 엎드리니, 홍 원수가 분부했다.

ⓔ "만일 명령을 거역하는 자가 있으면, 군법을 시행할 것이다."

보국이 겁을 내어 중군장 처소로 돌아와 명령이 내리기를 기다렸다.

- 작자 미상, 〈홍계월전〉 -

＊ 전체 줄거리

명나라 때 이부 시랑 홍무와 부인 양씨 사이에서 태어난 계월은 반란으로 인해 부모와 헤어지고 죽을 고비를 넘긴 후 여공의 도움으로 살아난다. 이후 평국이라는 이름을 얻고 여공의 아들인 보국과 함께 공부하여 둘 다 과거에 급제한다. 북방의 오랑캐가 침략하자 보국과 평국(계월)은 전쟁에 나가게 되고, 전쟁 중 평국은 헤어진 부모를 다시 만난다. 이후 천자가 보낸 어의의 진맥으로 평국이 여자임이 밝혀지지만, 천자는 평국의 죄를 너그럽게 용서하며 보국과의 혼인을 중매한다. 혼인 이후에도 둘은 갈등을 일으키나 결국 보국이 평국의 능력을 인정하고 이후 둘은 행복한 삶을 산다.

✔ 한방에! 어휘풀이

★ 이부 시랑(吏部侍郎): 중국에서, 이부의 버금 벼슬.

★ 어의(御醫): 궁궐 내에서, 임금이나 왕족의 병을 치료하던 의원.

★ 진맥(診脈): 병을 진찰하기 위하여 손목의 맥을 짚어 보는 일.

★ 대원수(大元帥): 국가의 전군을 통솔하는 최고 계급인 원수를 더 높여 이르는 말.

★ 괄시(恝視): 업신여겨 하찮게 대함.

★ 각설(却說): 화제를 돌려 이야기를 꺼낼 때, 앞서 이야기하던 내용을 그만둔다는 뜻으로 다음 이야기의 첫머리에 쓰는 말.

★ 장계(狀啓): 왕명을 받고 지방에 나가 있는 신하가 자기 관하(管下)의 중요한 일을 왕에게 보고하던 일. 또는 그런 문서.

★ 짓치다: 함부로 많이 치다.

★ 방비하다(防備하다): 적의 침입이나 피해를 막기 위하여 미리 지키고 대비하다.

★ 규중(閨中): 부녀자가 거처하는 곳.

★ 조야(朝野): 조정과 민간을 통틀어 이르는 말.

★ 작록(爵祿): 관작(官爵)과 봉록(俸祿)을 아울러 이르는 말.

★ 사관(史官): 역사의 편찬을 맡아 초고를 쓰는 일을 맡아보던 벼슬. 또는 그런 벼슬아치.

★ 조복(朝服): 관원이 조정에 나아가 하례할 때에 입던 예복.

★ 외람되다(猥濫되다): 하는 짓이 분수에 지나치다.

★ 진중(陣中): 군대나 부대의 안.

01 구절의 의미 파악하기

윗글의 ㉠~㉤에 대한 설명으로 적절하지 <u>않은</u> 것은?

① ㉠: '여공'은 설의적 표현을 사용하여 '보국'의 주의를 당부하고 있다.
② ㉡: '계월'은 자신을 찾지 않는 '보국'을 보며 '영춘'을 죽인 것을 후회하고 있다.
③ ㉢: '천자'는 '계월'의 능력을 인정하고 높이 평가하고 있다.
④ ㉣: '계월'이 나라를 구하기로 결심한 계기가 된다.
⑤ ㉤: 공과 사를 명확하게 구분하고 있는 '계월'의 성격이 드러난다.

02 작품에 반영된 사회상 파악하기

윗글에 반영된 당시 사회상으로 적절하지 <u>않은</u> 것은?

① '보국'은 '계월'에게 불만을 드러낸다는 점에서 가부장적 사상을 지니고 있다.
② '계월'을 통해 당시 여성들의 사회적 지위의 향상에 대한 바람을 표현하고 있다.
③ '신하들'이 '계월'의 능력을 인정하지 않는다는 점에서 남존여비 사상이 드러나고 있다.
④ '계월'이 남장을 통해 벼슬을 얻어낸다는 점에서 여성의 지위를 근본적으로 변화시키지는 못하고 있다.
⑤ '보국'이 '계월'보다 낮은 관직이라는 점과 '계월'이 '보국'을 비꼬고 있는 점을 통해 당시 남성 중심 사회에 대한 비판을 드러내고 있다.

> * 남존여비(男尊女卑): 사회적 지위나 권리에 있어 남자를 여자보다 우대하고 존중하는 일.

중요 03 영웅의 일대기 구성 이해하기

보기 는 윗글의 전체 내용을 영웅의 일대기 구성에 따라 정리한 것이다. 보기 의 ㉠~㉤에 들어갈 말로 적절하지 <u>않은</u> 것은?

보기

영웅의 일대기 구성	'계월'의 일생
고귀한 혈통	(㉠)
비정상적인 출생	(㉡)
비범한 능력	어려서부터 총명함을 보인다.
유년기의 위기	(㉢)
구출과 양육	(㉣)
성장 후 위기	• 반란을 진압하기 위해 전쟁에 나간다. • (㉤) • 영춘을 죽인 일로 보국과 갈등을 빚는다.
위기 극복과 행복한 결말	• 적을 물리친다. • 보국이 계월의 우월성을 인정하고 갈등이 해소된다.

① ㉠: 이부 시랑 '홍무'의 딸로 태어난다.
② ㉡: 자녀가 없던 '양 씨'가 선녀가 나오는 꿈을 꾸고 '계월'을 낳는다.
③ ㉢: 반란으로 인해 부모와 헤어지게 된다.
④ ㉣: '여공'을 만나 목숨을 건지고 '보국'과 함께 생활하게 된다.
⑤ ㉤: 여자임이 탄로 나자, 조정의 신하들로부터 배척당한다.

서답형 04 작품의 특징 파악하기

다음은 계월의 특징을 설명한 것이다. 빈칸에 들어갈 말로 적절한 것을 골라 차례대로 쓰시오.

> 홍계월은 (남편 / 천자)보다 (뛰어난 / 못한) 능력을 지닌 여성 주인공이라는 특징이 있다.

복습하기

문법

한글 맞춤법 제1항	'한글 맞춤법은 ¹□□□ 를 소리대로 적되, ²□□ 에 맞도록 함을 원칙으로 한다.'
형태를 밝혀 적는 경우	• ³□□ 에 조사가 붙거나 ⁴□□ 의 어간에 어미가 붙어 소리가 바뀔 때 • 두 개의 용언이 어울려 한 개의 용언이 되고 ⁵□□ 의 본뜻이 유지될 때 • 어근에 ⁶□□ 가 붙어 새로운 말이 만들어질 때

비문학

1문단	17세기 ⁷□□□□ 오페라의 유럽 진출
2문단	⁸□□□□ 오페라와 ⁹□□□ 희극 오페라
3문단	18세기 중반 ¹⁰□□□ 의 이탈리아 저항 음악
4문단	18세기 중반 이후 이탈리아 오페라의 위축
5문단	프리드리히 2세의 합스부르크 침공과 이탈리아 저항 음악의 재기

문학 – 봄나무(이상국)

1~4행	나무의 ¹¹□ 이 아픔
5~12행	¹²□□ 가 아픈 원인
13~14행	아픔을 견디며 ¹³□□□ 를 피워낸 나무

문학 – 홍계월전(작자 미상)

여공을 찾아간 보국이 ¹⁴□□ 의 권위를 내세워 계월을 비난함.

↓

여공이 네 가지 이유를 들어 보국을 만류함.

↓

보국이 계월의 방에 들지 않자 계월은 ¹⁵□□ 로 태어나지 못한 것을 분해 함.

↓

적군이 쳐들어오자 신하들이 천자에게 계월을 출전시켜야 한다고 말함.

↓

¹⁶□□ 가 계월에게 나라와 조정을 지킬 것을 명령하고, 계월은 이를 받아들임.

↓

계월이 보국에게 명령을 거역한다면 군법을 시행할 것이라고 말함.

정답	1 표준어 2 어법 3 체언 4 용언 5 앞말 6 접사 7 이탈리아 8 베네치아 9 나폴리 10 밀라노 11 몸 12 나무 13 이파리 14 남편 15 남자 16 천자

완성하는
중학국어

펴 낸 이	주민홍
펴 낸 곳	서울특별시 마포구 월드컵북로 396(상암동) 누리꿈스퀘어 비즈니스타워 10층
	㈜NE능률 (우편번호 03925)
펴 낸 날	2022년 12월 12일 초판 제1쇄
전 화	02 2014 7114
팩 스	02 3142 0356
홈 페 이 지	www.neungyule.com
	www.iap2000.com
등 록 번 호	제 1-68호
정 가	14,000원

교재 내용 문의 : https://iap2000.com/booksinquiry

제품 구매, 교환, 불량, 반품 문의 : 02-2014-7114

☎ 전화문의는 본사 업무시간 중에만 가능합니다.

한 번에
수능까지

한수

완성하는
중학국어

중등 국어
3-1

1. 한 권으로 국어 전 갈래를 한 번에!

2. 시험 출제 빈도가 높은 필수 지문 선정!

3. 국어의 기초체력을 키우는 문해력 개발!

정답 및 해설

- 한수 중학 국어 3-1 -

정답 및 해설

Contents

문법 단모음과 이중 모음

빠른 정답 체크 **01** ④   **02** ①   **03** 앞, 뒤

모음은 크게 두 부류로 나눌 수 있다. 발음할 때 입술 모양이나 혀의 위치가 변하지 않는 모음을 '단모음'이라 한다. '표준어 규
<u>단모음의 특징: 발음할 때 입술이나 혀가 고정되어 있음</u>
정'은 원칙적으로 'ㅏ, ㅐ, ㅓ, ㅔ, ㅗ, ㅚ, ㅜ, ㅟ, ㅡ, ㅣ'를 단모음
<u>단모음 - 10개</u>
으로 발음할 것을 규정하고 있다.

입술 모양이나 혀의 위치가 발음 도중에 변하는 모음은 '이중 모
<u>이중 모음의 특징: 발음할 때 입술이나 혀가 고정되어 있지 않음</u>
음'이라 하는데, 이중 모음은 홀로 쓰일 수 없는 소리인 '반모음'
<u>반모음의 특징: 혼자 쓰일 수 없고 반드시 단모음과 결합하여 발음함</u>
이 단모음과 결합한 모음이다. 예를 들어 이중 모음인 'ㅑ'의 발음
은, 'ㅣ'를 짧게 발음하는 것과 유사한 소리인 반모음 '[j]' 뒤에서
'ㅏ'가 결합한 소리이다. 'ㅑ'와 마찬가지로 'ㅒ, ㅕ, ㅖ, ㅛ, ㅠ, ㅢ'
<u>반모음 '[j]'와 단모음이 결합하여 만들어진 이중 모음</u>
의 발음은, 각각 반모음 '[j]'와 단모음 'ㅐ, ㅓ, ㅔ, ㅗ, ㅜ, ㅡ'가
결합한 소리이다. 'ㅗ'나 'ㅜ'를 짧게 발음하는 것과 유사한 반모
음 '[w]'도 있는데 'ㅘ, ㅙ, ㅝ, ㅞ'의 발음은 각각 반모음 '[w]'와
<u>반모음 '[w]'와 단모음이 결합하여 만들어진 이중 모음</u>
단모음 'ㅏ, ㅐ, ㅓ, ㅔ'가 결합한 소리이다. 반모음이 단모음 뒤
에서 결합한 소리인 'ㅢ'를 제외하고, 이중 모음의 발음은 모두
<u>'ㅢ'를 제외한 다른 이중 모음 = 반모음 + 단모음</u>
반모음이 단모음 앞에서 결합한 소리이다.

「'ㅚ'와 'ㅟ'는 단모음으로 발음하는 것이 원칙이지만 현실에서
이중 모음으로 발음하는 경우가 많다. 'ㅚ'를 이중 모음으로 발음
할 경우에는 반모음 '[w]'와 'ㅔ' 소리를 연속하여 발음하며, 'ㅟ'
를 이중 모음으로 발음할 경우에는 반모음 '[w]'와 'ㅣ' 소리를
연속하여 발음한다. '표준어 규정'에서도 현실 발음을 고려하여
이와 같이 'ㅚ'와 'ㅟ'를 이중 모음으로 발음하는 것을 허용하고
있다.」
<u>「: 단모음 'ㅚ'와 'ㅟ'의 발음 → ① 단모음으로 발음하는 것이 원칙</u>
<u>② 현실 발음을 고려하여 이중 모음으로 발음하는 것도 허용</u>

01 단모음과 이중 모음 이해하기   답 | ④

윗글에 대한 이해로 적절하지 <u>않은</u> 것은?

정답 선지 분석
④ 'ㅘ'의 발음은 단모음 'ㅗ' 뒤에서 반모음 '[j]'가 결합한 소리이다.
　'ㅘ'는 이중 모음으로 반모음 '[w]'가 단모음 'ㅏ' 앞에서 결합한 소리이다.

오답 선지 분석
① 'ㅠ'는 발음할 때 입술 모양이나 혀의 위치가 변한다.
　'ㅠ'는 이중 모음으로, 반모음과 단모음이 결합한 소리이다. 이중 모음은 입술 모양이
나 혀의 위치가 발음 도중에 변한다.

② 'ㅐ'는 발음할 때 입술 모양이나 혀의 위치가 변하지 않는다.
　'ㅐ'는 단모음으로, 발음할 때 입술 모양이나 혀의 위치가 변하지 않는다.

③ 'ㅖ'의 발음은 반모음 '[j]' 뒤에서 단모음 'ㅔ'가 결합한 소리이다.
　'ㅖ'의 발음은 'ㅣ'를 짧게 발음하는 것과 유사한 소리인 반모음 '[j]' 뒤에서 'ㅔ'가 결합
한 것이다.

⑤ 반모음 '[w]'는 홀로 쓰일 수 없고 단모음과 결합하여 이중 모음을 이룬다.
　반모음은 홀로 쓰일 수 없는 소리이고 이중 모음의 발음은 반모음이 단모음과 결합한
것이다.

02 표준어 규정에 따른 발음 이해하기   답 | ①

**보기 는 학생들의 대화이다. 윗글을 바탕으로 할 때 보기 의 ㉠, ㉡에 들
어갈 내용으로 적절한 것은?**

보기

학생 1: '표준어 규정'에 따르면 'ㅚ'는 단모음으로 발음하는 것이 원칙
이지만 이중 모음으로 발음하는 것도 허용하더라고. 그러면 '참외'는
[차뫼]로 발음하는 것이 원칙이지만, _____㉠_____ 로 발음하는 것도
허용한다고 할 수 있겠어.
학생 2: 그래, 맞아. '표준어 규정'에서는 'ㅟ'도 이중 모음으로 발음하는
것을 허용하고 있어. 이에 따른 'ㅟ'의 이중 모음 발음은 'ㅑ, ㅒ, ㅕ,
ㅖ, ㅘ, ㅙ, ㅛ, ㅝ, ㅞ, ㅠ, ㅢ'의 발음 중에 _____㉡_____.

정답 선지 분석

	㉠	㉡
①	[차뭬]	포함되어 있지 않아

㉠ '표준어 규정'에 따르면 'ㅚ'와 'ㅟ'는 단모음으로 발음하는 것이 원칙이지만 이중
모음으로 발음하는 것도 허용한다. 'ㅚ'를 이중 모음으로 발음할 경우에는 반모음
'[w]'와 'ㅔ' 소리를 연속하여 발음하며 이 소리는 'ㅞ'의 발음에 해당한다. 따라서
㉠에 들어갈 발음으로 적절한 것은 [차뭬]이다.
㉡ 'ㅟ'를 이중 모음으로 발음할 경우에는 반모음 '[w]'와 'ㅣ' 소리를 연속하여 발음하
며 이 소리는 'ㅑ, ㅒ, ㅕ, ㅖ, ㅘ, ㅙ, ㅛ, ㅝ, ㅞ, ㅠ, ㅢ'의 발음 중에 없으므로 ㉡은
'포함되어 있지 않아'가 적절하다.

03 이중 모음 'ㅢ'의 특징 파악하기

보기 의 ⓐ와 ⓑ에 들어갈 말로 적절한 것을 차례대로 쓰시오.

보기

　이중 모음 'ㅢ'는 단모음과 반모음의 결합 면에서 다른 이중 모음들
과 차이를 보인다. 다른 이중 모음들의 경우 발음할 때 반모음이 단
모음보다 ____ⓐ____ 에 위치한다면, 'ㅢ'의 경우 반모음이 단모음보
다 ____ⓑ____ 에 위치한다.

정답

앞, 뒤

우리가 일상생활, 특히 학문적 활동에서 추구하고 있는 진리란 어떤 것인가? 도대체 어떤 조건을 갖춘 지식을 진리라고 할 수 있을까? 여기에 대해서는 대응설, 정합설, 실용설의 세 가지 학설이 있다.

▶ 1문단: 진리와 관련된 세 가지 학설

'대응설'에서는 어떤 명제나 생각이 사실과 일치할 때 그것을
　　　　　　대응설에서의 진리 판단 기준
진리라고 주장한다. 우리는 특별한 장애가 없는 한 대상을 있는 그대로 정확하게 파악한다고 믿는다. 가령『앞에 있는 책상이 모나고 노란 색깔이라고 할 때 우리의 시각으로 파악된 관념은 앞
『』: 대응설에 대한 구체적 예시
에 있는 대상이 지니고 있는 성질을 있는 그대로 반영한 것이라고 생각한다.』

▶ 2문단: 진리에 대한 대응설의 관점

그러나 우리의 감각은 늘 거울과 같이 대상을 있는 그대로 모사하는* 것일까? 조금만 생각해 보아도 우리의 감각이 언제나 거울
　　　　　　우리의 감각은 언제나 대상을 있는 그대로 모사하지는 않음
과 같지는 않다는 것을 알 수 있다. 감각 기관의 생리적 상태, 조명, 대상의 위치 등 모든 것이 정상적이라 할지라도 감각 기관의 능력에는 한계가 있다. 그래서 인간의 감각은 외부의 사물을 있
　　　　　　　　　　　　대응설의 한계
는 그대로 모사하지는 못한다.

▶ 3문단: 대응설의 한계

'정합설'은 관념과 대상의 일치가 불가능하다는 반성에서 출발한다. 새로운 경험이나 지식이 옳은지 그른지 실재에 비추어 보아서는 확인할 수 없으므로, 이미 가지고 있는 지식의 체계 중 옳다고 판별된 체계에 비추어 볼 수밖에 없다는 것이다. 즉, 새로운 지식이 기존의 지식 체계에 모순됨이 없이 들어맞는지 여부에 의
　　　　　　　　　정합설에서의 진리 판단 기준
해 지식의 옳고 그름을 가릴 수밖에 없다는 주장이 바로 정합설이다.『'모든 사람은 죽는다.'라는 것은 우리가 옳다고 믿는 명제
『』: 정합설에 대한 구체적 예시
이지만, '모든 사람' 속에는 우리의 경험이 미치지 못하는 사람들도 포함된다.』이와 같이 감각적 판단으로 확인할 수 없는 전칭 판단*이나 고차적*인 과학적 판단들의 진위를 가려내는 데 적합한 이론이 정합설이다.

▶ 4문단: 진리에 대한 정합설의 관점

하지만 정합설에도 역시 한계가 있다. 어떤 명제가 기존의 지식 체계와 정합할 때 '참'이라고 하는데, 그렇다면『기존의 지식 체계
　　　　　　　　　　　　　　　　　　　　　　　『』: 정합설의 한계
의 진리성은 어떻게 확증할 수 있을까? 그것은 또 그 이전의 지식 체계와 정합해야 하는데, 이 과정은 무한히 거슬러 올라가 마침내는 더 이상 소급할 수 없는 단계에까지 이르고, 결국 기존의 지식 체계와 비교할 수 없게 된다.』

▶ 5문단: 정합설의 한계

실용주의자들은 대응설이나 정합설과는 아주 다른 관점에서 진리를 고찰한다. 그들은 지식을 그 자체로 다루지 않고 생활상의

수단으로 본다. 그래서 지식이 실제 생활에 있어서 만족스러운 결
　　　　　지식을 생활상의 수단으로 여김
과를 낳거나 실제로 유용할 때 '참'이라고 한다. 관념과 생각 그 자체는 참도 아니고 거짓도 아니며, 행동을 통해 생활에 적용되어 유
　　　　　　　　　　　　　　실용설에서의 진리 판단 기준
용하면 비로소 진리가 되고 유용하지 못하면 거짓이 되는 것이다.

▶ 6문단: 진리에 대한 실용설의 관점

그러나 진리가 행동과 관련되어 있다는 것은, 행동을 통한 실제적인 결과를 기다려야 비로소 옳고 그름의 판단이 가능하다는 뜻
　　　　　　　행동 뒤 결과를 통해 진리를 판단
이 된다. 하지만 언제나 모든 것을 다 실행해 볼 수는 없다. 또한
　　　　　　　　　　　　　　　실용설의 한계 ①
'만족스럽다'든가 '실제로 유용하다'든가 하는 개념은 주관적이고 상대적이어서 옳고 그름을 가리는 논리적 기준으로는 불명확
　　　실용설의 한계 ②
하다. 바로 이 점에서 실용설이 지니는 한계가 분명하게 드러나는 것이다.

▶ 7문단: 실용설의 한계

* 모사하다(模寫하다): 사물을 형체 그대로 그리다.
* 전칭 판단(全稱判斷): 대상의 모든 범위에 걸쳐서 긍정하거나 부정하는 판단.
* 고차적(高次的): 생각이나 행동 따위의 수준이나 정도가 높은 것.

01 내용 전개 방식 파악하기　　　　　　　답 | ②

윗글의 전개 방식으로 가장 적절한 것은?

정답 선지 분석

② 추상적인 개념을 구체적인 예시를 통해 설명하고 있다.

윗글에서는 '모나고 노란 책상'과 '모든 사람은 죽는다'라는 구체적인 예시를 활용하여 대응설과 정합설의 입장에서의 추상적인 진리의 개념을 설명하고 있다.

오답 선지 분석

① 전문가의 의견을 인용하여 근거를 뒷받침하고 있다.

윗글은 세 가지 학설에 대해 설명할 때 전문가의 의견을 인용하여 근거를 뒷받침하고 있지 않다.

③ 두 가지 이론을 절충하여 새로운 이론을 제시하고 있다.

윗글은 진리를 판단하는 각기 다른 세 가지 학설들의 관점에 대해 설명하고 있으나, 두 가지 이론을 절충하여 새로운 이론을 제시하고 있지 않다.

④ 이론들의 변천 과정을 시간의 흐름에 따라 나열하고 있다.

윗글은 각각의 학설에서 진리를 판단하는 관점을 나열하여 설명하고 있으나, 세 가지 학설의 변천 과정을 시간의 흐름에 따라 나열하지는 않았다.

⑤ 기존의 이론들을 비교·대조하여 문제점을 밝히고 해결책을 찾고 있다.

윗글은 진리에 대한 대응설과 정합설, 실용설의 관점을 설명하며 각각의 학설이 갖는 한계점에 대해 제시하고 있으나, 진리에 대한 기존의 이론들을 비교·대조하여 문제점을 밝히거나 해결책을 찾고 있지는 않다.

02 세부 내용 이해하기　　　　　　　답 | ⑤

윗글의 내용으로 적절한 것은?

정답 선지 분석

⑤ 정합설은 인간의 감각으로는 판단하기 어려운 것들을 가려내는 데 적합하다.

4문단에 따르면 정합설은 가지고 있는 지식의 체계 중 옳다고 판별된 체계에 비추어 옳고 그름을 판단하기 때문에 감각적 판단으로 확인할 수 없는 전칭 판단이나 고차적인 과학적 판단들의 진위를 가려내는 데 적합하다.

① 대응설은 행동의 결과를 통해 옳고 그름을 판단한다.

　행동 뒤에 나타나는 실제적인 결과를 통해 옳고 그름을 판단하는 것은 실용설의 관점이다.

② 대응설은 명제와 사실의 일치 여부와는 관계없이 시각적으로 인식된 것을 진리라고 판단한다.

　대응설은 시각으로 판단된 관념이 대상의 성질을 그대로 반영한다고 여기기 때문에 시각적으로 인식한 것을 진리라고 판단한다. 그러나 대응설은 명제가 사실과 일치할 때 진리라고 주장하기 때문에 적절하지 않다.

③ 실용설은 유용성의 입장에서 지식 그 자체를 진리로 파악한다.

　실용설은 지식을 생활상의 수단으로 보며, 유용성의 입장에서 만족스러운 결과를 낳을 경우에만 참으로 인정하기 때문에 지식 그 자체를 진리로 파악하는 것은 아니다.

④ 정합설은 기존의 지식 체계가 모순이 있어도 확증이 가능하다.

　정합설은 기존의 지식 체계에 모순됨이 없이 들어맞는지 여부에 의해 지식의 옳고 그름을 판단한다. 즉, 기존의 지식 체계가 모순이 있다면 지식의 확증이 불가능하다.

03 구체적 사례에 적용하기 　　　　답 | ④

윗글을 참고했을 때, 보기 의 ⓐ, ⓑ와 관련된 학설로 적절한 것은?

보기

(가) 초등학생 ⓐ 진우는 습기가 있으면 마찰이 적어진다는 사실을 알고 비가 오는 날 등산화를 신고 등교해 넘어지지 않아 기분이 좋았다.

(나) 갈릴레오 갈릴레이는 자신의 천문관측 결과에 의거하여, '지구가 태양 주위를 돌고 있다.'는 코페르니쿠스의 지동설에 대한 믿음을 갖고 있었다. 하지만 당시 ⓑ 로마 교황청은 '하나님은 지구를 굳은 반석 위에 세우시고 영원히 움직이지 않도록 하셨다'라고 한 성경 말씀에 어긋난다는 이유로 그의 의견이 틀렸다는 판단을 하였다.

	ⓐ	ⓑ
④	실용설	정합설

　ⓐ 초등학생 진우는 습기가 있으면 마찰이 적어진다는 사실을 알고 비가 오는 날 마찰력을 높이기 위해 등산화를 신고 등교했다. 실용설의 관점에서 살펴보면, 진우가 알고 있던 지식이 실생활에서 유용하게 적용되었기 때문에 진우에게는 이 지식이 '참'이 된다.
　ⓑ 로마 교황청은 기존의 이론 체계(천동설)를 근거로 새로운 판단(지동설)이 틀렸다고 판단하고 있다. 이는 정합설의 관점에서 살펴보면 지동설이 기존의 지식 체계인 천동설에 모순됨이 없이 들어맞지 않기 때문이다.

04 세부 내용 추론하기

보기 의 ㉠과 ㉡에 들어갈, 진리와 관련된 학설을 차례대로 쓰시오.

보기

• (㉠)은 연역법을 통해 모순의 여부를 판단하게 된다. 연역법은 자명한 진리가 있다는 것을 전제로 놓고 결론을 도출하기 때문에 결론과 자명한 진리와의 일치 여부를 보면 된다.

• 귀납법은 구체적인 사실이나 현상에 대한 관찰로 얻어진 인식을 전체에 대한 일반적인 인식으로 이끌어 가는 것이다. 즉, 귀납법의 참과 거짓을 구분하는 기준을 세우는 데 (㉡)이 사용된다.

* 자명하다(自明하다): 설명하거나 증명하지 아니하여도 저절로 알 만큼 명백하다.

정합설, 대응설

수박같이 두렷한 임아(작자 미상)

01 ④　　**02** ①　　**03** ⑤　　**04** 참외, 씨동아

○: 직유법 사용　　　　듣기에만 좋은 말
수박같이 두렷한* **임**아 **참외**같이 단 말씀 마소
└ 번듯한 겉모습을 지닌 임　▶ 번듯한 겉모습으로 듣기 좋은 말만 하는 임
가지가지 하시는 말이 말마다 왼말*이로다
　　　　　　　　　　▶ 듣기에만 좋은 거짓말을 일삼는 임
구시월 **씨동아**같이 속 성긴 말 말으시소
└ 듣기에는 좋으나 실속이 없는 빈말　▶ 듣기에만 좋은 빈말을 하는 것을 경계
▶ 임의 행동을 우스꽝스럽게　　　－ 작자 미상, 〈수박같이 두렷한 임아〉 －
　표현하여 비판함

* 두렷한: 둥글둥글한.
* 왼말: 그른 말, 거짓말.
* 씨동아: 씨를 받기 위해 따 먹지 않고 키운 동아. 동아는 박과의 한해살이 덩굴성 식물이다.

01 표현상의 특징 파악하기 　　　　답 | ④

윗글의 표현상의 특징으로 적절한 것은?

④ 비유적 표현을 사용하여 주제를 효과적으로 드러내고 있다.

　윗글의 화자는 '수박', '참외', '씨동아'와 같은 자연물에 임을 빗대어 표현함으로써 번듯한 겉모습으로 거짓말을 일삼는 사람을 경계할 것을 효과적으로 드러내고 있다.

① 자연물과의 대화를 통해 화자의 깨달음을 제시하고 있다.

　윗글의 화자는 자연물에 임을 빗대어 표현함으로써 번듯한 겉모습으로 거짓말을 일삼는 임을 부정적으로 바라보고 있는 것이지, 자연물과의 대화를 통해 깨달음을 제시하고 있지 않다.

② 역설적인 표현을 사용하여 화자의 심정을 표현하고 있다.

　윗글에서는 역설적인 표현이 사용되고 있지 않다.

③ 자연물에 감정을 이입하여 화자의 심정을 드러내고 있다.

　윗글은 번듯한 겉모습으로 듣기에만 좋은 말을 하는 임을 '수박', '참외', '씨동아'와 같은 자연물에 빗대어 표현하고 있는 것이지, 자연물에 화자의 감정을 이입하여 심정을 드러내고 있지 않다.

⑤ 자연물과의 대조를 통해 대상의 부정적인 속성을 강조하고 있다.

　윗글은 겉모습은 번듯하나 듣기에만 좋은 말을 하는 임을 자연물에 빗대어 표현하여 임의 부정적인 속성을 강조하고 있는 것이지, 임과 자연물을 대조하고 있지 않다.

02 시어의 의미 파악하기 　　　　답 | ①

윗글에 대한 설명으로 적절한 것은?

① '수박'은 겉모습이 번듯한 사람을 의미한다.

　윗글에서 '수박'은 겉모습이 번듯한 사람을 비유한 것이다.

② '임'은 '수박' 같은 외모를 지닌, 화자가 찬양하는 대상이다.

　윗글의 '수박'은 겉모습이 번듯한 사람을 비유한 것이다. 그러나 '임'은 '수박'같은 외모를 지녔지만 '참외', 즉 듣기에만 좋고 실속이 없는 빈말을 일삼는 사람이기 때문에 화자가 찬양하는 대상이 아니라 비판하는 대상이다.

③ '씨동아'는 '참외'와 달리 진정성 있는 말을 하는 사람을 의미한다.

　윗글의 '씨동아'는 '참외'와 마찬가지로 듣기에는 좋지만, 실속이 없는 빈말을 의미한다.

④ '참외'는 '수박'과 대비되는 존재로 경계하지 않아도 되는 대상이다.

'참외'는 듣기에는 좋은 말을 비유한 것이다. 화자는 '수박'처럼 겉모습은 번듯하나 '참외같이 단 말씀'만 하는 임을 경계해야 한다고 말하고 있기 때문에 '수박'과 '참외'는 모두 경계해야 할 임의 모습이다.

⑤ '수박'은 '임'이 하는 말을, '참외'와 '씨동아'는 '임'의 외모를 의미한다.

'수박'은 겉모습은 번듯한 '임'의 외모를 빗대어 표현한 것이고, '참외'와 '씨동아'는 '임'이 하는 말을 빗대어 표현한 것이다.

03 작품 비교하기

답 | ⑤

윗글과 보기 를 비교한 내용으로 적절하지 않은 것은?

보기

두꺼비 **파리**를 물고 두엄 위에 뛰어올라 앉아

건너편 산을 바라보니 백송골이 떠 있어서 가슴이 섬뜩하여 펄쩍 뛰어
내달리다가 두엄 아래 나자빠졌구나.

모쳐라 날랜 나였기에 망정이지 피멍이 들 뻔했구나.

- 작자 미상, 〈두꺼비 파리를 물고〉

* 두엄: 풀, 짚 또는 가축의 배설물 따위를 썩힌 거름.
* 모쳐라: '마침'의 옛말.

정답 선지 분석

⑤ 윗글의 '씨동아'와 〈보기〉의 '파리'는 모두 화자가 경계하는 대상이다.

윗글의 '씨동아'는 겉으로는 듣기 좋으나 실속이 없는 빈말을 의미하는 것으로, 임이 하는 말을 나타낸다. 즉, 윗글의 화자는 겉으로만 그럴듯한 말을 하는 임의 태도를 비판하며 이를 경계하고 있다. 그러나 〈보기〉에서 '두꺼비'는 탐관오리이고, '파리'는 탐관오리로부터 피해를 본 대상으로 화자가 연민의 태도를 보이는 대상이다. 따라서 윗글의 화자는 '씨동아'를 경계하고 있지만 〈보기〉의 화자는 '파리'를 연민의 대상으로 여기고 있기 때문에 적절하지 않다.

오답 선지 분석

① 윗글과 달리 〈보기〉는 대상의 행동 변화가 묘사되어 있다.

윗글은 '임'을 자연물에 빗대어 표현하고 있을 뿐, 대상의 행동 변화가 나타나고 있지 않다. 반면, 〈보기〉에서는 약자에게는 군림하고, 강자 앞에서는 황급히 도망가려다 실수를 하는 '두꺼비'의 행동 변화를 우스꽝스럽게 묘사하고 있다.

② 윗글과 〈보기〉 모두 특정 행동을 하는 인물을 비판하고 있다.

윗글은 번듯한 겉모습으로 실속이 없는 빈말을 일삼는 사람을, 〈보기〉는 강한 사람에게는 약하고 약한 사람에게는 강한 태도를 보이는 사람을 비판하고 있다.

③ 윗글과 〈보기〉 모두 시적 대상을 우스꽝스럽게 표현하고 있다.

윗글은 '임'을 자연물에 빗댐으로써, 〈보기〉는 '두꺼비'가 '나자빠'진 모습과 종장에서 스스로 자랑스러워하는 모습을 통해 시적 대상을 우스꽝스럽게 표현하고 있다.

④ 윗글과 〈보기〉 모두 말하고자 하는 대상을 자연물에 빗대어 표현하고 있다.

윗글은 '임'을 '수박', '참외', '씨동아'에, 〈보기〉는 수탈하는 사람, 수탈을 당하는 사람, 가장 권력이 있는 사람을 각각 '두꺼비', '파리', '백송골'에 빗대어 표현하고 있다.

04 시어의 의미 이해하기

임이 하는 말을 나타내는 자연물 두 개를 윗글에 등장한 순서대로 쓰시오.

정답

참외, 씨동아

[앞부분 줄거리] 호정이는 어촌 마을에서 할아버지와 둘이 산다. 호정이는 친구와 함께 용돈을 벌기 위해 햄버거 가게에서 아르바이트를 하다가 부당한 이유로 해고를 당한다. 알바비로 받은 39만 4000원으로 무엇을 해야 좋을지 고민하던 호정이는 학교에서 선생님과의 진로 상담 이후 요리사라는 꿈을 가지게 되어, 알바비로 요리 학원을 다니기로 결심하고 준오의 휴대 전화로 요리 학교를 찾아본다. 그때 재형이의 장난으로 준오의 휴대 전화의 액정이 깨지게 된다.

"야, 그냥 내 거 써. 내가 알바를 뛰든지 해서 새 걸로 사 줄게."

㉠ 재형이는 낡은 제 휴대 전화를 준오 앞에 내놓았다. 준오는 한숨을 푹 내쉬었다. 호정이는 바짝 붙어 서 있는 재형이를 팔꿈치로 확 밀쳤다.

"준오야, 미안해. 오늘 학교 끝나고 우리 집 쪽으로 와. 수리비
 아르바이트로 번 돈으로 수리비를 주려고 함
물어 줄게."

"야, 정호정! 니가 돈이 어딨어? 할아버지도 배 타고 나가셨잖아."

재형이가 호정이 팔을 슬쩍 붙잡았다.

"알바비로 휴대 전화 바꾸라며? 네 말대로 됐네!"

호정이는 재형이 손을 있는 힘껏 뿌리쳤다. 마음 같아서는 재형이를 창문 밖으로 집어 던지거나 사물함에 구겨 넣어 버리고 싶은 걸 꾹 참았다.

호정이는 그날 저녁 30만 원을 준오한테 주고는 혼자 노래방으로 갔다. 얼룩덜룩한 소파 귀퉁이에 걸터앉아 선곡집을 들여다보
 꿈을 꾸게 했던 돈을 잃게 되어 서러움
는데 눈물이 뚝 떨어졌다. 호정이는 손등으로 눈물을 쓱 훔치고는 노래를 고른 뒤 마이크를 들었다. 『사랑 타령이나 하는 노래가
 『」: 속상한 마음을 노래로 풀어내려고 함
분노를 삭여 주거나 슬픔을 위로해 줄 리 없었지만, 호정이는 무대에 선 가수처럼 최선을 다해 불렀다. 흥겨운 노래를 부를 때는 탬버린을 흔들면서 소파 위에 올라가 펄쩍펄쩍 뛰었다.』 노래방 주인은 늘 그렇듯이 삼십 분을 덤으로 넣어 주었다.

호정이가 노래방에서 나왔을 때는 세상이 온통 깜깜했다. 호정이는 부두 쪽으로 터덜터덜 걸어갔다. 새벽에 깨어나야 하는 부두의 짧은 밤은 몹시 어두웠다. 호정이는 비린내가 배어 있는 어판장에 서서 포구 끝에 있는 등대 불빛을 물끄러미 쳐다봤다.

『㉡ 배는 등대의 불빛을 따라 제 길을 찾겠지만, 호정이가 갈 길을
비춰 주는 것은 어디에도 없었다.』
 『」: 꿈을 향한 첫걸음인 요리 학원
 등록이 무산되자 마치 꿈을 다
 잃어버린 것 같은 절망감을 느낌

요리사는 개뿔. 호정이는 바다 쪽으로 침을 뱉고는 돌아섰다.

"이게 누꼬? 우리 손녀 호정이 아이가!"

호정이가 부두를 빠져나오는데 어판장 끄트머리에 있는 술집
<u>어부들이 잡아온 물고기를 거래하는 곳</u>
에서 정 노인이 나왔다. 검은 봉지를 손에 든 정 노인은 호정이를
호정이를 생각하는 정 노인의 마음이 담긴 소재
보고는 허든대며* 걸어왔다.

"할아버지, 술 마셨어?"

"마셨지. 마셔도 아주 많이 마셨다." / "이건 뭐야?"

호정이는 정 노인 손에 든 검은 봉지를 받아 들었다.

"할아비가 오늘 기분이 좋아서 쇠고기 두어 근 샀다." / "비싼
정 노인에게 좋은 일이 있었음을 암시
<u>쇠고기는 뭐하러 사</u>."
호정이네가 넉넉한 형편이 아님을 보여 주며 호정이의 어른스러운 마음을 드러냄
"뭐하러 사긴. 우리 손녀딸 구워 먹이고, 볶아 먹이려고 샀지.
호정이에 대한 정 노인의 애정이 드러남
호정아, 할아비가 오늘 고래를 잡았다!"
정 노인이 드디어 꿈을 이룸
"고래?"

호정이는 걸음을 멈추고 정 노인을 쳐다봤다. 정 노인은 고개를
끄덕이면서 양팔을 들어 크게 벌려 보였다.

"고래가 얼마나 큰지 3미터도 넘는 놈이더라." / "정말?"

"암만, 정말이지. 할아비가 투망해 놓은 그물에 커다란 고래가
딱 걸렸다니까." / "그래서?"

「호정이는 얼마 전 어떤 선장이 그물에 걸려 죽은 고래를 팔아
수천 만 원을 벌었다는 소문을 떠올렸다. 정말 할아버지가 고래
를 잡았다면 요리 학원도 요리 고등학교도 문제 될 게 없었다. 호
정이는 가슴이 두근거렸다.」 「」: 호정이는 고래를 팔아 돈을 마련하면 다시
　　　　　　　　　　　　　　　 꿈을 이룰 수 있을 것이라는 기대를 함
"할아버지, 그래서? 고래를 팔았어?"

"같이 배에 탄 사람들이 그러더라. 그물에 걸린 거 놔두면 곧 죽
을 테니까 기다렸다가 팔면 된다고. 근데 고래가 멀쩡히 살아서
<u>눈을 끔벅거리는데 그럴 수 있나. 그래서 할아비가 그물을 칼로</u>
생명의 소중함을 지키기 위해 꿈을 포기함
<u>끊어 풀어 줬다</u>." / "풀어 줘?"
고래를 풀어 준 정 노인의 행동이 이해되지 않음
"그래 풀어 줬다. ㉡ <u>놔줘야지. 고래 잡는 게 불법인데. 죽기를</u>
　　　　　　　　　　　　　　　생명의 가치를 소중히 하는 정 노인의 인물됨이 드러남
<u>기다릴 수는 없지</u>. 고래 그 녀석 그물에서 풀려나더니 물 위로
두 번이나 솟구쳐 오르더라. 고맙다고 인사하는 거지."

<u>정 노인은 환하게 웃으면서 호정이의 어깨를 툭 쳤다. 호정이는</u>
　　　자신의 행동에 만족하며 호정이도 그렇게 생각하기를 바람
<u>맥이 탁 풀렸다.</u>
꿈을 이룰 수 있다는 기대가 좌절되어 실망함
"할아버지 꿈이 고래 잡는 거였잖아."

"그랬지. 젊어서는 그랬지. 그때만 해도 고래를 잡을 수 있었으
니까. 고래 잡으면 구두 가게 하고 싶었지. 그건 다 젊을 때 얘
기고…… . 젊을 때는 꿈을 가져야 하고, 늙어서는 꿈을 내려놓

아야 행복한 거다."

"그러니까 고래는……." / "<u>고래는 바다에 있지</u>. 호정아, 얼른
　　　　　　　　　　　　　고래를 바다에 풀어 준 정 노인
가서 고기 구워 저녁 먹자."

정 노인은 호정이 손에 든 검은 봉지를 도로 빼앗아 들고는 비뚝
거리며* 비탈길을 올랐다. ㉣ <u>호정이는 울컥 눈물이 나왔다.</u> 호정
　　　　　　　　　　　　　　　꿈을 이룰 수 있을 거라는 기대가 사라지자 속상함
이는 소매 끝으로 눈물을 찍어 내고는 하늘을 올려다봤다. <u>어두운</u>
<u>하늘에는 먹구름이 무겁게 내려앉아 별 하나 보이지 않았다.</u>
배경 묘사를 통해 호정이의 암담한 심정을 드러냄
"호정아!"

정 노인이 멈춰 서 뒤를 돌아봤다. 호정이는 걸음을 주춤하며
할아버지 눈을 피해 땅바닥을 내려다봤다. 정 노인은 노래를 흥
얼거리듯 말했다.

"우리 손녀딸 꿈이 요리사라고? 아까 담임 선생님이 전화해서
그러더라. 우리 호정이가 학교에서도 잘한다고. 이 할아비가 오
래 살아서 우리 손녀딸 요리사 되는 걸 봐야지."

호정이는 한 걸음 한 걸음 박아디며 너무 달리는 초보 샘을
원망했다. 정 노인은 가파른 길을 다시 오르면서 중얼거렸다.

"<u>아무 걱정하지 마라. 할아비가 다 뒷바라지할 테니까.</u>"
　　　　호정이의 꿈을 이루어 주고 싶은 정 노인의 마음
정 노인은 허전대는* 다리에 힘을 주면서 목소리를 높였다.

"호정아, 오늘 밤부터 눈이 엄청 온다더라. 춘설*은 길조*지." /
"봄에 눈은 무슨 눈!"

호정이는 입을 삐죽거리면서 하늘을 올려다봤다. 하늘에서 희
읍스름한* 게 떨어지는 것 같았다. 「㉤ <u>호정이는 손바닥을 펴서 허</u>
　　　　　　　　　　　　　　　　　　「」: 절망적인 마음에서 벗어나 봄눈이 오기를 기대함
<u>공에 내밀며 중얼거렸다. 정말 눈이 오나.」</u>

- 김해원, 〈봄이 온다〉 -

* 허든대다: 다리에 힘이 없어 중심을 잃고 이리저리 자꾸 헛디디다.
* 비뚝거리다: 바닥이 고르지 못하거나 한쪽 다리가 짧아서 흔들거리며 걷다.
* 허전대다: 다리에 힘이 아주 없어 쓰러질 듯이 계속 걷다.
* 춘설(春雪): 봄철에 오는 눈.
* 길조(吉兆): 좋은 일이 있을 조짐.
* 희읍스름하다: 산뜻하지 못하게 조금 희다.

핵심 내용 파악하기   답 | ④

㉠~㉤에 대한 이해로 적절하지 **않은** 것은?

정답 선지 분석

④ ㉣: 호정이는 고래를 풀어 준 정 노인의 마음을 이해하며 자신의 생각을 반성하고 있다.

호정이가 울컥 눈물이 난 이유는 고래를 팔아 요리 학원에 등록할 돈을 마련할 수 있을 거라는 기대가 사라지자 속상하고 서글펐기 때문이다.

오답 선지 분석

① ㉠: 재형이의 경솔하고 즉흥적인 성격을 보여 준다.

재형이의 장난으로 인해 준오의 휴대 전화의 액정이 깨졌지만 재형이는 준오에게 사과도 하지 않고 자신의 낡은 휴대 전화를 내놓으며 '야, 그냥 내 거 써. 내가 알바를 뛰든지 해서 새 걸로 사 줄게.'라고 말하고 있다. 이는 재형이의 경솔하고 즉흥적인 성격을 보여 주고 있는 것이다.

② ㉡: 요리 학원을 등록할 수 없게 된 호정이의 절망적인 마음이 드러난다.

호정이는 예기치 않게 준오의 휴대 전화 수리비로 알바비를 써버리는 바람에 요리 학원에 등록할 돈이 사라져 서러웠다. ㉡은 꿈을 이루기 위한 요리 학원 등록이 무산된 호정이의 절망적인 마음을 등대의 불빛을 따라 제 길을 찾아가는 배와 비교하여 표현한 것이다.

③ ㉢: 생명의 가치를 아는 정 노인의 인물됨이 드러난다.

정 노인의 오랜 꿈은 고래를 잡는 것이다. 정 노인이 고래를 잡자 같이 배에 탄 사람들은 그물에 걸린 고래를 놔두면 곧 죽을 테니 기다렸다가 팔면 된다고 했지만, 정 노인은 멀쩡히 살아서 눈을 끔벅거리는 고래를 보고 그렇게 할 수 없었다고 말했다. 또한 정 노인은 이해가 되지 않는다는 듯이 되묻는 호정이에게 ㉢과 같이 말하고 있다. 이는 생명의 가치를 아는 정 노인의 인물됨이 드러난 것으로 볼 수 있다.

⑤ ㉤: 호정이는 절망적인 마음에서 벗어나 봄눈을 기대하고 있다.

호정이가 손바닥을 펴서 허공에 내밀며 '정말 눈이 오나'라고 중얼거린 것은 비록 당장은 자신의 꿈이 좌절되었지만, 절망적인 마음에서 벗어나 봄눈, 즉, 희망을 기대하고 있는 호정이의 모습을 보여 주고 있는 것이다.

소재의 의미 파악하기   답 | ③

윗글의 춘설이 의미하는 것으로 적절한 것은?

정답 선지 분석

③ 호정이의 삶에 희망찬 미래가 펼쳐질 것을 암시한다.

윗글에서 정 노인은 '춘설은 길조지'라고 이야기하고 있다. 즉, 춘설은 호정이의 삶에 희망찬 미래가 펼쳐질 것을 암시하는 것이다.

오답 선지 분석

① 호정이와 선생님의 갈등의 해소를 의미한다.

윗글에서 선생님과 호정이는 갈등을 겪고 있지 않다. 선생님은 진로 상담을 통해 호정이가 요리사의 꿈을 가질 수 있도록 이끌어주는 인물이다.

② 호정이에게 닥칠 새로운 고난과 시련을 의미한다.

꿈을 잃은 것만 같은 호정이는 '춘설은 길조'라고 말하는 할아버지의 말을 듣고 하늘을 올려다본다. 그러면서 '정말 눈이 오나'라며 중얼거린 것은 호정이가 길조를 기다리고 있다고 볼 수 있다. 따라서 춘설은 호정이에게 닥칠 새로운 고난과 시련이 아닌, 앞으로 호정이에게 다가올 희망찬 미래를 암시하는 것이다.

④ 호정이와 정 노인이 앞으로는 넉넉하게 살 수 있음을 암시한다.

윗글에서의 '춘설'은 호정이의 삶에 희망찬 미래가 펼쳐질 것임을 암시하는 것이지 호정이와 정 노인이 앞으로 넉넉하게 살 수 있음을 암시하는 것이라고 보기는 어렵다.

⑤ 호정이가 다시 부모님을 만날 수 있을 것이라는 기대를 의미한다.

윗글에서의 '춘설'은 호정이의 삶에 희망찬 미래가 펼쳐질 것임을 암시하는 것이지 호정이가 다시 부모님과 만날 수 있을 것을 암시하는 것이 아니다.

외적 준거를 참고하여 작품 감상하기   답 | ④

보기 를 참고하여 윗글을 감상했을 때 적절하지 **않은** 것은?

보기

이야기는 다양한 인간들의 다양한 삶을 그려낸다. 이야기의 아름다움이란 바로 이야기에 등장하는 인물들이 겪는 상황이나 그 상황을 대하는 인물들의 태도가 자아내는 느낌을 가리킨다. 소설이나 다른 이야기를 접하면서 감동을 느꼈다면 이는 아름다움을 체험했기 때문이다.

독자는 이야기를 읽으면서 다양한 측면에서 아름다움을 느낀다. 우선 인물의 삶이 보여 주는 모습, 즉 내용을 통해서 느껴지는 아름다움이 있다. 또한 이야기에 형상화된 인물의 개성, 이야기의 구체적인 배경 등의 표현에서도 아름다움을 느낄 수 있다. 이야기를 심미적으로 체험하려면 이런 측면에 주목하면서 작품을 읽어 가는 것이 매우 중요하다. 그리고 이야기를 읽을 때에는 자신의 삶의 모습과 비교하며 작품을 적극적으로 감상하여 내면화하려는 태도가 필요하다.

정답 선지 분석

④ 은하: 정 노인과 호정이가 그동안의 오해를 풀고 함께 집으로 돌아가는 모습을 보고 어제 동생과 싸운 일을 반성하게 돼.

문학 작품을 읽고 자신의 경험을 떠올리며 반성하는 것은 자신의 삶의 모습과 비교하며 적극적으로 작품을 감상하는 것이기 때문에 심미적 체험이라고 볼 수 있다. 그러나 윗글에서 정 노인과 호정이는 갈등을 겪고 있지 않기 때문에 오해를 풀고 함께 집으로 돌아갔다는 것은 적절하지 않다. 정 노인과 호정은 우연히 집에 가는 길에 마주쳐 함께 돌아가고 있다.

오답 선지 분석

① 나래: 작은 어촌 마을에서 넉넉하지 못하게 살고 있는 호정이와 정 노인을 보며 괜히 안타까웠어.

'나래'는 작은 어촌 마을에 사는 호정이와 정 노인을 생각하며 자신의 생각을 밝히고 있다. 이는 이야기의 구체적인 배경에 주목하여 작품을 심미적으로 체험하고 있는 것이다.

② 윤지: 나도 호정이처럼 꿈을 이루지 못할까 봐 두려웠던 적이 있어서 호정이의 마음이 이해가 가.

'윤지'는 자신의 경험을 떠올리며 호정이의 마음을 이해하고 있다. 즉 자신의 삶의 모습과 비교하면서 작품을 적극적으로 감상하며 작품을 심미적으로 체험하고 있는 것이다.

③ 윤정: 오랫동안 꿈꿔온 고래를 잡았음에도 풀어 준 정 노인의 모습에서 정 노인의 가치관을 이해할 수 있었어.

'윤정'은 오랫동안 꿈꿔온 고래를 잡았음에도 풀어 준 정 노인의 모습에서 생명을 소중하게 지키는 정 노인의 가치관을 이해할 수 있다고 말하고 있다. 즉 인물의 삶이 보여 주는 모습에 주목하여 작품을 관찰하며 작품을 심미적으로 체험하고 있는 것이다.

⑤ 아현: 호정이의 꿈을 뒷바라지하겠다고 하는 할아버지의 말에서 호정이를 아끼고 사랑하는 마음이 느껴지는 것 같아서 감동적이야.

'아현'은 호정이의 꿈을 뒷바라지하겠다는 할아버지의 말에서 호정이를 향한 애정을 느꼈다고 말하고 있다. 이는 호정이를 대하는 정 노인의 태도에서 감동을 느낀 것으로, 작품을 심미적으로 체험하고 있는 것이다.

문장의 의미 파악하기

윗글에서 꿈에 대한 정 노인의 생각이 드러난 문장을 찾아 첫 어절과 마지막 어절을 쓰시오.

정답

젊을, 거다.

| 본문 | 21쪽

문법 어근과 접사

◀ 빠른 정답 체크 01 ② 02 ① 03 접두사, 접미사

'높다'의 '높-'은 어간이기도 하고 어근이기도 하다. 그렇다면 어간일 때와 어근일 때 어떤 차이가 있을까? 이를 이해하기 위해서는 어간과 어근의 개념에 대해 살펴볼 필요가 있다.

어간은 용언 등이 활용될 때 사용하는 개념이다. <u>용언은 문장에서 다양한 형태로 바뀌면서 활용되는데</u>, <u>형태가 변하지 않는 부분</u>
　　　　　용언의 특징: 활용이 가능함　　　　　　　　　　어간의 개념
을 어간이라 하고 <u>형태가 변하는 부분</u>을 어미라고 한다. 예를 들
　　　　　　　　　　　　어미의 개념
어 '높다'가 '높고', '높지'와 같이 활용될 때, '<u>높-</u>'은 어간이고,
　　　　　　　　　　　　　　　　　　활용할 때 형태가 변하지 않음
'<u>-고</u>'나 '<u>-지</u>'는 어미이다.
활용할 때 형태가 변함

이와 달리 어근은 단어를 구성할 때, <u>실질적 의미를 나타내는</u>
　　　　　　　　　　　　　　　　　어근의 개념
부분을 가리키는 개념이다. 그리고 <u>어근의 앞이나 뒤에 결합하여</u>
　　　　　　　　　　　　　　　　　　　　접사의 개념
<u>특정한 의미나 기능을 더해 주는 부분</u>을 접사라고 한다. 용언을
<u>어근과 접사로 분석할 때 형태가 변하지 않는 어간만을 대상으로</u>
　　　　　　　　　　　어간(어근+접사)+어미
<u>한다.</u> 가령, '드높다'의 경우 어간인 '드높-'에서 실질적 의미를
나타내는 '높-'은 어근이고, <u>그 앞에 붙어 '심하게'라는 의미</u>를 덧
　　　　　　　　　　　　　　　　　　　　접두사
붙여 주는 '<u>드-</u>'는 접사이다. <u>접사는 어근 뒤에 결합하기도 하는</u>
접사의 특징: 특정한 의미를 더함　　　　　　　접미사
데, 어근 '높-'에 접사 '-이-'가 결합한 '높이다'가 이에 해당한다.

이를 정리하면 아래와 같다.

	어간			어미
	접사	어근	접사	
높다	·	높-	·	-다
드높다	드-	높-	·	-다
높이다	·	높-	-이-	-다

한편 단어는 '높다'와 같이 하나의 어근으로 구성된 경우나 '드높다'
　　　　　　　　　　　　　　　　　　　　　　　　'드-'(접사)+'높-'(어근)
나 '높이다'와 같이 어근에 접사가 결합한 경우 이외에 두 개 이상
'높-'(어근)+'-이-'(접사)
의 어근이 결합하여 만들어지기도 한다. 예컨대 '높푸르다'의 경
우 어근 '높-'과 어근 '푸르-'가 결합하여 만들어진 단어이다.
'높-'과 '푸르-' 모두 실질적 의미를 가진 어근에 해당

윗글을 바탕으로 할 때, 보기 의 ㉠과 ㉡에 들어갈 내용으로 적절한 것은?

보기

'높다'에서 '높-'은, 단어가 활용될 때 [　㉠　] 는 점에서 '어간', 단어를 구성할 때 [　㉡　] 는 점에서 '어근'이라고 할 수 있다.

정답 선지 분석

	㉠	㉡
②	형태가 변하지 않는다	실질적 의미를 나타낸다

㉠ 어간은 용언 등이 활용될 때 형태가 변하지 않는 부분을 가리킨다. '높다'는 '높고', '높지'와 같이 활용하는데, 이때 형태가 변하지 않는 부분이 바로 '높-'이다. 따라서 ㉠에 들어갈 말은 '형태가 변하지 않는다'이다.

㉡ 어근은 단어를 구성할 때, 실질적 의미를 나타내는 부분을 가리킨다. 따라서 ㉡에 들어갈 말은 '실질적 의미를 나타낸다'이다.

---

02 단어의 구성 방식 이해하기　　　　　답 | ①

보기 의 '자료'에서 '활동'의 ⓐ~ⓒ에 들어갈 단어로 적절하지 않은 것은?

보기

[자료] 용언 : 검붉다, 먹히다, 자라다, 치솟다, 휘감다

[활동]

• 어간과 어근이 일치하는 단어를 모아 봅시다.

　- ＿＿＿＿＿ⓐ＿＿＿＿＿

• 어간과 어근이 일치하지 않는 단어를 모아 봅시다.

　- 어근의 앞이나 뒤에 접사가 결합한 단어 : ＿＿＿ⓑ＿＿＿

　- 둘 이상의 어근이 결합한 단어 : ＿＿＿ⓒ＿＿＿

정답 선지 분석

① ⓐ: 휘감다

'휘감다'의 어간은 '휘감-'이고 어근은 '감-'이다. '휘감-'은 어근 '감-'에 접사 '휘-'가 결합된 단어이다. 즉 '휘감다'는 어근의 앞이나 뒤에 접사가 결합한 단어이기 때문에 ⓐ가 아닌 ⓑ에 들어갈 수 있는 단어이다.

오답 선지 분석

② ⓐ: 자라다

'자라다'는 ⓐ에 들어갈 수 있는 단어이다. '자라다'의 어간과 어근 모두 '자라-'로 동일하다.

③ ⓑ: 먹히다

'먹히다'는 ⓑ에 들어갈 수 있는 단어이다. '먹히다'의 어간은 '먹히-'이고, 어근은 '먹-'이다. '먹히-'는 어근 '먹-'에 접사 '-히-'가 결합된 단어이다.

④ ⓑ: 치솟다

'치솟다'는 ⓑ에 들어갈 수 있는 단어이다. '치솟다'의 어간은 '치솟-'이고 어근은 '솟-'이다. '치솟-'은 어근 '솟-'에 접사 '치-'가 결합된 단어이다.

⑤ ⓒ: 검붉다

'검붉다'는 ⓒ에 들어갈 수 있는 단어이다. '검붉다'의 어간은 '검붉-'이고 어근은 '검-', '붉-'이다. '검붉-'은 어근 '검-'과 어근 '붉-', 즉 둘 이상의 어근이 결합된 단어이다.

03 접사의 특징 파악하기

보기의 ㉮와 ㉯에 들어갈 말을 차례대로 쓰시오.

보기

'풋고추'는 '덜 익은'의 뜻을 더하는 접사 '풋-'이 어근 '고추' 앞에 결합한 것이다. 이렇게 '풋-'과 같이 어근의 앞에 오는 접사를 (㉮)(이)라고 한다. 반면, '서울내기'는 어근 '서울' 뒤에 '그 지역에서 태어나고 자라서 그 지역 특성을 지니고 있는 사람'의 뜻을 더하는 접사 '-내기'가 결합한 것이다. '-내기'와 같이 어근의 뒤에 오는 접사를 (㉯)(이)라고 한다.

정답

접두사, 접미사

독서 물고기의 무리 짓기

빠른 정답 체크 **01** ⑤ **02** ⑤ **03** ③ **04** 포식자, 우두머리

　무리를 지어 몰려다니는 송사리들의 움직임은 명령에 따라 움직이는 군대처럼 일사불란하다. 피라미들은 개울의 빠른 물살에도 불구하고 유연한 동작으로 무리 지어 다닌다. 그래서 어부들은 한 번의 투망 작업으로 수백수천 마리의 물고기를 낚을 수 있다. 이런 위험에도 불구하고 물고기들은 어떻게, 그리고 왜 무리 지어 다닐까?
▶1문단: 무리를 지어 다니는 물고기

　두세 마리에서 수백만 마리에 이르는 물고기들이 무리를 지어 일제히 헤엄칠 때, 멀리서 보면 마치 하나의 커다란 생물체 같다. <u>무리 안에서는 일정한 우두머리가 없다. 무리가 오른쪽이나 왼쪽</u>
　　　　물고기 무리의 특징 ①
<u>으로 선회할 때에는 측면에 있던 개체들이 무리를 선도한다.</u>
　　　물고기 무리의 특징 ②　　　▶2문단: 물고기 무리의 특징
　물고기들이 무리를 이룰 때 동원되는* 감각 중 중요한 것은 시각과 옆줄의 감각이다. 물고기의 시력은 0.5 이하로 약한 편이어서 명암 구분만 가능하지만, 움직이는 물체를 감지하는 능력은 사
　　　　　　　물고기의 특징 ①
람의 2배 정도 된다. <u>무리 지어 다니는 물고기들은 대개 반짝이는</u>
　　　　　　　　　물고기의 특징 ②
<u>몸을 가졌는데,</u> 이것이 시각을 자극하여 무리의 움직임을 유도하는 기능을 한다. 또 <u>대개의 물고기들은 다른 생물이나 물체, 물의</u>
　　　　　　　　　　　　물고기의 특징 ③
<u>흐름, 진동, 온도, 깊이 등을 감지하는 옆줄이 있다.</u> 물고기의 무리가 흐트러지지 않고 대열을 유지할 수 있는 것은 미세한 변화
　　　물고기 무리의 특징 ③
에도 반응하는 이 옆줄의 감각 체계 때문이다.
　　　　　　　　　　▶3문단: 물고기가 무리를 이룰 때 동원되는 감각
　물고기들은 무리를 지어 이동함으로써 무리 안의 각 개체들은 에너지 소비를 최소한으로 줄일 수 있다. 동료들이 사용한 에너지를 효
　　　무리를 지어 다닐 때의 이점 ①
율적으로 이용할 수 있는 지혜 덕택이다.「물고기 각각의 개체들은
　　　　　　　　　　　　　　　　　　「 : 무리 안의 물고기가 에너지 소비를 최소화하는 방법

중앙 부분이 굵고 머리 끝과 꼬리 끝으로 가면서 차츰 가늘어지는 체형을 가지고 있는데 이러한 체형을 이용하여 자기 뒤로 물의 소용돌이를 만든다. 물고기들은 다른 물고기가 만든 물의 소용돌이를 이용하여 별로 힘들이지 않고도 단거리를 이동해 갈 수 있다.」여기에는 바로 <u>유체역학적 원리</u>가 숨어 있다.
▶4문단: 무리를 지어 다님으로써 물고기가 얻는 이점 1
「물고기가 좌우로 꼬리를 흔들며 헤엄쳐 나갈 때 뒤쪽으로 소용
「 : 무리 안의 물고기가 에너지 소비를 최소한으로 줄일 수 있는 이유
돌이가 생긴다. 소용돌이 바로 뒤에는 처음 발생한 소용돌이와는 반대 방향의 소용돌이가 생기고, 이때 물고기들은 서로 다른 방향으로 형성되는 소용돌이 사이를 좌우로 헤엄치면서 이동하는 것이다. 소용돌이는 동그랗게 말리면서 역류* 현상이 일어나는 것이 특징인데, 물고기는 이 역류되는 소용돌이가 밀어주는 방향으로 최소한의 에너지를 사용하여 나아갈 수 있다.」기러기가 바람의 저항을 최소화하기 위해 'ㅅ' 대형으로 날아가며 앞서가는 새의 박자에 맞춰 날갯짓을 하는 것 역시 바로 이 유체역학적 원리를 이용한 것이다.
▶5문단: 유체역학적 원리를 이용하여 이동하는 물고기 무리
　<u>무리 지어 다니는 물고기의 습성은 포식자를 피하는 데 도움이</u>
　　　　　　　　　　　　　　무리를 지어 다닐 때의 이점 ②
<u>된다.</u> 무리 중 포식자를 먼저 발견한 물고기가 재빨리 방향을 바꾸어 도망을 치면, 이때 발생하는 물의 파장이 옆에 있는 물고기들에게 순식간에 전해져 무리 전체가 위험 상황을 피할 수 있게 된다. 또한 물고기가 무리를 지어 다니면 <u>포식자는 작은 물고기</u>
　　　　　　　　　　　　　　　무리를 지어 다닐 때의 이점 ③
<u>떼를 큰 물고기로 착각하기도 한다.</u> 여러 마리가 동시에 움직임으로써 포식자로 하여금 착시현상을 일으켜 쉽게 표적을 정하지 못하게 하는 것이다. 먹이를 찾고 짝을 찾는 데에도 무리를 짓는 것이 물고기에게 매우 유리하다. 이처럼 물고기들은 무리를 이루어서 에너지의 효율적 이용, 포식자로부터의 방어 등 여러 가지 면에서 이득을 얻고 있다.
▶6문단: 무리를 지어 다님으로써 물고기가 얻는 이점 2

* 동원되다(動員되다): 어떤 목적이 달성되도록 사람이 모아지거나 물건, 수단, 방법 따위가 집중되다.
* 역류(逆流): 물이 거슬러 흐름. 또는 그렇게 흐르는 물.

---

01 핵심 내용 이해하기
답 | ⑤

윗글에 대한 내용으로 적절하지 않은 것은?

정답 선지 분석

⑤ 물고기는 옆줄을 통해 물의 흐름·진동을 감지하고 명암을 구분할 수 있다.
　3문단에 따르면 물고기는 옆줄을 통해 물의 흐름, 진동, 온도는 감지가 가능하지만 명암은 시력으로 구분한다.

오답 선지 분석

① 기러기는 유체역학적 원리를 이용하여 바람의 저항을 최소화한다.
　5문단에 따르면 기러기가 바람의 저항을 최소화하기 위해 'ㅅ' 대형으로 날아가는 것은 유체역학적 원리를 이용한 것이다.

② 물고기가 물의 소용돌이를 만들 수 있는 것은 물고기의 체형 덕분이다.

4문단에 따르면 물고기는 개체마다 중앙 부분이 굵고, 머리 끝과 꼬리 끝으로 가면서 차츰 가늘어지는 체형을 가지고 있기 때문에 이 체형을 이용하여 소용돌이를 만들어 낸다.

③ 물고기의 무리 짓는 특성 때문에 어부의 투망 작업은 매우 효과적이다.

1문단에 따르면 수백수천 마리의 물고기를 투망 작업으로 잡을 수 있는 이유는 물고기의 무리 짓는 특성 때문이다.

④ 물고기는 시력은 약하지만, 움직이는 물체를 감지하는 능력은 뛰어나다.

3문단에 따르면 물고기는 시력이 0.5 이하로 약한 편이지만, 움직이는 물체를 감지하는 능력은 사람의 2배 정도 된다.

02 세부 내용 이해하기 답 | ⑤

윗글의 '무리 지어 다니는 물고기'의 특성으로 적절하지 않은 것은?

정답 선지 분석

⑤ 무리 안에서 물의 파장으로 포식자의 위치를 알리는 리더가 존재한다.

2문단에서 물고기의 무리 안에는 일정한 우두머리가 없다고 명시하고 있다.

오답 선지 분석

① 민감한 옆줄을 이용하여 일정한 대열을 유지한다.

3문단에서 대개의 물고기들은 미세한 변화에도 반응하는 옆줄을 가지고 있다고 밝히고 있다. 물고기의 무리가 흐트러지지 않고 대열을 유지할 수 있는 것은 바로 이러한 옆줄의 감각 체계 때문이다.

② 하나의 커다란 생물체로 착시현상을 일으키기도 한다.

6문단에서 물고기가 무리 지어 다니면 포식자는 작은 물고기 떼를 큰 물고기로 착각하여 쉽게 표적으로 정하지 못한다고 밝히고 있다. 즉, 물고기가 무리를 지어 다님으로써 포식자가 하나의 커다란 생물체로 착각하게끔 착시현상을 일으키는 것이다.

③ 방향을 선회할 때 측면에 있는 개체들이 무리를 안내한다.

2문단에서 무리가 오른쪽이나 왼쪽으로 선회할 때는 측면에 있던 개체들이 무리를 선도한다고 밝히고 있다.

④ 빛이 나는 몸을 이용해 시각을 자극하여 무리의 움직임을 이끈다.

3문단에서 무리 지어 다니는 물고기들은 대개 반짝이는 몸을 가졌는데, 이것이 시각을 자극하여 무리의 움직임을 유도하는 기능을 한다고 밝히고 있다.

03 구체적 사례에 적용하기 답 | ③

보기 의 물고기가 유체역학적 원리를 이용하여 이동할 때, 보기 의 그림을 잘못 이해한 것은?

보기

정답 선지 분석

③ '나' 방향으로 나아간다면 에너지를 최소한으로 쓸 수 있겠군.

다른 물고기가 만들어낸 물의 소용돌이를 이용하여 나아간다면 에너지를 최소한으로 쓸 수 있지만, 물고기는 좌우로 움직이며, 소용돌이의 방향대로 움직이기 때문에 '나' 방향으로는 나아갈 수 없다.

오답 선지 분석

① '가' 방향으로 나아간 물고기는 'A'로 가겠군.

물고기는 좌우로 움직이며, 소용돌이의 방향대로 움직인다. 즉 '가' 방향으로 나아간 물고기는 'ㄴ'을 거쳐 'A'로 향하게 된다.

② '가'와 '다' 방향으로 나아간 물고기는 모두 'ㄴ'으로 가겠군.

'가'와 '다' 방향으로 나아간 물고기는 역류되는 소용돌이가 밀어주는 방향으로 움직이는데, 이때 두 개의 소용돌이는 모두 'ㄴ' 방향으로 움직이고 있기 때문에 'ㄴ'으로 이동한다.

④ '가', '나', '다'의 어떤 방향으로 나아가도 'ㄷ'으로는 갈 수 없군.

물고기는 좌우로 움직이며, 소용돌이의 방향대로 움직이기 때문에 '나'로는 이동할 수 없다. 또한 '가'와 '다'의 방향으로 나아가면 'ㄴ'을 거쳐 각각 'A'와 'C'로 이동하기 때문에 'ㄷ'으로는 갈 수 없다.

⑤ 물고기가 'A'와 'C' 방향으로 갔다면 힘들이지 않고 단거리를 이동한 것이라고 볼 수 있겠군.

물고기는 소용돌이를 통해 별로 힘들이지 않고도 단거리를 이동할 수 있다. 〈보기〉의 물고기는 '가'-'ㄴ'-'A' 또는 '다'-'ㄴ'-'C'로 이동하기 때문에 물고기가 'A'와 'C' 방향으로 갔다면 힘들이지 않고 단거리를 이동한 것이라고 볼 수 있다.

04 세부 내용 파악하기

보기 를 참고하여 ㉮와 ㉯에 들어갈 말로 적절한 것을 차례대로 쓰시오.

보기

얼룩말들은 무리를 지어 이동함으로써 사자나 표범으로 하여금 무리의 수를 짐작하기 어렵게 만든다. 얼룩말들의 얼룩무늬가 섞이게 되면 포식자들은 마치 얼룩말을 큰 동물로 인식하기 때문이다. 또한 얼룩말 무리 안에는 우두머리 수컷이 존재하는데, 우두머리 수컷이 포식자의 위험을 포착하면, 우선 무리에게 알리고, 무리의 뒤쪽에서는 포식자를 방어하기 위한 준비를 한다. 그 사이에 암컷과 새끼 얼룩말들은 포식자로부터 도망갈 수 있다.

물고기 무리와 얼룩말 무리는 (㉮)(으)로부터 스스로를 방어하기 위해 무리를 지어 다닌다는 공통점이 있으나, 물고기 무리와 다르게 얼룩말 무리는 일정한 (㉯)을/를 가진다는 점에서 차이를 보인다.

정답

포식자, 우두머리

빠른 정답 체크   **01** ②   **02** ⑤   **03** ③   **04** 나는 괴로워했다.

윤리적 삶의 기준
죽는 날까지 ㉠하늘을 우러러
    순수한 삶에 대한 의지
한 점 부끄럼이 없기를
    연약한 존재 → 고뇌하는 화자의 내면을 형상화
㉡잎새에 이는 ㉢바람에도
    심리적 동요, 내적 갈등을 일으키는 원인
나는 괴로워했다.
이상과 현실 사이에서의 고뇌   ▶ 부끄러움 없는 삶에 대한 소망(과거)
㉣별을 노래하는 마음으로
    ○: 희망, 양심, 이상적인 삶
모든 죽어가는 것을 사랑해야지.
억압받는 대상 → 일제하의 우리 민족
그리고 나한테 주어진 길을
    순수한 삶, 지식인으로서의 삶 → 소명 의식
걸어가야겠다.
화자의 의지, 다짐
    ▶ 순수한 삶에 대한 다짐과 의지(미래)

오늘 밤에도 별이 ㉤바람에 스치운다.
암담한 현실, 일제 강점기   현실의 고난과 시련
    ▶ 어두운 현실에 대한 자각과 순수한 삶에 대한 의지(현재)
    - 윤동주, 〈서시〉 -

---

01   표현상의 특징 파악하기   답 | ②

윗글의 표현상의 특징으로 적절한 것은?

정답 선지 분석

② 시어의 대비를 통해 시적 상황을 제시하고 있다.

윗글의 '하늘'과 '별'이 '이상, 희망'을 의미하는 시어라면, '밤'과 '바람'은 '현실, 어둠, 시련'을 의미하는 시어이다. 윗글은 이러한 시어의 대비를 통해 시적 상황과 주제를 제시하고 있다.

오답 선지 분석

① 순행적 구성에 따라 시상을 전개하고 있다.

윗글은 과거-현재-미래의 시간적 순서를 따르지 않고, 과거-미래-현재의 구성에 따라 시상이 진행되고 있다.

③ 접속어를 기준으로 시상의 전환이 이루어지고 있다.

윗글에서 '그리고'라는 접속어가 쓰이고 있으나 '그리고'는 앞 내용을 다음 내용과 이어줄 뿐, 시상을 전환하지는 않는다.

④ 의인법을 활용하여 화자의 심정을 간접적으로 드러내고 있다.

윗글은 의인법을 사용하여 화자의 심정을 간접적으로 드러내고 있지 않다.

⑤ 자연물에 화자의 감정을 이입하여 주제를 효과적으로 드러내고 있다.

윗글은 자연물에 화자의 감정을 이입해서가 아닌, 자연적 소재에 상징적 의미를 부여하여 주제를 효과적으로 드러내고 있다.

02   시어의 의미 파악하기   답 | ⑤

㉠~㉤에 대한 설명으로 적절하지 않은 것은?

정답 선지 분석

⑤ ㉤: ㉢과 동일한 것으로 화자가 여전히 현실과 이상 사이를 고뇌하고 있음을 보여 준다.

㉢의 '바람'이 화자의 내면적 갈등을 불러일으키는 원인이라면, ㉤의 '바람'은 ㉢의 '바람'과는 달리 일제 식민지하의 암울한 현실 속에서의 고난과 시련을 의미한다.

오답 선지 분석

① ㉠: 화자에게 있어 윤리적 삶의 기준이자 삶의 지향점이다.

'하늘'은 화자에게 있어 윤리적 판단의 절대적 기준이 되는 존재이자 삶의 지향점이다.

② ㉡: 작은 갈등에도 흔들리는 연약한 존재로 화자의 내면세계를 보여 준다.

'잎새'는 작은 갈등에도 흔들리는 연약한 존재를 의미하며 이상과 현실 사이에서 고뇌하고 갈등하는 화자의 내면을 형상화한 것이다.

③ ㉢: 화자의 내면적 갈등을 불러일으키는 원인이다.

'바람'은 화자가 이상과 현실 사이에서 고뇌하게 만드는 원인으로 화자의 심리적 동요를 불러일으키고 있다.

④ ㉣: 화자가 지향하는 삶의 자세이자 희망을 상징한다.

'별'은 화자가 지향하는 순수한 삶의 자세로, 지식인으로서의 이상적인 삶과 양심, 희망을 상징한다.

03   외적 준거를 참고하여 작품 이해하기   답 | ③

보기 를 참고하여 윗글을 이해한 것으로 적절하지 않은 것은?

보기

윤동주는 일제강점기에 활동한 조선인 시인이자 독립운동가이다. 그는 어둡고 가난한 생활 속에서 인간의 삶과 고뇌를 사색하였다. 또한 직접적인 무장투쟁을 하지는 않았으나, 일제의 강압에 고통받는 조국의 현실을 가슴 아프게 생각하고 고민하는 철인이었다. 윤동주는 일본 유학으로 인해 민족이 걸어가야 하는 길과 다른 길을 걷는 것처럼 보이는 자신의 행적을 반성하고 이에 대한 부끄러움을 그의 시 속에 반영하였다.

* 철인(哲人): 어질고 사리에 밝은 사람.

정답 선지 분석

③ 윤동주는 일제 식민지하의 어두운 현실에서 벗어나 '밤'을 기다리고 있다.

윗글에서 '밤'은 화자가 처한 일제 식민지하의 암담한 현실을 상징하는 시어이다. 따라서 윤동주가 기다리고 있는 것이 '밤'이라고 볼 수 없다.

오답 선지 분석

① 윤동주는 억압받던 우리 민족을 '죽어가는 것'이라 표현함으로써 안타까움과 함께 그들을 향한 연민과 사랑을 보여 주고 있다.

윤동주가 살았던 시대 배경을 참고하였을 때 '죽어가는 것'은 일제 강점하의 억압받던 우리 민족을 의미한다고 볼 수 있다. 윗글에서 윤동주는 '모든 죽어가는 것을 사랑해야겠다고 다짐하며 우리 민족에 대한 연민과 사랑을 드러내고, 지식인으로서의 도덕적인 삶을 추구하는 모습을 보여 주고 있다.

② 윤동주는 지식인으로서 '주어진 길'을 부끄럼 없이 살아갈 것을 다짐하고 있다.

윗글에서 '주어진 길'은 윤동주가 생각하는 지식인으로서의 민족을 위한 사명이자 숙명이다. 즉, 조국 독립의 길을 의미한다고 볼 수 있다. 윤동주는 자신에게 주어진 숙명을 받아들이면서 '하늘을 우러러 한 점 부끄럼이 없'는 삶을 당당하게 살아갈 것을 다짐하고 있다.

④ 윤동주는 의지적 어조를 사용하여 부정적인 현실 속에서도 자신의 양심을 지켜나가야겠다는 의지를 보여 주고 있다.

윗글의 '걸어가야겠다'의 '-겠-'은 화자의 의지를 나타내는 어미이다. 즉, 윤동주는 의지적 어조를 사용하여 부정적 현실 속에서도 자신에게 '주어진 길'을 걸어가겠다는 운명에 대한 확고한 의지와 다짐을 보여 주고 있다.

⑤ 윤동주는 이상과 현실 사이에서 오는 고뇌를 고백하며 지식인으로서 당대를 살아가는 것에 대한 괴로움을 직접적으로 드러내고 있다.

윤동주는 윗글에서 '잎새에 이는 바람에도 나는 괴로워했다'라고 현실에서 이상을 실현하지 못하는 고뇌와 갈등을 고백하며 지식인으로서 당대를 살아가는 것에 대한 괴로움을 직접적으로 드러내고 있다.

윗글에서 화자의 정서가 직접적으로 드러난 시행을 찾아 쓰시오.

정답

나는 괴로워했다.

문학 2   김현감호(작자 미상)

▶ 빠른 정답 체크   **01** ⑤   **02** ④   **03** ①   **04** 호원사

신라 풍속에 매년 2월이 되면 초여드렛날부터 보름날까지 서울
의 남녀들이 서로 다투어 흥륜사의 전탑*을 도는 것으로 복회*를
절에서 탑돌이를 하며 부처의 공덕을 기리고
삼았다.
소원을 비는 풍속 → 신라 시대의 사회상을 반영

원성왕 때 낭군* 김현이란 사람이 밤이 깊도록 홀로 돌면서 쉬
시대적 배경   지극한 정성으로 소원을 빎
지 않았다. 한 처녀가 염불하면서 따라 돌다가 서로 감정이 통하
호랑이 처녀
여 눈길을 주었다. 탑돌이를 끝내자 으슥한 곳으로 가서 정을 통
부부의 연을 맺음
하였다.

처녀가 돌아가려고 하자 김현이 그를 따라가니, 처녀는 사양하
고 거절했지만 억지로 따라갔다. 가다가 서산 기슭에 이르러 한
초막*으로 들어가니, 늙은 할미가 그녀에게 묻기를,

"함께 온 이는 누구냐?"

라고 하였다. 처녀가 그 사정을 말하니, 늙은 할미는 말하기를,

"비록 좋은 일이지만 없는 것만 못하다. 그러나 이미 저지른 일
이기에 나무랄 수도 없다. 은밀한 곳에 숨겨 두어라. 네 형제들
처녀가 김현이 따라오는 것을 거절한 이유 → 형제들이 김현을 해칠까 봐 걱정함
이 나쁜 짓을 할까 두렵다."

라고 하였다.

처녀는 낭을 데려다 구석진 곳에 숨겨 두었다. 조금 뒤에 세 마
처녀의 세 오빠 → 처녀 역시 호랑이임을 짐작할 수 있음
리의 범이 으르렁거리면서 와서 사람의 말로 말하기를,

"집 안에 비린내가 나니 요기하기* 좋겠구나."

라고 하였다. 늙은 할미는 처녀와 함께 꾸짖어 말하기를,

"너희들의 코가 어떻게 되었구나. 무슨 미친 소리냐?"

라고 하였다.

이때 하늘에서 외치는 소리가 있어
악을 징벌할 수 있는 절대자(초월적 존재)
"너희들이 즐겨 생명을 해침이 너무도 많으니, 마땅히 한 놈을
당시 호랑이로 인한 인명 피해가 많았음을 알 수 있음
죽여서 악행을 징계하겠다."
한 호랑이를 본보기로 벌하여 악행에 대한 경각심을 불러일으키려고 함
라고 하였다. 세 짐승이 그것을 듣고 모두 근심하는 기색이었다.

처녀가 말하기를,

"세 오빠가 만일 멀리 피해 가서 스스로 징계하겠다면 제가 대

신해서 그 벌을 받겠습니다."
세 호랑이(오빠들)를 대신하여 하늘의 벌을 받으려는 호랑이 처녀 → 살신성인의 정신 발휘
라고 하였다. 이에 모두 기뻐하며 머리를 숙이고 꼬리를 떨어뜨
이에 세 짐승의 비정함을 드러냄(처녀의 성격과 대조적)
리고 달아나 버렸다.

처녀가 들어와 낭에게 말하기를,

"처음에 저는 당신이 우리 집에 오는 것이 부끄러워서 사양하
자신의 정체가 알려지는 것이 부끄러워서
고 거절했습니다. 그러나 이제는 감출 것이 없으니 감히 내심*
을 말하겠습니다. 또한 저는 낭군과는 비록 유가 다르지만, 하
사람과 동물과의 관계
룻저녁의 즐거움을 얻어 중한 부부의 의를 맺었습니다. 세 오빠
부부의 인연과 의리를 중시
의 죄악을 하늘이 이미 미워하시니, 집안의 재앙을 제가 당하고
자 합니다. 알지 못하는 사람의 손에 죽는 것이 낭군의 칼날에
다른 사람에 의해 무의미하게 죽기보다 낭군의 손에 죽어 은덕을 갚고자 함
죽어서 은덕을 갚는 것과 어떻게 같겠습니까? 제가 내일 시가*
에 들어가서 사람들을 심하게 해치면 나라 사람들이 저를 어떻
게 할 수 없으므로 대왕은 반드시 높은 벼슬을 걸고 나를 잡을
자신을 잡아서 김현이 높은 벼슬을 얻도록 함
사람을 찾을 것입니다. 당신은 겁내지 말고 나를 쫓아서 성 북
쪽의 숲속까지 오면 제가 기다리고 있겠습니다."

라고 하였다.

김현이 말하기를,

"사람과 사람의 사귐은 인륜의 도리이지만 다른 유와 사귀는 것
은 대개 정상이 아닙니다. 이미 조용히 만난 것은 진실로 천행
김현 역시 호랑이 처녀와의 인연을 소중하게 여기고 있음
이라고 할 것인데, 어찌 차마 배필의 죽음을 팔아서 일생의 벼
슬을 요행*으로 바랄 수 있겠소?"

라고 하였다. 처녀가 말하기를,

"낭군은 그런 말 마십시오. 지금 제가 일찍 죽는 것은 대개 천명
이며, 또한 저의 소원이요, 낭군의 경사요, 우리 일족의 복이요,
김현을 설득하기 위해 내세운 다섯 가지 이로움
나라 사람들의 기쁨입니다. 한 번 죽어서 다섯 가지 이로움이
갖춰지니 어떻게 그것을 어기겠습니까? 다만 저를 위하여 절을
짓고 불경을 강하여 좋은 과보*를 얻도록 도와주시면 낭군의 은
자신이 죽은 뒤 절을 지어 달라고 부탁함
혜는 더없이 클 것입니다."

라고 하였다.

드디어 그들은 서로 울면서 헤어졌다.

다음 날 과연 사나운 범이 성 안으로 들어왔는데, 매우 사나워
호랑이 처녀
감당할 수가 없었다. 원성왕이 이 소식을 듣고 명령하기를,

"범을 잡는 자에게는 벼슬 2급을 주겠다."

라고 하였다. 김현이 대궐로 들어가서 아뢰기를,

"소신이 잡을 수 있습니다."

라고 하였다. 이에 먼저 벼슬을 주어 그를 격려하였다. 김현이 단
도를 지니고 숲속으로 들어갔다. 범이 처녀로 변하여 반갑게 웃
약속대로 김현을 위해 기꺼이 죽음을 맞이함 → 변신형 설화

으면서 말하기를,

"간밤에 낭군과 함께 마음속 깊이 정을 맺던 일을 낭군은 잊지

마십시오. 오늘 내 발톱에 상처를 입은 사람들은 모두 흥륜사의

간장을 바르고 그 절의 나발 소리를 들으면 나을 것입니다."

라고 하였다.

이에 <u>김현이 찼던 칼을 뽑아 스스로 목을 찔러 쓰러지니</u> 곧 범
스스로 목숨을 끊어 김현에게 보은하는 호랑이 처녀 → 희생정신
이었다. 김현이 숲에서 나와 소리쳐 말하기를,

"지금 이 범을 쉽게 잡았다."

라고 하였다. 그 사정은 누설하지 않고 다만 그의 말대로 상한 사

람들을 치료하니 그 상처가 모두 나았다. <u>지금도 세간*에서는 그</u>
전설적 요소(민간요법, 증거물)
<u>방법을 쓰고 있다.</u>

김현은 등용된* 뒤 서천 가에 절을 세워 호원사라고 하고 항상
호랑이 처녀와의 약속을 지킴 → 전설임을 보여 주는 증거
《범망경》을 강설하여 범의 저승길을 인도하고, 또한 범이 제 몸
호랑이 처녀의 명복을 빎
을 죽여서 자기를 성공하게 만든 은혜에 보답하였다.

<u>김현은 죽음을 앞두고 지난 일의 기이함에 깊이 감동하여 이</u>
이 글을 쓰게 된 동기
에 기록하여 전기를 만드니 세상에서는 처음으로 들어 알게 되었

고, 이로 인하여 그 이름을 논호림이라고 하여 지금까지도 일컬

어 온다.

– 작자 미상, 〈김현감호〉 –

* 전탑(甎塔): 흙을 구워 정사각형 또는 직사각형의 납작한 벽돌 모양으로 만든 전
  으로 쌓아 올린 탑.
* 복회(福會): 절에서 탑 주위를 돌면서 부처님의 공덕을 찬미하고 제각기 소원을
  비는 행사.
* 낭군(郎君): 새로 진사에 급제한 사람.
* 초막(草幕): 풀이나 짚으로 지붕을 이어 조그마하게 지은 막집.
* 요기하다(療飢하다): 시장기를 겨우 면할 정도로 조금 먹다.
* 내심(內心): 겉으로 드러나지 아니한 실제의 마음.
* 시가(市街): 도시의 큰 길거리.
* 요행(僥倖): 뜻밖에 얻는 행운.
* 과보(勝報): 공덕에 따라 얻게 되는 보배로운 결과.
* 세간(世間): 세상 일반.
* 등용되다(登用되다): 인재가 뽑혀 쓰이다.

01 서술상의 특징 파악하기   답 | ⑤

윗글에 대한 설명으로 적절하지 <u>않은</u> 것은?

정답 선지 분석

⑤ 동물을 통해 인간 세상의 부조리를 풍자하는 전형적인 우화에 해당한다.

윗글은 표면적으로는 인간인 김현과 호랑이 처녀의 신이한 사랑을 보여 주지만, 그 이
면에는 불교적 권선을 담고 있다. 동물을 통해 인간 세상의 부조리를 풍자하는 우화라
고 볼 수 없다.

오답 선지 분석

① 종교적 색채가 강하게 드러나 있다.

호랑이 처녀와 김현이 흥륜사의 탑돌이를 하다 만난다는 점, 김현이 호원사를 건립하여
처녀의 명복을 빈다는 점 등을 통해 불교적 색채가 강하게 드러나 있음을 알 수 있다.

② 시대적 배경이 직접적으로 드러나 있다.

윗글은 신라 원성왕 때를 배경으로 하고 있다.

③ 동물이 사람으로 변하는 모티프가 중심이 된다.

윗글의 처녀는 호랑이가 변신한 것으로 동물이 사람으로 변하는 모티프를 중심으로 이
야기가 전개된다.

④ 인간과 동물의 사랑 이야기라는 점에서 비현실적이다.

윗글은 인간인 김현과 인간으로 둔갑한 호랑이 처녀의 사랑 이야기라는 점에서 비현실
적이며 환상적인 소설이라고 볼 수 있다.

02 인물의 특징 파악하기   답 | ④

윗글의 등장인물에 대한 설명으로 적절하지 <u>않은</u> 것은?

정답 선지 분석

④ '늙은 할미'는 '하늘'과 '세 호랑이'로부터 '김현'과 '호랑이 처녀'를 도망치게
도와주는 조력자이다.

'늙은 할미'는 '호랑이 처녀'에게 세 오빠들에게 들키지 않게 은밀한 곳에 '김현'을 숨
겨둘 것을 조언하고 있지만 '김현'과 '호랑이 처녀'를 도망치게 도와주는 조력자라고
볼 수는 없다.

오답 선지 분석

① '하늘'은 호랑이를 죽여 악행을 징계하고자 하는 초월적 존재이다.

'하늘'은 생명을 해치는 '세 호랑이' 중 한 마리를 본보기로 벌하여 악행에 대한 경각심
을 불러일으키려 하는, 악을 징벌할 수 있는 초월적 존재이다.

② '김현'은 출세보다는 하늘이 정해 준 인연과의 사랑을 중시하는 인물이다.

'김현'이 '이미 조용히 만난 것은 진실로 천행이라고 할 것인데, 어찌 차마 배필의 죽음
을 팔아서 일생의 벼슬을 요행으로 바랄 수 있겠소?'라고 하는 것을 보아 출세보다는
하늘이 정해 준 인연과의 사랑을 소중히 여기는 인물이라고 볼 수 있다.

③ '호랑이 처녀'는 자신의 희생으로 세상의 이로움을 도모하는 이타적인 인물
이다.

'호랑이 처녀'는 악행을 저지른 세 오빠들을 대신해 벌을 받겠다고 하는 인물로 자신의
희생으로 세상의 이로움을 도모하는 이타적인 인물이라고 볼 수 있다.

⑤ '세 호랑이'는 하늘의 징계를 대신 받겠다는 동생의 말에 기뻐하는 이기적이
고 비정한 짐승에 불과하다.

'세 호랑이'가 자신들을 대신하여 벌을 받겠다는 동생(처녀)의 말에 기뻐하며 머리를
숙이고 꼬리를 떨어뜨리고 달아나 버렸다는 점에서 이기적이고 비정한 모습을 확인할
수 있다.

윗글과 　보기　를 비교한 것으로 적절하지 <u>않은</u> 것은?

> ### 보기
>
> 　중국 당나라에 살던 신도징이 한주 지방 현위에 임명되어 임소로 가다가 진부현에 이르러 눈바람을 만났다. 이를 피하여 어느 모사에 들어갔다가 그곳에서 부모와 함께 사는 처녀를 만났다. 그녀는 허름한 차림으로 있었지만, 살결과 얼굴은 매우 아름다웠다. 신도징은 그 집에서 하루를 묵는 동안에 늙은 주인의 후대를 받고, 처녀와 혼인의 예를 올려 그 집의 사위가 되었다. 그 뒤 신도징은 그 처녀를 데리고 임소에 이르렀다. 봉록은 매우 적었으나 그의 아내가 힘써 살림을 잘 꾸려 나갔고, 1남 1녀를 낳아 가정을 이루었다. 신도징은 임기가 끝나자 가족을 데리고 고향으로 돌아왔으나, 아내가 고향을 그리워하여 함께 처가에 갔다. 그러나 처가의 식구는 아무도 없었다. 아내는 부모를 생각하며 종일토록 울다가 벽 모퉁이에서 호피 한 장을 보고는 크게 웃더니, 그 호피를 쓰고는 호랑이로 변하여 나가 버렸다. 이에 놀란 신도징이 두 자녀를 데리고 쫓아가 숲속을 찾아보았으나 끝내 아내의 행적을 알 수 없었다.
>
> 　　　　　　　　　　　　　　　　　　　- 《삼국유사》 중 신도징 설화

* 임소(任所): 지방 관원이 근무하는 곳.
* 모사(茅舍): 띠나 이엉 따위로 지붕을 인 초라한 집.
* 봉록(俸祿): 벼슬아치에게 일 년 또는 계절 단위로 나누어 주던 금품을 통틀어 이르는 말.

정답 선지 분석

① 윗글과 〈보기〉 모두 호랑이의 자기희생적 면모를 보여 주고 있군.

　윗글의 호랑이 처녀는 자신을 희생하여 호랑이 일족과 낭군, 나라에 모두 이로운 일을 하려는 이타적인 면모를 보여 주지만, 〈보기〉의 호랑이는 가족을 배반함으로써 가정을 버린다는 점에서 자기희생적 면모를 보여 주고 있다고 볼 수 없다.

오답 선지 분석

② 윗글과 〈보기〉 모두 처녀의 정체를 처음에는 몰랐으나, 이후에 알게 되는군.

　윗글의 김현은 처음에는 처녀의 정체를 알지 못했으나, 처녀와 정을 통한 뒤 처녀를 따라 집으로 갔을 때 그녀의 정체가 호랑이임을 알게 된다. 〈보기〉의 신도징 역시 처음에는 처녀의 정체가 호랑이임을 알지 못하고 지냈으나, 처녀가 호피를 쓰고 호랑이로 변한 것을 보고 처녀의 정체가 호랑이였음을 알게 된다.

③ 윗글과 〈보기〉 모두 인간으로 둔갑한 호랑이와의 신이한 사랑을 이야기하고 있군.

　윗글과 〈보기〉 모두 인간으로 둔갑한 호랑이 처녀와의 신이한 사랑을 이야기하고 있다.

④ 윗글과 달리 〈보기〉는 부부의 인연을 맺고 자식까지 낳아 가정을 이루었군.

　윗글에서의 호랑이 처녀는 김현과 정을 통하지만 결국 자신을 희생하는 이타적인 존재이고, 〈보기〉의 호랑이 처녀는 신도징과 부부의 인연을 맺고 1남 1녀를 낳아 가정을 이루었다.

⑤ 윗글의 호랑이가 인간에게 이로움을 주는 존재라면, 〈보기〉의 호랑이는 인간을 버리고 다시 호랑이로 돌아가는 모진 존재이군.

　윗글의 호랑이는 처녀로 변신한 호랑이가 김현과 부부의 인연을 맺은 뒤, 자신의 세 오빠를 살리고, 국가의 어지러움을 없애며 김현을 출세시키기 위해 스스로 죽음을 택하는 이로운 존재이다. 그러나 〈보기〉의 호랑이는 처녀로 변신하여 신도징과 부부의 인연을 맺고 자식까지 낳아 가정을 이루지만 다시 호랑이로 돌아가며 신도징을 배반함으로써 가정을 버리는 모진 존재로 묘사되어 있다.

**　보기　의 ㉠에 들어갈 말을 윗글에서 찾아 쓰시오.**

> ### 보기
>
> 　〈김현감호〉는 김현이 호랑이 처녀의 은혜에 보답하기 위해 절을 세워 (㉠)(이)라고 하였다는 점에서 (㉠)의 창건 내력이 담긴 사원 연기 설화에 해당한다.

정답

호원사

03강

| 화법 | 성적표를 활용한 학습 전략 세우기 |

빠른 정답 체크 **01** ② **02** ② **03** ③ **04** 시각적 자료

안녕하세요? 이번 시간 발표를 맡은 ○○○입니다.

『여러분은 성적표를 확인할 때 무엇부터 보시나요? (대답을 듣고)
『』: 발표 내용과 관련하여 청중에게 질문을 하며 주의를 환기
네. 많은 친구들이 자신이 받은 원점수를 평균 점수와 비교해 보

며 본인이 시험을 잘 친 편인지 아닌지 판단해 보네요.』 그런데

평균 점수가 자신의 실력을 정확하게 판단하는 기준이 될 수 있
질문을 통해 앞서 확인한 청중의 생각에 대해 의문을 제시함
을까요? ㉠ 다음 자료를 보시죠.

	A반 학생들의 원점수	평균 점수	표준편차
국어	70, 67, 65, 63, 60	65	3.4
수학	100, 63, 60, 52, 50	65	18.2

이 자료를 보면 A반의 국어와 수학 시험 평균 점수가 65점으로
평균 점수가 특정 점수에 의해 왜곡될 수도 있음을 보여주기 위해 구체적 자료를 제시
같습니다. 단순히 원점수와 평균 점수만 비교한다면 각 과목에서

63점을 받은 학생은 평균 점수보다 낮은 점수를 받아 시험을 못

쳤다고 판단할 수 있습니다. 하지만『수학의 평균 점수는 100점이
특정 점수
라는 점수로 인해 왜곡된 면이 있습니다. 실제 수학에서 63점을

받은 학생은 반에서 수학 시험을 두 번째로 잘 친 학생입니다.』
『』: 평균 점수와 원점수를 비교하여 자신의 실력을 판단할 수 없는 이유
『집단 내의 이러한 상대적 위치를 점수화한 것을 백분위라고 합
백분위의 개념
니다. 백분위는 자신보다 낮은 점수를 받은 학생의 비율을 백분
백분위를 표시하는 방법
율로 나타내는데요, 국어 시험의 백분위가 96이라면 본인은 상

위 4%에 해당한다고 할 수 있습니다.』 백분위는 평균의 영향을 받
『』: 백분위의 개념과 예시를 활용하여 청중의 이해를 도움
지 않기 때문에 시험의 난이도와 상관없이 집단에서의 상대적 위
백분위를 사용했을 때의 장점
치를 파악할 수 있습니다.

그런데 백분위에서는 원점수의 차이 정도가 반영되지 않기 때
백분위의 한계, 성적표에서 백분위와 더불어 표준점수를 활용하는 이유
문에 성적표에서는 백분위와 더불어 표준점수를 활용하기도 합

니다. ㉡ 다음 자료를 보시죠.

$$표준점수 = \frac{원점수 - 평균점수}{표준편차} \times 20 + 100$$

이 자료를 보면 알 수 있듯이,『원점수가 평균 이상일 때 동일
표준점수를 활용하여 원점수와의 차이 정도를 파악할 수 있다는 것을 설명하기 위해 제시
한 원점수를 받더라도 평균 점수가 낮고 표준편차가 작을수록 표
통계집단의 분배정도를 나타내는 수치
준점수는 높아집니다.』『지난번 시험에서 국어 만점의 표준점수가
『』: 표준점수는 평균 점수와 표준편차에 반비례함
125점이고, 수학 만점의 표준점수는 140점이었습니다. 같은

원점수인데 왜 수학의 표준점수가 더 높을까요? (대답을 듣고)
청중의 이해를 점검하기 위해 예시를 바탕으로 질문
네. 수학 시험이 상대적으로 어려워 표준점수가 더 높게 나온 것
시험이 어려울수록 표준점수가 더 높게 나옴
입니다.』『』: 예시를 통해 앞서 설명한 내용에 대한 청중의 이해를 도움

지금까지 살펴본 것처럼 단순히 원점수만 보고 성적이 낮게 나왔

다고 실망할 필요는 없습니다. 성적표를 통해 얻은 정보를 바탕으

로 본인의 성장을 위한 학습 전략을 세우는 것이 중요합니다. 우리
성적표를 꼼꼼하게 살펴보아야 하는 이유
에게 많은 정보를 주는 성적표, 이제부터라도 꼼꼼하게 살펴보는
질문을 통해 발표 내용의 실천을 권유하며 마무리
것은 어떨까요?

이상으로 발표를 마치겠습니다.

01 발표 전략 파악하기 답 | ②

위 발표에 활용된 말하기 방식으로 적절한 것은?

정답 선지 분석

② 발표 내용과 관련된 질문을 하여 청중의 주의를 환기하고 있다.

'여러분은 성적표를 확인할 때 무엇부터 보시나요?'와 같이 질문을 하며 청중의 주의를 환기하고 있다.

오답 선지 분석

① 자료의 출처를 밝혀 발표 내용의 신뢰성을 높이고 있다.

발표자가 활용한 발표 자료의 출처를 언급한 부분은 찾을 수 없다.

③ 발표 내용을 친숙한 소재에 빗대어 표현하여 청중의 흥미를 유발하고 있다.

청중이 친숙하게 느끼는 소재에 빗대어 표현한 부분은 나타나지 않는다.

④ 발표 내용의 순서를 안내하여 청중이 발표 내용을 예측할 수 있도록 돕고 있다.

발표자는 청중에게 질문을 제시하며 발표를 시작할 뿐, 발표 순서를 안내하지는 않는다.

⑤ 발표 내용에 대한 청중의 이해도를 점검하며 발표를 마무리하여 주제를 강조하고 있다.

발표의 마무리 부분에서 발표자가 자신의 발표 내용에 대한 청중의 이해도를 점검하는 부분을 찾을 수 없다.

02 자료 활용의 적절성 파악하기 답 | ②

학생이 제시한 자료 ㉠, ㉡에 대한 설명으로 가장 적절한 것은?

정답 선지 분석

② 평균 점수가 특정 점수에 의해 왜곡될 수도 있음을 보여 주기 위해 ㉠을 활용하고 있다.

발표자는 ㉠을 활용하면서 100점으로 인해 평균 점수가 왜곡될 수 있다는 것을 보여 주고 있다.

오답 선지 분석

① 평균 점수가 실력을 평가하는 기준이 되는 이유를 제시하기 위해 ㉠을 활용하고 있다.

발표자는 ㉠을 활용하면서 평균 점수를 실력 평가의 기준이 되는 값으로 설정하는 이유를 이야기하지는 않는다.

③ 표준점수와 백분위의 장단점을 비교하기 위해 ㉡을 활용하고 있다.

발표자는 ㉡을 활용하면서 표준점수와 백분위의 장단점을 비교하지는 않는다.

④ 자신보다 낮은 점수를 받은 집단의 비율을 구하는 방법을 소개하기 위해 ㉡을 활용하고 있다.

㉡은 표준점수를 설명하기 위한 자료이므로 자신보다 낮은 점수를 받은 집단의 비율, 즉 백분위를 구하는 방법과는 상관이 없다.

⑤ 평균 점수와 표준편차에 따라 원점수가 변할 수 있다는 것을 설명하기 위해 ㉡을 활용하고 있다.

평균 점수와 표준편차에 따라 원점수 자체가 변하는 것은 아니므로 ㉡과는 상관이 없는 진술이다.

03 청중의 반응 분석하기 답 | ③

보기는 학생들이 발표를 들은 후 보인 반응이다. 이를 바탕으로 학생의 듣기 활동을 이해한 내용으로 적절하지 <u>않은</u> 것은?

보기

학생 1: 이번 시험에서 지난번 시험보다 국어의 원점수가 낮았는데도 표준점수가 높은 이유를 알 수 있어서 좋았어.
학생 2: 표준점수와 백분위가 성적표 외에 활용되는 분야도 있지 않을까? 발표자가 이 부분에 대해서도 언급해 줬으면 좋았을 것 같아. 자료를 한번 검색해 봐야겠어.
학생 3: 표준점수와 백분위를 반영하는 방법이 대학마다 다르다는 기사를 본 적이 있어. 내가 가고 싶은 대학교에서는 어떻게 반영하고 있을까? 대학 홈페이지에서 관련 정보를 찾아봐야겠어.

정답 선지 분석

③ '학생 1'과 '학생 2'는 발표에서 언급되지 않은 내용을 바탕으로 새로운 관점을 제시하고 있다.

'학생 1'은 발표를 통해 자신이 이해되지 않았던 부분을 정확하게 알게 되어 좋았음을 이야기할 뿐이므로 언급되지 않은 내용을 바탕으로 새로운 관점을 제시하는 것은 아니다.

오답 선지 분석

① '학생 1'은 발표를 통해 접한 정보의 유용성에 대해 긍정적으로 인식하고 있다.

'학생 1'은 국어의 원점수가 낮았음에도 표준점수가 높은 이유를 알게 되어 좋았음을 언급하며 발표 내용이 자신에게 도움이 되었음을 긍정적으로 인식하고 있다.

② '학생 2'는 발표 내용과 관련한 추가적인 정보가 제공되지 않은 것에 아쉬움을 느끼고 있다.

'학생 2'는 '발표자가 이 부분에 대해서도 언급해 줬으면 좋았을 것 같아.'라고 이야기하며 추가적인 정보가 제공되지 않은 것에 대한 아쉬움을 표현하고 있다.

④ '학생 1'과 '학생 3'은 발표 내용과 관련된 자신의 경험을 떠올리고 있다.

'학생 1'은 지난번 시험의 경험을 떠올리고 있고, '학생 3'은 '표준점수와 백분위를 반영하는 방법이 대학마다 다르다는 기사를 본' 경험을 떠올리고 있다.

⑤ '학생 2'와 '학생 3'은 발표 내용과 관련된 의문점을 해결하기 위해 추가 활동을 계획하고 있다.

'학생 2'와 '학생 3' 모두 발표 내용과 관련하여 의문점을 갖고 자신의 의문점을 해결하기 위해 추가 활동을 계획하고 있다.

04 발표 전략 파악하기

빈칸에 들어갈 말로 적절한 것을 골라 쓰시오.

위 발표의 발표자는 (시각적 자료 / 설문조사 결과)를 활용하여 청중의 이해를 돕고 있다.

정답

시각적 자료

빛은 물결이 퍼지듯이 파동*에 의해 전파된다. 이 파동에서 물결의 한 꼭짓점부터 다음 꼭짓점까지의 거리를 파장이라고 한다. 빛은 파장에 따라 적외선, 가시광선, 자외선 등의 광선들로 나뉘는데, 인간은 가시광선만을 시각적으로 느낄 수 있다. 가시광선보다 파장이 긴 적외선이나, 짧은 자외선은 눈으로 인식하지 못한다. 이 중에서 가시광선은 파장이 가장 긴 빨간빛부터 가장 짧은 보랏빛까지 수많은 빛들로 구별되는데, 이 빛들과 관련된 대표적인 현상으로 '분산'과 '산란'을 들 수 있다.
▶ 1문단: 빛의 파장의 개념과 이와 관련된 현상들

파장은 빛의 굴절에 영향을 미치는데, 파장이 짧을수록 굴절되는 정도가 커진다. 예를 들면 보랏빛은 빨간빛보다 파장이 짧아 굴절되는 정도가 더 크다. 눈으로 볼 수 있는 모든 색을 지닌 태양빛을 프리즘에 통과시키면 빛은 파장에 따라 갈라져 흩어지면서 빨강, 주황, 노랑, 초록, 파랑, 남색, 보라 등의 순서로 보이게 된다. 이러한 현상을 '빛의 분산'이라고 한다. 빛은 공중에 떠 있는 물방울을 만나 굴절과 반사의 과정을 거쳐 물방울 밖으로 나가면서 다채로운 빛깔을 드러낸다. 이것이 우리가 보는 무지개이다.
▶ 2문단: 빛이 분산되는 이유와 무지개가 만들어지는 과정

'빛의 분산' 외에도 파장과 관련 있는 현상으로 '빛의 산란'을 들 수 있다. 빛은「대기층을 통과하면서 대기 중에 있는 질소, 산소, 먼지와 같은 작은 입자들과 부딪치게 되는데, 파장이 짧은 빛일수록 입자들과 많이 부딪친다. 빛이 대기 중의 입자들과 부딪치면 그 입자들에게 에너지를 전달하는데, 이 에너지를 받은 입자들은 들뜨게 되고 들뜬 입자들은 에너지를 방출함으로써 빛을 사방으로 흩어지게 한다.」이 현상이 '빛의 산란'이다. 해 뜰 무렵이나 해 질 무렵에 하늘이 붉은빛을 띠는 것이나 해가 중천에 떠 있는 낮에 하늘이 푸른빛을 띠는 것이 그 대표적인 예이다.
▶ 3문단: 빛이 산란되는 과정

해 뜰 무렵이나 해 질 무렵에는 태양빛이 지표면을 따라 수평으로 진행하기 때문에 대기층을 지나는 경로가 낮보다 길어진다. 이 때문에 파장이 짧아 대기 속에서 계속 산란을 하며 전파되는 파란빛은 먼 거리를 이동하지 못하고 대부분 대기 중에 흡수되어 버린다. 반면에 파장이 길어 산란이 적게 일어나는 붉은빛은 대기 속에서 계속 전파되어 사람들에게 인식된다. 한편 낮에는 태양이 지표면과 수평을 이루지 않기 때문에 산란되는 양이 많은 파란빛은 일부만 대기 중에 흡수되고 대부분은 사람들의 눈에까지 도달하게 된다. 그런데 파장이 가장 짧은 것은 정작 보랏빛임에도 불구하고

왜 하늘은 파란빛으로 보이는 것일까? 그것은 우리 눈이 보랏빛보다 순수한 원색인 파란빛을 더 잘 인식하기 때문이다.

앞에서 살펴본 것처럼 빛은 '분산', '산란' 등의 현상으로 무지개, 푸른 하늘, 노을 등을 볼 수 있게 한다. 빛이 없다면 인간은 이러한 아름다움을 느낄 수 없을 것이다. 이처럼 빛은 인간이 외부 세계와 시각적으로 소통하게 해 주는 매개체이다.

▶ 4문단: 빛의 산란과 관련된 현상

▶ 5문단: 빛이 만들어내는 시각적 아름다움

* 파동(波動): 공간의 한 점에 생긴 물리적인 상태의 변화가 차츰 둘레에 퍼져 가는 현상.

01 핵심 내용 이해하기
답 | ⑤

윗글을 통해 알 수 있는 내용으로 적절하지 않은 것은?

정답 선지 분석

⑤ 물방울 속에서의 태양빛의 굴절 방향

2문단에 따르면 빛은 공중에 떠 있는 물방울을 만나 굴절과 반사의 과정을 거쳐 물방울 밖으로 나가면서 무지개를 만들어내지만, 물방울 속에서의 태양빛의 굴절 방향에 대해서는 설명하고 있지 않다.

오답 선지 분석

① 빛이 산란하는 이유

3문단에 따르면 빛은 대기층을 통과하면서 대기 중에 있는 질소, 산소, 먼지와 같은 작은 입자들과 부딪치며 입자들에게 에너지를 전달하는데 이때 에너지가 방출되며 빛의 산란이 발생한다.

② 무지개가 만들어지는 과정

2문단에 따르면 빛은 공중에 떠 있는 물방울을 만나 굴절과 반사의 과정을 거쳐 물방울 밖으로 나가면서 무지개가 만들어진다.

③ 하늘에서 노을이 관찰되는 이유

4문단에 따르면 해 질 무렵에는 태양빛이 지표면을 따라 수평으로 진행하기 때문에 대기층을 지나는 경로가 낮보다 길어지게 된다. 이때 파장이 짧아 대기 속에서 계속 산란을 하며 전파되는 파란빛은 먼 거리를 이동하지 못하고 대부분 대기 중에 흡수되어 버린다. 반면에 파장이 길어 산란이 적게 일어나는 붉은빛은 대기 속에서 계속 전파되어 사람들에게 인식되어 노을을 볼 수 있는 것이다.

④ 빛의 굴절에 영향을 미치는 요인

2문단에 따르면 파장은 빛의 굴절에 영향을 미치는데, 파장이 짧을수록 굴절되는 정도는 커진다. 따라서 파장의 길이가 빛의 굴절에 영향을 미치는 요인임을 알 수 있다.

02 세부 내용 이해하기
답 | ②

윗글의 태양빛에 대한 이해로 적절한 것은?

정답 선지 분석

② 빨간빛은 파란빛보다 굴절되는 정도가 더 작다.

2문단에 따르면 빛은 파장이 짧을수록 굴절되는 정도가 커진다. 1문단에서 빨간빛은 파장이 제일 길다고 하였으므로, 굴절되는 정도는 가장 작을 것이라고 추측할 수 있다. 따라서 빨간빛은 파란빛보다 굴절되는 정도가 작을 것이다.

오답 선지 분석

① 빛의 파장의 길이와 굴절의 정도는 비례한다.

빛의 파장이 짧을수록 굴절되는 정도가 커지기 때문에 파장의 길이와 굴절의 정도는 반비례한다.

③ 보랏빛은 초록빛보다 파장이 짧아 산란이 적게 일어난다.

빛의 파장이 짧을수록 대기 중의 입자들과 많이 부딪치며 빛의 산란이 일어난다. 파장이 길면 산란이 적게 일어나는데, 보랏빛은 초록빛보다 파장이 짧기 때문에 산란이 더 많이 일어난다.

④ 주황빛은 노랑빛보다 대기 중의 입자들과 많이 부딪친다.

파장이 짧을수록 빛은 대기 중의 산소나 먼지와 같은 입자들과 많이 부딪치게 되는데 주황빛은 노랑빛보다 파장이 길기 때문에 노랑빛보다 더 적게 부딪친다.

⑤ 프리즘을 통과한 빛깔의 순서는 지표면과의 기울기에 따라 다르다.

태양빛이 프리즘을 통과하면, 파장에 따른 굴절도에 따라 빛깔이 순서대로 보이게 된다. 지표면과의 기울기에 따라 태양빛이 대기층을 지나가는 경로의 길이가 다르지만, 이는 색의 순서와는 관련이 없다.

03 구체적 사례에 적용하기
답 | ③

윗글을 참고하여 [보기]에 대해 설명했을 때, 적절하지 않은 것은?

보기

정답 선지 분석

③ ㉡에서 우리 눈에 보이는 빛은 파장이 가장 짧은 빛이겠군.

㉡은 태양과 지표면이 수평을 이루지 않는 낮에 해당한다. 따라서 ㉡에서 우리 눈에 보이는 빛은 파란빛이다. 파장이 가장 짧은 빛은 보랏빛이지만 우리 눈에는 파란빛으로 보이는 이유는 우리 눈이 보랏빛보다 순수한 원색인 파란빛을 더 잘 인식하기 때문이다.

오답 선지 분석

① ㉠에서 태양빛이 지나가는 경로는 ㉡보다 길겠군.

㉠은 태양빛이 지표면을 따라 수평으로 진행되는 해 뜰 무렵이나 해 질 무렵에 해당하고, ㉡은 해가 중천에 떠 있는 낮에 해당한다. 태양빛이 지표면과 수평으로 진행되면 대기층으로 지나가는 경로가 낮보다 길어진다.

② 시간은 ㉠에서 ㉡으로, 그리고 다시 ㉠으로 흐르겠군.

㉠은 해 뜰 무렵과 해 질 무렵에 해당하고 ㉡은 낮에 해당한다. 따라서 시간은 ㉠에서 ㉡으로, 그리고 다시 ㉠으로 흘러간다.

④ ㉡에서의 파란빛은 ㉠과 달리 대부분 사람의 눈에 보이겠군.

㉡은 태양과 지표면이 수평을 이루지 않는 낮에 해당한다. 낮에는 산란되는 양이 많은 파란빛이 일부만 대기 중에 흡수되고 대부분은 사람들의 눈에까지 도달하게 된다. 반면 ㉠과 같이 태양과 지표면이 수평을 이룰 때는 파란빛이 먼 거리를 이동하지 못하고 대기 중에 흡수된다.

⑤ ㉠과 ㉡에서는 빛의 산란으로 다른 색의 하늘을 볼 수 있겠군.

㉠에서는 붉은빛의 하늘을, ㉡에서는 푸른빛의 하늘을 볼 수 있는 것은 빛의 산란 때문이다.

04 세부 내용 파악하기

빈칸에 공통으로 들어갈 말로 적절한 것을 찾아 쓰시오.

빛은 파장의 길이에 따라 구분할 수 있는데 인간의 눈으로 인식할 수 있는 빛을 (   )(이)라고 한다. 우리가 무지개와 푸른 하늘, 노을 등을 관찰할 수 있는 이유도 바로 (   )을/를 이루는 수많은 빛 때문이다.

정답

가시광선

『원순문 인노시 공노사륙
「」: 유명한 문인들과 그들의 문장을 나열(열거법)
니정언 딘한림 솽운주필*

듕긔대책 광균경의 량경시부」
　　○: 경기체가라고 불리는 근거
㉠ 위 시댱 ⓒ경 긔 엇더하니잇고 → 구절의 반복(반복법)
설의법: 과거 시험장의 모습이 어떠합니까? → 신진 사대부의 삶에 대한 자부심을 표현함
엽 금학사의 옥슌문생* 금학사의 옥슌문생
괴명　　　　　　　　　　반복법
위 날조차 몃 부니잇고
설의법: 나까지 몇 분입니까? → 금의가 배출한 많은 제자들을 과시함
　　　　　　　　　　　　　　　　　〈제1장〉
　　　　　▶ 유명한 문인들과 그들의 문장을 예찬, 금의의 제자들을 찬양

『당한셔 장로자 한류문집
「」: 서적들을 나열(열거법)
니두집 난대집 백락텬집

모시샹셔 주역춘추 주대례긔」

위 주*조쳐 내 외온 ⓒ경 긔 엇더하니잇고
설의법: 주마저 줄곧 외운 모습 어떠합니까? → 학문 수련에 대한 자부심을 표현함
엽 대평광긔* 사백여권 대평광긔 사벽여권

위 력남* ⓒ경 긔 엇더하니잇고
설의법: 두루 읽는 모습 어떠합니까? → 높은 독서 수준에 대한 자긍심을 표현함
　　　　　　　　　　　　　　　　　〈제2장〉
　　　　　　　　▶ 학문 수련과 독서에 대한 자긍심
　　　　　　　　- 한림 제유, 〈한림별곡〉 -

* 솽운주필(쌍운주필(雙韻走筆)): 운을 맞추어 빨리 지은 글.
* 옥슌문생(옥슌문생(玉筍門生)): 옥처럼 빼어난 문하생.
* 주(註): 글이나 말의 어떤 부분에 대하여 그 뜻을 자세히 풀어 주거나 보충 설명을 더하여 주는 글이나 말.
* 대평광긔(태평광기(太平廣記)): 중국 송나라 때 설화와 민담을 채록하여 편찬한 책.
* 력남(歷覽): 두루 읽음.

[현대어 풀이]

유원순의 문장, 이인로의 시, 이공로의 사륙변려문

이규보와 진화의 쌍운주필

유충기의 대책문, 민광균의 경서풀이, 김양경의 시와 부

아, 과거 시험장의 모습, 그것이 어떠합니까?

금의가 배출한 많은 제자들, 금의가 배출한 많은 제자들

아, 나까지 모두 몇 분입니까?

당한서, 장자 노자, 한유 유종원의 문집

이백 두보의 시집, 닌대집, 백기이의 문집

시경 서경, 주역 춘추, 대대례, 소대례를

아, 주(註)마저 줄곧 외우는 모습, 그것이 어떠합니까?

태평광기 400여 권, 태평광기 400여 권

아, 두루 읽는 모습, 그것이 어떠합니까?

01 표현상의 특징 파악하기　　　답 | ⑤

윗글의 표현상의 특징으로 적절하지 않은 것은?

정답 선지 분석

⑤ 함축적인 시어를 사용하여 개인의 내면 정서를 표현하고 있다.
　윗글은 함축적인 시어를 사용하여 개인의 내면 정서를 표현한 것이 아닌, 객관적인 사물들을 운율에 맞게 나열함으로써 학문적 자긍심을 표현하고 있다.

오답 선지 분석

① 3음보에 맞추어 음보율을 형성하고 있다.
　윗글은 3음보에 맞추어 규칙적인 음보율을 형성하고 있다.

② 규칙적인 한자어의 배열로 운율을 형성하고 있다.
　윗글은 3·3·4조로 한자어를 규칙적으로 배열하여 운율을 형성하고 있다.

③ 동일한 구절이 반복되면서 후렴구의 역할을 하고 있다.
　'위~경 긔 엇더하니잇고'가 반복적으로 제시되면서 후렴구의 역할을 하고 있다.

④ 구체적인 사물의 이름을 열거하여 시상을 전개하고 있다.
　윗글의 〈제1장〉과 〈제2장〉에서는 유명한 문인들의 문장과 서적을 열거하고 있다.

02 시구의 의미 파악하기　　　답 | ②

㉠에 대한 설명으로 적절하지 않은 것은?

정답 선지 분석

② 유교적 이념을 함축하고 있다.
　㉠은 유교적 이념을 함축하고 있는 것이 아니라, 과거 시험장의 모습이 어떠한지 설의적으로 물음으로써 그들의 학문적 배움을 과시하고 있는 것이다.

오답 선지 분석

① 갈래 명칭의 근거가 된다.
　㉠의 '경 긔'에서 '경기체가'라고 하는 갈래 명칭이 탄생하였다.

③ 감탄사를 사용하여 시상을 집약하고 있다.
　㉠의 '위'는 감탄사로 현대어로 번역하면 '아'가 된다. 즉 감탄사를 사용하여 시상을 집약하며 상황을 강조하고 있다.

④ 의문의 형식을 통해 자긍심을 드러내고 있다.
　㉠을 현대어로 풀이하면 '아, 과거 시험장의 모습, 그것이 어떠합니까?'이다. 즉 의문의 형식으로 표현함으로써 그들의 학문적 자긍심과, 신진 사대부의 삶에 대한 자부심을 표현하고 있는 것이다.

⑤ 반복적으로 사용하여 리듬감을 부여하고 있다.
　'위~경 긔 엇더하니잇고'와 같은 ㉠의 구조를 〈제1장〉의 6행과 〈제2장〉의 4행, 6행에서 반복적으로 사용하여 리듬감을 형성하고 있다.

03 작품 비교하기   답 | ⑤

보기 는 윗글의 다른 부분이다. 윗글과 보기 를 비교한 내용으로 적절하지 <u>않은</u> 것은?

보기

당당당 당츄자 조협남긔
홍실로 홍글위 매요이다
혀고시라 밀오시라 명쇼년하
위 내 가논 대 남 갈셰라
엽 샥옥셤셤 솽슈길헤 샥옥셤셤 솽슈길헤
위 휴슈동유 경 긔 엇더하니잇고

[현대어 풀이]
당당당 호두나무 쥐엄나무에
붉은 실로 붉은 그네를 매옵니다
당기거라 밀거라, 정소년이여
아, 내가 가는 곳에 남이 갈까 두렵습니다
옥을 깎은 듯 고운 손길에, 옥을 깎은 듯 고운 손길에
아, 손 잡고 노니는 모습, 그것이 어떠합니까?

정답 선지 분석

⑤ 윗글과 〈보기〉 모두 색채어를 사용하여 대상을 감각적으로 묘사하고 있다.
〈보기〉에서는 '홍실로 홍글위(붉은 실로 붉은 그네를)'라고 하며 색채어를 통해 대상을 감각적으로 묘사하고 있으나, 윗글에서는 색채어를 찾아볼 수 없다.

오답 선지 분석

① 윗글과 달리 〈보기〉는 우리말 표현이 많이 사용되고 있다.
윗글은 주로 한자어의 배열로 운율을 형성하고 있다. 하지만 〈보기〉는 '그네'라는 민속적인 소재를 다루면서 '남긔(나무에)', '매요이다(매옵니다)', '혀고시라 밀오시라(당기거라 밀거라)' 등 우리말 표현을 많이 사용하고 있다.

② 윗글과 달리 〈보기〉는 향락적이고 유희적인 성격이 표현되어 있다.
윗글의 경우 〈제1장〉에서는 유명한 문인들의 글에 대한 찬양을, 〈제2장〉에서는 문인들이 읽었던 서적을 열거하며 학문적 성격을 드러내고 있다. 반면 〈보기〉는 그네를 타는 흥겨운 정경을 표현하며 향락적이고 유희적 성격이 드러나고 있다.

③ 윗글과 〈보기〉 모두 소재를 통해 화자의 정서를 드러내고 있다.
윗글에서는 유명한 문인들의 서적들을 소재로 사용하여 학문적 자긍심을 드러내고, 〈보기〉에서는 그네를 타는 모습을 통해 풍류에 대한 즐거움을 드러내고 있다.

④ 윗글과 〈보기〉 모두 설의법을 사용하여 사대부들의 세계를 과시하고 있다.
윗글에서는 '위 시당 경 긔 엇더하니잇고(아, 과거 시험장의 모습, 그것이 어떠합니까?)', '위 주셔처 내 외온 경 긔 엇더하니잇고(아, 주마다 줄곧 외우는 모습, 그것이 어떠합니까?)'와 같이 설의법을 사용하여 사대부들의 세계를 과시하고 있고, 〈보기〉에서 역시 '위 휴슈동유 경 긔 엇더하니잇고(아, 손 잡고 노니는 모습, 그것이 어떠합니까?)'라며 설의법을 사용하여 당시 상층 사회의 사대부들의 생활을 설의법을 사용하여 과시하고 있다.

04 표현상의 특징 파악하기

〈제1장〉과 〈제2장〉에서 설의법이 사용된 시행의 공통된 첫 어절을 쓰시오.

정답

위

빠른 정답 체크 **01** ⑤ **02** ② **03** ④ **04** 지문, 지시

[앞부분 줄거리] '강태국'은 2대째 내려오는 오아시스 세탁소의 주인이다. 그러던 어느 날, 할머니의 가족인 '안유식'과 '허영분', '안경우', '안미숙'이 세탁소로 다짜고짜 쳐들어와 할머니의 간병인이 맡긴 것을 내놓으라며 난동을 부린다. 그들은 할머니의 재산을 노리는 것으로, '안유식'은 누구든지 할머니의 간병인이 맡긴 것을 먼저 찾는 사람에게 50 프로를 주겠다고 선언한다. 이에 '강태국'을 제외한 등장인물들은 밤중에 세탁소에 몰래 숨어든다.

어두워지는 세탁소. 반짝이는 불빛들의 대이동.
<u>할머니의 재산을 찾으려는 사람들</u>

강태국: (뭔가 느끼고) 뭐야, 염소팔이냐?

염소팔: (똥 마려운 강아지처럼) 으응! (놀라) 끄응!

사람들: (<u>점점 더 음흉스럽게 짐승 소리로 으르렁댄다.</u>)
<u>강태국에게 들키지 않기 위해 동물의 소리를 냄 → 사람들의 모습을 우스꽝스럽게 묘사</u>

강태국: (알겠다는 듯이 짐짓 과장스럽게) 우리 세탁소에 도둑괭이들이 단체로 들어왔나?

사람들: (단체로) 예, 야옹!

강태국: (잡기장*을 단단히 말아 손에 움켜쥐고) 알았습니다. 그럼 사람은 이만 물러가야지. 이거 어두워서, 빨리 비워 드리지 못하겠는걸.

사람들: (<u>손전등으로 안채로 가는 길을 비춰 준다.</u>)
<u>강태국이 빨리 세탁소를 나가기를 바람</u>

강태국: 고맙다. (안채로 간다.)

음악. 어둠 속에서 본격적으로 벌어지는 수색 전쟁. 이때 ⎤
세탁소에 불이 확! 켜진다. <u>드러난 사람들 꼬라지. 코피 찍,</u> │
<u>머리 산발, 자빠지고, 엎어지고, 찢어지고, 터지고…….</u> **[가]**
<u>재산을 찾던 사람들의 모습을 과장해서 표현</u> │
강태국이 두꺼비집 옆에 서 있다. 놀라는 사람들. 놀라는 강 │
<u>강태국의 가족과 세탁소 직원도 함께 있었기 때문</u>
태국. ⎦

「**강태국**: 대영아! / **강대영**: (머리를 부여잡고 운다.) 아빠!
「」: 가족과 세탁소 직원마저 재산을 탐낸 것에 대한 분노와 실망
강태국: (아내에게) 다, 당신 미쳤어?

장민숙: 미쳤, 아야, 또 혀 깨물었다!

강태국: 염소팔, 너 이놈!

염소팔: 히히이잉……. 행님!」

강태국이 사람들 사이에 널브러진 시체 같은 옷들을 주워 든다. 분노에 찬 강태국.
<u>돈에 눈이 멀어 비인간적인 모습을 보여 주는 사람들의 모습에 화가 난 강태국</u>
강태국: <u>이게 사람의 형상이야? 뭐야! 뭐에 미쳐서 들뛰다가 지</u>
<u>물질에 대한 욕망으로 가득 차 사람의 도리를 잊은 것에 대한 비판</u>

형상도 잊어버리는 거냐고. (손에 든 옷 보따리를 흔들어 보이며)
<u>이것 때문에 그래? 1998년 9월 김순임?</u>
　　　　　　　　　　　　　할머니의 이름

장민숙: (감격에) 여보! / **강대영:** 엄마, 아빠가 찾았다!
재산의 50 프로를 받을 수 있을 것이라는 기대감

안경우: (동생을 때리며) 얘, 김순임이잖아! / **안유식:** (다가가며)
어머니의 이름조차 제대로 알고 있지 않았던 자식들의 무관심
이리 줘!

강태국: (뒤로 물러서며) 못 줘! / **장민숙:** 여보, 주지 마!

사람들: (따라서 다가서며) 줘! / **강대영:** 아빠, 나!

강태국: (물러서며) 안 돼. 이렇게 줄 순 없어!

안경우: 날 줘요. (엄마에게 응석 부리는 것처럼) 나 부도난단 말이야!

허영분: (거만하게 포기하듯이) 아저씨, 여기요, 50 프로 줄 테니까
이리 줘요!

안미숙: (뾰족하게) 내 거는 안 돼!

허영분: 내 거가 어딨어? 결혼할 때 집 사 줬으면 됐지!

안미숙: <u>나만 사 줬어? 오빠들은?</u>
할머니가 살아 있었을 때 자식들에게 많은 것을 해 줬음을 짐작할 수 있음

안유식: (소리친다.) 시끄러! (위협적으로) 죽고 싶지 않으면 내놔!

사람들: (따라서) 어서 내놔!

강태국: 당신들이 사람이야? 어머님 임종*은 지키고 온 거야?
비인간적인 태도에 대한 비판
사람들: 아니!
인간의 기본적인 도리조차 하지 않는 자식들
강태국: 에이, 나쁜 사람들. (옷을 가지고 문으로 향하며) 나 못 줘!
(울분에 차서) 이게 무엇인지나 알어? 나 당신들 못 줘. 내가 직
접 할머니 갖다 드릴 거야.

장민숙: 여보, 나 줘! / **강대영:** 아버지, 나요!

강태국: 안 돼, 할머니 갖다 줘야 돼. 왠지 알어? 이건 사람 것이
거든. 「⊙ <u>당신들이 사람이믄 주겠는데, 당신들은 형상만 사람</u>
「」: 탐욕에 눈이 먼 사람들에 대한 강한 비판 → 작가의 생각을 대변
<u>이지 사람이 아니야. 당신 같은 짐승들에게 사람의 것을 줄 순</u>
<u>없어.</u> (나선다.)」

안유식: 에이! (달려든다.) / **강태국:** (도망치며) 안 돼!

　　사람들, 강태국을 향해 서로 밀치고 잡아당기고 뿌리치
며 간다. 세탁기로 밀리는 강태국.

　　강태국, 재빨리 옷을 세탁기에 넣는다. <u>사람들 서로 먼저</u>
<u>차지하려고 세탁기로 몰려 들어간다.</u> 강태국이 얼른 세탁
　　　　　재산의 단서를 차지하기 위해
기 문을 채운다. 놀라는 사람들, 세탁기를 두드린다.

　　강태국, 버튼 앞에 손을 내밀고 망설인다. 사람들 더욱 세
차게 세탁기 문을 두드린다. 강태국, <u>버튼에 올려놓은 손을</u>
　　　　　　　　　　　　　사람들을 세탁하기로 결심한 강태국
<u>부르르 떨다가 강하게 누른다.</u>「음악이 폭발하듯 시작되고 꾕
음*을 내고 돌아가는 세탁기. 무대 가득 거품이 넘쳐난다. 빨

래 되는 사람들의 고통스러운 얼굴이 유리에 부딪혔다 사라
지고, 부딪혔다 사라지고……」**탐욕스러운 마음이 순수하고 깨끗하게**
「」: 비현실적인 장면을 통해 사람들의　**되는 과정을 상징적으로 보여 주고 있음**
　　강태국이 주머니에서 <u>글씨가 빽빽이 적힌 눈물 고름*을</u>
　　　　　　　　　　　　　　　할머니의 비밀이 적힘
꺼내어 들고 무릎을 꿇고 앉는다.

강태국: (눈물 고름을 받쳐 들고) 할머니, 비밀은 지켜 드렸지
요?「그 많은 재산, 이 자식 사업 밑천*, 저 자식 공부 뒷바라
「」: 할머니의 비밀
지에 찢기고 잘려 나가도, 자식들은 부모 재산이 화수분인
줄 알아서, 이 자식이 죽는 소리로 빼돌리고, 저 자식이 앓
는 소리로 빼돌려, 할머니를 거지를 만들어 놓았어도 불효
자식들 원망은커녕 형제간에 의 상할까 걱정하시어 끝내는
혼자만 아시고 아무 말씀 안 하신 할머니의 마음,」이제 마음
놓고 가셔서 할아버지 만나서 다 이르세요. 그럼 안녕히 가
세요! 우리 아버지 보시면 꿈에라도 한번 들러 가시라고 전
해 주세요. (눈물 고름을 태워 드린다.)
할머니의 비밀을 지켜주는 강태국

[A]

　　음악 높아지며, <u>할머니의 혼백*처럼 눈부시게 하얀 치마</u>
　　　　　　　　　　　할머니의 죽음을 상징적으로 드러냄
<u>저고리가 공중으로 올라간다.</u> 세탁기 속의 사람들도 빨래
집게에 걸려 죽 걸린다.

강태국: (바라보고) 깨끗하다! 빨래 끝! (크게 웃는다.) 하하하.
순수하고 깨끗해진 사람들을 보고 기뻐하는 강태국
　　　　　　　　　　　　　- 김정숙, 〈오아시스 세탁소 습격 사건〉 -

*잡기장(雜記帳): 여러 가지 잡다한 것을 적는 공책.
*임종(臨終): 부모가 돌아가실 때 그 곁에 지키고 있음.
*꾕음(鏗音): 몹시 요란하게 울리는 소리.
*고름: 저고리나 두루마기의 깃 끝과 그 맞은편에 하나씩 달아 양편 옷깃을 여밀
　수 있도록 한 헝겊 끈.
*밑천: 어떤 일을 하는 데 바탕이 되는 돈이나 물건, 기술, 재주 따위를 이르는 말.
*혼백(魂魄): 사람의 몸에 있으면서 몸을 거느리고 정신을 다스리는 비물질적인 것.

01 서술상의 특징 파악하기

답 | ⑤

윗글에 대한 설명으로 적절한 것은?

정답 선지 분석

⑤ 인물이 동물 소리를 흉내 내게 하여 상황을 풍자하고 있다.

사람들이 짐승 소리로 으르렁대고, 고양이 소리를 흉내 내는 것을 통해 인간성을 상실한 사람들의 모습을 풍자하고 있다.

오답 선지 분석

① 특정한 행동을 반복하여 주제를 강조하고 있다.

특정한 행동이 반복되는 부분은 찾아볼 수 없다.

② 지역 방언을 통해 인물 간의 갈등을 부각하고 있다.

'염소팔'의 대사에 지역 방언이 사용되었다고 볼 수는 있으나, 이를 통해 인물 간의 갈등을 부각하는 것은 아니다.

③ 인물의 외양적 특징을 제시하여 성격을 드러내고 있다.

'코피 찍, 머리 산발, 자빠지고, 엎어지고, 찢어지고, 터지고……'에서 인물들의 모습이 제시되어 있으나 이를 통해 성격을 드러내고 있지는 않다.

④ 대화의 흐름을 느리게 진행하여 사건을 반전시키고 있다.

대화의 흐름은 전체적으로 빠르게 진행되고 있다.

02 대사의 의미 파악하기

답 | ②

㉠에 대한 설명으로 적절하지 않은 것은?

정답 선지 분석

② 가족들에 대한 강태국의 두려움이 숨겨진 말이다.

강태국은 가족들에게 두려움을 느끼는 것이 아니라, 탐욕에 눈이 먼 사람들을 비판하고 있다.

오답 선지 분석

① 돈에 현혹된 사람들을 비난하는 말이다.

'강태국'은 돈에 현혹되어 인간성을 상실한 사람들을 비난하고 있다.

③ 작가가 말하고자 하는 주제 의식이 반영된 말이다.

작가는 윗글을 통해 이기적이고 탐욕스러운 인간상을 비판하고 있으며, 이러한 주제 의식을 할머니의 재산에 눈이 먼 사람들을 짐승으로 표현함으로써 드러내고 있다.

④ 인간의 도리를 지키지 못하고 있음을 지적하는 말이다.

'강태국'은 '형상만 사람이지 사람이 아니'라는 말을 통해 할머니의 재산만 생각하고 할머니는 생각하지 않는 인물들이 인간의 도리를 지키지 못하고 있음을 지적하고 있다.

⑤ 할머니의 옷 보따리를 내어줄 수 없는 이유가 드러난 말이다.

'강태국'은 세탁소에 숨어든 인물들이 짐승과 다를 바 없기 때문에 '사람'인 할머니의 옷 보따리를 내어줄 수 없다고 말하고 있다.

03 장면의 의도 파악하기

답 | ④

보기를 참고했을 때, [A]의 의미로 적절한 것은?

보기

강태국: 인간 강태국이가 세탁소 좀 하면서 살겠다는데 그게 그렇게도 이 세상에 맞지 않는 짓인가? 이 때 많은 세상 한 귀퉁이 때 좀 빼면서, 그거 하나 지키면서 보람 있게 살아 보겠다는데 왜 흔들어? 돈이 뭐야? 돈이 세상의 전부야? (술 한 모금 마시고) 느이놈들이 다 몰라 줘도 나 세탁소 한다. 그게 내 일이거든…….

정답 선지 분석

④ 사람들의 마음이 깨끗해지는 과정을 상징적으로 드러낸 것이다.

〈보기〉에서 강태국은 때 많은 세상 한 귀퉁이 때 좀 빼면서 살아 보겠다고 말하고 있다. [A]는 세탁기 안에서 사람들이 세탁된다는 비현실적인 상황을 통해, 탐욕으로 더럽혀진 사람들의 마음이 세탁되어 순수하고 깨끗해지는 과정을 상징적으로 드러내고 있다.

오답 선지 분석

① 극중의 갈등 양상의 변화를 드러낸 것이다.

[A]에서 사람들이 세탁되는 것은 갈등의 해소를 의미하는 것이지 갈등 양상이 변화하고 있는 것은 아니다.

② 돈보다 우선시될 수 있는 것은 없음을 나타낸 것이다.

〈보기〉에서 강태국은 돈이 세상의 전부는 아니라고 말하고 있다.

③ 세탁기를 통해 할머니의 재산에 관한 단서를 제시한 것이다.

[A]에서 사람들은 세탁기에 할머니의 재산에 관한 단서가 있을 것이라고 생각하고 세탁기로 들어갔으나, 실제로 단서가 제시되지는 않았다.

⑤ 강태국이 세탁소 일을 하는 이유가 비현실적임을 제시한 것이다.

〈보기〉에서는 '때 많은 세상 한 귀퉁이 때 좀 빼면서, 그거 하나 지키면서 보람 있게 살아 보겠다는데 왜 흔들어?'를 통해 강태국이 세탁소 일을 하는 이유를 보여 주고 있으며 이러한 이유가 비현실적이라고 볼 수 없다. 이를 참고했을 때 [A]는 세탁기 안에서 사람들이 세탁된다는 비현실적인 상황을 보여 주고 있는 것이지, 강태국이 세탁소 일을 하는 이유가 비현실적임을 제시한 것이라고 볼 수 없다.

04 희곡의 요소 파악하기

다음은 [가]에 대한 설명이다. 빈칸에 들어갈 말로 적절한 것을 골라 차례대로 쓰시오.

[가]는 (해설 / 지문 / 대화 / 독백 / 방백)(으)로 등장인물의 행동을 (지시 / 검증)하는 기능을 한다.

정답

지문, 지시

04강

| 본문 | 45쪽

작문 메타버스를 활용한 학교 축제

빠른 정답 체크 01 ⑤ 02 ⑤ 03 ②

[작문 상황]

。 작문 목적: 교내 축제 운영에 대한 건의문 쓰기

。 예상 독자: 교장 선생님

[학생의 초고]

『안녕하세요? 저는 미래기술연구 동아리 부장 □□□입니다. 얼
『』: 건의를 하게 된 계기   건의자를 먼저 밝힘
마 전 동아리 담당 선생님으로부터 학교에서 올해 축제를 어떻게
       정보의 출처
운영할 것인지 고민하고 있다고 들었습니다.』그래서 저는 이전에

㉠ 열려진 축제의 형태가 아닌 메타버스를 활용한 새로운 형태의
                            건의 내용
학교 축제를 건의드립니다.

　메타버스를 활용하면 실제 학교와 유사한 가상 공간 속에서 학

생들이 가상 인물인 아바타로 다양한 활동을 수행할 수 있습니다.
        메타버스를 활용했을 때의 축제의 모습
『제 주변 친구들은 메타버스에 관심이 많고, 이를 활용하여 학교
『』: 메타버스에 대한 학생들의 반응
축제를 운영하는 것에 긍정적인 반응을 보이고 있습니다.』『저는 중

학생 때 메타버스 제작 체험을 해 본 적이 있는데, ㉡ 이 경험이

학생들도 메타버스를 충분히 만들 수 있다는 생각을 하게 되었습

니다.』『』: 자신의 경험을 바탕으로 메타버스 축제가
           가능하다고 생각하는 이유를 밝히고 있음
『메타버스로 학교 축제를 운영하는 것에 대해 비용 문제와 학생
                   메타버스로 축제를 운영할 경우 우려되는 점 ①
들의 저조한 참여를 걱정하실 수도 있습니다. 하지만 지난달 저
메타버스로 축제를 운영할 경우 우려되는 점 ②
희 동아리에서 전문가와의 만남 행사를 통해 메타버스를 만드는
          경험을 통해 자신의 주장을 뒷받침
활동을 해 본 결과 학생들이 제작에 참여하면 많은 비용이 들지
              우려되는 점 ①을 해소할 수 있는 방안
않는다는 것을 알게 되었습니다. ㉢ 저희 동아리 부원들은 전문

가와의 만남 행사가 유지되었으면 합니다. 또한 이미 주변 학교

에서 메타버스로 개최된 축제가 전교생의 큰 호응을 얻어 화제가
            사례를 통해 자신의 주장을 뒷받침
된 사례가 있습니다. 저희도 학생들의 참여를 이끌어 내기 위해

다양한 온라인 행사를 실시하여 메타버스 축제를 적극적으로 홍
            우려되는 점 ②를 해소할 수 있는 방안
보할 계획입니다.』『』: 상대방의 우려를 예상하고, 이에 대한 해결방안을 제시
            → 건의 사항의 실현 가능성을 높임
『메타버스를 활용하여 축제를 운영하면 학생들이 시·공간의 제

약 없이 자유롭게 만나 소통할 수 있습니다. 또한 메타버스에는
건의 사항이 실현되었을 때 기대할 수 있는 긍정적인 효과 ①
미래 사회의 핵심 기술들이 활용되어 ㉣ 있지만, 학교 축제를 즐

기면서 변화하는 미래 사회에 대응할 수 있는 역량도 기를 수 있
         건의 사항이 실현되었을 때 기대할 수 있는 긍정적인 효과 ②

습니다. 축제를 기대하는 학생들의 ㉤ 바램이 이루어질 수 있도

록 건의를 수용해 주시면 좋겠습니다. 감사합니다.』
　　『』: 건의 사항이 실현되었을 때 기대할 수 있는 긍정적인 효과들에
　　　대해 언급하며 건의를 수용해 줄 것을 요청함

01 글쓰기 전략 파악하기   답 | ⑤

학생의 초고에 활용된 글쓰기 전략으로 가장 적절한 것은?

정답 선지 분석

⑤ 예상되는 우려와 그것을 해소할 수 있는 방안을 제시하여 건의 사항이 실현
가능함을 나타낸다.

　3문단에서 학교 측이 메타버스로 학교 축제를 운영하는 것에 대한 비용 문제와 학생들
의 저조한 참여를 걱정할 수도 있다는 점을 언급하고 있다. 이에 대해 학생들이 제작에
참여하면 많은 비용이 들지 않는다는 점과 학생들의 참여를 이끌어 내기 위한 다양한
온라인 행사를 실시하여 홍보할 계획이라는 점을 해결 방안으로 밝히고 있다.

오답 선지 분석

① 예상 독자와 함께했던 경험을 언급하며 공감대를 형성한다.

　윗글에서는 학생이 경험한 내용은 언급하였으나, 예상 독자와 함께했던 경험은 언급하
고 있지 않다.

② 건의 사항이 받아들여지지 않을 경우 발생할 수 있는 문제점을 제시한다.

　윗글에서는 건의 사항이 받아들여지지 않을 경우 발생할 수 있는 문제점을 제시하고
있지 않다.

③ 건의 사항과 관련된 통계 자료를 활용함으써 예상 독자의 이해를 돕는다.

　윗글에서는 건의 사항과 관련된 통계 자료를 활용하고 있지 않다.

④ 속담을 활용하여 건의 사항이 실현되었을 때 기대할 수 있는 긍정적인 효과
를 부각한다.

　윗글에서는 속담을 활용하고 있지 않다.

02 자료 활용의 적절성 파악하기   답 | ⑤

**보기 는 초고를 보완하기 위해 추가로 수집한 자료이다. 자료의 활용 방
안으로 적절하지 않은 것은?**

보기

ㄱ. 우리 학교 학생 100명 대상 설문 조사

1. 메타버스에 대해 관심이
　있나요?

없음 10%
모름 15%
있음 75%

2. 메타버스를 경험한 적이
　있나요?

있음 28%
없음 72%

ㄴ. 전문가 인터뷰

"다양한 원인으로 대면 만남이 힘든 상황에서 메타버스는 새로운 사회
적 소통의 공간이 될 수 있습니다. 메타버스 내의 공간에서 학생들이 언
제 어디서든 자유롭게 만나 학급 회의를 하거나 동아리 박람회와 같은
행사를 개최하는 것이 그 예라고 할 수 있습니다. 이러한 메타버스에서
의 활동 내용은 데이터로 남아 있으므로 활동과 관련된 자료를 영구적으
로 보관하여 활용할 수 있습니다."

ㄷ. 신문 기사

○○고는 메타버스를 활용하여 학교 축제를 성공적으로 개최하였다. ○○고는 학생들이 직접 메타버스를 만듦으로써 절감한 예산을 축제 활동 지원금으로 사용하여 학생들의 긍정적인 반응을 이끌어 내었다. 학생들은 "친구들이 자유롭게 모여 소통할 수 있었고, 축제 자료를 내년에도 활용할 수 있어서 매우 만족스럽다."라는 소감을 밝혔다.

정답 선지 분석

⑤ ㄱ-2, ㄷ을 활용하여 첫째 문단에서 메타버스를 경험해 보지 못한 학생들이 기존의 축제보다 메타버스를 활용한 축제를 선호한다는 점을 부각한다.

〈보기〉의 ㄱ-2는 학생들의 메타버스에 대한 경험 여부를 나타내는 것일 뿐, 학생들이 기존의 축제보다 메타버스를 활용한 축제를 선호한다는 점을 나타내는 것은 아니다. 〈보기〉의 ㄷ에서도 그러한 내용은 확인할 수 없다.

오답 선지 분석

① ㄱ-1을 활용하여 둘째 문단에 학생들이 메타버스에 대해 많은 관심을 보이고 있음을 수치로 구체화하여 제시한다.

2문단에서 학생들이 메타버스에 관심이 많다고 언급하고 있다. 따라서 건의 설득력을 높이기 위해 〈보기〉의 ㄱ-1의 자료를 활용하여 구체화할 필요가 있다.

② ㄴ을 활용하여 넷째 문단에 메타버스가 시·공간의 제약 없이 소통하는 공간으로 활용될 수 있는 예를 제시한다.

4문단에서는 메타버스를 활용할 경우 학생들이 시·공간의 제약 없이 자유롭게 소통할 수 있다고 언급하고 있다. 따라서 〈보기〉의 ㄴ을 활용하여 '학급 회의'나 '동아리 박람회 개최' 등과 같이 메타버스를 활용할 수 있는 예를 제시하여 주장을 뒷받침한다.

③ ㄷ을 활용하여 셋째 문단에 학생들이 직접 메타버스를 만들어 비용을 절감한 사례를 제시한다.

3문단에서는 학생들이 메타버스 제작에 참여하면 비용이 많이 들지 않는다는 점을 언급하고 있다. 따라서 〈보기〉의 ㄷ을 활용해 학생들이 직접 메타버스를 만들어 비용을 절감한 사례를 제시하여 비용 문제에 대한 해결 방안의 설득력을 높인다.

④ ㄴ, ㄷ을 활용하여 넷째 문단에 메타버스로 축제를 운영할 경우, 관련 자료를 이후에도 활용할 수 있다는 장점을 추가한다.

4문단에서는 메타버스로 축제를 운영할 경우 기대할 수 있는 긍정적인 효과에 대해 언급하고 있다. 〈보기〉의 ㄴ과 ㄷ에서는 메타버스를 활용할 경우 관련 자료를 이후에도 활용할 수 있음을 밝히고 있다. 따라서 〈보기〉의 ㄴ과 ㄷ을 활용하여 메타버스로 축제를 운영할 경우 얻을 수 있는 장점으로 추가한다.

03 고쳐 쓰기의 적절성 파악하기   답 | ②

㉠~㉤을 고쳐 쓰기 위한 방안으로 적절하지 않은 것은?

정답 선지 분석

② ㉡: 문장의 호응을 고려하여 '이 경험을'로 수정한다.

㉡을 '이 경험을'로 수정할 경우 문장의 호응이 맞지 않게 된다. 문장의 호응을 고려할 때 '이 경험을 통해'로 수정하는 것이 적절하다.

오답 선지 분석

① ㉠: 이중 피동 표현이 사용되었으므로 '열린'으로 수정한다.

㉠의 '열려진'은 이중 피동 표현으로 '열린'으로 수정하는 것이 적절하다.

③ ㉢: 글의 흐름에 맞지 않는 문장이므로 삭제한다.

㉢은 글의 흐름을 고려하였을 때 통일성을 해치고 있으므로 삭제하는 것이 적절하다.

④ ㉣: 연결 어미가 어색하기 때문에 '있으므로'로 수정한다.

㉣의 '있지만'은 앞 문장이 뒷 문장의 근거임을 고려하였을 때 '있으므로'로 수정하는 것이 적절하다.

⑤ ㉤: 어법에 맞지 않는 어휘이므로 '바람'으로 수정한다.

㉤의 '바램'은 '바라다'에서 파생된 명사인 '바람'으로 수정하는 것이 적절하다.

최근 세계 각국은 다가올 우주 시대를 주도하기 위해 노력하고 있다. 그러기 위해서는 우주선 개발이 필수적이나 그리 만만한 일은 아니다. 우주선을 작동시키기 위해서는 대단히 많은 양의 에너지가 필요하기 때문이다. 더군다나 제한된 공간에서 그 많은 에너지를 만들어내야 하며, 그 과정에서 발생되는 오염물질은 없어야 한다는 어려움까지 있다. 이런 <u>까다로운 조건을 해결한 것</u>
　　　　　　　　　　　　　　　　공간적 제약과 오염물질의 발생을 해결할 방법
이 꿈의 전지라고 불리는 연료전지다.
　　　　　　　　　　　　▶ 1문단: 연료전지의 필요성

지금 우리가 사용하고 있는 대부분의 전기는 <u>석탄·석유·천연가스 등의 화석연료를 연소시켜 발전하는 방식으로 얻는다.</u> 이러한
　　　　　현재 우리가 전기를 얻는 방식
방식은 연료의 화학에너지를 열에너지로 바꾼 다음 기계적 에너
　　　　　　　　화석연료를 전기에너지로 변환하는 과정
지로, 이를 다시 전기에너지로 변환하는 3단계의 과정을 거치는 것이다. 그러나 연료전지는 <u>천연가스나 메탄올 등의 연료에서 얻어낸 수소와 공기 중의 산소를 반응시켜 전기에너지를 직접 얻는</u>
　　　　　　　　　연료전지가 전기에너지를 얻는 방법
방식이다. 즉,「중간 과정 없이 화학에너지에서 바로 전기에너지로
　　　　　　　　　　「」: 연료전지의 장점 ① - 기존의 방식보다 훨씬 간단함
변환되는 것이다. 그렇기 때문에 효율이 훨씬 좋다.」또한 생성물이 물밖에 없어 <u>무공해이고</u>, 기계적 에너지 변환 단계가 생략되어
　　　　　연료전지의 장점 ② - 오염물질을 생성하지 않음
<u>소음이 없다.</u> 그래서 연료전지는 환경 친화적이다.
연료전지의 장점 ③ - 소음이 발생하지 않음　　　　　▶ 2문단: 연료전지의 장점

현재의 자동차 엔진은 가솔린 디젤 등의 연료를 고온, 고압 상태에서 연소 폭발시켜 화학에너지를 열에너지로, 다시 기계적 에너지로 바꾸어 차를 움직이는 내연기관*이다. <u>소음과 공해는 바로 이 연소 과정에서 발생되는 것이다.</u> 그러나 자동
　　　　　　　　　　　　　　　현재의 방식의 문제점
차에 연료전지를 사용한다면 이러한 문제를 해결할 수 있다.

[A] 「연료전지를 사용하는 자동차가 연료로 메탄올을 사용할 경
　　「」: 연료전지를 사용한 자동차에서 전기에너지가 만들어지는 과정
우, 시동을 걸면 연료탱크에 있는 메탄올이 연료변환기를 거치면서 수소를 발생시키고, 이 수소가 연료전지로 들어간다. 이와 동시에 공기압축기로부터 연료전지로 공기가 유입된다. 수소와 공기는 화학적으로 결합하여 모터를 움직이는 전기를 만들어내고, 이 과정에서 발생한 물은 물탱크로 들어간다. 연료전지에서 발생된 전기는 인버터에 의해 변환되어 모터를 움직여서 바퀴를 돌리기」때문에 소음과 공해가 발생하지 않는다.
　　　　　　　　　　▶ 3문단: 전기에너지가 만들어지는 과정

만약에 연료전지발전소를 만든다면, 큰 규모와 공해로 인해 도심과 멀리 떨어진 곳에 설치되던 <u>일반적인 발전소와 달리 도심에 설</u>
　　　　　　　　　　　　　　　연료전지발전소의 장점 ①
<u>치할 수 있다.</u> 발전소가 도심에 설치되면 송·배전 설비를 절약하
　　　　　　　　　발전소를 도심에 설치했을 때 얻을 수 있는 이점 ①
고 전기가 필요한 곳에 바로 전기를 공급할 수 있다. 통상 화력발
　　　　　발전소를 도심에 설치했을 때 얻을 수 있는 이점 ②

전이나 원자력발전과 같이 규모가 큰 발전소는 <u>에너지 소비량에</u>

<u>따라 그 규모를 쉽게 조절할 수 없기 때문에 효율이 낮다.</u> 하지만
　　　　　　　　　다른 발전소의 단점

연료전지발전소는 에너지 소비량에 따라 그 규모를 쉽게 조절할
　　　　　　　　　연료전지발전소의 장점 ②

수 있고, 또한 설비의 규모에 관계없이 효율이 비슷하므로 연료
　　　　　　　　　연료전지발전소의 장점 ③

전지를 소형·대형 발전소에 다 같이 사용할 수 있다. 전력을 공급

하는 발전소 쪽에서는 소규모 설비로 건설할 수 있어 <u>적은 투자</u>

<u>비로 전기를 공급할 수 있다</u>는 이점이 있다.
　　　　　연료전지발전소의 장점 ④　　　　▶ 4문단: 연료전지발전소의 장점

꿈의 전지라고 불리는 연료전지가 실용화된다면, 일상생활에서

군사적인 목적에 이르기까지 그 활용 가능성이 무한하다. 따라서
　　　　　　연료전지가 실용화되었을 때 얻는 이점

우리나라를 비롯한 선진국들은 미래의 에너지원이 될 이 기술의

실용화를 위해 활발히 연구하고 있다. 머지않아 연료전지 시대가
　　　　　　　　　　　　　　　　연료전지의 전망

올 것이다.

▶ 5문단: 연료전지의 전망

* 내연기관(內燃機關): 실린더 속에 연료를 집어넣고 연소 폭발 시켜서 생긴 가스
　의 팽창력으로 피스톤을 움직이게 하는 원동기를 통틀어 이르는 말.

---

02 세부 내용 이해하기　　　　　　　답 | ③

연료전지가 가진 장점으로 적절하지 <u>않은</u> 것은?

정답 선지 분석

③ 발생하는 생성물이 전혀 없어 처리 비용을 줄일 수 있다.

　2문단에 따르면 연료전지는 생성물이 물밖에 없어 무공해라는 장점을 지닌다고 언급
　하고 있다. 따라서 발생하는 생성물이 전혀 없다는 것은 적절하지 않다. 또한 물이 생
　기기 때문에 처리 비용이 들지 않는다고 단정할 수 없다.

오답 선지 분석

① 기계적 에너지 변환 단계가 생략되어 소음이 없다.

　2문단에서 연료전지는 기계적 에너지 변환 단계가 생략되어 소음이 없다고 밝히고 있다.

② 공간적 제약이 없어 발전소를 도심에 설치할 수 있다.

　4문단에서 연료전지발전소는 에너지 소비량에 따라 그 규모를 쉽게 조절할 수 있기 때
　문에 일반적인 발전소와 달리 도심에 설치할 수 있다고 밝히고 있다.

④ 화석연료와 달리 연소 과정을 거치지 않아 환경 친화적이다.

　2문단에서 연료전지는 생성물이 물밖에 없어 환경 친화적임을 밝히고 있으며, 3문단
　에서 연소 과정을 거치지 않고 전기에너지를 얻는 방식이기 때문에 공해가 발생하지
　않는다고 밝히고 있다.

⑤ 중간 과정 없이 전기에너지를 직접 얻을 수 있어 효율적이다.

　2문단에서 화석연료를 연소시켜 발전하는 방식은 3단계의 과정을 거치지만, 연료전지
　는 천연가스나 메탄올 등의 연료에서 얻어낸 수소와 공기 중의 산소를 반응시켜 전기에
　너지를 직접 얻는 방식이기 때문에 효율적이라는 점을 밝히고 있다.

---

01 핵심 내용 이해하기　　　　　　　답 | ⑤

윗글을 통해 알 수 있는 것으로 적절하지 <u>않은</u> 것은?

정답 선지 분석

⑤ 연료전지 실용화를 위한 구체적 방안

　5문단에서 머지않아 연료전지의 시대가 올 것이라며 연료전지의 전망에 대해 이야기
　하고 있지만, 연료전지 실용화를 위한 방안은 구체적으로 명시되어 있지 않다.

오답 선지 분석

① 연료전지발전소의 장점

　4문단에 따르면 연료전지발전소는 큰 규모와 공해로 인해 도심에서 멀리 떨어진 곳에 설
　치되던 일반적인 발전소와 달리 도심에 설치할 수 있다. 또한 에너지 소비량에 따라 규모
　를 쉽게 조절할 수 있고 설비의 규모에 관계없이 효율이 비슷하며, 적은 투자비로 전기를
　공급할 수 있다.

② 기존의 전기 생산 방식

　2문단에 따르면 우리가 사용하는 대부분의 전기는 석탄, 석유, 천연가스 등의 화석연
　료를 연소시켜 발전하는 방식으로 얻는다.

③ 연료전지가 꿈의 전지인 이유

　1문단에 따르면 연료전지는 제한된 공간에서 많은 에너지를 만들어내며, 그 과정에서
　오염물질이 발생하지 않기 때문에 꿈의 전지라 불린다.

④ 연료전지 자동차의 작동 원리

　3문단에 따르면 연료전지 자동차는 연료로 메탄올을 사용할 경우 메탄올이 연료변환
　기를 거치면서 수소를 발생시키고, 이 수소가 연료전지로 들어감과 동시에 공기압축기
　로부터 들어온 공기와 만나 전기를 만들어낸다. 이때 만들어진 전기는 인버터에 의해
　변환되어 모터를 움직여 자동차를 작동하게 한다.

---

03 핵심 내용 이해하기　　　　　　　답 | ④

[A]를 바탕으로 보기 를 설명한 내용으로 적절하지 <u>않은</u> 것은?

보기

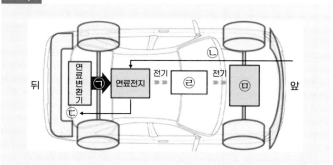

정답 선지 분석

④ ㉣에서 기계적 에너지가 전기에너지로 변환된다.

　2문단에 따르면 연료전지는 전기에너지를 직접 얻는 방식으로 기계적 에너지 변환 단
　계를 거치지 않는다. ㉣은 인버터로, 연료전지에서 발생된 전기를 전력으로 변환하여
　모터를 움직여 바퀴를 돌리게 한다.

오답 선지 분석

① ㉠은 메탄올이 연료변환기를 거쳐 생성된다.

　연료탱크에 있는 메탄올이 연료변환기를 거치면서 수소를 발생시키고 이 수소가 연료전
　지로 들어간다. 즉 ㉠은 수소로, 메탄올이 연료변환기를 거치면서 생성된 것이다.

② ㉡은 공기압축기로부터 유입된 산소이다.

　연료탱크에 있는 메탄올이 연료변환기를 거치면서 수소를 발생시키면 동시에 공기압축
　기로부터 연료전지로 공기가 유입된다. 즉 ㉡은 공기압축기로부터 유입된 산소이다.

③ ㉢은 ㉠과 ㉡이 반응하여 만들어진 생성물이다.

　㉢은 연료전지로 유입된 수소와 산소가 반응하여 전기에너지를 만드는 과정에서 생성된
　물이며 물탱크로 들어간다.

⑤ ㉣에서 변환된 에너지로 ㉤을 움직여 바퀴를 돌린다.

　㉣은 인버터로, 이곳에서 변환된 에너지로 모터를 움직여 바퀴를 돌리게 한다. 즉 ㉤은
　모터이다.

04 세부 내용 파악하기

보기 는 화력발전소가 지닌 문제와 관련된 기사이다. 보기 를 참고하여 빈칸에 들어갈 말로 적절한 것을 윗글에서 찾아 2어절로 쓰시오.

보기

□□구 소재 화력발전소의 미세먼지 문제가 지역사회의 주요 현안으로 떠올랐다. □□구 주민들은 화력발전소로 인한 주민들의 미세먼지 피해가 심각하다고 주장했다. 실제로 이 발전소가 배출하는 질소산화물은 연간 허용치를 넘어서는 230톤 가량으로 이는 소각장 세 곳의 배출량과 맞먹는 수치이다.

화력발전은 에너지를 만들어 내는 과정에서 많은 오염물질이 발생하지만, 연료전지는 생성물이 물밖에 없어 (   )이다.

정답

환경 친화적

| 문학 1 | 햇빛이 말을 걸다(권대웅) |

빠른 정답 체크 01 ③ 02 ④ 03 ③ 04 봄이야

길을 걷는데
햇빛을 의인화하여 햇빛이 이마와 닿는 느낌을 감각적으로 표현
㉠ 햇빛이 이마를 툭 건드린다
▶ 화자의 이마에 와닿은 따뜻한 햇빛

봄이야
햇빛이 전달하고자 한 말 → 따스한 봄 햇빛을 통해 봄이 왔음을 느낌
그 말을 하나 하려고

수백 광년을 달려온 빛 하나가
햇빛이 지구에 도달하려면 오랜 시간이 걸림을 의미
내 이마를 건드리며 떨어진 것이다
▶ 햇빛이 말을 건다고 느끼는 화자

나무 한 잎 피우려고

잠든 꽃잎의 눈꺼풀 깨우려고

지상에 내려오는 햇빛들
봄이 왔음을 알리는 것
「㉡ 나에게 사명을 다하며 떨어진 햇빛을 보다가

㉢ 문득 나는 이 세상의 모든 햇빛이
「」: 햇빛이 내리쬐는 것을 단순한 자연 현상이
이야기를 한다는 것을 알았다   아니라 의도를 지닌 행동으로 여기고 있음
▶ 햇빛이 말을 걸며 내려오는 이유에 대해 깨달은 화자
「강물에게 나뭇잎에게 세상의 모든 플랑크톤들에게
「」: 햇빛이 자연물들과 교감하여 소통함
말을 걸며 내려온다는 것을 알았다

반짝이며 날아가는 물방울들

초록으로 빨강으로 답하는 풀잎들 꽃들

㉣ 눈부심으로 가득 차 서로 통하고 있었다」
▶ 햇빛과 자연물의 교감
봄이야

라고 말하며 떨어지는 햇빛에 귀를 기울여 본다
화자가 햇빛과 교감하고자 함

「㉤ 그의 소리를 듣고 푸른 귀 하나가
「」: 새싹이 솟아오르는 모습 → 햇빛, 자연물, 화자가 교감하는 모습
땅속에서 솟아오르고 있었다」
▶ 햇빛에 귀를 기울이며 자연물과 교감하는 화자
- 권대웅, 〈햇빛이 말을 걸다〉 -

---

01 표현상의 특징 파악하기   답 | ③

윗글의 표현상의 특징으로 적절한 것은?

정답 선지 분석

③ 종결 어미를 반복하여 사용함으로써 운율을 형성하고 있다.
윗글은 종결 어미 '-다'를 반복적으로 사용함으로써 운율을 형성하고 있다.

오답 선지 분석

① 화자는 햇빛에 감정을 이입하여 자연물을 예찬하고 있다.
윗글의 화자는 햇빛과의 교감을 통해 느낀 봄날의 아름다움을 감각적으로 표현하고 있으나, 햇빛에 감정을 이입하고 있지 않다.

② 질문의 형식을 활용하여 화자의 깨달음을 제시하고 있다.
윗글의 화자는 모든 햇빛이 이야기를 한다는 것을 깨닫고 있으나, 질문의 형식을 활용하고 있지 않다.

④ 햇빛의 모습을 색채어를 활용하여 생동감 있게 표현하고 있다.
'초록', '빨강'과 같은 색채어를 활용하여 감각적이고 생동감 있게 표현하고 있는 대상은 '풀잎들 꽃들'이다.

⑤ 상승과 하강의 이미지를 사용하여 봄이 끝나가는 화자의 아쉬움을 드러내고 있다.
윗글의 화자는 햇빛을 통해 봄이 왔음을 깨닫고, 자연물과 교감하며 아름다운 봄날을 감상하고 있다. 상승과 하강의 이미지를 통해 봄이 끝나가는 아쉬움을 드러내는 부분은 나타나지 않는다.

---

02 시구의 의미 파악하기   답 | ④

㉠~㉤에 대한 설명으로 적절하지 않은 것은?

정답 선지 분석

④ ㉣: '나'와 '햇빛'의 교감을 가리킨다.
㉣은 '나'와 '햇빛'의 교감이 아닌, '햇빛'과 '자연물'의 교감과 소통을 가리킨다.

오답 선지 분석

① ㉠: 화자가 봄이 왔음을 깨닫고 있다.
'햇빛'이 내리쬐는 모습을 통해 화자는 봄이 왔음을 인식하고 있다.

② ㉡: '사명'은 '햇빛'이 '나'에게 봄이 왔음을 알려주는 것을 의미한다.
'사명'은 '햇빛'이 '나'에게 봄이 왔음을 알려주는 것을 의미한다.

③ ㉢: '나'는 '햇빛'이 내리쬐는 것에는 의도가 있다고 생각한다.
'나'는 '햇빛'이 내리쬐는 것이 단순한 자연 현상이 아니라, '나'에게 봄이 왔음을 알려주려는 의도를 가진 행동이라고 생각하고 있다.

⑤ ㉤: '푸른 귀'는 봄날의 새싹으로, 봄이 태동하는 모습을 나타낸다.
겨우내 땅속에 있던 새싹이 봄이 되어 솟아오르는 모습을 '푸른 귀'라는 표현으로 나타내고 있다.

윗글과 보기 의 공통점으로 적절하지 <u>않은</u> 것은?

보기

배추에게도 마음이 있나 보다
씨앗 뿌리고 농약 없이 키우려니
하도 자라지 않아
가을이 되어도 헛일일 것 같더니
여름내 밭둑 지나며 잊지 않았던 말
- 나는 너희로 하여 기쁠 것 같아
- 잘 자라 기쁠 것 같아

늦가을 배추 포기 묶어 주며 보니
그래도 튼실하게 자라 속이 꽤 찼다
- 혹시 배추벌레 한 마리
이 속에 갇혀 나오지 못하면 어떡하지?
꼭 동여매지도 못하는 사람 마음이나
배추벌레에게 반 넘어 먹히고도
속은 점점 순결한 잎으로 차오르는
배추의 마음이 뭐가 다를까?
배추 풀물이 사람 소매에도 들었나 보다

　　　　　　　　　　　　- 나희덕, 〈배추의 마음〉

정답 선지 분석

③ 시간의 흐름에 따라 시상을 전개하고 있다.

〈보기〉는 여름에서 가을로 흘러가는 시간의 흐름에 따라 시상을 전개하고 있으나 윗글은 봄에 한정되어 시상을 전개하고 있다.

오답 선지 분석

① 시적 화자가 시 속에서 드러나고 있다.

윗글에서는 '내 이마를 건드리며 떨어진 것이다', '문득 나는~알았다' 등을 통해 시적 화자가 시 속에 드러나고 있음을 알 수 있고, 〈보기〉에서는 '-나는 너희로 하여 기쁠 것 같아'를 통해 시적 화자가 시 속에 드러나고 있음을 알 수 있다.

② 시적 대상을 긍정적으로 바라보고 있다.

윗글은 화자에게 봄이 왔음을 알려주는 '햇빛'을 긍정적으로 바라보고 있고, 〈보기〉는 생명의 소중함을 알려주는 '배추'를 긍정적으로 바라보고 있다.

④ 자연물을 의인화하여 생동감 있게 표현하고 있다.

윗글에서는 '햇빛이 이마를 툭 건드린다', '모든 햇빛이 이야기를 한다' 등을 통해 '햇빛'을 의인화하고 있고, 〈보기〉는 '배추에게도 마음이 있나 보다' 등을 통해 배추에 인격을 부여하여 의인화하고 있다.

⑤ 말을 건네는 형식을 사용하여 자연물과 교감하고 있다.

윗글에서는 '봄이야'라고 하며 햇빛이 나에게 말을 건네는 형식을 사용하고 있고, 〈보기〉에서는 '-나는 너희로 하여 기쁠 것 같아', '-잘 자라 기쁠 것 같아' 등을 통해 화자가 '배추'에게 말을 건네며 자연물과 교감하고 있음을 알 수 있다.

보기 에서 설명하고 있는 시구를 찾아 쓰시오.

보기

햇빛이 화자에게 전달하고자 한 말로, 따스한 봄 햇빛을 통해 화자는 봄이 왔음을 느끼고 있다.

정답

봄이야

문학 2　　　**사씨남정기(김만중)**

빠른 정답 체크　**01** ②　**02** ①　**03** ⑤　**04** 인현 왕후, 장희빈

[앞부분 줄거리] 명나라 재상 유희는 느지막이 아들 연수를 얻는다. 부인 최 씨는 연수를 낳고 세상을 떠난다. 연수는 15세에 과거에 급제하여 <u>한림학사</u>가 된 후 사 씨와 결혼을 한다. 서너 해가 흘러 유희는 병에 걸려 세상을 떠난다.
　　　　　　　연수(유 한림)의 뛰어난 재능

　그 무렵 한림 부부는 나이가 모두 스물세 살이었다. 그들이 성혼한 지도 또한 십 년 가까이 흘러갔다. 하지만 아직 자녀가 없었다.

　<u>사 씨는 마음속으로 몹시 근심하면서 홀로 생각하였다.</u>
　　　　　가문의 대를 이을 자녀를 낳지 못하였기 때문
'체질이 허약하여 자녀를 생육할 수 없는가 보다.'

　㉠ 사 씨가 조용히 한림에게 첩을 두라고 권고하였다. 한림은 그 말이 진심이 아니라 생각하여 웃으며 대답하지 않았다.

　<u>사 씨는 남몰래 매파*를 시켜 양가*에서 쓸 만한 사람을 고르게</u>
　　　　　　　　　　　'유 한림'의 첩으로 적절한 사람을 찾는 '사 씨'
하였다.

　두 부인이 그 말을 듣고 몹시 놀라 이내 사 씨를 찾아갔다.
'유 한림'의 고모
　"듣자 하니 낭자가 장부*를 위해 첩을 구한다고 하던데…….　그
　　　　　　　　　　　　　　　　　　　　　　　　유 한림
것이 정말인가?"

　"그렇습니다."

　"㉡ 집안에 첩을 두는 것은 환난*의 근본이야.「한 필 말에는 두
　　　　축첩 제도에 대한 비판적 인식
개의 안장이 있을 수 없고, 한 그릇 밥에는 두 개의 수저가 있을 수 없지. 비록 장부가 원한다 하더라도 오히려 만류해야 할 것이야. 그런데 하물며 스스로 구하려 한다는 말인가?」
　　　　　　　　　　　　　　　　　　「」: 첩을 구하려는 '사 씨'를 만류하는 '두 부인'
　"첩이 존문*에 들어온 지 이미 구 년이나 지나갔습니다. 그러나 아직 자녀를 하나도 두지 못했습니다. ㉢ 옛날 법도에 따르자면
　　　　　　　　　　　　　　과거에는 아들을 낳지 못하는 것이 아내를 내쫓는 이유가 되었음을 알 수 있음
<u>응당 내침을 당해야 할 것입니다.</u> 하물며 소실*을 꺼려할 수가 있겠습니까?"

"자녀의 생육이 빠르거나 늦음은 천수*에 달린 것이야. 사람들 가운데에는 간혹 서른이나 마흔 살 이후에 처음으로 자식을 낳는 경우도 있지. 낭자는 이제 겨우 스물을 넘겼어. 어찌하여 그처럼 근심을 지나치게 하는가?"

『"첩은 타고난 체질이 허약합니다. 나이는 아직 늙지 않았으나 혈기가 벌써 스무 살 이전과는 다릅니다. 월사*도 또한 주기가 고르지 않지요. 이는 첩만이 홀로 아는 일입니다. 하물며 ㉣ 일처일첩은 인륜의 당연한 도리입니다. 첩에게 비록 관저의 덕*은 없
첩을 두는 것을 당연한 것으로 인식하고 있음
습니다. ㉤ 그렇지만 또한 세속 부녀자들의 투기하는* 습속*은
본받지 않을 것입니다."』 『」: '두 부인'의 만류에도 첩을 들이는 것에
대한 자신의 생각을 꺾지 않는 '사 씨'

[중간 부분 줄거리] 유 한림은 사 씨의 권유에 따라 교 씨를 첩으로 받아들이고, 교 씨는 얼마 지나지 않아 아들 장주를 낳는다. 어느 날, 한림이 교 씨에게 명하여 노래를 부르게 하였으나 교 씨가 거절하자 한림은 교 씨에게 그 이유를 묻는다.

교 씨는 대답도 하지 않고 더욱 구슬피 울었다. 한림이 굳이 그
'유 한림'이 자신의 이야기에 관심을 갖게 하기 위해 거짓 눈물을 흘림
까닭을 물었다.

마침내 교 씨가 입을 열었다.

"하문하시는데 대답하지 않는다면 상공에게 죄를 얻고, 대답을
윗사람이 아랫사람에게 물으시는데 → 자신을 낮추어 말함
한다면 부인에게 죄를 얻을 것입니다. 대답하기도 어렵고 대답
노래를 부르지 않는 이유가 '사 씨'에게 있음을 넌지시 드러냄
을 하지 않기도 또한 어렵습니다."

"비록 매우 난처한 말을 한다 하더라도 내가 자네를 꾸짖지는 않을 것이야. 숨기지 말고 어서 말씀하게."

교 씨는 그제야 눈물을 거두고 대답하였다.

『"첩의 촌스러운 노래와 거친 곡조는 본디 군자께서 들으실만한
『」: 한림이 자신을 믿게 만들기 위해 일부러 자신을 낮추고 겸손한 태도를 보임
것이 아닙니다. 단지 명을 받들고 마지못하여 못난 재주를 드러냈던 것일 따름입니다. 또한 정성을 다 기울여 상공께서 한번 웃음을 짓도록 하려는 것에 지나지 않았습니다. 무슨 다른 뜻이
자신의 결백을 강조하는 설의적 표현
있었겠습니까?"』

그런데 오늘 아침 부인께서 첩을 불러 놓고 책망하셨습니다.
잘못을 꾸짖거나 나무라며 못마땅하게 여김
『"상공께서 너를 취하신 까닭은 단지 후사를 위한 것일 따름이었
대를 잇는 자식
다. 집안에 미색이 부족한 때문이 아니었어. 그런데 너는 밤낮으로 얼굴이나 다독거렸지. 또한 듣자 하니 음란한 음악으로 장부의 심지를 고혹하게 하여 가풍을 무너뜨리고 있다 하더구나. 이는 죽어 마땅한 죄이다. 내가 우선 경고부터 해 두겠다. 네가 만일 이후로도 행실을 고치지 않는다면, 내 비록 힘은 없으나

아직도 여 태후가 척 부인의 손발을 자르던 칼과 벙어리로 만들
한나라의 여 태후가 고조가 죽은 후, 그가 아끼던 척 부인을 죽인 고사를 인용
던 약을 가지고 있느니라. 앞으로 각별히 삼가라!'라고 하셨습
『」: '사 씨'의 조언을 왜곡하여 '사 씨'가 마치 자신을 시기하여 책망한 것처럼 꾸며 말함
니다.

『첩은 본래 한미한* 집안에서 자란 계집으로서 상공의 은혜를 받아 부귀영화가 극에 이르렀습니다. 지금 죽는다 하더라도 여한이 없습니다. 단지 두려운 바는 상공의 청덕*이 소첩의 문제로 인하여 사람들에게 비난을 받게 되지나 않을까 하는 점입니다. 그러므로 감히 명령을 따를 수 없었던 것입니다."』
『」: 계속해서 자신을 낮추고 '유 한림'을 위하는 척하며 '사 씨'를 모함하고 있음
한림은 그 말을 듣고 깜짝 놀랐다. 의아한 생각이 들어 속으로 가만히 헤아려 보았다.

『"저 사람은 평소 투기하지 않는다고 스스로 자부하고 있었지.
'사 씨'
교 씨를 매우 은혜롭게 대하고 있었어. 일찍이 교 씨의 단점을 말하는 소리도 들어 본 적이 없었어. 아마도 교 씨의 말이 실정보다 지나친 것은 아닐까?"』
『」: '사 씨'를 신뢰하고 있는 '유 한림'
한림은 한동안 조용히 생각하다가 교 씨를 위로하였다.

"내가 자네를 취한 것은 본디 부인의 권고를 따른 일이었네. 또 부인이 일찍이 자네에게 해로운 소리를 한 적도 없었지. 이 일은 아마 비복*들 가운데서 누군가가 참언*을 하였기에 부인이 잠시 노하여 하신 말씀에 지나지 않을 것이네. 그러나 성품이 본시 유순하니 자네를 해치려 하지는 않을 것이야. 염려하지 말게. 하물며 내가 있질 않나? 자네를 어떻게 해칠 수 있겠는가?"

교 씨는 끝내 마음을 풀지 않은 채 다만 한림에게 사례할 따름이었다.

[A]
『아아! 옛말에 이르기를, '호랑이를 그리는 데는 뼈를 그리기
『」: 편집자적 논평(서술자의 개입)
어렵고, 사람을 사귀는 데는 마음을 알기 어렵다'고 하였다.
= 열 길 물속은 알아도 한 길 사람의 속은 모른다
교 씨는 얼굴이 유순하고 말씨가 공손하였다. 따라서 사 부인은 단지 좋은 사람으로 여겼을 따름이었다. 경계한 말씀은 오
'사 씨'의 조언 → '교 씨'가 '사 씨'를 모함하는 계기
직 음란한 노래가 장부를 오도할까* 염려한 것이었다. 또한 교 씨를 바른길로 인도하려는 것이었다. 본디 사랑하는 마음에서 한 말이었다. 추호도 시기하는 생각은 없었던 것이다.
털끝만큼도
그런데 교 씨는 문득 분한 마음을 품고 교묘한 말로 참소하여 마침내 큰 재앙의 뿌리를 양성하였다. 부부와 처첩의 사이는
부부와 처첩 간의 문제가 집안 전체의 문제로 확대될 것임을 예고
진정 어려운 관계라 아니할 수 있겠는가?』

- 김만중, 〈사씨남정기〉 -

* 매파(媒婆): 혼인을 중매하는 할멈.
* 양가(良家): 지체가 있는 좋은 집안.
* 장부(丈夫): 다 자란 씩씩한 남자.

* 환난(患難): 근심과 재난을 통틀어 이르는 말.
* 존문(尊門): 남의 가문이나 집을 높여 이르는 말.
* 소실(小室): 정식 아내 외에 데리고 사는 여자.
* 천수(天數): 하늘이 정한 운명.
* 월사(月事): 월경, 여성의 생리 현상.
* 관저(關雎)의 덕: 중국 주나라 문왕의 아내인 태사가 정숙한 여인으로서 갖춘 어짊과 너그러움.
* 투기하다(投機하다):부부 사이나 사랑하는 이성 사이에서 상대되는 이성이 다른 이성을 좋아할 경우에 지나치게 시기하다.
* 습속(習俗): 습관이 된 풍속.
* 한미하다(寒微하다): 가난하고 지체가 변변하지 못하다.
* 청덕(淸德): 청렴하고 고결한 덕행.
* 비복(婢僕): 계집종과 사내종을 아울러 이르는 말.
* 참언(讒言): 거짓으로 꾸며서 남을 헐뜯어 윗사람에게 고하여 바침. 또는 그런 말.
* 오도하다(誤導하다): 그릇된 길로 이끌다.

01 작품 속 인물의 성격 파악하기

답 | ②

윗글의 인물에 대한 설명으로 적절하지 않은 것은?

정답 선지 분석

② '교 씨'는 자신을 낮추어 말하며 첩이라는 위치에 순응하는 인물이다.

'교 씨'는 자신을 낮추어 말하고 있지만, 이것은 첩이라는 위치에 순응하고 있는 것이 아니라 자신을 낮춰 말함으로써 '유 한림'이 자신을 믿게 만들고, '유 한림'을 위하는 척하며 '사 씨'를 모함하기 위해서이다.

오답 선지 분석

① '유 한림'은 '사 씨'의 인품을 신뢰하는 신중한 인물이다.

'유 한림'은 '사 씨'를 모함하는 '교 씨'의 말을 바로 믿는 것이 아니라 '교 씨'에게 '사 씨'의 평소 인품에 대해 이야기하며 '교 씨'의 말이 실정보다 지나치다고 생각하고 있는 점에서 '사 씨'를 신뢰하는 신중한 인물이라고 볼 수 있다.

③ '사 씨'는 '교 씨'를 시기하지 않고 진심으로 걱정하는 선한 인물이다.

윗글의 '사 부인은 단지 좋은 사람으로 여겼을 따름이었다. ~ 추호도 시기하는 생각은 없었던 것이다.'를 통해 '사 씨'는 '교 씨'를 시기하지 않고 진심으로 걱정하고 신뢰하는 인물임을 알 수 있다.

④ '두 부인'은 처첩 간의 갈등이 생길 것을 염려하여 첩을 들이는 것에 대해 반대하고 있다.

'두 부인'은 '집안에 첩을 두는 것은 환난의 근본이야.'라고 하며 첩을 들였을 경우 발생하는 처첩 간의 갈등을 염려하고 있음을 알 수 있고, 그러한 이유로 '사 씨'가 첩을 구하려는 것에 대해 반대하고 있다.

⑤ '사 씨'는 '유 한림'에게 첩을 들일 것을 권유하는 것으로 보아 유교적 가부장제에 충실한 인물이다.

'사 씨'는 스스로 '유 한림'에게 첩을 들일 것을 권하며 '일처일첩은 인륜의 당연한 도리'라고 이야기하고 있는 점에서 첩을 두는 것을 당연한 것으로 인식하고 있는 유교적 가부장제에 충실한 인물이라고 볼 수 있다.

02 구절의 의미 파악하기

답 | ①

㉠~㉤에서 알 수 있는 당시의 사회상으로 적절하지 않은 것은?

정답 선지 분석

① ㉠: 본처의 권유로만 첩을 들일 수 있었다.

윗글에서 '사 씨'가 '일처일첩은 인륜의 당연한 도리'라고 이야기하고 있는 점에서 당시에는 관습적으로 첩을 두는 것이 당연한 일로 받아들여졌음을 유추할 수 있다. ㉠에서 '사 씨'가 '유 한림'에게 첩을 두라고 권고한 것을 알 수 있으나, 이를 통해 본처의 권유로만 첩을 들일 수 있었는지는 알 수 없다.

오답 선지 분석

② ㉡: '두 부인'을 통해 축첩 제도에 대한 작가의 비판적 인식을 드러내고 있다.

작가는 '두 부인'의 말을 빌려 ㉡과 같이 말하며 당시의 축첩 제도에 대한 비판적 인식을 드러내고 있다.

③ ㉢: 자식을 낳지 못하는 것이 부인을 내쫓는 이유가 되기도 했다.

'사 씨'가 ㉢과 같이 말한 점에서 과거에는 자식을 낳지 못하는 것이 부인을 내쫓는 이유가 됐음을 알 수 있다.

④ ㉣: 첩을 두는 관습을 당연한 것으로 인식하고 있다.

'사 씨'가 ㉣과 같이 말한 점에서 당시에는 첩을 두는 관습을 당연한 것으로 인식하고 있음을 알 수 있다.

⑤ ㉤: 본부인과 첩 사이의 갈등이 자주 빚어졌음을 보여 주고 있다.

'사 씨'가 ㉤과 같이 말한 점에서 당시 본부인과 첩 사이의 갈등이 자주 빚어졌음을 알 수 있다.

03 외적 준거를 통해 작품 이해하기

답 | ⑤

보기 를 참고하여 [A]를 이해한 것으로 적절하지 않은 것은?

보기

작품 밖의 서술자가 진행 중인 사건이나 특정 인물의 언행 등에 대해 직접 설명하거나, 자신의 주관적 느낌이나 의견을 직접적으로 드러내는 것을 '편집자적 논평' 또는 '서술자의 개입'이라고 한다. 이렇게 서술자가 작품에 개입하여 인물에 대해 평가를 내리고 사건의 정황을 해설해 줌으로써, 독자의 이해를 돕고 당대 사회의 문제점을 부각하고 있다. 이러한 '편집자적 논평'은 주로 고전소설에서 쉽게 찾아볼 수 있다.

정답 선지 분석

⑤ 고사를 인용하여 '사 씨'의 온화한 성정을 강조하며 '사 씨'에 대해 평가하고 있다.

[A]에서 서술자는 '호랑이를 그리는 데는 뼈를 그리기 어렵고, 사람을 사귀는 데는 마음을 알기 어렵다.'라는 고사를 인용하여 '사 씨'의 온화한 성정을 강조하고 있는 것이 아니라, '교 씨'가 얼굴이 유순하고 말씨가 공손하나 그 속은 간악하고 교활한 인물임을 나타내고 있다.

오답 선지 분석

① '교 씨'가 집안에 화를 가져올 것을 예고하고 있다.

[A]에서 서술자는 '교 씨'가 '마침내 큰 재앙의 뿌리를 양성하였다.'라고 하며 앞으로 처첩 간의 갈등이 집안 전체의 문제로 확대될 것을 예고하고 있다.

② 처첩 갈등에 대한 서술자의 입장을 제시하고 있다.

[A]에서 서술자는 '교 씨'의 모함으로 인해 큰 재앙이 다가올 것을 예견하며, '부부와 처첩의 사이는 진정 어려운 관계라 아니할 수 있겠는가?'라고 말하며 처첩 갈등에 대한 주관적 견해를 직접적으로 드러내어 당대 사회의 문제점을 부각하고 있다.

③ '교 씨'가 겉과 속이 다른 간악한 인물임을 강조하고 있다.

[A]에서 서술자는 '교 씨'가 겉은 유순하나 그 속은 분한 마음으로 재앙의 뿌리를 양성하였다고 이야기하고 있는 점에서 '교 씨'가 겉과 속이 다른 간악한 인물임을 강조하며 '교 씨'에 대해 평가하고 있다.

④ 사건의 정황을 밝히며 '교 씨'의 진술이 사실이 아님을 밝히고 있다.
  [A]에서 서술자는 '사 씨'가 '교 씨'에게 했던 말은 '교 씨'의 진술대로 '교 씨'를 책망한
  것이 아니라 '사 씨'가 '교 씨'를 사랑하는 마음에서 바른길로 인도하고자 한 말이었음
  을 밝히며 사건의 정황에 대해 해설하고 있다.

04 세부 내용 파악하기

보기 의 ⓐ와 ⓑ에 들어갈 말로 적절한 것을 차례대로 쓰시오.

보기

  〈사씨남정기〉를 단순하게 처첩 간의 갈등을 다루는 가정 소설이자 권
선징악을 보여 주는 작품으로만 이해할 것이 아니라, 작가 김만중이 살
았던 당시의 상황을 고려하여 소설 속에 반영된 정치적 의도를 파악한다
면 작품을 더욱 깊이 있게 감상할 수 있다.
  당시 숙종은 인현 왕후를 폐위하고 그 대신 왕자를 낳게 된 장희
빈을 왕비로 책봉하였다. 김만중은 이러한 정국의 소용돌이 속에서
(ⓐ)을/를 '사 씨'에, (ⓑ)을/를 '교 씨'에 숙종을 '유 한림'에
비유하여 당시 사회를 소설을 통해 간접적으로 풍자하고 있는 것이다.

정답

인현 왕후, 장희빈

05강

문법   음운의 변동

빠른 정답 체크   **01** ④   **02** ②   **03** 교체, 탈락, 있지 않다

선생님: 음운 변동은 음운이 일정한 환경에 따라 다르게 발음
    <u>음운 변동의 개념</u>
되는 현상입니다. 음운의 변동에는 한 음운이 다른 음운으
        <u>음운 변동의 종류 ① – 교체</u>
로 바뀌는 교체, 두 음운이 하나의 음운으로 줄어드는 축약,
        <u>음운 변동의 종류 ② – 축약</u>
두 음운 중에서 어느 하나가 없어지는 탈락, 두 음운 사이
    <u>음운 변동의 종류 ③ – 탈락</u>
에 음운이 덧붙는 첨가 등이 있습니다. 예를 들어 '여덟'은   **[A]**
    <u>음운 변동의 종류 ④ – 첨가</u>
[여덜]로 발음되는데 겹받침 중 'ㅂ'이 탈락되어 음운의 개
    <u>탈락의 예시 → '여덟'의 겹받침 'ㄼ' 중 'ㅂ'이 탈락</u>   <u>탈락의 특징</u>
수가 줄어든 것입니다. 또한 '솜이불'은 [솜:니불]로 발음
        <u>첨가의 예시 → '솜'과 '이불'이 결합하면서 'ㄴ'이 첨가</u>
되는데 'ㄴ'이 첨가되어 음운의 개수가 늘어난 것입니다.
        <u>첨가의 특징</u>

학생: 그런데 저는 '너는 나보다 키가 커서 좋겠다.'라는 문장의

'커서'에서 'ㅡ'가 탈락되었다는 것을 찾기가 어려웠어요. 음운
<u>음운 변동을 표기에 반영하는 예시 → '크–' + '–어서'</u>
변동 결과가 표기에 반영되었기 때문이겠죠?

선생님: 맞아요. 그러면 음운 변동이 표기에 반영되는 경우와 표

기에 반영되지 않는 경우를 용언의 활용을 예로 들어 알아봅

시다. 용언 어간 끝의 모음 'ㅏ, ㅓ'가 '–아/–어'로 시작하는 어
    <u>음운 변동 결과를 표기에 반영하는 경우 ①</u>
미와 결합할 때 모음 'ㅏ, ㅓ'가 탈락하는 경우, 용언 어간 끝의

모음 'ㅡ'가 '–아/–어'로 시작하는 어미와 결합하여 탈락하는
    <u>음운 변동 결과를 표기에 반영하는 경우 ②</u>
경우, 어간의 끝소리 'ㄹ'이 몇몇 어미 앞에서 탈락하는 경우는
    <u>음운 변동 결과를 표기에 반영하는 경우 ③</u>
음운 변동 결과를 표기에 반영합니다. 하지만 어간의 끝소리

'ㄴ, ㅁ' 뒤에서 어미의 첫소리가 된소리로 교체되는 경우,
    <u>음운 변동 결과를 표기에 반영하지 않는 경우 ①</u>
어간의 끝소리 'ㅎ'이 모음으로 시작하는 어미 앞에서 탈락되
    <u>음운 변동 결과를 표기에 반영하지 않는 경우 ②</u>
는 경우는 음운 변동 결과를 표기에 반영하지 않습니다. 가령

앞에서 말한 '커서'의 경우는 음운 변동의 결과가 표기에 반영
    <u>음운 변동 결과를 표기에 반영하는 경우 ②의 예시</u>
된 것이고, '낳은'을 '나은'으로 표기하지 않는 것은 음운 변동
    <u>음운 변동 결과를 표기에 반영하지 않는 경우 ②의 예시</u>
의 결과가 표기에 반영되지 않은 것입니다.

학생: 아, 그럼 음운 변동 결과가 ㉠ 표기에 반영된 경우와 ㉡ 표기

에 반영되지 않은 경우를 찾아볼게요.

---

01   음운의 변동 이해하기   답 | ④

[A]를 바탕으로 음운 변동을 이해한 내용으로 적절한 것은?

정답 선지 분석

	사례	음운 변동	음운의 개수 변화
④	옛이야기[옌:니야기]	교체, 첨가	늘어남

'옛이야기[옌:니야기]'는 첨가에 해당하는 'ㄴ첨가'와 교체에 해당하는 '음절의 끝소리
규칙, 비음화'가 적용되었다. 이때 음운의 개수가 늘어났으므로 적절하다.

오답 선지 분석

①	풀잎[풀립]	축약, 첨가	늘어남

'풀잎[풀립]'의 경우 첨가에 해당하는 'ㄴ첨가'와 교체에 해당하는 '유음화'가 적용되었
다. 이때 음운의 개수가 늘어났으나 축약이 적용되지 않았기 때문에 적절하지 않다.

②	흙화덕[흐콰덕]	교체, 탈락	줄어듦

'흙화덕[흐콰덕]'은 탈락에 해당하는 '자음군 단순화'와 축약에 해당하는 '자음 축약'이
적용되었다. 이때 음운의 개수가 줄어들었으나 교체가 적용되지 않았기 때문에 적절하
지 않다.

③	맞춤옷[맏추몯]	축약, 탈락	줄어듦

'맞춤옷[맏추몯]'은 교체에 해당하는 '음절의 끝소리 규칙'이 적용되었다. 그러나 탈락
과 축약이 적용되지 않았고, 음운의 개수에도 변화가 없기 때문에 적절하지 않다.

⑤	달맞이꽃[달마지꼳]	교체, 축약	줄어듦

'달맞이꽃[달마지꼳]'은 교체에 해당하는 '음절의 끝소리 규칙'이 적용되었다. 그러나
축약이 적용되지 않았고, 음운의 개수에도 변화가 없기 때문에 적절하지 않다.

---

02   음운 변동의 표기 반영 여부 이해하기   답 | ②

㉠, ㉡에 해당하는 예로 적절하지 않은 것은?

정답 선지 분석

② ┌ ㉠: 눈을 <u>떠</u> 보니 다음날 아침이었다.
   └ ㉡: 네가 집에 빨리 <u>가서</u> 아쉬웠다.

㉠의 '떠'는 어간 '뜨–'의 모음 'ㅡ'가 '–아/–어'로 시작하는 어미와 결합하여 탈락하
는 경우로 음운 변동이 표기에 반영된 것이고, ㉡의 '가서'는 어간 '가–'의 모음 'ㅏ'가
'–아/–어'로 시작하는 어미가 결합할 때 'ㅏ'가 탈락한 경우로 음운 변동이 표기에 반
영된 것이므로 적절하지 않다.

오답 선지 분석

① ┌ ㉠: 관객이 많으니 미리 줄을 <u>서라</u>.
   └ ㉡: 돌아오는 기차표는 네 것만 <u>끊어라</u>.

㉠의 '서라'는 어간 '서'의 모음 'ㅓ'와 '–아/–어'로 시작하는 어미가 결합할 때 'ㅓ'가
탈락하는 경우로 음운 변동이 표기에 반영된 것이고, ㉡의 '끊어라'는 어간 '끊–'의 끝
소리 'ㅎ'이 모음으로 시작하는 어미 앞에서 탈락하는 경우로 음운 변동이 표기에 반영
되지 않은 것이므로 적절하다.

③ ┌ ㉠: 체육 시간에는 교실 불을 <u>꺼</u> 두자.
   └ ㉡: 오늘은 새 신발을 <u>신고</u> 학교에 가자.

㉠의 '꺼'는 어간 '끄–'의 모음 'ㅡ'가 '–아/–어'로 시작하는 어미와 결합하여 탈락하
는 경우로 음운 변동이 표기에 반영된 것이고, ㉡의 '신고'는 어간의 끝소리 'ㄴ' 뒤에
서 어미의 첫소리가 된소리로 교체되는 경우로 음운 변동이 표기에 반영되지 않은 것
이므로 적절하다.

④ ┌ ㉠: 지금 <u>마는</u> 김밥은 어머니께 드릴 점심이다.
   └ ㉡: 독서로 <u>쌓은</u> 지식은 삶의 자양분이 될 것이다.

㉠의 '마는'은 어간 '말–'의 끝소리 'ㄹ'이 'ㄴ'으로 시작하는 어미 앞에서 탈락하는 경
우로 음운 변동이 표기에 반영된 것이고, ㉡의 '쌓은'은 어간 '쌓–'의 끝소리 'ㅎ'이 모
음으로 시작하는 어미 앞에서 탈락하는 경우로 음운 변동이 표기에 반영되지 않은 것
이므로 적절하다.

⑤ ┌ ㉠: 아버지 대신 빨래를 너는 모습이 보기 좋다.
  └ ㉡: 가을빛을 담고 있는 감나무 열매를 본다.

㉠의 '너는'은 어간 '널-'의 끝소리 'ㄹ'이 'ㄴ'으로 시작하는 어미 앞에서 탈락하는 경우로 음운 변동이 표기에 반영된 것이고, ㉡의 '담고'는 어간의 끝소리 'ㅁ' 뒤에서 어미의 첫소리가 된소리로 교체되는 경우로 음운 변동이 표기에 반영되지 않은 것이므로 적절하다.

03 음운의 변동 이해하기

보기 1 의 ⓐ와 ⓑ를 비교했을 때 보기 2 의 빈칸에 들어갈 말을 골라 차례대로 쓰시오.

보기 1

• ⓐ 부엌에서 요리를 하고 있다.
• 마음이 ⓑ 놓이다.

보기 2

발음할 때 ⓐ는 (교체 / 첨가 / 축약 / 탈락)현상이 일어나고, ⓑ는 (교체 / 첨가 / 축약 / 탈락)현상이 일어난다. 음운 변동 결과, ⓐ는 음운의 개수가 그대로 유지되고 있지만, ⓑ는 음운의 개수가 하나 줄어들었다. 이때 ⓐ와 ⓑ는 모두 음운의 변동을 표기에 반영하고 (있다 / 있지 않다).

정답

교체, 탈락, 있지 않다

독서 **풍속화의 가치와 의의**

빠른 정답 체크 01 ①   02 ⑤   03 ④   04 산수화, 풍속화, 인간

조선 시대에는 풍속화를 인물화나 산수화에 비해 그 가치가 낮은 것으로 인식하였다. <u>격식을 따지는 사대부들은 품격을 중시해</u>
조선 시대 풍속화를 가치가 낮은 것으로 인식한 이유
<u>서 사람들의 삶의 모습을 그리는 것을 천하게 여겼기 때문이다.</u>
우리는 오랜 유교적 전통 속에서 생활하면서 사대부들의 이와 같은 가치관을 받아들여 풍속화의 가치를 오랫동안 낮게 평가해 온 것은 아닐까?
▶1문단: 풍속화에 대한 사대부들의 평가

풍속화가 본격적으로 등장한 것은 <u>실사구시*를 표방한</u> 실학사
풍속화의 등장 시기
상이 대두된 조선 후기이다. 「이 즈음부터 서민들의 생활은 점차
「」: 조선 후기 신분제의 변화 → 풍속화가 등장한 배경
나아졌고, 서민들 중에는 부를 축적한 사람들도 나타났다. 반면 사대부들의 권위는 약화되기 시작하였다.」이같은 사회의 변화는 그림에도 영향을 미쳐 사대부들의 취향에서 벗어나 생활을 기록하는 그림, 즉 풍속화가 등장하게 되었다.
▶2문단: 풍속화의 등장 배경

우리가 잘 아는 <u>혜원 신윤복과 단원 김홍도의 그림도</u> 이때의 것
풍속화의 대표적 화가
이다. 신윤복과 김홍도는 같은 시대의 화가로서 도화서*의 화원

을 지내면서 사대부 취향의 그림을 그렸고 신윤복은 첨정, 김홍도는 현감의 벼슬까지도 하였다. 이들은 <u>이전의 화가와는 달리</u>
<u>서민 사회나 상류 사회의 희로애락을 이전 시기보다 자유롭게 표</u>
신윤복과 김홍도 그림의 공통적 특징
<u>현했다는 점에서</u> 공통적이나, 주변 풍물을 보는 시선에는 다소 차이가 있었다. <u>신윤복은 세상살이의 모습을 그리되 당시에 금기</u>
신윤복 그림의 차별화된 특징 ①
<u>시되었던 기녀·무녀·주점·연회 등에서 보이는 여성의 선정적</u>
<u>인 모습에 초점을 맞추었다.</u> 또한 <u>관찰자의 자세로 상류 사회에</u>
신윤복 그림의 차별화된 특징 ②
<u>서 연회를 즐기는 장면을 한눈에 보며 그림으로 표현하였다.</u> 반면에 <u>김홍도는 보다 서민적인 주변 현실에 가까이 다가서서 함께</u>
김홍도 그림의 차별화된 특징
<u>즐기는 자세로 그림을 그렸다.</u> 씨름, 서당, 행상, 대장간 등 동작이 있는 현실의 풍물을 그리되, 인물의 동작이나 표정을 해학적으로 표현한 것이 김홍도 그림의 특징이다. 「신윤복이 <u>남의 시선</u>
「」: 신윤복의 그림과 김홍도의 그림의 차이
<u>이 닿지 않는 기방이나 주방의 내실, 뒤뜰의 연당*, 돌담, 깊은 숲</u>
신윤복이 주목한 것
<u>속을 기웃거리며 월하의 정경을 그림의 무대로 삼았다면,</u> 김홍도
는 <u>우리들이 부담 없이 볼 수 있는 열려진 삶의 현장을 해학적으</u>
김홍도가 주목한 것
<u>로 그려낸 것이다.」</u>
▶3문단: 신윤복과 김홍도의 작품 경향

우리는 신윤복, 김홍도의 그림으로 대표되는 풍속화를 통해서 소중한 가치를 발견할 수 있다. <u>사상적 측면에서 풍속화는 인간</u>
풍속화의 가치 ①
<u>중심적 사고를 가장 잘 보여 주는 예술이다.</u> 그 전까지의 산수화
는 사람을 그리지 않거나 그리더라도 자연의 부속물로 표현했다.
산수화의 특징
하지만 풍속화는 그림 밖에 있던 사람을 그림의 중심으로 끌어들임으로써 인간 중심적 사고를 드러내는 중요한 양식이 되었다. 예술적 측면에서 <u>풍속화는 조선 회화의 미적 영역을 확대했다는</u>
풍속화의 가치 ②
<u>가치를 지닌다.</u> 사대부의 관념적 이상세계를 그리는 것에 한정되
조선 회화의 특징
었던 조선 회화는 풍속화에 와서 「여러 계층의 생동감 넘치는 삶
「」: 풍속화의 의의
의 현장을 담아냄으로써 폭과 깊이에서 한 단계 성장하게 된다.
이처럼 풍속화는 당대를 살아간 사람들의 모습을 통해 인간에 대한 사랑과 그림에 대한 새로운 접근을 보여 준다.」
▶4문단: 풍속화의 가치와 의의

* 실사구시(實事求是): 사실에 토대를 두어 진리를 탐구하는 일.
* 도화서(圖畫署): 조선 시대에, 그림에 관한 일을 맡아보던 관아.
* 연당(蓮塘): 연꽃을 심은 못.

01 핵심 내용 이해하기

답 | ①

윗글을 통해 알 수 있는 것으로 적절하지 않은 것은?

정답 선지 분석

① 풍속화의 변모 과정
풍속화의 변모 과정을 설명하기 위해서는 풍속화가 변화하는 양상에 대해 기술되어 있어야 한다. 하지만 윗글에서 풍속화가 어떻게 변화하였는지에 대해서는 찾아볼 수 없다.

② 풍속화의 등장 배경

　2문단에서 풍속화는 실사구시를 표방한 실학사상이 대두되며, 서민들 중 부를 축적한 사람이 나타나고 사대부들의 권위가 약화되기 시작한 조선 후기에 등장했다고 밝히고 있다.

③ 풍속화의 가치 및 의의

　4문단에서 풍속화는 사상적 측면과 예술적 측면에서 소중한 가치를 발견할 수 있고 여러 계층의 생동감 넘치는 삶의 현장을 담아냄으로써 인간에 대한 사랑과 그림에 대한 새로운 접근을 보여 준다는 의의를 갖고 있음을 밝히고 있다.

④ 신윤복과 김홍도의 작품 경향

　3문단에서 신윤복과 김홍도의 풍속화가 지닌 공통점과 차이점에 대해 밝히고 있다. 신윤복과 김홍도는 서민 사회나 상류 사회의 희로애락을 이전 시기보다 자유롭게 그렸다는 공통점을 지니고 있지만, 신윤복이 당시에는 금기시되었던 여성의 선정적인 모습에 초점을 맞춰 그림으로 표현하고자 했다면, 김홍도는 보다 서민적인 삶의 현장을 그림을 통해 해학적으로 표현하고자 했다는 점에서 차이가 있다.

⑤ 풍속화에 대한 사대부들의 평가

　1문단에서 풍속화에 대한 사대부들의 평가가 드러난다. 조선 회화는 풍속화, 산수화, 인물화로 크게 나눌 수 있는데, 격식을 따지는 사대부들은 품격을 중시해서 풍속화를 천하게 여겼다.

02 세부 내용 이해하기 답 | ⑤

윗글에 대한 이해로 적절하지 않은 것은?

⑤ 풍속화는 유교적 전통 속에서 인물들을 통해 관념적 이상세계를 표현하였다.

　4문단에 따르면 풍속화는 유교적 전통 속에서 관념적 이상세계를 그리는 것에 한정되었던 조선 회화의 미적 영역을 확대했다는 데에서 의의를 지니고 있다.

① 풍속화는 여러 계층의 생동감 넘치는 삶의 현장을 담아내었다.

　3문단에 따르면 풍속화는 기녀, 무녀 등의 여성들뿐만 아니라, 씨름, 서당, 행상, 대장간 등 동작이 있는 인물들의 생동감 넘치는 삶의 현장을 담아내고 있다.

② 풍속화는 사대부들의 권위가 약화되던 조선 후기에 대두되었다.

　2문단에 따르면 풍속화는 조선 후기 사대부의 권위가 약화되었던 시기에 등장했다.

③ 풍속화는 예술적 측면에서 조선 회화의 미적 영역을 확대하였다.

　4문단에 따르면 풍속화는 산수화 등 관념적 이상세계만을 표현하던 조선 회화의 미적 영역을 확대하는 모습을 보였다.

④ 풍속화는 산수화보다 인간 중심적 사고를 잘 드러내는 회화 양식이다.

　4문단에 따르면 산수화에서는 인간을 자연의 부속물로 표현하지만, 풍속화에서는 인간을 그림의 중심으로 끌어들여 인간 중심적 사고를 보여 준다.

03 구체적 사례에 적용하기 답 | ④

윗글을 중심으로 보기 속 그림을 해석한 내용으로 적절한 것은?

보기

김홍도, 〈춤추는 아이〉

④ 동작이 있는 현실의 풍물 속에서, 인물의 동작이나 표정을 해학적으로 표현하고 있다.

　3문단에 따르면 김홍도는 보다 서민적인 현실을 주로 그렸으며 씨름, 서당, 행상, 대장간 등 동작이 있는 현실의 풍물을 그리되, 인물의 동작이나 표정을 해학적으로 표현했다. 〈보기〉는 김홍도의 〈춤추는 아이〉라는 그림으로, 김홍도는 이 그림에서 시장이나 집을 돌아다니며 연주하고 춤을 추던 풍각쟁이의 표정을 해학적으로 담아내고 있다.

① 상류 사회의 연회를 관찰자의 자세로 한눈에 바라보고 있다.

　관찰자의 자세로 상류 사회에서 연회를 즐기는 장면을 한눈에 바라보는 것은 신윤복 그림의 특징이다.

② 월하의 정경을 무대로 삼아, 사람들의 삶의 모습을 자연의 부속물로 표현하고 있다.

　월하의 정경을 무대로 삼아 그림을 그린 것은 신윤복 그림의 특징이며, 인간을 자연의 부속물로 표현한 것은 산수화의 특징이다.

③ 기웃거리는 양반의 모습을 표현하여 사대부의 권위가 약화되었음을 파악할 수 있다.

　〈보기〉의 작품은 풍속화로 사대부의 권위가 약화되던 시기에 등장하였으나, 작품 속에서 기웃거리는 양반의 모습을 찾아볼 수 없다.

⑤ 유흥을 즐기는 사대부들의 모습을 통해 상류 사회의 희로애락을 비판하고 조롱하고 있다.

　〈보기〉는 시장이나 집을 돌아다니며 연주하고 춤을 추던 풍각쟁이의 모습을 그린 것이다. 따라서 유흥을 즐기는 사대부들의 모습을 보여 주고 있다고 보기 어렵다. 또한 김홍도가 상류 사회의 희로애락을 이전 시기보다 자유롭게 그렸던 것은 사실이나 이를 통해 상류 사회를 비판하고 조롱하고 있는지는 알 수 없다.

04 구체적 사례에 적용하기

보기 의 두 그림을 비교했을 때, 빈칸에 들어갈 말로 적절한 것을 골라 차례대로 쓰시오.

보기

　(가) (나)

▲ 정선, 〈고사관폭〉　　▲ 신윤복, 〈월하정인〉

　(가)는 (산수화 / 풍속화)이고, (나)는 (산수화 / 풍속화)이다. (나)는 (가)와 달리 (인간 / 자연)을 그림의 중심으로 끌어들임으로써 조선 회화의 미적 영역을 확대했다고 볼 수 있다.

산수화, 풍속화, 인간

빠른 정답 체크　01 ④　02 ⑤　03 ④　04 개, 임

말하는 이의 마음을 직설적으로 표현
개를 여남은*이나 기르되 요 개같이 얄미우랴　○: 설의법
▶ 많은 개 중 유독 얄미운 개
미운 임 오면은 꼬리를 홰홰 치며 치뛰락 내리뛰락 반겨서 내닫
□: 음성 상징어를 사용하여 개의 모습을 해학적으로 표현
고 고운 임 오면은 뒷발을 버둥버둥 무르락 나락 캉캉 짖어서 도
로 가게 하느냐
▶ 미운 임은 반기면서 고운 임을 보면 짖는 개
쉰밥이 그릇그릇 난들 너 먹일 줄이 있으랴
아무리 많이 남을지라도　　　　　　　▶ 개에 대한 원망
- 작자 미상, 〈개를 여남은이나 기르되〉 -

* 여남은: 열이 조금 넘는 수의.

01 표현상의 특징 파악하기　　답 | ④

윗글에 대한 설명으로 적절하지 않은 것은?

정답 선지 분석

④ 개에게 감정을 이입하여 화자의 심정을 드러내고 있다.

윗글의 화자는 임이 오지 않는 이유를 개의 탓으로 전가하여 오지 않는 임에 대한 원망을 간접적으로 드러내고 있으나, 개에게 감정을 이입하여 화자의 심정을 표현하고 있지는 않다.

오답 선지 분석

① 음성 상징어를 사용하여 생동감 있게 묘사하고 있다.

윗글에서는 개의 행동을 '홰홰', '버둥버둥' 등의 음성 상징어를 사용하여 생동감 있게 묘사하고 있다.

② 순우리말을 주로 사용하여 익살스럽게 표현하고 있다.

윗글에서는 서민들이 주로 사용하는 평범한 순우리말을 활용하여 화자의 심정을 익살스럽게 표현하고 있다.

③ 개의 행동을 과장되게 표현하여 웃음을 유발하고 있다.

윗글에서는 개의 행동을 마치 의도적으로 자신의 생각과 반대로 행동하는 것처럼 주관적이고 과장되게 해석하여 웃음을 유발하고 있다.

⑤ 일상생활에서 쉽게 접할 수 있는 소재를 사용하고 있다.

윗글의 화자는 일상생활에서 쉽게 접할 수 있는 '개'라는 소재를 사용하여 오지 않는 임에 대한 원망을 표현하고 있다.

02 화자의 정서 파악하기　　답 | ⑤

윗글의 화자에 대한 설명으로 적절한 것은?

정답 선지 분석

⑤ 임이 오지 않는 상황에서 좌절하지 않고 자신의 감정을 진솔하게 드러내고 있다.

윗글의 화자는 임이 오지 않는 상황에서 체념하고 좌절하는 것이 아닌, 오지 않는 임에 대한 원망을 개에게 전가하여 '요 개같이 얄미우랴'라고 자신의 감정을 진솔하게 드러내고 있다.

오답 선지 분석

① 화자는 아무리 기다려도 임이 오지 않자 체념하고 있다.

윗글의 화자는 기다리는 임이 오지 않자 그 이유를 개의 탓으로 돌리며 임에 대한 원망을 간접적으로 드러내고 있지만, 임이 오지 않자 체념하고 있지는 않다.

② 임을 대신하여 개를 키우면서 일상에서의 즐거움을 찾고 있다.

윗글의 화자는 임이 오지 않는 이유를 개의 탓으로 돌려 개에게 화풀이를 하고 있다. 임을 대신하여 개를 키우며 일상에서의 즐거움을 찾고 있지 않다.

③ 오지 않는 임에 대한 원망을 임에게 직접적으로 표출하고 있다.

윗글의 화자는 사랑하는 임이 오지 않는 서운한 감정과 원망을 임에게 직접적으로 표현하는 것이 아니라, 임에 대한 원망을 개에게 전가하여 간접적으로 표현하고 있다.

④ 절제되고 세련된 표현을 사용하여 임에 대한 그리움을 표현하고 있다.

윗글의 화자는 임이 오지 않는 이유를 개의 탓을 하며 과장되고 해학적인 표현을 통해 임에 대한 원망을 간접적으로 표현하고 있는 것이지, 절제되고 세련된 표현을 사용하여 임에 대한 그리움을 표현하고 있지 않다.

03 작품 비교하기　　답 | ④

보기 와 윗글을 비교하였을 때, 적절하지 않은 것은?

보기

서경이 서울이지마는
위 두어렁셩 두어렁셩 다링디리
닦아진 곳 서경을 사랑하지마는
위 두어렁셩 두어렁셩 다링디리
이별할 바엔 길쌈베 버리고
위 두어렁셩 두어렁셩 다링디리
저를 사랑해 주신다면 울면서 따라가겠습니다
위 두어렁셩 두어렁셩 다링디리
(중략)
대동강 넓은 줄을 몰라서
위 두어렁셩 두어렁셩 다링디리
배 내어 놓았느냐, 사공아
위 두어렁셩 두어렁셩 다링디리
네 각시가 음탕한 짓을 하는 줄도 모르고
위 두어렁셩 두어렁셩 다링디리
떠나는 배에 내 남편을 태웠느냐, 사공아
위 두어렁셩 두어렁셩 다링디리
대동강 건너편 꽃을
위 두어렁셩 두어렁셩 다링디리
배를 타면 꺾을 것입니다
위 두어렁셩 두어렁셩 다링디리

- 작자 미상, 〈서경별곡〉 -

* 길쌈베: 길쌈을 해서 베를 짜는 일.

정답 선지 분석

④ 윗글과 〈보기〉의 화자는 모두 적극적인 태도로 임과의 이별을 거부하고 있다.

〈보기〉의 화자는 자신의 모든 것을 버리더라도 임을 따르겠다며 이별에 대한 거부감을 적극적으로 드러내고 있다. 반면 윗글의 화자는 오지 않는 임을 원망하고는 있으나 임과의 이별을 적극적으로 거부하고 있다고 보기는 어렵다.

오답 선지 분석

① 윗글과 달리 〈보기〉는 후렴구를 사용하여 리듬감을 형성하고 있다.

윗글과 달리 〈보기〉는 후렴구 '위 두어렁셩 두어렁셩 다링디리'를 반복적으로 사용하여 리듬감을 형성하고 있다.

② 윗글과 달리 〈보기〉에서는 화자가 여성임을 나타내는 시어가 드러나 있다.

윗글에서는 오지 않는 임을 원망하고 있는 화자가 여성 화자임을 추측할 뿐, 여성 화자임을 직접적으로 알려주는 시어가 등장하고 있지는 않다. 반면 〈보기〉는 당시의 여성들의 생계 유지 수단인 '길쌈베'라는 시어를 통해 화자가 여성 화자임을 직접적으로 드러내고 있다.

③ 윗글과 〈보기〉는 모두 화자의 마음이 직설적으로 제시되어 있다.

윗글의 화자는 오지 않는 임에 대한 원망을 개에게 전가하여 개를 미워하는 마음을 '얄미우랴'라고 직설적으로 제시하고 있고, 〈보기〉의 화자는 '이별할 바엔 길쌈베 버리고, 저를 사랑해 주신다면 울면서 따라가겠습니다'라며 임과의 이별을 적극적으로 거부하는 마음을 직설적으로 표현하고 있다.

⑤ 윗글과 〈보기〉의 화자는 모두 임에 대한 원망을 다른 대상에 전가하여 표현하고 있다.

윗글의 화자는 오지 않는 임에 대한 원망을 '개'에게, 〈보기〉의 화자는 '사공'에게 전가하여 표현하고 있다.

04 소재의 의미 파악하기

윗글에서 표면적인 원망의 대상과, 그 이면에 존재하는 실제 원망의 대상을 찾아 차례대로 쓰시오.

정답

개, 임

문학 2 **마술의 손(조정래)**

빠른 정답 체크 01 ③ 02 ⑤ 03 ⑤ 04 밥통, 선풍기

[앞부분 줄거리] 어느 날, 밤골에 전기가 들어온다는 소식이 전해진다. 마을 사람들은 빨리 전기를 켜고 싶은 마음에 전기 공사에 힘을 합쳤고 드디어 밤골에 전기가 들어오게 된다. 밤골에 전기가 들어오자 양복을 입은 청년들이 텔레비전을 차에 싣고 밤골에 나타나 마을을 돌아다니며 텔레비전을 선전*한다. 결국 마을의 열일곱 집이 텔레비전을 샀고 텔레비전을 사지 못한 집에서는 갈등이 발생한다.

『지난해와는 달리 무더운 밤인데도 당산나무 밑에는 모깃불이
『』: 텔레비전의 등장으로 바뀐 밤골의 풍경
지펴지지 않았다. 어둠 속에서 담뱃불이 빨갛게 타고, 어른들이 나누는 이야기 소리가 개구리 울음소리에 섞여 두런두런 들리던 밤이 없어졌다.

그뿐만 아니라 앞개울의 어둠 속에서 물을 튀기는 소리와 함께 여자들의 간지러운 웃음소리도 들을 수가 없었다. 반딧불을 쫓는 애들의 왁자한 외침도 자취를 감추었고, 감자나 옥수수 추렴*을 하는 아낙네들의 나들이도 씻은 듯이 없어졌다. 집집마다 텔레비전 앞에 매달려 있는 탓이었다.』

청년들은 매달 같은 날짜에 나타나 또박또박 돈을 받아 갔다.
밤골 마을에 텔레비전을 판매함   텔레비전 비용 → 월부금
치음 팔아먹을 때와는 달리 하루만 늦어도 이자를 붙이겠다고 으름장을 놓았고, 한 달이 넘으면 그동안 낸 돈은 무효로 하고 물
□: 청년들의 행동을 통해 인물의 성격이나 심리를 간접적으로 제시
건을 가져가겠다고 큰소리를 쳤다.

그런데 이 말에 꼼짝을 못할 것이, 읽어 보지도 않고 도장을 찍

어 주고받은 월부* 계약서란 것에 그 조항들이 똑똑히 적혀 있었던 것이다. 그래서 매일이다시피 돈을 빌리러 골목을 헤집고 다니는 사람들이 끊이지 않았다.

8월로 접어들면서 청년들과 다툼이 자주 벌어졌다. 처음 한두
밤골 사람들이 텔레비전 월부금을 내지 못했기 때문
달은 어찌어찌 날짜를 맞췄는데 달이 갈수록 월부금 내기가 힘에 부치기 시작한 것이다. 그런 사람들은 대개 나중에 구입한 사람들로, 에라 외상인데 그까짓 돈쯤 어떻게 되겠지, 하는 배짱을 부린 것이었다.

"다음 달에 한몫에 내면 될 거 아뇨."

"글쎄, 안 된다니까요."

"아, 이자를 붙여 준다는데도 안 돼?"

"똑같은 말 자꾸 해 봤자 입만 아파요. 텔레비전이 없어서 못 팔아먹는 판에 다 소용없는 소리요. 비켜요, 떼어 갈 테니."

청년이 마루로 올라서려 했고, 주인이 청년을 낚아챘다.

"정 이러기야, 이거?"

주인이 곧 한 대 쥐어박을 듯이 대들었다.

"기운 좀 쓰시나 본데 어디 쳐 보시지. 요새 사람 치는 놈들 잡아들이느라고 경찰서 유치장을 활짝 열어 놨는데, 어서 쳐 보시라니까."

청년은 유들유들한 태도로 비웃고 있었다.

주인은 그만 미칠 것 같은 심정이 되고 말았다. 텔레비전을 빼
월부금을 내지 못해 텔레비전을 빼앗기고 그동안 낸 돈까지 떼일 형편이었기 때문
앗기고, 두 달 낸 돈까지 꼼짝없이 떼일 형편이었던 것이다. 돈도 돈이지만, 텔레비전이 있다가 없어지면 이게 무슨 꼴인가. 마누라한테, 애들한테 체면이 말이 아닌 것이다. 그리고 동네 망신은 또 얼마나 큰가. 기분 같아서는 저놈의 뺀질뺀질한 낯짝을 후려갈기면 속이 시원하련만 그러지도 못하고…….

청년은 이미 싹수가 노란 걸 알고 있었다. 남들이 산다니까 기
잘될 가능성이나 희망이 애초부터 보이지 않음
죽기 싫어서 덥석 일을 저질러 놓고 애간장이 타는 것이다. 지금
형편이 어렵지만 텔레비전을 산 까닭
기분으로는 다음 달에 한꺼번에 낼 수 있을 것 같지만, 아서라 안 속는다, 안 속아. 돈이 거짓말시키지, 어디 사람이 거짓말시키더냐. 이런 시골 가난뱅이들일수록 더욱 애지중지하게 마련이니까 3개월쯤 썼다고 한들 신품이나 마찬가지야. 새로 사는 것들도 어수룩하긴 마찬가지니 더 속 썩이지 말고 물건을 가져가는 거다.

청년의 이런 배짱 앞에서 텔레비전을 지킬 재간*은 없었다. 그래서 열서너 집이 고스란히 수난을 당했다. 텔레비전이 실려 나
텔레비전을 빼앗김
갈 때는 소란이 벌어졌다.『애들이 발을 동동 구르며 울부짖었고,
『』: 텔레비전으로 인한 가족 간의 갈등
화가 솟을 대로 솟은 주인은 애들을 마구 때리며 소리를 질렀고,

안주인은 그런 남편에게 대들며 악다구니를 썼다.」

「한편, 몇몇 집에서 이런 소동이 벌어지는 것과는 아랑곳없이 살
『」: 이웃 간의 빈부격차가 드러남
림살이가 넉넉한 열서넛 집에서는 전기용품 들여놓기 시합을 벌
경쟁적으로 전기용품을 삼
이고 있었다.」그들이 시샘을 하듯 앞다투어 장만하고 있는 것은

밥통이었다. 그들은 이미 여름이 되면서 선풍기를 들여놓느라고
텔레비전에 이은 새로운 문물 ①
서로 신경을 곤두세운 일이 있었다.

그 선풍기라는 것도 참 희한한 기계였다. 부채로는 도저히 맛볼
텔레비전에 이은 새로운 문물 ②
수 없는 기막힌 시원함을 주었던 것이다. 땡볕 속에서 농약을 뿌

리거나, 채소밭에 온종일 엎드렸다 들어오면 전신은 땀으로 미역

을 감고 더위는 헉헉 목을 치받고 올랐다. 그런 때면 으레* 옷을

홀러덩 벗어젖히고 찬물을 끼얹기 마련이었다. 그리고 손목이 아

프도록 부채질을 해 보지만 땀은 가슴으로 등줄기로 줄줄 흘러내

리는 것이었다.

「그런데 선풍기는 그게 아니었다. 스위치를 돌리기만 하면 금방
『」: 선풍기의 편리함을 즐기고 있는 넉넉한 집 사람들
쏴아 쏟아져 나오는 바람이 찬물을 끼얹었을 때의 그 시원함을

되살려 주며 땀을 말끔히 걷어 가는 것이다. 그뿐만 아니었다. 선

풍기를 틀어 놓으면 모기의 극성이 한결 누그러졌다. 그 신통한

선풍기 바람이 모기란 놈을 제멋대로 날게 내버려 두지 않았다.」

(중략)

「가을로 접어들면서 잔칫집이 생겼지만 일손이 예전과 같지 않
『」: 텔레비전으로 인한 잔칫집 모습의 변화
았다. 누구도 예전과 같이 밤늦게까지 일을 도와주려 들지 않았

다. 날이 어둑어둑해지자 이런저런 이유를 대며 슬슬 자리를 뜨
텔레비전 때문에 사람들이 밤늦게까지 잔칫집 일을 도와주지 않고 집에 감
기 시작한 것이다. 주인의 입장에서는 품삯*을 주는 것도 아닌데

붙들어 앉힐 수 없는 노릇이었다.」

주인은 전에 없던 이 야릇한 변화를 얼핏 알아차리지 못했고,

평소에 앙큼한 짓 잘하던 어린 딸년이 텔레비전 때문이라고 일깨

워서야 그렇구나 싶었고, 텔레비전 없는 집만 골라 일손을 모아

야 했다. 잔치 준비를 하는 데 처음으로 품삯을 지불하기로 한 주

인은, 마당 감나무 잎에 내려앉기 시작한 가을의 썰렁함이 그대

로 가슴에 옮겨지는 것을 느끼고 있었다.
밤골 마을 사람들의 삶이 텔레비전의 등장 이후 변해가고 있음
→ 공동체적 삶의 모습이 사라짐   - 조정래, 〈마술의 손〉 -

* 선전(宣傳): 주의나 주장, 사물의 존재, 효능 따위를 많은 사람이 알고 이해하도
  록 잘 설명하여 널리 알리는 일.
* 추렴: 모임이나 놀이 또는 잔치 따위의 비용으로 여럿이 각각 얼마씩의 돈을 내
  어 거둠.
* 월부(月賦): 물건값이나 빚 따위의 일정한 금액을 다달이 나누어 내는 일. 또는
  그 돈.
* 재간(才幹): 어떤 일을 할 수 있는 재주와 솜씨.
* 으레: 두말할 것 없이 당연히.
* 품삯: 품을 판 대가로 받거나, 품을 산 대가로 주는 돈이나 물건.

---

01 핵심 내용 파악하기   답 | ③

윗글에 대한 설명으로 적절하지 않은 것은?

정답 선지 분석

③ 청년들은 마을 사람들을 속이고 월부 계약서의 내용을 수정했다.

청년들이 마을 사람들에게 월부금을 내지 못하면 텔레비전을 가져가겠다고 으름장을
놓아도 마을 사람들이 꼼짝도 할 수 없었던 것은 월부 계약서의 조항들을 읽어 보지도
않고 도장을 찍었기 때문이다. 또한 월부 계약서에는 청년들이 말한 내용이 똑똑히 적
혀 있었다고 밝히고 있기 때문에 청년들이 마을 사람들을 속이고 월부 계약서의 내용
을 수정했다고는 볼 수 없다.

오답 선지 분석

① 이전에는 잔치 준비를 하는 데 품삯을 지불하지 않았다.

잔칫집의 일손이 예전과 같지 않은 이유는 밤이 되면 마을 사람들이 텔레비전을 보기
위해 잔칫집의 일을 도와주지 않고 집에 갔기 때문이다. 윗글에서 잔칫집 주인은 텔레
비전이 없는 집만 골라 일손을 모아야 했고 잔치 준비를 하는 데 처음으로 품삯을 지불
하기로 했다고 밝히고 있다. 즉 텔레비전이 등장하기 이전에는 잔치 준비를 하는 데 품
삯을 지불하지 않았음을 알 수 있다.

② 넉넉한 집의 사람들은 계속해서 새로운 물건들을 사들였다.

윗글에서 살림살이가 넉넉한 열서넛 집에서는 전기용품 들여놓기 시합을 벌이며 앞다
투어 새로운 문물을 장만했다고 밝히고 있다.

④ 청년들은 월부금을 내지 못한 집의 텔레비전을 다시 가져가 버렸다.

청년들은 월부금을 내지 못한 집의 텔레비전을 다시 가져갔고, 열서넛 집이 고스란히
텔레비전을 빼앗겼다.

⑤ 텔레비전이 생긴 후, 아이들은 더 이상 반딧불을 잡으러 다니지 않았다.

윗글에서 반딧불을 쫓는 애들의 왁자한 외침도 자취를 감추었다고 이야기하고 있다. 이
는 텔레비전의 등장으로 인해 아이들이 텔레비전 앞에 매달려 있게 되었기 때문이다.

02 세부 내용 파악하기   답 | ⑤

윗글의 텔레비전에 대한 설명으로 적절하지 않은 것은?

정답 선지 분석

⑤ 청년과 밤골 사람들의 긍정적 관계를 유지시킨다.

텔레비전은 청년과 밤골 사람들의 갈등의 매개체이다. 청년들은 처음에는 텔레비전을
팔기 위해 마을 사람들에게 다정하게 대했지만, 이후 월부금을 받기 위해 으름장을 놓
거나 큰소리를 치는 등 밤골 사람들과 갈등을 일으켰다.

오답 선지 분석

① 가족 간의 갈등을 일으킨다.

텔레비전을 청년에게 빼앗기자 아이들은 울부짖었고, 화가 난 주인은 애들을 마구 때
리며 소리를 질렀고, 안주인은 그런 남편에게 대들며 악다구니를 썼다. 즉 텔레비전으
로 인해 가족 간의 갈등이 발생한 것이다.

② 공동체 사회의 분열을 야기한다.

사람들은 텔레비전을 보기 위해 잔칫집의 일을 밤늦게까지 도와주지 않았다. 이러한
점을 통해 텔레비전의 보급은 공동체적 삶의 모습이 사라진, 개인주의적 삶의 모습을
보여주며 공동체 사회의 분열을 야기하고 있다.

③ 이웃들 간의 빈부 격차를 부각시킨다.

텔레비전은 새로운 문물의 편리함을 알려줌과 동시에 그것을 누리는 사람과 그렇지 못
한 사람으로 구분 지어 빈부 격차를 부각시키는 요소로 등장한다.

④ 밤골의 여름밤이 조용해지는 원인이 된다.

텔레비전의 등장으로 밤골은 이전과 달리 무더운 밤인데도 당산나무 밑에서 모깃불을
지피거나 하지 않았다. 또한 어른들이 나누는 이야기 소리가 개구리 울음소리에 섞여
들리던 밤이 사라졌다. 밤골의 여름밤이 조용해진 이유는 마을 사람들이 텔레비전 앞
에 매달려 있기 때문이다.

03 외적 준거를 통해 작품 이해하기

답 | ⑤

보기 의 ㉠에 들어갈 말로 가장 적절한 것은?

보기

마술을 보면 신기하고 흥미롭다. 소설 속 밤골 사람들도 전기가 들어오면서 텔레비전, 선풍기, 전기밥솥과 같이 이전에는 경험하지 못했던 새로운 문물을 접할 때마다 신기해하고 흥미로워했다. 그런데 새로운 문물은 신기함과 흥미만을 불러일으킨 것은 아니다. 마술은 없던 것을 생기게 하기도 하고 있던 것을 사라지게 하거나 다른 것으로 바꾸어 놓기도 한다. 윗글의 밤골 마을 역시 새로운 문물로 인해 마을의 공동체적 삶의 모습이 사라지고 개인주의적 삶의 모습이 생겨난다. 이러한 점을 통해 '마술의 손'이란 (㉠)을/를 의미한다고 볼 수 있다.

정답 선지 분석

⑤ 밤골 사람들의 삶의 방식과 가치관을 바꾸어 놓은 새로운 문물

윗글의 제목 '마술의 손'은 기술 문명의 발달로 인해 편리해진 삶의 변화 뒤에 가려진 자본주의 근대화의 문제점을 나타낸다. 텔레비전이 등장하기 이전 밤골 사람들은 당산나무 밑에서 모깃불을 지피고 이야기를 나누거나, 반딧불을 쫓아다니거나, 잔칫집 일을 밤늦게까지 도와주었지만 텔레비전의 등장 이후 밤골 마을에서는 더 이상 이러한 모습을 찾아볼 수 없게 된다. 새로운 문물의 등장 이후 밤골 마을은 공동체적 문화가 파괴되고 빈부 격차가 부각되었으며, 가족과 이웃 간의 갈등 등의 문제점이 발생하였다. 즉 윗글의 '마술의 손'은 '밤골 사람들의 삶의 방식과 가치관을 크게 바꾸어 놓은 새로운 문물'인 것이다.

오답 선지 분석

① 기술 문명의 발달로 인해 편리해진 밤골 사람들의 삶

윗글의 제목 '마술의 손'은 기술 문명의 발달로 인해 편리해진 삶의 변화 뒤에 가려진 자본주의 근대화의 문제점을 나타낸다. 기술 문명의 발달로 인해 편리해진 밤골 사람들의 삶은 새로운 문물이 가져다주는 신기함과 흥미에 해당하는 것이지 자본주의 근대화의 문제점이라고 볼 수 없다.

② 밤골 사람들의 공동체 의식을 향상시키는 새로운 문물

〈보기〉에서 밤골 마을은 새로운 문물로 인해 마을의 공동체적 삶의 모습이 사라지고 개인주의적 삶의 모습이 생겨났다고 밝히고 있다. 근대화로 인한 새로운 문물의 등장은 공동체 사회의 분열을 야기하기 때문에 공동체 의식을 향상시킨다는 것은 적절하지 않다.

③ 밤골 사람들의 삶에 대한 의지를 되살리는 새로운 문물

윗글의 제목 '마술의 손'은 기술 문명의 발달로 인해 편리해진 삶의 변화 뒤에 가려진 자본주의 근대화의 문제점을 나타내는 것이지 밤골 사람들의 삶에 대한 의지를 되살리고 있다고 볼 수 없다.

④ 밤골 사람들의 삶을 변화시킨 새로운 문물에 대한 기대

윗글의 제목 '마술의 손'은 기술 문명의 발달로 인해 편리해진 삶의 변화 뒤에 가려진 자본주의 근대화의 문제점을 나타낸다. 새로운 문물의 등장으로 밤골 사람들의 삶은 이전과 달리 바뀌었지만, 새로운 문물에 대한 기대는 새로운 문물이 가져다주는 신기함과 흥미에 해당하기 때문에 근대화의 문제점이라고 볼 수 없다.

04 세부 내용 파악하기

텔레비전에 이어 밤골 마을에 등장한 새로운 문물 두 개를 윗글에 등장한 순서대로 쓰시오.

정답

밥통, 선풍기

문법 된소리되기 현상

빠른 정답 체크 **01** ① **02** ⑤ **03** ㉠, ㉢, ㉣

우리말에는 다양한 유형의 된소리되기가 존재하는데, 우선 특정

음운 환경에서 예외 없이 일어나는 경우가 있다. 받침 'ㄱ, ㄷ, ㅂ'
<u>된소리되기의 유형 ①</u>

뒤에 'ㄱ, ㄷ, ㅂ, ㅅ, ㅈ'이 올 때에는 예외 없이 된소리되기가 일

어난다. '국밥'이 [국빱]으로, '(길을) 걷다'가 [걷따]로 발음되는
<u>받침 'ㄱ' 뒤에 'ㅂ' 오는 경우</u>　<u>받침 'ㄷ' 뒤에 'ㄷ'이 오는 경우</u>

것이 그 예이다.

음운 환경이 같더라도 된소리되기가 일정하지 않은 경우가 있
<u>된소리되기의 유형 ②</u>

는데, 이때에는 다른 조건이 충족될 때 된소리되기가 일어난다.

첫째, 용언의 어간 받침 'ㄴ(ㄵ), ㅁ(ㄻ)' 뒤에 'ㄱ, ㄷ, ㅅ, ㅈ'으
<u>음운 환경이 같은 상황에서 된소리되기가 일어나는 조건 ①</u>

로 시작하는 어미가 올 때 된소리되기가 일어나는데, '나는 신발

을 신고 갔다.'에서 '신고'가 [신꼬]로 발음되는 것이 그 예이다.
<u>용언의 어간 받침 'ㄴ' 뒤에 'ㄱ'으로 시작하는 어미가 오는 경우</u>

'습득물 신고'의 '신고'는 음운 환경이 같음에도 불구하고 용언이
<u>'습득물 신고'의 '신고'는 용언이 아니라 체언임</u>

아니기 때문에 된소리되기가 일어나지 않는다. 둘째, 한자어에서

'ㄹ' 받침 뒤에 'ㄷ, ㅅ, ㅈ'이 연결될 때 된소리되기가 일어나는
<u>음운 환경이 같은 상황에서 된소리되기가 일어나는 조건 ②</u>

데, '물질(物質)'이 [물찔]로 발음되는 것이 그 예이다. '물잠자리'
<u>한자어 'ㄹ' 받침 뒤에 'ㅈ'이 연결되는 경우</u>　　<u>고유어에 해당함</u>

는 음운 환경이 같음에도 불구하고 고유어이기 때문에 된소리되기

가 일어나지 않는다. 셋째, 관형사형 어미 '-(으)ㄹ' 뒤에 'ㄱ, ㄷ,
<u>음운 환경이 같은 상황에서 된소리되기가 일어나는 조건 ③</u>

ㅂ, ㅅ, ㅈ'로 시작하는 체언이 올 때 된소리되기가 일어나는데,

'살 것'이 [살 껃]으로 발음되는 것이 그 예이다. 이러한 유형의
<u>관형사형 어미 '-(으)ㄹ' 뒤에 'ㄱ'으로 시작하는 체언이 오는 경우</u>

된소리되기는 음운 환경 외에도 '용언의 어간', '한자어', '관형사

형 어미'라는 조건이 충족되어야 음운 변동이 일어난다는 특징이
<u>된소리되기가 일어나기 위해서는 다양한 조건이 충족되어야 함</u>

있다.

[A]
한편, 명사와 명사가 결합하여 합성 명사가 될 때 된소리되기

가 일어나는 경우도 있다. 예를 들어 '코+등'은 [코뜽/콛뜽]으
<u>된소리되기의 유형 ③</u>

로, '손+바닥'은 [손빠닥]으로 발음된다. 이때 '코+등'처럼 앞의
<u>합성어에 사이시옷을 표기할 수 있는 조건 ①</u>

말이 모음으로 끝나고, 한자어끼리의 결합이 아닐 때에는 '콧
<u>합성어에 사이시옷을 표기할 수 있는 조건 ②</u>

등'과 같이 사이시옷을 표기한다. 이러한 된소리되기는 두 단

어가 대등한 관계일 때는 잘 일어나지 않지만, 앞말이 뒷말의

'시간, 장소, 용도' 등을 나타낼 때는 잘 일어난다. 그 이유는
<u>사이시옷은 두 단어의 관계가 종속적일 때 잘 일어남</u>

중세 국어의 관형격 조사 'ㅅ'과 관련이 있다. '손바닥'은 중

세 국어에서 '손ㅅ바당'으로 표기가 되는데, 이는 '손+ㅅ+바

당' 즉, '손의 바당'으로 분석된다. 이 'ㅅ'의 흔적이 '손빠닥'

을 거쳐 [손빠닥]이라는 발음으로 남게 된 것이다. 음운 환경
<u>사이시옷이 된소리되기로 변화함</u>

이 같은 '손발'에서는 이러한 현상이 일어나지 않는데, 그 이

유는 '손'과 '발'은 관형격 조사로 연결되는 관계가 아니기 때
<u>대등한 관계로 연결</u>

문이다.

01 음운의 변동 이해하기　　　　　　　　　　답 | ①

윗글을 바탕으로 '된소리되기'를 이해한 내용으로 적절하지 <u>않은</u> 것은?

정답 선지 분석

① '(밥을) 먹다'와 '(눈을) 감다'에서 일어난 된소리되기는 용언에서만 일어나는
유형이다.

'(눈을) 감다'에서 일어난 된소리되기는 용언의 어간 받침 'ㅁ' 뒤에 'ㄷ'으로 시작하는
어미가 올 때 일어나는 된소리되기로, 용언에서만 일어난다. 그러나 '(밥을) 먹다'에서
일어나는 된소리되기는 받침 'ㄱ, ㄷ, ㅂ' 뒤에 'ㄱ, ㄷ, ㅂ, ㅅ, ㅈ'이 올 때 예외 없이 일
어나는 된소리되기로 용언에서만 일어나는 유형은 아니다.

오답 선지 분석

② '말다툼'과 달리 '밀도(密度)'에서 된소리되기가 일어나는 이유는 한자어이기
때문이다.

'밀도(密度)'에서 일어나는 된소리되기는 한자어에서 'ㄹ' 받침 뒤에 'ㄷ, ㅅ, ㅈ'이 연
결될 때 일어나는 된소리되기이다.

③ '납득'과 같이 'ㅂ' 받침 뒤에 'ㄷ'이 오는 음운 환경에서는 예외 없이 된소리
되기가 일어난다.

'납득'에서 일어나는 된소리되기는 받침 'ㄱ, ㄷ, ㅂ' 뒤에 'ㄱ, ㄷ, ㅂ, ㅅ, ㅈ'이 올 때
일어나는 된소리되기로 예외 없이 일어나는 현상이다.

④ '솔개'와 달리 '줄 것'에서 된소리되기가 일어나는 이유는 '관형사형 어미'라
는 조건 때문이다.

'줄 것'은 '줄'의 받침 '-ㄹ'이 관형사형 어미에 해당하므로 'ㄱ'으로 시작하는 체언이
올 때 된소리되기가 일어나지만, '솔개'는 '솔'의 받침 'ㄹ'이 관형사형 어미에 해당하
지 않으므로 'ㄱ'으로 시작하는 체언이 연결되더라도 된소리되기가 일어나지 않는다.

⑤ '삶과 죽음'의 '삶과'와 달리 '(고기를) 삶고'에서 된소리되기가 일어나는 이
유는 '삶고'가 용언이기 때문이다.

'(고기를) 삶고'에서 일어나는 된소리되기는 용언의 어간 받침 'ㄴ(ㄵ), ㅁ(ㄻ)' 뒤에
'ㄱ, ㄷ, ㅅ, ㅈ'으로 시작하는 어미가 올 때 일어나는 현상이다.

[A]를 바탕으로 보기 의 단어를 분석한 내용으로 적절하지 않은 것은?

보기

- 공부방(工夫房)[공부빵]
- 아랫집[아래찝 / 아랟찝]
- 콩밥[콩밥], 아침밥[아침빱]
- 논밭[논받], 논바닥[논빠닥]
- 불고기[불고기], 물고기[물꼬기]

정답 선지 분석

⑤ '불고기'에서 '물고기'와 달리 된소리되기가 일어나지 않는 이유는 중세 국어 에서 '불+ㅅ+고기'로 분석되기 때문이겠군.

'불고기'에서는 '물고기'와 달리 된소리되기가 일어나지 않으므로 '불고기'는 중세 국 어의 관형격 조사 'ㅅ'과 관련이 없다고 볼 수 있다. 따라서 '불고기'는 중세 국어에서 '불+ㅅ+고기'로 분석될 수 없다.

오답 선지 분석

① '공부방'에서 된소리되기가 일어나는 이유는 '공부'가 뒷말의 용도를 나타내 기 때문이겠군.

'공부방'은 '공부+방', 즉 '공부하는 방'으로 분석된다. 이는 앞말인 '공부'가 뒷말 인 '방'의 용도를 나타낼 때이므로, 중세 국어의 관형격 조사 'ㅅ'을 삽입하여 '공 부+ㅅ+방', '공부쌩'을 거쳐 지금의 [공부빵]이라는 발음으로 남은 것이다.

② '아랫집'에 'ㅅ'을 받침으로 표기한 것은 '콧등'에서 사이시옷을 표기한 것과 같은 이유 때문이겠군.

'콧등'에서 사이시옷을 표기한 이유는 앞의 말이 모음으로 끝나고 한자어끼리의 결합 이 아니기 때문이다. '아랫집'은 '아래+집'으로 분석되고, 이때 앞의 말인 '아래'가 모 음으로 끝나고 '아래'와 '집' 모두 한자어에 해당하지 않으므로 '콧등'과 같은 방법으로 사이시옷을 표기하였다.

③ '콩밥'과 달리 '아침밥'에서 된소리되기가 일어나는 이유는 '아침'이 뒷말의 시간을 나타내기 때문이겠군.

'아침밥'은 '아침+밥'으로 분석된다. 이때 앞말인 '아침'이 뒷말인 '밥'의 시간을 나타 내므로 된소리되기 조건에 부합하여 [아침빱]으로 발음된다.

④ '논바닥'과 달리 '논밭'에서 된소리되기가 일어나지 않는 이유는 결합하는 두 단어가 대등한 관계를 가지기 때문이겠군.

'논바닥'은 '논+바닥', 즉 '논의 바닥'으로 분석되고, 이때 앞말인 '논'이 뒷말인 '바닥' 의 장소를 나타내므로 된소리되기가 일어난다. 반면, '논밭'은 '논'과 '밭'을 아울러 이 르는 말이므로 대등한 관계에 해당하여 된소리되기가 일어나지 않는다.

03 음운의 변동 파악하기

㉠~㉤ 중 된소리되기가 일어난 것 세 개를 골라 차례대로 쓰시오.

이북에 계신 어머니만 생각하면 나도 모르게 마음이 ㉠ 내려앉소. 내가 넘어질 때마다 항상 다정하게 ㉡ 연고를 발라 주셨지. 이렇게 허무하게 헤어질 줄 알았다면 차라리 남한에 내려오지 ㉢ 말 것을. 이제 ㉣ 글자도 잘 못 알아볼 나이가 되었으니 평생의 한으로 남을 수밖에. ㉤ 해방 후 어떻게 사셨을지 너무나도 궁금하구나.

정답

㉠, ㉢, ㉣

빠른 정답 체크   01 ⑤   02 ②   03 ③   04 연민, 동정심

기원전 1세기, 〈탈무드〉에 등장하는 위대한 현자인 힐렐은 이런 물음을 던졌다. "내가 나 자신을 위하지 않는다면, 누가 나를 위해 줄 것인가? 그러나 반대로 내가 나 자신만을 위한다면, 그러하면 나는 누구인가?" 이에 대해 애덤 스미스는 이렇게 대답할 것이다.

『당신이 당신 자신만을 위한다면, 다시 말해서 수억 명의 목숨과
『 』: 애덤 스미스는 인간을 이타적인 존재라고 인식함
자신의 손가락을 맞바꾼다면, 당신은 인간이 아닌 괴물이다.』
   ▶ 1문단: 힐렐의 물음에 대한 애덤 스미스의 예상 답변
우리는 모든 것을 '나'를 중심으로 생각한다. 그러나 항상 자신
      인간의 이기적 면모
에게 득이 되는 쪽으로만 행동하는 것은 아니다. 인간 본연의 강
      인간의 이타적 면모
한 자기애에도 불구하고, 우리는 왜 다른 사람들을 돕기 위해 자 신을 희생시키고 사심 없이 행동하는가? 애덤 스미스는 사람들 이 이타적*인 행동과 이기적인 감정을 어떻게 조화시키는지에 대 한 물음을 던졌고, 그 이유를 우리가 친절하고 품위 있는 존재로
                                    이타심은 인간의 본성임
타고났기 때문이라고 이해하였다.
   ▶ 2문단: 인간의 이타심과 이기심의 조화에 대한 애덤 스미스의 깨달음
그의 저서인 〈도덕 감정론〉에 따르면, 인간이 아무리 이기적인 존재라 하더라도 그 천성*에는 이와 상반되는 몇 가지가 존재한 다. 인간 고유의 연민과 동정심이 이런 종류의 천성에 속하며 이
            인간의 천성
로 인해 인간은 타인의 운명에 관심을 가지게 되고, 단지 그것을 바라보는 즐거움밖에 얻을 수 없다 하더라도 타인의 행복을 추구 한다는 것이다.
   ▶ 3문단: 애덤 스미스의 〈도덕 감정론〉에서 주장하는 인간이 이타적인 이유
하지만 동시에 모든 동물은 자연으로부터 자기 보호를 위해 자 기애의 원칙을 부여받았다고 주장하면서, 인간애의 여린 힘으로는 자기애가 일으키는 강력한 충동*을 이겨낼 수 없다고 주장하였다.
        인간은 이타적 본성을 가졌지만 이기적 본성이 더 큰 존재임
수백만 명이 목숨을 잃는 일보다 내 손가락을 잃는 일에 우리는 더 괴로워한다는 것이다.
   ▶ 4문단: 자기애의 충동을 이기지 못하는 이기적인 인간의 본성
이러한 모순에도 불구하고 인간은 왜 끊임없이 도덕적이고 이타 적인 행위를 추구하는 것일까? 애덤 스미스는 그 이유를 ㉠ 공정
                           이타적 행위의 원인
한 관찰자 때문이라고 답했다. 공정한 관찰자란 인간 내면의 허 구적 존재로, 애덤 스미스는 인간의 행동이 이 공정한 관찰자와 의 상호 작용에 의해 이루어진다고 보았다. 『우리가 다른 사람들
                                   『 』: 공정한 관찰자의 역할
의 행복에 영향을 미칠 수 있는 일을 하려고 할 때마다 공정한 관 찰자가 우리와 대화를 나누며 우리의 행동이 도덕적인지 확인한 다는 것이다.』 즉, 어떤 행동이 도덕적인지, 어떤 행동이 옳은지 판단해야 할 때 우리는 이 인물과 얘기를 나눈다.
   ▶ 5문단: 인간으로 하여금 이타적인 행위를 추구하게 하는 공정한 관찰자

* 이타적(利他的): 자기의 이익보다는 다른 이의 이익을 더 꾀하는 것.
* 천성(天性): 본래 타고난 성격이나 성품.
* 충동(衝動): 순간적으로 어떤 행동을 하고 싶은 욕구를 느끼게 하는 마음속의 자극.

01 핵심 내용 이해하기 답 | ⑤

윗글에 대한 이해로 적절한 것은?

정답 선지 분석

⑤ 애덤 스미스는 인간이 본래 품위 있는 존재이기 때문에 이타적인 행동과 이기적인 감정을 조화시킬 수 있다고 보았다.

2문단에 따르면 애덤 스미스는 인간의 이타적인 행동과 이기적인 감정이 어떻게 조화되는지 의문을 가졌고, 이에 대해 인간이 친절하고 품위 있는 존재로 타고났기 때문이라 이해하였다.

오답 선지 분석

① 인간은 본래 나보다 타인을 중심으로 생각한다.

2문단에서 우리, 즉 인간은 모든 것을 '나'를 중심으로 생각한다고 하였으므로 적절하지 않다.

② 인간은 항상 자신에게 득이 되는 쪽으로만 행동한다.

2문단에 따르면 우리는 모든 것을 '나'를 중심으로 생각하면서도 항상 자신에게 득이 되는 쪽으로만 행동하는 것은 아니다.

③ 인간은 남의 이익을 위해 자신의 이익을 희생시키는 일을 하지 않는다.

2문단에서 애덤 스미스는 인간이 왜 다른 사람을 돕기 위해 자신을 희생시키고 사심 없이 행동하는지 관련된 궁금증을 드러내고 있다.

④ 애덤 스미스는 인간은 수백만 명이 목숨을 잃는 일을 내 손가락을 잃는 일보다 더 괴로워한다고 하였다.

4문단에서 애덤 스미스는 인간은 인간애의 여린 힘으로는 자기애의 강력한 충동을 이겨낼 수 없다면서, 수백만 명이 목숨을 잃는 일보다 내 손가락을 잃는 일을 더 괴로워한다고 주장했다.

02 구체적 사례에 적용하기 답 | ②

㉠과의 상호 작용이 필요한 경우로 적절하지 않은 것은?

정답 선지 분석

② 계약에 따른 지시 사항을 반드시 이행해야 할 때

㉠은 어떤 행동이 도덕적인지, 어떤 행동이 옳은지를 판단하는 기준에 해당한다. 약속을 이행하는 일은 도덕 판단이 필요한 경우라 볼 수 없으므로 적절하지 않다.

오답 선지 분석

① 아무도 없는 길을 걷다가 거액의 돈을 주웠을 때

돈을 가질지, 주인을 찾아 줄지에 대한 도덕 판단이 필요하므로 ㉠과의 상호 작용이 필요한 경우라고 할 수 있다.

③ 학교에 지각하지 않기 위해 무단횡단을 하고자 할 때

무단횡단을 하고 학교에 지각하지 않을지, 무단횡단을 하지 않고 학교에 지각할지에 대한 도덕 판단이 필요하므로 ㉠과의 상호 작용이 필요한 경우라고 할 수 있다.

④ 경기에서 좋은 성적을 얻게 하는 금지 약물을 권유받았을 때

권유를 받아들여 금지 약물을 복용하고 경기에서 좋은 성적을 얻을지, 권유를 거절할지에 대한 도덕 판단이 필요하므로 ㉠과의 상호 작용이 필요한 경우라고 할 수 있다.

⑤ 의사로서 치료 가능성이 낮은 환자의 존엄사 여부를 결정해야 할 때

고통을 줄여 주기 위해 치료 가능성이 낮은 환자의 존엄사를 승인할지, 타인의 생명을 함부로 결정할 수는 없으니 승인하지 않을지에 대한 도덕 판단이 필요하므로 ㉠과의 상호 작용이 필요한 경우라고 할 수 있다.

03 구체적 사례에 적용하기 답 | ③

윗글을 참고하여 보기 의 '세튼 대령'을 이해한 내용으로 적절하지 않은 것은?

보기

1852년 영국 해군 소속 수송선 버큰헤드 호는 630명의 승객을 태운 채 남아프리카로 이동 중, 케이프타운에서 65km 떨어진 해상에서 암초에 부딪히고 말았다. 배는 순식간에 가라앉기 시작했지만, 구명선에 태울 수 있는 인원은 180명에 불과했다. 이때 선장이었던 **세튼 대령**은 장병들을 모두 갑판 위로 불러 모은 뒤 부동자세로 서 있게 했다. 그리고 여성과 어린이를 신속하게 구명보트에 탑승시켰다. 세튼 대령을 포함한 나머지 군인들은 그대로 침몰하는 버큰헤드 호와 운명을 함께했다. 이후 '배가 조난당하면 여자와 어린이부터 구출해야 한다'는 버큰헤드 호의 전통은 선원들의 불문율이 되었다.

* 불문율(不文律): 문서의 형식을 갖추지 않은 법. 관습법이나 판례법 따위이다.

정답 선지 분석

③ 세튼 대령은 자연으로부터 부여받은 자기애를 지키기 위해 노력하였군.

여성과 어린이를 살리고 자신을 희생한 세튼 대령의 행위는, 인간애의 여린 힘으로는 자연으로부터 부여받은 자기애가 일으키는 강력한 충동을 이겨낼 수 없음에도 불구하고 자기애가 아니라 도덕적이고 이타적인 행위를 추구하기 위해 노력한 것이므로 적절하지 않다.

오답 선지 분석

① 세튼 대령의 행위는 도덕적이고 이타적이라 볼 수 있군.

세튼 대령의 행위는 자신보다 여성과 어린이의 생명을 더욱 중요시한 이타적인 행위이므로 적절하다.

② 세튼 대령은 강한 자기애에도 불구하고 자신을 희생시킨 존재이군.

2문단에 따르면 세튼 대령의 행위는 인간 본연의 강한 자기애에도 불구하고, 다른 사람들을 돕기 위해 자신을 희생한 것이므로 적절하다.

④ 세튼 대령은 그가 가진 고유의 연민과 동정심으로 인해 여성과 어린이의 운명에 관심을 가졌군.

3문단에서 애덤 스미스는 인간이 아무리 이기적인 존재라 하더라도 인간 고유의 연민과 동정심으로 인해 인간은 타인의 운명에 관심을 가지게 된다고 하였으므로 적절하다.

⑤ 여자와 어린이를 먼저 구출한 세튼 대령의 행위는 공정한 관찰자와의 상호 작용에 의해 이루어졌겠군.

5문단에 따르면 인간의 행동은 공정한 관찰자와의 상호 작용에 의해 이루어지고, 이는 인간이 이타적인 행위를 추구하는 이유에 해당하므로 세튼 대령의 행위 또한 공정한 관찰자와의 상호 작용에 기반하였다고 볼 수 있다.

04 세부 내용 파악하기

ⓐ에 들어갈 두 가지를 윗글에서 찾아 차례대로 쓰시오.

순자: 사람의 본성은 악한 것이며, 선이란 인위적인 것입니다. 사람에게는 태어나면서부터 질투하고 증오하는 마음이 있어, 이러한 본성을 그대로 따르면 남을 해치게 되고 성실과 신의가 없어집니다.

애덤 스미스: 전 다르게 생각합니다. 인간이 아무리 이기적인 존재라 하더라도 그 기저에는 (ⓐ)와/과 같은 천성이 존재합니다.

* 기저(基底): 사물의 뿌리나 밑바탕이 되는 기초.

정답

연민, 동정심

나는 나룻배 ─┐
　　　　　　├─ 은유법, 대구법
당신은 행인. ─┘
'나'가 사랑하는 이, 절대적 존재　　　　　　　▶ '나'와 '당신'의 관계

당신은 흙발로 나를 짓밟습니다.
'나'에게 무심한 '당신'의 태도 ①
나는 당신을 안고 물을 건너갑니다.
　'당신'을 향한 '나'의 희생적 자세　　　△: 고난, 시련
나는 당신을 안으면 깊으나 얕으나 **급한 여울***이나 건너갑니다.
　　　　　　어떤 시련도 이겨내는 '나'의 희생적 태도
　　　　　　　　　　　　▶ '당신'의 무심함과 '나'의 희생적 자세

만일「당신이 아니 오시면 나는 **바람**을 쐬고 **눈비**를 맞으며 **밤**에
　　「 」: '당신'을 향한 '나'의 헌신적인 인내
서 낮까지 당신을 기다리고 있습니다.」
　　　　　　　　　▶ '당신'을 향한 헌신적인 '나'의 기다림

당신은 물만 건너면 나를 돌아보지도 않고 가십니다그려.
　　　'나'에게 무심한 '당신'의 태도 ②
그러나 **당신**이 언제든지 오실 줄만은 알아요.
　　　'당신'을 향한 '나'의 절대적인 믿음
나는 당신을 기다리면서 날마다 날마다 낡아 갑니다.
　　　　　　　　　▶ '당신'이 올 것을 확신하며 기다리는 '나'

나는 나룻배 ─┐
　　　　　　├
당신은 행인. ─┘
→ 수미상관 – 첫 번째 연이나 행을　　　　　▶ '나'와 '당신'의 관계
　마지막 연이나 행에　　　　　　　　　– 한용운, 〈나룻배와 행인〉 –
　반복하는 표현 방식

* 여울: 강가나 바다의 바닥이 얕거나 폭이 좁아 물살이 세게 흐르는 곳.

01 표현상의 특징 파악하기 답 | ④

윗글의 표현상 특징으로 적절하지 않은 것은?

정답 선지 분석

④ 무생물을 마치 살아 있는 것처럼 표현하여 화자의 행동을 강조하고 있다.

활유법은 무생물을 마치 살아 있는 것처럼 표현하는 수사법이다. 윗글에서 활유법이 사용된 부분은 찾을 수 없다.

오답 선지 분석

① 경어체를 사용하여 화자의 태도를 효과적으로 드러내고 있다.

윗글에서는 '당신은~짓밟습니다', '건너갑니다' 등의 경어체를 사용하여 '당신'에 대한 '나'의 헌신적인 태도를 드러내고 있다.

② 유사한 종결 어미를 반복적으로 제시하여 운율을 형성하고 있다.

윗글에서는 '-ㅂ니다'라는 종결 어미의 반복으로 운율을 형성하고 있다.

③ 은유법을 활용하여 화자와 대상의 관계를 함축적으로 나타내고 있다.

윗글의 1연과 5연의 '나는 나룻배/당신은 행인'에서 '나'는 나룻배에, '당신'은 행인에 은유하여 화자와 '당신'의 관계를 함축적으로 나타내고 있다.

⑤ 시의 처음과 마지막에 같은 내용을 반복하여 전체적인 안정감과 균형을 부여하고 있다.

윗글에서는 1연과 5연의 내용을 동일하게 반복함으로써 의미를 강조하고, 시에 전체적인 안정감과 균형을 부여하고 있다.

02 작품의 내용 파악하기 답 | ⑤

'나'와 '당신'의 태도로 적절하지 않은 것은?

정답 선지 분석

⑤ '당신'은 '나'를 그리워하고 있음에도 불구하고 겉으로는 무심한 척한다.

2연의 '당신은 흙발로 나를 짓밟습니다'와 4연의 '당신은 물만 건너면 나를 돌아보지도 않고 가십니다그려'를 통해 '당신'이 '나'에게 무심하다는 것을 알 수 있을 뿐, 그리워하고 있는지는 알 수 없다.

오답 선지 분석

① '나'는 '당신'이 돌아오기만을 기다리고 있다.

3연의 '만일 당신이 아니 오시면 나는 바람을 쐬고 눈비를 맞으며 밤에서 낮까지 당신을 기다리고 있습니다'와 4연의 '나는 당신을 기다리면서 날마다 날마다 낡아 갑니다'를 통해 알 수 있다.

② '당신'은 '나'를 강을 건너기 위한 도구로만 이용하고 있다.

4연의 '당신은 물만 건너면 나를 돌아보지도 않고 가십니다그려'를 통해 '당신'은 '나'를 강을 건너기 위한 도구로만 이용하고 있음을 알 수 있다.

③ '당신'은 '나'의 사랑에 무관심하며, 현재 '나'의 곁을 떠난 상태이다.

2연의 '당신은 흙발로 나를 짓밟습니다'와 4연의 '당신은 물만 건너면 나를 돌아보지도 않고 가십니다그려'를 통해 '당신'이 '나'의 사랑에 무관심하고, 4연에 '나는 당신을 기다리면서 날마다 날마다 낡아 갑니다'를 통해 '당신'이 현재 '나'의 곁을 떠난 상태임을 알 수 있다.

④ '나'는 '당신'에 대한 인내와 희생을 통한 진정한 사랑을 실천하고 있다.

2연의 '나는 당신을 안으면 깊으나 얕으나 급한 여울이나 건너갑니다'와, 3연의 '만일 당신이 아니 오시면 나는 바람을 쐬고 눈비를 맞으며 밤에서 낮까지 당신을 기다리고 있습니다'를 통해 '당신'에 대한 '나'의 헌신적인 인내와 희생을 확인할 수 있다.

03 외적 준거를 바탕으로 작품 감상하기 답 | ⑤

보기를 참고하여 윗글을 감상한 것으로 적절하지 않은 것은?

보기

한용운은 일제강점기의 독립운동가이자 많은 시를 저술한 승려이다. 시대적 상황과 관련하여 그의 작품을 이해할 때, 그의 작품에서의 화자가 기다리는 이는 종교적 절대자나 조국, 연인 등 여러 가지 의미로 해석될 수 있다. 또한 이별을 다룬 다른 시들과는 달리 한용운의 시에서 '임'은 언젠가 다시 돌아올 존재이기 때문에 화자는 절망에 빠지지 않고 마침내 슬픔을 극복하여 희망에 도달한다.

정답 선지 분석

⑤ '당신을 기다리면서 날마다 날마다 낡아' 가는 화자를 통해 임의 부재에도 슬픔을 극복하고 있는 태도를 알 수 있군.

윗글의 '당신을 기다리면서 날마다 날마다 낡아 갑니다'는 '당신'을 기다리는 화자의 헌신적이고 희생적인 태도를 강조한 것일 뿐, 이를 통해 슬픔을 극복하고 있는 화자의 태도를 드러내고 있지는 않다.

오답 선지 분석

① 화자가 기다리는 '당신'은 당시의 시대적 상황을 고려한다면 일제에 빼앗긴 우리 조국을 의미하겠군.

〈보기〉에 따르면 한용운의 작품에서 화자가 기다리는 이는 조국으로도 해석될 수 있다고 하였으므로, 이를 바탕으로 윗글의 '당신'은 일제강점기 시대의 조국을 의미한다고 볼 수 있다.

② '당신'을 조국으로 본다면 '급한 여울', '바람'과 '눈비'는 일제의 탄압으로 인한 화자의 고통을 의미하므로, 이때 화자는 우리 민족에 해당하겠군.

윗글의 '당신'을 조국으로 본다면 화자를 고난과 시련에 빠지게 하는 '급한 여울', '바람', '눈비'는 일제의 탄압이며, 화자는 이를 겪는 우리 민족에 해당한다.

③ '당신'을 종교적 절대자로 본다면, '밤에서 낮까지 당신을 기다리'는 화자의 행위는 불교적 진리에 도달하려는 화자의 의지를 나타낸다고 볼 수 있군.
　윗글의 '당신'을 종교적 절대자로 본다면 '밤에서 낮까지 당신을 기다리'는 화자의 희생적이고 헌신적인 태도는 진리에 도달하려는 화자의 의지로 볼 수 있다.

④ '당신'이 오지 않는 상황에서도 화자가 절망에 빠지지 않는 이유는 '당신이 언제든지 오실' 것이라 믿기 때문이군.
　〈보기〉에서 한용운의 시에서 '임'은 언젠가 다시 돌아올 존재이기 때문에 화자는 절망에 빠지지 않고 희망에 도달한다고 하였으므로 윗글의 '그러나 당신이 언제든지 오실 줄만은 알아요'라는 시행 또한 그러한 맥락으로 해석할 수 있다.

04 시구의 의미 파악하기

ⓐ와 관련된 시행을 윗글에서 찾아 첫 어절과 마지막 어절을 쓰시오.

　윤회는 생명이 있는 중생은 죽어도 다시 태어나 생이 반복된다고 하는 불교사상을 일컫는다. 승려였던 한용운의 작품에서는 이러한 불교사상이 빈번하게 드러나는데, 이를 통해 ⓐ 대상에 대한 절대적인 믿음을 표현한다.

정답

그러나, 알아요.

문학 2 봉산 탈춤(작자 미상)

▶ 바른 정답 체크 　01 ④ 　02 ③ 　03 ② 　04 쉬이

제6과장 양반춤

말뚝이: (벙거지를 쓰고 채찍을 들었다. 굿거리장단에 맞추어 양반 삼
　　　말뚝이의 신분이 마부임을 알 수 있음
형제를 인도하여 등장.)

양반 삼 형제: [말뚝이 뒤를 따라 굿거리장단에 맞추어 점잔을 피우나, 어색하게 춤을 추며 등장. 양반 삼 형제 맏이는 샌님(생원), 둘째는 서방님, 끝은 도련님(도령)이다. 『샌님과 서방님은
　　『 』: 양반의 모습과 행동을 우스꽝스럽게 표현함으로써 양반을 희화화함
흰 창옷에 관을 썼다. 도련님은 남색 쾌자에 복건을 썼다. 샌님
양반들의 복식 ①　　　　　　　　　　양반들의 복식 ②
과 서방님은 언청이*이며(샌님은 언청이 두 줄, 서방님은 한 줄이
신체적 결함을 통해 양반의 비정상적 모습을 형상화함 ①
다.) 부채와 장죽을 가지고 있고, ㉠ 도련님은 입이 삐뚤어졌고
　　　　　　　　　　신체적 결함을 통해 양반의 비정상적 모습을 형상화함 ②
부채만 가졌다. 도련님은 대사는 일절 없으며, 형들과 동작을 같이하면서 형들의 면상을 부채로 때리며 방정맞게 군다.』]

말뚝이: (가운데쯤에 나와서) 쉬이. (음악과 춤 멈춘다.) 양반 나오신
　　　　관객을 집중시키고 재담의 시작을 알림
다아! 양반이라고 하니까 『노론, 소론, 호조*, 병조*, 옥당*을 다
　　　　　　　　　　　　『 』: 일반적인 양반에 대한 설명
지내고 삼정승, 육판서를 다 지낸 퇴로* 재상으로 계신 양반인
줄 알지 마시오. ㉡ 개잘량*이라는 '양' 자에 개다리소반*이라
　　　　　　　　동음이의어를 활용한 언어유희 – 양반을 조롱하고 풍자함
는 '반' 자 쓰는 양반이 나오신단 말이오.

양반들: 야아, 이놈, 뭐야아!

말뚝이: 『아, 이 양반들, 어찌 듣는지 모르갔소. 노론, 소론, 호조,
　　　　　　『 』: 말뚝이의 변명 – 능청스럽게 말을 바꿔 양반에게 복종하는 척함
병조, 옥당을 다 지내고 삼정승, 육판서 다 지내고 퇴로 재상으로 계신 이 생원네 삼 형제분이 나오신다고 그리하였소.』

양반들: (합창) 이 생원이라네. (굿거리장단으로 모두 춤을 춘다. 도령
　　　양반들이 안심함 – 양반의 무지함 조롱
은 때때로 형들의 면상을 치며 논다. 끝까지 그런 행동을 한다.)

말뚝이: 쉬이. (반주 그친다.) 『여보, 구경하시는 양반들, 말씀 좀 들
　　　　　　　　　　　　　관객들을 가리킴
어 보시오. 짤따란 곰방대로 잡숫지 말고 저 연죽전*으로 가서
　　　　　　　서민들이 주로 사용하는 담뱃대
돈이 없으면 내게 기별이라도 해서 양칠간죽*, 자문죽*을 한
　　　　　　　　　　　　　　　　담뱃대의 종류 ①
발 가옷*씩 되는 것을 사다가 육모깍지*, 희자죽*, 오동수복*
　　　　　　　　　　　　　　　담뱃대의 종류 ②
연변죽*을 사다가 이리저리 맞추어 가지고 저 재령 나무리* 거
이* 낚시 걸듯 죽 걸어 놓고 잡수시오.』『 』: 주 관객층인 평민에게 양반
재령 나무리 지역에서 게를 잡을 때 낚시를 걸어 놓듯　앞에서 담배를 피우자고 장려함
　　　　　　　　　　　　　　　　　　　　　　– 양반의 권위를 무시하고 조롱함
양반들: 뭐야아!

말뚝이: 아, 이 양반들, ㉢ 어찌 듣소. 양반 나오시는데 담배와 훤
　　　　　　　　　　　천연덕스럽게 말을 바꿔 양반을 안심시킴
화*를 금하라고 그리하였소.

양반들: (합창) 훤화를 금하였다네. (굿거리장단으로 모두 춤을 춘다.)

말뚝이: 쉬이. (음악과 춤을 멈춘다.) 여보, 악공들, 말씀 들으시오.
오음육률* 다 버리고 저 버드나무 홀뚜기* 뽑아다 불고 바가지
　악공에게 직접 말을 걸 – 무대와 객석의 경계가 없음　양반의 권위에 어울리지 않는 악기로 장단을 치려 함
장단 좀 쳐 주오.

양반들: 야아, 이놈, 뭐야!

말뚝이: 아, 이 양반들, 어찌 듣소. 『용두해금*, 북, 장고, 피리, 젓
　　　　　　　　　　　　　　　　　『 』: 말뚝이의 변명
대 한 가락도 뽑지 말고 건건드러지게 치라고 그리하였소.』

양반들: (합창) 건건드러지게 치라네. (굿거리 장단으로 춤을 춘다.)

(중략)

생원: 쉬이. (음악과 춤을 멈춘다.) 여보게, 동생. 우리가 본시 양반
이라, 이런 데 가만히 있자니 갑갑도 하네. 우리 시조 한 수씩
　　　　　　　양반의 위엄을 높이기 위해 허세를 부림
불러 보세.

서방: 형님, 그거 좋은 말씀입니다.

양반들: 『(시조를 읊는다.) "…… 반 남아 늙었으니 다시 젊지는 못
　　　　　　　　　　　　　양반들이 즐겨 부르는 전형적인 시조
하리라……" 하하.(하고 웃는다. 양반 시조 다음에 말뚝이가 자청하
여 소리를 한다.) 『 』: 양반들의 시조가 서민들의 민요와 크게
　　　　　　　　　　　　않은 것을 보여 줌으로써 양반의 허세를 풍자함
말뚝이: "낙양성 십 리허에, 높고 낮은 저 무덤에……"
　　　　　　서민들이 즐겨 부르던 인생의 무상함을 노래한 민요
생원: 다음은 글이나 한 수씩 지어 보세.

서방: 그럼 형님이 먼저 지어 보시오.

생원: 그러면 동생이 운자*를 내게.

서방: 예, 제가 한번 내드리겠습니다. '산' 자, '영' 잡니다.

생원: 아, 그것 어렵다. 여보게, 동생. 되고 안 되고 내가 부를 터
이니 들어 보게. (영시조*로) ㉣ "울룩줄룩 작대산하니, 황주 평
　　　　　　　　　　　　　　특별한 의미 없이 운자만 맞춘 말을 함
　　　　　　　　　　　　　　　　　　　– 양반의 무지와 허세 풍자

산에 동선령이라."

서방: 하하. (형제, 같이 웃는다.) 거 형님, 잘 지었습니다.
엉터리 시를 서로 칭찬하는 모습 – 양반의 무식함 풍자

생원: 동생 한 귀 지어 보세.

서방: 그럼 형님이 운자를 하나 내십시오.

생원: '총' 자, '못' 잘세.

서방: 아, 그 운자 벽자*로군. (한참 낑낑거리다가) 형님, 한마디 들

어 보십시오. (영시조로) "짚세기 앞총*은 헝겊총* 하니, 나막신
서민들의 생활용품을 나열함

뒤축에 거멀못*이라."

(중략)

생원: 이놈, 말뚝아.

말뚝이: 예에.

생원: 나랏돈 노랑돈* 칠 푼 잘라먹은 놈, 상통*이 무르익은 대춧
취발이의 죄목 – 나랏돈 횡령

빛 같고, 울룩줄룩 배미* 잔등* 같은 놈을 잡아들여라.

말뚝이: 그놈이 힘이 무량대각*이요, 날램이 비호* 같은데, 샌님

의 전령*이나 있으면 잡아 올는지 거저는 잡아 올 수 없습니다.
양반의 권위 상징

생원: 오오, 그리하여라. 옜다. 여기 전령 가지고 가거라. (종이에

무엇을 써서 준다.)

말뚝이: (종이를 받아 들고 취발이한테로 가서) 당신 잡혔소.

취발이: 어데, 전령 보자.

말뚝이: (종이를 취발이에게 보인다.)

취발이: (종이를 보더니 말뚝이에게 끌려 양반의 앞에 온다.)
전령 한 장으로 취발이를 잡음 – 양반의 권력이 여전히 강했던 사회상이 드러남

말뚝이: ⓜ (취발이 엉덩이를 양반 코앞에 내밀게 하며) 그놈 잡아들
의도적인 행동으로 양반을 조롱함

였소.

생원: 아, 이놈 말뚝아. 이게 무슨 냄새냐?

말뚝이: 예, 이놈이 피신을 하여 다니기 때문에, 양치를 못 하여

서 그렇게 냄새가 나는 모양이외다.

생원: 그러면 이놈의 모가지를 뽑아서 밑구녕에다 갖다 박아라.
서민에 대한 양반의 횡포를 드러냄

(중략)

말뚝이: 샌님, 말씀 들으시오. **시대가 금전이면 그만인데,** 하필
돈이 제일이라는 의식이 팽배했던 당시 사회상을 반영함

이놈을 잡다 죽이면 뭣하오? 돈이나 **몇백 냥** 내라고 하야 우

리끼리 노나 쓰도록 하면, 샌님도 좋고 나도 돈냥이나 벌어 쓰
뇌물을 받으려는 모습을 통해 당시 부정부패가 만연했던 사회상이 드러남

지 않겠소. 그러니 샌님은 **못 본 체하고 가만히 계시면** 내 다
부정부패를 묵인하는 모습을 풍자함

잘 처리하고 갈 것이니, 그리 알고 계시오. (굿거리장단에 맞추어

일제히 어울려서 한바탕 춤추다가 선원 퇴장한다.)

        - 김진옥·민천식 구술, 이두현 채록, 〈봉산 탈춤〉 -

* 언청이: 입술갈림증이 있어서 윗입술이 세로로 찢어진 사람을 낮잡아 이르는 말.

---

* **호조(戶曹):** 조선 시대에, 육조 가운데 호구, 공부, 땅과 곡식, 음식과 재물에 관한 일을 맡아보던 관아.
* **병조(兵曹):** 조선 시대에, 육조(六曹) 가운데 군사와 우역(郵驛)에 관한 일을 맡아보던 관아.
* **옥당(玉堂):** 홍문관(弘文館)의 별칭. 홍문관의 부제학, 교리, 수찬 따위를 이르는 말.
* **퇴로(退老):** 늙어서 벼슬에서 물러남.
* **개잘량:** 털이 붙어 있는 채로 무두질하여 다룬 개의 가죽. 흔히 방석처럼 깔고 앉는 데에 쓴다.
* **개다리소반:** 상다리 모양이 개의 다리처럼 휜 자그마한 밥상.
* **연죽전(煙竹廛):** 담뱃대를 파는 가게.
* **양칠간죽(洋漆竿竹):** 빨강, 파랑, 노랑의 빛깔로 알록지게 칠한 담배설대.
* **자문죽(自紋竹):** 아롱진 무늬가 있는 중국산 대나무. 흔히 담뱃대로 쓴다.
* **가웃:** 수량을 나타내는 표현에 사용된 단위의 절반 정도 분량의 뜻을 더하는 접미사인 '-가웃'의 옛말.
* **육모깍지:** '육무깍지'의 와전. 육각형 모양의 담뱃대.
* **희자죽(喜子竹):** 담뱃대를 만들 때 쓰는 대나무의 일종.
* **오동수복(烏銅壽福):** 백통으로 만든 그릇에 검붉은 구리로 '수(壽)'나 '복(福)' 자를 박은 것.
* **연변죽:** 담뱃대의 한 종류.
* **나무리:** 재령에 있는 평야 이름.
* **거이:** '게'의 방언.
* **훤화(喧譁):** 시끄럽게 지껄이며 떠듦.
* **오음육률(五音六律):** 예전에, 중국 음악의 다섯 가지 소리와 여섯 가지 율(律).
* **홀뚜기:** '호드기'의 방언. 버드나무 가지의 껍질이나 짤막한 밀짚 토막 등으로 만든 피리.
* **용두해금(龍頭奚琴):** 용머리가 새겨진 해금.
* **운자(韻字):** 한시의 운으로 다는 글자.
* **영시조(詠詩調):** 한시를 읊는 어조.
* **벽자(僻字):** 흔히 쓰지 아니하는 까다로운 글자.
* **앞총:** '엄지총'의 잘못. 짚신이나 미투리의 맨 앞 양편으로 굵게 박은 낱낱의 올.
* **헝겊총:** 신발의 앞부분에 대는 헝겊.
* **거멀못:** 나무 그릇 따위의 터지거나 벌어진 곳이나 벌어질 염려가 있는 곳에 거멀장처럼 겹쳐서 박는 못.
* **노랑돈:** 몹시 아끼던 돈. 노란 빛깔의 엽전.
* **상통:** 얼굴을 속되게 이르는 말.
* **배미:** 뱀의.
* **잔등:** 등.
* **무량대각(無量大角):** 헤아릴 수 없을 정도로 큼.
* **비호(飛虎):** 나는 듯이 빠르게 달리는 범.
* **전령(傳令):** 명령을 전하는 글.

---

01 갈래의 특징 파악하기   답 | ④

윗글의 특징으로 적절하지 않은 것은?

정답 선지 분석

④ 서민들이 쓰는 말만 사용하여 관객들에게 친근함을 불러일으킨다.

윗글에서는 서민들이 쓰는 고유어뿐만 아니라 양반들이 쓰는 한자어도 함께 사용하고 있다.

오답 선지 분석

① 극의 구조가 일정하게 반복되어 전개된다.

윗글에서는 말뚝이가 양반을 조롱하자, 이를 들은 양반이 말뚝이에게 호통을 치고 말뚝이는 양반에게 변명하며 비위를 맞추고 춤을 추는 구조가 반복되어 전개되고 있다.

② 관객과 소통함으로써 관객의 적극적인 참여를 유도한다.

윗글에서 말뚝이가 '여보, 구경하시는 양반들, 말씀 좀 들어보시오'라며 관객과 소통하고 있음을 알 수 있다.

③ 등장인물의 대사와 행동뿐 아니라 춤과 음악이 함께 나타난다.

윗글의 갈래는 가면극으로, 춤과 음악이 함께 나타나는 형식을 갖추고 있다.

⑤ 탈을 쓰고 극을 진행함으로써 흥미를 유발하고 등장인물을 효과적으로 풍자한다.

> 윗글의 갈래는 가면극으로, 가면(탈)을 쓰고 극을 진행하고 있다.

02 작품의 구체적 내용 이해하기
답 | ③

㉠~㉢에 대한 설명으로 적절하지 않은 것은?

정답 선지 분석

③ ㉢: 양반의 호통에 겁먹은 말뚝이가 관객들에게 양반들에 대한 예절을 지키라고 당부하고 있다.

> ㉢은 양반이 자신들을 조롱하는 말뚝이의 말을 듣고 호통을 치자 이에 말뚝이가 능청스럽게 변명하는 것으로, 양반들에 대한 예절을 지키라고 당부하는 것은 아니다.

오답 선지 분석

① ㉠: 신체적 결함을 통해 양반의 모습을 희화화하고 있다.

> ㉠에서 양반의 입이 삐뚤어진 모습을 통해 양반의 모습을 희화화하고 있음을 알 수 있다.

② ㉡: 발음의 유사성을 이용해 양반의 의미를 '개잘량'과 '개다리소반'으로 풀이하여 조롱하고 있다.

> ㉡은 발음의 유사성을 활용해 '양반'의 뜻을 '개잘량'의 '양', '개다리소반'의 '반'과 같이 보잘것없는 단어로 풀이함으로써 언어유희를 일으키며, 양반을 조롱하고 있다.

④ ㉣: 특별한 주제 없이 운자만 맞춘 의미 없는 말을 하는 양반의 모습을 통해 무지를 드러내고 있다.

> ㉣은 아무 의미 없이 운자만 맞추어 글을 짓는 양반의 모습을 통해 무지함을 드러내고 있다.

⑤ ㉤: 의도적으로 양반을 우스꽝스러운 상황에 빠뜨려 조롱하고 있다.

> ㉤에서는 말뚝이가 의도적으로 취발이의 엉덩이를 양반의 코앞에 내밀게 함으로써 우스꽝스러운 상황에 빠뜨려 양반을 조롱하고 있다.

03 외적 준거를 바탕으로 작품 감상하기
답 | ②

보기 를 참고하여 윗글을 이해한 내용으로 적절하지 않은 것은?

보기

　조선 후기에 접어들면서 신분제가 흔들리고, 서민들의 의식이 깨어나면서 양반들의 것으로만 생각하던 문화를 서민들도 즐길 수 있게 되었다. 귀신을 쫓거나 나라의 안녕 등을 빌던 탈놀이는 조선 후기에 들어서 그 내용이 당시 물질 만능주의에 대한 비판, 뇌물이 만연했던 부패한 지배층에 대한 풍자, 혹은 무지한 양반들을 조롱하는 것으로 바뀌었다. 그러나, 권위가 추락하고 있었음에도 양반은 여전히 강한 권력을 소유하고 있었기에 드러내 놓고 비판할 수는 없었다. 때문에 서민들은 탈춤 안에서 무시당하고 놀림 받는 양반의 모습을 통해 즐거움을 느끼는 동시에 신분 제도를 비웃었다.

* 안녕(安寧): 아무 탈 없이 편안함.

정답 선지 분석

② 말뚝이가 악공에게 '버드나무 홀뚜기'로 장단 연주를 부탁하는 것을 통해 서민들의 의식이 깨어나 양반과 같은 문화를 향유하는 것을 알 수 있다.

> 윗글에서 말뚝이가 언급한 '버드나무 홀뚜기'는 '용두해금'과 달리 양반의 권위에 어울리지 않는 악기로, 당시 양반의 권위를 떨어뜨리고 조롱하고자 한 것이다.

오답 선지 분석

① 말뚝이가 양반 삼 형제를 풍자하는 모습을 통해 당시 양반에 대한 서민들의 비판 의식이 드러난다.

> 〈보기〉에서 서민들이 즐기던 탈놀이는 조선 후기에 접어들면서 그 내용이 양반을 비웃는 것으로 변하였다고 하였고, 윗글에서 말뚝이는 양반을 조롱하는 인물이므로, 서민을 대변한다고 볼 수 있다.

③ 취발이가 양반이 쓴 '종이를 보더니 말뚝이에게 끌려 양반의 앞에' 가는 모습을 통해 신분제가 흔들리는 상황에서도 양반들의 권위가 여전히 강력하다는 것을 알 수 있다.

> 양반이 건넨 '전령' 하나로 취발이가 잡히는 모습을 통해 당시 양반들이 신분제가 흔들려 권위가 추락했지만 여전히 강한 권력을 소유하고 있었다는 것을 알 수 있다.

④ 말뚝이의 '시대가 금전이면 그만인데'를 통해 당시 돈을 가장 귀하게 여기던 물질 만능주의적 사회상을 알 수 있다.

> 말뚝이의 '시대가 금전이면 그만인데'는 금전, 즉 돈이 중시되던 당시 시대를 의미하는 말로, 물질 만능주의적 사회상을 알 수 있다.

⑤ 말뚝이가 취발이를 풀어 주는 대가로 돈 '몇백 냥'을 받고, 양반들에게 이를 '못 본 체하고 가만히 계시'라고 하는 것을 통해 뇌물이 만연했던 부패한 지배층의 모습이 드러난다.

> 말뚝이가 취발이를 풀어주는 대신 '몇백 냥'을 받고 양반들에게 이를 못 본 체하라고 말함으로써 당시 뇌물이 만연했던 부패한 지배층의 모습을 풍자하고 있다.

04 단어의 의미 파악하기

ⓐ에 해당하는 대사를 윗글에서 찾아 2음절로 쓰시오.

　(ⓐ)은/는 관객의 주의를 집중시켜 새로운 재담의 시작을 알리는 표현으로, 악공의 연주를 멈추고 대사를 시작하기 위해 인물들이 외치는 말이다.

정답

쉬이

매체 개교 50주년 기념 프로젝트

◀ 빠른 정답 체크 **01** ② **02** ② **03** 하이퍼링크

가

우리 학교 숲과 텃밭의 365일을 담다!

○○고등학교 학생회 2022. 7. ○○. 08:30 [+ 이웃추가]
밑줄 __매체 작성 시간을 알 수 있음__

여러분 안녕하십니까? 학생회에서는 개교 50주년을 기념하여 '우리 학교 숲과 텃밭의 365일을 담다!'라는 프로젝트를 시작합니다. 학생회는 우리 학교 숲의 사진과 텃밭의 탐
__학생회가 시행하는 프로젝트의 내용__
구 자료를 정리하여 '생태 환경 자료집'을 e북으로 만들려고 합니다.

여러분, 우리 학교 숲에는 얼마나 많은 종류의 식물이 있는지 아시나요? 무려 100여 가지의 식물들이 있습니다. 그동안 숲을 거닐면서 꽃과 나무의 아름다운 모습을 많이 찍어 놓으셨을 텐데

[학교 숲의 사계절 영상]
ㄴ 인터넷 매체이므로 다양한 유형의 자료를 활용할 수 있음

요, 이번 기회에 그 사진들을 공유해 보면 어떨까요? 학생회
__블로그 글을 통해 독자에게 요청하는 것 ①__
에서도 그동안 찍은 사진들을 모아 숲의 사계절을 담은 영상을 만들어 보았습니다. 여러분들이 올린 사진을 모아 이와 같은 영상 자료를 만들 수 있을 것 같습니다.

⊙ [숲 사진을 올리려면 여기를 클릭!]
__하이퍼링크를 첨부하여 독자들이 프로젝트에 참여할 수 있도록 유도함 ①__
우리 학교에는 식물의 생장 과정을 학습할 수 있는 텃밭도 있습니다. 텃밭에는 10여 가지의 식물들이 자라고 있는데요, 수업 시간이나 동아리 활동 시간에 이 식물들에 대해 탐
__독자의 경험을 추측하여 언급함__
구해 보신 경험이 있을 겁니다. 이번 자료집에는 텃밭의 식물들을 탐구한 자료들도 함께 싣고자 합니다. 과학 동아리에서 작성한 식물 관찰 일지를 첨부하니 이 예시를 참고하여
__블로그 글을 통해 독자에게 요청하는 것 ②__
자료를 작성해서 업로드해 주세요.

📁 식물 관찰 일지.pdf → 예시 자료를 첨부하여 독자들이 참고하도록 함 ↓

숲 사진과 텃밭 탐구 자료를 많이 업로드해 주실수록 자료집은 더욱 풍성해질 것입니다.

[텃밭 자료를 올리려면 여기를 클릭!]
__하이퍼링크를 첨부하여 독자들이 프로젝트에 참여할 수 있도록 유도함 ②__
여러분! 이 프로젝트에 공감하신다면 '공감하기'를 눌러

주시고, 좋은 의견 있으면 댓글로 남겨 주세요.

💬 댓글 52 ♡ 공감하기 102 → 글에 대한 반응을 확인할 수 있음

김○○: 블로그 자료들을 모은 우리 학교 숲과 텃밭에 대한 기록을 앱으로 만들면 더 편리할 것 같아요.
ㄴ**학생회장:** 좋은 생각이네요. 앱으로 만들어 보겠습니다.

→ 정보 제공자와 수용자가 상호 작용하고 있음

나

01 매체의 유형과 특성 파악하기 답 | ②

(가)에 대한 설명으로 적절하지 <u>않은</u> 것은?

정답 선지 분석

② 프로젝트의 결과를 요약한 파일을 첨부하여 추가 자료를 제공하고 있다.

(가)의 블로그에 첨부한 파일은 과학 동아리에서 작성한 관찰 일지를 예시 자료로 제공한 것이지, 프로젝트의 결과를 요약한 것은 아니다. 또한 추가 자료도 아님을 확인할 수 있다.

오답 선지 분석

① 댓글 내용에 반응하여 프로젝트에 대한 제안 내용을 수용하고 있다.

인터넷 매체 특성상 매체 자료의 생산자와 수용자 사이의 소통이 비교적 용이하게 이루어질 수 있어 댓글 내용을 통해 생산자와 수용자가 서로 공감하며 상호작용할 수 있음을 알 수 있다.

③ 학교 숲 사진으로 만든 동영상을 제시하여 프로젝트 내용의 일부를 보여 주고 있다.

학교 숲의 사진으로 만든 동영상이 제시되어 실제 프로젝트 내용의 일부를 직접 확인할 수 있다.

④ 자료를 올리려는 학생들이 해당 게시판으로 편리하게 이동할 수 있도록 안내하고 있다.

학교 숲 사진과 텃밭 자료를 올리는 곳으로 편리하게 이동할 수 있는 하이퍼링크가 제시되어 있다.

⑤ '공감하기' 기능을 활용하여 프로젝트에 대한 학생들의 반응을 확인하려고 하고 있다.

'이 프로젝트에 공감하신다면 '공감하기'를 눌러 주시고'에서 '공감하기' 기능을 활용하여 수용자의 반응을 확인하려 하고 있음을 알 수 있다.

02 매체 자료 수용의 적절성 파악하기　　　　　　　　답 | ②

보기 는 학생회의 회의 결과를 바탕으로 (나)를 수정한 앱이다. 회의의 내용으로 적절하지 <u>않은</u> 것은?

보기

정답 선지 분석

② 항목별로 모은 자료가 무엇인지 표시하여 알려 주고, 구분되어 있지 않던 항목도 '학교 숲'과 '학교 텃밭' 항목으로 나누자.

　앱의 구성 요소를 수정할 때, (나)에서는 '학교 숲'과 '학교 텃밭'으로 항목을 나누고 각각 연도와 학년으로 구분하여 구성하였다. 〈보기〉에서는 '학교 숲 사진'과 '학교 텃밭 탐구 자료'로 항목을 나누고, 각각 계절과 식물의 종류별로 구분하여 구성하였다. 수정하기 전인 (나)에서도 '학교 숲'과 '학교 텃밭' 항목은 구분되어 있었다.

오답 선지 분석

① 프로젝트의 제목을 반영하여 앱의 제목을 바꾸고, 학교 이름도 언급하는 것이 좋을 것 같아.

　(나)의 '우리 학교 프로젝트' 앱의 제목은 수정 후, '우리 학교 숲과 텃밭의 365일을 담다'라는 프로젝트 제목을 활용하고 '○○고등학교'라는 학교명을 기재하여 앱 제목을 변경하였다.

③ '학교 텃밭' 항목의 메뉴를 나누는 기준을 학년에서 식물의 종류로 바꾸어 탐구 자료를 식물별로 확인할 수 있게 하자.

　(나)의 학년별로 나눈 '학교 텃밭' 항목의 메뉴는 수정 후 식물의 종류로, 그 기준이 바뀌었다.

④ '학교 숲' 항목은 사진을 연도별로 구분하는 것보다 계절별로 확인할 수 있게 메뉴를 새롭게 구성하는 게 좋을 것 같아.

　(나)의 연도별로 구분한 '학교 숲' 항목은 수정 후, 계절별로 메뉴를 구성하였다.

⑤ '묻고 답하기' 항목을 '자료 더하기' 항목으로 바꾸어 숲 사진과 식물 관찰 일지를 올릴 수 있도록 하자.

　(나)의 '묻고 답하기' 항목을 '자료 더하기' 항목으로 바꾸어 자료들을 올릴 수 있도록 하였다.

03 매체 자료의 적절성 판단하기

보기 2 는 **보기 1** 의 ⓛ을 윗글의 ㉠으로 바꾸었을 때의 효과를 서술한 것이다. ⓐ에 들어갈 말을 쓰시오.

보기 1

우리 학교 숲과 텃밭의 365일을 담다!

　여러분 안녕하십니까? 학생회에서는 개교 50주년을 기념하여 '우리 학교 숲과 텃밭의 365일을 담다!'라는 프로젝트를 시작합니다. 학생

[학교 숲의 사계절 영상]

회는 우리 학교 숲의 사진과 텃밭의 탐구 자료를 정리하여 '생태 환경 자료집'을 e북으로 만들려고 합니다.

　ⓛ 숲 사진은 우리 학교 홈페이지에 올려주세요. 여러분들이 올린 사진을 모아 이와 같은 영상 자료를 만들 수 있을 것 같습니다. 또한 숲 사진과 텃밭 탐구 자료를 많이 업로드해 주실수록 자료집은 더욱 풍성해질 것입니다. (중략)

보기 2

　윗글은 〈보기 1〉과 달리 (ⓐ)을/를 삽입하여 독자들이 프로젝트에 적극적으로 참여할 수 있도록 유도할 수 있다.

정답

하이퍼링크

독서　　**인간의 욕망과 모방**

빠른 정답 체크　　**01** ③　　**02** ②　　**03** ①　　**04** 짝패

　현대 사회는 <u>생태계의 파괴와 환경오염, 경제적 양극화로 인한</u>
　　　　　　　　　　현대 사회가 직면한 다양한 문제 상황
<u>빈부 격차, 자본과 선동에 의해 좌우되는 정치 체제*</u> 등 예상치

못했던 문제 상황에 직면해 있다. 특히 <u>과도한 욕망을 통제하지</u>
　　　　　　　　　　　　　　　　현대 사회의 주된 문제 양상 ①
<u>못하고 이를 폭력적 행위로 표출하거나, 폭력을 통해 발생하는</u>

<u>위기 상황을 또 다른 폭력으로 진정시키려는 현상</u>은 현대 사회의
　　　　현대 사회의 주된 문제 양상 ②
주된 문제 양상이다. **르네 지라르**는 이런 악순환이 생기는 이유

를 욕망의 삼각형 구조와 희생양 이론으로 설명한다.
　　　▶1문단: 현대 사회의 문제적 양상에 대한 르네 지라르의 견해
　<u>지라르</u>는 인간은 스스로 어떤 것을 욕망하는 것이 아니라 타
　　　　르네 지라르의 관점에 따른 인간의 욕망

인의 욕망을 모방한다고 보았다. 욕망의 주체는 욕망하는 대상을 원하지만, 실제로는 욕망을 매개하는 중개자인 타인처럼 되려고 한다는 것이다. 그는 이러한 현상을 욕망의 삼각형 구조라고 명명했다. 욕망의 주체, 욕망의 대상, 그리고 욕망의 중개자를 세 점으로 하는 삼각형으로 인간의 욕망을 설명할 수 있다는 것이다. 이때 타인에 의한 욕망의 중개에는 외적 중개와 <u>내적 중개</u>가 있는데, 외적 중개는 욕망의 주체와 중개자 사이의 거리가 먼

경우로 <u>욕망의 주체와 중개자가 시공간적으로 다른 세계에 살고</u>
욕망의 주체와 중개자 사이의 거리가 먼 경우 ①
있거나 <u>동시대에 살고 있다고 하더라도 삶의 영역이 확연히 다른</u>
욕망의 주체와 중개자 사이의 거리가 먼 경우 ②
경우를 의미한다. 따라서 주체는 중개자를 자신보다 월등하다고

인정하고, 둘 사이에는 어떤 갈등도 생기지 않는다. 그런데 <u>욕망</u>
외적 중개의 특징
<u>의 주체와 중개자의 사회적, 심리적 거리가 가까운 내적 중개에</u>
내적 중개의 특징 ①
서 욕망의 주체는 욕망의 중개자를 모방하면서도 그 사실을 드러
내적 중개에서 욕망의 주체가 가지는 특징
내지 않으며 그 대상을 높게 평가하지도 않는다. 오히려 욕망의

주체가 자신도 욕망의 중개자처럼 될 수 있다고 확신하면서 <u>욕망</u>

<u>의 주체와 중개자 사이에 갈등이 생긴다.</u> 욕망의 주체와 중개자
내적 중개의 특징 ②
사이에 경쟁 관계가 형성되었기 때문이다. 이는 <u>욕망의 주체와</u>

<u>중개자가 동일한 시기에 같은 세계에서 살기 때문인데,</u> 중개자와
욕망의 주체와 중개자 사이의 거리가 가까운 경우
주체 사이의 차이가 줄어들수록 그 경쟁은 더 치열해진다. 지라

르는 경쟁 관계에 있는 그 둘을 '짝패'라고 불렀다. <u>짝패는 서로</u>
욕망의 주체와 욕망의 중개자
<u>가 같은 대상을 욕망하면서 결국 서로에게 장애가 되고, 갈등이</u>

<u>깊어지면 필연적으로 폭력으로 이어지는데,</u> 많은 역사적 폭력 사
르네 지라르는 내적 중개가 사회적 갈등을 야기한다고 보았음
건이 이런 이유로 인해 발생하였다고 설명한다.

▶ 2문단: 르네 지라르의 욕망의 삼각형 구조

지라르는 이러한 경쟁과 폭력을 극복하기 위해 사람들은 ㉠ 희

생양을 만들고, 이들에게 욕망을 실현하지 못한 자신들의 불만을

전가시키면서 사회를 안정시켜 왔다고 보았다. <u>사회를 보호하기</u>

<u>위해 그 사회에서 가장 소외되어 있는 사람에게 폭력의 방향을 돌</u>
희생양 이론의 정의
<u>려서 희생시켜 왔다는 것이다.</u> 이때 <u>희생양으로 선정된 사람들은</u>

<u>그들이 또 다른 폭력을 부를 수 없는 철저한 약자여야만 한다.</u> 왜
희생양으로 선정된 사람들의 특징
냐하면 그들이 희생양으로 처형된 다음에 복수가 이루어진다면

또 다시 폭력이 자행되어* 그들을 희생양으로 처형했던 것이 무

의미해지기 때문이다. 장애인, 이방인, 난민, 힘없는 여성 등 다

양한 사회적 소수자가 발생하는 것도 이 때문이라는 견해이다.

▶ 3문단: 르네 지라르의 희생양 이론

* 정치 체제(政治體制): 인간이 공동체를 구성하고 정치적 삶을 영위하는 방식.

* 자행되다(恣行되다): 제멋대로 해 나가게 되다. 또는 삼가는 태도가 없이 건방지게 행동하게 되다.

01 세부 내용 파악하기   답 | ③

'르네 지라르'의 주장으로 가장 적절한 것은?

정답 선지 분석

③ 욕망의 주체가 중개자가 월등하다고 인정하면 폭력은 일어나지 않을 것입니다.

르네 지라르는 외적 중개에서 주체는 중개자를 자신보다 월등하다고 인정하기 때문에 둘 사이에는 어떤 갈등도 생기지 않는다고 보았으므로 적절하다.

오답 선지 분석

① 욕망의 주체와 중개자 사이에 차이가 사라지면 폭력을 막을 수 있습니다.

르네 지라르는 중개자와 주체 사이의 차이가 줄어들수록 그 경쟁은 더 치열해진다고 보았으므로 적절하지 않다.

② 욕망의 주체와 중개자가 짝패를 이루어야 사회적 폭력이 완화될 수 있습니다.

르네 지라르는 경쟁 관계에 있는 욕망의 주체와 욕망의 중개자를 '짝패'라고 불렀다. 짝패는 서로가 같은 대상을 욕망하면서 결국 서로에게 장애가 되고, 갈등이 깊어지면 필연적으로 폭력으로 이어진다고 하였으므로 적절하지 않다.

④ 욕망의 주체가 욕망의 대상자처럼 될 수 있다는 자신감이 있을 때 폭력은 사라집니다.

르네 지라르는 내적 중개에서 욕망의 주체가 자신도 욕망의 중개자처럼 될 수 있다고 확신하면서 욕망의 주체와 중개자 사이에 갈등이 형성된다고 보았으므로 적절하지 않다.

⑤ 욕망의 주체와 중개자의 심리적 거리가 가까워야 폭력이 일어나는 것을 예방할 수 있습니다.

르네 지라르는 욕망의 주체와 중개자의 심리적 거리가 가까운 것을 내적 중개라고 하였고, 내적 중개는 경쟁 관계와 갈등, 폭력이 일어난다고 하였으므로 적절하지 않다.

02 세부 내용 추론하기   답 | ②

㉠에 대한 설명으로 적절하지 않은 것은?

정답 선지 분석

② 사회적 폭력의 원인을 제공한 존재를 일컫는다.

2문단에 따르면 사회적 폭력은 희생자가 아니라, 내적 중개 관계에 있는 욕망의 주체와 욕망의 중개자 사이의 갈등 때문에 일어나므로 적절하지 않다.

오답 선지 분석

① 사회에서 가장 소외되어 있는 사람이다.

3문단에 따르면 ㉠은 사회에서 가장 소외되어 있는 사람으로, 사회를 보호하기 위해 희생된 존재이다.

③ 폭력을 일으킨 사람들의 불만이 전가되는 대상이다.

3문단에 따르면 사람들은 욕망을 실현하지 못한 자신들의 불만을 ㉠에게 전가하면서 사회를 안정시켜 왔다.

④ 또 다른 폭력이나 처형에 대한 복수를 일으키지 못한다.

3문단에 따르면 르네 지라르는 ㉠으로 희생된 사람들을 또 다른 폭력을 부를 수 없는 철저한 약자라고 보았다.

⑤ 경쟁과 폭력이 만연한 사회를 안정시키기 위해 이용되는 존재이다.

3문단에 따르면 사람들은 경쟁과 폭력을 극복하기 위해 ㉠을 만들어 사회를 안정시켜 왔다고 하였으므로 적절하다.

03 구체적 사례에 적용하기
답 | ①

윗글을 바탕으로 보기를 해석한 내용으로 적절하지 않은 것은?

보기

지라르는 욕망의 삼각형 구조를 설명하기 위해 돈키호테를 예로 들었다. 돈키호테는 그의 조수인 산초에게 "아마디스는 모든 용감한 기사의 태양이라네. 기사들은 모두 그의 모습을 닮아야 하네. 왜냐하면 아마디스는 언제나 용감한 기사가 되고자 하였고 이를 이루었으므로 그를 가장 닮아갈 때 완전한 기사의 모습에 도달할 수 있지 않겠나?"라고 말한다. 돈키호테는 당시에는 죽어 존재하지 않았지만 전설적으로 전해오는 기사 아마디스를 통해 진정한 기사의 꿈을 꾸었던 것이다.

정답 선지 분석

① 아마디스도 한때 기사였다는 점에서, 그와 돈키호테는 사회적 거리가 가까웠을 것이다.

2문단에 따르면 사회적 거리가 가까운 것은 내적 중개이고, 이는 욕망의 주체와 욕망의 중개자가 동일한 시기에 같은 세계에 사는 경우이다. 하지만 아마디스는 돈키호테가 살았을 무렵에는 이미 죽은 존재이므로 둘은 외적 중개 관계에 있다. 따라서 적절하지 않다.

오답 선지 분석

② 돈키호테가 닮아가고 싶은 대상이라는 점에서, 아마디스는 돈키호테에게 욕망의 중개자이다.

2문단에서 욕망의 주체는 욕망을 매개하는 중개자인 타인처럼 되려고 한다고 하였다. 〈보기〉에서 돈키호테는 기사라면 모두 아마디스의 모습을 닮아야 하고, 그를 닮아갈 때 완전한 기사의 모습에 도달한다고 하였으므로, 아마디스는 돈키호테가 닮아가고 싶은 대상에 해당한다. 따라서 아마디스는 돈키호테에게 욕망의 중개자라고 볼 수 있다.

③ 돈키호테가 아마디스를 용감한 기사의 태양이라고 칭한 점에서, 돈키호테는 욕망의 주체이다.

2문단에서 욕망의 주체는 욕망을 매개하는 중개자인 타인처럼 되려고 한다고 하였다. 〈보기〉에서 돈키호테는 전설적인 기사 아마디스를 통해 진정한 기사의 욕망을 키웠으며, 아마디스를 닮아가고자 하였으므로 돈키호테는 욕망의 주체라 할 수 있다.

④ 아마디스가 이미 죽은 전설적인 존재라는 점에서, 그와 돈키호테 사이에는 어떤 갈등도 존재하지 않는다.

2문단에서 욕망의 주체와 중개자 사이의 거리가 먼 외적 중개, 즉 욕망의 주체와 중개자가 시공간적으로 다른 세계에 살고 있을 경우에는 둘 사이에 어떤 갈등도 생기지 않는다고 하였다. 그런데 〈보기〉에서 아마디스는 이미 죽어 존재하지 않는 인물이므로 돈키호테와는 다른 세계에 살고 있어 둘은 외적 중개 관계이다. 따라서 돈키호테와 아마디스 사이에는 어떤 갈등도 존재하지 않을 것이다.

⑤ 돈키호테가 아마디스를 통해 기사의 꿈을 가진 점에서, 돈키호테는 완전한 기사에 대한 욕망을 스스로 가진 것은 아니다.

2문단에서 르네 지라르는 인간은 스스로 어떤 것을 욕망하지 않고 타인의 욕망을 모방한다고 하였다. 〈보기〉에서 돈키호테도 아마디스와 그의 욕망을 모방하고 있다. 따라서 돈키호테는 완전한 기사가 되겠다는 욕망을 스스로 가지지 않았다고 보아야 한다.

04 세부 내용 파악하기

다음을 내적 중개의 관점으로 보았을 때, ⓐ에 해당하는 용어를 쓰시오.

'계유정난'은 1453년, 후에 세조로 즉위하는 세종의 둘째 아들 수양대군이 왕위를 찬탈하여 단종의 최측근이었던 김종서와 황보인 등을 살해하고, 단종을 폐위시킨 후 자신이 왕위에 오른 사건이다. 계유정난 이전 삼촌과 조카였던 ⓐ <u>수양대군과 단종의 관계</u>가 권력에 대한 욕망 앞에서 한순간에 돌변한 것이다.

정답

짝패

문학 1 천만리 머나먼 길에(왕방연)

빠른 정답 체크 01 ③ 02 ③ 03 ⑤ 04 저 물

당시 사회·문화적 배경을 고려할 때, 단종을 의미한다고 볼 수 있음
천만리 머나먼 길에 고운 임 여의옵고
임과 이별한 슬픔을 극대화한 표현 ▶ 고운 임과의 이별
내 마음 둘 데 없어 ㉠ 냇가에 앉았으니
임과 이별한 뒤의 상실감 ▶ 이별 후 상실감에 냇가에 앉은 화자
저 물도 ㉡ 내 안* 같아서 울어 밤길 예놋다*
임과 이별한 화자의 감정이 이입된 자연물↑ ▶ 임과 이별한 화자의 슬픔
- 왕방연, 〈천만리 머나먼 길에〉 -
└─ '물'을 의인화하여 화자의 슬픔을 표현함

* 안: 마음.
* 예놋다: 가는구나.

01 표현상의 특징 파악하기
답 | ③

윗글에 대한 설명으로 적절한 것은?

정답 선지 분석

③ 시구를 규칙적으로 끊어 읽음으로써 운율을 형성한다.

윗글은 '천만리/머나먼 길에/고운 임/여의옵고'와 같이 4음보와 3·4조의 음수율을 통해 운율을 형성한다.

오답 선지 분석

① 형식의 제약이 없어 비교적 자유롭게 창작된다.

윗글의 갈래는 시조로, 3장 6구 4음보의 정형화된 형식에 따라 창작되었다.

② 비슷한 문장 구조의 반복을 통해 운율을 형성한다.

윗글에서는 비슷한 문장 구조가 반복되지 않았다.

④ 역설적 표현을 통해 시적 상황을 극대화하여 드러낸다.

윗글에서는 역설적 표현을 사용하여 시적 상황을 극대화한 부분을 찾을 수 없다.

⑤ 자연물을 활용함으로써 자연 친화적인 삶의 태도를 드러낸다.

윗글에서는 자연물을 활용하여 임과 이별한 화자의 애통한 심정을 효과적으로 드러내었을 뿐, 자연 친화적인 삶의 태도를 드러내지 않았다.

02 시어의 의미 이해하기
답 | ③

㉠, ㉡에 대한 설명으로 적절한 것은?

정답 선지 분석

③ ㉡은 임과 이별한 화자의 애통한 심정을 가리킨다.

㉡은 임과 이별한 화자의 마음을 가리키는 것으로, 시적 맥락에 따라 화자의 애통한 심정을 가리킨다고 볼 수 있다.

오답 선지 분석

① ㉠은 화자가 임을 떠나보낸 곳을 의미한다.

㉠은 화자가 이별한 뒤 상실감을 이기지 못해 잠시 멈춰 앉아 있는 곳으로, 임을 떠나보낸 곳을 의미하지 않는다.

② ㉠은 화자의 슬픔을 강조하기 위해 설정한 가상의 공간이다.

㉠은 화자가 상실감을 이기지 못해 앉아 있는 곳으로, 슬픔을 강조하기 위해 의도적으로 설정한 가상의 공간이라고 볼 수 없다.

④ ㉡은 임이 헤쳐 나가야 할 고난을 비유적으로 표현한 시어이다.

㉡은 임과 이별한 화자의 심정을 가리키는 것일 뿐, 임이 헤쳐 나가야 할 고난을 의미하지는 않는다.

⑤ ㉠과 ㉡ 모두 화자의 충성심이 투영된 자연물이다.

㉠과 ㉡ 모두 화자의 충성심이 투영된 자연물이라고 볼 수 없다.

보기를 참고하여 윗글을 감상한 내용으로 적절하지 <u>않은</u> 것은?

보기

〈천만리 머나먼 길에〉는 유배지로 쫓기듯 떠나던 단종에 대한 작가 왕방연의 안타까운 마음을 담은 시조이다. 조선 초기, 임금인 문종이 죽은 후 그 아들인 단종이 어린 나이로 왕위에 올랐으나, 당시 왕위 계승권이 없던 수양 대군(세조)이 무력으로 단종을 몰아내었다. 왕이 된 수양 대군은 단종을 복위시키려는 움직임이 일자 단종을 영월로 유배 보냈는데, 이때 왕방연은 금부도사로서 단종을 유배지로 호송하는 임무를 맡았다.

* 호송(護送): 죄수나 형사 피고인을 어떤 곳에서 목적지로 감시하면서 데려가는 일.

정답 선지 분석

⑤ '밤길'은 단종을 폐위시킨 수양 대군을 의미하는 시어로, 어두운 이미지를 활용해 작가의 부정적 시각을 표현하였군.
〈보기〉에서 수양 대군이 단종을 힘으로 몰아내고 왕위에 올랐다고 하였으나, 이에 대한 작가의 부정적 시각이 윗글에서 드러나 있지는 않다. '밤길'은 작가의 애통한 심정을 나타내는 시어이다.

오답 선지 분석

① '천만리 머나먼 길'은 단종의 유배지였던 영월을 가리키는 것으로 볼 수 있군.
〈보기〉에 따르면 작가는 단종을 유배지로 호송하는 임무를 맡았고, 유배지가 영월이라고 하였으므로 '천만리 머나먼 길'은 영월을 가리킨다.

② 작가가 '고운 임'을 '여의'게 된 것은 단종을 복위시키려는 움직임에 대한 수양 대군의 반응과 관련이 있겠군.
〈보기〉에 따르면 당시 수양 대군은 단종을 복위시키려는 움직임이 일자 단종을 유배 보냈다고 하였으므로 '고운 임'을 '여의'게 된 것은 단종의 복위 움직임에 대한 수양 대군의 반응과 관련이 있다고 볼 수 있다.

③ '내 마음 둘 데 없어'라는 표현은 자신이 따랐던 임금과 헤어져 상실감을 느끼고 있는 작가의 심정으로 볼 수 있겠군.
〈보기〉를 참고할 때, 작가는 단종을 유배지로 호송하고 돌아오는 길에 이 작품을 창작했을 것으로 추측할 수 있다. 따라서 '내 마음 둘 데 없어'라는 표현은 임금과 헤어져 상실감을 느끼고 있는 화자의 심정으로 볼 수 있다.

④ '저 물'은 단종을 유배지로 호송한 뒤 돌아오는 길에 작가가 본 것이라 예상할 수 있군.
'저 물'은 작가가 '고운 임'을 '여의'고 난 뒤 상실감을 못 이겨 냇가에 앉아 바라보고 있는 것으로, 〈보기〉를 참고한다면 단종을 유배지로 호송한 뒤 돌아오는 길에 작가가 본 것이라 예상할 수 있다.

04 시어의 의미 파악하기

보기를 참고하여, 윗글에서 화자의 감정이 이입된 대상을 찾아 2어절로 쓰시오.

보기

감정 이입이란, 시적 화자의 감정을 다른 대상 속에 이입시켜 마치 대상이 그렇게 느끼는 것처럼 표현하는 것을 말한다.

정답

저 물

| 문학 2 | 노새 두 마리(최일남) |

◀ 빠른 정답 체크　**01** ③　**02** ⑤　**03** ③　**04** 아버지

[앞부분 줄거리] 구 동네에 사는 '나'의 가족은 새 동네로 연탄을 배달하며 살아간다. 어느 날, 연탄 배달을 위해 새 동네로 들어가는 가파른 골목길을 오르려던 '나'와 아버지는 위기를 맞닥뜨린다.

그 가파른 골목길 어귀에 이르자 아버지는 미리 **노새** 고삐를 낚
<u>사건이 발생한 공간적 배경. 새 동네로 들어가는 길의 첫머리</u>
아 잡고 한달음에 올라갈 채비를 하였다. 그러나 어쩐 일인지 다른 때 같으면 사백 장 정도 싣고는 힘 안 들이고 올라설 수 있는 고개인데도 이날따라 오름길 중턱에서 턱 걸리고 말았다. 아버지는 어, 하는 눈치더니 고삐를 거머쥐고 힘껏 당겼다. <u>이마에 힘줄이 굵게 돋았다. 얼굴이 빨개졌다.</u> 나는 얼른 달라붙어 죽어라
<u>아버지의 외양 묘사 – 있는 힘껏 고삐를 당기고 있음</u>
고 밀었다. 그러나 길바닥에는 <u>살얼음이 한 겹 살짝 깔려 있어서</u>
<u>계절적 배경이 겨울임을 알 수 있음</u>
마차를 미는 내 발도 줄줄 미끄러져 나가기만 했다. <u>노새는 앞뒤발을 딱딱 소리를 낼 만큼 힘껏 땅을 밀어 냈으나 마차는 그때마</u>
<u>노새는 안간힘을 쓰며 길을 오르려 하고 있음</u>
다 <u>살얼음 위에 노새의 발자국만 하얗게 긁힐 뿐 조금도 올라가</u>
<u>살얼음으로 인해 노새가 길을 오르기 더욱 힘든 상황임</u>
지 않았다. 아직은 아래쪽으로 밀려 내리지 않고 제자리에 버티고 선 것만도 다행이었다. ㉠ 사람들이 몇 명 지나갔으나 모두 쳐
<u>연탄 때문에 자신들의 옷이 더러워질까 봐 도움을 꺼림</u>
다보기만 할 뿐 아무도 달라붙지는 않았다. 그전에도 그랬다. 사람들은 얼핏 도와주고 싶은 생각이 났다가도, 상대가 연탄 마차인 것을 알고는 감히 손을 내밀지 못했다. 도대체 어디다 손을 댄단 말인가. 제대로 하자면 손만 아니라 배도 착 붙이고 밀어야 할 판인데 그랬다간 옷을 모두 망치지 않겠는가. <u>옷을 망치면서까지친절을 베풀 사람은 이 세상엔 없다고 나는 믿어 오고 있다.</u> 그건
<u>인정이 없는 도시 사람들의 각박한 세태</u>
그렇고, 그런 시간에도 마차는 자꾸 밀려 내려오고 있었다. 돌을 괴려고 주변을 살펴보았으나 그만한 돌이 얼른 눈에 띄지 않을뿐더러, 그나마 나까지 손을 놓으면 와르르 밀려 내려올 것 같아서 손을 뗄 수가 없었다. ㉡ <u>아버지는 평소의 그답지 않게 사정없이</u>
<u>마차가 미끄러질까 봐 불안하고 초조함</u>
노새에게 매질을 해 댔다.

"이랴, 우라질* 놈의 노새, 이랴!"

노새는 눈을 뒤집어 까다시피 하면서 바득바득 악을 써 댔으나 <u>판은 이미 그른 판이었다.</u> 그때였다. 노새가 발에서 잠깐 힘을 빼
<u>마차가 아래로 내려갈 수밖에 없는 상황임</u>
는가 싶더니 마차가 아래쪽으로 와르르 흘러내렸다. 뒤미처* 노새가 고꾸라지고 연탄 더미가 데구루루 무너졌다. 아버지는 밀려 내려가는 마차를 따라 몇 발짝 뒷걸음질을 치다가 홀랑 물구나무서는 꼴로 나자빠졌다. 나는 얼른 한옆*으로 비켜섰기 때문에 아무

일도 없었다. 그러나 정작 일은 그다음에 벌어지고 말았다. 허우적거리며 마차에 질질 끌려가던 노새가 마차가 내박쳐진* 자리에
서 벌떡 일어서더니 뒤도 안 돌아보고 냅다 뛰기 시작한 것이다.
<u>노새가 달아나 버림</u>

[중간 부분 줄거리] '나'는 아버지와 함께 노새를 찾아 나선다. '나'는 한바탕 난리를 피우며 노새를 쫓지만, 잡지 못한다. 다음 날에도 아버지와 '나'는 노새를 찾아다니지만, 결국 발견하지 못하고, 아버지는 '나'를 끌고 술집으로 향한다.

ⓒ <u>아버지는 소주 한 병과 안주를 시키더니 안주는 내 쪽으로</u>
<u>밀어주고 술만 거푸*</u> 마셔 댔다. 아버지는 술이 약한 편이어서 저
<u>아버지의 괴로운 심정이 담긴 행동</u>
러다가 어쩌나 하고 걱정이 되었다.

"아버지, 고만 드세요. 몸에 해로워요."

"으응."

대답하면서도 아버지는 술잔을 놓지 않았다. 얼마나 지났을까.
<u>노새를 잃은 괴로움 때문에</u>
안주를 계속 주워 먹었으므로 어느 정도 시장기를 면한 나는 비
로소 아버지를 쳐다보았다.

『"이제부터 내가 노새다. 이제부터 내가 노새가 되어야 별수
『 』: 가장으로서 가족의 생계를 위해 최선을 다하려는 책임감이 드러남
있니? 그놈이 도망쳤으니까, 이제 내가 노새가 되는 거지."』

기분 좋게 취한 듯한 아버지는 놀라는 나를 보고 히힝 한 번 웃
었다. 나는 어쩐지 그런 아버지가 무섭지만은 않았다. 그러면 형
들이나 나는 노새 새끼고, 어머니는 암노새고, 할머니는 어미 노
새가 되는 것일까? 나도 아버지를 따라 히히힝 웃었다. 어른들은
이래서 술집에 오는 모양이었다. 『나는 안주만 집어 먹었는데도
『 』: 어린아이인 '나'의 순수한 시선
술 취한 사람마냥 턱없이 즐거웠다. ⓔ <u>노새 가족─노새 가족은</u>
<u>우리 말고는 이 세상에 또 없을 것이다.</u>』

그러나 이러한 생각은 아버지와 내가 집에 당도했을 때 무참히 깨
<u>노새 가족이 되었다는 생각</u>
어지고 말았다. 우리를 본 어머니가 허둥지둥 달려 나와 매달렸다.

"이걸 어쩌우, 글쎄 경찰서에서 당신을 오래요. 그놈의 노새가
사람을 다치고 가게 물건들을 박살을 냈대요. 이걸 어쩌지."

"노새는 찾았대?"

"찾거나 그러면 괜찮게요? 노새는 온데간데없고 사람들만 다치
고 하니까, 누구네 노새가 그랬는지 수소문 끝에 우리 집으로
순경이 찾아왔지 뭐유."

『오늘 낮에 지서*에서 나온 사람이 우리 노새가 튀는 바람에 여
『 』: 순경이 아버지를 찾아온 까닭
기저기서 많은 피해를 입었으니 도로 무슨 법이라나 하는 법으로
아버지를 잡아넣어야겠다고 이르고 갔다는 것이었다.』

아버지는 술이 확 깨는 듯 그 자리에 선 채 한동안 눈만 뒤룩뒤
룩* 굴리고 서 있더니 힝 하고 코를 풀었다. 그러고는 아무 말 없
이 시적시적* 문밖으로 걸어나갔다. 나는

"아버지."

하고 뒤를 따랐으나 ⑩ <u>아버지는 돌아보지도 않고 어두운 골목길</u>
<u>을 나가고 있었다.</u>

나는 그 순간 또 한 마리의 노새가 집을 나가는 것 같은 착각을
<u>아버지</u>
일으켰다. 그러고는 무엇인가가 뒤통수를 때리는 것을 느꼈다. 아,
우리 같은 노새는 어차피 이렇게 비행기 가 붕붕거리고, 헬리콥터
□: 급격한 도시화에 맞춰 변화된 운송수단(노새와 대조됨)
가 앵앵거리고, 자동차 가 빵빵거리고, 자전거 가 쌩쌩거리는 대
처*에서는 발붙이기 어려운 것인가 하는 생각이 들었다. 언젠가
남편이 택시 운전사인 칠수 어머니가 하던 말,

"최소한도 자동차는 굴려야지 지금이 어느 땐데 노새를 부려."
<u>노새 ─ 급격한 도시화에 맞지 않는 삶의 수단임</u>
했다는 말이 생각났다. 그러나 그것은 잠깐 동안이고 나는 금방
아버지를 쫓았다. 또 한 마리의 노새를 찾아 캄캄한 골목길을 마
<u>아버지 ─ 시대 변화에 적응하지 못하는 존재</u>
구 뛰었다.

- 최일남, 〈노새 두 마리〉 -

* 우라질: 뜻대로 일이 안 되거나 마음에 안 들 때 혼자서 욕으로 하는 말.
* 뒤미처: 그 뒤에 곧 잇따라.
* 한옆: 한쪽 옆.
* 내박치다: 힘껏 집어 내던지다.
* 거푸: 잇따라 거듭.
* 지서(支署): 본서에서 갈려 나가, 그 관할 아래서 지역의 일을 맡아서 하는 관서.
* 뒤룩뒤룩: 크고 둥그런 눈알이 자꾸 힘 있게 움직이는 모양.
* 시적시적: 힘들이지 아니하고 느릿느릿 행동하거나 말하는 모양.
* 대처(大處): 도회지. 사람이 많이 살고 상공업이 발달한 번잡한 지역.

01 서술상의 특징 파악하기 답 | ③

윗글에 대한 설명으로 적절한 것은?

정답 선지 분석

③ 어린아이의 시각으로 사건을 전개함으로써 객관성을 드러내고 있다.
　윗글의 서술자는 어린아이인 '나'로, 비극적인 상황을 어린아이의 순수한 눈으로 서술함으로써 객관적인 시선으로 사건을 전달한다.

오답 선지 분석

① 현대 문명의 혜택을 누리는 사람들을 중심으로 그리고 있다.
　윗글은 급격한 산업화와 도시화로 인해 변두리로 내몰린 도시 빈민의 고달픈 삶을 그리고 있다. 현대 문명의 혜택을 누리는 사람들은 주요 인물들과 대조하기 위해서만 제시되었다.

② 일제강점기 우리 민족의 고단한 삶을 연민을 담아 바라보고 있다.
　윗글의 시대적 배경은 일제강점기가 아닌 1970년대이다.

④ 고달픈 현실에도 불구하고 희망을 잃지 말라는 작가의 주제 의식을 전달하고 있다.
　윗글은 1970년대 급격한 산업화와 도시화로 인해 도시 변두리로 내몰린 도시 빈민의 고달픈 삶과 애환을 그리고 있으나, 희망을 잃지 말라는 작가의 주제 의식이 드러난 부분은 찾을 수 없다.

⑤ 학대받는 동물을 통해 도시화로 인해 고통받는 인간을 상징적으로 그려낸 우화소설이다.

윗글에서 등장하는 '노새'는 급격한 사회 변화에 적응하지 못하는 도시 빈민을 의미한다고 볼 수 있으나, 학대받는 동물을 통해 도시화로 인해 고통받는 인간을 상징적으로 그려낸 우화소설은 아니다.

02 인물의 행동 이해하기
답 | ⑤

㉠~㉤을 통해 알 수 있는 인물의 모습으로 적절하지 않은 것은?

정답 선지 분석

⑤ ㉤: 노새를 다시 찾을 수 있을 것이라는 아버지의 기대가 드러난다.
아버지가 다시 집 밖으로 나간 이유는 경찰서에서 아버지를 오라고 했다는 어머니의 말을 들었기 때문이다.

오답 선지 분석

① ㉠: 연탄 때문에 자신들의 옷이 더러워질까 봐 도움을 피하는 각박한 사람들의 모습이 드러난다.
연탄 때문에 자신의 옷이 더러워질까 봐 쳐다보기만 하고 아무도 아버지와 '나'를 도와주지 않는 모습을 통해 각박한 도시 사람들의 모습을 발견할 수 있다.

② ㉡: 노새가 아래로 미끄러질까 봐 노심초사하는 아버지의 불안함과 초조함이 드러난다.
평소 노새에게 매질을 하지 않았던 아버지가 평소답지 않게 노새에게 사정없이 매질을 한 것은 노새가 골목길에서 아래로 미끄러질까 봐 불안한 마음에서 기인한 것이라고 볼 수 있다.

③ ㉢: 노새를 찾지 못한 아버지의 괴로운 심정이 드러난다.
술집에 들어가 안주는 먹지 않고 술만 거푸 마셔 대는 아버지의 행동에서 노새를 찾지 못하여 괴로워하는 심정이 드러난다고 볼 수 있다.

④ ㉣: 생계 수단이 사라진 막막한 상황에도 세상을 긍정적으로 바라보는 '나'의 순수함이 드러난다.
가족의 생계 수단이었던 '노새'가 사라지자, 아버지는 '이제부터 내가 노새다'라고 말한다. 이 말에는 이제부터 자신이 노새가 하는 일을 할 것이라는 의미가 담겨 있다. '나'는 아버지의 말을 듣고 우리 가족은 '노새 가족'이라며 즐거워하는데, 이를 통해 세상을 긍정적으로 바라보는 '나'의 순수함이 드러난다.

03 외적 준거를 바탕으로 작품 감상하기
답 | ③

보기 를 참고하여 윗글을 감상한 것으로 적절하지 않은 것은?

보기

······ 5, 6년 전만 해도 서울역 주변에는 50~60대의 우마차가 있었고 서울 시내에만 1백 50대가 있었지만 이제는 서울역 부근에는 소가 4마리, 노새 1마리, 조랑말 1마리가 남아 있어 옛 풍경을 알려줄 정도일 뿐 **용달차**라는 현대에 밀려 시골로 쫓겨나 버린 애환도 있다. (중략) 지금 있는 6마리도 서울역 안에서 서울역 뒤 1km 이내의 창고에 짐을 옮기는 일만을 하고 있다. 그래도 착실히 벌어왔던 마주와 마부들은 삼륜차로 장사를 해 보았지만 새로운 것에 익숙하지 못한 탓인지 많은 사람이 실패했고 ○○○ **씨**가 3대의 삼륜차로 장사를 계속하고 있을 뿐이다. **조랑말 몇 마리**가 변두리에서 연탄이나 모래를 나르고 있는 오늘의 실정이지만 이것도 멀지 않아 자취를 감출 테니 운송의 주역들이었던 마부는 이제 사전에서나 찾게 될 게 분명하다······.

– 1971. 3. 8. 〈경향신문〉

* 우마차(牛馬車): 우차와 마차를 통틀어 이르는 말.
* 마부(馬夫): 말을 부려 마차나 수레를 모는 사람.

정답 선지 분석

③ '노새에게 매질을 해'댄 아버지의 모습은 삼륜차로 위기를 극복하려는 '○○○ 씨'의 모습과 유사하군.
〈보기〉의 '○○○ 씨'는 삼륜차로 장사를 하는 인물로, 시대의 변화에 적응한 인물로 볼 수 있다. 그러나 윗글의 아버지가 노새에게 매질을 해 댄 이유는 가파른 골목길에서 미끄러져 내려오는 노새를 붙잡기 위한 것이므로 관련이 없다.

오답 선지 분석

① 아버지와 함께 연탄을 나르던 '노새'는 〈보기〉의 '조랑말 몇 마리'의 실정과 흡사하군.
〈보기〉에서 '조랑말 몇 마리'는 변두리에서 연탄이나 모래를 나르고 있다고 하였으므로, 아버지와 함께 동네에서 연탄을 나르던 '노새'와 그 모습이 흡사하다고 볼 수 있다.

② 아버지가 잃어버린 '노새'를 찾아도, '노새'로 연탄을 나르는 일은 결국 멀지 않아 자취를 감추게 되겠군.
〈보기〉에 따르면 변두리에서 '조랑말 몇 마리'가 연탄이나 모래를 나르고 있는 모습이 멀지 않아 자취를 감출 것이라 하였으므로, 아버지가 '노새'를 찾는다 해도 결국 '노새'를 통해 연탄을 나르는 일은 시대의 변화에 적응하지 못하고 사라질 것이라고 추측할 수 있다.

④ 윗글의 '비행기', '헬리콥터'는 〈보기〉의 '용달차'와 동일한 의미를 지니는군.
윗글의 '비행기', '헬리콥터', '자동차', '자전거'는 시대 변화에 따라 등장한 새로운 운송 수단으로, 〈보기〉의 '용달차'와 동일한 의미를 지닌다.

⑤ '지금이 어느 땐데 노새를 부'리냐는 '칠수 어머니'의 말은 1970년대의 시대 상황을 정확히 반영한 말이겠군.
〈보기〉의 기사 내용은 삼륜차의 등장으로 인해 전통적 운송 수단이었던 '노새'나 '소', '조랑말' 등이 사라지는 현실을 말하고 있다. 이는 윗글의 '지금이 어느 땐데 노새를 부'리냐는 '칠수 어머니'의 말과 그 맥락이 같다고 볼 수 있다.

04 구절의 의미 파악하기

ⓐ에 들어갈 말로 적절한 것을 윗글에서 찾아 쓰시오.

윗글의 제목인 〈노새 두 마리〉에서 '노새'는 우리 가족의 생계 수단이었던 노새와 (ⓐ)을/를 의미한다.

정답

아버지

08 강

| 본문 | 93쪽

문법 음운의 동화

빠른 정답 체크 **01** ⑤ **02** ① **03** 벚나무, 광한루

음운의 동화는 인접한 두 음운 중 어느 한쪽 또는 양쪽이 서로
<u>비슷하거나 같은 소리로 바뀌는 현상</u>이다. 국어의 대표적인 동화
　　　　　음운 동화의 개념
에는 비음화, 유음화, 구개음화가 있다.

비음화는 <u>비음이 아닌 'ㅂ, ㄷ, ㄱ'이 비음 'ㅁ, ㄴ' 앞에서 비
　　　　　　　　　　　　　　비음화의 개념
음 'ㅁ, ㄴ, ㅇ'으로 바뀌어 소리 나는 현상</u>이다. 예를 들어 '국민'
이 [궁민]으로 발음되는 것은 비음화에 해당한다. 유음화는 <u>비음
　　　　　　　　비음화의 예시
'ㄴ'이 유음 'ㄹ'의 앞이나 뒤에서 유음 'ㄹ'로 발음되는 현상</u>이
　　　　　　　　　　유음화의 개념
다. 유음화의 예로는 '칼날[칼랄]'이 있다. ㉠ 아래의 자음 체계표
　　　　　　유음화의 예시
를 보면, 비음화와 유음화는 그 결과로 인접한 두 음운의 조음 방
　　　　　　　　　　　　　　　　비음화와 유음화의 공통점
식이 같아진다는 것을 알 수 있다.

조음위치 조음방식	입술 소리	잇몸 소리	센입천장 소리	여린입천장 소리
파열음	ㅂ, ㅍ	ㄷ, ㅌ		ㄱ, ㅋ
파찰음			ㅈ, ㅊ	
비음	ㅁ	ㄴ		ㅇ
유음		ㄹ		

구개음화는 <u>끝소리 'ㄷ, ㅌ'이 모음 'ㅣ'로 시작되는 조사나 접
　　　　　　　　　　구개음화의 개념
미사 앞에서 구개음 'ㅈ, ㅊ'으로 발음되는 현상</u>이다. 가령 '해돋
이'가 [해도지]로 발음되는 것이 이에 해당한다. 이는 동화 결과
　　구개음화의 예시
로 조음 위치와 조음 방식이 모두 바뀌는 현상이다.
　　구개음화는 비음화, 유음화와 달리 조음 위치도 변화함
아래 그림을 보면 '해돋이'가 [해도디]가 아닌 [해도지]로 소
리 나는 이유를 알 수 있다. [1]과 [2]에서 보듯이, 'ㄷ'과 'ㅣ'를
발음할 때의 혀의 위치가 달라 '디'를 발음할 때는 혀가 잇몸에
서 입천장 쪽으로 많이 움직여야 한다. 그러나 [2]와 [3]을 보면,
<u>'ㅈ'과 'ㅣ'를 발음할 때의 혀의 위치가 비슷하기 때문에 '지'를
　'ㄷ'과 'ㅣ'를 발음할 때보다 발음하기 편리함
발음할 때는 혀를 거의 움직이지 않아도 된다.</u>

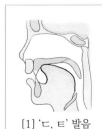 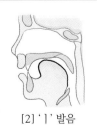 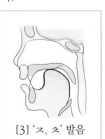

[1] 'ㄷ, ㅌ' 발음　　[2] 'ㅣ' 발음　　[3] 'ㅈ, ㅊ' 발음

　비음화, 유음화, 구개음화는 동화 결과 인접한 두 음운의 성격
이 비슷하거나 같은 소리로 바뀐다는 점에서 유사하다. 이처럼
성격이 비슷하거나 같은 소리가 연속되면 발음할 때 힘이 덜 들
　　　　　　　　　　　　　　　　音운 동화의 효과
게 되므로 발음의 경제성이 높아진다.

01 음운의 동화 이해하기　　　　　　　　답 | ⑤

윗글의 내용에 대한 이해로 적절하지 <u>않은</u> 것은?

정답 선지 분석

⑤ 구개음화는 동화의 결과로 자음과 모음의 소리가 모두 바뀌는 현상이다.
　3문단에서 '구개음화는 끝소리 'ㄷ, ㅌ'이 모음 'ㅣ'로 시작되는 조사나 접미사 앞에서
　구개음 'ㅈ, ㅊ'으로 발음되는 현상'이라고 하였다. 이때 바뀌는 음운은 'ㄷ, ㅌ'에만 해
　당하므로, 구개음화는 모음의 소리는 그대로인 채 자음의 소리만 바뀌는 현상이라고
　할 수 있다.

오답 선지 분석

① 음운의 동화는 인접한 두 음운이 비슷하거나 같은 소리로 바뀌는 현상이다.
　1문단에서 '음운의 동화는 인접한 두 음운 중 어느 한쪽 또는 양쪽이 서로 비슷하거나
　같은 소리로 바뀌는 현상'이라고 하였으므로 적절하다.

② 음운의 동화로 조음 위치나 조음 방식이 바뀌면 발음의 경제성이 높아진다.
　비음화, 유음화, 구개음화가 일어나면 인접한 두 음운의 성격이 비슷하거나 같은 소리
　로 바뀐다. 5문단에서 '성격이 비슷하거나 같은 소리가 연속되면 발음할 때 힘이 덜 들
　게' 된다고 하였으므로 음운의 동화가 일어날 때 조음 위치나 조음 방식이 바뀌면 발음
　의 경제성이 높아짐을 알 수 있다.

③ 구개음화와 달리 비음화와 유음화가 일어나는 인접한 두 음운은 모두 자음이다.
　2문단에서 비음화는 '비음이 아닌 'ㅂ, ㄷ, ㄱ'이 비음 'ㅁ, ㄴ' 앞에서' 바뀌는 현상이
　고, 유음화는 '비음 'ㄴ'이 유음 'ㄹ'의 앞이나 뒤에서' 바뀌는 현상이라 하였으므로 비
　음화와 유음화가 일어나는 인접한 두 음운은 모두 자음이라는 것을 알 수 있다.

④ 구개음화는 자음으로 시작되는 조사나 접미사 앞에서는 일어나지 않는다.
　3문단에서 구개음화는 '모음 'ㅣ'로 시작되는 조사나 접미사 앞'에 'ㄷ, ㅌ'이 인접할 때
　일어나는 현상이라고 하였으므로, 자음으로 시작하는 조사나 접미사 앞에서는 구개음
　화가 일어날 수 없다는 것을 알 수 있다.

02 음운 동화의 구체적인 사례 이해하기　　　　답 | ①

**㉠을 참고할 때, 보기 의 a~c에서 일어난 음운 동화에 대한 설명으로 적
절한 것은?**

보기

　　a. 밥물[밤물]　　　b. 신라[실라]　　　c. 굳이[구지]

정답 선지 분석

① a : 비음화의 예로, 조음 방식만 바뀐 것이다.
　a는 파열음 'ㅂ'이 비음 'ㅁ'의 영향으로 비음 'ㅁ'으로 바뀌는 비음화의 예이다. 비음화
　는 조음 방식이 바뀌는 현상이므로 적절하다.

오답 선지 분석

② a : 유음화의 예로, 조음 방식만 바뀐 것이다.
　a는 파열음 'ㅂ'이 비음 'ㅁ'의 영향으로 비음 'ㅁ'으로 바뀌는 비음화의 예이다.

③ b : 비음화의 예로, 조음 위치만 바뀐 것이다.
　b는 비음 'ㄴ'이 유음 'ㄹ'의 영향으로 유음 'ㄹ'로 바뀌는 유음화의 예이다.

④ b : 유음화의 예로, 조음 위치만 바뀐 것이다.

b는 비음 'ㄴ'이 유음 'ㄹ'의 영향으로 유음 'ㄹ'로 바뀌는 유음화의 예이다. 유음화는 조음 위치가 아닌 조음 방식만 바뀌는 현상이다.

⑤ c : 구개음화의 예로, 조음 방식만 바뀐 것이다.

c는 끝소리 'ㄷ'이 접미사 'ㅣ' 앞에서 'ㅈ'으로 발음되는 구개음화의 예이다. 잇몸소리이면서 파열음인 'ㄷ'이 센입천장소리이면서 파찰음인 'ㅈ'으로 바뀌었으므로 조음 위치와 조음 방식이 모두 바뀐 경우에 해당한다.

03 음운의 변동 파악하기

보기 를 바탕으로 ⓐ, ⓑ에 들어갈 말로 적절한 것을 골라 차례로 쓰시오.

보기

남원은 〈춘향전〉의 배경인 도시입니다. 특히 성춘향과 이몽룡이 인연을 맺었던 광한루는 우리나라 4대 누각 중 하나로, 봄나들이에 제격입니다. 누각 근처 도로에 일렬로 늘어진 벚나무 길에는 벚꽃뿐만 아니라 연못과 오작교 등 볼거리가 풍성합니다.

〈보기〉에서 비음화가 일어난 단어는 '(ⓐ)'이고, 유음화가 일어난 단어는 '(ⓑ)'이다.

정답

벚나무, 광한루

독서 · 수면을 조절하는 물질

빠른 정답 체크 · **01** ④ · **02** ② · **03** ② · **04** 멜라토닌, 일조량

만약 수면의 양이 부족하거나 질이 떨어지게 된다면 우리 몸은 쌓인 피로를 회복할 수 없게 된다. 그 결과 면역력*이 떨어져서
_{수면의 양이 부족하거나 질이 떨어질 때 발생하는 문제 ①}
질병에 쉽게 노출되고, 집중력과 판단력이 저하되어 정상적인 생
_{수면의 양이 부족하거나 질이 떨어질 때 발생하는 문제 ②}
활을 하는 데 어려움을 겪는다. 따라서 인간은 적절한 수면을 통해 건강을 유지해야 한다. 이때 멜라토닌과 아데노신은 적절한
_{수면을 조절하는 물질}
수면을 돕는 주된 물질이다.
　　　　　　　　　　　　　▶ 1문단: 수면을 조절하는 두 물질
멜라토닌은 뇌 속 시상 하부*에 위치한 솔방울샘에서 분비된다.
_{멜라토닌의 분비 장소}
몸속에 있는「멜라토닌은 밤과 낮의 길이 등과 같은 광주기*에 따
「」: 멜라토닌의 작용 과정
라 합성되고, 일조량*을 감지하여 빛이 없는 환경에서만 분비됨
으로써 인간의 자연적인 수면을 유도하는 신호를 전달한다.」영아
기에는 충분한 멜라토닌을 생성하지 못하기 때문에 모자라는 부
분은 모유 수유를 통해 공급 받다가 생후 2~3개월 때부터 멜라
_{멜라토닌이 충분히 생성되는 시기}
토닌이 충분하게 생성되기 시작해 점차 그 양이 증가하고, 뇌가
노화됨에 따라 분비량이 감소한다.
　　　　　　　　　　　▶ 2문단: 멜라토닌의 분비와 작용 과정
아데노신 또한 뇌에 수면을 유도하는 신호 전달 물질이다. 깨

어 있는 시간이 길어질수록 뇌에 아데노신이 쌓이면서 그 농도가 높아지는데,「대부분의 사람들은 깨어난 지 12~16시간이 지나면
「」: 아데노신의 작용 과정
아데노신 농도가 정점*에 이르러 강력한 수면 욕구를 느낀다. 잠을 자는 동안에는 아데노신의 농도가 내려가 깨어나면 각성* 상태가 되고, 이 과정은 24시간의 주기로 반복된다.」㉠ 카페인은 아데노신의 수면 신호를 인위적으로 차단하는 약물로,「뇌에서 아데노신이 결합하는 자리에 아데노신 대신 결합해 뇌에 정상적으로 전달돼야 할 졸음 신호를 차단한다.」결국 카페인은 잠을 유도할
「」: 카페인이 수면을 방해하는 과정
아데노신이 뇌에 고농도로 쌓여도 정신이 또렷하고 깨어 있다는 느낌이 들게 한다.
　　　　　　　　　　▶ 3문단: 아데노신의 분비를 방해하는 카페인
혈액의 카페인 농도는 음식을 먹거나 마신 지 30분쯤 지나면 최
_{혈액의 카페인 농도가 최고조에 달하는 시기}
고조에 달한다. 그리고 몸에 흡수된 카페인의 50%가 제거되는 데 5~7시간이 걸린다. 예를 들어 저녁 7시쯤 커피 한잔을 마셨다면 다음 날 새벽 1시에도 섭취한 카페인의 50%가 뇌 속에 여전히 남아 있다는 것이다. 이렇게 되면 밤에 잠을 설치게 된다. 카페인을
_{몸속의 카페인이 완전히 제거되지 않아 졸음 신호를 차단하므로}
일정량 제거한 디카페인 커피의 경우 보통 커피의 15~30%에 해당하는 카페인이 들어 있다. 저녁에 디카페인 커피 서너 잔을 마시면 보통 커피 한 잔을 마셨을 때와 비슷한 수면 장애가 생길 수 있다.
　　　　　　　　　　　　　　　　▶ 4문단: 카페인의 특징

* 면역력(免疫力): 외부에서 들어온 병원균에 저항하는 힘.
* 시상 하부(屍床下部): 셋째 뇌실의 바깥 벽과 바닥을 이루는 사이뇌의 아랫부분. 시각 교차, 유두체, 회색 융기, 깔때기 및 신경 뇌하수체 따위로 구성되어 자율 신경 내분비 기능, 체온, 수면, 생식, 물질대사 따위의 중추 역할을 한다.
* 광주기(光週期): 낮 동안 생물이 적절한 활동을 할 수 있도록 빛에 노출되는 시간의 단위.
* 일조량(日照量): 일정한 물체의 표면이나 지표면에 비치는 햇볕의 양.
* 정점(頂點): 사물의 진행이나 발전이 최고의 경지에 달한 상태.
* 각성(覺醒): 깨어 정신을 차림.

---

01 세부 내용 이해하기

답 | ④

윗글에 대한 설명으로 적절한 것은?

정답 선지 분석

④ 수면을 유도하는 신호를 받지 않았다면 멜라토닌이 분비되지 않은 것이다.

2문단에 따르면 멜라토닌은 빛이 없는 환경에서 분비되어 인간의 자연적인 수면을 유도하는 신호를 보낸다. 따라서 수면을 유도하는 신호를 전달받지 못했다면 멜라토닌이 분비되지 않은 것이다.

오답 선지 분석

① 아데노신이 뇌에 쌓일수록 수면 욕구가 줄어든다.

3문단에 따르면 깨어 있는 시간이 길수록 뇌에는 아데노신이 쌓이고, 깨어난 지 12~16시간이 지나면 아데노신 농도가 정점에 이르러 강력한 수면 욕구를 느낀다. 따라서 아데노신이 뇌에 쌓일수록 수면 욕구가 늘어난다.

② 멜라토닌은 깨어 있는 시간이 길수록 뇌에 쌓인다.

　　3문단에 따르면 깨어 있는 시간이 길수록 뇌에 쌓이는 것은 아데노신이다.

③ 멜라토닌은 영아기부터 모자람 없이 점차 증가한다.

　　2문단에 따르면 영아기에는 충분한 멜라토닌을 생성하지 못하기 때문에 모유 수유를 통해 공급받는다.

⑤ 카페인은 수면을 유도하는 물질을 제거하여 정신이 또렷하고 깨어 있다는 느낌이 들게 한다.

　　3문단에 따르면 카페인은 수면을 유도하는 물질인 아데노신을 인위적으로 차단하는 약물로, 아데노신 자체를 제거하는 것은 아니다.

---

02 세부 내용 파악하기　　　　　　답 | ②

㉠에 대한 설명으로 적절하지 <u>않은</u> 것은?

정답 선지 분석

② 디카페인 커피 한 잔을 마실 경우에는 흡수되지 않는다.

　　디카페인 커피에도 보통 커피의 15~30%에 해당하는 카페인이 들어 있기 때문에 몸에 흡수된다.

오답 선지 분석

① 완전히 제거되는 데 10~14시간 정도 걸린다.

　　몸에 흡수된 카페인의 50%가 제거되는 데 5~7시간이 걸린다고 했으므로 완전히 제거되는 데에는 그 두 배인 10~14시간이 필요함을 추론할 수 있다.

③ 음식을 먹거나 마신 후 일정 시간 지나야 최고조에 달한다.

　　혈액의 카페인 농도는 음식을 먹거나 마신 지 30분쯤 지나면 최고조에 달한다.

④ 디카페인 커피를 저녁 7시에 서너 잔을 마셨다면 밤 12시에 잠을 설칠 수 있다.

　　디카페인 커피 서너 잔을 마시면 보통 커피 한 잔을 마셨을 때와 비슷한 수면 장애가 생길 수 있다고 하였고, 저녁 7시쯤 일반 커피 한 잔을 마셨다면 다음 날 새벽 1시에도 섭취한 카페인의 50%가 뇌 속에 여전히 남아 밤에 잠을 설치게 된다. 따라서 디카페인 커피를 저녁 7시에 서너 잔을 마시고 12시에 잠자리에 들었다면 잠을 설칠 수 있다.

⑤ 혈중 농도가 낮아도 완전히 제거되지 않았다면 수면 장애를 일으킬 위험이 있다.

　　카페인은 아데노신의 수면 신호를 인위적으로 차단하는 약물이므로, 섭취한 카페인이 뇌 속에 여전히 남아 있다면 밤에 잠을 설치게 된다.

---

03 구체적 사례에 적용하기　　　　　　답 | ②

윗글을 읽은 후, 보기 에 대한 분석으로 가장 적절한 것은?

보기

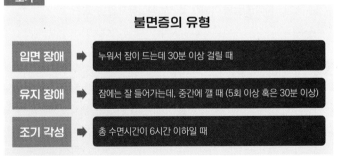

불면증의 유형

입면 장애	➡	누워서 잠이 드는데 30분 이상 걸릴 때
유지 장애	➡	잠에는 잘 들어가는데, 중간에 깰 때 (5회 이상 혹은 30분 이상)
조기 각성	➡	총 수면시간이 6시간 이하일 때

정답 선지 분석

② 입면 장애는 멜라토닌 분비에 문제가 생겨 발생한다.

　　멜라토닌은 수면을 유도하는 신호를 주며 잠잘 시간을 조절하는 데 영향을 주는 물질이므로 누워서 잠이 드는 데 30분이 걸린다면 멜라토닌 분비에 문제가 있어 잠잘 시간이 조절이 안 되는 경우이다.

오답 선지 분석

① 유지 장애의 원인은 아데노신이 계속된 분비이다.

　　아데노신은 수면 욕구를 일으키는 호르몬이기 때문에 아데노신의 분비가 잠자는 중간에 깨는 데 영향을 주었다고 볼 수 없다.

③ 입면 장애를 치료하려면 아데노신 분비를 억제해야 한다.

　　아데노신을 억제하면 수면 욕구를 불러일으킬 수 없으므로 적절하지 않다.

④ 유지 장애를 치료하려면 멜라토닌 분비를 촉진해야 한다.

　　멜라토닌은 잠 잘 시간을 조절하는 역할을 하는 것이지, 잠을 유지하는 기능과는 관계가 없다.

⑤ 조기 각성은 평소에 카페인을 섭취하지 않았기 때문이다.

　　카페인은 아데노신의 수면 신호를 차단하는 물질이므로 조기 각성이 발생했다면 평소에 카페인을 과하게 섭취했을 가능성이 있다.

---

04 세부 내용 이해하기

ⓐ, ⓑ에 들어갈 말을 윗글에서 찾아 차례대로 쓰시오.

　　백야는 밤에도 한낮처럼 밝게 빛나는 현상을 가리킵니다. 백야 현상이 나타나는 고위도 국가의 사람들은 백야 기간에 쉽게 잠을 이루지 못하는데, (ⓐ)이/가 (ⓑ)을/를 정상적으로 감지할 수 없어 분비되지 못하기 때문입니다.

정답

멜라토닌, 일조량

⇢ 어린 매화나무는 ㉠ 꽃 피느라 한창이고
대조
⇢ 사백 년 고목은 꽃 지느라 한창인데

구경꾼들 고목에 더 몰려섰다
▶ 어린 매화나무와 고목을 보는 구경꾼의 모습

『둥치*도 가지도 꺾이고 구부러지고 휘어졌다
『 』: 시각적 심상을 활용하여 상처를 지닌 고목의 모습을 표현함
갈라지고 뒤틀리고 터지고 또 튀어나왔다

진물*은 얼마나 오래 고여 흐르다가 말라붙었는지

주먹만큼 굵다란 혹이며 패인 구멍들이 험상궂다

거무죽죽한 혹도 구멍도 모양 굵기 깊이 빛깔이 다 다르다』

새 진물이 번지는가 개미들 바삐 오르내려도
현재까지도 고목이 고통을 받으며 상처를 만들어 내고 있음
의연하고 의젓하다
상처를 지닌 고목의 모습을 보며 화자가 느낀 감정
사군자* 중 으뜸답다
▶ 상처를 지닌 고목의 의연한 모습

꽃구경이 아니라 ㉡ 상처 구경이다

『상처 깊은 이들에게는 훈장(勳章)으로 보이는가
『 』: 보는 사람에 따라 다르게 느껴지는 고목의 상처를 의미함
상처 도지는 이들에게는 부적(符籍)으로 보이는가』
고목이 매화나무임을 알 수 있음
ⓐ 백 년 못 된 사람이 매화 사백 년의 상처를 헤아리랴마는
인간과 고목이 살아온 시간을 비교함으로써 고목이 가진 상처의 깊이를 인식하게 함
『감탄하고 쓸어 보고 어루만지기도 한다
『 』: 촉각적 심상, 후각적 심상을 활용하여 고목의 상처를 표현함
만졌던 손에서 **향기까지 맡아** 본다』

진동하겠지 상처의 향기
후각적 심상, 도치법을 활용하여 상처의 향기를 강조함
상처야말로 더 꽃인 것을 ┐: 진정한 아름다움을 비유한 표현
고통을 이겨낸 상처가 꽃보다   ▶ 고목의 상처에서 향기를 맡는 사람
아름답다는 것을 역설적으로 표현함   들의 모습을 통한 화자의 깨달음
- 유안진, 〈상처가 더 꽃이다〉 -

* 둥치: 큰 나무의 밑동.
* 진물: 부스럼이나 상처 따위에서 흐르는 물.
* 사군자(四君子): 동양화에서, 매화·난초·국화·대나무를 그린 그림.

01   표현상의 특징 파악하기   답 | ④

윗글에 대한 설명으로 적절하지 않은 것은?

정답 선지 분석

④ 의문문을 활용하여 고목의 상처를 제대로 이해하지 못하는 사람들을 비판하고 있다.

윗글에서 '상처 깊은 이들에게는 훈장으로 보이는가/상처 도지는 이들에게는 부적으로 보이는가'를 통해 의문을 나타내는 종결 어미를 사용한 것을 확인할 수 있으나, 이를 통해 고목의 상처를 제대로 이해하지 못하는 사람들을 비판하고 있지는 않다.

오답 선지 분석

① 역설적 표현을 활용하여 상처가 지닌 고귀함과 아름다움을 강조하고 있다.

윗글에서는 '상처야말로 더 꽃인 것을'이라는 구절을 통해 역설적 표현을 사용하였음을 알 수 있으며, 이를 통해 상처가 지닌 고귀함과 아름다움을 강조하고 있다.

② 다양한 심상을 활용하여 상처를 입은 고목의 모습을 생생하게 드러내고 있다.

윗글에서는 시각적 심상, 촉각적 심상, 후각적 심상을 활용하여 상처를 입은 고목의 모습을 표현하고 있다.

③ 문장 성분의 순서를 바꾸는 도치법을 통해 고목의 강렬한 향기를 강조하고 있다.

윗글의 '진동하겠지 상처의 향기'라는 구절을 통해 문장 성분의 순서를 바꾸는 도치법을 사용하였음을 알 수 있고 이를 통해 고목의 강렬한 향기를 강조하고 있다.

⑤ 서로 대조적인 이미지의 시어인 매화나무와 고목을 활용하여 고목의 모습을 부각하고 있다.

윗글에서 한창 꽃을 피우는 어린 매화나무와 꽃이 지고 있는 사백 년 고목을 활용하여 윗글의 중심소재인 고목의 모습을 부각하고 있다.

02   시어의 의미 파악하기   답 | ⑤

㉠, ㉡을 비교한 내용으로 적절하지 않은 것은?

정답 선지 분석

⑤ ㉠과 ㉡ 모두 사람들이 향기를 맡고 있는 대상이다.

㉠은 어린 매화나무의 꽃, ㉡은 꽃이 진 고목의 상처를 가리킨다. 윗글에서 구경꾼들이 상처를 지닌 고목의 향기를 맡아 본다고 하였으나, 사람들이 꽃의 향기를 맡았다는 서술은 윗글에서 찾아볼 수 없다.

오답 선지 분석

① ㉠은 ㉡과 달리 일반적으로 더 아름답다고 느끼는 대상이다.

㉠은 한창 피는 어린 매화나무의 꽃이고, ㉡은 꽃이 진 고목의 상처이므로, 꽃은 상처와 달리 사람들이 일반적으로 더 아름답다고 느끼는 대상이라고 볼 수 있다.

② ㉡은 ㉠과 달리 화자에게 깨달음을 주는 대상이다.

화자는 고목의 상처를 통해 고통을 이겨낸 상처가 꽃보다 더 아름답다는 것을 시의 마지막 구절을 통해 나타내고 있으므로 상처는 꽃과 달리 화자에게 깨달음을 주는 대상으로 볼 수 있다.

③ ㉡은 ㉠과 달리 보는 사람에 따라 그 의미가 달라질 것이다.

화자는 고목의 상처가, 상처 깊은 이들에게는 훈장으로 보일 것이고 상처가 도지는 사람들에게는 부적으로 보일 것이라 하였으므로 상처는 꽃과 달리 보는 사람에 따라 그 의미가 달라질 것이라고 볼 수 있다.

④ ㉠과 ㉡ 모두 사람들이 구경할 수 있는 대상이다.

윗글에서 화자는 어린 매화나무보다 상처가 있는 사백 년 고목에 구경꾼들이 더 몰려섰다고 하였으므로, 꽃과 상처 모두 사람들이 구경할 수 있는 대상이다.

03   외적 준거를 바탕으로 작품 이해하기   답 | ④

보기를 참고하여 윗글을 이해한 것으로 적절하지 않은 것은?

보기

심미적 인식은 인간을 포함한 세계를 아름다움의 관점에서 바라보는 것이고, 심미적 체험은 어떤 대상에서 감동이나 깨달음을 얻으며 아름다움을 느끼는 것을 말한다. 문학 작품을 창작하는 과정에서 작가는 심미적 인식과 더불어 어떤 대상과 관련하여 인상적으로 느끼거나 깨달은 심미적 체험을 작품에 활용하고, 독자는 문학 작품을 감상하는 과정에서 감동이나 깨달음을 얻고 다양한 정서를 느끼는 등의 심미적 체험을 하게 된다.

정답 선지 분석

④ '상처야말로 더 꽃'이라는 표현에는 작가가 어린 매화나무와 관련하여 인상적으로 느끼거나 깨달은 심미적 체험이 반영되어 있다.

'상처야말로 더 꽃'이라는 표현에는 작가가 어린 매화나무가 아닌, 상처를 지닌 고목과 관련하여 인상적으로 느끼거나 깨달은 심미적 체험이 반영되어 있다.

오답 선지 분석

① 윗글의 '구경꾼들'은 어린 매화나무가 아닌 '꽃 지느라 한창인' 고목을 보면서 아름다움을 느끼는 심미적 체험을 하고 있다.

〈보기〉에 따르면 심미적 체험은 어떤 대상에서 감동이나 깨달음을 얻으며 아름다움을 느끼는 것이라고 하였다. 윗글에서 '구경꾼들'은 고목을 보며 '감탄하고 쓸어보고 어루만지'고 있다고 하였으므로 심미적 체험을 하고 있다고 볼 수 있다.

② 작가는 윗글을 창작하는 과정에서 고목의 '갈라지고 뒤틀리고 터지고 또 튀어나'와 있는 모습을 보며 아름다움을 느꼈던 심정을 활용하였다.

〈보기〉에서 작가는 문학 작품을 창작하는 과정에서 심미적 체험을 작품에 활용한다고 하였으므로 고목을 보고 느낀 감동과 깨달음을 작품에 활용하였다고 볼 수 있다.

③ 작가는 고목에 서서 '감탄하고 쓸어 보고 어루만지'고 '향기까지 맡아' 보던 '구경꾼들'의 모습을 아름다움의 관점에서 바라보고 있다.

〈보기〉에서 작가는 심미적 인식과 더불어 심미적 체험을 작품에 활용한다고 하였다. 이때 심미적 인식은 인간을 포함한 세계를 아름다움의 관점에서 바라보는 것이므로 고목을 감상하는 '구경꾼들'을 아름다움의 관점에서 바라보고 있다고 할 수 있다.

⑤ 윗글을 감상한 독자들은 상처는 사람을 성장시키는 동력이라는 깨달음을 얻고 상처가 가진 아름다움을 느낄 수 있다.

〈보기〉에 따르면 독자는 문학 작품을 감상하는 과정에서 감동이나 깨달음을 얻고 다양한 정서를 느낀다고 하였으므로, 윗글을 감상한 독자들 또한 깨달음을 얻고 다양한 정서를 느낄 것이다.

04 구절의 의미 파악하기

다음은 ⓐ를 통해 알 수 있는 내용을 서술한 것이다. ㉮, ㉯에 들어갈 말을 차례대로 쓰시오.

ⓐ는 인간과 고목이 살아온 살아온 시간을 비교하며 고목의 고통과 (㉮)의 깊이를 인식하게 한다. 또한 고목의 종류가 (㉯)나무임을 확인할 수 있다.

정답

상처, 매화

문학 2 **박씨전(작자 미상)**

빠른 정답 체크 01 ③ 02 ④ 03 ① 04 무지개, 얼음

[앞부분 줄거리] 조선 인조 때, 박 처사의 딸과 혼인한 이시백은 박 씨의 용모가 천하의 박색*임을 알고 박 씨를 대면조차 하지 않는다. 박 씨는 이 상공에게 청하여 뒤뜰에 피화당이라는 조그마한 집을 짓고 여종 계화와 함께 지낸다. 박 씨는 여러 신이한 능력을 드러내 보이지만 이시백은 박 씨를 박대한다. 때가 되어 박 씨가 허물을 벗고 절세가인*이 되자, 시백은 기뻐하며 박 씨를 따른다. 이때 중국의 호왕이 용골대 형제를 내세워 조선을 침략하고, 조선의 왕비와 세자를 포로로 잡아가려 한다.

용골대가 모든 장졸을 뒤로 물린 후, 왕비와 세자, 대군을 모시고 장안의 재물과 미녀를 거두어 돌아갈 채비를 꾸렸다. 오랑캐
_{병자호란으로 인해 청나라에 재물을 약탈당하고 많은 사람들이 포로로 끌려 감}

에게 잡혀가는 사람들의 슬픈 울음소리가 장안을 진동했다.
_{전쟁으로 인한 백성들의 고통}
박 씨가 계화를 시켜 용골대에게 소리쳤다.

"무지한 오랑캐 놈들아! 내 말을 들어라. 조선의 운수가 사나워 은혜도 모르는 너희에게 패배를 당했지만, 왕비는 데려가지 못
_{이전에, 조선이 청나라를 위협하던 가달국을 물리쳐 준 일을 언급함}
할 것이다. 만일 그런 뜻을 둔다면 내 너희를 몰살할 것이니 당장 왕비를 모셔 오너라."

하지만 용골대는 오히려 코웃음을 날렸다.

"참으로 가소롭구나. 우리는 이미 조선 왕의 항서*를 받았다. 데려가고 안 데려가고는 우리 뜻에 달린 일이니, 그런 말은 입 밖에 내지도 마라."

오히려 욕설만 무수히 퍼붓고 듣지 않자 계화가 다시 소리쳤다.

"<u>너희의 뜻이 진실로 그러하다면 이제 내 재주를 한 번 더 보여</u>
_{왕비를 데려가려 한다면}
주겠다."

「계화가 주문을 외자 문득 공중에서 두 줄기 무지개가 일어나며
_{「」: 비현실적 요소}
모진 비가 천지를 뒤덮을 듯 쏟아졌다. 뒤이어 ㉠ 얼음이 얼고 그 위로는 흰 눈이 날리니, 오랑캐 군사들의 말발굽이 땅에 붙어 한 걸음도 옮기지 못하게 되었다.」그제야 용골대는 사태가 예사롭지 않음을 깨달았다.

「"당초 우리 왕비께서 분부하시기를 장안에 신인*이 있을 것이
_{「」: 청나라의 왕비는 이미 박 씨의 비범한 능력을 알고 있었음}
니 이시백의 후원을 범하지 말라 하셨는데,」과연 그것이 틀린 말이 아니었구나. 지금이라도 부인에게 빌어 무사히 돌아가는 편이 낫겠다."

용골대가 갑옷을 벗고 창칼을 버린 뒤 **무릎을 꿇고 애걸하**였다.
_{박 씨의 능력을 깨닫고 항복함}
"소장이 천하를 두루 다니다 조선까지 나왔지만, 지금까지 무릎
_{자신을 낮추는 표현}
을 꿇은 적은 한 번도 없었습니다. 이제 부인 앞에 무릎을 꿇어 비나이다. 부인의 명대로 왕비는 모셔 가지 않을 것이니, 부디 길을 열어 무사히 돌아가게 해 주십시오."

무수히 애원하자 그제야 박 씨가 발을 걷고 나왔다.

"원래는 너희의 씨도 남기지 않고 모두 죽이려 했었다. 하지만 내가 사람 목숨 죽이는 것을 좋아하지 않기에 용서하는 것이니, 네 말대로 **왕비는 모셔 가지** 마라. 너희가 부득이 세자와 대군
_{박 씨가 용골대에게 요구한 것}
을 모셔 간다면 그 또한 하늘의 뜻이기에 거역하지 못하겠구나.
_{실제 청나라는 소현 세자와 봉림 대군을 포로로 데려감}
부디 조심하여 모셔 가라. 그렇게 하지 않으면 신장과 갑옷 입은 군사를 몰아 너희를 다 죽인 뒤, 너희 국왕을 사로잡아 분함을 풀고 무죄한 백성까지 남기지 않을 것이다. ㉡ 나는 앉아 있어도 모든 일을 알 수 있다. 부디 내 말을 명심하여라."
_{자신의 능력을 확인시키며 경고함}

오랑캐 병사들은 황급히 머리를 조아리고 용골대는 다시 애원을 했다.

ⓒ "말씀드리기 황송하오나 소장 아우의 머리를 내주시면, 부인의 태산 같은 은혜를 잊지 않을 것이옵니다."

하지만 박 씨는 고개를 저었다.

"듣거라. 옛날 조양자*는 지백*의 머리를 옻칠하여 두고 진양성에서 패한 원수를 갚았다 하더구나. 우리도 **용울대의 머리를 내어 주지 않고 남한산성에서 패한 분을** 조금이라도 풀 것이다.
<small>전쟁의 패배에 대한 상실감을 회복하고 대리 만족하려는 백성들의 욕구를 반영함</small>
아무리 애걸을 해도 그렇게는 하지 못하겠다."

이 말을 들은 용골대는 그저 용울대의 머리를 보고 통곡할 수밖에 없었다. 어쩔 도리 없이 하직*하고 행군하려 하는데 박 씨가 다시 용골대를 불렀다.

"너희들이 그냥 가기는 섭섭할 듯하니 의주로 가서 경업 장군을 뵙고 가라." <small>용골대를 치기 위한 계획</small>

'우리는 이미 조선 임금의 항서를 받았다. 경업이 아무리 훌륭한 장수라 한들 이제 와서 어찌하겠는가?'

용골대는 박 씨의 속내를 모르고, 이런 생각을 하면서 하직 인사를 했다. 이어 <small>임경업 장군으로 하여금 용골대 군대를 치게 하려는 생각</small> ⓔ 빼앗은 금과 은을 장졸들에게 나누어 준 뒤 세자와 대군, 그리고 포로들을 데리고 길을 떠났다.

(중략)

용골대는 포로와 군사를 거느리고 의기양양하게 의주를 향해 나아갔다. 북소리와 함성 소리에 천지가 흔들리고 드날리는 깃발과 창칼에 해가 그 빛을 잃을 지경이었다.

한편 임경업은 그동안 한양과 의주 사이에 연락이 끊겼다가, 오<small>실제 역사적 인물을 삽입하여 사실성을 부여함</small>랑캐들이 침범했다는 소식을 뒤늦게 들었다. 끓어오르는 분노를 참지 못한 경업은 한양으로 가기 위해 군사를 이끌고 의주를 출발하려 했다. 바로 그때, 박 씨의 말을 곧이듣고 의주로 들어오고 있는 용골대 일행과 맞닥뜨렸다.

「이들이 오랑캐임을 한눈에 알아본 경업이 비호*와 같이 달려<small>「」: 임경업 장군이 용골대를 공격함</small>들어 선봉 장수의 머리를 한칼에 베어 들고 거침없이 적군을 무찔렀다. 방심하고 있던 적군이 허둥거리며 흩어지니, 적군의 머리가 가을바람에 낙엽 지듯 떨어졌다.」한유와 용골대는 그제야 ⓜ 박 씨의 계책에 빠져든 것을 알고 급히 군사를 뒤로 물렸다.

"부인이 의주로 가 임경업을 보라 한 것은 우리를 다시 치고자 함이었구나. 그 꾀를 어찌 당할 수 있겠는가?"

용골대가 하늘을 우러러 탄식을 했다.

경업이 한칼에 적진의 장졸들을 무수히 죽이고 바로 용골대를

치려 하는데, 용골대가 황급히 **조선 왕의 항서를 경업에게 건넸다.**

항서를 뜯어 읽어 본 경업은 칼을 땅에 던지고 대성통곡을 했다.

"슬프다. 조정에 소인이 있어 나라를 망하게 했구나. 하늘은 어찌 이리도 무심한가?"

통곡을 하다가 분함을 이기지 못하여 다시 칼을 들고 적진으로 달려 들어갔다.

"네 나라가 지금까지 지탱한 것이 모두 나의 힘인 줄 어찌 모르<small>이전에, 임경업과 이시백을 필두로 한 조선군이 청나라를 위협하던 가달국을 물리쳤음</small>느냐? 이 오랑캐들아! 너희가 하늘의 뜻을 어기고 우리나라에 들어와 이같이 악행을 저지르니, 마땅히 씨도 남기지 말고 없애 버려야 할 것이다. 하지만 우리나라의 운수가 불행하여 그렇게 된 일이고, 또 왕의 명령을 거역할 수 없으니 부득이 살려 보낼 수밖에 없구나. 부디 세자와 대군을 평안히 모시고 돌아가도록 하라."

한바탕 꾸짖은 후 돌려보내니, 그제야 오랑캐 장수들은 막힌 길을 뚫고 본국으로 돌아갔다.

- 작자 미상, 〈박씨전〉 -

* 박색(薄色): 아주 못생긴 얼굴. 또는 그런 사람. 흔히 여자에게 많이 쓴다.
* 절세가인(絕世佳人): 세상에 견줄 만한 사람이 없을 정도로 뛰어나게 아름다운 여인.
* 항서(降書): 항복을 인정하는 문서.
* 신인(神人): 신과 같이 신령하고 숭고한 사람.
* 조양자: 중국 전국 시대 초기 조나라의 제후(諸侯).
* 지백: 중국 춘추 시대 진나라 사람으로 조양자를 공격했지만 패배함.
* 하직(下直): 먼 길을 떠날 때 웃어른께 작별을 고하는 것.
* 비호(飛虎): 나는 듯이 빠르게 달리는 범.

01 인물의 특징 파악하기   답 | ③

인물에 대한 설명으로 적절하지 않은 것은?

정답 선지 분석

③ 용골대는 아우의 죽음을 슬퍼하며 그의 머리를 가지고 청나라로 돌아간다.
<small>윗글에서 용골대는 박 씨에게 아우인 용울대의 머리를 돌려줄 것을 청했으나, 박 씨는 '용울대의 머리를 내어 주지 않고 남한산성에서 패한 분을 조금이라도 풀'고자 거절하였으므로 용울대의 머리를 가지고 청나라로 돌아가지 못한다.</small>

오답 선지 분석

① 임경업은 왕의 명령을 충실히 따르는 충직한 인물이다.
<small>윗글에서 임경업은 용골대를 없애 버리고자 했지만, 항서를 보고 왕의 명령을 거역할 수 없기에 살려 보낸다고 하였으므로 적절하다.</small>

② 계화는 박 씨와 함께 비범한 재주를 부리며 용골대를 제압한다.
<small>윗글에서 계화는 박 씨를 대신하여 용골대에게 박 씨의 말을 전하고, 재주를 부려 용골대를 곤란에 빠뜨리게 하고 있으므로 적절하다.</small>

④ 청나라의 왕비는 조선을 침략하기 전부터 이미 박 씨의 신이한 능력을 알고 있었다.
<small>윗글에서 용골대가 '당초 우리 왕비께서 분부하시기를 장안에 신인이 있을 것이니 이시백의 후원을 범하지 말라 하셨는데'라고 말한 것으로 보아 청나라의 왕비가 박 씨의 신이한 능력을 전쟁 이전부터 알고 있었음을 알 수 있다.</small>

⑤ 박 씨는 세자와 대군이 청나라에 잡혀가는 것을 자신의 힘으로 막을 수 없다고 생각한다.

윗글에서 박 씨는 세자와 대군을 포로로 끌고 가려는 용골대에게 '너희가 부득이 세자와 대군을 모셔 간다면 그 또한 하늘의 뜻이기에 거역하지 못하겠구나'라고 하였으므로 적절하다.

02 작품의 내용 파악하기   답 | ④

ㄱ~ㄷ에 대한 내용으로 적절하지 않은 것은?

정답 선지 분석

④ ㄹ: 박 씨와 계화가 용골대로부터 빼앗은 재산을 백성들에게 돌려주고 있다.

ㄹ에서는 용골대가 조선 백성으로부터 빼앗은 재산을 청나라로 가지고 가는 모습을 서술하고 있으므로 적절하지 않다.

오답 선지 분석

① ㄱ: 비현실적 요소를 통해 용골대가 곤란에 빠지고 있다.

ㄱ은 계화가 재주를 부려 용골대를 곤란에 빠뜨리는 장면으로 비현실적 요소가 드러난다.

② ㄴ: 박 씨가 자신의 비범한 능력을 재차 확인시키며 용골대를 향해 경고하고 있다.

ㄴ에서 박 씨는 자신의 능력을 용골대에게 다시 한번 강조함으로써 세자와 대군을 안전하게 모셔 가라는 경고를 하고 있다.

③ ㄷ: 용골대가 박 씨로부터 아우의 머리를 돌려받고자 자신을 낮춰 말하고 있다.

ㄷ의 '황송하오나', '소장' 등을 통해 용골대가 박 씨로부터 아우의 머리를 돌려받고자 자신을 낮춰 표현하고 있음을 알 수 있다.

⑤ ㅁ: 박 씨가 임경업의 군대로 하여금 용골대를 공격하게 한 것을 의미한다.

ㅁ은 용골대가 임경업의 군대에게 공격을 받게 하려는 박 씨의 계책을 의미한다.

03 외적 준거를 바탕으로 작품 이해하기   답 | ①

보기 를 참고하여 윗글을 이해한 것으로 적절하지 않은 것은?

보기

〈박씨전〉의 역사적 배경인 병자호란은 실제 조선이 패배한 전쟁으로, 소현 세자와 봉림 대군을 포함한 많은 백성들이 청나라에 포로로 끌려가는 수모를 안겼다. 작품에서는 이러한 역사적 사실과 더불어 실제 인물을 등장시킴으로써 사실성을 높였으며 실제와 다른 결말을 통해 백성들이 느꼈던 패배의 치욕을 씻고 전쟁의 상처를 보상받고자 하였다. 또한 탁월한 능력을 지닌 여성이 활약하는 장면을 제시하여 사대부 남성들의 무능력을 비판하였다.

정답 선지 분석

① 용골대가 박 씨에게 '무릎을 꿇고 애걸'하는 모습을 통해 작가는 당시 조선 사대부 남성들의 무능력을 비판하고자 하였겠군.

용골대가 박 씨에게 '무릎을 꿇고 애걸'한 것은 청나라 장수였던 용골대가 우리나라의 여인인 박 씨의 재주에 곤욕을 치러 스스로 항복하고자 하는 의도에서 한 행동이므로 당시 조선 사대부 남성들의 무능력이 아닌 병자호란의 패배에 대한 치욕을 씻고 대리 만족을 경험하려는 백성들의 염원이 반영되어 있다고 볼 수 있다.

② '왕비는 모셔 가지' 말라는 박 씨의 말은 청나라가 세자와 대군만을 인질로 데려간 역사적 사실과 관련이 있겠군.

〈보기〉에서 병자호란 이후 소현 세자와 봉림 대군이 청나라에 끌려갔다고 하였으므로, 왕비를 제외한 세자와 대군만을 모셔가라는 박 씨의 말은 역사적 사실과 관련이 있다.

③ '용율대의 머리를 내어주지 않고 남한산성에서 패한 분을' 풀 것이라는 박 씨의 말은 병자호란의 치욕을 씻으려는 백성의 염원이 반영되었군.

〈보기〉에서 박씨전은 패배의 치욕을 씻고 전쟁의 상처를 보상받고자 하는 백성들의 염원이 반영되었다고 하였으므로 '남한산성에서 패한 분을' 풀 것이라는 말은 병자호란의 역사적 사실에 따른 백성의 염원이 담겨있다고 볼 수 있다.

④ 용골대가 '조선 왕의 항서를 경업에게 건'넨 것은 실제 병자호란의 역사적 사실과 관련이 있군.

용골대가 '조선 왕의 항서를 경업에게 건'넨 것은 조선이 청나라에게 항복했다는 사실을 알리기 위한 것이므로 병자호란에서 조선이 패배한 역사적 사실과 관련이 있다.

⑤ 실제 인물인 임경업을 작품에 등장시킴으로써 사실성을 높이고자 하였던 작가의 의도를 알 수 있군.

〈보기〉에서 〈박씨전〉은 실제 인물을 등장인물로 활용함으로써 사실성을 높였다고 하였으므로, 실제 병자호란에 참여하였던 인물인 임경업이 〈박씨전〉에 등장한 것은 작품의 사실성을 높이고자 하였던 작가의 의도가 반영되어 있다고 볼 수 있다.

04 작품의 내용 이해하기

ⓐ, ⓑ에 들어갈 말을 윗글에서 찾아 차례대로 쓰시오.

'고전 소설의 전기성'은 현실적으로 일어나기 어려운 신기하고 괴이한 일을 전하는 고전 소설의 특성이다. 〈박씨전〉에서는 계화가 주문을 외자 (ⓐ)이/가 일어나며 비가 쏟아지고, (ⓑ)이/가 얼고 흰 눈이 날리는 내용이 이에 해당한다.

정답

무지개, 얼음

| 본문 | 105쪽

문법 사이시옷의 표기 조건

▶ 빠른 정답 체크 **01** ③ **02** ① **03** 외래어, 핑크빛

사이시옷이란 <u>두 단어 또는 형태소가 결합하여 만들어진 합성어</u>
<u>사이시옷의 개념</u>
<u>의 두 요소 사이에 표기하는 'ㅅ'을 말한다.</u> '한글 맞춤법'에 따르

면 다음과 같은 조건들이 만족되어야 사이시옷을 표기할 수 있다.

우선, 「두 단어가 결합하는 형태가 고유어와 고유어의 결합, 고
「」: 사이시옷을 표기할 수 있는 조건
유어와 한자어의 결합, 한자어와 고유어의 결합으로 이루어진 합

성어인 경우」 사이시옷을 표기할 수 있다. 단일어이거나 접사가
사이시옷을 표기할 수 없는 경우 ①
결합하여 만들어진 단어인 파생어에는 사이시옷이 표기되지 않

고, 외래어가 포함된 합성어나 한자어만으로 구성된 합성어의 경
사이시옷을 표기할 수 없는 경우 ②
우에도 사이시옷은 표기되지 않는다. 단, 「곳간(庫間), 셋방(貰房),

숫자(數字), 찻간(車間), 툇간(退間), 횟수(回數)」라는 한자어는 예
「」: 한자어만으로 구성된 합성어에서 사이시옷을 표기하는 경우
외적으로 사이시옷을 표기한다.

다음으로 이러한 합성어의 앞말이 모음으로 끝나고 두 단어가
고유어+고유어, 고유어+한자어, 한자어+고유어
결합하여 발생하는 음운론적 현상이 다음 중 하나에 해당하여야

한다. 첫째, 뒷말의 첫소리가 된소리로 바뀌는 경우, 둘째, 뒷말
사이시옷을 표기할 수 있는 음운론적 현상 ①
의 첫소리 'ㄴ, ㅁ' 앞에서 'ㄴ' 소리가 덧나는 경우, 셋째, 뒷말의
사이시옷을 표기할 수 있는 음운론적 현상 ②
첫소리 모음 앞에서 'ㄴㄴ' 소리가 덧나는 경우에 사이시옷을 표
사이시옷을 표기할 수 있는 음운론적 현상 ③
기할 수 있다.

---

01 사이시옷의 표기 이해하기   답 | ③

윗글을 바탕으로 사이시옷 표기에 대해 이해한 내용으로 적절하지 않은 것은?

▶ 정답 선지 분석

③ '코마개'와 달리 '콧날'은 뒷말의 첫소리 모음 앞에서 'ㄴㄴ' 소리가 덧나기
때문에 사이시옷이 표기된 것이겠군.
'콧날'은 '코'와 '날'이 결합해 [콘날]로 발음되므로 '뒷말의 첫소리 'ㄴ, ㅁ' 앞에서 'ㄴ'
소리가 덧나는 경우'에 해당하기 때문에 적절하지 않다.

▶ 오답 선지 분석

① '아래웃'과 달리 '아랫마을'은 앞말의 끝소리에 'ㄴ' 소리가 덧나기 때문에 사
이시옷이 표기된 것이겠군.
'아랫마을'은 [아래올]으로 발음되는 '아래웃'과 달리 '아래'와 '마을'이 결합하는 과정
에서 뒷말의 첫소리인 'ㅁ' 앞에서 'ㄴ' 소리가 덧나 [아랜마을]로 발음되므로 사이시
옷을 표기할 수 있는 조건에 해당한다.

② '고깃국'과 달리 '해장국'은 앞말이 모음으로 끝나지 않았기 때문에 사이시옷
이 표기되지 않은 것이겠군.
사이시옷은 합성어의 앞말이 모음으로 끝나는 것을 전제 조건으로 삼는다. 따라서 자
음 'ㅇ'으로 끝나는 '해장국'과 달리 '고깃국'은 '고기'와 '국'이 결합한 단어로, 앞말인
'고기'가 모음으로 끝나기 때문에 사이시옷을 표기하였다.

---

④ '우윳빛'과 달리 '오렌지빛'은 합성어를 구성하는 단어의 결합 형태를 고려하
여 사이시옷을 표기하지 않은 것이겠군.
'우윳빛'은 한자어 '우유'와 고유어 '빛'이 결합된 형태이고, '오렌지빛'은 외래어 '오렌
지'와 고유어 '빛'이 결합된 형태이다. '오렌지빛'은 '우윳빛'과 달리 '외래어가 포함된
합성어'로 사이시옷을 표기하지 않는 경우에 해당하기 때문에 적절하다.

⑤ '모래땅'과 달리 '모랫길'은 두 단어가 결합할 때 뒷말의 첫소리가 된소리로
바뀌었기에 사이시옷이 표기된 것이겠군.
'모래땅'은 '모래'와 '땅'이 결합된 형태로 뒷말의 첫소리가 본래 된소리이다. '모랫길'
은 '모래'와 '길'이 결합하여 [모래낄/모랟낄]로 발음되므로 '뒷말의 첫소리가 된소리로
바뀌는 경우'에 해당하여 사이시옷이 표기된 것이므로 적절하다.

---

02 사이시옷의 표기 적용하기   답 | ①

**보기 는 윗글을 이해하기 위한 탐구 학습지의 일부이다. ㉠~㉢에 들어갈
말로 적절한 것은?**

▶ 보기

[탐구 과제]

[탐구 자료]를 활용하여 제시된 단어들의 올바른 표기를 쓰고, 그 이유
를 설명해 보자.

| · 해+살 → (   ) | · 해+님 → (   ) |

[탐구 자료]

살² 「명사」
(일부 명사 뒤에 붙어) 해, 별, 불 또는 흐르는 물 따위의 내비치는 기운.
살-⁶ 「접사」
온전하지 못함의 뜻을 더하는 접두사.
-님⁴ 「접사」
(사람이 아닌 일부 명사 뒤에 붙어) '그 대상을 인격화하여 높임'의 뜻을
더하는 접미사.
님⁵ 「명사」
(일부 속담에 쓰여) '임'을 이르는 말.

[탐구 결과]

'해'와 '살'이 결합한 단어의 표기는 (㉠   )이고, '해'와 '님'이 결합
한 단어의 표기는 (㉡   )입니다. 사이시옷은 합성어의 두 요소 사이에
표기하는 것이기 때문에 (㉢   )가 결합한 경우 사이시옷을 적지 않습
니다.

▶ 정답 선지 분석

	㉠	㉡	㉢
①	햇살	해님	접사

'해'와 '살'이 결합할 때, 이때의 '살'은 [탐구 자료]의 '살²'에 해당하는 명사이므로 ㉠
은 합성어이다. 합성어에서 뒷말의 첫소리가 된소리로 바뀌는 경우 사이시옷을 표기하
는데, '해'와 '살'이 결합할 때, 뒷말의 첫소리가 된소리로 바뀌므로 ㉠에 들어갈 말은
'햇살'이다. '해'와 '님'이 결합할 때, 이때의 '님'은 [탐구 자료]의 '-님⁴'에 해당하는 접
사이므로, ㉡은 파생어이다. 합성어와 달리 접사가 결합하여 만들어진 단어인 파생어
에는 사이시옷이 표기되지 않으므로 '해님'의 형태가 적절하다. 따라서 ㉡에 들어갈 말
은 '해님'이고 ㉢에 들어갈 말은 '접사'이다.

보기 1 은 사이시옷이 잘못 표기된 뉴스 제목이고, **보기 2** 는 잘못된 이유와 올바른 표기법을 서술한 문장이다. ⓐ, ⓑ에 들어갈 말을 차례대로 쓰시오.

보기 1

'아이돌 가수 A ♥ 배우 B, 3년째 핑큿빛 연애중…'

보기 2

(ⓐ)이/가 포함된 합성어이기 때문에 (ⓑ)(으)로 고쳐야 한다.

정답

외래어, 핑크빛

독서　　**프로그래밍 언어**

빠른 정답 체크 　**01** ②　**02** ④　**03** ④　**04** 자연어, 컴퓨터, 기계어

일반적으로 프로그램이란 컴퓨터를 실행시키기 위해 작성한
　　　　　　　　　　　　　　　프로그램의 개념
명령어들의 집합을 뜻한다. 이때 프로그램을 작성하는 사람을
프로그래머, 프로그램을 작성하는 과정을 프로그래밍이라 한다.
ㄱ 프로그래밍 언어는 컴퓨터 시스템을 작동시키는 프로그램인
　　　　　　　　　　프로그래밍 언어의 개념
소프트웨어를 작성하기 위해 고안된 언어로, 현재 우리가 사용하
는 모든 소프트웨어는 프로그래밍 언어를 활용한 프로그래밍을
통해 만들어졌다. 초창기 프로그래머들은 0과 1로 이루어진 기계
어를 통해 컴퓨터에게 직접 명령을 내렸으나, 자연어를 구사하는
사람이 기계어를 사용하기에는 너무 어려웠기 때문에 점차 사람
이 다루기 쉬운 형태의 프로그래밍 언어로 발전되어 왔다. 이때,
　　프로그래밍 언어는 자연어를 활용하며 발전됨
컴파일러라는 프로그램을 활용하는데, 사람이 이해하기 쉬운 형
태의 프로그래밍 언어로 프로그램을 작성하면 컴파일러는 컴퓨
터가 이해할 수 있는 형태의 기계어로 변환시켜 실행하는 것이다.
　　컴파일러의 개념　　▶1문단: 프로그래밍 언어의 개념과 특징
이에 따라 현재의 프로그래밍 언어는 저급 언어와 고급 언어로
구분되는데, 저급 언어는 하드웨어에 관련된 직접 제어가 가능한
　　　　　　　　　　　　저급 언어의 특징
언어이다. 반면 고급 언어는 하드웨어와 관련된 지식이 없어도
　　　　　　　　　　　　　　　고급 언어의 특징
프로그램 작성이 가능한 언어이며, 사람이 사용하는 언어에 가까
워 독립적인 문법 구조를 지니기도 한다. 그러나 고급 언어를 사
용하기 위해서는 컴파일러가 필수적으로 요구된다. 어셈블리어
　　　　　　　　　　고급 언어의 사용 조건
는 대표적인 저급 언어로 프로그래밍이 연구되던 초기에 사용된
프로그래밍 언어이다. 컴퓨터를 위한 단순한 형태의 언어이기 때
문에 실행 속도가 빠르다는 장점이 있다.
　어셈블리어의 장점　　▶2문단: 프로그래밍 언어의 분류 기준과 저급 언어의 특징

고급 언어는 기계어의 번역 방식에 따라 인터프리터 언어와 컴
파일 언어로 나뉜다. 인터프리터 언어는 명령어를 하나하나 번역
　　　　　　　　　　　　　　　인터프리터 언어의 특징
하기 때문에 실행 속도가 느리지만, 작성 중인 프로그램의 진행
과정을 정확하게 파악할 수 있으며 오류가 생겼을 때 수정이 용이
　인터프리터 언어의 장점 ①　　　　　　인터프리터 언어의 장점 ②
하다는 장점이 있다. 파이썬, 자바스크립트 등이 인터프리터 언
　　　　　　　　　인터프리터 언어의 종류
어에 속한다. 컴파일 언어는 인터프리터 언어보다 인간의 사고에
맞는 고수준 언어이다. 명령어를 한꺼번에 처리하기 때문에 인터프
　　　　　　　　　　　　컴파일 언어의 특징
리터 언어보다 번역 속도는 느리지만 실행 속도가 빠르다. 그러나
　　　　　　　　　컴파일 언어의 장점
작성 중인 프로그램에 오류가 생겼을 때 수정이 어렵다는 단점이
　　　　　　　　　명령어를 한꺼번에 처리하므로
있다. C언어, C++ 등이 대표적인 컴파일 언어에 속한다.
　컴파일 언어의 종류　　▶3문단: 고급 언어인 인터프리터 언어와 컴파일 언어의 특징

01　**중심 내용 파악하기**　　　　　　　　답 | ②

윗글의 중심 내용으로 적절한 것은?

정답 선지 분석

② 프로그래밍 언어의 종류

　윗글에서는 프로그래밍 언어를 저급 언어와 고급 언어로 분류하며, 이에 대해 설명하고 있으므로 윗글의 중심 내용으로 적절하다.

오답 선지 분석

① 프로그래밍의 발전 과정

　1문단에서 언급된 내용은 프로그래밍이 아닌 프로그래밍 언어의 발전 과정이다. 또한 프로그래밍 언어의 발전 과정을 윗글의 중심 내용이라 할 수 없다.

③ 프로그래밍 언어의 활용 대상

　1문단에서 프로그래밍 언어는 현재 우리가 사용하는 모든 소프트웨어에 활용되었다고 언급되었으나, 이를 윗글의 중심 내용이라 볼 수는 없다.

④ 저급 언어와 고급 언어의 차이점

　2문단에서 하드웨어의 제어 가능성에 따라 저급 언어와 고급 언어의 차이점을 설명하고 있으나, 이를 윗글의 중심 내용이라 볼 수는 없다.

⑤ 컴파일 언어가 활용된 소프트웨어

　5문단에서 컴파일 언어의 예시를 들고 있으나, 컴파일 언어가 활용된 소프트웨어에 대한 내용은 찾을 수 없다.

02　**세부 내용 이해하기**　　　　　　　　답 | ④

ㄱ에 대한 설명으로 적절하지 않은 것은?

정답 선지 분석

④ 컴퓨터에 직접 명령을 내리는 형태로 발전되었다.

　1문단에 따르면 프로그래밍 언어는 컴퓨터에게 직접 명령을 내리던 기계어에서 점차 사람이 다루기 쉬운 형태로 발전되어 왔다.

오답 선지 분석

① 소프트웨어를 작성하기 위해 고안된 언어이다.

　1문단에 따르면 프로그래밍 언어는 컴퓨터 시스템을 작동시키는 프로그램인 소프트웨어를 작성하기 위해 고안된 언어이다.

② 수준이 높을수록 독립적인 문법 구조를 지닌다.

　2문단에 따르면 프로그래밍 언어는 저급 언어와 고급 언어로 나뉘며, 고급 언어의 경우 사람이 사용하는 언어에 가까워 독립적인 문법 구조를 지니기도 한다.

③ 하드웨어의 제어 가능성에 따라 종류가 구분된다.
2문단에 따르면 저급 언어는 하드웨어에 관련된 직접 제어가 가능한 언어이고, 고급 언어는 하드웨어에 관련된 지식이 없어도 활용이 가능하므로 적절한 설명이다.

⑤ 현재 우리가 사용하는 모든 소프트웨어에 활용되었다.
1문단에 따르면 현재 우리가 사용하는 모든 소프트웨어는 프로그래밍 언어를 활용한 프로그래밍을 통해 만들어졌다.

03 구체적 사례에 적용하기   답 | ④

윗글을 참고하여 보기 를 이해한 내용으로 적절하지 않은 것은?

보기

〈'Hello, World'를 화면에 출력하는 과정〉

```
print("Hello, World")
```

```
#include <stdio.h>
int main() {
    printf("Hello, World");
    return 0;
}
```

ⓐ 파이썬   ⓑ C언어

정답 선지 분석

④ ⓑ는 ⓐ와 달리 프로그래밍이 연구되던 초기에 사용된 프로그래밍 언어겠군.
프로그래밍이 연구되던 초기에 사용된 언어는 저급 언어다. 파이썬과 C언어는 모두 고급 언어에 해당하므로 적절하지 않다.

오답 선지 분석

① ⓐ는 ⓑ와 달리 작성 중인 프로그램의 진행 과정을 정확하게 파악할 수 있군.
파이썬은 인터프리터 언어로, 명령어를 하나하나 번역하기 때문에 실행 속도는 느리지만 작성 중인 프로그램의 진행 과정을 정확하게 파악할 수 있다는 장점이 있다.

② ⓐ는 ⓑ와 달리 작성 중인 프로그램에 오류가 생기면 쉽게 수정할 수 있겠군.
파이썬은 명령어를 하나하나 번역하기 때문에 한 번에 명령을 처리하는 컴파일 언어인 C언어와 달리 오류가 생겼을 때 수정이 용이하다.

③ ⓑ는 ⓐ와 달리 명령어를 한 번에 처리하기 때문에 실행 속도가 빠르겠군.
C언어는 컴파일 언어로, 인터프리터 언어인 파이썬과 달리 명령어를 한꺼번에 처리하여 실행 속도가 빠르다는 장점을 가진다.

⑤ ⓐ, ⓑ 모두 하드웨어와 관련된 지식이 없어도 프로그램 작성이 가능하겠군.
인터프리터 언어인 파이썬과 컴파일 언어인 C언어는 모두 고급 언어에 속한다. 2문단에 따르면 고급 언어는 하드웨어와 관련된 지식이 없어도 프로그램 작성이 가능한 언어이므로 적절하다.

04 세부 내용 이해하기

다음은 컴파일러의 개념을 서술한 것이다. 빈칸에 들어갈 말을 차례대로 골라 쓰시오.

컴파일러는 (자연어 / 기계어)를 (사람 / 컴퓨터)이/가 이해할 수 있는 형태의 (자연어 / 기계어)로 변환시켜 실행하는 프로그램이다.

정답

자연어, 컴퓨터, 기계어

[A]
화란춘성*하고 만화방창*이라
　　계절적 배경이 봄임을 알 수 있음
때 좋다 ㉠ 벗님네야 산천경개 구경 가세
죽장망혜* 단표자*로 천리강산 들어가니
　　간편한 차림새를 하고 자연 속으로 들어감

만산홍록*들은 일년일도 다시 피어

『춘색을 자랑노라 색색이 붉었는데
『」: 색채의 대비를 통해 자연의 아름다움을 드러냄(붉은색–푸른색)
창송취죽*은 창창울울한데 기화요초*」난만* 중에

꽃 속에 잠든 나비 자취 없이 날아난다

유상앵비*는 편편금*이요 화간접무*는 분분설*이라

삼춘가절*이 좋을시고 도화만발점점홍*이로구나
　　중국의 고시를 인용함   복숭아꽃이 울긋불긋 핀 모습을 표현함
어주축수애삼춘*이라더니 무릉도원이 예 아니냐
　　　　　　　　　: 설의법을 통해 아름다운 경치에 대한 만족감을 드러냄
[B] 양류세지사사록한데 황산곡리당춘절*에 연명오류*가 예
아니냐

[C]
㉡ 제비는 물을 차고 기러기 무리 지어
　　　　　　　　　　　　　 ㅁ: 음성 상징어
충천*에 높이 떠 두 날개 훨씬 펄펄

백운간에 높이 떠 천리강산 머나먼 길에

어이 갈꼬 슬피 운다

원산 첩첩 태산 주춤 기암은 층층 장송은 낙락
　　　　　　　　　　　낙락장송 – 가지가 길게 축축 늘어진 키가 큰 소나무
응어리 구부러져 광풍에 흥을 겨워

우쭐 활활 춤을 춘다

층암절벽 상에 폭포수는 콸콸 수정렴* 드리운듯
　　　　　　　　　　　　　　　 직유법
이 골 물이 주루룩 저 골 물이 쏼쏼

열의 열 골 물이 한데로 합수하여

[D]
『천방져 지방져 소쿠라지고 펑퍼져
『」: 순우리말의 활용 – 주 향유층인 서민의 언어와 연관
넌출*지고 방울져 저 건너 병풍석으로
으르렁 콸콸 흐르는 물결이 은옥같이 흩어지니」

『소부 허유* 문답하던 기산 영수가 예 아니냐』
『」: 중국의 고사를 인용함 – 양반층 또한 잡가를 향유한다는 것을 고려함
[E]
주곡제금은 천고절이요 적다정조는 일년풍이라*
　　대구법, 풍년을 기원하는 마음이 투영됨
일출낙조가 눈앞에 벌였으니 경개무궁이 좋을시고*
　　　　　　　　　　　　경치가 끝없이 펼쳐져 아름다움
　　　　　　　　　　　　　　　- 작자 미상, 〈유산가〉 -

* 화란춘성(花爛春盛): 꽃이 만발한 한창 때의 봄.
* 만화방창(萬化方暢): 따뜻한 봄날에 만물이 나서 자람.
* 죽장망혜(竹杖芒鞋): 대지팡이와 짚신이라는 뜻으로, 먼 길을 떠날 때의 간편한 차림을 이르는 말.
* 단표자(單瓢子): 한 개의 표주박.
* 만산홍록(滿山紅綠): 붉고 푸른 것이 온 산에 가득하다는 뜻으로, '봄'을 비유적으로 이르는 말.

* 창송취죽(蒼松翠竹): 푸른 소나무와 푸른 대나무.
* 기화요초(琪花瑤草): 옥같이 고운 풀에 핀 구슬같이 아름다운 꽃.
* 난만(爛漫): 꽃이 활짝 많이 피어 화려함.
* 유상앵비(柳上鶯飛): 버드나무 위로 날아다니는 꾀꼬리.
* 편편금(片片金): 조각조각이 모두 금이라는 뜻으로, 물건이나 시문의 글귀 따위가 다 보배롭고 아름다움을 이르는 말.
* 화간접무(花間蝶舞): 나비가 꽃 사이를 춤추며 날아다님.
* 분분설(紛紛雪): 풀풀 날리는 눈.
* 삼춘가절(三春佳節): 봄철 석 달의 좋은 시절.
* 도화만발점점홍(桃花滿發點點紅): 복숭아꽃 만발하여 꽃송이가 점점마다 붉다.
* 어주축수애삼춘: 당나라 시인 왕유가 지은 〈도원행〉의 한 구절 '어주축수애산춘(漁舟逐水愛山春. 고깃배가 물결 따라 오르내리며 산에 물든 봄빛을 사랑하네.)'의 오기인 듯함.
* 양류세지사사록(楊柳細枝絲絲綠)한데 황산곡리당춘절(黃山谷裏當春節): 버드나무 가는 가지가 실처럼 늘어져 푸른데 황산곡 속에 봄철을 만남.
* 연명오류(淵明五柳): 무릉도원에 대한 이야기인 〈도화원기(桃花源記)〉를 쓴 진(晉)나라의 문인 도연명이 집 앞에 버드나무 다섯 그루를 심은 것을 가리킴.
* 충천(沖天): 하늘 높이 오름.
* 수정렴(水晶簾): 수정 구슬을 꿰어서 만든 아름다운 발.
* 넌출: 길게 뻗어 나가 늘어진 식물의 줄기.
* 소부(巢父) 허유(許由): 고대 중국 요임금 때 기산 영수에서 은거하던 이들의 이름.
* 주곡제금(奏穀啼禽)은 천고절(千古節)이요 적다정조(積多鼎鳥)는 일년풍(一年豊)이라: 두견새 우는 소리는 천고의 절개요 소쩍새가 우니 일 년 농사 풍년 들겠네.
* 경개무궁(景槪無窮)이 좋을시고: 아름다운 경치가 무궁토록 좋을시고.

01 표현상의 특징 파악하기

답 | ④

윗글에 대한 설명으로 적절하지 않은 것은?

정답 선지 분석

④ 계절을 나타내는 시어를 활용하여 사계절의 변화에 따른 자연의 풍경을 묘사하고 있다.
윗글에서는 봄을 나타내는 시어를 활용하여 아름다운 봄날의 경치를 드러낼 뿐, 사계절의 변화에 따른 자연의 풍경을 묘사하고 있지 않다.

오답 선지 분석

① 음성 상징어를 활용하여 떨어지는 폭포수의 물살을 생생하게 표현하고 있다.
윗글의 '콸콸', '주루룩', '솰솰', '으르렁 콸콸' 등을 통해 폭포수의 물살을 생생하게 표현하고 있다.

② 색채를 나타내는 시어를 활용하여 아름다운 봄날의 풍경을 다채롭게 묘사하고 있다.
윗글의 '유상앵비는 편편금이요 화간접무는 분분설이라'에서 '유상앵비(버드나무 위로 나는 꾀꼬리)'를 금색 이미지의 '편편금'으로, '화간접무(꽃 사이에 춤추며 나는 나비)'를 흰색 이미지의 '분분설(흩날리는 눈발)'로 비유하여 아름다운 봄날의 풍경을 다채롭게 묘사하고 있다.

③ 의문을 나타내는 종결 어미를 사용하여 아름다운 자연에 대한 만족감을 드러내고 있다.
윗글의 '어주축수애삼춘이라더니 무릉도원이 예 아니냐', '연명오류가 예 아니냐' 등에서 의문을 나타내는 설의법을 활용하여 아름다운 자연에 대한 만족감을 드러내고 있다.

⑤ 사물을 사람처럼 표현하는 의인법을 사용하여 바람에 흩날리는 소나무의 모습을 표현하고 있다.
윗글에서는 바람에 흔들리는 '장송'을 흥에 겨워 춤을 추는 것으로 의인화하여 표현하고 있다.

02 시어의 의미 이해하기

답 | ⑤

㉠과 ㉡을 비교한 내용으로 적절한 것은?

정답 선지 분석

⑤ ㉠은 화자가 아름다움을 함께 만끽하고자 하는 대상이고, ㉡은 자연 속에서 바라보는 대상이다.
㉠은 화자가 함께 산천경개를 구경하자고 권하는 대상이고, ㉡는 '기러기'와 함께 화자가 강산에 들어가 바라보는 대상에 해당하므로 적절하다.

오답 선지 분석

① ㉠은 화자를 위로하는 대상이고, ㉡은 화자에게 위로받는 대상이다.
㉠과 ㉡ 모두 화자와 위로를 주고받는 대상이 아니다.

② ㉠은 화자의 상황과 대조되는 대상이고, ㉡은 화자의 감정이 이입된 대상이다.
㉠이 화자의 상황과 대조되는 대상임을 드러내는 부분은 나타나 있지 않으며, ㉡이 화자의 감정이 이입된 대상임을 드러내는 부분 또한 찾을 수 없다.

③ ㉠은 화자가 부러움을 느끼는 대상이고, ㉡은 화자가 교훈을 얻게 되는 대상이다.
㉠은 화자가 함께 산천의 경치를 구경하자고 권하고 있을 뿐, 화자가 부러움을 느끼는 대상인지 확인할 수 없고, ㉡은 화자가 강산에서 바라보는 대상일 뿐 ㉡을 통해 화자가 교훈을 얻게 되지는 않는다.

④ ㉠은 화자와 직접적으로 소통하는 대상이고, ㉡은 화자와 간접적으로 소통하는 대상이다.
화자가 ㉠에게 말을 건넨 것으로 볼 때 소통하는 대상으로 볼 수도 있으나, ㉡은 화자와 소통하는 대상이 아니므로 적절하지 않다.

03 외적 준거를 바탕으로 작품 감상하기

답 | ⑤

〈보기〉를 참고하여 [A]~[E]를 이해한 내용으로 적절하지 않은 것은?

보기

잡가란 조선 후기에 새롭게 나타난 문학 양식이다. 잡가는 시조, 판소리, 민요 등 다양한 갈래에서 영향을 받았는데, 가사의 특징인 4음보의 율격이 잡가에 그대로 반영되었다. 잡가의 내용은 남녀의 사랑, 자연의 아름다움, 삶의 애환 등 다양하였고, 가사보다는 통속적이고 민요보다는 창법이 세련되었다는 특징이 있다. 초기의 잡가는 주로 서민들에게서 유행하여 유흥적, 세속적, 쾌락적인 성격이 강해 양반층은 즐기지 않았다가, 차츰 서민들의 애호를 받으며 일부 양반층까지 잡가를 수용하게 되었다.

* 애환(哀歡): 슬픔과 기쁨을 아울러 이르는 말.

정답 선지 분석

⑤ [E]: 풍류를 즐기는 와중에도 농사 걱정을 하는 서민들의 삶의 애환이 드러난다.
[E]는 아름다운 자연 경치를 바라보며 풍년을 바라는 마음을 드러낸 구절로, 농사 걱정을 하는 서민들의 애환이 드러난다고 볼 수 없다.

오답 선지 분석

① [A]: 자연이 '산천경개 구경'의 대상으로 그려진 것은 유흥적이고 쾌락적인 잡가의 성격을 반영한 것이다.
[A]에서는 화자가 자연을 구경의 대상으로 설정하고 있는데, 〈보기〉에서 잡가는 유흥적이고 세속적, 쾌락적인 성격이 강했다고 하였으므로 윗글에서는 이러한 특성을 반영한 것이라고 볼 수 있다.

② [B]: 중국의 고사를 활용하여 시상을 전개한 것은 양반층이 잡가를 수용한 것과 관련이 있다.
중국의 고사는 서민층보다는 양반층이 주로 접했을 것이므로 이는 양반층이 잡가를 수용한 것과 관련이 있다고 볼 수 있다.

③ [C]: 4음보의 율격이 느껴지는 것으로 보아 잡가가 가사에서 영향을 받았음을 알 수 있다.

[C]의 '제비는 / 물을 차고 / 기러기 / 무리 지어', '충천에 / 높이 떠 / 두 날개 / 훨씬 펄펄'처럼 4음보의 율격이 느껴지는 것을 확인할 수 있다. 〈보기〉에 따르면 잡가는 가사의 특징인 4음보의 율격이 그대로 반영되었다고 하였으므로 이는 가사의 특징인 4음보의 율격과 관련이 있다고 볼 수 있다.

④ [D]: 우리말의 묘미를 활용한 구절로써, 서민층의 특성이 반영되었다.

[D]에서는 폭포가 흐르는 모습을 순우리말을 사용하여 생동감 있게 나타내고 있다. 이는 잡가의 주 향유층이었던 서민층의 특성이 반영되었다고 볼 수 있다.

04 시어의 의미 파악하기

윗글에서 **보기** 의 ㉠과 유사한 의미를 나타내는 시어 두 개를 찾아 차례대로 쓰시오.

보기

> ㉠ 보리밥 풋나물을 알맞게 먹은 후에
> 바위 끝 물가에서 실컷 노니노라
> 그밖에 여남은 일이야 부러워할 줄이 있으랴
>
> - 윤선도, 〈만흥〉

정답

죽장망혜, 단표자

문학 2 실수(나희덕)

빠른 정답 체크 01 ③ 02 ④ 03 ④ 04 꿈보다 해몽이 좋다

옛날 중국의 곽휘원이란 사람이 떨어져 살고 있는 아내에게 편지를 보냈는데, 그 편지를 받은 아내의 답시는 이러했다.

벽사창*에 기대어 당신의 글월을 받으니
처음부터 끝까지 흰 종이뿐이옵니다.
아마도 당신께서 이 몸을 그리워하심이
차라리 말 아니 하려는 뜻임을 전하고자 하는 듯하여이다.

[A]
이 답시를 받고 어리둥절해진 곽휘원이 그제야 주위를 둘러보니, 아내에게 쓴 의례적*인 문안 편지는 책상 위에 그대로 있는 게 아닌가. 아마도 <u>그 옆에 있던 흰 종이를 편지인 줄 알고 잘못 넣어 보낸 것</u>인 듯했다. 백지로 된 편지를 전해 받은 아내
└ _{곽휘원의 실수}
는 처음엔 무슨 영문인가 싶었지만, <u>꿈보다 해몽이 좋다</u>고 자
_{하찮거나 언짢은 일을 그럴듯하게 돌려 생각하여 좋게 풀이함을 비유적으로 이르는 표현}
신에 대한 그리움이 말로 다할 수 없음에 대한 고백으로 그 여백을 읽어 내었다. ㉠ <u>남편의 실수가 오히려 아내에게 깊고 그윽한 기쁨을 안겨 준 것</u>이다. 이렇게 실수는 때로 삶을 신
_{실수의 긍정적 효과 ① - 삶을 신선한 충격으로 이끌어 줌}

└ <u>선한 충격과 행복한 오해로 이끌곤 한다.</u>

실수라면 나 역시 일가견*이 있는 사람이다. 언젠가 비구니*들이 사는 암자에서 하룻밤을 묵은 적이 있다. 다음 날 아침 부스스해진 머리를 정돈하려고 하는데, 빗이 마땅히 눈에 띄지 않았다. <u>원래 여행할 때 빗이나 화장품을 찬찬히 챙겨 가지고 다니는 성</u>
_{글쓴이는 꼼꼼하지 않고 덜렁거리는 성격을 지님}
격이 아닌 데다 그날은 아예 가방조차 가지고 있지 않았다. 그러던 중에 마침 노스님 한 분이 나오시기에 나는 아무 생각도 없이 이렇게 여쭈었다.

"스님, 빗 좀 빌릴 수 있을까요?"
└ _{'나'의 실수}

㉡ <u>스님은 갑자기 당황한 얼굴로 나를 바라보셨다.</u> 그제야 파르라니 깎은 스님의 머리가 유난히 빛을 내며 내 눈에 들어왔다. 나
_{머리를 깎았기 때문에 빗이 필요하지 않음}
는 거기가 비구니들만 사는 곳이라는 사실을 깜박 잊고 엉뚱한 주문을 한 것이었다. 본의 아니게 노스님을 놀린 것처럼 되어 버려서 어쩔 줄 모르고 서 있는 나에게, 스님은 웃으시면서 저쪽 구석에 가방이 하나 있을 텐데 그 속에 빗이 있을지 모른다고 하셨다.

방 한구석에 놓인 체크무늬 여행 가방을 찾아 막 열려고 하다 보니 그 가방 위에는 먼지가 소복하게 쌓여 있었다. 적어도 오륙 년은 손을 대지 않은 것처럼 보이는 그 가방은 아마도 누군가 산으로 들어오면서 챙겨 들고 온 세속*의 짐이었음에 틀림없다. 가방 속에는 과연 허름한 옷가지들과 빗이 한 개 들어 있었다.

나는 그 빗으로 머리를 빗으면서 자꾸만 웃음이 나오는 걸 참을 수가 없었다. <u>절에서 빗을 찾은 나의 엉뚱함도 ⓐ 우물가에서</u>
_{'나'가 웃음이 나온 이유 ①}
<u>숭늉 찾는 격이려니와,</u> 빗이라는 말 한마디에 <u>그토록 당황하고</u>
_{일의 순서도 모르고 성급하게 덤빔을 비유적으로 이르는 표현}
<u>어리둥절해하던 노스님의 표정</u>이 자꾸 생각나서였다. 그러나 그
_{'나'가 웃음이 나온 이유 ②}
순간 나는 보았다. 시간을 거슬러 올라가 검은 머리칼이 있던, 빗을 썼던 그 까마득한 시절을 더듬고 있는 그분의 눈빛을. 이십 년 또는 삼십 년, 마치 물길을 거슬러 올라가는 연어 떼처럼 참
_{스님이 속세에서의 시간을 추억하는 모습을 비유함}
으로 오랜 시간이 그 눈빛 위로 스쳐 지나가는 듯했다. 그 순식간에 이루어진 회상의 끄트머리에는 그리움인지 무상함인지 모를 묘한 미소가 반짝하고 빛났다. 나의 실수 한마디가 산사(山寺)의 생활에 익숙해져 있던 <u>그분의 잠든 시간</u>을 흔들어 깨운 셈
_{스님이 잊고 있던 세속에서의 시간}
이니, 그걸로 작은 보시*는 한 셈이라고 오히려 스스로를 위로해 보기까지 했다.

이처럼 아익이 섞이지 않은 실수는 봐줄 만한 구석이 있다. 그래서인지 내가 번번이 저지르는 실수는 나를 곤경에 빠뜨리거나 어떤 관계를 불화로 이끌기보다는 의외의 수확이나 즐거움을 가져다줄 때가 많았다. 겉으로는 비교적 차분하고 꼼꼼해 보이는

인상이어서 나에게 긴장을 하던 상대방도 이내 나의 모자란 구석을 발견하고는 긴장을 푸는 때가 많았다. 또 실수로 인해 웃음을

<u>실수의 긍정적 효과 ②</u>

터뜨리다 보면 <u>어색한 분위기가 가시고 초면에 쉽게 마음을 트게</u>

<u>실수의 긍정적 효과 ③</u>

되기도 했다. 그렇다고 이런 효과 때문에 상습적으로 실수를 반복하는 것은 아니지만, 한번 어디에 정신을 집중하면 나머지 일에 대해서 거의 백지상태가 되는 버릇은 쉽사리 고쳐지지 않는다. 특히 『풀리지 않는 글을 붙잡고 있거나 어떤 생각거리에 매달

『 』: 글쓴이는 집중하는 대상에 강하게 몰입하는 버릇 때문에 실수를 자주 저지름

려 있는 동안 내가 생활에서 저지르는 사소한 실수들은 내 스스로도 어처구니가 없을 지경이다.』

그러면 실수의 '어처구니없음'은 어디서 오는 것일까. 원래 『어처

『 』: '어처구니없음'의 어원과 의미

구니란 엄청나게 큰 사람이나 큰 물건을 가리키는 뜻에서 비롯되었는데, 그것이 부정어와 함께 굳어지면서 어이없다는 뜻으로 쓰이게 되었다.』크다는 뜻 자체는 약화되고 그것이 크든 작든 우리가 가지고 있는 상상이나 상식을 벗어난 경우를 지칭하게 된 것이다. 그러니 상상에 빠지기 좋아하고 상식으로부터 자유로워지려는 사람에게 어처구니없는 실수가 그림자처럼 따라다니는 것은 아주 자연스러운 일이다.

ⓒ 결국 실수는 삶과 정신의 여백에 해당한다. 그 여백마저 없

<u>긴장을 풀어 주거나 어색한 분위기를 편안하게 만들어 주기 때문에</u>

다면 이 각박한* 세상에서 어떻게 숨을 돌리며 살 수 있겠는가. 그리고 발 빠르게 돌아가는 세상에 어떻게 휩쓸려 가지 않고 남

<u>오늘날의 사회 모습</u>

아 있을 수 있겠는가. 어쩌면 사람을 키우는 것은 능력이 아니라 실수의 힘일지도 모른다.

그러나 날이 갈수록 실수가 용납되는 땅은 점점 좁아지고 있다. <u>사소한 실수조차 짜증과 비난의 대상이 되기가 십상이다.</u> 남의

<u>실수를 용납하지 않는 각박한 현대 사회</u>

실수를 웃으면서 눈감아 주거나 그 실수가 나오는 내면의 풍경을 헤아려 주는 사람을 만나기도 어려워져 간다. ⓓ 나 역시 스스로는 수많은 실수를 저지르고 살면서도 다른 사람의 실수에 대해서는 조급하게 굴거나 너그럽게 받아주지 못한 때가 적지 않았던 것 같다.

도대체 정신을 어디에 두고 사느냐는 말을 들을 때면 그 말에 무안해져 눈물이 핑 돌기도 하지만, 내 속의 어처구니는 머리를 디밀고 이렇게 소리치는 것이다. 정신과 마음은 내려놓고 살아야 한다고. 어디로 가는 줄도 모르고 뛰어가는 자신을 하루에도 몇 번씩 세워 두고 ⓔ '우두커니*' 있는 시간, 그 '우두커니' 속에 사

<u>상상에 빠지기도 하고 상식적으로 자유로워지는 순간이 필요함</u>

는 '어처구니'를 많이 만들어 내면서 살아야 한다고. 바로 그 실수가 곽휘원의 아내로 하여금 백지의 편지를 꽉 찬 그리움으로 읽어 내도록 했으며, 산사의 노스님으로 하여금 기억의 어둠 속

에서 빗 하나를 건져 내도록 해 주었다고 말이다.

― 나희덕, 〈실수〉 ―

* 벽사창(碧紗窓): 짙푸른 빛깔의 비단을 바른 창.
* 의례적(儀禮的): 형식이나 격식만을 갖춘.
* 일가견(一家見): 어떤 문제에 대하여 독자적인 경지나 체계를 이룬 견해.
* 비구니(比丘尼): 출가한 여자 승려.
* 세속(世俗): 불가에서 일반 사회를 이르는 말.
* 보시(布施): 자비심으로 남에게 재물이나 불법을 베풂.
* 각박하다(刻薄하다): 인정이 없고 삭막하다.
* 우두커니: 넋이 나간 듯이 가만히 한자리에 서 있거나 앉아 있는 모양.

01 서술상의 특징 파악하기
답 | ③

윗글에 대한 설명으로 적절하지 않은 것은?

정답 선지 분석

③ 대상에 대한 주관적 내용이나 편견을 배제하고 사실만을 이야기하고 있다.

윗글에서는 대상(실수)에 대한 글쓴이의 주관적 생각과 정서, 경험 등을 서술하고 있으므로 적절하지 않다.

오답 선지 분석

① 대상과 관련된 일화를 제시하여 화제를 이끌어 내고 있다.

윗글에서 글의 첫 부분에는 작품의 주제인 실수와 관련된 중국의 고사를 인용하여 화제를 이끌어내고 있다.

② 자신의 실제 체험과 감동, 느낌을 진솔하게 서술하고 있다.

윗글의 갈래는 수필로, 글쓴이가 실수한 경험과 실수에 대한 자신의 생각을 진솔하게 서술하고 있다.

④ 의도적으로 대상의 긍정적인 부분에 초점을 맞추어 이야기를 전개하고 있다.

윗글에서는 흔히 부정적으로 인식되는 '실수'의 긍정적 측면에 초점을 맞추어 이야기를 전개하고 있다.

⑤ 서두와 조화를 맞추어 마무리를 하고 인상적인 표현을 사용하여 여운이 남도록 하고 있다.

윗글의 마지막 부분에서는 첫 부분에서 나왔던 중국의 고사를 마지막 부분에서도 언급하여 마무리하고 있으며, '어처구니'를 많이 만들어 내면서 살아야 한다는 표현을 사용하여 읽는 이로 하여금 여운이 남도록 하고 있다.

02 작품의 내용 파악하기
답 | ④

㉠~㉤에 대한 설명으로 적절하지 않은 것은?

정답 선지 분석

④ ㉣: 실수를 용납하지 않던 자신의 모습을 긍정적으로 생각했기 때문이다.

글쓴이는 다른 사람의 실수에 대해 너그럽게 대하지 못한 자신의 모습을 돌이켜보며 반성하고 있으므로 적절하지 않다.

오답 선지 분석

① ㉠: 남편이 보낸 흰 종이에 자신을 향한 남편의 깊은 그리움이 담겨 있다고 생각하였기 때문이다.

아내가 기뻐한 이유는 남편이 보낸 흰 종이를 보고 자신에 대한 남편의 그리움이 말로 다 할 수 없다고 해석했기 때문이다.

② ㉡: 빗을 사용하지 않는 스님에게 빗을 빌려달라고 했기 때문이다.

스님이 '나'의 말을 듣고 당황한 이유는 스님은 머리카락이 없어 빗을 사용하지 않았기 때문이다.

③ ⓒ: 긴장을 풀어주거나 어색한 분위기를 편안하게 만들어 줄 수 있다는 이유 때문이다.

앞 문단에서 언급했다시피, 실수는 삶에 신선함과 행복을 주기도 하며, 긴장을 풀어주고 어색한 분위기를 없애 주기도 하기 때문에 실수가 삶과 정신의 여백에 해당한다고 한 것이다.

⑤ ⓜ: 상상에 빠지기도 하고 상식으로부터 자유로워지는 순간이 필요하다는 의미이다.

글쓴이는 발 빠르게 돌아가는 세상에서 삶과 정신에 여유를 가져다주는 여백인 실수의 '어처구니없음'을 통해 상상에 빠지기도 하고 상식으로부터 자유로워지는 순간이 필요하다는 내용을 전하고 있다.

03 외적 준거를 바탕으로 작품 이해하기   답 | ④

보기 의 '오르페우스'의 관점에서 윗글을 읽은 감상으로 적절한 것은?

보기

그리스 신화 속 뛰어난 연주자인 **오르페우스**는 독사에 물려 갑작스레 세상을 떠나게 된 부인 에우리디케를 되찾아오기 위해 지하세계의 신 하데스의 앞에서 아름다운 음악을 연주했다. 이에 하데스는 에우리디케를 다시 데려가는 것을 허락하지만, 오르페우스가 뒤따라가는 에우리디케를 확인하기 위해 뒤를 보지 말 것을 명령했다. 그러나 오르페우스는 빛을 보기 직전에 뒤를 돌아보게 되고, 두 사람은 영영 이별하게 된다. 오르페우스는 눈물을 흘리며 자신의 실수를 후회하고, 죽을 때까지 부인을 그리워하며 다른 여자들의 구혼을 모두 거절한다.

정답 선지 분석

④ 실수는 때로 돌이킬 수 없는 상황을 불러오기도 하는데, 그런 경우에는 실수가 마냥 유익하다고 보기 어려울 것 같아.

〈보기〉의 오르페우스는 실수를 부정적인 관점에서 바라보고 있다. 따라서 실수가 마냥 유익하다고 보기 어렵다는 감상은 적절하다.

오답 선지 분석

① 실수하더라도 그것을 성장의 밑거름으로 삼을 수 있겠구나.

〈보기〉의 오르페우스는 뒤를 돌아본 자신의 실수를 후회하고 있다. 이는 실수를 부정적으로 인식하는 것이다. 따라서 실수가 성장의 밑거름이라는 감상은 적절하지 않다.

② 실수는 사람을 키운다는 글쓴이의 주장에 따라 앞으로는 실수를 자주 해야겠어.

〈보기〉에서 오르페우스는 자신이 뒤를 돌아본 실수에 대해 후회하고, 죽을 때까지 부인을 그리워하며 다른 여자들의 구혼을 모두 거절했다고 했으므로 실수를 자주 해야겠다는 감상은 적절하지 않다.

③ 사람이 성장하는 데는 능력과 실수의 힘 모두 중요하므로 앞으로는 능력도 키우면서 실수도 일으켜야겠구나.

〈보기〉의 오르페우스는 뒤를 돌아본 자신의 실수를 후회하며 죽을 때까지 부인을 그리워한다. 이는 실수를 부정적으로 인식하는 것이므로, 사람이 성장하는 데 능력과 실수의 힘 모두 중요하다는 감상은 적절하지 않다.

⑤ 사람은 실수의 힘으로 성장한다는 글쓴이의 말은 사람은 실수할 수밖에 없으므로 일부러 실수를 고치려고 하지 않아도 된다는 뜻이겠구나.

〈보기〉의 오르페우스는 뒤를 돌아봤던 자신의 실수를 후회하며 죽을 때까지 부인을 그리워하고 있으므로 일부러 실수를 고치려고 하지 않아도 된다는 감상은 적절하지 않다.

04 글의 표현 방법 파악하기

ⓐ와 같은 표현 방법이 사용된 문장을 [A]에서 찾아 **조건** 에 맞게 쓰시오.

조건

• 3어절로 쓸 것.
• 문장을 '~다'로 끝낼 것.

정답

꿈보다 해몽이 좋다

화법 지구 온난화와 영구 동토층

빠른 정답 체크 **01** ④ **02** ④ **03** ⑤ **04** 영구 동토층, 동아리

안녕하세요? 저는 환경 동아리 '지지자-지구를 지키는 자'의
발표자 본인을 소개함
부장입니다. 우리 동아리는 지구 온난화의 심각성을 알리는 캠페
인을 진행하고 있습니다. 오늘은 이와 관련하여 영구 동토층이
발표에 앞서 다음에 이어질 발표의 내용을 언급함
녹으면서 생기는 문제에 대해 알려드리고자 합니다.

영구 동토층에 대해 들어보신 적 있나요? (청중의 반응을 확인하고)
발표에 대한 청중의 관심을 유도함
영구 동토층은 온도가 섭씨 0도 이하로 유지되어 여름에도 녹지
영구 동토층의 개념을 설명하여 청중의 이해를 도움
않는 토양층을 말합니다. 영구 동토층이 분포해 있는 지대는 지
구 전체 면적의 약 14%에 해당하며, 시베리아, 캐나다 북부, 알
래스카 등 북극권에 주로 분포해 있습니다. 대부분의 영구 동토
층은 수천 년에서 수만 년 동안 얼어붙은 상태였지만 최근에 빠
른 속도로 녹고 있습니다.

이것이 왜 문제가 될까요? 영구 동토층이 녹으면 그곳에 묻혀
질문을 건넴으로써 청중이 발표에 집중하게 함
있던 대량의 이산화 탄소와 메테인이 대기 중으로 방출되기 때문
입니다. 수업 시간에 배운 것처럼 이산화 탄소와 메테인은 지구
청중의 학습 경험과 발표를 연관지어 이해를 도움
온난화를 일으키는 대표적인 온실가스입니다. 과학자들은 영구
동토층에 묻혀 있는 탄소의 양이 대기 중에 존재하는 탄소의 양
의 2배에 이를 것으로 추정하고 있습니다. 메테인은 방출되는 양
이 상대적으로 적지만 지구 온난화에 끼치는 영향은 이산화 탄소
의 20배 이상이라고 합니다. (㉠ 자료를 제시하며) 보시는 자료에
시각 자료를 제시하여 청중의 이해를 돕고 발표자의 주장을 강조함
서 왼쪽 그래프는 영구 동토층이 녹지 않고 유지되는 지역의, 오
른쪽 그래프는 영구 동토층이 급격히 녹고 있는 지역의 온실가스
농도를 나타냅니다. 『왼쪽의 경우는 이산화 탄소나 메테인과 같은
『 : 영구 동토층이 녹을수록 지역의 온실가스 방출량이 증가함
온실가스 방출량이 미미하지만, 오른쪽에서는 이들 가스의 방출
량이 급격히 증가한 것을 확인할 수 있습니다.』

이어서 보실 자료는 2007년부터 10년간 북극권의 연평균 기온
을 지구 전체의 연평균 기온과 비교한 그래프입니다. (㉡ 자료를
제시하며) 붉은 선과 파란 선 모두 기온이 상승하고 있음을 보여
줍니다. 그런데 『북극권의 연평균 기온을 나타내는 붉은 선이 더
『 : 기온이 상승할수록 영구 동토층이 녹아 온실가스가 더 많이 방출됨
가파르게 올라가는 것에 주목할 필요가 있습니다. 이런 추세로
북극권 기온이 상승하면 그곳에 분포한 영구 동토층이 빠르게 녹
아 처음에 보신 오른쪽 그래프와 같은 상황이 가속화됩니다.』

영구 동토층에서 방출된 온실가스는 북극권의 기온을 상승시키

고 이는 결국 지구 전체의 온난화를 악화시킵니다. 그런 점에서
영구 동토층이 녹지 않도록 전 지구적 노력이 필요합니다. 제가
발표의 주제
말씀드린 내용을 주변에 많이 알려주시고, 우리 동아리의 캠페인
발표자의 요청 사항 ①   **발표자의 요청 사항 ②**
에도 지속적인 관심을 부탁합니다. 감사합니다.

---

01 발표의 구성과 말하기 방식 파악하기 답 | ④

위 발표에 대한 설명으로 적절하지 <u>않은</u> 것은?

정답 선지 분석

④ 예상되는 반론을 반박하며 발표의 설득력을 높이고 있다.

발표자는 지구 온난화의 심각성을 알리는 캠페인을 진행하면서 영구 동토층이 녹으면서
생기는 문제에 대해 언급하고 있다. 영구 동토층이 녹을 때 대량의 온실가스가 방출되고,
이는 영구 동토층의 기온 상승을 가속화하며, 결국 지구 전체의 온난화로 이어진다는 점에
서 전 지구적 노력이 필요하다고 말하고 있지만, 예상되는 반론을 반박하고 있지는 않다.

오답 선지 분석

① 용어의 뜻을 설명하며 청중의 이해를 돕고 있다.

발표자는 영구 동토층이라는 용어의 뜻을 설명하면서 청중이 발표 내용을 쉽게 이해할
수 있도록 정보를 제공하고 있다.

② 질문을 하면서 청중이 발표에 집중하도록 하고 있다.

발표자는 영구 동토층이 녹으면서 온실가스를 대량으로 방출하는 문제를 일으킨다는
것을 설명하기 전에 청중이 발표에 집중하도록 '이것이 왜 문제가 될까요?'라고 질문
을 하고 있다.

③ 학습 경험을 언급하며 관련된 내용을 설명하고 있다.

발표자는 '이산화 탄소와 메테인은 지구 온난화를 일으키는 대표적인 온실가스'라는
것을 수업 시간에 배웠다고 언급하면서 청중의 학습 경험과 발표 내용을 관련지어 설
명하고 있다.

⑤ 캠페인에 대한 관심을 요청하며 발표를 마무리하고 있다.

발표자는 발표를 마무리하면서 '동아리 캠페인에도 지속적인 관심을 부탁'한다고 요청
하고 있다.

---

02 발표의 자료 활용 방식 파악하기 답 | ④

발표자가 ㉠과 ㉡을 활용한 방식에 대한 설명으로 가장 적절한 것은?

정답 선지 분석

④ ㉠을 활용해 영구 동토층이 녹을 때 생기는 문제를 보여 주고, ㉡을 활용해
이 문제가 악화될 수 있음을 강조하였다.

㉠은 영구 동토층이 녹지 않고 유지되는 지역과 녹고 있는 지역을 대조하여 영구 동토
층이 녹을 때 온실가스의 방출량이 급격히 증가했음을 보여 주기 위해 활용되었다. ㉡
은 북극권의 연평균 기온 상승을 지구 전체의 연평균 기온 상승과 비교함으로써, 영구
동토층이 녹을 때 방출되는 온실가스로 인해 해당 문제가 악화될 수 있음을 강조하기
위해 활용되었다.

오답 선지 분석

① ㉠을 활용해 영구 동토층이 녹는 원인을 제시하고, ㉡을 활용해 해당 원인의
소멸 과정을 보여 주었다.

㉠은 영구 동토층이 녹으면 온실가스가 방출된다고 했으므로 원인을 제시한 것이 아니다.

② ㉠을 활용해 영구 동토층이 생성된 과정을 제시하고, ㉡을 활용해 해당 과정
의 발생 원인을 보여 주었다.

㉠은 영구 동토층이 생성된 과정을 제시한 자료가 아니다.

③ ㉠을 활용해 영구 동토층이 녹는 속도의 차이를 보여 주고, ㉡을 활용해 그
차이를 줄이기 위한 방안을 제시하였다.

㉠은 영구 동토층이 유지되는 지역과 녹고 있는 지역의 차이를 보여 주지만 녹는 속도
의 차이를 보여 주고 있지는 않다.

⑤ ㉠을 활용해 영구 동토층이 유지된 지역의 문제 상황을 보여 주고, ㉡을 활용해 해당 문제가 가져올 결과를 제시하였다.

㉠은 영구 동토층이 유지된 지역의 문제 상황을 보여 주고 있지 않다.

03 청중의 듣기 과정 및 반응 파악하기

답 | ⑤

다음은 발표를 들은 학생들의 반응이다. 발표의 내용을 고려하여 학생의 반응을 이해한 내용으로 적절하지 않은 것은?

- 학생 1: 영구 동토층은 녹지 않는 것으로 알고 있었는데, 발표를 듣고 그렇지 않다는 것을 알게 되었어. 영구 동토층이 녹아서 문제가 생긴 사례를 더 찾아봐야지.
- 학생 2: 영구 동토층이 주로 북극권에 분포해 있다고 했는데, 나머지는 어디에 분포해 있을지 궁금해. 발표에서 참조한 자료의 출처를 물어봐야겠어.
- 학생 3: 영구 동토층이 녹는 문제의 심각성을 알리자는 캠페인의 취지에 동의해. 인근 학교와 지역 사회에 이 문제를 어떻게 공유할지 생각해 봐야겠어.

정답 선지 분석

⑤ '학생 2'와 '학생 3'은 발표에 활용된 정보에 출처가 언급되지 않았음을 지적하고 있다.

'학생 2'는 발표자가 발표에서 참고한 자료의 출처를 물어봐야겠다고 했다. 하지만 '학생 3'은 영구 동토층이 녹는 문제의 심각성과 관련하여 인근 학교와 지역 사회에 알릴 방법을 고민하고 있다고 했을 뿐 발표에 활용된 정보의 출처에 대한 언급이 없다.

오답 선지 분석

① '학생 1'은 발표 내용을 듣고 알게 된 정보를 통해 기존의 지식을 수정하고 있다.

'학생 1'은 발표를 통해 영구 동토층이 녹고 있다는 새로운 정보를 접한 후, 기존에 알고 있던 지식을 수정하고 있다.

② '학생 2'는 발표자가 언급하지 않은 발표 내용에 대해 궁금증을 드러내고 있다.

'학생 2'는 발표자가 북극권에 분포한 영구 동토층에 대해서만 언급하고 있다는 점에서, 발표에 언급되지 않은 다른 지역에 대한 궁금증을 드러내고 있다.

③ '학생 3'은 발표 내용을 수용하면서 주변에 알릴 방법을 고민하고 있다.

'학생 3'은 환경 동아리의 캠페인의 취지에 동의하면서, 영구 동토층이 녹는 문제의 심각성과 관련하여 인근 학교와 지역 사회에 알릴 방법을 고민하고 있다.

④ '학생 1'과 '학생 3'은 발표 내용과 관련하여 추가적인 활동을 계획하고 있다.

'학생 1'은 영구 동토층이 녹아서 문제가 생긴 사례를 더 찾아보겠다고 했고, '학생 3'은 인근 학교와 지역 사회에 알릴 방법을 생각해야겠다고 했으므로 추가적인 활동을 계획한 것으로 볼 수 있다.

04 강연의 맥락 분석하기

다음은 발표자가 청중에게 요청한 내용을 요약한 것이다. ⓐ, ⓑ에 들어갈 말을 차례대로 쓰시오.

(ⓐ)이/가 녹지 않도록 전 지구적 노력이 필요하다는 것을 주변에 알리고, 발표자의 (ⓑ)이/가 진행하는 캠페인에 대한 관심을 갖는 것이다.

정답

영구 동토층, 동아리

'대중 예술'이라는 의미의 ㉠ 팝 아트는 1960년 이전 활발하게

팝 아트의 의미

전개됐던 ㉡ 추상 표현주의에 대한 반항으로, 대중이 이해하고

공감하기 쉬운 일상의 환경에서 소재를 찾아 표현한 예술 사조*

팝 아트의 개념

이다. 팝 아트라는 용어는 1950~60년대 영국에서 유래했으나

아이러니하게도 미국에서 더욱 활발히 전개되었다. 당시 영국의

예술가보다 「대중 도시 문화에 밀접하게 접촉했던 미국의 예술가

「 」: 팝 아트가 영국보다 미국에서 활발하게 전개된 이유

들이 그 풍조와 속성을 포착하여 일상의 모든 것들을 예술의 소

재로써 적극 활용하였기 때문이다.」

▶ 1문단: 팝 아트의 개념과 유래

미국에서 팝 아트는 1962년 뉴욕의 시드니 재니스 갤러리의

ⓐ '신사실주의 예술가들' 전시를 통해 하나의 뚜렷한 양상으로

자리매김하였고, 미국의 예술계와 사회 전반의 분위기를 주도하

'신사실주의 예술가들' 전시의 의의

며 대중에게 급속하게 인식되기 시작하였다. 이후 팝 아트는 현

실과 유리된* 이상적인 아름다움을 추구해 온 전통적인 예술관을

팝 아트의 발전 방향 ①

해체하고, 예술을 소수의 교양 계급의 전유*로부터 대중화로 이

팝 아트의 발전 방향 ②

끄는 데 크게 기여하며 발전하였다.

▶ 2문단: 미국에서의 팝 아트 전개 과정

팝 아트의 대표적 예술가인 앤디 워홀은 작품의 주제와 제작 방

법, 소재의 사용 등 모든 것을 대중문화에서 차용함으로써 현실

앤디 워홀 작품의 특징 ①

을 분석·해석하고 변용하는 것이 아닌, 예술을 현실과 동일의 차

원에서 다루었다. 코카콜라 병이나 통조림 수프, 시리얼 상자 등

의 비개성적인 생활필수품의 상표 이미지들은 소비문화를 적나

라하게 차용함을 반증한다. 또한 마릴린 먼로, 엘비스 프레슬리

등과 같은 유명인들이나 꽃과 같은 평범한 형상들을 하나만 또는

반복적으로 제시함으로써 반복성이라는 팝 아트의 특성을 나타

앤디 워홀 작품의 특징 ②

냈다. 리히텐슈타인은 만화 캐릭터, 전화번호부의 작은 광고 등

의 친숙한 이미지를 확대하여 제시하였고, 광고나 만화 속에나

리히텐슈타인 작품의 특징 ①

등장하던 말풍선을 작품에 도입함으로써 문자를 통해 작품의 의

리히텐슈타인 작품의 특징 ②

미를 전달하여 관객의 이해를 도왔다.

▶ 3문단: 팝 아트의 회화적 특징

팝 아트 작가들은 단지 상업화에 그친 것이 아니라 순수미술과

상업미술과의 벽을 허물고 예술의 대중화를 이루기 위해 노력하

였다. 따라서 팝 아트는 대중과의 소통을 중요시하고 전통의 이

팝 아트의 의의 ①

탈을 통해 매체를 확장하며, 예술의 표현 범위를 확대함으로써

팝 아트의 의의 ②

사고의 유연성과 다양성을 이끌어 냈다는 점에서 그 의의가 있

다. 그러나 팝 아트가 활용한 대중문화는 대중매체에 의해 가공

된 것이기 때문에 예술가들이 활용한 대중문화는 그들이 직접적

으로 관찰한 현실이 아닌 대중매체에 의해 만들어진 현실의 이미
지이고, 예술가들이 작품에서 나타낸 것은 단지 그 대중매체의
팝 아트의 한계 ①
사본 이미지로 표현된 현실이라는 점, 또한 그들이 사용한 대중
문화의 친숙한 소재가 작품화되는 과정에서 이전의 예술 사조들
팝 아트의 한계 ②
과 같이 대중과 거리두기를 시도했다는 점에서 한계를 지닌다.
▶ 4문단: 팝 아트의 의의와 한계

* 사조(思潮): 한 시대의 일반적인 사상의 흐름.
* 유리되다(遊離되다): 따로 떨어지게 되다.
* 전유(專有): 혼자 독차지하여 가짐.

01 세부 내용 이해하기 답 | ③

윗글에 대한 설명으로 적절하지 <u>않은</u> 것은?

> 정답 선지 분석

③ 팝 아트는 교양 계급이 대중적인 것에 관심을 가지도록 하였다.

2문단에서 팝 아트는 예술을 소수의 교양 계급의 전유로부터 대중화로 이끄는 데 기여
했다고 했을 뿐, 교양 계급이 대중적인 것에 관심을 가지도록 했다는 언급은 등장하지
않았다.

> 오답 선지 분석

① 앤디 워홀은 대중문화를 작품 전반에 활용하였다.

3문단에 따르면 앤디 워홀은 작품의 주제와 제작 방법, 소재의 사용 등 모든 것을 대중
문화에서 차용하였다.

② 팝 아트는 주변에서 쉽게 접할 수 있는 소재를 사용했다.

3문단에서 앤디 워홀은 코카콜라 병이나 통조림 수프를, 리히텐슈타인은 만화 캐릭터
와 전화번호부를 소재로 삼았다고 하였으므로 적절하다.

④ 추상 표현주의는 대중이 이해하고 공감하기에 어려움이 있었다.

1문단에 따르면 팝 아트는 추상 표현주의에 대한 반항으로, 대중이 이해하고 공감하기
쉬운 일상의 환경에서 소재를 찾아 표현한 예술 사조이다.

⑤ 리히텐슈타인은 관객의 이해를 돕기 위해 문자를 작품에 삽입하였다.

3문단에 따르면 리히텐슈타인은 광고나 만화 속에나 등장하던 말풍선을 작품에 도입
함으로써 문자를 통해 작품의 의미를 전달하여 관객의 이해를 도왔다.

02 세부 내용 추론하기 답 | ①

㉠, ㉡에 대한 설명으로 적절하지 <u>않은</u> 것은?

> 정답 선지 분석

① ㉠은 주로 현실을 분석하고 변용하였다.

3문단에 따르면 ㉠의 대표적 작가인 앤디 워홀은 현실을 분석·해석하고 변용하는 것
이 아닌, 예술을 현실과 동일의 차원에서 다루었다.

> 오답 선지 분석

② ㉡은 소수의 교양 계급이 전유한 예술 사조이다.

2문단에 따르면 ㉠은 예술을 소수의 교양 계급의 전유로부터 대중화로 이끄는 데 기여
하였고, ㉡은 팝 아트 이전의 예술 사조이므로 적절한 추론이다.

③ ㉠은 ㉡과 달리 예술을 일상적인 삶과 일치시켰다.

2문단에 따르면 ㉠은 전통적인 예술관을 해체하고 예술을 일상적인 삶과 일치시켰다.

④ ㉡은 ㉠의 탄생에 영향을 미쳤다.

1문단에 따르면 ㉠은 1960년 이전 활발하게 전개됐던 ㉡에 대한 반항에서 출발한 사
조이므로 ㉡은 ㉠이 탄생하는 데 영향을 미쳤다고 추론할 수 있다.

⑤ ㉠과 ㉡은 대중과 거리두기를 시도하였다는 점에서 유사한 속성을 지닌다.

4문단에 따르면 ㉠은 대중문화의 친숙한 소재가 작품화되는 과정에서 이전의 예술 사
조들과 같이 대중과 거리두기를 시도했다고 하였고, ㉡은 ㉠ 이전의 예술 사조에 해당
하므로 적절하다.

03 구체적 사례에 적용하기 답 | ②

윗글을 참고하여 [보기]를 감상한 것으로 적절하지 <u>않은</u> 것은?

> 보기

앤디 워홀, 〈Campbell's Soup I〉

> 정답 선지 분석

② 당시 대중 도시 문화에 밀접하게 접촉했던 영국에서 유래한 예술 사조겠군.

1문단에 따르면 팝 아트는 영국에서 유래하였으나, 당시 대중 도시 문화에 밀접하게
접촉했던 미국의 예술가들로 인해 미국에서 더욱 활발히 전개되었다.

> 오답 선지 분석

① 이미지를 반복적으로 제시함으로써 팝 아트의 특성을 나타내었군.

3문단에 따르면 앤디 워홀은 이미지를 하나만 또는 반복적으로 제시함으로써 반복성
이라는 팝 아트의 특성을 나타내었다.

③ 작품을 창작한 작가는 예술이 일반 대중을 위해 존재해야 한다고 생각했겠군.

2문단에서 팝 아트는 예술을 소수의 교양 계급의 전유로부터 대중화로 이끄는 데 기여
하였다고 하였고, 4문단에 따르면 팝 아트 작가들은 예술의 대중화를 이루기 위해 노
력하였다고 하였으므로 팝 아트 작가들은 예술이 일반 대중을 위해 존재해야 한다고
생각했다는 추론은 적절하다.

④ 비개성적인 상표 이미지를 사용함으로써 당시의 소비문화를 적나라하게 드
러냈군.

3문단에 따르면 앤디 워홀은 통조림 수프 등의 비개성적인 생활필수품의 상표 이미지
를 통해 당시의 소비문화를 적나라하게 차용하였다.

⑤ 비평가들은 이 작품을 대중매체가 만들어낸 이미지를 복제한 것으로 생각할
수도 있겠군.

4문단에 따르면 팝 아트 예술가들이 작품에 나타낸 현실은 그들이 직접적으로 관찰한
현실이 아닌 단지 그 대중매체의 사본 이미지로 표현된 현실이라는 한계점이 있다.

04 세부 내용 파악하기

다음은 ⓐ에 대해 서술한 것이다. 빈칸에 들어갈 말을 골라 차례대로 쓰시오.

유럽과 미국 예술가 29명의 작품 50점이 소개된 ⓐ는 (유럽 / 미국)
미술사에 한 획을 그은 전람회로 기록되었다. 이 전시에 (앤디 워홀 / 리
히텐슈타인)은 200개의 수프 통조림을 그린 그림을 출품했고, 올덴버그
는 비닐에 색칠한 조각을 출품했다. 이외에도 영국의 유명한 팝 아트 예
술가 피터 블레이크 또한 전시에 참여하였다.

> 정답

미국, 앤디 워홀

빠른 정답 체크   01 ②   02 ③   03 ⑤   04 감격

「기다리지 않아도 오고
「」: 계절이 순환하는 자연의 섭리
기다림마저 잃었을 때에도 너는 온다.」
절망적 상황   '봄'의 의인화   ▶ 화자의 기다림과 관계없이 찾아오는 봄

단정적 어조 '온다.'를 반복하여 봄이 반
드시 올 것이라는 화자의 믿음을 드러냄

「어디 뻘*밭 구석이거나
「」: 봄이 오기까지의 시련과 역경
썩은 물웅덩이 같은 데를 기웃거리다가
△: 봄이 오는 것을 가로막는 장애물
한눈 좀 팔고, 싸움도 한판 하고,

지쳐 나자빠져 있다가」

다급한 사연 듣고 달려간 ㉠ 바람이
봄이 오기를 간절히 바라는 화자의 마음   ↑ 말하는 이의 간절한 소망을
흔들어 깨우면   봄에게 전달하는 대상

「눈 부비며 너는 더디게 온다.
「」: 봄이 올 것이라는 화자의 확신
더디게 더디게 마침내 올 것이 온다.
▶ 봄이 오고야 말 것이라는 굳은 신념

「너를 보면 눈부셔
「」: 봄을 맞이하여 감격한 화자의 심리가 드러남
일어나 맞이할 수가 없다.

입을 열어 외치지만 소리는 굳어

나는 아무것도 미리 알릴 수가 없다.」

가까스로 두 팔을 벌려 껴안아 보는
감격과 기쁨이 담긴 행동
너, 먼 데서 이기고 돌아온 사람.
봄에 대한 화자의 예찬적 태도가 드러남 ▶ 마침내 찾아온 봄을 맞이하는 기쁨과 감격
– 이성부, 〈봄〉 –

* 뻘: '개흙'의 방언. 갯바닥이나 늪 바닥에 있는 거무스름하고 미끈미끈한 고운
흙. 유기물이 뒤섞여 있어 거름으로도 쓴다.

01 표현상의 특징 파악하기   답 | ②

윗글의 표현상 특징으로 적절하지 않은 것은?

정답 선지 분석

② 역설적 표현을 통해 시적 의미를 강화하고 있다.

윗글에서 역설적 표현을 통해 시상을 강화한 부분은 없다. '더디게 더디게 마침내 올
것이 온다'는 것은 역설적 표현이 아닌, 아무리 늦게 오더라도 반드시 올 것이라는 확
신에 찬 표현이다.

오답 선지 분석

① 대상을 의인화하여 시상을 전개하고 있다.

윗글에서는 봄을 '너', '사람'이라고 표현하여 시상을 전개하고 있다.

③ 단정적인 어조를 통해 화자의 신념을 강조하고 있다.

윗글에서는 단정적 어조 '온다'를 통해 새로운 시대에 대한 화자의 강한 신념을 강조하
고 있다.

④ 대상에 대한 예찬적 태도를 드러냄으로써 주제를 부각하고 있다.

윗글의 화자는 '봄'을 '먼 데서 이기고 돌아온 사람'으로 표현하며 예찬적인 태도를 보
이고 있다.

⑤ 화자의 행동을 구체적으로 제시하여 대상에 대한 화자의 태도를 나타내고
있다.

윗글에서는 봄이 왔음을 '입을 열어 외치'려 하거나 봄을 '두 팔을 벌려 껴안아 보는'
등 봄을 맞이하여 감격한 화자의 행동을 구체적으로 제시하고 있다.

02 시어의 의미 파악하기   답 | ③

㉠에 대한 설명으로 적절한 것은?

정답 선지 분석

③ 화자의 소망을 '봄'에게 전달하는 존재이다.

㉠은 화자의 간절한 소망을 '봄'에게 전달하여 '봄'이 화자에게 올 수 있도록 돕는 존재
이다.

오답 선지 분석

① 화자가 간절히 기다리는 대상이다.

윗글에서 화자는 ㉠이 아닌 '봄'을 간절히 기다리고 있다.

② '봄'이 오는 것을 방해하는 존재이다.

윗글에서 ㉠은 화자의 '다급한 사연'을 듣고 '봄'에게 달려가 흔들어 깨운다고 하였으
므로 '봄'이 오는 것을 방해하는 존재로 볼 수 없다.

④ '봄'에 대한 화자의 정서를 고조시키는 존재이다.

윗글에서 ㉠이 '봄'에 대한 화자의 정서를 고조시키는지는 알 수 없다.

⑤ '봄'이 겪는 역경과 고난을 함께 겪는 존재이다.

윗글에서 ㉠이 '봄'과 함께 역경과 고난을 함께 겪는다는 내용은 드러나지 않았다.

03 외적 준거를 바탕으로 작품 감상하기   답 | ⑤

보기 를 참고하여 윗글을 이해한 것으로 적절하지 않은 것은?

보기

이성부가 〈봄〉을 창작하였던 시기인 1970년대는 독재 정권이 강한 권
력으로 국민을 통제하던 시기였다. 따라서 국민들은 독재 정권의 몰락과
함께 민주주의라는 새로운 시대가 다가오기를 간절히 바라고 있었다. 그
러나 당시 정권은 민주주의를 외치는 사람들을 잡아 감옥에 가두거나 심
각한 고문을 자행하였다.

이러한 시대적 상황이 이 시에 반영되어 있다고 볼 때, '봄'은 그 시대
사람들이 간절하게 원했던 민주주의를 상징한 것이라고 볼 수 있다. 겨
울이 지나면 반드시 봄이 오듯이, 이 시는 민주주의 역시 언젠가 반드시
우리에게 올 것이라는 믿음을 노래했던 것이다.

정답 선지 분석

⑤ '입을 열어 외치지만 소리는 굳'는다는 것은 이상적 사회가 오는 것을 알릴
수 없는 화자의 무력감을 나타내는군.

윗글에서 봄이 왔음을 '입을 열어 외치지만 소리는 굳'는다는 것은 이상적 사회가 오는
것에 대해 알릴 수 없는 화자의 무력감을 나타내는 것이 아닌, 봄을 맞이하는 감격에
말문을 열 수가 없음을 드러낸 것이다. 〈보기〉와 연관 짓는다면 이는 간절히 기다려왔
던 민주주의가 도래한 사회를 맞이하는 감격을 나타낸다고 볼 수 있다.

오답 선지 분석

① '기다리지 않아도 오고 / 기다림마저 잃었을 때에도' 온다는 것은 민주주의
가 언젠가는 꼭 오고야 만다는 확신을 드러내는군.

〈보기〉에 따르면 1970년대 독재 정권의 통제로 인해 사람들이 민주주의라는 새로운
시대가 다가오기를 바랐다고 하였으므로 '기다리지 않아도 오고 / 기다림마저 잃었을
때에도' 온다는 것은 사람들이 간절하게 바라는 '민주주의'가 기다림의 여부와는 상관
없이 언젠가는 꼭 오고야 만다는 확신을 드러내는 표현이라고 볼 수 있다.

② '뻘밭 구석'이나 '썩은 물웅덩이'는 민주주의가 도래하는 것을 방해하는 독재
정권의 억압을 상징하는군.

윗글에서 '뻘밭 구석'이나 '썩은 물웅덩이'는 '봄'이 화자에게 오는 것을 지체시키는 대
상이다. 〈보기〉에서 '봄'은 '민주주의'를 의미하고, 독재 정권은 민주주의를 외치는 사
람들을 잡아 감옥에 가두고, 심지어는 고문까지 자행했다고 하였으므로, '뻘밭 구석'이
나 '썩은 물웅덩이'는 민주주의가 도래하는 것을 방해하는 독재 정권의 억압을 상징한
다고 볼 수 있다.

③ '더디게 더디게 마침내 올 것이 온다'는 것은 이상적 사회가 쉽게 오지는 않지만 언젠가는 도래한다는 생각을 드러내는군.

〈보기〉에 따르면 독재 정권은 민주주의를 외치는 사람들을 잡아 감옥에 가두거나 심각한 고문을 자행했다고 하였으므로 '더디게 더디게 마침내 올 것이 온다'는 것은 '봄'으로 상징되는 민주주의가 결국 도래할 것이기는 하지만 그 과정이 쉽지 않음을 나타낸다.

④ '눈부셔 / 일어나 맞이할 수가 없다'는 것은 이상적 사회를 맞이하는 화자의 벅찬 심정을 나타내는군.

윗글에서 '눈부셔 / 일어나 맞이할 수가 없다'는 것은 봄을 맞이한 화자의 감격과 기쁨을 나타내는 표현이므로, 〈보기〉와 관련지었을 때 민주주의를 간절히 기다려 왔던 화자가 결국 민주주의가 도래한 시대를 맞이했을 때의 감격스럽고 벅찬 심정을 나타내는 표현이라고 볼 수 있다.

04 구절의 의미 파악하기

다음은 @의 의미를 서술한 것이다. 빈칸에 들어갈 적절한 말을 골라 쓰시오.

> @는 봄을 맞이한 화자의 (감격 / 절망)이 담긴 행동이다.

정답

감격

문학 2　공방전(임춘)

빠른 정답 체크　01 ②　02 ①　03 ⑤　04 공방은, 있었다.

공방*의 자는 관지*다. 공방이란 구멍이 모가 나게 뚫린 돈, 관지는 돈의 꿰미를 뜻한다. 그의 선조는 옛날에 수양산 동굴에 은거하였는데*, 일찍 세상으로 나왔지만 쓰이지 못했다. 비로소 황제(黃帝) 때에 조금씩 쓰였으나, ㉠ <u>성질이 강경하여 세상일에 매우 단련되지 못했다.</u>
　돈이 널리 사용되지 않음
황제가 관상을 보는 사람을 불러 그를 살피게 하니, 관상 보는 사람이 자세히 보고 천천히 말하기를

"산야(山野)에서 이루어졌기 때문에 거칠어서 사용할 수 없지만, 만약 임금님의 <u>쇠를 녹이는 용광로에서 갈고 닦으면</u> 그 자질은
　돈이 만들어지는 과정
점점 드러나게 될 것입니다. 임금이란 사람을 사용할 수 있는 그릇이 되도록 만드는 자리이니, 임금님께서 완고한 구리와 함께 버리지 마십시오."

라고 했다. 이로부터 세상에 나타나게 되었다. 이후 난리를 피하여,
　돈이 세상에 유통됨으로써 화폐 경제가 시작되었음
강가의 화로로 이사를 해 가족을 이루고 살았다.

공방의 아버지인 천(泉)은 주나라의 재상으로, 나라의 세금 매
　돈의 생김새 – 긍정적이면서도 부정적인 공방의 모순적 성격
기는 일을 맡았다. ㉡ <u>공방의 사람됨은 겉은 둥그렇고 가운데는</u>
　공방은 처세에 능했음
<u>네모나며, 세상의 변화에 잘 대응했다.</u> 공방은 한나라에서 벼슬하여 홍려경*이 되었다. 당시에 오나라 임금인 비(濞)가 교만하고 참람하여* 권력을 마음대로 행사했는데, 공방이 비를 도와 이익

을 취했다. 호제(虎帝) 때에 나라가 텅 비고 창고가 텅 비게 되었는데, 호제가 이를 걱정하여 공방에게 부민후*로 임명했다. 그 무리인 염철승* 근(僅)과 함께 조정에 있었는데, ㉢ <u>근이 항상 공방을 가형(家兄)이라 부르고 이름을 부르지 않았다.</u>
　공방을 손윗사람으로 대함 – 당시 소금과 쇠가 아무리 중요해도 돈보다는 아래였음을 의미함
　<u>공방은 성질이 탐욕스럽고 염치가 없었는데,</u> 이미 국가의 재산
　돈에 욕심이 많은 사람들의 성품을 우의적으로 나타냄
을 총괄하면서 원금과 이자의 경중을 저울질하는 것을 좋아했다.

공방은 국가를 이롭게 하는 것에는 도자기와 철을 주조하는* 것만 있는 것이 아니라면서, 「백성들과 함께 조그만 이익을 다투고,
　　　　　　　　　　　　　　　　「」: 공방의 탐욕스러운 행적 – 돈으로 인한 폐해
물가를 올리고 내리고, 곡식을 천대하고, 화폐를 귀중하게 여겼다.」 그리하여 백성들이 근본을 버리고 끝을 좇도록 하고, 농사짓
　　　　　　　　　　　사농공상 중 제일 마지막인 '상업'을 의미함
는 것을 방해했다. 당시에 간관*들이 자주 상소를 올려 공방을 비판했지만, 호제가 이를 받아들이지 않았다. 「공방은 교묘하게 권
　　　　　　　　　　　　　　　　　　　　「」: 돈과 권력이 합쳐져 사회가 문란해짐
세 있는 귀족들을 섬겨, 그 집을 드나들면서 권세를 부리고 <u>관직을 팔아 관직을 올리고 내리는</u> 것이 그의 손바닥 안에 있었다. 공
　매관매직 – 돈이나 재물을 받고 벼슬을 시킴
경들이 절개를 꺾고 공방을 섬기니, 곡식을 쌓고 뇌물을 거두어 문권*과 서류가 산과 같이 쌓여 가히 셀 수가 없었다.」 공방은 사람을 대하고 물건을 대할 때 <u>현인*과 불초한*</u> 것을 가리지 않고,
　　　　　　　　　　　　　　　사람을 사귈 때 인품보다는 재물을 우선시함
비록 시장 사람이라고 하더라도 재산이 많으면 그와 사귀었으니, 소위 시장 바닥 사귐이란 이런 것을 말한다. 공방은 때로는 동네의 나쁜 소년들을 따라다니면서 바둑을 두고 격오*를 일삼았다. 그러나 승낙을 잘했기 때문에, 당시 사람들이 이를 두고 ㉣ <u>"공방의 말 한마디는 무게가 금 백 근과 같다."</u>라고 했다.
　공방이 막강한 권력을 가지게 됨을 의미함
원제*가 즉위하자 공우*가 글을 올려 "공방이 오랫동안 바쁜 업무에 매달려 농사의 중요한 근본에는 힘쓰지 않고 다만 전매의 이익에만 힘을 썼습니다. 그리하여 나라를 좀먹고 백성들에게 해를 입혀 공사가 모두 피곤하게 되었으며, 뇌물이 난무하고 공적인 일도 청탁이 있어야만 처리됩니다. '지고 또 탄다. 그러면 도
　　　　　　　　　　　　　　　공방이 사회 질서를 어지럽히고 있음을 의미함
둑이 온다.*'라고 한 〈주역(周易)〉의 명확한 가르침도 있으니, 바라건대 공방의 관직을 파면해 탐욕과 비루함을 징계하십시오."라고 했다.

(중략)

<u>사신(使臣)</u>은 다음과 같이 논평한다.
　작가의 목소리를 대변하는 인물
"다른 사람의 신하가 된 사람이 두 마음을 품고 큰 이익을 좇는다면 이 사람은 과연 충신인가? 공방이 때를 잘 만나고 좋은 주인을 만나 정신을 모아서 정중한 약속을 맺었고, 생각지도 못한 많은 사랑을 받았다. 당연히 이로운 일을 생기게 하고 해로운 것을 제거하여 은덕을 갚아야 하지만, <u>비를 도와 권력을 마</u>
　　　　　　　　　　　　　　　　　　공방의 부정적 행적

음대로 하고 마침내 자신의 무리들을 심었다. 공방의 이러한 행동은 충신은 경계 바깥의 사귐은 없다는 말에 위배되는 것이다. 공방이 죽고 그의 무리들이 다시 송나라에서 기용되어 권력자에게 아부하고 올바른 사람들을 모함했었다. 비록 길고 짧은 이치가 하늘에 있다고 해도 원제가 공우의 말을 받아들여 한꺼번에 공방의 무리들을 죽였다면, 뒷날의 근심은 모두 없앨 수 있었을 것이다. ⓜ 다만 공방의 무리들을 억제하기만 하여
<u>돈을 없애지 않아 발생한 문제들이 후세까지 이어짐</u>
후세까지 그 폐단*을 미치게 했으니, 어찌 일보다 말이 앞서는 사람은 항상 믿지 못할까를 근심하지 않겠는가?"

- 임춘, 〈공방전〉 -

* 공방(孔方): '엽전'을 달리 이르는 말. 엽전의 가운데 네모난 구멍이 있으므로 이렇게 이른다.
* 관지(貫之): '꿴다'는 뜻. 돈을 꿰미로 만들기 때문에 '꿸 관'자를 써서 자를 '관지'라 함.
* 은거하다(隱居하다): 세상을 피하여 숨어서 살다.
* 홍려경(鴻臚卿): 외국에서 방문한 사신을 접대하는 관직.
* 참람하다(僭濫하다): 분수에 넘쳐 너무 지나치다.
* 부민후(富民侯): 백성을 잘살게 하는 일을 담당하는 벼슬.
* 염철승(鹽鐵丞): 소금과 쇠를 가리키는 의인화된 관직 이름.
* 주조하다(鑄造하다): 녹인 쇠붙이를 거푸집에 부어 물건을 만들다.
* 간관(諫官): 조선 시대에, 국왕에게 간언(諫言)을 임무로 하는 벼슬아치.
* 문권(文券): 땅이나 집 따위의 소유권이나 그 밖의 권리를 증명하는 문서.
* 현인(賢人): 어질고 총명하여 성인에 다음가는 사람.
* 불초하다(不肖하다): 못나고 어리석다.
* 격오(格五): 옛날 놀이로, 지금의 주사위 놀이와 같은 것.
* 원제(元帝): 중국 전한의 제11대 황제.
* 공우(貢禹): 전한 후기의 관료.
* 지고 또 탄다, 그러면 도둑이 온다: 짐을 등에 지는 것은 천한 소인이 하는 일이고, 수레는 고귀한 군자가 타는 것인데, 만약 짐을 지는 소인이 신분 질서를 문란하게 하고 수레를 탄다면 많은 사람들이 이와 같은 욕심을 내어 도적이 들게 된다는 뜻.
* 폐단(弊端): 어떤 일이나 행동에서 나타나는 옳지 못한 경향이나 해로운 현상.

01 인물의 특징 이해하기 답 | ②

'공방'에 대한 설명으로 적절하지 않은 것은?

정답 선지 분석

② 학식이나 인품을 기준으로 사람을 가려 사귀었다.
윗글에서 공방은 '사람을 대하고 물건을 대할 때 현인과 불초한 것을 가리지 않'았고, '재산이 많으면' 시장 사람인 것과 관계 없이 사귀었으므로 학식이나 인품이 아닌 재물을 기준으로 사람을 사귀었다.

오답 선지 분석

① 권세를 이용하여 매관매직을 일삼았다.
윗글에서 '공방은 교묘하게 권세 있는 귀족들을 섬겨, 그 집을 드나들면서 권세를 부리고 관직을 팔'았다고 하였으므로 적절하다.

③ 도자기와 철을 주조하는 기술을 천대하고 상업을 중시했다.
윗글에서 공방은 '국가를 이롭게 하는 것에는 도자기와 철을 주조하는 것만 있는 것이 아니라'고 하면서, 화폐를 귀중하게 여기고 백성들이 사농공상의 끝인 상업을 좇도록 하였으므로 적절하다.

④ 처세에 능해 권력자의 편에 서서 부정하게 재물과 권력을 쌓았다.
윗글에서 공방은 생김새로 인해 세상의 변화에 잘 대응했으며, 교만하고 권력을 마음대로 행사했던 오나라 임금 비를 도와 이익을 취하는 등 권력자의 편에 서서 부정하게 재물과 권력을 쌓았다고 하였으므로 적절하다.

⑤ 그의 선조는 성질이 강경하여 세상에 나지 않고 산속에 숨어 살았다.
윗글에서 공방의 선조는 '옛날에 수양산 동굴에 은거'하였다고 했고, '성질이 강경하여 세상일에 매우 단련되지 못했'고 하였으므로 적절하다.

02 작품의 내용 파악하기 답 | ①

㉠~ⓜ에 대한 내용으로 적절하지 않은 것은?

정답 선지 분석

① ㉠: 공방의 선조들은 공방과 달리 청렴하고 공명정대한 인물이었다는 것을 의미한다.
㉠에서 세상일에 매우 단련되지 못했다는 것은 돈이 아직 널리 사용되지 않았음을 의미한다. 공방의 선조가 청렴하고 공명정대한 인물이었다는 것은 알 수 없다.

오답 선지 분석

② ㉡: 돈의 생김새를 표현하는 동시에 긍정적이면서 부정적인 측면을 지닌 공방의 모순적 성격을 드러낸다.
㉡은 공방의 생김새를 나타낸 것으로, 겉은 둥그렇고 가운데는 네모나다는 것을 통해 긍정과 부정의 측면을 모두 지닌 공방의 모순적 성격을 드러낸다고 할 수 있다.

③ ㉢: 당시 소금과 쇠가 아무리 중요해도 돈보다는 아래였음을 의미한다.
㉢은 소금과 쇠를 의미하는 염철승이 항상 공방을 '가형'이라 부르며, 항상 예의를 갖춰 공방을 대했음을 의미한다. 이를 통해 돈이 소금과 쇠보다 더 중요시되었다는 것을 알 수 있다.

④ ㉣: 당시 공방이 무소불위의 권력을 갖고 있었음을 알 수 있다.
㉣은 공방이 막강한 권력을 지녔다는 것을 의미하는 것으로 적절하다.

⑤ ⓜ: 돈을 없애지 않아 후세에도 돈으로 인한 문제가 자주 일어났음을 의미한다.
ⓜ은 돈을 없애지 않아 돈과 관련된 문제들이 후세까지 이어졌다는 의미이므로 적절하다.

03 외적 준거를 바탕으로 작품 이해하기 답 | ⑤

보기 를 참고하여 윗글을 이해한 것으로 적절하지 않은 것은?

보기

〈공방전〉의 갈래는 '전(傳)'으로, 한 인물의 일대기와 가계 내력 등을 기록하여 후세에 전하는 글이다. 전에는 열전, 사전, 가전, 탁전 등이 있는데, 이 중 가전은 동식물이나 사물을 역사적 인물처럼 의인화하여 생애·성품 등을 기록한 것이다. 역사적 사실에 빗대어 당대의 문제를 간접적, 우회적 수법으로 다루기도 하며, 이를 통해 교훈적 내용을 전달하거나 사회에 대한 비판적 시각을 드러낸다. 작품의 말미에는 서술자가 인물을 평가하며 주제를 집약적으로 전달한다.

정답 선지 분석

⑤ 윗글의 모든 등장인물은 사물을 역사적 인물처럼 의인화한 것으로, 이를 통해 윗글의 갈래가 가전임을 알 수 있다.
윗글의 등장인물 중 '원제', '공우' 등은 실제 역사적 인물이다. 따라서 윗글의 모든 등장인물이 사물을 의인화한 것이라고 할 수 없다.

오답 선지 분석

① 작가는 공방의 성품을 묘사함으로써 돈에 대한 비판적 시각을 드러내고 있다.
윗글에서 작가는 공방의 성질을 '탐욕스럽고 염치가 없'다고 표현하거나, 공방의 부정한 행적을 묘사하고 있다. 이를 통해 작가가 공방이 의미하는 사물인 '돈'을 비판적 시각으로 바라보고 있음을 알 수 있다.

② '한나라', '오나라' 등 옛 왕조를 언급함으로써 실제 역사를 토대로 당대의 문제를 다루고 있다.

〈보기〉에서 가전은 역사적 사실에 빗대어 당대의 문제를 간접적, 우회적 수법으로 다룬다고 하였으므로 실제 중국의 옛 왕조인 '한나라', '오나라' 등의 언급을 통해 실제 역사를 토대로 당대의 문제를 다루고 있음을 알 수 있다.

③ 돈이 만들어지기까지의 과정을 한 인물의 가계 내력으로 빗대어 전(傳)과 동일한 형태를 보여 주고 있다.

윗글에서는 공방이 세상에 나가기 전까지 공방의 선조와 아버지 등 가계 내력을 보여 주고 있는데, 이는 한 인물의 일대기와 가계 내력을 기록하여 후세에 전하는 글인 '전'과 동일한 형태이다.

④ 사신은 작가의 목소리를 대변하는 인물로, 돈의 긍정적인 측면보다 부정적인 면이 많다고 평가하고 있다.

〈보기〉에서 서술자가 인물을 평가하여 주제를 집약적으로 드러낸다고 하였으므로 윗글의 공방을 평가하는 인물인 사신은 작가의 목소리를 대변하는 인물이라 할 수 있다. 또한 돈의 긍정적 측면보다는 부정적 측면을 강조하여 평가하고 있으므로 적절하다.

04 작품의 내용 이해하기

보기 의 내용과 관련된 문장을 찾아 **조건** 에 맞게 쓰시오.

보기

임춘은 고려 무신 정권 시기의 인물로, 당시 무신 정권 시기에는 돈으로 벼슬을 사고파는 매관매직이 성행하였다. 임춘은 이러한 문제를 자신의 작품에 녹여내어 비판하기도 하였다.

조건

• 문장의 첫 어절과 마지막 어절만을 쓸 것.

정답

공방은, 있었다.

| 본문 | 129쪽

작문 도서관 이용률을 높이기 위한 방안

빠른 정답 체크 01 ③   02 ③   03 첫째, 둘째, 셋째

가 [작문 상황]

- 작문 목적: 우리 학교 도서관 이용률을 높이기 위한 해결
  방안 건의하기
  └ 글의 종류가 건의문임을 알 수 있음
- 예상 독자: 우리 학교 교장 선생님

나 [학생의 초고]

교장 선생님, 안녕하십니까. 저는 도서부 동아리 회장 ○○○입
└ 예상 독자를 고려하여 격식체인 '하십시오'체를 사용함
니다. 제가 이렇게 글을 쓰게 된 이유는 우리 학교 도서관의 저조
한 이용률을 높이기 위한 해결 방안을 말씀드리기 위해서입니다.
└ 건의문을 작성한 목적
얼마 전 도서부에서 우리 학교 도서관 이용 실태에 대해 조사해
보니 학생 1인당 연간 대출 권수가 작년 6.8권에서 올해 4.7권으
└ 건의문을 쓰게 된 배경 ① - 연간 도서관 대출 권수 감소
로 하락했으며, 전체 학생 중 30%는 지난 1년간 책을 한 권도 빌
└ 건의문을 쓰게 된 배경 ② - 학생들의 도서관 이용 저조
리지 않았다는 것을 알게 되었습니다. 그러면서 학생들이 도서관
을 잘 이용하지 않는 원인을 분석해 본 결과, 다음과 같은 문제점
을 확인할 수 있었습니다.

[A]
┌ <u>첫째</u>, 도서관을 쉬는 시간과 점심시간에만 개방하고 있어
│ └ 담화 표지를 활용하여 독자의 이해를 도움
│ 서 학생들이 이용 가능한 시간이 부족했습니다. <u>둘째</u>, 책들이
│ └ 학생들의 도서관 이용 저조에 대한 첫 번째 문제점
│ 너무 특정 분야에 편중되어 있다 보니 정작 학생들이 읽고 싶
│ └ 학생들의 도서관 이용 저조에 대한 두 번째 문제점
│ 은 책들은 없는 경우가 많았습니다. <u>셋째</u>, 학생들에게 인기 있
│ 는 도서들은 이미 대출 중인 경우가 많아서 도서관에 왔다가
│ └ 학생들의 도서관 이용 저조에 대한 세 번째 문제점
└ 원하는 책을 빌리지 못하고 돌아가는 학생들이 많았습니다.

그래서 교장 선생님께 다음 세 가지 사항을 건의하고자 합니다.
<u>우선</u>, 학생들이 마음에 드는 책을 여유를 가지고 고를 수 있도록
방과 후에도 도서관을 개방해 주시기 바랍니다. 방과 후 개방 시
└ 첫 번째 문제점에 대한 건의 사항
간에는 저희 도서부원들도 순번을 정해서 도서관 관리를 돕겠습
니다. <u>다음으로</u>, 다양한 주제에 관심 있는 학생들을 위해서 분야
별로 다양한 도서 구입을 고려해 주시기 바랍니다. <u>마지막으로</u>,
└ 두 번째 문제점에 대한 건의 사항
대출 중인 책들도 학생들이 읽어 볼 수 있도록 학교 도서관과 연
└ 세 번째 문제점에 대한 건의 사항
계된 전자책 서비스를 도입해 주시기 바랍니다.

우리 학교 도서관의 이용률을 높이기 위해 저의 건의를 긍정적
└ 글쓴이의 건의 사항이 받아들여졌을 때 예상되는 기대 효과
으로 검토해 주시기를 부탁드립니다. 저희 도서부에서도 도서관

이용률을 높이기 위해 학생들을 대상으로 한 ㉠ 캠페인을 진행하
겠습니다. 지금까지 글을 읽어 주셔서 감사합니다.
└ 정중한 표현으로 글을 마무리함

01 글쓰기 계획의 적절성 파악하기   답 | ③

(가)의 작문 상황을 고려하여 (나)를 작성했다고 할 때, 학생의 초고에 활용된 글쓰기 전략으로 적절하지 않은 것은?

정답 선지 분석

③ 작문 목적을 고려하여 건의가 수용되지 않을 경우를 대비한 차선책을 제시한다.
(나)에서 건의가 수용되지 않을 경우를 대비한 차선책을 제시하고 있지 않으므로 적절하지 않다.

오답 선지 분석

① 예상 독자를 고려하여 정중한 인사로 글을 시작한다.
(나)의 1문단에서 예상 독자인 교장 선생님을 고려하여 '교장 선생님, 안녕하십니까.' 라고 정중한 인사로 글을 시작하고 있으므로 적절하다.

② 작문 목적을 고려하여 해결 방안을 세 가지로 나누어 구체적으로 제시한다.
(나)의 4문단에서 도서관 이용률을 높이기 위한 해결 방안을 건의한다는 작문 목적을 고려하여 '우선, 학생들이 마음에 드는~개방해 주시기 바랍니다', '다음으로, 다양한 주제에~고려해 주시기 바랍니다.', '마지막으로, 대출 중인~도입해 주시기 바랍니다.' 라고 해결 방안을 세 가지로 나누어 구체적으로 제시했으므로 적절하다.

④ 작문 목적을 고려하여 문제 상황을 알기 쉽게 설명할 수 있는 통계 자료를 제시한다.
(나)의 2문단에서 도서관 이용률을 높이기 위한 해결 방안을 건의한다는 작문 목적을 고려하여 '학생 1인당 연간 대출~알게 되었습니다'라고 도서관 이용률이 저조하다는 문제 상황을 알기쉽게 설명할 수 있는 통계 자료를 제시했으므로 적절하다.

⑤ 예상 독자를 고려하여 건의 사항과 함께 건의 주체가 기여할 수 있는 역할을 제시한다.
(나)의 4문단에서 예상 독자인 교장 선생님을 고려하여 도서관 개방 시간 연장에 대한 건의사항과 함께 '방과 후 개방 시간에는~관리를 돕겠습니다.'라고 건의 주체인 도서부가 기여할 수 있는 역할을 제시했으므로 적절하다.

02 조건에 따라 표현하기   답 | ③

㉠을 위한 문구를 조건 에 따라 작성한 것으로 가장 적절한 것은?

조건

- 학생들의 도서관 이용을 장려하는 내용을 포함할 것.
- 전달 효과를 높이기 위해 직유법을 활용할 것.

정답 선지 분석

③ 지식의 세계를 여는 열쇠와 같은 책은 우리를 성장하게 합니다. 오늘 본 책으로 내일 더 자랄 수 있도록 도서관에 들러 보세요.
'지식의 세계를 여는 열쇠와 같은 책'에서 직유법을 활용하고 있으며, '오늘 본 책으로 내일 더 자랄 수 있도록 도서관에 들러 보세요.'에서 도서관 이용을 장려하는 내용을 포함하고 있으므로 적절하다.

오답 선지 분석

① 좋은 책을 읽는 것은 과거의 가장 뛰어난 사람과 대화를 나누는 것입니다. 우리 모두 좋은 책을 많이 읽읍시다.
학생들의 도서관 이용을 장려하는 내용을 포함하고 있지 않으며, 직유법을 활용하지도 않았다.

② 도서관을 이용하는 학생은 그렇지 않은 학생에 비해 3배 더 많은 책을 읽는다고 합니다. 우리 학교 도서관을 찾아 주세요.
'우리 학교 도서관을 찾아주세요.'에서 학생들의 도서관 이용을 장려하는 내용이 포함된 것을 알 수 있으나, 직유법을 활용하지는 않았다.

④ 알람 시계가 아침을 깨우듯 책은 우리의 일상을 깨워 줍니다. 우리 스스로 마음의 양식인 책을 많이 구입해서 하루를 알차게 만듭시다.
'알람 시계가 아침을 깨우듯'을 통해 직유법을 활용한 것을 알 수 있으나, 학생들의 도서관 이용을 장려하는 내용이 포함되지 않았다.

⑤ 도서관에는 학생들이 앉아서 책을 읽을 충분한 공간이 부족합니다. 우리가 마음껏 책 속에서 뛰놀 수 있도록 운동장같이 넓은 도서관을 만들어 주세요.
'운동장같이 넓은 도서관'에서 직유법을 활용한 것을 알 수 있으나, 학생들의 도서관 이용을 장려하는 내용이 포함되지 않았다.

03 글쓰기 전략 파악하기

[A]에서 ㉠에 해당하는 말 세 개를 찾아 차례대로 쓰시오.

어휘의 의미와는 관련이 없지만, 글쓴이의 의도를 효과적으로 전달하고, 독자의 이해를 돕기 위해 사용되는 말을 담화 표지라고 한다. 담화 표지는 내용을 예고하거나 강조, 요약, 열거, 예시 등의 기능을 하며, ㉠ 언어적 담화 표지와 언어 외적 담화 표지로 나뉜다.

정답

첫째, 둘째, 셋째

논리학은 이미 알고 있는 어떤 사실들을 바탕으로 하여 새로운 사실을 알아내는 방법인 추리에 중점을 둔다. 이때 추리는 언어
<u>논리학의 중점 요소</u>
를 필수적으로 요구하는데, 이에 따라 논리학에서는 모든 대상이 언어로 표현되어야 하며 구체적인 한 언어로 그 언어의 문법에
<u>논리학의 기본 단위</u>
맞게 표현된 문장을 ㉠ '<u>명제</u>'라고 지칭한다. 명제는 <u>어떤 사실을 진술하는 것이므로 참이나 거짓이라는 값을 필수적으로 가지며,</u>
<u>명제의 특징 ① - 참이나 거짓이라는 값을 가짐</u>
<u>명제가 평서문이 아닌 감탄문, 명령문, 의문문 등의 형태를 취한</u>
<u>명제의 특징 ② - 평서문이 아닌 문장은 명제가 아님</u>
<u>다면 참이나 거짓이라는 값을 갖지 않으므로 명제라 할 수 없다.</u>
▶1문단: 명제의 개념과 특징

명제는 그 진술이 사실과 부합되면 참이 되고 그렇지 못하면 거짓이 된다. 그런데 사실을 진술한 명제 중에는 <u>진위 여부를 과학적인 실험과 관찰에 의해서 판별할 수밖에 없는 것들도 있다.</u> 이
<u>진위 여부의 판단이 어려운 명제 ①</u>
러한 명제들은 그에 해당하는 지식이 없는 일반인들이 진위 여부를 판단하는 데에 어려움을 겪을 수 있다. '우리나라 사람은 한국인의 노벨문학상 수상을 간절히 바라고 있다.'와 같이 <u>심리적인 사실을 진술하는 명제의 경우에도 심리적인 사실을 어떻게 확인</u>
<u>진위 여부의 판단이 어려운 명제 ②</u>

하느냐가 문제가 될 수 있어 진위를 판별하는 일이 쉽지 않다.
▶2문단: 진위 여부의 판단이 어려운 명제

사실과의 부합 여부에 따라서 진위가 결정되는 명제로 비교적 문제가 되지 않는 것은 언어 세계에 관한 명제이다. '청소년은 십대 후반의 젊은이를 말한다.'라는 명제는 우리말을 아는 사람이면 누구나 참이라는 사실을 알 수 있다. 이처럼 <u>진위 여부를 가려 내기 위해 사실을 확인할 필요가 없는 명제</u>를 '분석 명제'라고 한
<u>분석 명제의 개념</u>
다. '아버지는 남자이다.'라는 문장의 경우 '남자'라는 의미가 주어 '아버지'의 의미에 포함되어 있으므로 경험이 필요하지 않으며, 오직 두 개념의 관계에 의해서 명제가 참임을 알 수 있다. '내일은 비가 오거나 비가 오지 않는다.'와 같은 명제는 '내일 비가 온다.'와 '내일 비가 오지 않는다.'의 일어날 수 있는 두 가지 진술을 선택 명제로 제시한 것이므로 참이 되는 명제. 이 두 명제
<u>거짓이 아닐 경우 참인 문장에 해당하므로</u>
는 서로 모순관계에 있으므로 한 명제가 참이면 나머지는 반드시 거짓이다. 이처럼 분석 명제는 <u>사용된 낱말들이 진술된 문장의</u>
<u>분석 명제의 특징</u>
<u>의미 분석을 통해 판단할 수 있는 명제</u>이다. 또한 이와 같은 분석 명제는 필연적으로 참이거나 거짓이기 때문에 '필연 명제'라고 부르기도 한다.
▶3문단: 분석 명제의 개념과 특징

---

01 세부 내용 이해하기

답 | ②

윗글을 통해 답을 알 수 있는 질문으로 적절하지 않은 것은?

정답 선지 분석

② 평서문의 기본 단위는 무엇인가?
1문단에서 논리학의 기본 단위를 언어적 표현이라 제시하였을 뿐, 평서문의 기본 단위를 언급하지는 않았으므로 적절하지 않다.

오답 선지 분석

① 명제의 정의는 무엇인가?
1문단에서 명제의 정의를 언급하였으므로 적절하다.

③ 논리학에서 중점을 두는 요소는 무엇인가?
1문단에서 논리학은 추리에 중점을 둔다고 설명하였으므로 적절하다.

④ '아버지는 남자이다.'라는 명제가 참인 이유는 무엇인가?
3문단에서 '아버지는 남자이다.'라는 문장의 경우 '남자'라는 의미가 주어 '아버지'의 의미에 포함되어 있으므로 경험이 필요하지 않으며, 오직 두 개념의 관계에 의해서 명제가 참임을 알 수 있다고 설명하였으므로 적절하다.

⑤ 진위를 판단하기 위해 사실을 확인할 필요가 없는 명제는 무엇인가?
3문단에서 진위 여부를 가려내기 위해 사실을 확인할 필요가 없는 명제를 '분석 명제'라고 한다고 설명하였으므로 적절하다.

02 중심 내용 파악하기

답 | ②

㉠에 대한 이해로 적절하지 않은 것은?

정답 선지 분석

② 감탄문, 명령문, 의문문 등으로 표현할 수 있다.

1문단에서 명제가 평서문이 아닌 감탄문, 명령문, 의문문 등의 형태를 취한다면 참이나 거짓이라는 값을 갖지 않으므로 명제가 아니라고 하였다.

오답 선지 분석

① 필연적으로 참이나 거짓이 될 수 있다.

2문단에서 명제는 그 진술이 사실과 부합하면 참이 되고 그렇지 못하면 거짓이 된다고 하였고, 3문단에서 명제의 한 종류인 분석 명제는 필연적으로 참이나 거짓이기 때문에 '필연 명제'라 부르기도 한다고 하였으므로 적절하다.

③ 진위 여부를 판단하는 기준은 사실과의 부합 여부이다.

2문단에 따르면 명제는 어떤 사실을 진술하는 것이므로 그 진술이 사실과 부합되면 참이 되고 그렇지 못하면 거짓이 된다.

④ 사전 지식이 없다면 진위 여부를 판단할 수 없는 명제도 존재한다.

2문단에서 사실을 진술한 명제들 중에는 진위 여부를 과학적인 실험과 관찰에 의해서 판별할 수밖에 없는 것들도 있는데, 이러한 명제들은 일반인들이 진위 여부를 판단하는 데 어려움을 겪을 수 있다고 하였다.

⑤ 논리학에서 구체적인 한 언어로 그 언어의 문법에 맞게 표현된 문장을 말한다.

1문단에 따르면 명제는 구체적인 한 언어로 그 언어의 문법에 맞게 표현된 문장을 지칭하는 말이다.

03 구체적 사례에 적용하기

답 | ④

윗글을 바탕으로 보기 의 ㄱ~ㄷ을 이해했을 때, 적절하지 않은 것은?

보기

ㄱ. 그는 영혼이 존재한다고 믿는다.

ㄴ. 부인은 결혼한 남자를 뜻하는 말이다.

ㄷ. 20△△년 △△월에 □□산에서 산사태가 났다.

정답 선지 분석

④ ㄴ은 사실과의 부합 여부에 따라서 진위가 결정되기 어려운 명제 중 하나이다.

3문단에 따르면 ㄴ은 언어 세계에 관한 명제로, 사실과의 부합 여부에 따라 진위가 결정되는 명제 중 비교적 문제가 되지 않는 명제에 해당한다.

오답 선지 분석

① ㄱ은 심리적인 사실을 진술한 명제이다.

ㄱ은 2문단의 '우리나라 사람은 한국인의 노벨문학상 수상을 간절히 바라고 있다.'와 같이 심리적인 사실을 진술한 명제에 해당한다.

② ㄱ은 진위 여부를 판별하는 데 어려움이 있는 명제이다.

ㄱ은 심리적인 사실을 진술한 명제로, 이러한 명제는 심리적인 사실을 어떻게 확인하느냐가 문제가 될 수 있어 진위를 판별하는 일이 쉽지 않다.

③ 우리나라 사람은 ㄴ의 진위 여부를 확인하는 데 어려움이 없다.

ㄴ은 3문단의 '청소년은 십 대 후반의 젊은이를 말한다.'와 같이 언어 세계에 관한 분석 명제이며, 이와 같은 명제는 우리말을 아는 사람이면 누구나 거짓이라는 사실을 알 수 있으므로 적절하다.

⑤ ㄷ은 사실 여부를 확인할 수 있는 명제이다.

2문단에 따르면 명제는 어떤 사실을 진술하는 것이고 그것이 사실과 부합하면 참이 되고 그렇지 않으면 거짓이 된다. 따라서 ㄷ은 명제에 해당하며, 사실 여부를 확인할 수 있다.

04 세부 내용 파악하기

보기 와 같은 명제의 진위를 판단하기 위한 조건을 윗글에서 찾아 3어절로 쓰시오.

보기

수소는 자연계에 존재하는 원소 중 가장 작은 원자들로 구성된 분자이다.

정답

과학적인 실험과 관찰

문학 1 어부단가(이현보)

빠른 정답 체크 01 ③ 02 ④ 03 ③ 04 십장홍진

이 중에 시름없으니 어부의 생애로다
세상살이
　일엽편주*를 **만경파***에 띄워 두고

　인세를 다 잊었거니 날 가는 줄을 **아는가**　　○: 설의법
속세를 뒤로 하고 자연 속에서 살아가는 화자의 만족감 ①
　　　　　　　　　　　　　　　　　　　　　　　　〈제1수〉
　　　　　▶ 현실 정치를 잊고 자연에 묻혀 사는 한가로운 생활

┌ 굽어보면 **천심 녹수*** 돌아보니 **만첩청산***
│
[A]　십장홍진*이 얼마나 **가렸는가**
│　　　속세
└ **강호**에 월백하거든* 더욱 **무심**하여라
　　　　　　세속적 욕심에 관심이 없는 화자의 모습
　　　　　　　　　　　　　　　　　　　　　　　　〈제2수〉
　　　　　　　　▶ 속세와 단절된 자연에서의 욕심 없는 삶

　청하*에 밥을 싸고 **녹류***에 고기 꿰어
　자연 속에서 소박하게 살아가는 화자의 모습
　노적 화총*에 배 매어 두고

　일반 청의미*를 어느 분이 **아실까**
속세를 뒤로 하고 자연 속에서 살아가는 화자의 만족감 ②
　　　　　　　　　　　　　　　　　　　　　　　　〈제3수〉
　　　　　　　　▶ 자연을 즐기면서 살아가는 삶의 참된 의미

　산두에 한운*이 일고 수중에 백구*가 난다
화자가 긍정적으로 인식하는 대상 ①　화자가 긍정적으로 인식하는 대상 ②
　무심(無心)코 다정(多情)한 것이 이 두 것이로다
　　욕심 없이
　일생(一生)에 시름을 잊고 너를 좇아 놀리라

　　　　　　　　　　　　　　　　　　　　　　　　〈제4수〉
　　　　　　　　　　▶ 평생토록 자연과 친화하며 살고 싶은 마음

　장안*을 돌아보니 **북궐**이 천 리로다
　　　　　　경복궁 - 임금이 계신 곳
　어주*에 누웠던들 잊은 틈이 **있으랴**
　　　　자연 속에 파묻혀 살면서도 임금을 생각함
　두어라 내 시름 아니라 제세현*이 **없으랴**
　현실 정치에 미련을 갖지　　현실 문제에 대한 해결 대안
　않으려는 화자의 모습
　　　　　　　　　　　　　　　　　　　　　　　　〈제5수〉
　　　　　　　▶ 현실 정치에 대한 걱정과 제세현의 출현에 대한 기대
　　　　　　　　　　　　　　　　　　　　- 이현보, 〈어부단가〉 -

* 일엽편주(一葉片舟): 한 척의 작은 배.

* 만경파(萬頃波): 한없이 넓고 푸른 바다.

* 천심 녹수(千尋綠水): 천 길이나 되는 깊고 푸른 물.

* 만첩청산(萬疊靑山): 겹겹이 둘러싸인 푸른 산.

* **십장홍진(十丈紅塵):** 열 길이나 되는 붉은 먼지. 번거롭고 속된 세상을 비유적으로 이르는 말.
* **월백하다(月白하다):** 달이 밝다.
* **청하(靑荷):** 푸른 연잎.
* **녹류(綠柳):** 푸른 버드나무.
* **노적 화총(蘆荻花叢):** 갈대와 억새풀이 가득한 곳.
* **일반 청의미(一般淸意味):** 보통 사람이 품은 맑은 뜻.
* **한운(閑雲):** 높다란 하늘에 한가히 오락가락하는 구름.
* **백구(白鷗):** 갈매기.
* **장안(長安):** 서울.
* **어주(魚舟):** 낚시로 물고기를 잡을 때 쓰는 작은 배.
* **제세현(濟世賢):** 세상을 구할 어진 인물.

01 표현상의 특징 파악하기   답 | ③

윗글의 표현상 특징으로 적절한 것은?

정답 선지 분석

③ 설의적 표현을 통해 화자가 추구하는 삶의 태도를 강조하고 있다.

'날 가는 줄을 아는가', '제세현이 없으랴' 등의 설의적 표현을 통해 현실 정치를 잊고 자연 속에서 살아가고자 하는 화자의 삶의 태도를 강조하고 있다.

오답 선지 분석

① 역설적 표현을 통해 자연의 아름다움을 부각하고 있다.

역설은 표면적으로 이치에 안 맞는 듯하나, 실은 그 속에 절실한 뜻이 담기도록 하는 말을 의미한다. 윗글에서는 이러한 역설적 표현이 사용되지 않았다.

② 동일한 시어를 반복적으로 활용하여 운율을 형성하고 있다.

윗글은 '굽어보면 천심 녹수 돌아보니 만첩청산', '청하에 밥을 싸고 녹류에 고기 꿰어' 등 어조가 비슷한 문장을 나란히 두는 대구법을 활용하여 운율을 형성하고 있으나, 동일한 시어를 반복적으로 활용함으로써 운율을 형성하고 있지는 않다.

④ 청각적 심상을 활용하여 공간이 지닌 상징적 의미를 드러내고 있다.

윗글에서는 흰색을 나타내는 '월백', 푸른색을 나타내는 '녹수', '청산', 붉은색을 나타내는 '십장홍진' 등의 시어를 통해 시각적 심상을 활용하고 있음을 알 수 있으나, 청각적 심상을 활용한 부분은 찾을 수 없다.

⑤ 대상을 의인화하여 대상에 대한 화자의 비판적 인식을 나타내고 있다.

윗글에서 '한운'과 '백구'를 '너'라고 지칭하며 의인화하고 있음을 알 수 있으나, 이는 대상에 대한 화자의 긍정적 인식을 나타내는 것이지, 비판적 인식을 나타내는 것이 아니다.

02 작품의 내용 파악하기   답 | ④

윗글의 내용에 대한 설명으로 적절한 것은?

정답 선지 분석

④ 〈제4수〉에서 화자는 주위 자연물과 일체감을 느끼며 자연과 어울려 살고 싶은 마음을 드러낸다.

〈제4수〉에서 화자는 '한운'과 '백구' 두 대상에 대해 '무심'과 '다정'을 느끼며 일생의 시름을 잊고 두 대상과 함께 어울려 살아가고자 하는 마음을 드러내고 있다.

오답 선지 분석

① 〈제1수〉에서는 자연 속에서 고기를 잡으며 생계를 이어 나가는 어부의 성실한 모습이 드러난다.

〈제1수〉에서는 넓은 바다 위에 배 한 척을 띄워 놓고 속세를 잊은 화자의 여유로운 생활이 드러나고 있다.

② 〈제2수〉에서 화자는 자연 속에 파묻혀 살면서도 속세에 대한 미련을 버리지 못하고 있다.

〈제2수〉에서 화자는 자연을 의미하는 '천심 녹수'와 '만첩청산'이 속세를 의미하는 '십장홍진'을 가린 것에 대해 만족감을 드러내고 있다. 이를 통해 속세와 단절된 삶을 긍정적으로 대하는 화자의 태도를 알 수 있다.

③ 〈제3수〉에서 화자는 자연과 어울려 살아가는 삶의 만족감을 모르는 사람들을 안타까워하고 있다.

〈제3수〉에서 화자는 자연과 어울려 살아가는 만족감을 '일반 청의미를 어느 분이 아실까'라는 설의적 표현으로 나타내고 있다. 자연과 어울려 살아가는 삶의 만족감을 모르는 사람들을 안타까워하고 있지는 않다.

⑤ 〈제5수〉에서 화자는 나랏일에 대한 걱정과 근심 때문에 다시 속세로 돌아가 제세현이 되고자 한다.

〈제5수〉의 '어주에 누웠던들 잊은 틈이 있으랴'를 통해 화자가 자연 속에 파묻혀 살면서도 나랏일을 떠올리고 있음을 알 수 있으나, 마지막 행인 '두어라 내 시름 아니라'를 통해 이에 대해 미련을 갖지 않으려는 의지를 드러내고 있다.

03 외적 준거를 바탕으로 작품 감상하기   답 | ③

보기 를 참고하여 윗글을 감상한 내용으로 적절하지 <u>않은</u> 것은?

보기

〈어부단가〉는 일찍이 고려 때부터 전해 내려오던 〈어부가〉를 이현보가 5수의 〈어부단가〉로 개작한 것이다. 속세를 떠나 자연 속에서 풍류를 즐기며 살아가는 것을 추구하면서 임금과 조정을 생각하며 근심하기도 하는 화자의 모습은 이상과 현실 사이에서 갈등하는 당시 사대부 계층의 정신세계를 잘 보여 주고 있다. 하지만 자연의 정경이나 그곳에서의 생활상을 구체적으로 나타내지 않고 상투적 한자어를 통해 관념적으로만 제시하였다는 한계를 보이기도 한다.

정답 선지 분석

③ 화자가 '강호'에 달이 깃든 모습에 '무심'한 이유는 자연 속에 있으면서도 임금과 조정을 생각했기 때문이군.

윗글의 화자가 '강호'에 달이 깃든 모습을 보며 '무심'하다 한 것은 세속적인 욕심에 관심이 없는 화자의 심정을 나타낸 것이다.

오답 선지 분석

① '만경파'는 속세를 떠난 화자가 풍류를 즐기는 공간으로, '인세'와 대조적인 의미를 지니는군.

윗글의 '만경파'는 화자가 위치한 공간으로, 세속을 나타내는 시어인 '인세'와 대조적 의미를 지닌다고 볼 수 있다.

② 화자는 '천심 녹수', '만첩청산'과 같은 상투적 한자어를 통해 자연을 구체적으로 묘사하지 않고, 관념적으로 표현하고 있군.

윗글의 화자는 자연의 아름다운 경정을 구체적으로 묘사하지 않고 '천심 녹수', '만첩청산'과 같은 한자어를 통해 관념적으로 표현하고 있다.

④ '청하'와 '녹류'는 자연에서 소박하게 살아가는 화자의 삶을 보여 주는 소재이군.

윗글의 '청하'는 '푸른 연잎'이고, '녹류'는 '푸른 버드나무'를 의미하므로, 이를 사용해 식사를 하는 것은 자연에서 소박하게 살아가는 모습을 드러내는 것이라 할 수 있다.

⑤ '어주'에 있으면서도 '북궐'을 생각하는 화자의 모습은 사대부의 정신세계를 대변하는군.

〈보기〉에 따르면, 윗글에서 '속세를 떠나 자연 속에서 풍류를 즐기며 살아가는 것을 추구하면서 임금과 조정을 생각하며 근심하기도 하는 화자의 모습은 이상과 현실 사이에서 갈등하는 당시 사대부 계층의 정신세계를' 보여 준다고 하였다. 따라서 자연을 의미하는 '어주'에 있으면서도 임금을 의미하는 '북궐'을 생각하는 화자의 모습은 이러한 사대부의 정신세계를 대변한다고 볼 수 있다.

보기 는 윗글과 유사한 주제의 시조이다. 보기 의 ㉠과 유사한 의미의
시어를 [A]에서 찾아 쓰시오.

보기

물가에 외로운 솔 혼자 어이 씩씩한고
배 매어라 배 매어라
먼 구름 원망지 말아라 세상을 가리운다
지국총 지국총 어사와
파도 소리 싫증 내지 마라 ㉠먼지를 막는도다

　　　　　　　　　　　　　- 윤선도, 〈어부사시사〉

정답

십장홍진

| 문학 2 | 길모퉁이에서 만난 사람(양귀자) |

빠른 정답 체크　**01** ①　**02** ③　**03** ③　**04** 진실을, 것이다.

우선 그 첫 번째 예술가

「그이는 늘 흰 가운을 입고 있다. 그리고 여자이다. 이렇게 말하
「」: 인물을 소개하기 전에 특징을 먼저 나열하여 독자의 호기심을 유발함
면 여류 조각가를 상상할지도 모르겠다. 아니, 그 짐작이 맞을지
도 모른다. 그이가 빚어내는 작품도 일종의 조각이라면 조각일
　　　　　　　　　　김밥
수도 있다.」

그이는 매일 아침 9시에 일터로 나와서 다시 저녁 9시가 되면
가운을 벗고 집으로 돌아간다. 「일터에서의 그이는 다소 무뚝뚝
　　　　　　　　　　　　　「」: 그이의 성격 – 무뚝뚝하고 말이 없음
하고 뻣뻣하다. 남하고 싱거운 소리를 나누는 일도 거의 없다. 잘
웃지도 않는다. 오히려 늘 화를 내고 있는 것처럼 보이기도 한다.」

그런 얼굴로 그이는 늘 일을 하고 있다. 그이가 만드는 작품은
화를 내고 있는 것처럼 보이는 얼굴
불티나게 팔리고 있으므로 하기야 쉴 틈도 많지 않다. 묵묵히 일
만 하고 있는 그이를 우리는 '**김밥** 아줌마'라고 부른다. 따라서
　　　　　　　　　　　　　　그이의 정체
그이가 만드는 작품은 자연히 김밥이라는 이름을 가지고 있다.
하지만 그이의 김밥은 보통의 김밥과는 아주 다르다. 「언제 먹어
　　　　　　　　　　　　　　　「」: 그이의 김밥이 보통의 김밥과 다른 점
도 그이만이 낼 수 있는 담백하고 구수한 맛이 사람을 끌어당긴
다. 그이의 김밥은 절대 맛을 속이지 않는다.」

김밥 아줌마는 작품을 만들 때 사람들이 보고 있으면 막 화를
낸다. 누군가 쳐다보면 마음이 흔들려서 실패작만 나온다는 것이
다. 김밥을 말고 있을 때는 누가 무슨 말을 해도 들은 척을 하지
　　　　　　　　　　김밥을 만드는 일에만 집중하기 때문에
않는다. 한 번 더 말을 시키면 여지없이 성질을 내며 일손을 놓아
버린다. 그이는 파는 일엔 전혀 관심이 없고 오직 김밥을 만드는
　　　　　　　　　　　　그이에 대한 '나'의 생각

그 행위에만 몰두해 있는 사람처럼 보인다.

언젠가 나도 무심히 김밥 마는 것을 구경하고 있다가 당했다.
쳐다보고 있으니까 김밥 옆구리가 터지는 실수를 다 한다고 신경
　　　　　　　　　　　'나'가 김밥 마는 것을 구경하다 당한 일
질을 내는 그이가 무서워서 주문한 김밥을 싸는 동안 멀찌감치 떨
어져 있었다. 그러나 집에 돌아와서 먹어 본 김밥은 그이에게 당한
것쯤이야 까맣게 잊어버리고도 남을 만큼 그 맛이 환상적이었다.
그 김밥은 돈 몇 푼의 이익을 위해 말아진 그런 김밥이 아니었다.
　　　　　　　　그이는 경제적 이익보다 김밥 만드는 것 자체를 더 중요하게 생각함
나는 그래서 그이의 김밥을 서슴지 않고 '작품'이라 부른다.

긴데요,의 김대호 씨

김대호 씨는 느리고 길다. 그를 아는 사람이라면 나의 이 간결
　　　　　김대호 씨에 대한 '나'의 묘사
한 인물 묘사에 대해 단숨에 동의할 것이다. 나는 그것을 믿는다.
왜냐하면 그처럼 길고 느린 사람은 아직까지 만나 본 적이 없으
니까. 김대호 씨는 도대체가 빠릿빠릿한 구석이 전혀 없다. 아무
리 급한 일이 생겨도 김대호 씨 특유의 느릿느릿한 걸음에 속력
이 붙는 것을 기대할 수 없다.

(중략)

전화벨이 울린다. 김대호 씨가 전화를 받는다. 그러면 사무실
내의 모든 눈이 그에게 쏠린다. 전화를 건 사람은 아마도 김대호
씨를 바꿔 달라고 하는 모양이다. 그러면 그는 그 특유의 **느릿느**
릿한 말투로 이렇게 말한다.

"제가 긴데요."
'제가 그 사람인데요', '제가 맞아요'라는 의미
그러면 모두들 웃음을 참지 못하고 킥킥거리지 않을 수 없는 것
　　　　　　　　키가 큰 김대호 씨의 모습 때문에 '길다'의 뜻으로 이해함
이다. 행여라도 전화를 건 상대방이 못 알아듣고 다시 묻기라도
하면 이번엔 더욱 느린 박자로 또박또박 대답을 해 준다.

"제가 긴, 데, 요."

그래서 김대호 씨를 사람들은 아예 '긴데요'라고 부른다. 그의
　　　　　　　　　　　　　　　　김대호 씨의 별명
별명은 김대호 씨가 속한 사무실만이 아니라 회사 전체에 널리
퍼져 있어서 언제부턴가는 아무도 그의 진짜 이름을 부르지 않게
되어 버렸다.

물론 그를 별명으로 부르는 데 어떤 악의가 있는 것은 결코 아니
었다. 오히려 그렇게 스스럼없이 별명이 통하는 것만 보아도 김대
호 씨의 대인 관계가 아주 원만한 편이라는 것을 능히 짐작할 수가
있다. 사실로 그는 키가 큰 만큼 이해의 길이도 길고, 느리고 낙천
　　　　　　　　　　　　　　　　　　이해심이 많음
적인 만큼 주위 사람들을 편하게 해 주는 품성을 지니고 있었다.
　　　　　김대호 씨의 미덕 ① – 주위 사람들을 편하게 해 줌
그의 미덕은 품성에만 있는 게 아니었다. 좀 느리기는 하지만
그는 맡은 일만큼은 빈틈없이 해내는 사람이었다. 덤벙거리지 않
　　김대호 씨의 미덕 ② – 맡은 일을 완벽하게 해냄

으니 실수도 없고, 진득한 성격이라 잔꾀를 부릴 줄도 몰라 일에 하자*를 내는 경우가 거의 없었다. 말하자면 사람들은 김대호 씨를 사랑하고 있는 셈이었다.

그래서 그를 **아끼는 몇몇 사람**은 요즘 김대호 씨에게 이런 충고까지 하고 있었다.

"긴데요 씨, 장가를 가고 싶으면 우선 그 느린 말투부터 고쳐요. 아니, 제가 긴데요, 하는 전화 받는 말버릇부터 고치자고."

요즘 유행하는 누구의 말씨까지 흉내 낸 그 충고는 노총각인 김대호 씨에게 상당한 설득력을 발휘한 모양이었다. 그는 아주 심각한 얼굴로 고개를 끄덕였다. 그러고는 혼자 웅얼웅얼 연습도 여러 번 했다. 천성이 느린 사람이라 그것도 연습이라고 며칠을 웅얼거리더니 마침내 어느 날, <u>오늘부터는 긴데요가 아니라 김대호로 돌아오겠다고 선언</u>을 하기에 이르렀다.
'긴데요'라는 말을 쓰지 않겠다고 선언함

그리고 그날 그를 찾는 첫 전화가 걸려 왔다. 사무실 식구들은 모두 그의 입에서 터져 나올 <u>세련된 말</u>을 기대하며 귀를 모았다.
'긴데요'가 아닌 고상한 말
김대호 씨는 큰기침을 하고 수화기를 들었다. 전화를 건 상대방은 아마 이렇게 물었을 것이었다.

"김대호 씨 좀 부탁합니다."

그러나 그는 많은 연습에도 불구하고 얼결에 이렇게 대답하고 말았다.

"네, 제가, 전데요."

<u>물론 사무실 안은 당장에 웃음바다가 되었고,</u> 그 일로 김대호
예상치 못한 김대호 씨의 대답이 웃음을 유발함
씨는 '긴데요'에 이어 '제가 전데요'라는 긴 별명까지 하나 더 가지게 되었다. 그는 그 한 번의 실패를 끝으로 더 이상 '긴데요'를 고치려는 시도를 하지 않았다.

<u>"에이, 저는 아무래도 긴데요가 더 어울려요. 사실로도 저는 길</u>
자신의 별명을 편하게 받아들임 - 낙천적이고 순박함
<u>잖아요."</u>

[A]
┌ 정말이다. 그는 길다. 그리고 느리기도 하다. 『진실을 말하
│ 『 』: '나'의 생각 - 바쁘게 돌아가는 세상에서 김대호 씨 같은 태도도 필요함
│ 자면 우리 옆에 이렇게 길고도 느린 사람이 존재하는 것도 행
│ 복한 일인 것이다. 요즘처럼 정신없이 핑핑 돌아가는 혼 빠진
│ 세상에서는,』그래서 우리의 김대호 씨는 오늘도 걸려 오는 전
│ 화에 대고 그 느릿느릿한 말투로 여전히 이렇게 말하고 있다.
└ "제가 긴데요……."

- 양귀자, 〈길모퉁이에서 만난 사람〉 -

* 하자(瑕疵): 옥의 얼룩진 흔적이라는 뜻으로, '흠'을 이르는 말.

---

01 서술상의 특징 파악하기   답 | ①

윗글에 대한 설명으로 적절하지 <u>않은</u> 것은?

정답 선지 분석

① 인물 간의 갈등 관계에 초점이 맞춰져 있다.
　윗글에서는 인물에 대해 설명할 뿐, 인물 간의 뚜렷한 갈등 상황이 나타나지 않는다.

오답 선지 분석

② 소제목을 제시하여 독자의 흥미를 유발한다.
　윗글에서는 '우선 그 첫 번째 예술가', '긴데요,의 김대호 씨'처럼 소제목을 먼저 제시하여 독자의 흥미를 유발하고 있다.

③ 인물을 바라보는 작가의 따뜻한 시선이 드러난다.
　윗글에서 작가는 '그이'를 소개하며 '그이가 빚어내는 작품도 일종의 조각이라면 조각일 수 있다'라고 하고, '김대호 씨'를 소개하며 '말하자면 사람들은 김대호 씨를 사랑하고 있는 셈이었다'라고 하는 등 그들을 바라보는 따뜻한 시선을 드러내고 있다.

④ 인물의 행동을 구체적으로 묘사하여 인물의 성격을 전달한다.
　윗글에서는 등장인물인 '그이'와 '김대호 씨'의 행동을 구체적으로 묘사함으로써 인물의 성격을 간접적으로 전달하고 있다.

⑤ 인물을 관찰함으로써 작가가 생각하는 삶의 태도가 드러난다.
　윗글에서 작가는 '김대호 씨'를 관찰하면서 요즘같이 정신없이 돌아가는 세상에서 '우리 옆에 이렇게 길고도 느린 사람이 존재하는 것도 행복한 일'이라며, 바쁘게 돌아가는 세상에서 '김대호 씨' 같은 태도도 필요하다는 생각을 드러낸다.

---

02 작품의 내용 이해하기   답 | ③

인물에 대한 설명으로 적절하지 <u>않은</u> 것은?

정답 선지 분석

③ '김대호 씨'는 큰 키에 맞지 않게 덤벙거리고 실수가 잦지만 낙천적이다.
　윗글에서 '김대호 씨'는 '맡은 일만큼은 빈틈없이 해내는 사람'이며, '덤벙거리지 않으니 실수도 없다'고 하였으므로 적절하지 않다.

오답 선지 분석

① '나'는 '그이'와 '김대호 씨'를 모두 긍정적으로 바라보고 있다.
　윗글에서 '나'는 '그이'와 '김대호 씨'를 소개하며 두 인물을 모두 따뜻한 시선으로 바라보고 있다.

② '나'는 '그이'가 경제적 이익보다 자신이 하는 일을 더욱 중요하게 생각한다고 느낀다.
　윗글에서 '나'는 '그이'가 만든 김밥은 '돈 몇 푼의 이익을 위해 말아진 그런 김밥'이 아니라고 하였으므로, '나'는 '그이'가 경제적 이익보다 자신이 하는 일을 더욱 중요하게 생각한다고 느낀다.

④ '김대호 씨'는 특유의 느릿느릿한 말투 때문에 주변 사람들에게 웃음을 준다.
　윗글에서 '김대호 씨'가 특유의 느릿느릿한 말투로 '제가 긴데요'라고 할 때마다 주변 사람들 모두 '웃음을 참지 못하고 킥킥거'린다고 하였으므로 적절하다.

⑤ '그이'와 '김대호 씨' 모두 자신이 맡은 일을 완벽하게 해내고자 노력한다.
　윗글에서 '그이'는 '김밥을 말고 있을 때 누가 무슨 말을 해도 들은 척을 하지 않는다'며, '오직 김밥을 만드는 그 행위에만 몰두'한다고 하였고, '김대호 씨'는 '맡은 일만큼은 빈틈없이 해내는' 사람이라 하였으므로 두 인물 모두 자신이 맡은 일을 완벽하게 해내고자 노력한다.

보기를 참고하여 윗글을 감상한 내용으로 적절하지 **않은** 것은?

보기

〈길모퉁이에서 만난 사람〉은 작가가 서울로 주거지를 옮긴 후 맞닥뜨린 주변의 인물 50여 명을 3년간의 작업 끝에 갖은 양식으로 묘사한 사람 사는 이야기 모음이다. 대다수 사람들은 그냥 지나치고 마는 아주 사소한 사연들을 빛나는 이야기로 일궈내면서, 작가의 역량 또한 두드러지게 드러내는 작품이다.

"소설의 주인공들은 모두 저를 만난 죄밖에 없는 소박한 사람들이란 점에서 한편으론 미안한 생각이 없지 않아요. 모든 인물 묘사에 애정을 갖고 솔직하게 접근했지만 그들의 희로애락이 작품에서 얼마나 진지하게 투영됐을지 걱정도 되고요."

평범하면서도 작가의 입장에선 그대로 놓칠 수 없는 소시민의 삶을 기존 소설의 단순한 틀로 담아내기엔 아쉬움이 커 인물 소설의 형태로 시도했다는 것이 작가의 설명이다.

         – 1993. 12. 16 〈서울신문〉

* 역량(力量): 어떤 일을 해낼 수 있는 힘.
* 희로애락(喜怒哀樂): 기쁨과 노여움과 슬픔과 즐거움을 아울러 이르는 말.

정답 선지 분석

③ '김대호 씨'를 '아끼는 몇몇 사람'은 '김대호 씨'의 희로애락을 작품에서 투영시키는 존재겠군.

'김대호 씨'를 '아끼는 몇몇 사람'은 '김대호 씨'를 긍정적으로 바라보는 사람에 해당한다. '김대호 씨'의 희로애락을 작품에서 투영시키는 존재는 아니다.

오답 선지 분석

① 윗글의 '그이'와 '김대호 씨'는 작가가 서울에서 만난 50여 명의 사람들에 해당하겠군.

〈보기〉에 따르면 윗글은 작가가 서울로 거주지를 옮긴 후 맞닥뜨린 주변의 인물 50여 명을 묘사한 작품이라 하였으므로 '그이'와 '김대호 씨'는 작가가 만난 50여 명에 해당한다고 볼 수 있다.

② '김밥'과 '느릿느릿한 말투'는 작가가 인물에 애정을 갖고 묘사했음을 보여주는 소재겠군.

윗글에서 '그이'의 직업에 대한 열정과 완벽주의를 '김밥'이란 소재를 통해 드러내고 있고, '김대호 씨'의 순박하고 차분한 성격을 그의 '느릿느릿한 말투'를 통해 드러내고 있으므로 적절하다.

④ 윗글의 제목에서 '길모퉁이'란 대다수 사람들이 지나치고 마는 사소한 곳을 가리키는 말이겠군.

〈보기〉에 따르면 작가는 대다수 사람들은 그냥 지나치고 마는 아주 사소한 사연들을 빛나는 이야기로 일궈냈다고 하였으므로, 이를 관련지어 본다면 제목의 '길모퉁이'는 대다수 사람들이 지나치는 사소한 곳을 의미한다고 추측할 수 있다.

⑤ 작가는 기존 소설의 형태가 '그이', '김대호 씨' 등의 다양한 인물을 다루기에 적합하지 않다고 보았군.

〈보기〉에서 작가는 윗글을 소시민의 삶을 기존 소설의 단순한 틀로 담아내기엔 아쉬움이 커 인물 소설의 형태로 시도했다고 하였으므로 적절하다.

윗글의 '나'가 '김대호 씨'의 행동을 통해 전달하고자 하는 삶의 태도를 [A]에서 찾아 **조건**에 맞게 쓰시오.

조건

• 문장의 첫 어절과 마지막 어절만을 쓸 것.

정답

진실을, 것이다.

| 본문 | 141쪽

[대화 1]

[자료]

관형어는 문장을 구성하는 성분 중 하나로, 품사 가운데 명사나 대명사와 같은 체언 앞에서 그 뜻을 꾸며 주는 기능을 한다. 예를
_{관형어의 기능}
들어 '모든 책'의 '모든'은 뒤에 오는 명사 '책'에 '빠짐이나 남김이 없이 전부의.'라는 의미를 더해 주는 관형어이다.

다음 문장들의 밑줄 친 부분은 모두 관형어이다.

ㄱ. 선생님의 목소리가 들린다.
_{체언+관형격 조사}   _{┌ 용언의 어간 '맑 –' + 관형사형 어미 ' – 은'}
ㄴ. 마실 물이 있다. / 맑은 물이 있다.
_{용언의 어간 '마시-'+관형사형 어미 '-ㄹ'}
ㄷ. 온갖 꽃이 활짝 피어 있다.
_{관형사}

ㄱ은 체언에 관형격 조사 '의'가 결합하여 관형어가 된 경우이
_{관형어의 유형 ①}
다. '선생님의'는 명사 '선생님'에 관형격 조사 '의'가 결합하여 '목소리'를 꾸며 주고 있다. 이 경우 '선생님 목소리'와 같이 관형격 조사 없이 명사만으로도 관형어가 될 수 있다. 하지만 관형격
_{관형격 조사는 상황에 따라 생략이 가능함}
조사 '의'를 반드시 써야 하는 경우가 있고, '의'가 생략되면 의미
_{관형격 조사 '-의'를 항상 생략할 수 있는 것은 아님}
가 달라지는 경우도 있다.

ㄴ은 ㉠ 동사나 형용사와 같은 용언의 어간에 관형사형 어미
_{관형어의 유형 ②}
'-(으)ㄴ', '-(으)ㄹ' 등이 결합하여 관형어가 된 경우이다. '마실'은 동사의 어간 '마시-'에 관형사형 어미 '-ㄹ'이 결합하여 '물'을 꾸며 주고 있고, '맑은'은 형용사의 어간 '맑-'에 관형사형 어미 '-은'이 결합하여 '물'을 꾸며 주고 있다.

ㄷ은 관형사가 관형어가 된 경우이다. 관형사는 체언 앞에서 체
_{관형어의 유형 ③}
언의 뜻을 꾸며 주는 품사이다. 관형사 '온갖'은 명사 '꽃'을 꾸며
_{관형사의 개념}
주며 '이런저런 여러 가지의.'라는 의미를 더해 주고 있다. 관형

사는 체언과 달리 조사와 결합할 수 없으며, 용언과 달리 활용이
_{관형사와 체언의 차이점}   _{관형사와 용언의 차이점}
불가능하다는 특성이 있다.

[대화 2]

[A], [B]에 들어갈 말을 바르게 짝지은 것은?

정답 선지 분석

	[A]	[B]
②	품사가 무엇인가	문장 성분이 무엇인가

품사는 단어의 의미, 형태, 기능에 따라 명사, 대명사, 수사, 동사, 형용사, 관형사, 부사, 조사, 감탄사로 분류할 수 있다. 문장 성분은 문장을 구성하는 성분으로, 주성분에 주어, 서술어, 목적어, 보어가 있고, 부속 성분에 관형어, 부사어가 있으며, 독립 성분에 독립어가 있다. 〈자료〉에 따르면 관형어는 '문장을 구성하는 성분', 즉 문장 성분에 따라 분류된 것이고, 관형사는 '체언 앞에서 체언의 뜻을 꾸며 주는 품사'라는 정의를 통해 품사에 따른 분류임을 알 수 있다. 따라서 [A]에는 '품사가 무엇인가', [B]에는 '문장이 무엇인가'가 적절하다.

윗글을 참고하여 보기 를 이해한 것으로 적절하지 않은 것은?

보기

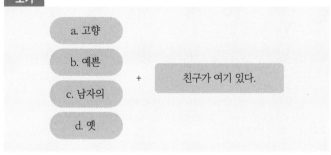

정답 선지 분석

④ c에서 관형격 조사 '의'가 생략되어도 문장의 원래 의미가 달라지지 않는다.

c에서 '남자의 친구'는 '성별이 남자인 이와 친구 관계에 있는 사람'을 가리키는 것으로 해석된다. 하지만 '의'를 생략하여 '남자 친구'가 되면, '성별이 남자인 친구'나 '이성 교제의 대상으로서의 남자'를 가리키는 것으로 해석되어 의미에 변화가 생긴다.

오답 선지 분석

① a~d는 모두 체언 '친구'를 꾸며 주는 역할을 한다.

a~d는 체언 '친구'를 꾸며 주어 어떠한 친구가 여기 있는지 구체적으로 밝혀주고 있다.

② a는 조사가 없이 체언만으로 관형어가 된 경우이다.

체언 '고향'은 관형격 조사 '의' 없이 체언 '친구'를 꾸며 주고 있으므로 관형어로 볼 수 있다.

③ b는 용언의 어간 '예쁘-'에 관형사형 어미 '-ㄴ'이 결합된 것이다.
'예쁜'의 기본형은 '예쁘다'로, 어간 '예쁘-'에 관형사형 어미가 결합하여 '예쁜', '예쁠' 등의 관형어를 만들 수 있다.

⑤ d는 조사가 결합할 수 없으며 활용이 불가능하다.
'옛'은 '친구'의 의미를 꾸며주면서 조사가 결합하지 않고 활용이 불가능한 단어이므로 관형사가 관형어가 된 경우로 볼 수 있다.

03 관형어의 유형 이해하기

보기의 ⓐ~ⓔ 중, 윗글의 ㉠에 해당하지 <u>않는</u> 것 세 개를 골라 쓰시오.

보기

못나고 흠집 ⓐ 난 사과만 ⓑ 두세 광주리 담아 놓고
그 사과만큼이나 못난 아낙네는 난전에 앉아있다
지나가던 못난 지게꾼은 잠시 머뭇거린다
ⓒ 주머니 속에서 꼬깃꼬깃한 천 원짜리 한 장 꺼낸다
파는 장사치도 ⓓ 팔리는 사과도 사는 손님도
모두 똑같이 못나서 ⓔ 실은 아무도 못나지 않았다

- 조향미, 〈못난 사과〉

정답

ⓑ, ⓒ, ⓔ

독서	**정치 과정과 시민의 정치 참여**

빠른 정답 체크 **01** ④ **02** ② **03** ⑤ **04** 투입

민주주의 국가에서 정치 과정이란「사회의 다양한 문제를 둘러
『」: 정치 과정의 개념
싼 요구가 정책 결정 기구에 투입되어 정책으로 나타나는 모든 과정을 말한다. 사람들이 더불어 살아가는 국가라는 정치 공동체에는 다양한 문제가 나타나며, 개인이나 집단이 요구를 표출하면 정부는 정책을 통해 이를 해결한다. 그런데 정부 정책은 어떤 집단
개인이나 집단의 문제와 요구를 해결하는 수단
에게는 혜택이 될 수 있지만 다른 어떤 집단에게는 손해를 입힐 수도 있기 때문에 정부 정책에 대한 개인이나 집단의 입장은 대부
정부 정책에 대한 개인의 입장은 일관될 수 없음
분 찬성과 반대로 나뉜다. 정치 주체인 개인이나 집단이 정부 정책에 지지나 반대 의사를 표현하면 정책 결정 기구는 갈등을 조정
정책의 지지와 반대 차가 최소한으로 줄여지도록
하면서 정책을 수립하고 집행한다. 그리고 집행된 정책은 여러 구성원이나 집단의 평가를 통해 재조정된다.「예를 들어 ㉠ 기름값이
『」: 정부 정책이 구성원과 집단에 의해 조정되는 사례
올라 재정난을 겪는 버스 운송 사업자가 행정부에 버스비 인상을 요구할 수 있다. 그러나 버스비가 오르면 피해를 보게 될 버스 이용자들은 이에 반대할 것이다. 이런 상황에서 행정부는 버스비를 올리되 버스 운송 사업자들이 요구한 것보다는 요금 인상 폭을 낮추는 조정안을 선택할 수 있다.」

▶1문단: 정치 과정의 개념과 정책 집행 과정

이처럼 정책은 사회의 다양한 요구가 표출되는 과정인 투입, 정책 결정 기구가 정책을 수립하고 집행하는 과정인 산출, 산출된
정책이 나타나는 과정
정책에 대한 사회의 평가가 재투입되는 과정인 환류 과정을 거쳐 진행된다. 이 과정에 영향을 미치는 국가 기관으로는 입법부, 행정부, 사법부가 대표적이다. 입법부는 사회 구성원의 요구를 반
입법부의 역할
영하여 법을 만들고, 행정부는 법을 집행하며, 사법부는 법을 해
행정부의 역할   사법부의 역할
석하고 심판하는 정책 결정 기구이다. 이들은 정책 수립과 집행을 통해 사회의 문제를 해결하고 다양한 행위자 간 갈등을 조정
입법부, 행정부, 사법부의 근본적 의의
함으로써 사회를 유지하는 역할을 한다.

▶2문단: 정치 과정에 영향을 미치는 국가 기관

국가 기관뿐만 아니라 개인도 다양한 방식으로 자신의 요구를 표현하여 정치 과정에 영향을 미칠 수 있다. 그러나 개인적으로 정책에 대해 지지나 반대 의사를 표시하는 것보다는 집단을 통해 요구를 투입하는 것이 더욱 효과적이다. 집단적인 정치 참여 주
개인보다 집단의 영향력이 더 크기 때문에
체로는 정당, 이익 집단, 시민 단체 등이 있다. 이들은 투입이나
집단적인 정치 참여 주체의 예시
환류 과정에서 정치 참여를 통해「자신들의 요구와 유사한 의견을
정책의 집행이나 사회의 평가가 이루어지는 과정에서
조직화하거나 우호적 여론을 형성하여 이를 정책 결정 기구가 받아들이도록 노력한다.」   ▶3문단: 시민의 정치 참여 과정
「」: 집단적인 정치 참여 주체가 정책 결정 과정에 미치는 영향
정치 참여는 시민들이 정치 과정에 참여하는 것을 말한다. 즉,
정치 참여의 개념
국가 기관의 정책 결정 과정에 영향을 주고자 하는 개인들의 행위이다. 민주 정치에서 시민들의 정치 참여가 지니는 의미는 다음과 같다. 첫째, 대의 민주주의*의 한계를 보완하고 국민 주권
민주 정치에서 정치 참여의 의의 ①
을 실현한다. 시민들은 적극적으로 정치에 참여하여 자신들이 원하는 것을 정책에 반영함으로써 민주주의의 기본 원리인 국민 주
국가의 의사를 결정하는 주권이 국민에게 있다는 원리
권의 원리를 실현할 수 있다. 둘째,「민주주의의 원리인 정치적 평
「」: 민주 정치에서 정치 참여의 의의 ②
등과 **다수결의 원리**를 실현한다. 대표자들은 때로는 다수 시민이
집단의 의사를 다수의 의견에 의해 결정하는 원리
원하는 방향과는 다른 정책이나 소수의 이익만을 대변하는 정책을 수립하기도 하는데, 시민들이 적극적으로 정치에 참여하면 정책 결정 과정에 그 영향력이 반영되어 다수가 원하는 정책이 수립될 수 있다.

▶4문단: 민주 정치에서 정치 참여의 의의

* 대의 민주주의(代議民主主義): 국민들이 개별 정책에 대해 직접적으로 투표권을 행사하지 않고 대표자를 선출해 정부나 의회를 구성하여 정책문제를 처리하도록 하는 민주주의.

01 내용 전개 방식 파악하기 답 | ④

윗글의 전개 방식으로 가장 적절한 것은?

정답 선지 분석

④ 정치 과정에 영향을 미치는 요인을 국가 기관과 시민의 정치 참여로 나누어 설명하고 있다.

윗글은 정치 과정의 개념을 설명한 후, 정치 과정에 영향을 미치는 국가 기관인 입법부, 행정부, 사법부에 이어 개인이 정치 과정에 영향을 미치는 다양한 방식을 설명하고 있다.

오답 선지 분석

① 정치 체제의 발전 과정을 시대순에 따라 설명하고 있다.

윗글에는 정치 체제의 발전 과정을 시대별로 나누어 설명하는 내용이 제시되지 않았다.

② 국가별로 정치 체제가 다른 이유를 지리적 요인을 근거로 들어 설명하고 있다.

윗글은 국가별로 정치 체제가 다른 이유를 설명하고 있지 않으며, 그것에 영향을 미치는 지리적 요인은 제시되지 않았다.

③ 대의 민주주의의 장단점을 각각 제시하고 이에 대한 절충 방안을 설명하고 있다.

윗글은 시민들의 정치 참여가 대의 민주주의의 한계를 보완하는 의의를 가진다는 점은 제시하고 있으나, 대의 민주주의의 장점과 단점을 각각 제시하고 있지는 않다.

⑤ 시민이 주체가 되어 입법 과정에 영향을 미친 실제 사례를 다양한 관점에서 분석하고 있다.

윗글은 시민이 의사를 표시하여 입법 과정에 영향을 미칠 수 있다는 점을 설명하고 있으나, 그 실제 사례를 다양한 관점에서 분석하고 있지는 않다.

02 중심 내용 파악하기 답 | ②

정치 과정에 대한 이해로 적절하지 않은 것은?

정답 선지 분석

② 한 번 집행된 정책은 그 정책이 폐기되고 다른 정책이 집행될 때까지 조정되지 않는다.

1문단에서 집행된 정책은 여러 구성원이나 집단의 평가를 통해 재조정된다고 하였다.

오답 선지 분석

① 정부 정책에 대한 개인이나 집단의 입장이 무조건 일치하지는 않는다.

1문단에서 정부 정책에 대한 개인이나 집단의 입장은 대부분 찬성과 반대로 나뉜다고 하였다.

③ 정치 과정에 영향을 미치는 대표적인 국가 기관으로는 입법부, 행정부, 사법부가 있다.

2문단에 따르면 정치 과정에 영향을 미치는 국가 기관으로는 입법부, 행정부, 사법부가 대표적이다.

④ 국가 기관은 정책 수립과 집행을 통해 다양한 행위자 간 갈등을 조정하며 사회를 유지할 수 있다.

2문단에 따르면 국가 기관은 정책 수립과 집행을 통해 다양한 행위자 간 갈등을 조정함으로써 사회를 유지하는 역할을 한다.

⑤ 시민들이 정치 과정에 적극적으로 참여하면 민주주의의 기본 원리를 실현하는 데 도움을 줄 수 있다.

4문단에서 시민들이 적극적으로 정치에 참여하면 정책 결정 과정에 그 영향력이 반영되어 다수가 원하는 정책이 수립될 수 있다고 하였다. 이는 민주주의의 원리인 정치적 평등과 다수결의 원리를 실현하는 데 도움을 줄 수 있다.

03 구체적 사례에 적용하기 답 | ⑤

윗글을 참고하여 보기 를 이해한 내용으로 적절하지 않은 것은?

보기

학생 A는 횡단보도가 집과 너무 먼 곳에 있는 까닭에 등교 시간이 오래 걸려 큰 불편을 겪고 있다. A는 집 앞 도로에 횡단보도를 설치해 달라는 요구를 **시청**에 전달하기 위해 주민들에게 설문 조사를 실시하였고, A와 같은 불편을 느끼던 주민들의 서명을 받아 집 근처에 횡단보도를 설치해 줄 것을 건의하였다. 이에 따라 시청에서는 횡단보도 설치를 위한 정책 공청회를 개최하였다. 그곳에서 이익 집단인 '△△전통시장 상인회'는 횡단보도 설치로 인해 전통시장의 매출이 떨어질 것을 우려하며 반대한 반면, 시민 단체인 '□□ 교통시민연대'는 횡단보도 설치로 자동차의 통행 속도가 낮아져 사고율이 낮아질 것을 기대하며 찬성하였다.

정답 선지 분석

⑤ 시민들이 집단으로 정책 결정 과정에 영향력을 반영하면 다수 시민이 원하는 정책이 수립되지 못하므로 다수결의 원리가 실현되기 어려워지겠군.

4문단에서 시민들이 적극적으로 정치에 참여하면 정책 결정 과정에 그 영향력이 반영되어 다수가 원하는 정책이 수립될 수 있다고 하였고, 이는 민주주의의 원리인 정치적 평등과 다수결의 원리를 실현하는 것이라고 하였다. 시민들이 이익 집단, 시민 단체 등에 가입하여 정책 결정 과정에 영향력을 반영하는 것은 적극적으로 정치에 참여하는 것이므로 다수결의 원리가 실현되기 어려워지겠다는 내용은 적절하지 않다.

오답 선지 분석

① 횡단보도 설치 정책은 '△△전통시장 상인회'에는 손해가 될 수 있지만 '□□ 교통시민연대'에는 이득이 될 수 있겠군.

1문단에서 정부 정책은 어떤 집단에게는 혜택이 될 수 있지만 다른 어떤 집단에게는 손해를 입힐 수 있다고 하였다. 이에 따라 〈보기〉의 '△△전통시장 상인회'는 횡단보도를 설치할 경우 전통시장의 매출이 떨어질 것을 우려하고 있고, '□□ 교통시민연대'는 사고율이 줄어들 것을 기대하고 있으므로 적절하다.

② '학생 A'가 주민들의 서명을 받아 집단으로 건의한 것은 개인보다 집단을 통해 요구를 전달하는 것이 효과적이기 때문이겠군.

4문단에서 개인적으로 정책에 대해 지지나 반대 의사를 표시하는 것보다는 집단을 통해 요구를 투입하는 것이 더욱 효과적이라고 하였다.

③ '시청'은 정책을 수립하고 집행하는 산출 과정 이전에 정책에 대한 요구를 파악하고 갈등을 조정하기 위해 공청회를 열었겠군.

〈보기〉에서 '시청'은 횡단보도 설치를 위한 정책 결정 과정 이전에 공청회를 열어 시민들의 의견을 수렴하고 있으므로 정책에 대한 다양한 요구를 파악하고 갈등을 조정하는 역할을 하고 있다. 또한 2문단에 따르면 정책을 수립하고 집행하는 과정은 산출 과정이므로 적절하다.

④ '△△전통시장 상인회'와 '□□ 교통시민연대'는 집단적인 정치 참여 주체로서 자신들의 요구를 정책 결정 기구에 표현하기 위해 노력하겠군.

4문단에서 집단적인 정치 참여 주체로는 정당, 이익 집단, 시민 단체가 있다고 하였다. 〈보기〉에서 이익 집단인 '△△전통시장 상인회'와 시민 단체인 '□□ 교통시민연대'는 모두 자신들의 요구를 투입하기 위해 노력하고 있으므로 적절하다.

04 세부 내용 파악하기

다음은 정책 과정에 따라 ㉠을 정의한 것이다. 빈칸에 들어갈 적절한 말을 골라 쓰시오.

㉠은 사회의 다양한 요구가 표출되는 (투입 / 산출 / 환류) 과정에 속한다.

정답

투입

빠른 정답 체크   01 ③   02 ④   03 ③   04 나는, 걷는다

```
□: '-ㄴ/-는~나를 멈추게 한다'의 반복
보도블록 틈에 핀 씀바귀꽃 한 포기가 나를 멈추게 한다
        작고 연약하지만 생명력을 지닌 존재  ▶ '나'를 멈추게 하는 씀바귀꽃
어쩌다 서울 하늘을 선회하는* 제비 한두 마리가 나를 멈추게 한다
        작고 보잘것없지만 꿋꿋하게 살아가는 존재」 ▶ '나'를 멈추게 하는 제비
육교 아래 봄볕에 탄 까만 얼굴로 도라지를 다듬는 할머니의 옆
                    소외되었지만 굳세게 살아가는 존재
모습이 나를 멈추게 한다
                    ▶ '나'를 멈추게 하는 할머니의 옆모습
굽은 허리로 실업자 아들을 배웅하다 돌아서는 어머니의 뒷모습
                    평범하지만 감동을 주는 존재
은 나를 멈추게 한다
                    ▶ '나'를 멈추게 하는 어머니의 뒷모습
㉠ 나는 언제나 나를 멈추게 한 힘으로 다시 걷는다
    ① 일상의 평범하고 사소한 대상에서 발견한 삶의 가치
    ② 화자가 받은 따뜻한 위안  ▶ '나'를 멈추게 하는 것들의 가치
                    - 반칠환, 〈나를 멈추게 하는 것들〉 -
```

* 선회하다(旋回하다): 둘레를 빙글빙글 돌다.

---

01 표현상의 특징 파악하기   답 | ③

윗글에 대한 감상으로 적절하지 않은 것은?

정답 선지 분석

③ 대상을 통해 깨달음을 얻는다는 점에서 반성적 성격을 띠고 있군.

    윗글은 '씀바귀꽃', '제비', '할머니', '어머니'를 통해 삶의 가치와 위안을 얻고 있다. 따라서 소재를 통해 깨달음을 얻고 있는 것은 맞지만 반성적 성격을 띠고 있는 것은 아니다.

오답 선지 분석

① 시각적 심상을 통해 화자가 발견한 가치를 드러내고 있군.

    윗글은 화자가 발견한 일상적인 소재를 시각적 심상을 활용하여 묘사하고 있고, 이를 통해 삶의 가치를 드러내고 있으므로 적절하다.

② 중심 소재를 나열함으로써 주제를 효과적으로 드러내고 있군.

    윗글은 화자가 길을 걷다 발견한 '씀바귀꽃', '제비', '할머니', '어머니'를 중심 소재로 활용하며 이를 시 속에서 차례대로 나열하고 있다. 이를 통해 작고 보잘것없는 소재가 주는 삶의 위안이라는 주제를 효과적으로 드러내고 있다.

④ 동일한 어구를 반복하여 화자가 언급하는 대상의 공통점을 나타내고 있군.

    윗글에서는 '나를 멈추게 한다'라는 어구를 반복하여 화자가 언급하는 대상, 즉 '씀바귀꽃', '제비', '할머니', '어머니'의 공통점은 화자를 멈추게 하는 힘을 지녔다는 것임을 나타내고 있다.

⑤ 우리 주위에서 흔히 발견할 수 있는 작고 연약한 존재를 중심 소재로 활용하였군.

    윗글에서는 우리 주위에서 흔히 발견할 수 있는 존재인 '씀바귀꽃', '제비' 등을 중심 소재로 활용하였다.

---

02 작품의 내용 파악하기   답 | ④

㉠에 대한 설명으로 적절한 것은?

정답 선지 분석

④ 어느 봄날 길을 걷다가 발견한 대상들로부터 깨달음을 얻고 있다.

    윗글의 '씀바귀꽃', '제비', '봄볕'이라는 시어를 통해 계절적 배경이 봄이라는 것을 알 수 있으며, '나를 멈추게 한다'와 '나를 멈추게 한 힘으로 다시 걷는다'라는 시구를 통해 길을 걷다 마주친 일상의 사소한 것들에게서 의미를 발견하고 삶의 위안을 얻고 있으므로 적절하다.

오답 선지 분석

① 매일 반복되는 일상에서 벗어나고 싶어 한다.

    화자는 길을 걷다 발견한 대상을 통해 삶의 위안을 얻고 있을 뿐, 반복되는 일상에서 벗어나고 싶어 하지 않는다.

② 어릴 적 할머니와 함께 지내던 추억을 떠올리고 있다.

    윗글에서 화자는 할머니와의 추억을 떠올리고 있지 않다.

③ 자신을 묵묵하게 지지하는 어머니에 대한 사랑을 느끼고 있다.

    윗글에 등장하는 '어머니'는 화자의 어머니가 아닌 한 실업자의 어머니이다.

⑤ 여행을 하면서 마주친 존재들에 대한 애정과 사랑을 전하고 있다.

    윗글에서 화자가 여행을 하고 있는지는 알 수 없다.

---

03 작품 비교하기   답 | ③

윗글과 보기 의 공통점으로 적절한 것은?

보기

봄은,
제비꽃을 모르는 사람을 기억하지 않지만

제비꽃을 아는 사람 앞으로는
그냥 가는 법이 없단다

그 사람 앞에는
제비꽃 한 포기를 피워두고 가거든

참 이상하지?
해마다 잊지 않고 피워두고 가거든

         - 안도현, 〈제비꽃에 대하여〉

정답 선지 분석

③ 일상적이고 사소한 존재를 통해 삶의 가치를 발견하고 있다.

    윗글에서는 '씀바귀꽃', '제비', '할머니', '어머니'와 같이 일상적이고 사소한 존재들이 '나를 멈추게 한다'면서, '나를 멈추게 한 힘으로 다시 걷는다'고 하였다. 〈보기〉 또한 봄이 '제비꽃을 아는 사람' 앞에는 '제비꽃 한 포기를 피워두고' 간다고 함으로써 자연의 소중함을 아는 사람만이 계절을 맞이할 수 있다는 깨달음을 주고 있다.

오답 선지 분석

① 자연의 강인한 생명력을 강조하고 있다.

    윗글에서는 '씀바귀꽃', '제비'와 같은 자연물이 등장하지만, 이를 통해 자연의 강인한 생명력을 강조하고 있지는 않다.

② 사랑하는 대상을 향한 그리움과 안타까움이 드러나 있다.

    윗글에서는 사랑하는 대상을 향한 그리움과 안타까움을 찾을 수 없으며, 〈보기〉 또한 이러한 내용을 찾을 수 없다.

④ 절망적 상황에서도 희망을 잃지 않고 살아가겠다는 굳은 의지를 드러낸다.

    윗글에서는 절망적 상황을 드러내고 있지 않으며, 〈보기〉 또한 절망적 상황에 대한 내용을 찾을 수 없다.

⑤ 시련과 고난을 겪지 않고서는 제대로 결실을 맺을 수 없다는 삶의 태도를 나타낸다.

윗글에서는 시련과 관련된 소재를 찾을 수 없으며, 〈보기〉 또한 시련과 고난에 대한 내용을 찾을 수 없다.

04 구절의 의미 파악하기

ⓐ에 해당하는 시행의 첫 어절과 마지막 어절을 쓰시오.

심미적 인식이란 대상의 가치를 아름다움의 측면에서 깨닫는 행위, 또는 그러한 ⓐ 깨달음의 결과를 말한다. 우리는 문학 작품을 감상함으로써 작가의 심미적 인식을 공유하고, 우리가 사는 세계를 깊이 있게 이해하며, 삶의 의미를 성찰하게 된다.

정답

나는, 걷는다

문학 2 통곡할 만한 자리(박지원)

빠른 정답 체크 01 ④ 02 ② 03 ⑤ 04 기쁨, 즐거움

7월 초8일 갑신일* / 맑다.
기행문의 특징 ① - 구체적인 날짜를 기록함
정사*와 한 가마를 타고 삼류하(三流河)를 건너 냉정(冷井)에서
기행문의 특징 ② - 여정을 서술함
아침을 먹었다. 십여 리를 가다가 산기슭 하나를 돌아 나가니 태복이란 놈이 갑자기 국궁*을 하고는 말 머리로 쫓아와서 땅에 엎드리고 큰 소리로,

"백탑*이 현신*하였기에, 이에 아뢰나이다."한다. 태복은 정 진
백탑이 곧 보인다는 의미(의인법, 주객전도) - 여행으로 인해 들뜬 태복의 심정
사의 마두*이다.

산기슭이 가로막고 있어 백탑이 보이지 않기에 말을 급히 몰아 수십 보를 채 못 가서 겨우 산기슭을 벗어났는데, 안광*이 어질어질하더니 홀연히 검고 동그란 물체가 오르락내리락한다. 이제야
요동 벌판을 본 순간 광활함으로 인한 현기증을 느낌
깨달았다.「사람이란 본래 의지하고 붙일 곳 없이 단지 하늘을 이
「」: 광활한 벌판을 보며 인간이 작은 존재임을 깨달음
고 땅을 밟고 이리저리 나다니는 존재라는 것을.」

말을 세우고 사방을 둘러보다가 나도 모르게 손을 들어 이마에 얹고,

"한바탕 통곡하기 좋은 곳이로구나."
요동 벌판을 바라본 글쓴이의 창의적 발상
했더니 ㉠ 정 진사가,

"천지간에 이렇게 시야가 툭 터진 곳을 만나서는 별안간 통곡할
글쓴이의 의도를 파악하지 못한 일반적인 생각에 의한 질문
것을 생각하시니, 무슨 까닭입니까?"

하고 묻기에 ㉡ 나는,

"그렇긴 하나, 글쎄. 천고의 영웅들이 잘 울고, 미인들이 눈물을

많이 흘렸다고 하나, 기껏 소리 없는 눈물이 두어 줄기 옷깃에 굴러떨어진 정도에 불과하였지, 그 울음소리가 천지 사이에 울려 퍼지고 가득 차서 마치 악기에서 나오는 소리와 같다는 얘기
영웅과 미인은 통곡할 정도로 울지 않았음
는 들어 보지 못했네.

사람들은 단지 인간의 칠정(七情) 중에서 오로지 슬픔만이 울음
울음에 대한 일반적인 생각 - 슬픔만이 울음을 유발함
을 유발한다고 알고 있지, 칠정이 모두 울음을 자아내는 줄은
울음에 대한 글쓴이의 생각
모르고 있네. 기쁨이 극에 달하면 울음이 날 만하고, 분노가 극에 치밀면 울음이 날 만하며, 즐거움이 극에 이르면 울음이 날 만하고, 사랑이 극에 달하면 울음이 날 만하며, 미움이 극에 달하면 울음이 날 만하고, 욕심이 극에 달해도 울음이 날 만한 걸세. 막히고 억눌린 마음을 시원하게 풀어 버리는 데에는 소리를
억압된 감정을 해소하는 울음의 기능
지르는 것보다 더 빠른 방법이 없네.

통곡 소리는 천지간에 우레와 같아 지극한 감정에서 터져 나
울음과 웃음의 공통점 ①
오고, 터져 나온 소리는 사리*에 절실할 것이니 웃음소리와 뭐
울음과 웃음의 공통점 ②
가 다르겠는가?「사람들이 태어나서 사정이나 형편이 이런 지극
「」: 울음이 슬픔에서만 비롯된다는 편견이 생긴 이유
한 경우를 겪어 보지 못하고 칠정을 교묘하게 배치하여 슬픔에서 울음이 나온다고 짝을 맞추어 놓았다네. 그리하여 초상이 나서야 비로소 억지로 '아이고' 하는 등의 소리를 질러 대지.」

그러나 정말 칠정에서 느껴서 나오는 지극하고 진실한 통곡 소리는 천지 사이에 억누르고 참고 억제하여 감히 아무 장소에서나 터져 나오지 못하는 법이네. 한나라 때 가의(賈誼)는 적당한
한나라 때 직언을 하다 귀양을 가게 된 신하
통곡의 자리를 얻지 못해 울음을 참다가 견뎌 내지 못하고 갑자기 한나라 궁실인 선실(宣室)을 향해 한바탕 길게 울부짖었으니, 어찌 사람들이 놀라고 괴이하게 여기지 않을 수 있겠는가?"

하니 정 진사는,

"지금 여기 울기 좋은 장소가 저토록 넓으니, 나 또한 그대를 좇
요동 벌판
아 한바탕 울어야 마땅하겠는데, 칠정 가운데 어느 정에 감동받아 울어야 할지 모르겠습니다."

하기에 나는,

"그건 갓난아이에게 물어보시게. 갓난아이가 처음 태어나 칠정 중 어느 정에 감동하여 우는지?「갓난아이는 태어나 처음으로
「」: 갓난아이는 즐거움과 기쁨으로 인해 욺
해와 달을 보고, 그다음에 부모와 앞에 꽉 찬 친척들을 보고 즐거워하고 기뻐하지 않을 수 없을 것이네.」이런 기쁨과 즐거움은 늙을 때까지 두 번 다시 없을 터이니, 슬퍼하거나 화를 낼 이치가 없을 것이고 응당 즐거워하고 웃어야 할 것 아닌가. 그런데도 도리어 한없이 울어 대고 분노와 한이 가슴에 꽉 찬 듯이 행동을 한단 말이야. 이를 두고, 신성하게 태어나거나 어리석고

평범하게 태어나거나 간에 사람은 모두 죽게 되어 있고, 살아서는 허물과 걱정 근심을 백방으로 겪게 되므로, 갓난아이는 자신이 태어난 것을 후회하여 먼저 울어서 자신을 위로하는 것이라고 한다면, 이는 갓난아이의 본마음을 참으로 이해하지 못해서 <u>하는 말이네.</u>
　　　　　갓난아이가 슬퍼서 우는 것이 아님을 의미함

「갓난아이가 어머니 태중*에 있을 때 캄캄하고 막히고 좁은 곳에
　　　　　　　　'조선'을 의미함
서 웅크리고 부대끼다가 갑자기 넓은 곳으로 빠져나와 손과 발
　　　　　　　　　　　　'요동 벌판'을 의미함
을 펴서 기지개를 켜고 마음과 생각이 확 트이게 되니, 어찌 참소
리를 질러 억눌렸던 정을 다 크게 씻어 내지 않을 수 있겠는가!」
『」: 갓난아이가 세상에 태어날 때 광활한 것에 이른 기쁨을 느낀다고 생각함 – 창의적 사고
그러므로 갓난아이의 거짓과 조작이 없는 참소리를 응당 본받
　　　　　　즐겁고 기쁠 때 거짓 없이 터져 나오는 울음소리
는다면, 금강산 비로봉에 올라 동해를 바라봄에 한바탕 울 적
　통곡할 만한 적당한 자리 ①
당한 장소가 될 것이고, 황해도 장연(長淵)의 금모래 사장에 가
　　　　　　　　　　통곡할 만한 적당한 자리 ②
도 한바탕 울 장소가 될 것이네. 지금 요동 들판에 임해서「여기
　　　　　　　　　　　　　『」: 요동 벌판의 광활한 광경
부터 산해관(山海關)까지 일천이백 리가 도무지 사방에 한 점의
산이라고는 없이, 하늘 끝과 땅끝이 마치 아교로 붙인 듯, 실로
꿰맨 듯하고 고금의 비와 구름만이 창창하니,」여기가 바로 한바
탕 울어 볼 장소가 아니겠는가?"

한낮에는 매우 더웠다.「말을 달려 고려총(高麗叢), 아미장(阿彌
『」: 요동벌판 감상 후 여정(고려총→아미장→옛 요동→서문→백탑)
庄)을 지나서 길을 나누어 갔다. 나는 주부* 조달동, 변군, 박래
원, 정 진사, 겸인* 이학령과 함께 옛 요동으로 들어갔다. 번화하
고 풍부하기는 봉성의 열 배쯤 되니 따로 요동 여행기를 써 놓았
다. 서문을 나서서 백탑을 구경하니 그 제조의 공교하고* 화려하
며 웅장함이 가히 요동 벌판과 맞먹을 만하다.」따로 백탑에 대해
　　　　기행문의 특징 ③ – 견문에 대한 감상
적은 〈백탑기(白塔記)〉가 뒤편에 있다.

　　　　　　　　　　　　　　　　– 박지원, 〈통곡할 만한 자리〉 –

* 갑신일(甲申日): 1780년(정조 4년) 7월 8일.
* 정사(正使): 사신 가운데 우두머리가 되는 사람 또는 그런 지위. 박지원의 팔촌 형인 박명원을 가리킴.
* 국궁(鞠躬): 윗사람 앞에서 존경하는 뜻으로 몸을 굽힘.
* 백탑(白塔): 중국 요나라와 금나라의 전탑(塼塔)을 이르는 말.
* 현신(現身): 다른 사람에게 자신을 보임. 흔히 아랫사람이 윗사람에게 예를 갖추어 자신을 보이는 일을 이른다.
* 마두(馬頭): 역마(驛馬)에 관한 일을 맡아보던 사람.
* 안광(眼光): 눈의 정기.
* 사리(事理): 일의 이치.
* 태중(胎中): 아이를 배고 있는 동안.
* 주부(主簿): 조선 시대에, 각 아문의 문서와 부적(符籍)을 주관하던 종육품 벼슬.
* 겸인(傔人): 청지기. 양반집에서 잡일을 맡아보거나 시중을 들던 사람.
* 공교하다(工巧하다): 솜씨나 꾀 따위가 재치가 있고 교묘하다.

01 서술상 특징 파악하기　　　　　　　　　답 | ④

윗글에 대한 설명으로 적절하지 <u>않은</u> 것은?

정답 선지 분석

④ 사물의 본질을 분석하며 얻게 된 깨달음을 진술하게 서술하고 있다.
　윗글에서는 요동 벌판을 감상한 글쓴이의 생각을 서술할 뿐, 사물의 본질을 분석하며 얻게 된 깨달음을 서술한 부분을 찾을 수 없다.

오답 선지 분석

① 개인적 체험을 바탕으로 글쓴이의 생각과 느낌을 서술하고 있다.
　윗글의 갈래는 수필로, 글쓴이가 요동을 바라보며 느낀 생각을 서술하고 있다.

② 구체적인 지명을 언급하며 여행 공간의 이동 경로를 밝히고 있다.
　윗글에서는 글쓴이가 여행한 곳의 구체적인 지명인 '고려총', '아미장', '옛 요동' 등을 언급하며 여행의 경로를 밝히고 있다.

③ 두 인물이 질문과 대답을 반복하는 방식으로 내용을 전개하고 있다.
　윗글에서는 '나'와 '정 진사'가 질문과 대답을 반복하는 방식으로 내용을 전개하고 있다.

⑤ 비유적인 표현을 활용하여 글쓴이의 주장에 대한 독자의 이해를 돕고 있다.
　윗글에서는 폐쇄적인 곳에서 넓은 세상으로 나와 새로운 문물을 접한 글쓴이의 경험을 갓난아이가 어머니 태중에서 나온 것에 비유하여 독자의 이해를 돕고 있다.

02 작품의 내용 파악하기　　　　　　　　　답 | ②

㉠, ㉡에 대한 설명으로 적절하지 <u>않은</u> 것은?

정답 선지 분석

② ㉠은 ㉡의 주장에 대해 긍정하지만, ㉡의 행동에 대해서는 염려를 드러내고 있다.
　㉠은 요동이 '한바탕 통곡하기 좋은 곳'이라는 ㉡의 주장을 긍정하면서, '지금 여기 울기 좋은 장소가 저토록 넓으니, 나 또한 그대를 좇아 한바탕 울어야 마땅하겠'다고 하였으므로 ㉡의 행동을 따르고자 하고 있음을 알 수 있다.

오답 선지 분석

① ㉠은 상식을 벗어나는 ㉡의 감상에 의문을 자아내고 있다.
　㉠은 ㉡의 '한바탕 통곡하기 좋은 곳이로구나'라는 감상에, '천지간에 이렇게 시야가 툭 터진 곳을 만나서는 별안간 통곡할 것을 생각하시니, 무슨 까닭입니까?'라며 의문을 자아내고 있으므로 적절하다.

③ ㉠은 자신의 질문에 대한 ㉡의 답변을 듣고 그와 관련된 의문을 다시 질문하고 있다.
　㉠은 ㉡이 요동 벌판에 대해 '한바탕 통곡하기 좋은 곳'이라 한 것에 대해 의문을 표하며 질문하였고, 이에 ㉡이 답을 하자, 그렇다면 요동 벌판을 보고 한바탕 울어야 마땅할 것인데, '칠정 가운데 어느 정에 감동받아 울어야 할지 모르겠다'며 ㉡의 답변에 관련된 의문을 다시 질문하고 있다.

④ ㉡은 ㉠의 질문에 대한 자신의 견해를 밝히기 위해 옛 고사를 예시로 들고 있다.
　㉡은 ㉠에게 칠정에서 나오는 진실한 통곡 소리는 아무 장소에서나 나올 수 있다는 자신의 생각을 밝히며, 한나라의 문신 '가의'에 관한 고사를 예시로 들고 있다.

⑤ ㉡은 요동의 광활한 벌판을 목격한 뒤 ㉠을 포함한 일행과 함께 옛 요동으로 들어갔다.
　㉡은 요동의 광활한 벌판을 감상한 뒤, ㉠을 포함한 일행과 고려총, 아미장을 지나 옛 요동으로 들어갔다고 하였다.

보기 를 읽고, 윗글의 글쓴이가 하였을 반응으로 적절한 것은?

보기

"곡하는 것에도 도(道)가 있다. 인간의 일곱 가지 정(情) 가운데 슬픔보다 감동을 일으키기 쉬운 것은 없다. 슬픔에 이르면 반드시 곡을 하기 마련인데, 그 슬픔을 자아내는 사연도 복잡다단하다. 시사가 어떻게 해 볼 도리가 없이 진행되는 것을 가슴 아프게 생각하여 통곡한 가의가 있었고, 하얀 비단실이 본바탕을 잃고 다른 색깔로 변하는 것을 슬퍼하여 통곡한 묵적이 있었으며, 좋은 시대와 좋은 운명을 만나지 못해 스스로 세상 밖에 버려진 신세가 되어, 통곡하는 행위로써 자신의 뜻을 드러내 보인 당구가 있었다. 저 여러 군자들은 모두가 깊은 생각이 있어서 통곡했을 뿐, 이별에 마음이 상해서나 남에게 굴욕을 느껴 가슴을 부여안은 채, 아녀자가 하는 통곡을 좀스럽게 흉내 내지 않았다."

                                   – 허균, 〈통곡헌기〉

* 복잡다단하다(複雜多端하다): 일이 여러 가지가 얽혀 있거나 어수선하여 갈피를 잡기 어렵다.
* 시사(時事): 그 당시에 일어난 여러 가지 사회적 사건.
* 아녀자(兒女子): '여자'를 낮잡아 이르는 말.

정답 선지 분석

⑤ 슬픔보다 감동을 일으키기 쉬운 것은 없다는 허균의 생각은 슬픔만이 울음을 유발한다는 편견을 강화하는군.

윗글에서 '나'는 '사람들은 단지 인간의 칠정 중에서 오로지 슬픔만이 울음을 유발한다고 알고 있'다면서, 사실은 '칠정이 모두 울음을 자아'낸다고 생각한다. 따라서 '인간의 일곱 가지 정 가운데 슬픔보다 감동을 일으키기 쉬운 것은 없다'는 허균의 생각은 슬픔만이 울음을 유발한다는 사람들의 편견을 강화할 것이라 추측할 수 있다.

오답 선지 분석

① 묵적은 천고의 영웅들처럼 통곡함으로써 막히고 억눌린 마음을 시원하게 풀어 버렸겠군.

윗글에서 '나'는 '천고의 영웅들이 잘 울'었다고 하나, '기껏 소리 없는 눈물이 두어 줄기 옷깃에 굴러떨어진 정도에 불과하'였다고 했다. 이는 통곡할 정도로 울지는 않았다는 것을 의미한다. 따라서 윗글의 글쓴이는 〈보기〉의 묵적을 포함한 여러 군자들의 울음을 통곡이라 생각하지 않았으며, 막히고 억눌린 마음을 시원하게 풀어 버렸다고 보지 않았을 것이다.

② 허균은 '나'와 마찬가지로 가의가 좋은 세상에 대한 감정이 극에 달해 통곡한 것이라 생각하였군.

〈보기〉의 허균과 윗글의 '나'는 모두 가의가 나라의 앞일을 걱정하여 통곡한 것이라 하였으므로 적절하지 않다.

③ 당구는 남에게 굴욕을 느껴 가슴을 부여잡고 통곡하였으므로 통곡에 대한 '나'의 생각과 유사하군.

〈보기〉에서 허균은 당구가 '깊은 생각이 있어 통곡했을 뿐, 이별에 마음이 상해서나 남에게 굴욕을 느껴 가슴을 부여안은 채, 아녀자가 하는 통곡을 좀스럽게 흉내 내지 않았다'고 하였고, 윗글의 '나' 또한 통곡은 칠정에서 느껴서 나오는 지극하고 진실한 것이라 하였으므로 적절하지 않다.

④ 허균 또한 '나'와 마찬가지로 다양한 군자의 사례를 들어 통곡에 관한 창의적인 인식을 드러내고 있군.

〈보기〉에서 허균은 '인간의 일곱 가지 정 가운데 슬픔보다 감동을 일으키기 쉬운 것은 없다'고 하였다. 이는 윗글에서 일반적인 사람들이 가진 울음에 대한 통념과 가깝다고 볼 수 있으므로 통곡에 대한 창의적인 인식이라 할 수 없다.

보기 는 윗글에 대한 평가를 담은 한시이다. 글쓴이의 관점에서 보기 의 [A]에 해당하는 두 가지 감정을 차례대로 쓰시오.

보기

천추의 커다란 울음터라니
재미난 그 비유 신묘도 해라
[A] ⎡ 갓 태어난 핏덩이 어린아이가
    ⎣ 세상 나와 우는 것에 비유하였네

                       – 김정희, 〈요야〉

정답

기쁨, 즐거움

문법 국어 문장의 서술어 표현

빠른 정답 체크 **01** ④ **02** ④ **03** 감탄형, 형용사

국어 문장에서 서술어로 쓰이는 것은 용언인 동사와 형용사, 그
<u>국어 문장에서 서술어로 쓰이는 것</u>
리고 체언에 '이다'가 붙어서 이루어지는 <u>표현</u>이다.

	의문형 어미와 결합
(1) 준영이가 책을 읽는다. / 읽느냐? / 읽는구나.
<u>평서형 어미와 결합</u>   <u>감탄형 어미와 결합</u>
(2) 준영아, 책을 읽어라. / 읽자.
<u>명령형 어미와 결합</u>   <u>청유형 어미와 결합</u>

(1), (2)는 동사 '읽다'가 문장 안에서 그 형태가 변하는 예이다.
이때 <u>변하지 않는 부분인 '읽-'은 어간</u>이고, <u>변하는 부분인 '-는
어간
다, -느냐, -는구나, -어라, -자'는 어미</u>이다. 이처럼 <u>용언 어간에
어미   활용의 개념
여러 가지 어미가 붙는 일</u>을 '활용'이라 한다.

	의문형 어미와 결합
(3) 꽃이 예쁘다. / 예쁘냐? / 예쁘구나.
<u>평서형 어미와 결합</u>   <u>감탄형 어미와 결합</u>
(4) 꽃아, *예뻐라. / *예쁘자. (*표는 비문법적인 표현.)
<u>명령형 어미와 결합하지 않음</u>   <u>청유형 어미와 결합하지 않음</u>

(3), (4)는 형용사 '예쁘다'가 활용하는 예이다. (1), (2)와 비교
해 보았을 때, 동사와 형용사는 활용의 방식에서 차이를 보인다.
먼저 (1)과 (3)에서 볼 수 있듯이, 「동사 활용에는 '-는/ㄴ다, -느
「 」: 동사 활용과 형용사 활용의 차이 ①
냐, -는구나'가 쓰이지만 형용사 활용에는 '-다, -(으)냐, -구나'가
쓰인다.」 다음으로 (2)와 (4)에서 볼 수 있듯이, 「동사 어간과 달리
「 」: 동사 활용과 형용사 활용의 차이 ②
형용사 어간에는 명령형 어미 '-아라/어라', 청유형 어미 '-자'가
붙을 수 없다.」 '꽃이 참 예뻐라!'와 같이 '예뻐라'가 쓰이기도 하는
감탄형 어미와 결합
데, 이때의 '-어라'는 명령형 어미가 아니라 감탄형 어미이다.

	의문형 어미와 결합
(5) 이것이 책이다.(*책이는다.) / 책이냐?(*책이느냐?) /
<u>평서형 어미와 결합</u>   <u>명령형 어미와 결합하지 않음</u>
책이로구나.(*책이는구나.) / *책이어라. / *책이자.
<u>감탄형 어미와 결합</u>   <u>청유형 어미와 결합하지 않음</u>

(5)는 체언 '책'에 '이다'가 결합한 어절 전체가 문장에서 서술어
서술격 조사
로 쓰이는 예이다. (5)에서 볼 수 있듯이, '이다'도 용언처럼 활용
을 한다. 이때 <u>'-는/ㄴ다, -느냐, -는구나', 그리고 명령형 어미 '-
'이다'가 결합하지 않는 어미의 종류
아라/어라', 청유형 어미 '-자' 등의 어미와는 결합하지 않는다.</u>
이런 점을 고려하면 '이다'의 활용 양상은 대체로 (3), (4)에 나타
난 형용사의 활용 양상과 유사하다는 것을 알 수 있다.

---

01 국어의 활용 이해하기 답 | ④

윗글에 대한 이해로 적절하지 <u>않은</u> 것은?

정답 선지 분석

④ 동사는 형용사에 비해 '이다'와 활용 양상이 유사하다.

'이다'의 활용 양상은 대체로 형용사의 활용 양상과 유사하다. 따라서 동사는 형용사에
비해 '이다'와 활용 양상이 유사하다는 것은 윗글에 대한 이해로 적절하지 않다.

오답 선지 분석

① 동사와 형용사는 문장에서 서술어로 쓰일 수 있다.

국어 문장에서 서술어로 쓰이는 것은 동사와 형용사, 그리고 체언에 '이다'가 붙어서
이루어지는 표현이다. 따라서 동사와 형용사는 문장에서 서술어로 쓰일 수 있다는 것
은 적절하다.

② 형용사는 활용할 때 감탄형 어미와 결합할 수 있다.

형용사가 활용할 때는 '예쁘구나'와 같이 '-구나'가 쓰이고, '예뻐라!'와 같이 '-어라'가
쓰이기도 한다. 따라서 형용사는 활용할 때 감탄형 어미와 결합할 수 있다는 것은 적절
하다.

③ 용언이 활용할 때 어간에 붙는 부분을 어미라고 한다.

용언 어간에 여러 가지 어미가 붙는 일을 활용이라 한다. 따라서 용언이 활용할 때 어
간에 붙는 부분을 어미라고 한다는 것은 적절하다.

⑤ '이다'는 활용할 때 명령형 어미나 청유형 어미와는 결합하지 않는다.

'이다'가 활용할 때는 명령형 어미 '-아라/어라', 청유형 어미 '-자'와는 결합하지 않는
다. 따라서 '이다'는 활용할 때 명령형 어미나 청유형 어미와는 결합하지 않는다는 것
은 적절하다.

---

02 국어의 품사별 특성 이해하기 답 | ④

윗글을 바탕으로 보기 의 @~@를 이해한 내용으로 적절하지 <u>않은</u> 것은?

보기

ⓐ 나는 주로 저녁에 <u>씻는다</u>.
ⓑ 오늘 날씨가 정말 <u>춥구나</u>.
ⓒ 규연아, 지금 밥 <u>먹자</u>.
ⓓ 창문을 활짝 <u>열어라</u>.
ⓔ 그는 어떤 <u>사람이냐</u>?

정답 선지 분석

④ ⓓ의 '열어라'는 어간이 명령형 어미 '-어라'와 결합한 것으로 보아 형용사이다.

'열어라'는 어간 '열-'과 어미 '-어라'로 분석할 수 있다. 명령형 어미 '-아라/어라'는
동사 어간에만 결합하고 형용사 어간에는 결합할 수 없으므로, '열어라'는 어간이 명령
형 어미 '-어라'와 결합한 것으로 보아 형용사가 아니라 동사이다.

오답 선지 분석

① ⓐ의 '씻는다'는 어간이 '-는다'와 결합한 것으로 보아 동사이다.

'씻는다'는 어간 '씻-'과 어미 '-는다'로 분석할 수 있다. '-는다'는 동사 활용에 쓰이는
어미이므로, '씻는다'는 어간이 '-는다'와 결합한 것으로 보아 동사이다.

② ⓑ의 '춥구나'는 어간이 '-구나'와 결합한 것으로 보아 형용사이다.

'춥구나'는 어간 '춥-'과 어미 '-구나'로 분석할 수 있다. '-구나'는 형용사 활용에 쓰이
는 어미이므로, '춥구나'는 어간이 '-구나'와 결합한 것으로 보아 형용사이다.

③ ⓒ의 '먹자'는 어간이 청유형 어미 '-자'와 결합한 것으로 보아 동사이다.

'먹자'는 어간 '먹-'과 어미 '-자'로 분석할 수 있다. 청유형 어미 '-자'는 동사 어간에
만 결합하고 형용사 어간에는 결합할 수 없으므로, '먹자'는 어간이 '-자'와 결합한 것
으로 보아 동사이다.

⑤ ⓔ의 '사람이냐'는 체언에 '이다'가 결합한 말이 활용한 것이다.

'사람이냐'는 '사람이-+-냐'로 분석할 수 있다. 체언 '사람'에 '이다'가 결합한 말인
'사람이다'의 어간에 '-(으)냐'가 결합한 것이다.

03 국어 품사의 활용 이해하기

보기 2 는 **보기 1** 의 밑줄 친 부분을 설명하는 내용이다. 빈칸에 들어갈 말을 골라 차례대로 쓰시오.

보기 1

> 두 볼에 흐르는 빛이
> 정작으로 고와서 <u>서러워라</u>.
>
> – 조지훈, 〈승무〉

보기 2

'서러워라'의 기본형은 '서럽다'이며, (감탄형 / 명령형 / 청유형) 어미와 결합한 (동사 / 형용사)이다.

정답

감탄형, 형용사

독서　　**액상 과당**

빠른 정답 체크　**01** ③　**02** ④　**03** ⑤　**04** 인슐린, 렙틴

최근에 사람들의 관심을 끄는 화학 용어로 '액상 과당(High Fructose Corn Syrup)'이 있다. 액상 과당은 옥수수 녹말을 분해한 옥수수 시럽의 성분을 조절하여 만든, 단맛이 나는 액체
액상 과당의 개념
시럽이다.
　　　　　　　　　　　　　　　　　　▶ 1문단: 액상 과당의 개념
옥수수 시럽에는 단당*인 포도당과 포도당 분자 2개가 화학 결
옥수수 시럽을 구성하는 당
합으로 생성된 이당*인 맥아당, 그리고 포도당 분자 여러 개가 화학 결합으로 이루어진 올리고당 등 여러 종류의 당들이 포함되어 있다. 하지만 포도당을 비롯하여 다양한 종류의 당 분자를 포함하고 있는 옥수수 시럽은 설탕보다 덜 달다. 그 이유는 옥수수 시럽의 구성 성분인 포도당과 맥아당이 모두 설탕보다 단맛이 덜하
옥수수 시럽이 설탕보다 덜 단 이유
기 때문이다. 그런데 옥수수 시럽에 포함된 포도당을 효소를 이
액상 과당이 만들어지는 방법
용해서 과당으로 변환시켜 주면, 옥수수 시럽은 과당의 비율이 높은 액상 과당이 되어 설탕보다 단맛을 내게 된다.
　　　　　　　　　　　　　　　　　　▶ 2문단: 옥수수 시럽의 구성 요소
액상 과당의 영문 약자 HFCS 바로 다음에 표기된 숫자는 과당
과당의 비율을 나타냄
의 비율을 나타낸다. 예를 들어 HFCS 55는 과당이 55%, HFCS 42는 과당이 42% 포함된 액상 과당이라는 것이다. 흔히 사용되는 액상 과당 HFCS 55는 설탕보다 가격이 싸고, 물에 잘 녹는다는
액상 과당이 설탕 대신 청량음료에 사용되는 이유
장점이 있어서 청량음료 등을 만들 때 많이 사용된다.
　　　　　　　　　　　　　　　　　　▶ 3문단: 액상 과당의 비율 표기
포도당과 과당의 흡수, 대사, 소화 과정은 그 경로가 각각 다르다. 일단 음식에 포함된 녹말은 몸에서 포도당으로 분해되어 혈
포도당의 소화 과정 ①

액으로 흡수된다. 그러면 췌장에서 인슐린이 분비되고*, 인슐린
포도당의 소화 과정 ②
은 포도당을 적절하게 포획하여 동물성 녹말이라 불리는 글리코
포도당의 소화 과정 ③
젠으로 간 혹은 근육에 저장한다. 글리코젠은 에너지가 필요할 때 체내에서 급속히 분해되어 대량의 포도당으로 변화가 가능한
글리코젠의 특징
분자이다. 이렇게 우리 몸에서「포도당이 흡수되고 인슐린이 분비
「」: 포도당의 소화 과정 ④
될 때, ㉠ 렙틴이라는 호르몬도 분비된다.」렙틴의 분비는 또 다른 호르몬인 ㉡ 그렐린의 분비 속도를 늦추어 준다. 렙틴은 지방세포에서 분비되며 양이 많아지면 포만감*을 느끼게 해주는 역할을
렙틴의 특징과 역할
한다. 그렐린은 공복 호르몬으로 위 혹은 췌장에서 분비되며, 식
그렐린의 특징과 역할
사 전에는 양이 증가했다가 식사 후에는 양이 감소한다.
　　　　　　　　　　　　　　　　　　▶ 4문단: 당의 흡수와 소화 과정
하지만 포도당과 달리 인슐린 분비를 촉진하지* 않는 과당이 흡
과당 흡수 → 인슐린 분비 촉진 X → 렙틴 분비 촉진 X
수되면 렙틴의 분비도 촉진되지 않는다. 그 결과 공복 호르몬의
그렐린
양이 식사 전의 상태를 유지하게 되므로 음식을 더 먹고 싶다는
과당 섭취의 문제점 ①
욕구가 줄어들지 않고 포만감도 못 느끼게 된다. 설상가상으로 과당은 포도당보다 더 쉽게 지방으로 축적이 된다. 따라서 액상
과당 섭취의 문제점 ②
과당을 첨가한 식품을 섭취할 때에는 주의할 필요가 있다.
　　　　　　　　　　　　　　　　　　▶ 5문단: 액상 과당 첨가 식품을 섭취할 때의 주의점

* 단당(單糖): 가수 분해로는 더 이상 간단한 화합물로 분해되지 않는 당류.
* 이당(二糖): 두 개의 단당류가 결합된 당.
* 분비되다(分泌되다): 생세포의 작용에 의하여 만들어진 액즙이 배출관으로 보내지다.
* 포만감(飽滿感): 넘치도록 가득 차 있는 느낌.
* 촉진하다(促進하다): 다그쳐 빨리 나아가게 하다.

---

01 세부 내용 파악하기　　답 | ③

윗글을 통해 알 수 있는 내용으로 적절하지 않은 것은?

정답 선지 분석

③ 과당의 비율이 높은 액상 과당일수록 더 큰 포만감을 느낀다.

4문단에 따르면, 우리 몸에서 포도당이 흡수되고 인슐린이 분비될 때 포만감을 느끼게 해주는 호르몬인 렙틴이 분비된다. 그러나 5문단에서 포도당과 달리 인슐린 분비를 촉진하지 않는 과당이 흡수되면 렙틴의 분비도 촉진되지 않아 포만감을 못 느끼게 된다고 하였으므로 적절하지 않다.

오답 선지 분석

① 포도당은 과당만큼 쉽게 지방으로 축적되지는 않는다.

5문단에서 과당은 포도당보다 더 쉽게 지방으로 축적이 된다고 하였으므로 적절하다.

② 옥수수 시럽을 구성하는 당류는 설탕보다 단맛이 덜하다.

2문단에서 옥수수 시럽의 구성 성분인 포도당과 맥아당은 모두 설탕보다 단맛이 덜하다고 하였으므로 적절하다.

④ 인슐린은 포도당을 글리코젠으로 바꾸어 저장하는 역할을 한다.

4문단에서 인슐린은 포도당을 적절하게 포획하여 동물성 녹말이라 불리는 글리코젠으로 간 혹은 근육에 저장한다고 하였다.

⑤ 청량음료를 만들 때는 설탕보다 액상 과당을 사용하는 것이 경제적이다.

3문단에서 액상 과당 HFCS 55는 설탕보다 가격이 싸기 때문에 청량음료 등을 만들 때 많이 사용된다고 하였다.

㉠과 ㉡에 대한 설명으로 가장 적절한 것은?

정답 선지 분석

④ ㉠이 분비되면 ㉡의 분비 속도가 늦추어진다.

㉠은 렙틴, ㉡은 그렐린이다. 4문단에 따르면, 렙틴의 분비는 그렐린의 분비 속도를 늦추어 준다.

오답 선지 분석

① ㉠과 ㉡은 모두 식사 후에 양이 감소한다.

4문단에 따르면, ㉡이 식사 후에 양이 감소하는 것은 맞지만, ㉠이 분비되면 ㉡의 분비량이 줄어들기 때문에 ㉠과 ㉡의 분비량은 서로 반비례한다고 보아야 한다.

② ㉠은 공복감을, ㉡은 포만감을 느끼게 한다.

4문단에서 ㉠은 포만감을 느끼게 해주는 역할이고, ㉡은 공복 호르몬이라고 하였으므로 적절하지 않다.

③ ㉠은 췌장에서, ㉡은 지방세포에서 분비된다.

4문단에서 ㉠은 지방세포에서 분비되고, ㉡은 위 혹은 췌장에서 분비된다고 하였으므로 적절하지 않다.

⑤ ㉠이 분비되면 ㉡의 양이 식사 전 상태로 유지된다.

5문단에서 ㉠이 분비되지 않았을 때 ㉡의 양은 식사 전의 상태를 유지한다고 하였다.

03　구체적 사례에 적용하기　　　　　답 | ⑤

윗글을 읽은 학생이 보기 에 대해 보일 수 있는 반응으로 적절하지 않은 것은?

보기

혜미는 평소 청량음료를 좋아하여 많이 섭취하는데, 혜미의 엄마는 밥을 먹기 전에 음료를 섭취하면 배가 불러 적량의 식사를 하지 못한다고 걱정한다. 하지만 혜미는 청량음료를 섭취해도 배가 부른 것을 잘 모르겠다고 하며 음료를 식전에도 섭취했고, 배가 고파서 식사도 많이 한 결과 체중이 정상 체중보다 증가했다. 그리고 5년 후 고지혈증 판정을 받았다. 고지혈증은 필요 이상으로 많은 지방 성분이 혈관 벽에 쌓여 염증을 일으키는 질환이다.

정답 선지 분석

⑤ 액상 과당의 영문 약자 HFCS 바로 다음에 표기된 숫자가 낮은 음료를 섭취하면 문제가 해결되겠군.

3문단에 따르면 HFCS 바로 다음에 표기된 숫자는 과당의 비율을 나타내므로 숫자가 낮아질수록 과당의 비율이 낮다는 것을 의미한다. 〈보기〉에서 고지혈증은 필요 이상으로 많은 지방 성분이 혈관 벽에 쌓여 염증을 일으키는 질환이라고 하였는데, 5문단에 따르면 과당은 포도당보다 더 쉽게 지방으로 축적이 된다. 따라서 과당의 비율이 낮은 액상 과당으로 만들어진 음료를 섭취한다고 하더라도 여전히 과당을 섭취하는 것이기 때문에 문제가 해결되지는 않을 것이다.

오답 선지 분석

① 혜미는 청량음료를 섭취한 후 실제 포만감을 잘 느끼지 못했군.

〈보기〉에서 혜미는 청량음료를 섭취해도 배가 부른 것을 잘 모르겠다고 했다고 하였는데, 5문단에서 과당이 흡수되면 공복 호르몬의 양이 식사 전의 상태를 유지하여 포만감을 못 느끼게 된다고 하였으므로 적절하다.

② 청량음료의 섭취를 조절해야만 고지혈증의 위험에서 벗어날 수 있겠군.

〈보기〉에서 고지혈증은 필요 이상으로 많은 지방 성분이 혈관 벽에 쌓여 염증을 일으키는 질환이라고 하였고, 5문단에 따르면 과당은 포도당보다 더 쉽게 지방으로 축적이 되므로 적절하다.

③ 혜미의 엄마는 청량음료가 렙틴의 분비를 제대로 촉진하지 못한다는 점을 모르고 있군.

5문단에서 과당이 흡수되면 포만감을 느끼게 해주는 호르몬인 렙틴의 분비가 촉진되지 않아 음식을 더 먹고 싶다는 욕구가 줄어들지 않는다고 하였다. 따라서 〈보기〉에서 혜미의 엄마가 밥을 먹기 전에 음료를 섭취하면 배가 불러 정량의 식사를 하지 못한다고 걱정하였던 것은, 청량음료가 렙틴의 분비를 제대로 촉진하지 못한다는 점을 몰랐기 때문이다.

④ 혜미의 체중이 증가한 것은 과당이 포도당보다 더 쉽게 지방으로 축적이 되기 때문이겠군.

〈보기〉에서 혜미는 청량음료를 식전에도 섭취했고, 배가 고파서 식사도 많이 한 결과 체중이 정상 체중보다 증가했다고 하였다. 5문단에서 과당은 포도당보다 더 쉽게 지방으로 축적이 된다고 하였으므로 적절하다.

04　인과 관계 파악하기

ⓐ, ⓑ에 들어갈 말을 찾아 차례대로 쓰시오.

과당은 (ⓐ) 분비를 촉진하지 않기 때문에, (ⓐ)이/가 분비될 때 함께 분비되어 포만감을 느끼게 해주는 호르몬인 (ⓑ)의 분비도 촉진되지 않아서 포만감을 느끼지 못하게 된다.

정답

인슐린, 렙틴

문학 1　　만흥(윤선도)

빠른 정답 체크　01 ④　02 ②　03 ③　04 먼 산

산수 간 바위 아래 띠집*을 짓노라 하니
　　□: 소박한 생활　　　　○: 자연　△: 세속
㉠ 그 모르는 남들은 웃는다 한다마는
　자연의 가치를 모르는 사람들을 가리킴
어리석고 향암*의 뜻에는 내 분인가 하노라
　스스로를 낮추어 말함
〈제1수〉
▶ 안분지족하는 삶의 만족감

보리밥 풋나물을 알맞게 먹은 후에

바위 끝 물가에서 실컷 노니노라

「그 밖의 여남은 일이야 부러워할 줄이 있으랴」
　　　　　　　　　　　　: 설의법
「」: 속세의 부귀영화에 미련을 두지 않음
〈제2수〉
▶ 안빈낙도하는 삶의 즐거움

잔 들고 혼자 앉아 먼 산을 바라보니

㉡ 그리던 임이 온들 반가움이 이러하랴
　먼 산을 바라보는 기쁨 〉 그리운 임에 대한 반가움
말씀도 웃음도 아녀도 못내 좋아하노라
　산은 말도 웃음도 없지만 보는 것만으로도 좋음
〈제3수〉
　자연의 삶이　　　　　　　▶ 자연과 하나가 된 삶의 즐거움
「누가 삼공*보다 낫다 하더니 만승*의 지위가 이만하랴」
「」: 자연에서의 삶이 삼공과 만승의 삶보다 나음
이제야 생각하니 소부 허유*가 영리했더라
　　　　　　　　　중국의 고사를 인용함
㉢ 아마도 임천한흥*을 비길 곳이 없구나
　자연에서의 흥취는 다른 것과 비길 수 없을 만큼 좋음
〈제4수〉
▶ 자연에서의 삶에 대한 자부심

ㄹ 내 성격이 게으르더니 하늘이 아시어
　　　스스로를 낮추어 말함
인간 만사를 하나도 아니 맡겨
　　세속의 일을 맡기지 않음(맡지 않음)
다만 **다툴 이 없는 강산**을 지키라 하시도다
　　어지러운 세속과 대비됨

〈제5수〉
▶ 자연에 귀의한 삶

ㅁ 강산이 좋다 한들 내 분으로 누웠느냐
　　강산에 누운 것은 임금의 은혜 덕분임
임금 은혜를 이제 더욱 아옵니다
　　유교적 충의 사상
아무리 갚고자 하여도 할 일이 없구나
　　임금을 위해 할 수 있는 일

〈제6수〉
▶ 임금의 은혜에 대한 감사
- 윤선도, 〈만흥〉 -

* 띠집: 풀로 지붕을 얹은 집.
* 향암(鄕闇): 시골에서 지내 온갖 사리에 어둡고 어리석음. 또는 그런 사람.
* 삼공(三公): 의정부에서 국가 주요 정책을 결정하는 일을 맡아보던 세 벼슬. 영의정, 좌의정, 우의정을 이른다.
* 만승(萬乘): 만 대의 수레라는 뜻으로, 천자 또는 천자의 자리를 이르는 말.
* 소부 허유: 부귀영화를 마다하는 사람을 비유적으로 이르는 말. 중국의 요임금이 허유에게 천하를 주겠다고 하자 허유는 더러운 말을 들었다고 하여 강물에 귀를 씻었으며, 소부는 허유가 귀를 씻은 더러운 물을 소에게 먹일 수 없다고 하여 소를 끌고 돌아갔다는 데서 유래한다.
* 임천한흥(林泉閑興): 자연에서 느끼는 한가로운 흥취.

01 표현상의 특징 파악하기
답 | ④

윗글에 대한 설명으로 가장 적절한 것은?

정답 선지 분석

④ 고사를 언급하여 화자의 정서를 효과적으로 드러내고 있다.
화자는 〈제4수〉에서 자연을 벗 삼아 살았던 중국 고사 속의 인물인 '소부 허유'를 언급하여 자연에서의 삶에서 느끼는 자부심을 효과적으로 드러내고 있다.

오답 선지 분석

① 대화체를 활용하여 주제 의식을 전달하고 있다.
윗글은 대화체가 아닌 독백체로 서술되어 자연에서 사는 즐거움과 임금의 은혜라는 주제를 전달하고 있다.

② 색채 이미지를 활용하여 자연의 풍경을 묘사하고 있다.
윗글에서 색채 이미지를 활용한 부분은 찾을 수 없다.

③ 설의적 표현을 활용하여 속세의 사람들을 풍자하고 있다.
〈제2수〉의 '그 밖의 여남은 일이야 부러워할 줄이 있으랴', 〈제3수〉의 '그리던 임이 온들 반가움이 이러하랴' 등에서 설의적 표현이 활용되기는 하였지만, 이를 통해 속세의 사람들을 풍자하고 있는 것은 아니다.

⑤ 자연물에 감정을 이입하여 자연과의 친밀감을 표현하고 있다.
화자는 자연과 친밀하게 지내고 있지만, 자연물에 감정을 이입하여 그 친밀감을 표현하고 있지는 않다.

02 시구의 의미 파악하기
답 | ②

ㄱ~ㅁ을 이해한 내용으로 적절하지 않은 것은?

정답 선지 분석

② ㄴ: 자연 속에서 그리운 임을 만난 화자의 반가움이 나타나고 있다.
ㄴ은 자연 속에서 그리운 임을 만난 화자의 반가움을 나타내는 것이 아니라, 그리운 임을 만났을 때의 반가움도 자연의 즐거움보다 크지는 않을 것이라는 의미이다.

오답 선지 분석

① ㄱ: 자연의 가치를 모르고 화자를 비웃는 사람들의 모습이 나타나고 있다.
ㄱ의 '그 모르는 남들'은 화자가 자연에서 살려 하는 이유를 모르는 사람들로, 이들은 자연의 가치를 모르고 화자를 비웃고 있다.

③ ㄷ: 자연 속에서 사는 삶에 대한 화자의 만족감이 나타나고 있다.
ㄷ에서 화자는 '임천한흥', 즉 자연에서 느끼는 한가로운 흥취는 그 무엇과도 비길 수 없다면서 자연 속에서 사는 삶에 대한 만족감을 드러내고 있다.

④ ㄹ: 자신을 낮추어 표현하는 화자의 겸손함이 나타나고 있다.
ㄹ의 '내 성격이 게으르더니'는 화자가 자기 자신을 낮추어 표현하는 것으로, 화자의 겸손함이 나타나고 있다.

⑤ ㅁ: 지금의 삶이 임금의 덕이라는 화자의 충의가 나타나고 있다.
ㅁ에서 '강산이 좋다 한들 내 분으로 누웠느냐'라고 하는 것은 자신의 분수로 강산에 누운 것이 아니라는 의미로, 자연에서의 삶이 임금의 은혜 덕이라는 화자의 충의가 나타나고 있다.

03 외적 준거를 바탕으로 작품 감상하기
답 | ③

보기 를 참고하여 윗글을 감상한 내용으로 적절하지 않은 것은?

보기

강호가도(江湖歌道)는 조선 시대 시가 문학의 사조 중 하나이다. 어지러운 정치적 현실로 인해 사대부들은 자기 몸을 보전하기 어려워졌고, 이에 뜻있는 사람들은 벼슬을 버리고 자연에 파묻혀 살았다. 이러한 사대부들에게 있어 자연은 속세와 동떨어진, 검소한 삶의 공간이었다. 한편으로는 자연을 노래하면서도 임금의 은혜에 감사하는 마음을 잊지 않는 유교적 가치관을 담기도 하였다.

* 보전하다(保全하다): 온전하게 보호하여 유지하다.

정답 선지 분석

③ 〈제4수〉의 '삼공보다 낫다 하더니'는 화자가 자신의 안위를 위해 벼슬을 버려야 했음을 암시하는군.
〈제4수〉의 '누가 삼공보다 낫다 하더니 만승의 지위가 이만하랴'는 자연에 묻혀 사는 삶이 삼공이나 만승 등 세속에서의 성공한 삶보다 낫다는 의미이다. 화자가 자신의 안위를 위해 벼슬을 버려야 했음을 암시하는 것은 아니다.

오답 선지 분석

① 〈제1수〉의 '띠집'과 〈제2수〉의 '보리밥 풋나물'은 화자가 자연에서 검소하게 살고 있음을 나타내는군.
〈제1수〉의 '띠집'은 초가집을 의미하고, 〈제2수〉의 '보리밥 풋나물'은 소박한 식사를 의미하므로 이를 통해 화자가 자연에서 검소하게 살고 있음을 나타내고 있다.

② 〈제2수〉의 '그 밖의 여남은 일'은 부귀영화와 같은 세속의 일을 가리키는군.
〈제2수〉의 '그 밖의 여남은 일이야 부러워할 줄이 있으랴'는 자연에서 살고 있으니 세속의 부귀영화를 부러워할 필요가 없다는 화자의 심정을 가리키고 있다. 따라서 '그 밖의 여남은 일'은 부귀영화와 같은 세속의 일을 가리킨다.

④ 〈제5수〉의 '다툴 이 없는 강산'은 어지러운 정치적 현실과 대비되는 자연의 모습을 제시하는군.
〈제5수〉의 '다툴 이 없는 강산'은 자연에서는 다투는 사람이 없다는 것으로, 자기 몸을 보전하기 어려울 정도로 어지러운 정치적 현실과 대비된다.

⑤ 〈제6수〉의 '아무리 갚고자 하여도 할 일이 없구나'는 임금의 은혜에 감사하
는 마음을 드러내는군.
　〈제6수〉의 '아무리 갚고자 하여도 할 일이 없구나'는 임금의 은혜를 갚고자 해도 자신이
　할 수 있는 일이 없다는 것으로, 임금의 은혜에 감사하는 유교적 가치관을 드러내고 있다.

04 소재의 의미 파악하기

〈제3수〉에서 '그리던 임'보다 나은 존재로 언급된 시어를 찾아 2어절로 쓰시오.

정답

먼 산

文学 2　수난이대(하근찬)

빠른 정답 체크　**01** ②　**02** ④　**03** ①　**04** 아들, 불안

[앞부분 줄거리] 일제 강점기 때 징용이 되어 비행장을 닦고 굴을 뚫다
　　　　　　　현대사의 폭력으로 인한 수난
가, 다이너마이트가 터져 한쪽 팔을 잃은 만도는 전쟁에서 돌아오는 아들
진수를 마중하러 나간다.

　쌔애액 기차 소리였다. 멀리 산모퉁이를 돌아오는가 보다. 만
도는 앉았던 자리를 털고 벌떡 일어서며 옆에 놓아두었던 고등어
　　　　　　　　　아버지의 사랑을 보여 주는 소재 - 진수를 마중 가는 길에 삼
를 집어 들었다. 기적* 소리가 가까워질수록 가슴이 울렁거렸다.
대합실 밖으로 뛰어나가 플랫폼이 잘 보이는 울타리 쪽으로 가서
　　　　　　　　　　아들을 얼른 찾기 위함
발돋움을 했다.

　땡땡땡 종이 울리자, 잠시 후 차는 소리를 지르면서 들이닥쳤
다. 기관차의 옆구리에서는 김이 픽픽 풍겨 나왔다. 만도의 얼굴
은 바짝 긴장되었다. 시꺼먼 열차 속에서 꾸역꾸역 사람들이 밀
려 나왔다. 꽤 많은 손님이 쏟아져 내리는 것이었다. 만도의 두
눈은 곧장 이리저리 굴렀다. 그러나 아들의 모습은 쉽사리 눈에
띄지 않았다. 저쪽 출찰구*로 밀려가는 사람의 물결 속에, 두 개
의 지팡이를 짚고 절룩거리며 걸어 나가는 상이군인*이 있었으
　　　진수가 다리를 잃고 돌아올 것이라고는 상상하지 못함
나, 만도는 그 사람에게 주의가 가지는 않았다.

　기차에서 내릴 사람은 모두 내렸는가 보다. 이제 미처 차에 오
르지 못한 사람들이 플랫폼을 이리저리 서성거리고 있을 뿐인 것
이다. 그놈이 거짓으로 편지를 띄웠을 리 없을 건데…… ㉠ 만도
는 자꾸 가슴이 떨렸다. 이상한 일이다, 하고 있을 때였다. 분명
　　　　　　　　　진수가 보이지 않음
히 뒤에서,

　"아부지!"

　부르는 소리가 들렸다. 만도는 깜짝 놀라며, 얼른 뒤를 돌아보

았다. 그 순간, 만도의 두 눈은 무섭도록 크게 떠지고, 입은 딱 벌
　　　　진수의 모습을 보고 충격을 받음
어졌다. 틀림없는 아들이었으나, 옛날과 같은 진수는 아니었다.
양쪽 겨드랑이에 지팡이를 끼고 서 있는데, 스쳐 가는 바람결에
　　　다리를 잃은 채 돌아온 아들 진수의 모습
한쪽 바짓가랑이가 펄럭거리는 것이 아닌가.

　만도는 눈앞이 노오래지는 것을 어쩌지 못했다. 한참 동안 그저
멍멍하기만 하다가, 코허리가 찡해지면서 두 눈에 뜨거운 것이
　　　　　　　　진수의 처지를 안쓰럽게 생각함
핑 도는 것이었다.

　　　"에라이, 이놈아!"
　　　전쟁으로 인한 수난에 대한 분노를 진수에게 표현함
　　만도의 입술에서 모질게 튀어나온 첫마디였다. 떨리는 목소
　　리였다. 고등어를 든 손이 불끈 주먹을 쥐고 있었다.

　　"이기 무슨 꼴이고, 이기." / "아부지!" / "이놈아, 이놈
　　아……"

[A]　만도의 들창코가 크게 벌름거리다가 홀짝 물코*를 들이마
　　셨다. 진수의 두 눈에서는 어느결에 눈물이 꾀죄죄하게 흘러
　　내리고 있었다. 만도는 모든 게 진수의 잘못이거나 한 듯 험
　　한 얼굴로,
　　　　　　　　　　만도의 진심과는 반대됨
　　"가자, 어서!" / 무뚝뚝한 한 마디를 내던지고는 성큼성큼
　　앞장을 서 가는 것이었다.
　　불구가 된 아들을 보는 것이 괴롭기 때문
　　　　　　　　　　　　　(중략)

"전쟁하다가 이래 안 됐심니꼬. 수류탄* 쪼가리에 맞았심더."
　　　현대사의 폭력으로 인한 수난
"수류탄 쪼가리에?" / "예." / "음."

"얼른 낫지 않고 막 썩어 들어가기 땜에 군의관이 짤라 버립디
더. 병원에서예. 아부지!"

"와?" / "이래 가지고 우째 살까 싶습니더."
　　　　　　　　자신의 처지를 비관함
　　"우째 살긴 뭘 우째 살아? 목숨만 붙어 있으면 다 사는 기다.
　　　　　　　　　　　　진수를 위로하기 위한 말
　　그런 소리 하지 마라." / "……."

　　"나 봐라. 팔뚝이 하나 없어도 잘만 안 사나. 남 봄에 좀 덜
　　　　　　　　자신의 경우를 들어 진수를 위로함
　　좋아서 그렇지, 살기사 왜 못 살아."

　　"차라리 아부지같이 팔이 하나 없는 편이 낫겠어예. 다리가

　　없어 노니, 첫째 걸어 댕기기가 불편해서 똑 죽겠심더."
　　　　　　　자신보다 만도의 처지가 낫다고 생각함
[B]　"야야. 안 그렇다. 걸어댕기기만 하면 뭐하노, 손을 지대로
　　　　　　　　　　자신보다 진수의 처지가 낫다고 말해줌
　　놀려야 일이 뜻대로 되지." / "그러까예?"

　　"그렇다니, 그러니까 집에 앉아서 할 일은 니가 하고, 나댕
　　　　　　　　　　　　　　　　화합과 협력
　　기메 할 일은 내가 하고, 그라면 안 대겠나, 그제?" / "예."

　　진수는 아버지를 돌아보며 대답했다. 만도는 돌아보는 아들
　　의 얼굴을 향해 지그시 웃어 주었다.

(중략)

개천 둑에 이르렀다. 외나무다리가 놓여 있는 그 시냇물이다.
① 부자가 겪은 수난 ② 진수의 처지 비유
진수는 슬그머니 걱정이 되었다. **물은 그렇게 깊은 것 같지 않**
지만, 밑바닥이 모래흙이어서 지팡이를 짚고 건너가기가 만만할
것 같지 않기 때문이다. **외나무다리는 도저히 건너갈 재주가 없**
한쪽 다리가 없기 때문
고……. 진수는 하는 수 없이 둑에 퍼지고 앉아서 바짓가랑이를
시냇물을 건너려면 물을 가로질러 건너는 수밖에 없음
걷어 올리기 시작했다.

만도는 잠시 멀뚱히 서서 아들의 하는 양을 내려다보고 있다가,

"진수야, 그만두고, 자아, 업자." / 하는 것이었다.

"업고 건느면 일이 다 되는 거 아니가. 자아, 이거 받아라."
진수가 외나무다리로 시냇물을 건널 수 있는 방법 제시
고등어 묶음을 진수 앞으로 내민다.

진수는 퍽 난처해하면서, 못 이기는 듯이 그것을 받아 들었다.
만도는 등허리를 아들 앞에 갖다 대고, **하나밖에 없는 팔을 뒤로**
버쩍 내밀며, / "자아, 어서!"

하고 재촉했다. 진수는 지팡이와 고등어를 각각 한 손에 쥐고, 아
버지의 등허리로 가서 슬그머니 업혔다. 만도는 팔뚝을 뒤로 돌
리면서, **아들의 하나뿐인 다리를 꼭 안았다.** 그리고,
만도가 하나뿐인 팔로 진수의 하나뿐인 다리를 안음
"팔로 내 목을 감아야 될 끼다." / 했다.

진수는 무척 황송한* 듯 한쪽 눈을 찍 감으면서, 고등어와 지팡
이를 든 두 팔로 아버지의 굵은 목줄기를 부둥켜안았다.

만도는 아랫배에 힘을 주며, '끙!' 하고 일어났다. 아랫도리가
약간 후들거렸으나 걸어갈 만은 했다. 외나무다리 위로 조심조심
극복의 가능성을 암시함
발을 내디디며 만도는 속으로,

'이제 새파랗게 젊은 놈이 벌써 이게 무슨 꼴이고. **세상을 잘못**
진수의 처지를 안쓰러워함
만나서 진수 니 신세도 참 똥이다, 똥.'
진수가 다리 잃은 것은 역사적 폭력 때문임
이런 소리를 주워섬겼고, 아버지의 등에 업힌 진수는 곧장 미안

스러운 얼굴을 하며,

'나꺼정 이렇게 되다니, 아부지도 참 복도 더럽게 없지, 차라리
만도의 처지를 안쓰러워함
내가 죽어 버렸더라면 나았을 낀데……'

하고 속으로 중얼거렸다.

만도는 아직 술기가 약간 있었으나, 용케 몸을 가누며 **아들을**
업고 외나무다리를 조심조심 건너가는 것이었다.
민족의 수난 극복 의지
눈앞에 우뚝 솟은 용머리재*가 이 광경을 가만히 내려다보고 있
자연물의 시선을 보여 주어 여운을 남김
었다.

— 하근찬, 〈수난이대〉 —

* 기적(汽笛): 기차나 배 따위에서 증기를 내뿜는 힘으로 내는 경적 소리.

* 출찰구(出札口): 차나 배에서 내린 손님이 표를 내고 나가거나 나오는 곳.
* 상이군인(傷痍軍人): 전투나 군사상 공무 중에 몸을 다친 군인.
* 물코: 물기가 많은 콧물.
* 수류탄(手榴彈): 손으로 던져 터뜨리는 작은 폭탄.
* 황송하다(惶悚하다): 분에 넘쳐 고맙고도 거북스럽다.
* 재: 높은 산의 마루를 이룬 곳.

01 작품의 내용 파악하기   답 | ②

윗글의 내용에 대한 설명으로 가장 적절한 것은?

정답 선지 분석

② 진수는 수류탄 파편에 맞아 다리를 잘라내야 했다.
진수가 '수류탄 쪼가리에 맞았심더', '얼른 낫지 않고 막 썩어 들어가기 땜에 군의관이 짤
라 버립디더'라고 말한 것을 통해, 진수가 수류탄 파편에 맞아 다리를 잘라내야 했음을
알 수 있다.

오답 선지 분석

① 만도는 대합실 안에서 진수가 나오기를 기다렸다.
기적 소리가 들리자, 만도는 대합실 밖으로 뛰어나가 플랫폼이 잘 보이는 울타리 쪽으
로 가서 발돋움을 하였다.

③ 만도는 다리를 절룩거리는 상이군인을 보며 진수를 떠올렸다.
두 개의 지팡이를 짚고 절룩거리며 걸어 나가는 상이군인이 있었으나, 만도는 그 사람
에게 주의가 가지는 않았다고 하였다.

④ 만도는 진수가 한쪽 다리를 잃은 것을 알고도 동요하지 않았다.
한쪽 다리를 잃은 채 돌아온 진수를 보자 만도는 큰 충격을 받아 두 눈은 무섭도록 크
게 떠지고, 입은 딱 벌어졌다.

⑤ 진수는 자신이 죽지 않은 것이 만도에게 위안이 된다고 생각했다.
진수는 만도에게 업혀 외나무다리를 건너며 '차라리 내가 죽어 버렸더라면 나았을 낀
데……'라고 생각하였다.

02 장면의 의미 파악하기   답 | ④

[A], [B]를 이해한 내용으로 가장 적절한 것은?

정답 선지 분석

④ 만도는 [A]에서 진심과 반대로 행동하고 있고, [B]에서 진심 어린 위로를 건
네고 있다.
만도는 [A]에서 진수를 걱정하고 진수의 처지를 비통해하면서도 '모든 게 진수의 잘못
이기나 한 듯 험한 얼굴'로 말하는 등 진심과 반대로 행동하고 있고, [B]에서 '목숨만
붙어 있으면 다 사는 기다', '손을 지대로 놀려야 일이 뜻대로 되지'라고 말하는 등 진
수에게 진심 어린 위로를 건네고 있다.

오답 선지 분석

① 진수는 [A]에서 질문에 대한 답을 듣고 있고, [B]에서 질문에 대해 답하고 있다.
진수는 [A]에서 질문에 대한 답을 듣고 있지 않으며, [B]에서는 진수와 만도 모두 질문
에 대해 답하고 있다.

② 만도는 [A]에서 긍정적인 태도를 보이고 있고, [B]에서 부정적인 태도를 보이
고 있다.
만도가 긍정적인 태도를 보이고 있는 것은 [A]가 아닌 [B]이다.

③ 진수는 [A]에서 자신의 처지를 설명하고 있고, [B]에서 자신의 심정을 드러내
고 있다.
진수는 [B]에서 '차라리 아부지같이 팔이 하나 없는 편이 낫겠어예'라고 말하며 자신의
심정을 드러내고 있지만, [A]에서 자신의 처지를 설명하고 있지는 않다.

⑤ 진수는 [A]에서 상황을 다른 각도에서 보고 있고, [B]에서 자신의 경험을 말
하고 있다.
진수는 [B]에서 '다리가 없어 노니, 첫째 걸어 댕기기가 불편해서 똑 죽겠심더'라고 말
하며 자신의 경험을 말하고 있지만, [A]에서 상황을 다른 각도에서 보고 있지는 않다.

보기 를 참고하여 윗글을 이해한 내용으로 적절하지 <u>않은</u> 것은?

보기

　〈수난이대〉라는 제목은 아버지와 아들, 2대에 걸친 수난을 가리킨다. 아버지 만도는 일제 강점기 징용으로 인해 한쪽 팔을 잃고, 아들 진수는 6·25 전쟁에 참전했다가 한쪽 다리를 잃는다. 이 부자의 수난은 결국 폭력적인 현대사로 인해 우리 민족이 겪은 비극을 상징하며, 마지막 장면을 통해 서로를 도움으로써 민족적 수난을 극복할 수 있다는 가능성을 보여 준다.

정답 선지 분석

① 만도와 진수가 건널 시냇물의 '물은 그렇게 깊은 것 같지 않'다는 것은, 그들 앞에 놓인 수난을 충분히 극복할 수 있음을 의미한다.

만도와 진수가 건널 시냇물의 물은 '그렇게 깊은 것 같지 않'지만, '밑바닥이 모래톱이어서 지팡이를 짚고 건너가기가 만만할 것 같지 않'기 때문에 한쪽 다리밖에 없는 진수로서는 건너기 어렵다. 따라서 이는 만도와 진수가 그들 앞에 놓인 수난을 충분히 극복할 수 있음을 의미하는 것이 아니라, 평범해 보이는 장애물이라도 진수에게는 큰 수난이 될 수 있음을 의미하는 것이다.

오답 선지 분석

② 만도가 '업고 건느면 일이 다 되는 거 아니'냐고 말하는 것은, 수난을 극복하기 위한 방법으로 화합을 제시하는 것이다.

외나무다리를 건널 수 없는 진수가 시냇물을 건너기 위해 하는 수 없이 바짓가랑이를 걷어 올리자, 만도는 '업고 건느면 일이 다 되는 거 아니가'라고 말한다. 이는 만도가 진수를 도울 수 있음을 의미하며, 수난을 극복하기 위한 방법으로 화합을 제시하는 것이다.

③ 만도가 '하나밖에 없는 팔을 뒤로 버쩍 내밀며' '아들의 하나뿐인 다리를 꼭 안'는 것은, 우리 민족이 겪은 비극을 드러낸다.

만도가 '하나밖에 없는 팔을 뒤로 버쩍 내'미는 것은 징용으로 인해 한쪽 팔을 잃었기 때문이고, '아들의 하나뿐인 다리를 꼭 안'는 것은 진수가 전쟁으로 인해 한쪽 다리를 잃었기 때문이다. 따라서 이는 우리 민족이 겪은 비극을 드러낸다고 할 수 있다.

④ 만도가 '세상을 잘못 만나서 진수 니 신세도 참 똥이다'라고 생각하는 것은, 역사적 폭력으로 인해 개인이 고통받고 있음을 의미한다.

만도가 '세상을 잘못 만나서 진수 니 신세도 참 똥이다'라고 생각하는 것은, 하필 전쟁 때 살아가게 되어 진수가 다리를 잃게 되었다는 것으로 역사적 폭력으로 인해 개인이 고통받고 있음을 의미한다.

⑤ 만도가 '아들을 업고 외나무다리를 조심조심 건너'가는 것은, 민족적 수난을 극복할 수 있다는 가능성을 보여 준다.

만도가 '아들을 업고 외나무다리를 조심조심 건너'가는 것은, 한쪽 팔밖에 없는 만도가 한쪽 다리밖에 없는 진수를 도와 외나무다리를 건너는 것으로, 화합을 통해 민족적 수난을 극복할 수 있다는 가능성을 보여 준다.

04 인물의 심리 파악하기

㉠에 담긴 만도의 심리를 설명하는 말로 적절한 것을 골라 차례대로 쓰시오.

　만도는 (아들 / 아버지)의 모습을 찾으며 (기대 / 불안)(해)하고 있다.

정답

아들, 불안

| 본문 | 165쪽

매체 궁중 채화 만들기

빠른 정답 체크 **01** ① **02** ③ **03** 채화, 나비

우리 문화 지킴이들, 안녕! 우리 전통문화를 소개하고 체험하는
_{진행자가 시청자를 부르는 호칭} _{진행자가 자신을 소개함}
문화 지킴이 방송의 진행자, 역사임당입니다. 오늘은 과거 궁중

연회에서 장식 용도로 사용되었던 조화인 궁중 채화를 만들어 보
_{방송의 소재}
려고 해요. 여러분도 실시간 채팅으로 참여해 주세요.
_{인터넷 방송의 특징}

┌ 빛세종: 채화? '화'는 꽃인데 '채'는 어떤 뜻이죠?
│ _{더 알고 싶은 내용을 질문함}
│
│ 빛세종님, 좋은 질문! 채화의 '채'가 무슨 뜻인지 물으셨네
[A] │ 요. 여기서 '채'는 비단을 뜻해요. 궁중 채화를 만드는 재료로
│ _{'빛세종'의 의문을 해소해 줌}
└ 비단을 비롯한 옷감이 주로 쓰였기 때문이죠.

(사진을 보여 주며) 주로 복사꽃, 연꽃, 월계화 등을 만들었대요.
_{시각 자료를 준비함}
자, 이 중에서 오늘 어떤 꽃을 만들어 볼까요? 여러분이 골라 주
_{시청자가 직접 선택하게 함}
세요.

┌ 햇살가득: 월계화?? 월계화 만들어 주세요!
│ _{진행자가 생산할 내용을 선정하는 데 관여함}
[B] │
└ 좋아요! 햇살가득님이 말씀하신 월계화로 결정!
_{시청자의 의견을 수용함}
그럼 꽃잎 마름질부터 해 보겠습니다. 먼저 비단을 두 겹으로
_{궁중 채화 만드는 방법 ①}
겹쳐서 이렇게 꽃잎 모양으로 잘라 줍니다. 꽃잎을 자를 때 가위

는 그대로 두고 비단만 움직이며 잘라야 해요. 보이시죠? 이렇

게, 비단만, 움직여서. 그래야 곡선은 곱게 나오면서 가위 자국이

안 남아요. 이런 식으로 다양한 크기의 꽃잎을 여러 장 만들어요.
_{궁중 채화 만드는 방법 ②}
자, 다음은 뜨거운 인두에 밀랍을 묻힌 후, 마름질한 꽃잎에 대고
_{궁중 채화 만드는 방법 ③}
이렇게 살짝 눌러 주세요. 보셨나요? 녹인 밀랍을 찍어서 꽃잎에
_{궁중 채화 만드는 방법 ④}
입혀 주면 이렇게 부피감이 생기죠.

┌ 꼼꼼미: 방금 그거 다시 보여 주실 수 있어요?
│ _{방송에서 제시된 내용을 다시 보여 줄 것을 요청함}

┌ 물론이죠, 꼼꼼미님! 자, 다시 갑니다. 뜨거운 인두에 밀랍
[C] │ _{시청자의 요구를 수용함}
└ 을 묻혀서 꽃잎 하나하나에, 이렇게, 누르기. 아시겠죠?

필요한 꽃잎 숫자만큼 반복해야 하는데 여기서 이걸 계속하면

정말 지루하겠죠? (미리 준비해 둔 꽃잎들을 꺼내며) 짜잔! 그래서
_{시청자가 흥미를 잃지 않게 하기 위한 사전 준비물}
꽃잎을 이만큼 미리 만들어 뒀지요! 이제 작은 꽃잎부터 큰 꽃잎
_{궁중 채화 만드는 방법 ⑤}
순서로 겹겹이 붙여 주면 완성! 다들 박수! 참고로 궁중 채화 전

시회가 다음 주에 ○○시에서 열릴 예정이니 가 보셔도 좋을 것
_{잘못된 정보를 제공함}
같네요.

┌ 아은맘: ○○시에 사는데, 전시회 지난주에 이미 시작했
│ _{잘못된 정보를 정정함}
│ 어요. 아이랑 다녀왔는데 정말 좋았어요. ㅎㅎㅎ
[D] │
└ 아, 전시회가 이미 시작되었다고 하네요. 아은맘님 감사!
_{시청자의 도움을 받아 잘못된 정보를 정정함}
자, 이제 마칠 시간이에요. 혼자서 설명하고 시범까지 보이려니

미흡한 점이 많았겠지만 끝까지 함께해 주셔서 감사합니다. 오늘
_{방송에 대한 시청자의 반응을 확인함}
방송 어떠셨나요?

┌ 영롱이: 저 오늘 진짜 우울했는데ㅜㅜ 언니 방송 보면서 기분이
│ _{자신의 감정 변화를 제시함}
│ 좋아졌어요. 저 오늘부터 언니 팬 할래요. 사랑해요♥
[E] │
└ 와, 영롱이님께서 제 팬이 되어 주신다니 정말 힘이 납니다.
_{진행자와 시청자 간에 정서적인 유대가 형성됨}
(손가락 하트를 만들며) 저도 사랑해요!

다음 시간에는 궁중 채화를 장식하는 나비를 만들어 볼게요. 지
_{다음 방송의 소재 안내}
금까지 우리 문화 지킴이, 역사임당이었습니다. 여러분, 안녕!

---

01 매체의 정보 구성 방식 파악하기 답 | ①

위 방송에 반영된 기획 내용으로 가장 적절한 것은?

정답 선지 분석

① 접속자 이탈을 막으려면 흥미를 유지해야 하니, 꽃잎을 미리 준비해 반복적
인 과정을 생략해야겠군.

진행자의 발화 중 '필요한 꽃잎 숫자만큼 반복해야 하는데~이만큼 미리 만들어 뒀지
요!'를 통해서 접속자의 흥미를 유지하기 위해 반복적인 과정을 생략하겠다는 기획 내
용이 방송에 반영되었음을 확인할 수 있다. 필요한 숫자만큼 꽃잎을 만들어야 하지만
같은 과정을 반복적으로 제시할 경우 접속자들이 지루함을 느껴 이탈할 수 있다는 점
을 고려한 것으로 볼 수 있다.

오답 선지 분석

② 소규모 개인 방송으로 자원에 한계가 있으니, 제작진을 출연시켜 인두로 밀
랍을 묻히는 과정을 함께해야겠군.

진행자의 발화 중 '혼자서 설명하고 시범까지 보이려니'를 통해서 제작진을 출연시켜
인두로 밀랍을 묻히는 과정을 함께해야겠다는 내용은 반영되지 않았음을 알 수 있다.

③ 실시간으로 진행되어 편집을 할 수 없으니, 마름질 과정에서 실수가 나올 것
에 대비하여 미리 양해를 구해야겠군.

진행자의 발화에서 마름질 과정에서 실수가 나올 것에 대비하여 미리 양해를 구하는
내용은 찾아볼 수 없다.

④ 텔레비전 방송에 비해 비공식적이고 사적인 매체이니, 방송에 대한 긍정적 평가와 고정 시청자 등록을 부탁해야겠군.

진행자의 발화에서 방송에 대한 긍정적 평가와 고정 시청자 등록을 부탁하는 내용은 찾아볼 수 없다.

⑤ 방송 도중 접속한 사람은 이전 내용을 볼 수 없으니, 마무리 인사 전에 채화 만드는 과정을 요약해서 다시 설명해야겠군.

진행자의 발화에서 마무리 인사 전에 채화 만드는 과정을 요약해서 다시 설명해 주는 내용은 찾아볼 수 없다.

02　수용자의 특성 이해하기　답 | ③

보기 를 바탕으로, [A]~[E]에서 파악될 수 있는 수용자의 특성에 대한 이해로 적절하지 <u>않은</u> 것은?

보기

실시간 인터넷 방송은 영상과 채팅의 결합을 통해 방송 내용의 생산과 수용이 쌍방향으로 이뤄진다. 예컨대 수용자는 방송 중 채팅을 통해 이어질 방송의 내용과 순서를 정하는 데 영향을 미치고, 이미 제시된 방송의 내용을 추가, 보충, 정정하게 하는 등 능동적인 역할을 수행할 수 있다. 또 생산자와 정서적인 유대를 형성하기도 한다.

정답 선지 분석

③ [C]: '꼼꼬미'는 제시되지 않은 부분을 추가하도록 요청함으로써 진행자가 방송의 순서를 정하는 데 영향을 미치고 있다.

[C]에서 '꼼꼬미'는 방송에서 이미 제시된 내용을 다시 보여 줄 것을 요청하고 있다. 따라서 제시되지 않은 부분을 추가하도록 요청했다는 것은 적절하지 않다.

오답 선지 분석

① [A]: '빛세종'은 더 알고 싶은 내용을 질문함으로써 진행자가 방송 내용을 보충하여 제시하도록 하고 있다.

[A]에서 '빛세종'은 '채화' 중 '채'의 뜻을 질문하여 진행자가 방송 내용을 보충하여 제시하도록 하고 있다.

② [B]: '햇살가득'은 자신이 원하는 바를 밝힘으로써 진행자가 생산할 내용을 선정하는 데 관여하고 있다.

[B]에서 '햇살가득'은 만들 꽃을 골라 달라는 진행자의 발화에 대해 '월계화'를 만들어 달라고 밝힘으로써 진행자가 내용을 선정하는 데 관여하고 있다.

④ [D]: '아은맘'은 제시된 내용 중 잘못된 부분을 언급함으로써 진행자가 오류를 인지하고 정정하도록 하고 있다.

[D]에서 '아은맘'은 진행자가 '궁중 채화 전시회가 다음 주에' 열릴 예정이라고 말한 것에 대해 '전시회 지난주에 이미 시작했어요'라는 정보를 제공하여 제시된 내용 중 잘못된 부분을 정정하도록 하고 있다.

⑤ [E]: '영롱이'는 자신의 감정 변화를 제시함으로써 진행자와 정서적인 유대를 형성하고 있다.

[E]에서 '영롱이'는 '오늘 진짜 우울했는데' 방송을 보고 '기분이 좋아졌'다는 자신의 감정 변화를 제시함으로써 진행자와 정서적인 유대를 형성하고 있다.

03　매체의 정보 파악하기

㉠, ㉡에 들어갈 말을 찾아 차례대로 쓰시오.

위 방송에서는, 다음 방송의 소재가 궁중 (㉠)을/를 장식하는 (㉡)임을 안내하고 있다.

정답

채화, 나비

빠른 정답 체크 ❶ ⑤　❷ ②　❸ ③　❹ 도파민, 흑색질

퇴행성 뇌 질환의 일종인 파킨슨병은 그 발병 원인으로 반복적인 충격, 유전자 이상 등 여러 가지 이유를 들 수 있는데 공통적으로 <u>소뇌 쪽의 흑색질 부위가 서서히 파괴되며 발생하는 것으로</u>　←파킨슨병의 원인

알려져 있다. 소뇌는 <u>인체의 운동 능력을 조정하는 부위</u>이기 때　←소뇌의 기능
문에 이 부위가 파괴되는 파킨슨병의 경우 <u>신체의 운동 능력 조</u>　←소뇌의 흑색질이 파괴되기 때문
<u>절 기능이 저하</u>된다. 그래서 이 병에 걸리면 <u>손발 혹은 입술의 떨</u>
<u>림, 근육의 경직, 앞으로 넘어질 듯한 보행 등의 증상</u>이 주로 나　←파킨슨병의 증상
타난다.

▶1문단: 파킨슨병의 원인과 증상

흑색질 부위의 뇌세포들은 <u>도파민을 분비하는 기능</u>을 하는데, 이　←흑색질의 기능
세포들이 파괴되면 도파민이 부족해진다. 도파민은 뇌 속에서 중요한 역할을 하는 신경전달물질로 <u>도파민 부족은 소뇌의 기능을</u>
<u>떨어뜨려 파킨슨병을 일으킬 수 있다.</u> 또한 <u>도파민 과다는 대뇌피</u>　←도파민 부족 → 소뇌 기능 저하 → 파킨슨병 발병
<u>질을 지나치게 자극하여 정신분열이나 환각 등을 일으킬 수 있다.</u>　←도파민 과다 → 대뇌피질 자극 → 정신분열, 환각
따라서 균형 잡힌 도파민 농도를 유지하는 것은 뇌의 정상적인 활동을 위해 매우 중요하다.

▶2문단: 균형 잡힌 도파민 농도의 중요성

파킨슨병에 걸린 환자는 흑색질의 <u>도파민 분비 신경 세포가 죽</u>　←파킨슨병 환자의 도파민이 부족한 이유
<u>어 버리기 때문에 도파민 부족에 시달릴 수밖에 없다.</u> 파킨슨병의 다양한 증상들은 주로 도파민의 부족 탓에 생긴다. 따라서 이 경우 <u>부족한 도파민을 외부에서 주입해 주는 것만으로도 상당한</u>　←엘-도파가 필요한 이유
<u>효과를 볼 수 있다.</u> 실제 파킨슨병 환자들에게 가장 많이 쓰이는 것은 ㉠ <u>엘-도파(L-dopa)라는 약</u>인데, 이 약을 먹게 되면 <u>약제</u>
<u>가 몸속으로 들어와 효소에 의해 도파민으로 변하면서 파킨슨병</u>
<u>의 증상들을 약화시켜 준다.</u>　←엘-도파의 원리

▶3문단: 파킨슨병 치료 방법 ① - 엘-도파

그러나 엘-도파의 투여는 임시방편일 뿐이다. 먼저, <u>약을 반복</u>
<u>적으로 투여해야 한다는 부담이 존재한다.</u> 도파민을 공급한다　←엘-도파의 한계 ①
고 한들 <u>파괴된 뇌세포가 살아나는 것도 아니고, 뇌세포의 파괴</u>
<u>가 멈추는 것도 아니기 때문</u>이다. 따라서 도파민의 투여는 부족　←파킨슨병을 근본적으로 치료하지는 못함
한 도파민을 채워 주어 증상을 개선해 주는 효과는 있지만, <u>파킨</u>
<u>슨병 자체를 근본적으로 치료하지는 못한다.</u> 그리고 <u>파킨슨병이</u>　←엘-도파의 한계 ②
<u>점점 진행되어 흑색질 뇌세포들이 더 많이 파괴될수록 더 많은</u>
<u>도파민을 투여해야 하는데, 그러면 경련과 같은 부작용이 일어날</u>　←엘-도파의 한계 ③
<u>위험이 커진다.</u>

▶4문단: 엘-도파의 한계

그래서 다음으로 연구된 것이 ㉡ <u>도파민을 만드는 흑색질의 신</u>
<u>경 세포 자체를 뇌에 이식하는 방법</u>이다. 성인의 신경 세포는 면

역거부반응 때문에 이식이 힘들기 때문에, 주로 낙태된 태아에서

추출한 신경 세포를 환자의 뇌에 이식하는 방법이 사용되었다.
성인의 신경 세포는 면역거부반응이 일어나지만 태아의 신경 세포는 그렇지 않음

이 방법은 부작용이 적다는 장점이 있으나 파킨슨병을 근본적으
신경 세포 이식의 장점　　　　　**신경 세포 이식의 단점 ①**

로 치료하는 방법이 아니라는 점, 이식된 신경 세포는 3년밖에

살지 못해서 그때마다 다시 태아의 신경 세포를 이식해야 한다는
신경 세포 이식의 단점 ②

점, 신경 세포를 이식하기 위해 뇌 절개 수술이 필요하다는 점 등
신경 세포 이식의 단점 ③

이 문제점으로 지적된다.
▶ **5문단: 파킨슨병 치료 방법 ② - 신경 세포 이식**

최근에는 배아줄기세포를 얻어 이를 실험실에서 배양시켜 이식

하는 방법이 연구되고 있다. 배아줄기세포는 우리 몸의 어떤 세

포로든 분화가 가능한 세포이다. 그래서 적절한 처리를 하게 되
배아줄기세포를 치료에 사용할 수 있는 이유

면 이론적으로 세포의 이상으로 인해 일어나는 모든 질병의 치료
배아줄기세포 이식 치료의 가능성

가 가능하다. 그러나 이론을 현실에 적용하기까지 앞으로 많은
아직 실용화된 방법은 아님

난관을 거쳐야 할 것으로 예상된다.
▶ **6문단: 파킨슨병 치료 방법 ③ - 배아줄기세포 이식**

01　핵심 내용 이해하기　　　　답 | ⑤

윗글을 통해 알 수 있는 내용으로 적절하지 않은 것은?

정답 선지 분석

⑤ 대뇌피질이 우리 몸에서 수행하는 역할

　　2문단에서 도파민 과다가 대뇌피질을 지나치게 자극하여 정신분열이나 환각 등을 일
　　으킬 수 있다고 했을 뿐, 대뇌피질이 우리 몸에서 수행하는 역할에 대해서는 설명하지
　　않았다.

오답 선지 분석

① 파킨슨병의 발병 원인

　　1문단에서 파킨슨병의 발병 원인으로 반복적인 충격, 유전자 이상 등 여러 가지 이유를
　　들 수 있다고 하였으며, 2문단에서 도파민 부족이 파킨슨병을 일으킬 수 있다고 하였다.

② 파킨슨병의 주된 증상

　　1문단에서 파킨슨병에 걸리면 손발 혹은 입술의 떨림, 근육의 경직, 앞으로 넘어질 듯
　　한 보행 등의 증상이 주로 나타난다고 하였다.

③ 흑색질 부위 뇌세포들의 기능

　　2문단에서 흑색질 부위의 뇌세포들은 도파민을 분비하는 역할을 한다고 하였다.

④ 배아줄기세포의 이론상 활용 방안

　　6문단에서 배아줄기세포에 적절한 처리를 하게 되면 이론적으로 세포의 이상으로 인
　　해 일어나는 모든 질병의 치료가 가능하다고 하였다.

02　주요 개념 비교하기　　　　답 | ②

㉠, ㉡에 대한 이해로 적절하지 않은 것은?

정답 선지 분석

② ㉡은 성인의 뇌에서 추출한 신경 세포가 필요하다.

　　㉡은 도파민을 만드는 흑색질의 신경 세포 자체를 뇌에 이식하는 방법이다. 5문단에서
　　성인의 신경 세포는 면역거부반응 때문에 이식이 힘들기 때문에 주로 낙태된 태아에서
　　추출한 신경 세포를 환자의 뇌에 이식하는 방법이 사용되었다고 하였다.

오답 선지 분석

① ㉠은 파킨슨병의 증상을 약화시키는 방법이다.

　　3문단에서 ㉠을 먹게 되면 약제가 몸속으로 들어와 효소에 의해 도파민으로 변하면서
　　파킨슨병의 증상들을 약화시켜 준다고 하였다.

③ ㉠은 ㉡과 달리 병세가 악화될수록 부작용의 위험이 커진다.

　　4문단에서 파킨슨병이 점점 진행되어 흑색질 뇌세포들이 더 많이 파괴될수록 더 많은
　　㉠을 투여해야 하는데, 그러면 부작용이 일어날 위험이 커진다고 하였다. 그리고 5문
　　단에서 ㉡은 부작용이 적다는 장점이 있다고 하였다.

④ ㉡은 ㉠과 달리 뇌 절개 수술이 필요하다는 부담이 존재한다.

　　5문단에서 ㉡은 신경 세포를 이식하기 위해 뇌 절개 수술이 필요하다는 점이 문제점으
　　로 지적된다고 하였다.

⑤ ㉠과 ㉡은 모두 파킨슨병을 근본적으로 치료할 수 있는 방법이 아니다.

　　4문단에서 ㉠의 투여는 임시방편일 뿐으로, 파킨슨병 자체를 근본적으로 치료하지는
　　못한다고 하였다. 또한 5문단에서 ㉡ 역시 파킨슨병을 근본적으로 치료하는 방법이 아
　　니라는 점이 문제점으로 지적된다고 하였다.

03　다른 상황에 적용하기　　　　답 | ③

**윗글을 참고하여 [보기]의 루게릭병을 이해한 내용으로 적절하지 않은
것은?**

보기

　　루게릭병은 프랑스의 신경학자인 샤르코에 의해 최초로 보고된 질환
이다. 원래 질환명은 근위축성측색경화증이나, 미국의 유명 야구선수인
루 게릭이 앓은 바 있어 루게릭병이라는 별명을 얻게 되었다. 초기에는
근육의 약화가 시작되며, 이후 1~5년에 걸쳐 모든 종류의 자발적 움직
임이 불가능해진다. 여기에는 걷기, 말하기, 삼키기, 숨쉬기 등이 포함되
며, 결국 숨쉬기에 관여하는 근육이 작동하지 못해 사망에 이른다. 루게
릭병의 원인으로는 도파민 분비 신경 세포의 문제로 도파민이 과다 분비
되는 것을 들 수 있다. 현재 유일한 치료제로는 도파민의 분비를 억제하
는 약물인 릴루졸이 있는데, 이 또한 증상을 완전히 치료할 수 없으며 생
존 기간을 일부 연장하는 수준이다.

정답 선지 분석

③ 루게릭병 환자는 파킨슨병 환자와 마찬가지로 주된 증상으로 환각 등을 경
　험하겠군.

　　〈보기〉에서 루게릭병의 원인은 도파민 과다 분비라고 하였고, 윗글의 2문단에서 도파민
　　과다는 정신분열이나 환각 등을 일으킬 수 있다고 하였다. 그러나 파킨슨병은 도파민
　　부족으로 인한 것이므로 파킨슨병 환자가 환각 등을 경험한다는 설명은 적절하지 않다.

오답 선지 분석

① 현재의 의료기술로는 루게릭병을 완벽하게 치료하는 것이 불가능하군.

　　〈보기〉에서 현재 루게릭병의 유일한 치료제는 릴루졸인데, 이는 증상을 완전히 치료할
　　수 없다고 하였다.

② 루게릭병 환자는 도파민으로 인해 대뇌피질이 지나치게 자극되었겠군.

　　〈보기〉에서 루게릭병의 원인은 도파민 과다 분비라고 하였고, 윗글의 2문단에서 도파
　　민 과다는 대뇌피질을 지나치게 자극한다고 하였다.

④ 루게릭병 환자는 파킨슨병 환자와 마찬가지로 신체의 운동 능력 기능이 저
　하되겠군.

　　〈보기〉에서 루게릭병 초기에는 근육의 약화가 시작되며, 이후 1~5년에 걸쳐 자발적 움
　　직임이 불가능해진다고 하였다. 또한 윗글의 1문단에서 파킨슨병 또한 신체의 운동 능
　　력 조절 기능이 저하된다고 하였다.

⑤ 배아줄기세포에 적절한 처리를 하여 치료에 활용한다면 이론적으로 루게릭
　병도 치료가 가능하겠군.

　　〈보기〉에서 루게릭병은 도파민 분비 신경 세포의 문제가 원인이라고 하였다. 그리고
　　윗글의 6문단에서 배아줄기세포는 우리 몸의 어떤 세포로든 분화가 가능한 세포이므
　　로, 적절한 처리를 하게 되면 이론적으로 세포의 이상으로 인해 일어나는 모든 질병의
　　치료가 가능하다고 하였다.

ⓐ, ⓑ에 들어갈 말을 찾아 차례대로 쓰시오.

> 파킨슨병 환자는 (ⓐ)을/를 분비하는 (ⓑ) 부위의 뇌세포가
> 파괴되었기 때문에 (ⓐ)이/가 부족해진다.

정답

도파민, 흑색질

오답 선지 분석

① 색채어를 활용하여 화자의 감정을 강조하고 있다.

윗글에서 색채어를 활용한 부분은 찾을 수 없다.

② 사물을 의인화하여 화자의 의지를 형상화하고 있다.

사물인 '꽃'이 언급되기는 하지만, 이를 의인화하여 화자의 의지를 형상화하고 있지는 않다.

④ 상징적인 시어를 통해 대상에 대한 원망을 표현하고 있다.

'꽃'이라는 상징적인 시어를 통해 진정한 관계의 형성이라는 관념적인 내용을 이미지화하고 있는 것이지, 대상에 대한 원망을 표현하고 있는 것이 아니다.

⑤ 자연물을 통해 과거의 삶을 성찰하는 태도를 보이고 있다.

자연물인 '꽃'이 언급되기는 하지만, 이를 통해 과거의 삶을 성찰하고 있지는 않다.

| 문학 1 | 꽃(김춘수) |

◀ **빠른 정답 체크**   **01** ③   **02** ③   **03** ④   **04** 빛깔과 향기

> 내가 ㉠그의 이름을 불러 주기 전에는
> 인식의 주체   그의 존재를 인식하기 전
> 그는 다만
> 인식의 대상
> **하나의 몸짓**에 지나지 않았다.
> △: 의미 없는 존재 ↔ ○: 의미 있는 존재
>
> ▶ 이름을 부르기 전 의미 없는 존재인 '그'
>
> 내가 ㉡그의 이름을 불러 주었을 때
>   그의 존재를 인식한 순간
> 그는 나에게로 와서
>
> **꽃**이 되었다.
> 존재를 인식했을 때 비로소 의미 있는 존재가 됨
>
> ▶ 이름을 부른 뒤 의미 있는 존재가 된 '그'
>
> 내가 그의 **이름을 불러 준 것**처럼
>   '그'의 존재의 본질을 인식함
> 나의 이 빛깔과 향기에 알맞는
>   존재의 본질
> ㉢ 누가 나의 이름을 불러 다오.
>   누군가 자신의 본질을 인식하기를 소망함
> 그에게로 가서 나도
>
> ㉣ 그의 **꽃**이 되고 싶다.
> 누군가에게 의미 있는 존재가 되고 싶음
>
> ▶ 의미 있는 존재가 되고자 하는 소망
>
> ㉤ 우리들은 모두
> 인식의 주체가 '나'에서 '우리'로 확장됨
> **무엇**이 되고 싶다.
>
> 너는 나에게 나는 너에게
>
> 잊혀지지 않는 **하나의 눈짓**이 되고 싶다.
> 서로에게 의미 있는 존재 ▶ 서로에게 의미 있는 존재가 되고자 하는 소망
>   - 김춘수, 〈꽃〉 -

---

01 표현상의 특징 파악하기   답 | ③

윗글에 대한 설명으로 가장 적절한 것은?

정답 선지 분석

③ 동일한 시구를 반복하여 화자의 소망을 강조하고 있다.

3연과 4연에서 '~이 되고 싶다'라는 시구를 반복하여, 누군가에게 의미 있는 존재가 되고자 하는 화자의 소망을 강조하고 있다.

---

02 시구의 의미 파악하기   답 | ③

㉠~㉤을 이해한 내용으로 적절하지 <u>않은</u> 것은?

정답 선지 분석

③ ㉢: '나'가 자신의 본질을 숨기고 있음을 암시한다.

이름을 불러 주는 행위는 대상을 인식하고 관계를 맺는 것을 의미하므로, ㉢은 자신의 존재를 누군가 인식해 주기를 바라는 '나'의 소망을 의미한다. '나'가 자신의 본질을 숨기고 있음을 암시하는 것은 아니다.

오답 선지 분석

① ㉠: '나'가 '그'를 인식하기 이전을 가리킨다.

이름을 불러 주는 행위는 대상에 대한 인식을 의미하므로, ㉠은 '나'가 '그'를 인식하기 이전을 가리킨다.

② ㉡: '나'가 '그'와 관계를 맺는 순간을 의미한다.

이름을 불러 주는 행위는 대상의 본질을 인식하고 관계를 맺는 것을 의미하므로, ㉡은 '나'와 '그'가 관계를 맺는 순간을 의미한다.

④ ㉣: 의미 있는 존재가 되고자 하는 '나'의 소망이 드러난다.

'꽃'은 소중하고 의미 있는 존재를 가리키므로, ㉣에는 의미 있는 존재가 되고자 하는 '나'의 소망이 드러난다.

⑤ ㉤: 인식의 주체가 '나'에서 '우리'로 확대되었음을 나타낸다.

'무엇'은 상대에게 인식되어 의미가 생긴 존재를 가리키므로, ㉤은 인식의 주체가 '나'라는 개인에서 '우리'로 확대되었음을 나타낸다.

---

03 외적 준거를 바탕으로 작품 감상하기   답 | ④

보기를 바탕으로 하여 윗글을 이해한 내용으로 적절하지 <u>않은</u> 것은?

보기

프랑스의 철학자 알튀세르는 '호명'은 인간의 자아 정체성을 규정하는 핵심이라고 하였다. 그의 이론에 따르면, 누군가가 우리의 이름을 불러 주기 전에는 우리는 아무것도 아닌 상태에 있다. 우리의 자아 정체성은 외부의 누군가가 우리를 인식하고 이름을 붙여 불러 줄 때 비로소 형성되는 것이다. 즉, 알튀세르는 인간의 자아가 외부 세계와의 관계를 반드시 필요로 한다고 보았다.

정답 선지 분석

④ '무엇'은 인간의 자아 정체성을 규정하는 데 있어 핵심적인 부분이군.

'무엇'은 상대에게 인식되어 의미가 생긴 존재를 뜻한다. 〈보기〉에 따르면 인간의 자아 정체성을 규정하는 데 있어 핵심적인 부분은 인식 그 자체인 호명이므로 적절하지 않다.

오답 선지 분석

① '하나의 몸짓'은 호명 이전의 아무것도 아닌 상태를 의미하는군.

'하나의 몸짓'은 이름을 불러 주기 전의, 의미 없는 존재를 뜻한다. 〈보기〉에 따르면 이는 호명 이전의 아무것도 아닌 상태를 의미한다.

② '꽃'은 호명으로써 형성된 자아 정체성을 의미하는군.

'꽃'은 이름을 불러 준 후 의미가 생긴 존재를 뜻한다. 〈보기〉에 따르면 이는 호명으로써 형성된 자아 정체성을 의미한다.

③ '이름을 불러 준 것'은 외부에서 대상을 인식하여 호명하는 것이군.

'이름을 불러 준 것'은 곧 대상을 인식하는 것이다. 〈보기〉에 따르면 이는 외부에서 대상을 인식하여 호명하는 것이다.

⑤ '하나의 눈짓'이 되기 위해서는 외부 세계와의 관계가 필요하겠군.

'하나의 눈짓'은 서로에게 의미가 있는 존재를 뜻한다. 〈보기〉에 따르면 이는 외부로부터의 인식, 즉 외부 세계와의 관계를 필요로 한다.

04 시어의 의미 파악하기

'존재의 본질'을 의미하는 시어를 윗글에서 찾아 2어절로 쓰시오.

정답

빛깔과 향기

문학 2	소대성전(작자 미상)

바른 정답 체크 **01** ② **02** ② **03** ③ **04** 수심, 공명

[앞부분 줄거리] 명나라 병부상서 소양은 아들이 없어 근심하다가 대성을 얻는다. 대성은 본래 용왕의 아들로, 어릴 때부터 뛰어난 재주를 보인다. _{영웅의 일대기 구조 ① 고귀한 혈통 / 영웅의 일대기 구조 ② 탁월한 능력} 부모가 죽은 뒤 대성은 길을 떠돌다가 이 승상을 만나 승상의 집으로 가게 _{영웅의 일대기 구조 ③ 시련 / 영웅의 일대기 구조 ④ 구출자와의 만남} 된다. 승상은 대성의 비범함을 알아보고 딸 채봉과 혼인시키고자 한다.

그날 이후에 승상이 길일을 잡아 인륜대사*를 치르고자 했다. _{대성과 채봉을 혼인시키고자 함} 그러나 불과 대여섯 달 뒤에 승상이 갑자기 병이 났는데, 갖은 약을 써도 차도*가 없었다. 승상은 끝내 일어나지 못할 것을 예감하고는 부인을 불러 손을 잡고 말했다.

[A]
"내 병은 치유되기가 어려울 것 같소. 이제 내 나이 일흔이라 죽어도 여한*이 없으나, 다만 딸아이의 혼사 치르는 것을 내 눈으로 보지 못함이 한이라오. 내가 죽으면 집안의 대소사는 부인이 주장해야 할 것이니, 딸아이의 인륜대사를 _{부인에게 대성과 채봉을 혼인시킬 것을 부탁함} 내 뜻대로 꼭 치러 주오. 황천길을 떠나는 이 사람의 한이 없게 해주오."

이어 승상은 채봉을 불러서 말했다.

"내 너의 혼사를 보지 못하고 저승으로 가니, 그 한이 가슴에 맺히는구나. 그러나 삼 년 후에도 중헌에서 지은 글을 잊지 말아 _{대성과 혼인을 약속한 글} 야 한다. 내 너의 성정*을 아나니 달리 부탁할 말은 없구나." _{채봉이 대성을 배신하지 않을 것이라고 믿음}

이는 왕 부인이 소생에게 뜻이 적음을 보고 채봉에게 간곡히 당 _{승상은 부인이 대성을 달갑지 않게 여김을 알고 있음} 부한 것이라. 마지막으로 승상은 소생을 불렀다.

"사람의 목숨은 하늘의 뜻에 달렸는지라 이를 거역할 순 없으 _{인명재천(人命在天)} 니, 내 자네를 만나 회포*를 다 풀지도 못하고 황천길을 떠나네.

딸아이의 일생은 자네에게 달렸으니 혹 부족한 점이 있어도 이 _{대성에게 채봉을 부탁함} 늙은이를 생각해서 내치지 말며, ⊙ 세 아들이 혹 옹졸한* 일을 _{승상의 아들들이 대성을 해치려 할 것을 암시함} 하더라도 개의치 말고 오랫동안 평안히 지내게."

말을 마친 승상은 세상을 떠났다. 이에 이 승상의 가족들이 모두 슬퍼하여 집 안에는 곡소리가 진동했다. 소생은 승상이 운명하자 입관하고* 성복하기*까지의 의례를 극진하게 지냈다. 소생 _{승상의 장례를 극진하게 치름} 의 이런 모습을 본 사람마다 칭찬하지 않는 이가 없었다.

이때 이 승상의 아들들이 승상의 부고를 듣고서 밤낮으로 달려와 승상의 영전*에 통곡했다. 소생이 통곡하는 이들에게 조의를 표하니, 이들은 소생을 알지 못하는지라 누구냐고 왕 부인에게 _{승상의 아들들 / 승상의 아들들은 이전까지 대성에 대해 몰랐음} 물었다. 부인이 소생에 대해 이야기하니, 이들은 단지 그 이야기를 듣고만 있을 따름이라.

며칠이 지난 후 서당에서 나와 위문할 때, ⓒ 소생이 이생 등을 _{승상의 아들들과 달리 대성의 비범함을 알아보지 못함} 보니 누구도 그 부친의 명감*이 없는지라 생각에 잠겼다.

'이제 승상이 세상을 떠나셨으니 누가 나를 알아줄 것인가.' _{자신을 알아봐 주던 승상이 죽은 것을 한탄함} 소생은 그 이후로 모든 서책을 물리고 의관을 폐한 채, 하루 종 _{승상의 죽음으로 인해 실의에 빠짐} 일 잠자기만 일삼았다. 그러다 승상의 장례 치를 날이 되자 마지 못해 의관을 격식에 맞게 차려입고 이 승상의 가족들과 함께 장사를 극진히 모셨다. 그러고는 또 서당에 누워 일어나지를 않았다. 이에 왕 부인이 아들들과 소생에 대해 자주 의논했다.

"소생의 거동이 아주 태만하구나. 학업을 전폐하고 밤낮으로 잠 _{부인이 대성과 채봉의 혼사를 물리려 하는 이유} 자기만 일삼으니 어찌 공명하기를* 바랄 수 있으리오. 채봉과의 혼사를 물리고자 하는데, 너희들의 생각은 어떠하냐?"

"이제 아버님은 아니 계신지라 어머님께서 집안의 모든 일을 책임지고 맡아야 하시니, 소자들에게 하문하실* 일이 아니옵니다. _{어머니의 뜻에 따를 의사를 표함} ⓒ 저희들이야 소생을 잠깐 보았지만 단정한 선비는 아니었습 _{대성의 비범함을 알아보지 못함} 니다. 필시 채봉에게 흠이 될 것이옵니다."

"본디 빌어먹는 걸인을 승상께서 취중에 망령되이* 이 집에 살 _{대성의 출신이 비천하다고 생각하여 꺼려함} 도록 허락하신 것이다. 그러니 너희들은 어서 소생을 내칠 방도를 찾아보아라."

승상의 아들들이 서당에 나가니, 소생은 깊은 잠에 빠져 있었다. 그들은 잠이 든 소생을 흔들어 깨워 앉히고는 말했다.

"선비가 학업을 전폐하고 밤낮으로 잠자기만 일삼으니, 어찌 공 _{대성의 태만한 모습} 명을 바라겠소?"

"공명은 호방하고* 쾌활한 사람의 일이라오. 선대인*의 은혜를 _{대성은 승상의 은혜로 승상의 집에서 지내게 됨}

입어 귀댁에 의탁했으나*, 나에게 말할 수 없는 수심이 있어 절

로 공명의 뜻이 사라졌소."

<u>자신의 뜻을 알아주는 사람이 없음</u>

"그렇다 하더라도 장부로서 할 일이 아니오. 수심 때문에 학업

을 전폐한단 말이오?"

소생은 이들의 말에 미소만 지을 뿐, 아무런 대꾸를 하지 않았다.

㉣ "이제 아버님께서 계시지 않는데다, 우리가 경성으로 돌아가면

<u>대성이 떠나기를 바라는 마음을 은근히 드러냄</u>

<u>소형을 대접할 사람이 없으니 소형의 마음이 무료할까 걱정이오.</u>"

<u>소생은 도량*이 바다처럼 넓은지라 어찌 이들의 속내를 모르겠</u>

<u>대성은 승상의 아들들이 말뜻을 간파함</u>

는가마는, 모른 체하고 공손히 대답했다.

"의지할 데 없는 사람이 일 이 년 의탁함도 감사하옵거니와,

<u>선대인의 금석*</u> 같은 언약이 있어 지금까지 있었으니 <u>이형들의</u>

<u>채봉과의 혼약</u>

<u>넓은 이해를 바라오.</u>"

<u>떠나지 않겠다는 뜻을 돌려 전달함</u>

"비록 언약이 있다 하나 삼 년은 아득하니, 소형이 있는 곳이 무

<u>승상의 삼년상을 치른 뒤에야 채봉과 혼인할 수 있음</u>

료할까 염려하는 것이오."

말을 주고받은 이생들이 <u>내당*</u>으로 들어가 부인께 소생의 말을

전하니, 부인이 크게 화를 내며 말했다.

"<u>흉악한 놈이 혼사를 핑계 삼아 우리 가문을 욕보이는구나.</u>"

<u>대성이 채봉과 혼인하려 하자 이에 대해 화를 냄</u>

승상의 장자 태경이 신중히 말했다.

[B]
┌ "그자는 저 스스로 우리 집에 온 것이 아니라, 돌아가신 아

│ 버님께서 데려다가 언약을 맺도록 하여서 제 딴에는 신의

│ 를 지킨답시고 있는 것이옵니다. 한데 우리가 <u>아무런 이유</u>

│ <u>승상의 뜻에 반대되는 행동</u>

│ 도 없이 그자를 내치면 <u>세간의 시비를 사게 되어 일이 난처</u>

│ <u>세상 사람들의 시선을 걱정함</u>

│ 해질까 하나이다. 그러니 <u>비밀스럽게 일을 처리하지 않으면</u>

│ <u>자객을 보내어 대성을 죽이려고 계획함</u>

└ 그자를 내치는 것이 어려울 것이옵니다."

[중간 부분 줄거리] 부인과 세 아들은 자객을 보내어 대성을 해치기로
한다.

한편, 소생은 승상의 자식들을 보내 놓고 깊은 시름에 잠겼다.

<u>대성</u>

'주인이 객을 싫어하니, 나는 장차 어디로 가야 한단 말인가!'

<u>부인과 세 아들</u>

마음이 편치 않아 책을 놓고 멍하니 있는데, 그때 갑자기 <u>창틈</u>

<u>으로 불어온 광풍에 소생이 쓴 관이 벗겨져 공중으로 솟았다가</u>

<u>대성에게 위기가 생길 것을 암시함</u>

방바닥에 떨어졌다. ㉤ <u>소생은 그 관을 태우고 주역*을 내어서 팔</u>

<u>괘*를 보니, 앞으로 벌어질 괴이한 일이 눈앞에 보였다.</u> 마음으로

<u>대성의 비현실적인 능력</u>

비웃으며 촛불을 돋우고 밤이 새기를 기다리니, 삼경*이 지나 방

안으로 음산한 바람이 들어왔다.

<u>둔갑한 자객</u>

- 작자 미상, 〈소대성전〉 -

* 인륜대사(人倫大事): 사람이 살아가면서 치르게 되는 큰 행사. 여기서는 혼인을 뜻함.
* 차도(差度): 병이 조금씩 나아 가는 정도.
* 여한(餘恨): 풀지 못하고 남은 원한.
* 성정(性情): 성질과 심정.
* 회포(懷抱): 마음속에 품은 생각이나 정.
* 옹졸하다(壅拙하다): 성품이 너그럽지 못하고 생각이 좁다.
* 입관하다(入棺하다): 시신을 관 속에 넣다.
* 성복하다(成服하다): 초상이 나서 처음으로 상복을 입다.
* 영전(靈前): 신이나 죽은 사람의 영혼을 모셔 놓은 자리의 앞.
* 명감(明鑑): 뛰어난 식견.
* 공명하다(功名하다): 공을 세워서 자기의 이름을 널리 드러내다.
* 하문하다(下問하다): 윗사람이 아랫사람에게 묻다.
* 망령되다(妄靈되다): 늙거나 정신이 흐려서 말이나 행동이 정상을 벗어난 데가 있다.
* 호방하다(豪放하다): 의기가 장하여 작은 일에 거리낌이 없다.
* 선대인(先大人): 돌아가신 남의 아버지를 높여 이르는 말.
* 의탁하다(依託하다): 어떤 것에 몸이나 마음을 의지하여 맡기다.
* 도량(度量): 사물을 너그럽게 용납하여 처리할 수 있는 넓은 마음과 깊은 생각.
* 금석(金石): 쇠붙이와 돌을 아울러 이르는 말.
* 내당(內堂): 안주인이 거처하는 방.
* 주역(周易): 유학의 다섯 경서 중 하나. 온갖 사물의 형상을 음양으로써 설명하여 그 으뜸을 태극이라 하였고 거기서 64괘를 만들었는데, 이에 맞추어 철학·윤리·정치상의 해석을 덧붙였다.
* 팔괘(八卦): 중국 상고 시대에 복희씨가 지었다는 여덟 가지의 괘.
* 삼경(三更): 하룻밤을 오경(五更)으로 나눈 셋째 부분. 밤 열한 시에서 새벽 한 시 사이이다.

01 구절의 의미 파악하기   답 | ②

㉠~㉤을 이해한 내용으로 적절하지 <u>않은</u> 것은?

정답 선지 분석

② ㉡: 승상이 소대성의 비범함을 알아차리지 못했음을 의미한다.

㉡에서 소대성은 승상의 아들들에 대해 '부친의 명감이 없다'고 평가하였다. 이는 소대성의 비범함을 알아차렸던 승상과는 달리, 승상의 아들들은 소대성의 비범함을 알아차리지 못했음을 의미한다.

오답 선지 분석

① ㉠: 승상의 아들들이 소대성을 해치려 할 것을 암시한다.

이어지는 내용에서 승상의 아들들이 소대성을 해치려 하는 것을 보아, ㉠에서 승상이 '세 아들이 혹 옹졸한 일을 하더라도'라고 말하는 것은 이를 암시하는 장치이다.

③ ㉢: 승상의 아들들이 소대성의 겉모습만 보고 내린 평가를 가리킨다.

㉢에서 승상의 아들들은 소대성을 가리켜 '단정한 선비는 아니'라고 하는데, 이는 소대성의 태만한 거동만을 보고 내린 평가이다.

④ ㉣: 소대성이 떠나 주기를 바라는 마음을 우회적으로 표현한 것이다.

㉣에서 승상의 아들들은 승상이 죽고 자신들도 곧 떠나는 상황을 들며 '소형의 마음이 무료할까 걱정'이라고 하는데, 이는 실제로 걱정되어서 한 말이 아니라 소대성이 집을 떠나 주기를 바라는 마음을 우회적으로 표현한 것이다.

⑤ ㉤: 소대성에게 비현실적인 능력이 있음을 나타낸다.

㉤에서 소대성이 '주역을 내어서 팔괘를 보니 앞으로 벌어질 괴이한 일이 눈앞에 보였'다는 것은, 소대성에게 비현실적인 능력이 있음을 나타낸다.

02 인물의 말하기 방식 파악하기
답 | ②

[A], [B]에 드러난 인물의 말하기 방식으로 가장 적절한 것은?

정답 선지 분석

② [A]와 [B]는 모두 특정한 상황을 가정하여 예상되는 결과를 말하고 있다.

[A]에서 승상은 '내가 죽으면 집안의 대소사는 부인이 주장해야 할 것이니'라고 하며 자신이 죽은 뒤의 상황을 가정하여 예상되는 결과를 말하고 있다. [B]에서 태경 또한 '우리가 아무런 이유도 없이 그자를 내치면 세간의 시비를 사게 되어 일이 난처해질까 하나이다'라고 하며 소대성을 내쫓는 상황을 가정하여 예상되는 결과를 말하고 있다.

오답 선지 분석

① [A]와 [B]는 모두 사자성어를 활용하여 상대에게 당부를 하고 있다.

[A]에서 승상은 사자성어인 '인륜대사'를 사용하여 부인에게 소대성과 채봉을 혼인시킬 것을 당부하고 있으나, [B]에서 태경이 부인에게 당부하는 모습은 찾아볼 수 없다. 또한 [B]에서는 사자성어가 사용되지 않았다.

③ [A]는 명령형 문장으로, [B]는 의문형 문장으로 자신의 뜻을 표현하고 있다.

[A]에서 승상은 명령형 문장이 아닌 청유형 문장으로 자신의 뜻을 표현하고 있으며, [B]에서 태경은 의문형 문장을 사용하지 않았다.

④ [A]는 미래에 발생할 문제점을, [B]는 상황을 타개하기 위한 해결책을 제시하고 있다.

[B]에서 태경은 '비밀스럽게 일을 처리하지 않으면 그자를 내치는 것이 어려울 것이옵니다'라고 하며 상황을 타개하기 위한 해결책을 제시하고 있지만, [A]에서 승상은 미래에 발생할 문제점을 제시하고 있지 않다.

⑤ [A]는 상황을 과장하면서, [B]는 자신을 낮추면서 인물에 대한 비판을 드러내고 있다.

[A]에서 승상은 상황을 과장하고 있지 않고, [B]에서 태경은 자신을 낮추고 있지 않다. 또한 인물에 대한 비판도 드러나지 않는다.

03 작품의 내용 이해하기
답 | ③

보기 는 소대성이 자객을 물리친 후 지은 이별시이다. 보기 를 이해한 내용으로 적절하지 않은 것은?

보기

주인의 은혜 무거움이여, 태산이 가볍도다.
객의 정이 깊음이여, 하해가 얕도다.
사람이 **지음을 잃음**이여, 의탁이 장구치 못하리로다.
후손의 불초함이여, 원수를 맺었도다.
자객의 보검이 촛불 아래 빛남이여, 목숨을 보전하여 천 리를 향하는도다.
아름다운 인연이 뜬구름 되었으니,
모르겠노라, 어느 날에 대성의 그림자가 이 집에 다시 이르리오.

* 태산(泰山): 높고 큰 산.
* 객(客): 찾아온 사람.
* 하해(河海): 큰 강과 바다를 아울러 이르는 말.
* 지음(知音): 마음이 서로 통하는 친한 벗을 비유적으로 이르는 말.
* 장구하다(長久하다): 매우 길고 오래다.
* 불초하다(不肖하다): 못나고 어리석다.

정답 선지 분석

③ '지음을 잃음'은 소대성이 승상의 아들들과 오해가 생겼음을 의미한다.

'지음을 잃음'은 소대성이 승상의 아들들과 오해가 생겼음을 의미하는 것이 아니라, 소대성의 비범함을 알아봐 주었던 승상이 죽은 것을 의미한다.

오답 선지 분석

① '주인의 은혜'는 승상이 소대성에게 베푼 은혜를 의미한다.

'주인'은 집의 주인인 승상을 가리키는 것으로, '주인의 은혜'는 승상이 소대성에게 은혜를 베풀어 자신의 집에서 머무를 수 있게 해 준 것을 의미한다.

② '객의 정'은 승상에 대한 소대성의 정을 의미한다.

'객'은 승상의 집에 의탁했던 소대성을 가리키는 것으로, '객의 정'은 승상에 대한 소대성의 정을 의미한다.

④ '후손의 불초함'은 승상의 아들들이 소대성을 죽이려 한 것을 의미한다.

'후손'은 승상의 아들들을 가리키는 것으로, '후손의 불초함'은 승상의 아들들이 자객을 보내 소대성을 죽이려 한 것을 의미한다.

⑤ '아름다운 인연'은 소대성과 채봉의 인연을 의미한다.

'아름다운 인연'은 승상의 도움으로 소대성과 채봉이 맺었던 인연을 의미한다.

04 인물의 태도, 심리 파악하기

빈칸에 들어갈 말로 적절한 것을 골라 차례대로 쓰시오.

소대성은 말할 수 없는 (수심 / 잘못)이 있어 (공명 / 혼인)의 뜻이 사라졌기 때문에 밤낮으로 잠자기만 일삼았다.

정답

수심, 공명

15강

문법 문법적으로 적절한 문장

빠른 정답 체크 01 ⑤　02 ①　03 부사어, 없기

문법적으로 적절한 문장은 필수적인 문장 성분을 온전히 갖추
어야 한다. 이때 필수적인 문장 성분은 서술어에 따라 달라진다.
_{문법적으로 적절한 문장의 조건 ① – 필수적인 문장 성분을 갖춤}
예를 들어 '풀다'가 서술어로 쓰이면 이 서술어는 주어와 목적어
_{서술어 '풀다'의 필수적인 문장 성분}
를 요구한다. 따라서 다른 맥락이 주어지지 않는다면 '*나는 풀었
다.'라는 문장은 서술어가 요구하는 문장 성분이 온전히 갖추어
_{주어는 있지만 목적어는 없음}
지지 않아서 문법적으로 부적절한 문장이 된다.

서술어가 요구하는 문장 성분에 대한 정보는 국어사전에서 확
인할 수 있다. 다음은 국어사전의 일부이다.

풀다 통

①【…을】
문형 정보 – 목적어
「1」 묶이거나 감기거나 얽히거나 합쳐진 것 따위를
　　 그렇지 아니한 상태로 되게 하다.
　　　　　⋮
「5」 모르거나 복잡한 문제 따위를 알아내거나 해결
　　 하다.

②【…에 …을】
문형 정보 – 부사어, 목적어
「1」 액체에 다른 액체나 가루 따위를 섞다.

[A]

'【 】' 기호 안에는 표제어 '풀다'가 서술어로 쓰일 때 요구하
_{문형 정보의 개념}
는 문장 성분에 대한 정보가 제시되어 있다. 이러한 정보를
'문형 정보'라고 한다. 원칙적으로 서술어는 주어를 항상 요구
_{문형 정보에 굳이 주어를 제시하지 않는 이유}
하므로 문형 정보에는 주어를 제외한 필수적 문장 성분에 대
한 정보가 제시된다. 하나의 단어가 여러 의미를 가진 경우도
_{다의어}
있다. 이러한 단어가 서술어로 쓰일 때 어떤 의미로 쓰이는지
에 따라 서술어가 요구하는 문장 성분이 다를 수 있으며, 국
어사전에서도 문형 정보가 다르게 제시된다.

필수적인 문장 성분이 갖추어져 있어도 문장 성분 간에 호응이
_{문법적으로 적절한 문장의 조건 ② – 문장 성분이 호응함}
되지 않으면 문법적으로 부적절한 문장이 될 수 있다. 호응이란
어떤 말이 오면 거기에 응하는 말이 오는 것을 말한다.
_{호응의 개념}

길을 걷다가 흙탕물이 신발에 튀었다. 나는 신발에 얼룩을 남
기고 싶지 않았다. *그래서 나는 물에 세제와 신발을 풀었다.
_{'신발'과 '풀다'가 호응하지 않음}
다행히 금세 자국이 없어졌다.

위 예에서 밑줄 친 문장이 문법적으로 부적절한 이유는
▢㉠ 와 서술어가 호응하지 않기 때문이다. 여기에 쓰인 '풀
다'의 ▢㉠ 로는 ▢㉡ 이 와야 호응이 이루어진다.

※ '*'는 문법적으로 부적절한 문장임을 나타냄.

01 서술어가 요구하는 문장 성분 이해하기　　답 | ⑤

[A]를 이해한 내용으로 적절하지 않은 것은?

정답 선지 분석

⑤ '그는 십 분 만에 선물 상자의 매듭을 풀었다.'에 쓰인 '풀다'의 문형 정보는
　사전에 '【…에 …을】'로 표시된다.
　'그는 십 분 만에 선물 상자의 매듭을 풀었다.'에 쓰인 '풀다'의 문형 정보로 '【…을】'
　이 제시된다.

오답 선지 분석

① ②-「1」의 의미로 쓰이는 '풀다'는 부사어를 요구한다.
　②-「1」의 문형 정보로 '【…에 …을】'이 제시된다.

② 문형 정보에 주어가 표시되지 않았지만 '풀다'는 주어를 요구한다.
　원칙적으로 서술어는 주어를 항상 요구하므로 문형 정보에는 주어를 제외한 필수적 문
　장 성분에 대한 정보가 제시된다.

③ ①-「1」과 ②-「1」의 의미로 쓰이는 '풀다'는 모두 목적어를 요구한다.
　①-「1」의 문형 정보로 '【…을】'이 제시되며, ②-「1」의 문형 정보로 '【…에 …을】'이
　제시된다.

④ '풀다'가 ①-「1」의 의미로 쓰일 때와 ①-「5」의 의미로 쓰일 때는 필수적 문
　장 성분의 개수가 같다.
　①-「1」과 ①-「5」의 문형 정보로 '【…을】'이 제시된다.

02 문장 성분의 호응 이해하기　　답 | ①

㉠, ㉡에 들어갈 말로 적절한 것은?

정답 선지 분석

	㉠	㉡
①	목적어	액체나 가루 따위에 해당하는 말

밑줄 친 문장에서 서술어와 목적어가 호응하지 않으므로 ㉠에 들어갈 말로 적절한 것
은 '목적어'이다. 국어사전에서 여기에 쓰인 '풀다'의 의미로 '액체에 다른 액체나 가루
따위를 섞다'가 제시되어 있으므로 ㉡에 들어갈 말로 적절한 것은 '액체나 가루 따위에
해당하는 말'이다.

03 서술어가 요구하는 문장 성분 이해하기

보기 1 을 참고하여 보면, 보기 2 의 문장은 문법적으로 부적절하다. 이 때 빈칸에 들어갈 말로 적절한 것을 골라 차례대로 쓰시오.

보기 1

주다 통

① 【…에/에게 …을】

「1」 물건 따위를 남에게 건네어 가지거나 누리게 하다.

보기 2

나는 선물을 주었다.

〈보기 2〉의 문장은 (목적어 / 부사어)가 (있기 / 없기) 때문에 문법적으로 부적절하다.

정답

부사어, 없기

독서　교육 연극과 연극치료

빠른 정답 체크　**01** ⑤　**02** ③　**03** ⑤　**04** 지속적, 간헐적

연극을 통해 지식의 확장과 인성의 발달을 도모하는 교육 연극
교육 연극의 목적
과 연극을 통해 마음의 상처를 치유하는 연극치료가 현대 사회에
연극치료의 목적
주목받고 있다. 그런데 교육 연극과 연극치료는 그 ㉠ 목적과 방법에서 차별성을 갖고 있다.

▶1문단: 연극을 통한 치료 방법 소개

먼저 교육 연극을 가장 대표적인 창의적인 연극 놀이로 설명해보자. 연극 놀이는 공연을 전제*로 하는 것이기는 하지만, 공연을 올리기 위한 과정이 학생들의 자유로운 표현과 창의성을 길러주
연극 놀이의 핵심 내용
는 교육적 차원에서 이루어진다는 것을 핵심 내용으로 한다. 연극 놀이에서 참여자들은 스스로 아이디어를 구상하고, 인물을 만들어내기 위한 활동을 하며 기존의 지식이나 자신이 겪었던 경
연극 놀이에서 인물을 만들어 내는 방법
험, 미디어 자료 등을 소재로 활용한다. 이 과정에서 참여자들은 자유롭게 허구적 인물의 삶을 가상적으로 창조하고 그 인물이 되어 연습한다. 이는 풍부한 삶의 경험을 갖게 하고, 어떤 삶의 태
연극 놀이의 효과 ①　　　　　　*연극 놀이의 효과 ②*
도가 더 가치 있는 것인가를 판단할 수 있게 하며, 이를 통해 얻
　　　　　　　　　　　　　　　　　연극 놀이의 효과 ③
은 세계관을 자유롭게 표현하는 경험을 학생들에게 부여한다. 위니프레드 워드는 이러한 연극 놀이가 창의적 상상력을 통해 감정
연극 놀이의 효과 ④
의 조절을 가능하게 하고, 자기표현의 방법을 알게 할 뿐만 아니
　　　　　　　연극 놀이의 효과 ⑤
라 현실 사회 속에서의 상호 이해와 상호 협력의 자질을 키워준다
연극 놀이의 효과 ⑥
고 설명한다. 이런 까닭에 교육 연극은 장기적 계획하에 지속적
교육 연극의 진행 기간

으로 진행되는 것이 일반적이다.

▶2문단: 교육 연극의 방법과 효과

다음으로 연극치료는 연극의 요소를 치료적 도구로 활용하는 것이 아니라 연극의 이야기 자체에 내재한* 극적 특성을 통해 치
연극치료의 의미
료적 효과를 거두려는 것을 의미한다. 이는 단순한 역할 바꾸기도 아니며 역할 연기를 통한 사회기술 훈련도 아니다. 연극치료에서는 내담자* 각자의 관점에서 진실을 찾아낼 수 있도록 격려하지만, 그 진실 탐구의 통로가 실제 벌어진 내담자 자신들의 자서전적 사건이 아닌 이미 존재하는 가상의 이야기를 빌려 옴으로
내담자들이 자신의 감정과 거리를 둘 수 있게 함
써 이루어진다. 내담자들은 허구적 세계의 인물들이 되어 가상적 인물들에게 공감하거나 자신을 그들과 동일시하게 되며, 그 인물들의 관점에서 판단하고 특정한 행위를 스스로 선택하게 된다. 그럼으로써 행위의 원인과 그 행위의 결과를 재구성하도록 이끌
연극치료가 이끌어 내는 내담자의 변화
어 자신의 내면과 상황을 새롭게 바라보게 되고 비로소 자신을 변화시키게 되는 것이다. 이는 내담자가 고착된* 과거의 감정을
　　　　　　　　　　　　　연극치료의 효과 ①
직접 드러냄으로써 그 감정을 객관화하여 비로소 오류가 있는 자신의 감정과 거리 두기를 할 수 있는 힘을 길러주는 방식으로 이
연극치료의 효과 ②
루어진다. 그리고 이러한 발견과 변화로 이어지는 과정은 이후 현실 세계에서의 감정과 생활을 조정하고 안착할 수 있도록 돕는
연극치료의 효과 ③
기능을 한다. 이렇게 연극치료는 현실 세계에서 벌어질 법한 실제적 경험을 연극을 통해 제공하여 그 허구적 경험 속에서 이상
연극치료의 효과 ④
적으로 돌출하는 행동을 관찰할 수 있는 기회를 제공하고 이렇게 해서 관찰된 내용은 현실 세계의 적용으로 이어진다. 연극치료는 보통 예외적이고 일시적인 것이어서 간헐적*으로 이루어진다.
연극치료의 진행 기간　　▶3문단: 연극치료의 방법과 효과

* 전제(前提): 어떠한 사물이나 현상을 이루기 위하여 먼저 내세우는 것.
* 내재하다(內在하다): 어떤 사물이나 범위의 안에 들어 있다.
* 내담자(來談者): 상담실 따위에 자발적으로 찾아와서 이야기하는 사람.
* 고착되다(固着되다): 특정한 대상이나 생각에 집착하여 벗어나지 못하게 되다.
* 간헐적(間歇的): 얼마 동안의 시간 간격을 두고 되풀이하여 일어나는 것.

01 세부 내용 파악하기 답 | ⑤

윗글에 대한 설명으로 적절하지 않은 것은?

⑤ 창의적인 연극 놀이는 연극의 이야기에 내재한 극적 특성을 활용한다.

　3문단에 따르면, 연극의 이야기 자체에 내재한 극적 특성을 통해 치료적 효과를 거두
고자 하는 것은 창의적인 연극 놀이가 아닌 연극치료이다.

① 창의적인 연극 놀이는 공연을 전제로 한다.

　2문단에서 창의적인 연극 놀이는 공연을 전제로 하는 것이라고 하였다.

② 창의적인 연극 놀이는 상호 이해와 상호 협력의 자질을 키워준다.

　2문단에서 창의적인 연극 놀이는 자기표현의 방법을 알게 할 뿐만 아니라 현실 사회
속에서의 상호 이해와 상호 협력의 자질을 키워준다고 하였다.

③ 연극치료는 행위의 재구성으로 자신의 내면을 새롭게 바라보게 한다.

　3문단에서 연극치료는 행위의 원인과 그 행위의 결과를 재구성하도록 이끌어 내면자
들이 자신의 내면과 상황을 새롭게 바라보게 한다고 하였다.

④ 연극치료는 고착된 과거의 감정을 객관화하는 과정을 바탕으로 한다.

　3문단에서 연극치료는 내담자가 고착된 과거의 감정을 직접 드러냄으로써 그 감정을
객관화하고 비로소 오류가 있는 자신의 감정과 거리 두기를 할 수 있는 힘을 길러준다
고 하였다.

02 세부 내용 추론하기 답 | ③

㉠에 대한 설명으로 가장 적절한 것은?

③ 새로운 가상 이야기의 창조 여부에 따라 차이가 있다.

　2문단에서 교육 연극에서는 참여자들이 자유롭게 허구적 인물의 삶을 가상적으로 창
조하고 그 인물이 되어 연습한다고 하였으므로 새로운 가상 이야기가 창조된다는 것을
알 수 있다. 반면, 3문단에서 연극치료에서는 이미 존재하는 가상의 이야기를 빌려 온
다고 하였으므로 새로운 가상 이야기가 창조되지 않는다는 것을 알 수 있다. 따라서 교
육 연극과 연극치료는 새로운 가상 이야기의 창조 여부에 따라 차이가 있다는 설명은
적절하다.

① 감정의 조절 가능성 여부에 따라 차이가 있다.

　2문단에서 위니프레드 워드는 교육 연극이 창의적 상상력을 통해 감정의 조절을 가능
하게 한다고 하였고, 3문단에서 연극치료는 내담자가 현실 세계에서의 감정과 생활을
조정할 수 있도록 돕는 기능을 한다고 하였다. 따라서 교육 연극과 연극치료 모두 감정
조절이 가능하다고 설명하고 있으므로 적절하지 않다.

② 현실 사회와의 관련성 여부에 따라 차이가 있다.

　2문단에서 교육 연극은 현실 사회 속에서의 상호 이해와 상호 협력의 자질을 키워준다
고 하였고, 3문단에서 연극치료는 현실 세계에서 벌어질 법한 실제적 경험을 연극을
통해 제공한다고 하였다. 따라서 교육 연극과 연극치료 모두 현실 사회와 관련성이 있
으므로 적절하지 않다.

④ 허구적 세계의 인물이 되는가의 여부에 따라 차이가 있다.

　2문단에서 교육 연극에서 참여자들은 허구적 인물이 되어 연습한다고 하였고, 3문단
에서 연극 치료에서 내담자들은 허구적 세계의 인물이 되어본다고 하였다. 따라서 교
육 연극과 연극치료 모두 참여자들이 허구적 세계의 인물이 되므로 적절하지 않다.

⑤ 연극이 차지하는 비중이 달라지는지 여부에 따라 차이가 있다.

　2문단에서 교육 연극은 공연을 전제로 하는 연극을 포함한다고 하였고, 3문단에서 연
극치료는 연극의 이야기를 통해 치료적 효과를 거두고자 한다고 하였다. 따라서 교육
연극과 연극치료 모두 연극이 차지하는 비중은 달라지지 않으므로 적절하지 않다.

03 구체적 사례에 적용하기 답 | ⑤

보기를 바탕으로 윗글을 이해한 내용으로 적절하지 않은 것은?

　교육은 있는 그대로의 상태에서 발달을 바라보고 출발한다. 이는 모든
학생들이 동일한 발달을 이룰 수 있는 대상으로 보기 때문이며, 그래서
최종 목표를 달성하는 것이 가능하다는 전제가 깔려 있다. 그러나 치료
는 특별한 징후를 조건으로 출발한다. 따라서 치료는 재생과 회생을 목
표로 한다. 결국 교육 연극은 최종 도착점이 강조되고, 연극치료는 시작
하는 계기와 지점이 강조된다.

⑤ 상상 속 인물과의 거리 두기를 시도하는 것은 원래 상태로 돌리기 위한 연극
치료의 목적과 관련이 있다.

　3문단에 따르면, 연극치료의 내담자는 허구적 세계의 가상적 인물들에게 공감하거나
자신을 그들과 동일시하며, 거리 두기의 대상은 내담자 자신이라고 하였다. 따라서 적
절하지 않다.

① 창의성을 길러주는 것은 교육 연극의 도착점이라고 할 수 있다.

　〈보기〉에서 교육은 모든 학생이 최종 목표를 달성하는 것이 가능하다고 보고 최종 도
착점을 강조하는 것이라고 하였다. 이에 따르면, 교육 연극은 창의성을 길러주는 교육
적 차원에서 이루어진다는 것을 핵심 내용으로 한다는 2문단의 내용을 참고할 때 창의
성을 길러주는 것이 교육 연극의 최종 목표이자 도착점이라고 할 수 있다.

② 교육 연극이 지속적으로 이루어지는 것은 학생들의 발달을 위한 것이다.

　〈보기〉에서 교육은 학생의 발달을 지향한다고 하였다. 이에 따르면, 교육 연극은 장기
적 계획하에 지속적으로 진행된다는 2문단의 내용을 참고할 때 교육 연극은 결국 학생
들의 발달을 위한 것이라고 할 수 있다.

③ 풍부한 삶의 경험을 갖게 하는 것은 현재보다 더 나은 상태를 지향하는 교육
연극의 특징이다.

　〈보기〉에서 교육은 있는 그대로의 상태, 즉 현재 상태에서의 발달을 지향한다고 하였
다. 이에 따르면, 2문단에서 교육 연극이 풍부한 삶의 경험을 갖게 한다고 한 것은 결
국 현재보다 더 나은 상태를 지향한다고 볼 수 있다.

④ 행위의 원인과 결과를 재구성하도록 이끄는 것은 연극치료를 통해 재생의
효과를 거두기 위한 것이다.

　〈보기〉에서 치료는 재생과 회생을 목표로 한다고 하였다. 이에 따르면, 3문단에서 말
한 행위의 원인과 결과를 재구성하는 연극치료 역시 재생의 효과를 거두기 위한 것으
로 볼 수 있다.

04 세부 내용 파악하기

**다음은 교육 연극과 연극치료의 차이점을 서술한 것이다. 빈칸에 들어갈
말로 적절한 것을 골라 차례대로 쓰시오.**

　교육 연극은 장기적 계획하에 (간헐적 / 지속적)으로 진행되는 것이
일반적이지만, 연극치료는 예외적이고 일시적인 것이어서 (간헐적 / 지
속적)으로 이루어진다.

지속적, 간헐적

* 정조(正朝): 설날 아침.
* 미명(未明): 날이 채 밝지 않음. 또는 그런 때.
* 삼춘(三春) 백화시(百花時): 온갖 꽃이 만발한 춘삼월.

절기의 하나. 양력 2월 4일경
정월은 맹춘*이라 입춘 우수 절후*로다.
□: 계절적 배경   절기의 하나. 양력 2월 18일경   ▶ 정월의 절기 소개
산중 간학*에 빙설은 남았으니

평교* 광야에 경치가 변하도다.
                       ▶ 정월을 맞이한 자연의 변화

어와 우리 성상 애민 중농 하오시니
감탄사   백성을 사랑하고 농사를 중요시함
간측하신* 권농 윤음* 방곡에 반포하니,

슬프다 농부들아 아무리 무지한들
감정의 직접적인 표출
네 몸 이해 고사하고 성의를 어길쏘냐?
             권농 윤음   설의법
산전 수답* 상반하여* 힘대로 하오리라.
          밭과 논을 균형 있게 경작해야 함
일 년 흉풍은 측량치 못하여도
          흉작과 풍작
인력이 극진하면 천재는 면하나니
        농사일을 부지런히 해야 하는 이유
제각각 권면하여 게을리 굴지 마라.

일년지계 재춘하니 범사를 미리 하라.
무슨 일이든 그 시작이 중요함
봄에 만일 실시하면* 종년* 일이 낭패되네.
        농업에 있어서 봄의 중요성   ▶ 농사일에 힘쓰도록 권면
『농지를 다스리고 농우를 살펴 먹여
『』: 해야 할 일을 구체적으로 나열함
재거름 재워 놓고 일변*으로 실어 내어

맥전*의 오줌 주기 세전*보다 힘써 하소.』

늙으니 근력 없고 힘든 일은 못 하여도

낮이면 이엉 엮고 밤이면 새끼 꼬아
       늙은이가 할 수 있는 일
때맞춰 지붕 이니 큰 근심 덜었도다.

과일나무 보굿* 따고 가지 사이 돌 끼우기

정조*날 미명*시에 시험조로 하여 보소.

『며느리 잊지 말고 송국주 걸러라.
『』: 계절에 어울리는 음식이 언급됨(송국주, 화전)
삼춘 백화시*에 화전 일취 하여 보자.』
                 ▶ 정월에 해야 할 일 소개
                 - 정학유, 〈농가월령가〉 -

* 맹춘(孟春): 이른 봄. 주로 음력 정월을 이른다.
* 절후(節候): 한 해를 스물넷으로 나눈, 계절의 표준이 되는 것.
* 간학(澗壑): 물이 흐르는 골짜기.
* 평교(平郊): 들 밖. 또는 시외에 있는 넓고 평평한 들.
* 간측하다(懇惻하다): 간절하고 지성스럽다.
* 권농 윤음(勸農綸音): 농사를 장려하는 임금의 교서.
* 수답(水畓): 바닥이 깊고 물길이 좋아 기름진 논.
* 상반하다(相半하다): 서로 절반씩 어슷비슷하다.
* 실시하다(失時하다): 때를 놓치다.
* 종년(終年): 한 해를 마침.
* 일변(一邊): 어느 한편. 또는 한쪽 부분.
* 맥전(麥田): 보리를 심은 밭.
* 세전(歲前): 설을 쇠기 전.
* 보굿: 굵은 나무줄기에 비늘 모양으로 덮여 있는 겉껍질.

01   표현상의 특징 파악하기   답 | ⑤

윗글에 대한 내용으로 가장 적절한 것은?

정답 선지 분석

⑤ 4음보를 활용하여 안정적인 구조를 형성하고 있다.

윗글은 '정월은 / 맹춘이라 / 입춘 우수 / 절후로다' 등 4음보로 읽을 수 있으며, 이를 활용하여 안정적인 구조를 형성하고 있다.

오답 선지 분석

① 청각적 심상을 활용하여 풍경을 묘사하고 있다.

'산중 간학에~경치가 변하도다'에서 풍경을 묘사하고 있지만 청각적 심상을 활용하지는 않았다.

② 색채 이미지를 활용하여 강한 인상을 주고 있다.

색채 이미지를 활용한 부분은 찾아볼 수 없다.

③ 비유적인 표현을 활용하여 교훈을 전달하고 있다.

백성들에게 교훈을 전달하고 있기는 하지만 비유적인 표현을 활용하지는 않았다.

④ 가정법을 활용하여 풍자적인 태도를 보이고 있다.

'인력이 극진하면 천재는 면하나니', '봄에 만일 실시하면 종년 일이 낭패되네' 등에서 가정법을 활용하고 있지만 풍자적인 태도를 보이고 있지는 않다.

02   작품의 내용 파악하기   답 | ③

윗글의 화자가 주장하는 내용으로 적절하지 <u>않은</u> 것은?

정답 선지 분석

③ 늙은 농부는 힘이 없으니 농사일을 면해 주어야 한다.

17~19행에서 '늙으니 근력 없고 힘든 일은 못 하'더라도 '낮이면 이엉 엮고 밤이면 새끼 꼬아 / 때맞춰 지붕 이'는 일을 할 수 있다고 말하고 있다. 늙은 농부는 농사일을 면해 주어야 한다고 주장하지는 않았다.

오답 선지 분석

① 농사에서는 때를 놓치지 않는 것이 중요하다.

13행의 '봄에 만일 실시하면 종년 일이 낭패되네'는 봄에 때를 놓치면 해를 마칠 때까지 일이 어긋난다는 뜻으로, 농사에서는 때를 놓치지 않는 것이 중요하다는 주장이 담겨 있다.

② 농사를 권장하는 임금님의 뜻을 거역해서는 안 된다.

4~5행에서 임금이 농사를 권하고 있음을 알 수 있으며, 6~7행의 '슬프다 농부들아 아무리 무지한들 / 네 몸 이해 고사하고 성의를 어길쏘냐?'에 농사를 권장하는 임금님의 뜻을 어겨서는 안 된다는 주장이 담겨 있다.

④ 농업에 극진히 임함으로써 자연의 재앙을 피해 갈 수 있다.

10행의 '인력이 극진하면 천재는 면하나니'는 사람의 힘을 쏟으면 자연의 재앙을 면할 수 있다는 뜻으로, 농업에 극진히 임함으로써 자연의 재앙을 피해 갈 수 있다는 주장이 담겨 있다.

⑤ 일 년의 계획은 봄에 하는 것이니 모든 일을 미리 해야 한다.

12행의 '일년지계 재춘하니 범사를 미리 하라'는 일 년의 계획은 봄에 하는 것이니 모든 일을 미리 해야 한다는 뜻이다.

윗글과 보기 를 비교한 내용으로 가장 적절한 것은?

보기

서산에 돋을볕 비추고 구름은 느지막이 내린다
비 온 뒤 묵은 풀이 뉘 밭이 우거졌던고
두어라 차례 정한 일이니 매는 대로 매리라

- 위백규, 〈농가〉

* 돋을볕: 아침에 해가 솟아오를 때의 햇볕.

정답 선지 분석

③ 윗글과 〈보기〉는 모두 농사일을 설명하고 있다.

윗글에서는 14~20행에서 봄에 해야 할 농사일을 설명하고 있고, 〈보기〉 또한 비가 온 뒤 풀을 매는 일을 설명하고 있다.

오답 선지 분석

① 윗글과 〈보기〉는 모두 백성들을 꾸짖고 있다.

윗글은 '슬프다 농부들아 아무리 무지한들 / 네 몸 이해 고사하고 성의를 어길쏘냐?' 등에서 백성들을 꾸짖고 있지만, 〈보기〉는 백성들을 꾸짖고 있지 않다.

② 윗글과 〈보기〉는 모두 임을 그리워하고 있다.

윗글과 〈보기〉 모두 농사에 대해 이야기하고 있을 뿐, 임을 그리워하고 있지 않다.

④ 〈보기〉는 윗글과 달리 해야 할 일을 언급하고 있다.

윗글의 14~20행에서 해야 할 농사일을 나열하고 있고, 〈보기〉 또한 '비 온 뒤 묵은 풀'을 언급함으로써 해야 할 일을 언급하고 있다.

⑤ 〈보기〉는 윗글과 달리 농업을 부정적으로 생각하고 있다.

윗글과 〈보기〉 모두 농업을 부정적으로 생각하지 않는다.

04 시구의 의미 파악하기

윗글에서 화자의 감정이 직접적으로 드러난 시어를 찾아 쓰시오.

정답

슬프다

문학 2   불모지(차범석)

빠른 정답 체크   **01** ②   **02** ③   **03** ⑤   **04** 발음의 유사성

최 노인: 사실이야! 빌어먹을 것! (좌우의 높은 집들을 쏘아보며) 무
<small>고층 건물(신식)에 대한 적대감</small>
슨 집들이 저따위가 있어! 게다가 저것들 등쌀에 우린 일 년 열
두 달 햇볕 구경이라곤 못 하게 되었지! ㉠ 당신도 알겠지만 옛
<small>고층 건물이 햇빛을 가려 최 노인의 기와집에는 햇빛이 들지 않음</small>
날에 우리 집이 어디 이랬소?
<small>과거에 대한 집착(구세대). 과거에는 주위에 고층 건물이 없었음</small>

경운: (웃으며) 아버지두…… 세상이 밤낮으로 변해 가는 시대인
<small>과거에 집착하는 아버지에 대한 반응   세상의 변화를 받아들임(신세대)</small>
데요……

최 노인: 변하는 것도 좋구 둔갑하는 것도 상관하지 않지만 글쎄
<small>근대화로 인한 변화 자체는 인지하고 있음</small>
염치들이 있어야지 염치가!
<small>변화 과정에서 입는 피해에 민감하게 반응함</small>

경운: 왜요?

최 노인: 제깟 놈들이 돈을 벌었으면 벌었지 온 장안 사람들에게
<small>고층 건물의 건물주들</small>
내보라는 듯이 저따위로 층층이 쌓아 올릴 줄만 알고 이웃이
<small>이기주의를 지적함</small>
어떻게 피해를 입고 있다는 걸 모르니 말이다!

경운: 피해라뇨?

최 노인: (화단 쪽을 가리키며) 저기 심어 놓은 화초며 고추 모가 도
<small>고층 건물로 인한 피해</small>
모지 자라질 않는단 말이야! 아까도 들여다보니까 고추 모에
서 꽃이 핀 지는 벌써 오래전인데 열매가 열리지 않잖아! 이상
<small>꽃이 피고 나면 열매가 열리는 것이 자연스러운 순리임</small>
하다 하고 생각을 해 봤더니 저 멋없는 것이 좌우로 탁 들어 막
<small>고층 건물</small>
아서 햇볕을 가렸으니 어디 자라날 재간이 있어야지! **이러다간**
<small>고층 건물이 햇빛을 가려 고추가 자라지 못함</small>
땅에서 풀도 안 나는 세상이 될 게다! 말세야 말세!
<small>제목인 '불모지'와 연관 지을 수 있음</small>

(이때 경재 제복을 차려입고 책을 들고나와서 신을 신다가 아버
<small>대학 진학을 앞둔 학생</small>
지의 얘기를 듣고는 깔깔대고 웃는다.)
<small>최 노인의 말을 심각하게 받아들이지 않음</small>

경재: 원 아버지두……

최 노인: 이놈아 뭐가 우스워?

경재: ㉡ 지금 세상에 남의 집 고추밭을 넘어다보며 집을 짓는 사
<small>배려 없고 이기적인 사람이 많은 사회의 모습</small>
람이 어디 있어요?

최 노인: 옛날엔 그렇지 않았어!
<small>과거에는 이웃끼리 배려하는 태도를 보였음</small>

경재: 옛날 일이 오늘에 와서 무슨 소용이 있어요? 오늘은 오늘
<small>과거에 집착하지 않고 현재에 충실함(신세대)</small>
이지. (옹변 연사의 흉을 내며) **역사는 강처럼 쉴 새 없이 흐르고**
<small>비유를 활용하여 역사는 변화하는 것임을 강조함</small>
인생은 뜬구름처럼 변화무상하다는 이 엄연한 사실을, 이 역사
적인 사실을 똑바로 볼 줄 아는 사람만이 자신의 운명을 개척
<small>변화를 받아들이는 사람</small>
할 수 있다는 사실을 최소한도로 아셔야 할 것입니다! 에헴!
<small>변화를 받아들여야 제대로 된 삶을 살 수 있음</small>

(중략)

경재: '미쓰 코리아'가 들어오시네!
영화배우가 되기 위해 외모에 신경 쓰는 경애를 비꼬는 말
경애: 까불어?

경재: ㉢ 도대체 큰누나는 언제 영화에 출연하는 거요?
아직 데뷔조차 하지 못한 경애에게 핀잔을 줌
경애: 가까운 장래! (하며 마루에 앉는다.)

경재: 혜성처럼 나타난 '뉴 페이스' 최경애 양인가?

경애: 한국의 '킴 노박*'이다!

경재: 하나님 맙소사! '최 호박'이 안 되었으면…….
'킴 노박'과의 발음의 유사성을 활용한 언어유희
경애: 아니 이 녀석이! (하며 때리려 하자 소리를 지르며 퇴장)

최 노인: 경재란 놈은 어디 가든 제 밥벌이는 할 거야. (하며 만족
경재에 대한 최 노인의 평가 → 긍정적
한 웃음을 띤다.)

어머니: 좀 경한* 편이죠. (경애에게) 웬 목욕이 그렇게 오래 걸리니?
경재에 대한 어머니의 평가 → 부정적
최 노인: 그래도 밤낮 익모초 씹는 쌍판보다는 낫지! 이 집에 그
경수에 대한 최 노인의 평가 → 부정적   경수를 가리킴
누구처럼…….

(어머니와 경운은 뜻 품은 시선을 서로 던진다. 경애는 손톱에
최 노인이 경수에 대한 이야기를 할 것을 짐작함
손질을 하고 있다.)

최 노인: 경수 녀석은 어젯밤에도 안 들어왔지? (하며 험악한 시선
경수에 대한 최 노인의 불만
을 던진다.)

어머니: (변명하듯) 어디 친구네 집에서나 잤겠죠…….
경수의 편을 들어 줌
최 노인: (성을 내며) 제집과 남의 집 분간도 못하는 놈이 어디 있어?
잠은 자기 집에서 자야 한다는 사고를 가지고 있음
(하며 담배를 다시 피워 문다.)

어머니: 내버려 두시구려! 어디 그 애에게 그런 재미도 없어서야
경수가 느끼는 답답함을 이해함
되겠수?

최 노인: 재미? ㉣ 지금 우리 형편이 재미를 보기 위해서 살아갈
경운이 벌어 오는 돈에 의지하여 살아가는 형편임
팔자야?

어머니: 그렇지만 마음대로 안 되니까…….

최 노인: 당신은 좀 잠자코 있어! (하고 소리를 벌컥 지른다. 경운은
권위적인 성격
빨랫줄에다 빨래를 널며 눈치만 보고 경애는 재빨리 건넌방으로 들어
최 노인이 경수 이야기를 하며 화를 내자 눈치를 봄
간다.)

최 노인: 사람이란 염치가 있어야 하는 법이야! 제 놈이 군대에

갔다 왔으면 왔지 놀고 먹으라는 법은 없어! 한두 살 먹은 어린
경수가 아직 직장을 얻지 못한 제대 군인임이 나타남
애도 아니고 내일모레 삼십 고개를 바라보는 녀석이 취직이 안

된다 핑계 치고 비슬비슬 놀고만 있으면 돼? 첫째로 경운이 미
경운의 월급으로 가계를 꾸려 나가고 있기 때문
안해서라도 그럴 수는 없지!

경운: 아이 아버지두……. 오빠인들 속조차 없겠어요? 아무리 일

자리를 구하려고 해도 안 써 주는걸……. 사회가 나쁘지 오빠
경수가 취직을 하지 못하는 것은 개인의 노력이 부족해서가 아님
야 무슨 잘못이에요?
전후 제대 군인의 실업은 사회적 문제였음
어머니: 사실이에요…….
경운과 함께 경수를 안타까워하며 두둔함
최 노인: 뭐가 사실이야? 나이 어린 누이가 그 굴속 같은 인쇄 공
경운
장에서 온종일 쭈구리고 앉아서 활자 줍는 노동으로 벌어들인
경운은 열악한 환경에서 식자공(활자를 원고대로 조판하는 사람) 일을 함
쥐꼬리만 한 월급에만 의지하는 것이 사실이란 말이야? 나도
경운의 적은 월급에 가족의 생계가 걸려 있음
가게가 전과 같이 세가 난다면 이런 소리도 않지. 허지만 골목
과거에는 전통 혼구 대여업이 잘 되었음
안 똥개까지 신식만을 찾는 세상이라 사모관대*나 원삼* 쪽도
근대화와 신식 문물에 의해 전통문화가 밀려남
리 따위는 이제 소꿉장난으로 아니 장사가 돼야지! ㉤ 지난 봄

철만 하드라도 꼭 네 번밖에 안 나갔지 뭐야! 이럴 때 그 신식
결혼식이 많이 열리는 봄에도 장사가 잘 안 됨
나이롱 면사포나 두어 벌 장만한다면 또 모르지만…….
신세대는 신식 결혼식을 선호함
경애: (화장하던 얼굴을 내밀며) 아버지, 조금만 기다리세요. 제가

최신식 미제* 면사포를 사 올 테니까요.
영화배우로 성공하여 도움을 주겠다고 허세를 부림
최 노인: 네 말은 이제 콩으로 메주를 쑨대도 안 믿겠다! 네가 활
속담을 활용하여 불신을 드러냄
동사진 배우가 되기를 기다리다간 엉뎅이에 없는 꼬리가 나게

됐어!

– 차범석, 〈불모지〉 –

* 킴 노박: 미국의 여성 배우.
* 경하다(輕하다): 언행이 경솔하다.
* 사모관대(紗帽冠帶): 사모(고려 말기에서 조선 시대에 걸쳐 벼슬아치들이 관복을
입을 때에 쓰던 모자)와 관대(옛날 벼슬아치들의 제복)를 아울러 이르는 말. 본디
벼슬아치의 복장이었으나, 지금은 전통 혼례에서 착용한다.
* 원삼(圓衫): 부녀 예복의 하나. 흔히 비단이나 명주로 지으며 연두색 길에 자주
색 깃과 색동 소매를 달고 옆을 튼 것으로 홑옷, 겹옷 두 가지가 있다. 주로 신부
나 궁중에서 내명부들이 입었다.
* 미제(美製): 미국에서 만듦. 또는 그런 물건.

01 인물의 태도, 심리 파악하기   답 | ②

윗글의 내용으로 가장 적절한 것은?

정답 선지 분석

② 경운과 어머니는 모두 경수가 처한 상황을 안타까워하고 있다.
최 노인이 취직을 하지 못한 경수를 비난하자, 경운이 '오빠인들 속조차 없겠어요? 아
무리 일자리를 구하려고 해도 안 써 주는걸……. 사회가 나쁘지 오빠야 무슨 잘못이에
요?'라고 하고, 이에 대해 어머니가 '사실이에요……'라고 말하고 있다. 이를 통해 경
운과 어머니는 모두 제대 후 직업을 얻지 못하고 있는 경수의 상황을 안타까워하고 있
음을 알 수 있다.

오답 선지 분석

① 최 노인은 경애가 영화배우가 될 것이라고 믿고 있다.
최 노인은 '네가 활동사진 배우가 되기를 기다리다간 엉뎅이에 없는 꼬리가 나게 됐
어!'라고 하며 영화배우가 될 거라는 경애의 말에 대한 불신을 강하게 드러내고 있다.

③ 최 노인은 경애와 달리 신식 물품을 들일 필요성을 모르고 있다.
최 노인이 전통 혼구의 인기가 떨어졌음을 한탄하며 '이럴 때 그 신식 나이롱 면사포나
두어 벌 장만한다면 또 모르지만……'이라고 말하는 것을 통해, 신식 물품을 들일 필요
성을 알고는 있다는 것을 파악할 수 있다.

④ 경운과 경재는 모두 세상이 변화하고 있음을 이해하지 못하고 있다.

경운은 '세상이 밤낮으로 변해 가는 시대인데요……'라고 말하고, 경재는 '옛날 일이 오늘에 와서 무슨 소용이 있어요? 오늘은 오늘이지'라고 말한다. 따라서 경운과 경재 모두 세상이 변화하고 있음을 이해하고 있다.

⑤ 어머니는 최 노인과 달리 경재의 성격을 긍정적으로 바라보고 있다.

최 노인은 경재에 대해 '경재란 놈은 어디 가든 제 밥벌이를 할 거야'라고 하며 만족스러워하지만, 어머니는 '좀 경한 편이죠'라고 하며 부정적인 평가를 내린다.

02 구절의 의미 파악하기   답 | ③

㉠~㉤을 이해한 내용으로 적절하지 않은 것은?

정답 선지 분석

③ ㉢: 경재가 영화배우라는 경애의 꿈을 응원하고 있음을 알 수 있다.

경재가 "'미쓰 코리아'가 들어오시네', '하나님 맙소사! '최 호박'이 안 되었으면……'이라고 말하는 것을 통해 경애를 조롱하고 있음을 알 수 있다. 이를 바탕으로 생각해 보면, 경재가 '도대체 큰누나는 언제 영화에 출연하는 거요?'라고 묻는 것은 영화배우라는 꿈을 가지고 있으면서도 아직 데뷔를 하지 못한 경애에게 핀잔을 주는 것으로 이해할 수 있다.

오답 선지 분석

① ㉠: 과거에는 집 주위에 고층 건물이 없었음을 알 수 있다.

최 노인은 앞서 '저것들(고층 건물) 등쌀에 일 년 열두 달 햇볕 구경이라곤 못 하게 되었다'고 말했으므로, ㉠을 통해 과거에는 집 주위에 고층 건물이 없었음을 알 수 있다.

② ㉡: 배려 없고 이기적인 사람이 많은 사회임을 알 수 있다.

최 노인은 높은 건물이 햇빛을 막아 고추가 자라지 못하는 상황에 염치가 없다고 울분을 터트리고 있는데, 이에 대해 경재가 ㉡처럼 말하는 것을 통해 '지금 세상'에는 배려 없고 이기적인 사람이 많음을 알 수 있다.

④ ㉣: 최 노인이 경수에 대해 부정적인 생각을 가지고 있음을 알 수 있다.

최 노인은 경수를 가리켜 '밤낮 익모초 씹는 쌍판', '제집과 남의 집 분간도 못하는 놈'이라고 말하는 등 못마땅한 태도를 보인다. ㉣과 같이 말하는 것 역시, 현실의 어려움을 제쳐둔 채 밖으로 돌아다니는 경수를 비난하는 것임을 알 수 있다.

⑤ ㉤: 전통 혼례보다 신식 결혼식을 선호하는 사람이 많음을 알 수 있다.

최 노인은 '사모관대나 원삼 쪽도리' 등의 전통 혼구를 대여하는 일을 하는데, 가게가 전과 같이 세가 나지 않는다고 하였다. 따라서 ㉤에서 결혼식이 많은 봄조차도 대여가 별로 이루어지지 않았다고 하는 것을 통해 전통 혼례보다 신식 결혼식을 선호하는 사람이 많음을 알 수 있다.

03 외적 준거를 바탕으로 작품 감상하기   답 | ⑤

보기 를 참고하여 윗글을 감상한 내용으로 적절하지 않은 것은?

보기

제목인 '불모지'는 사전적으로는 식물이 자라지 못하는 거칠고 메마른 땅을 뜻한다. 〈불모지〉에서 이는 사회적인 의미로 확장되어 6·25 전쟁 이후 급속한 근대화로 인한 변화에 적응하지 못한 사람들이 제대로 된 삶을 꾸려나가지 못하는, 생명력을 상실한 사회를 상징한다. 작가는 1950년대의 한국사회를 구세대와 신세대 모두 한곳에 뿌리내리지 못하고, 정신적·경제적 피폐함에서 벗어나려 애쓰나 결국 벗어나지 못하는 '불모지'라고 선언하고 있다.

정답 선지 분석

⑤ 경애가 '최신식 미제 면사포를 사 올' 거라고 말하는 것은, 경제적으로 피폐한 삶에서 벗어나고자 하는 신세대의 몸부림을 나타내는 것이군.

최 노인이 전통 혼구를 찾는 사람이 없는 상황을 한탄하자, 경애는 '아버지, 조금만 기다리세요. 제가 최신식 미제 면사포를 사 올 테니까요'라고 말한다. 그러나 경애의 성

격으로 미루어 보면, 이는 경제적으로 피폐한 삶에서 벗어나고자 하는 신세대의 몸부림이 아니라, 경애의 허세를 나타내는 것이다.

오답 선지 분석

① 최 노인이 '이러다간 땅에서 풀도 안 나는 세상이 될' 거라고 말하는 것은, 제목의 사전적 의미와 연관되는 것이군.

최 노인은 높은 집들이 햇빛을 가려 고추 모에 열매가 열리지 않는다면서 '이러다간 땅에서 풀도 안 나는 세상이 될 게다! 말세다 말세!'라고 분통을 터트린다. 〈보기〉에 따르면, 이는 '식물이 자라지 못하는 거칠고 메마른 땅'이라는 '불모지'의 사전적 의미와 연관이 있다.

② 경재가 '역사는 강처럼 쉴 새 없이 흐'른다고 말하는 것은, 급속한 근대화로 인해 변화하는 사회의 모습을 가리키는 것이군.

최 노인이 옛날과 지금을 비교하며 옛날이 더 나았다고 말하자, 경재는 '역사는 강처럼 쉴 새 없이 흐르고~이 역사적인 사실을 똑바로 볼 줄 아는 사람만이 자신의 운명을 개척할 수 있다'고 말한다. 〈보기〉에 따르면, 이는 급속한 근대화로 인해 변화하는 사회에 적응할 수 있는 사람만이 제대로 살아갈 수 있다는 의미이다.

③ 경수가 '취직이 안 된다 핑계 치고 비슬비슬 놀고만 있'다는 것은, 제대로 된 삶을 꾸려나가지 못하는 사람들의 모습을 보여 주는 것이군.

최 노인이 경수를 가리켜 '제 놈이 군대에 갔다 왔으면 왔지~내일모레 삼십 고개를 바라보는 녀석이 취직이 안 된다 핑계 치고 비슬비슬 놀고만 있으면 돼?'라고 말하는 것을 통해 경수가 제대 군인이며, 현재 직업이 없음을 알 수 있다. 〈보기〉에 따르면, 이는 변화에 적응하지 못하여 제대로 된 삶을 꾸려나가지 못하는 사람들의 모습을 보여 주는 것이다.

④ 경운이 '사회가 나쁘지 오빠야 무슨 잘못'이냐고 말하는 것은, 사람들이 뿌리내리지 못하는 것이 사회의 책임이라는 의도를 담은 것이군.

최 노인이 경수를 비난하자, 경운은 '아무리 일자리를 구하려고 해도 안 써 주는' 현실을 이야기하며 '사회가 나쁘지 오빠야 무슨 잘못이에요?'라고 말한다. 〈보기〉에 따르면, 이는 개인의 노력으로는 경제적 피폐함을 벗어날 수 없으며, 사람들이 뿌리내리고 살지 못하는 것은 사회의 책임이라는 의도를 담은 것이다.

04 표현상의 특징 파악하기

다음은 윗글에서 사용된 언어유희를 설명한 것이다. 빈칸에 들어갈 말로 적절한 것을 골라 쓰시오.

경재의 대사에서 (언어 도치 / 동음이의어 / 발음의 유사성)을/를 활용하여 '킴 노박'을 '최 호박'으로 표현하였다.

정답

발음의 유사성

16 강

| 본문 | 189쪽

문법 과거 시제, 현재 시제, 미래 시제

◀ **빠른 정답 체크** **01** ② **02** ① **03** 과거

어떤 행위, 사건, 상태의 시간적 위치를 언어적으로 나타내 주
<u>는 문법 범주를 시제라고 한다.</u> 시제는 사건이 발생한 시점인 사
　　　　시제의 개념
건시와 그 사건을 언어로 표현하는 시점인 발화시의 선후 관계에
　　　사건시의 개념
　　　　　　　　발화시의 개념
따라 결정된다.

과거 시제는 사건시가 발화시보다 앞서는 시제로, 주로 선어말
어미 '-았-/-었-'을 통해 실현된다. 또 동사 어간에 붙는 관형사
과거 시제의 실현 방식 ①　　　　　　　과거 시제의 실현 방식 ②
형 어미 '-(으)ㄴ'과 용언의 어간이나 서술격 조사에 붙는 '-던'을
과거 시제의 실현 방식 ③
통해 실현된다. 현재 시제는 사건시와 발화시가 일치하는 시제
　　　　　　　　현재 시제의 개념
로, 동사에서는 선어말 어미 '-ㄴ-/-는-' 및 관형사형 어미 '-는'
　　　　　　　　현재 시제의 실현 방식 ①
을 통해서 실현되고, 형용사나 서술격 조사에서는 관형사형 어
　　　　　　　　　　현재 시제의 실현 방식 ②
미 '-(으)ㄴ'을 통해 실현되거나 선어말 어미 없이 기본형을 사용
　　　　　　　　　　　　　현재 시제의 실현 방식 ③
하여 현재의 의미를 나타낸다. 미래 시제는 사건시가 발화시보다
　　　　　　　　　　미래 시제의 개념
나중인 시제로, 선어말 어미 '-겠-'을 통해 실현되는 것이 일반적
　　　미래 시제의 실현 방식 ①
이나 관형사형 어미 '-(으)ㄹ', 관형사형 어미 '-(으)ㄹ'과 의존 명
　　　　　　미래 시제의 실현 방식 ②　　　　미래 시제의 실현 방식 ③
사 '것'이 결합된 '-(으)ㄹ 것'을 통해서도 실현된다. 이러한 방법
외에도 '어제, 지금, 내일' 등과 같은 부사어를 사용하여 시제를
　　　　　　　부사어를 통한 시제의 실현
드러내기도 한다.

그런데 시간을 표현하는 데 사용되는 문법 요소가 언제나 특정한
시제를 나타내는 것은 아니다. 예를 들어 선어말 어미 '-ㄴ-/-는-'
은 주로 현재 시제를 나타내는 데 사용되지만 ⓐ 미래를 나타내는
경우에 쓰이기도 하고, 선어말 어미 '-겠-'은 주로 미래 시제를 표
현하는 데 사용되지만 ⓑ 추측을 나타내는 경우에 쓰이기도 한다.

01 시간 표현 이해하기 답 | ②

윗글을 바탕으로 보기 의 ㉠~㉢을 이해한 내용으로 적절하지 않은 것은?

보기

㉠ 비가 지금 내린다.
㉡ 비가 내일 내릴 것이다.
㉢ 내가 찾아간 곳에 비가 많이 내렸다.

정답 선지 분석

② ㉡에는 선어말 어미를 활용한 시간 표현이 나타난다.
　㉡은 동사의 어간 '내리'에 관형사형 어미 '-ㄹ'과 의존 명사 '것'이 결합한 '내릴 것'과

부사어 '내일'을 통해 미래 시제임을 알 수 있다. 하지만 선어말 어미를 활용한 시간 표
현은 나타나지 않는다.

오답 선지 분석

① ㉠에는 사건시와 발화시가 일치하는 시제가 나타난다.
　㉠은 동사 '내리다'에 선어말 어미 '-ㄴ-'이 결합한 '내린다'와 부사어 '지금'을 통해 현
재 시제임을 알 수 있다.

③ ㉢에는 관형사형 어미를 활용한 시간 표현이 나타난다.
　㉢은 동사의 어간 '찾아가'에 관형사형 어미 '-ㄴ'이 결합한 '찾아간'과 동사 '내리다'
에 선어말 어미 '-었-'이 결합한 '내렸다'를 통해 과거 시제임을 알 수 있다.

④ ㉠과 ㉡에는 부사어를 활용한 시간 표현이 나타난다.
　㉠에는 부사어 '지금'이, ㉡에는 부사어 '내일'이 사용되었다.

⑤ ㉡에는 사건시가 발화시보다 나중인, ㉢에는 사건시가 발화시보다 앞서는 시
제가 나타난다.
　㉡은 미래 시제이므로 사건시가 발화시보다 나중이고, ㉢은 과거 시제이므로 사건시가
발화시보다 앞선다.

02 시간 표현 이해하기 답 | ①

윗글을 참고할 때 ⓐ, ⓑ에 해당하는 예끼리 묶인 것으로 적절한 것은?

정답 선지 분석

① ⌈ ⓐ: 잠시 후 결과가 발표된다.
　└ ⓑ: 일찍 출발하느라 고생했겠다.
'잠시 후 결과가 발표된다.'에서 선어말 어미 '-ㄴ-'은 미래를 나타내는 경우에 해당하
며, '일찍 출발하느라 고생했겠다.'에서 선어말 어미 '-겠-'은 추측을 나타내는 경우에
해당한다.

오답 선지 분석

② ⌈ ⓐ: 삼촌은 곧 여기를 떠난다.
　└ ⓑ: 잠시만 비켜주시겠습니까?
ⓐ의 선어말 어미 '-ㄴ-'은 미래를 나타내는 경우, ⓑ의 선어말 어미 '-겠-'은 완곡한
표현을 나타내는 경우에 해당한다.

③ ⌈ ⓐ: 사람은 누구나 꿈을 꾼다.
　└ ⓑ: 제가 먼저 발표하겠습니다.
ⓐ의 선어말 어미 '-ㄴ-'은 현재를 나타내는 경우, ⓑ의 선어말 어미 '-겠-'은 주체의
의지를 나타내는 경우에 해당한다.

④ ⌈ ⓐ: 지구는 태양의 주위를 돈다.
　└ ⓑ: 이제 늦지 않도록 하겠습니다.
ⓐ의 선어말 어미 '-ㄴ-'은 현재를 나타내는 경우, ⓑ의 선어말 어미 '-겠-'은 주체의
의지를 나타내는 경우에 해당한다.

⑤ ⌈ ⓐ: 그가 내 의도를 알아채고 웃는다.
　└ ⓑ: 우리 고향은 이미 추수가 다 끝났겠다.
ⓐ의 선어말 어미 '-는-'은 현재를 나타내는 경우, ⓑ의 선어말 어미 '-겠-'은 추측을
나타내는 경우에 해당한다.

03 시간 표현 이해하기

**보기 의 밑줄 친 부분이 과거, 현재, 미래 중 어느 시제에 해당하는지
쓰시오.**

보기

이것은 내가 <u>쓴</u> 책이다.

정답

과거

　　사람의 행동은 상황에 의해 유발될까, 아니면 개인이 가진 고유한 성격에 의해 유발될까? 심리학자 미셸은 심리학 박사학위 논문에서 당시의 <u>성격심리학으로는 인간 행동을 예측하기가 어렵다</u>고
성격특질이론
주장하며, <u>인간의 행동은 성격보다 상황에 더 큰 영향을 받는다</u>고
미셸의 주장 ①
주장했다. 이러한 그의 주장은 성격 특질*을 연구하던 학자들의 반발을 유발했고, 치열한 논쟁이 진행되면서 성격심리학 연구에
개인-상황 논쟁의 전개
큰 영향을 미쳤다. 이를 개인-상황 논쟁이라고 부른다. 미셸이 비판했던 당시의 성격심리학은 성격특질이론이었는데, <u>미셸은 이들 이론에 근거한 성격검사 방법으로 파악한 성격특성이 인간의 행</u>
미셸의 주장 ②
<u>동을 이해하는 데 별 도움이 되지 않는다</u>고 밝혔다.
▶ 1문단: 성격특질이론에 대한 미셸의 비판

　　개인-상황 논쟁의 초기에는 '<u>행동을 지배하는 것이 성격이냐 상황이냐</u>'의 논쟁이 주류였지만 차츰 <u>둘 중 어느 것이 더 중요한가</u>
성격과 상황 중 어느 것이 더 중요한가
로 발전했는데, 결론적으로는 둘 다 중요할 뿐 아니라 <u>상호작용</u>
상호작용이론의 주장
<u>한다</u>는 관점인 상호작용이론으로 수렴되었다. 즉 <u>같은 상황이라</u>
<u>고 하더라도 사람의 성격에 따라 행동이 달라지고, 같은 성격이</u>
상호작용이론의 내용
<u>라도 상황에 따라 다른 행동을 한다</u>는 것이다. 일례로 <u>같은 스트</u>
<u>레스 상황이라고 하더라도 신경이 예민한 정도에 따라 우울증을</u>
상호작용이론의 예시 ①
<u>초래하기도 하고 그렇지 않기도 한다.</u> 또한 <u>상황에 따라 개성적</u>
<u>인 성격이 잘 드러나기도 하지만 어떤 상황에서는 사람들이 성격</u>
상호작용이론의 예시 ②
<u>과 관계없이 동일한 행동을 한다.</u>
▶ 2문단: 상호작용이론의 등장

　　미셸은 이를 상황 강도라는 개념으로 설명했다. <u>상황 강도는</u>
<u>사람의 서로 다른 성격이 얼마나 드러날 수 있는 상황인지에 대</u>
상황 강도의 개념
<u>한 정도</u>로, 심리학 개념인 '압력 이론'을 발전시켜 압력의 강도에 따라 인간 행동에 영향을 미치는 상황을 분류한 것이다. 예컨대 <u>신호등이 빨간불이면 모두가 정지해야 하고, 파란불이면</u>
강한 상황의 예시
<u>모두가 가야 한다.</u> 이는 <u>사람들이 자신의 성격과 관계없이 동일</u>
강한 상황의 특징
[A] <u>한 행동을 하도록 만드는 강한 상황</u>이다. 반면 <u>주제 통각 검사*</u>
<u>를 하는 경우는, 모호한 그림을 보고 이야기를 만들어내는 것이</u>
약한 상황의 예시
<u>기 때문에 자신의 성격이 드러나는 약한 상황</u>이라고 할 수 있
약한 상황의 특징
다. 미셸은 <u>강한 상황에서는 모든 사람이 같은 방식으로 상황을</u>
강한 상황에서의 사람들의 행동
<u>이해하고 동일한 반응을 할 것</u>이라고 주장했다. 그리고 <u>약한 상</u>
<u>황에서는 사람들이 상황을 이해하는 방식이 각자 다르고, 특정</u>
약한 상황에서의 사람들의 행동
<u>행동을 반드시 하리라고 기대되지는 않는다</u>고 보았다.
▶ 3문단: 미셸의 상황 강도 개념

　　상황에 대한 연구가 진전되면서, <u>상황을 어떻게 받아들이느냐</u>
상황을 개인과 분리하여 이해할 수 없음

<u>가 개인마다 모두 다르다</u>는 사실이 밝혀졌다. 상황을 개인과 분리하여 이해할 수 없다는 의미이다. 우리가 주변에서 일어나는 사건이나 상황을 해석하는 방식은 심리적 경험에 광범위하게 영향을 미친다는 것이 밝혀지면서, <u>개인이 상황을 해석하는 방식에</u>
개인과 상황은 상호작용함
<u>따라 성격 구조가 달라질 수 있다</u>는 것이 증명되었다. 이는 <u>상황</u>
<u>과 개인 성격의 요인을 별개로 분석하던 개인-상황 논쟁의 초기</u>
개인-상황 논쟁의 초기 연구
연구와는 반대의 경향으로, 상황 요인과 개인의 성격 요인을 별개로 분석하는 것이 아니라 ⓐ <u>개인이 상황을 판단하는 구조를</u>
개인-상황 논쟁의 발전된 연구
<u>분석해야 한다</u>는 공감대가 확산되었다. 그러면서 <u>점차 상황과 개</u>
<u>인의 구별이 의미가 없어지게 되어 상호작용하는 상황과 성격을</u>
성격심리학의 발전 방향
<u>하나로 보게 되며</u> 성격심리학이 발전하게 된 것이다.
▶ 4문단: 상호작용을 중시하는 성격심리학의 발전

* 특질(特質): 특별한 기질이나 성질.
* 주제 통각 검사: 무의식적 욕구, 동기, 성격 따위를 알아보기 위한 투사법 검사. 피험자에게 모호한 그림을 보여 주고 그림에 대한 자유로운 이야기를 꾸며 내게 하여, 그 속에 투사된 마음속의 희망·사상·감정 따위를 알아내어 그 사람의 욕구나 동기를 밝히려는 검사이다.

01　내용 전개 방식 파악하기　　　　답 | ①

윗글에 대한 설명으로 가장 적절한 것은?

정답 선지 분석

① 글에 사용된 용어의 개념을 설명하고 있다.
　2문단에서 상호작용이론, 3문단에서 상황 강도 등의 용어의 개념을 설명하고 있다.

오답 선지 분석

② 서로 다른 두 학자의 이론을 절충하고 있다.
　1문단에서 미셸이 당시의 성격특질이론 학자들과 대립했음이 나와 있지만, 미셸을 제외한 다른 학자는 소개되지 않았으며 두 학자의 이론을 절충하고 있지도 않다.

③ 문헌 자료를 통해 주장의 근거를 제시하고 있다.
　문헌 자료를 통해 주장의 근거를 제시하는 부분은 윗글에서 찾아볼 수 없다.

④ 구체적인 수치를 통해 연구의 성과를 밝히고 있다.
　윗글에서 구체적인 수치는 제시되지 않았다.

⑤ 화제에 대한 통념을 소개하고 이를 반박하고 있다.
　윗글의 화제는 심리학에서의 개인-상황 논쟁인데, 이에 대한 통념은 소개되지 않았다.

02　세부 내용 파악하기　　　　답 | ⑤

윗글을 통해 알 수 있는 내용으로 적절하지 않은 것은?

정답 선지 분석

⑤ 상호작용이론에서는 같은 스트레스 상황에 놓인 사람들은 우울을 호소하는 정도가 같다고 주장한다.
　2문단에서 상호작용이론의 예시로, 같은 스트레스 상황이라고 하더라도 신경이 예민한 정도에 따라 우울증을 초래하기도 하고 그렇지 않기도 하다는 점을 제시하고 있다.

① 압력 이론은 미셸이 인간 행동에 영향을 미치는 상황을 분류하는 작업에 영향을 미쳤다.

3문단에서 미셸은 심리학 개념인 압력 이론을 발전시켜 인간의 행동에 영향을 미치는 상황을 압력의 강도에 따라 분류했다고 하였다.

② 주변에서 일어나는 사건이나 상황을 해석하는 방식은 개인마다 모두 다를 수 있음이 밝혀졌다.

4문단에서 상황에 대한 연구가 진전되면서 상황을 어떻게 받아들이느냐가 개인마다 모두 다르다는 사실이 밝혀졌음을 알 수 있다.

③ 개인-상황 논쟁의 초기에는 상황 요인과 개인의 성격 요인을 분리하여 별개로 각각 분석하였다.

4문단에서 개인-상황 논쟁의 초기 연구는 상황과 개인의 성격 요인을 별개로 분석했다고 하였다.

④ 미셸은 당시 성격특질이론에 근거한 성격검사 결과로는 인간의 행동을 이해하기 어렵다고 보았다.

1문단에서 미셸이 비판했던 당시의 성격심리학은 성격특질이론이며, 이들 이론에 근거한 성격검사 방법으로 파악한 성격특성이 인간의 행동을 이해하는 데 별 도움이 되지 않는다고 밝혔다는 점을 알 수 있다.

03 구체적 사례에 적용하기

답 | ④

[A]의 관점을 바탕으로 보기 의 ㉠, ㉡을 이해한 것으로 가장 적절한 것은?

최근 군에 입대하여 신병 훈련을 받고 있는 훈련병 김○○은 ㉠ 조교가 훈련병들을 통솔하는 모습을 보고 신기함을 느꼈다. 훈련병들이 조교의 지휘하에 훈련을 받을 때는 모두가 같은 행동을 보였으므로 군에 입대하면 모든 사람이 똑같아진다고 생각했는데, 동기와 식사를 하며 이야기를 나누어 보니 여전히 사람마다 다른 생각과 가치관을 가지고 있는 것이었다. ㉡ 동기들과 편하게 쉬고 있을 때는 관점의 차이를 보이다가도 조교가 지휘하기 시작하면 다시 모두가 '반드시 그래야만 한다.'고 보는 관점이 동일해졌다.

④ ㉡은 ㉠보다 압력이 약한 상황으로 특정 행동을 반드시 할 것으로 기대되지 않는다.

〈보기〉의 ㉠은 강한 상황, ㉡은 약한 상황이다. [A]에서 약한 상황에서는 사람들이 특정 행동을 반드시 하리라고 기대되지 않는다고 하였으므로 적절하다.

① ㉠의 훈련병들은 모두 같은 성격 특질을 가지고 있을 것이다.

[A]에서 미셸은 상황 강도에 따라 사람의 서로 다른 성격이 얼마나 드러나는지가 달라진다고 보았으므로 적절하지 않다.

② ㉡은 사람들이 모두 동일한 행동을 하도록 만드는 상황이다.

[A]에 따르면 ㉡은 약한 상황으로, 사람들이 상황을 이해하는 방식이 각자 다르고, 특정 행동을 반드시 하리라고 기대되지 않는다. 사람들이 모두 동일한 행동을 하도록 만드는 상황은 강한 상황이다.

③ ㉠은 ㉡보다 압력이 강한 상황으로 자신의 성격과 개성이 강하게 드러나게 된다.

㉠이 ㉡보다 강한 상황인 것은 맞으나, [A]에 따르면 자신의 성격과 개성이 강하게 드러나는 상황은 약한 상황이므로 적절하지 않다.

⑤ ㉠과 ㉡에서 훈련병들의 행동과 관점이 달라진 것은 개인의 성격유형이 달라졌기 때문이다.

[A]에서 미셸은 상황 강도에 따라 사람의 서로 다른 성격이 얼마나 드러나는지가 달라진다고 보았으므로 사람의 성격 자체가 ㉠과 ㉡에서 달라졌다고 보는 것은 적절하지 않다.

04 세부 내용 파악하기

ⓐ와 같은 주장이 나오게 된 이유를 설명하는 말로 적절한 것을 골라 차례대로 쓰시오.

개인이 (상황 / 성격)을 해석하는 방식에 따라 (상황 / 성격) 구조가 달라질 수 있음이 증명되었기 때문이다.

상황, 성격

성북동 비둘기(김광섭)

01 ② 02 ③ 03 ④ 04 자연

성북동 산에 ㉠ 번지가 새로 생기면서
　○: 자연 ↔ △: 문명
본래 살던 성북동 비둘기만이 ㉡ 번지가 없어졌다.
① 파괴된 자연 ② 근대화 과정에서 소외된 인간
새벽부터 돌 깨는 산울림에 떨다가

가슴에 금이 갔다.
비둘기의 고통을 시각적으로 형상화함
그래도 성북동 비둘기는

하느님의 광장 같은 새파란 아침 하늘에
　　　평화의 공간
성북동 주민에게 축복의 메시지나 전하듯
　　　비둘기는 사랑과 평화를 상징하는 새임
성북동 하늘을 한 바퀴 휘 돈다.
　인간과 공존하고자 함　　▶ 자연이 파괴되어 삶의 터전을 잃어버린 비둘기

성북동 메마른 골짜기에는
　문명에 의해 파괴된 자연
조용히 앉아 콩알 하나 찍어 먹을
　　　소박한 생활
널찍한 마당은커녕 가는 데마다

채석장* 포성*이 메아리쳐서

피난하듯 지붕에 올라앉아
　삶의 터전을 잃은 비둘기
아침 구공탄* 굴뚝 연기에서 향수를 느끼다가
산업화 이전에 사용했던 구공탄 굴뚝 연기에서 과거의 향수를 느낌
산1번지 채석장에 도루 가서
채석장의 주소 - 인간이 붙인 번지
금방 따낸 돌 온기(溫氣)에 입을 닦는다.
파괴 이전의 자연을 그리워함　▶ 문명에 소외되어 과거의 자연을 그리워하는 비둘기

　┌─ 예전에는 사람을 성자(聖者)처럼 보고
　│
　│　사람 가까이
　│　인간과 자연의 공존
[A]│　사람과 같이 사랑하고
　│
　│　사람과 같이 평화를 즐기던
　│
　└─ 사랑과 평화의 새 비둘기는
　인간이 회복해야 할 인간성
이제 산도 잃고 사람도 잃고
삶의 터전을 잃고 인간과 공존하지 못함
「사랑과 평화의 사상까지
「」: 도시화, 산업화로 인한 인간성의 상실

　　　　　　　　　　　과거의
　　　　　　　　　　　비둘기의 모습

　　　　　　　　　　　　↑

　　　　　　　　　　　현재의
　　　　　　　　　　　비둘기의 모습

낳지 못하는 **쫓기는 새가 되었다.**』
▶ 사랑과 평화의 사상을 잃은 비둘기
- 김광섭, 〈성북동 비둘기〉 -

* 채석장(採石場): 석재로 쓸 돌을 캐거나 떠 내는 곳.
* 포성(砲聲): 대포를 쏠 때에 나는 소리.
* 구공탄(九孔炭): 구멍이 뚫린 연탄을 통틀어 이르는 말.

01 표현상의 특징 파악하기　　　　　답 | ②

윗글에 대한 내용으로 적절하지 <u>않은</u> 것은?

정답 선지 분석

② 음성 상징어를 활용하여 운율을 형성하고 있다.
윗글에서 음성 상징어가 활용된 부분은 찾아볼 수 없다.

오답 선지 분석

① 공간을 이동하며 시적 상황을 전개하고 있다.
'새파란 아침 하늘', '메마른 골짜기', '지붕', '산1번지 채석장' 등으로 공간을 이동하며 시적 상황을 전개하고 있다.

③ 현재 시제를 사용하여 현장감을 부여하고 있다.
1연의 '성북동 하늘을 한 바퀴 휘 돈다', 2연의 '금방 따낸 돌 온기에 입을 닦는다'에서 현재형 종결 어미인 '-ㄴ다'를 사용하여 현장감을 부여하고 있다.

④ 과거와 현재를 대비하여 주제를 강조하고 있다.
3연에서 '사랑과 평화의 새'였던 과거 비둘기의 모습과, '쫓기는 새'가 된 현재 비둘기의 모습을 대비하여 문명에 의한 자연 파괴와 인간성 상실 비판이라는 주제를 강조하고 있다.

⑤ 시구를 반복하여 시적 대상의 상황을 표현하고 있다.
3연에서 '사람과 같이', '-도 잃고'의 시구를 반복하여 시적 대상인 비둘기의 상황을 표현하고 있다.

02 시어의 의미 파악하기　　　　　답 | ③

㉠과 ㉡에 대한 내용으로 가장 적절한 것은?

정답 선지 분석

③ ㉠은 문명을 상징하는 공간이고, ㉡은 자연을 상징하는 공간이다.
㉠은 성북동 산에 새로 생긴 번지로, 인간의 삶의 터전이자 문명을 상징하는 공간이다. ㉡은 본래 살던 성북동 비둘기의 번지로, 문명에 의해 파괴된 자연을 상징하는 공간이다.

오답 선지 분석

① ㉠과 ㉡은 모두 자연이 보존되어 있는 공간이다.
㉠은 자연을 파괴하는 문명을 상징하고, ㉡은 문명에 의해 파괴된 자연을 상징하므로 둘 모두 자연이 보존되어 있는 공간이라고 할 수 없다.

② ㉠은 문명의 단점이, ㉡은 문명의 이점이 드러나는 공간이다.
㉡은 문명에 의해 파괴된 자연을 상징하므로 문명의 이점이 드러나는 공간이라고 할 수 없다.

④ ㉠은 비둘기가 지향하는 공간이고, ㉡은 비둘기를 내쫓은 공간이다.
㉠은 비둘기를 내쫓은 문명을 상징하는 공간이고, ㉡은 과거 비둘기의 삶의 터전이었던 공간이다.

⑤ ㉠은 인간과 자연이 조화로운 공간이고, ㉡은 그렇지 않은 공간이다.
㉠은 인간의 문명이 자연을 내쫓은 것을 상징하므로 인간과 자연이 조화로운 공간이라고 할 수 없다.

03 외적 준거를 바탕으로 작품 감상하기　　　　　답 | ④

보기 를 참고하여 윗글을 이해한 내용으로 적절하지 <u>않은</u> 것은?

보기

〈성북동 비둘기〉는 1960년대의 도시화, 산업화로 인해 자연이 파괴되어 가는 세태에 대한 비판적인 의식을 담고 있다. 도시 문명이 자연의 영역을 침범하면서 삶의 터전을 잃고 떠도는 비둘기가 사랑과 평화를 상징하는 새라는 점에서는, 자연의 파괴뿐만이 아니라 인간성의 상실 또한 비판하고 있다고 볼 수 있다.

정답 선지 분석

④ 비둘기가 '돌 온기에 입은 닦'는 것은 인간성의 회복을 희망하는 마음을 드러내는군.
비둘기가 '채석장'에 가서 '금방 따낸 돌 온기에 입을 닦'는 것은 인간성의 회복을 희망하는 마음이 아닌, 파괴되기 전의 자연을 그리워하는 마음을 드러내는 것이다.

오답 선지 분석

① '돌 깨는 산울림'은 문명에 의한 자연 파괴를 형상화한 것이군.
'돌 깨는 산울림'은 문명에 의한 자연 파괴를 청각적으로 형상화한 것으로, 자연의 폭력성을 나타낸다.

② '성북동 메마른 골짜기'는 문명에 의해 파괴된 자연을 상징하는 것이군.
'성북동 메마른 골짜기'는 생명력을 잃은 자연, 즉 문명에 의해 파괴된 자연을 상징한다.

③ 비둘기가 '피난하듯 지붕에 올라앉'는 것은 문명이 자연을 침범했기 때문이군.
'채석장 포성'은 곧 문명의 폭력성을 의미하므로 비둘기가 '채석장 포성'을 피해 '피난하듯 지붕에 올라앉'는 것은 문명에 의해 삶의 터전을 잃었기 때문이다.

⑤ 비둘기가 '쫓기는 새가 되었'다는 것은 도시화, 산업화로 인해 인간성이 상실되었음을 의미하는군.
'사랑과 평화의 새'였던 비둘기가 '사랑과 평화의 사상까지 / 낳지 못하는 쫓기는 새가 되었'다는 것은 도시화, 산업화로 인해 상실된 인간성을 비판하는 것이다.

04 작품의 내용 파악하기

[A]의 의미를 설명하는 말로 적절한 것을 골라 쓰시오.

　[A]에서 묘사되는 비둘기는 사람과 더불어 사랑과 평화를 즐기며 살고 있으며, 이는 (문명 / 자연)과 인간의 공존을 나타낸다.

정답

자연

빠른 정답 체크 01 ② 02 ③ 03 ⑤ 04 가정, 남성

[앞부분 줄거리] 춘풍은 평양 기생 추월에게 빠져 재산을 다 잃는다. 춘풍의 아내는 회계 비장*이 되어 남장을 한 채 평양으로 가서는 춘풍을 잡아들인다.
□: 공간의 변화(평양→서울)

"너 매 잡아라. 춘풍아 너 들어라. 그 돈을 다 어찌하였느냐? 투전*을 하였느냐? 돈 쓴 곳을 바로 아뢰어라."
곤장을 거두라는 의미

춘풍이 형틀 위에서 울면서 여쭈되,
무능하고 비굴한 모습
"소인이 호조* 돈을 내어 쓰고 평양에 내려와서 내 집 주인 추월
호조의 돈을 빌려 씀   춘풍은 현재 추월의 집에서 사환 노릇을 하고 있음
이와 일 년을 함께 놀고 나니 한 푼도 없어지고 이 지경이 되었
춘풍의 방탕한 성격
으니, 나리님 분부대로 죽이거나 살리거나 하옵소서."
자포자기함
비장이 본래 추월이라 하면 원수같이 아는 중에, 이 말 듣고 이
춘풍이 추월에게 빠져 돈을 다 썼다는 소문을 들음
를 갈고 호령하여 사령*에게 분부하되,
소문이 사실임을 확인하고 분노함
"네 가서 그년 잡아 오라. 바삐바삐 잡아 오되, 만일 지체하였다
추월에 대한 분노가 사령에게도 미침
가는 네가 중죄를 당하리라."

하니 사령이 덜미 집어 잡아 왔거늘,

"형틀 위에 올려 매고 벌태장 골라잡고 각별히 매우 쳐라. 사령,
네가 사정*을 두었다가는 네 목숨이 죽으리라."
지위를 이용하여 개인적인 원한을 해소함
하나 치고 고찰하고*, 둘을 치고 고찰한다. **매마다 표를 하며 십**
여 대를 중장하며,

"이년, 바삐 다짐하여라."
추월에게 자백을 다그치고 있음
호령을 서리같이 하는 말이, / "네 죄를 네가 아느냐?"

추월이 여쭈되, / "춘풍이 가져온 돈, 소녀가 어찌 아오리까?"
춘풍을 꾀어 호조의 돈을 가져오게 한 사실을 부인함
비장이 이 말 듣고 성을 내어 분부하되,

"여담절각*이라 하는 말을 네 아느냐? 불 같은 호조 돈을 영문
호조 돈의 행방에 관한 책임을 추월에게 지움
이 물어 주랴, 본관에서 물어 주랴, 백성에게 수렴하랴*? 네 이
○: 리듬감이 느껴짐 – 판소리계 소설의 특징
지경에 무슨 잔말하랴?"
변명하지 말고 돈을 갚을 것을 강요함
군뢰* 등이 두 눈을 부릅뜨고 형장을 높이 들어, 백일청천*에
비유법, 과장법
벼락 치듯 만첩청산* 울리듯 금장* 소리 호통치며 하는 말이,

"네가 모두 발명치 못할까? 너를 우선 죽이리라."

하고 주장*으로 지르면서 오십 대 중장하고,

"바삐 다짐 못 할쏘냐?"

서리같이 호령하니, 추월이 기가 막혀 혼백이 달아난 듯 혼미
처벌에 굴복하여 태도가 변화함
중에 겁내어 죽기를 면하려고 애걸하여 여쭈되,

"국법도 엄숙하고 관령도 지엄하고 나리님 분부도 엄하오니, 춘
열거법, 대구법

풍이 가져온 돈을 영문 분부대로 소녀가 바치리다."

(중략)

평양에서 사또 본관이 분부하되, 추월을 잡아들여 돈 바치라 성
비장(춘풍의 아내)이 요청한 것
화하니, 십일이 다 못 되어 오천 냥을 다 바쳤것다.
추월이 춘풍이 가져온 돈을 갚음
춘풍이가 돈을 싣고 서울로 올라갈 제, 이때 춘풍의 아내 문밖
에 썩 나서서 춘풍의 손을 부여잡고,

"어이 그리 더디 온가? 장사에 이익 많아 평안히 오시니까?"
평양에서 있었던 일을 모른 척함
춘풍이 반기면서 / "그 사이에 잘 있었는가?"

하고 열두 바리* 실은 돈을 장사에서 남긴 듯이 여기저기 들여놓
추월이 갚은 돈을 자신이 장사에서 번 것처럼 행세함
고 의기양양하는구나. 춘풍 아내가 춘풍에게 차담상*을 별나게
아내로서의 역할을 다함
차려 들이거늘, 춘풍이 온 교태를 다할 적에 기구하고 볼만하다.
편집자적 논평 – 평양에서의 일을 잊고 교만하게 행동함
콧살도 찡그리며 입맛도 다셔 보고 젓가락도 휘저으며 하는 말이,

"생치* 다리도 덜 구워졌으며, 자반에도 기름이 적고, 황육*조차
음식에 트집을 잡으며 아내에게 허세를 부림
맛이 적다. 평양으로 갈까 보다. 호조 돈 아니었더라면 올라오
지 아니했지. 내일 호조 돈을 다 바치고 평양으로 내려갈 제, 너
도 함께 따라가서 평양 감영* 작은집의 그 음식 좀 먹어 보소."
추월의 집을 뜻함
온갖 교만 다할 적에, 춘풍 아내 춘풍을 속이려고 황혼을 기다려서
여자 의복 벗어 놓고 비장 의복 다시 입고 흐늘거리며 들어오니,
춘풍의 아내가 다시 비장으로 남장을 함
춘풍이 의아하여 방 안에서 주저주저하는지라. 비장이 호령하되,

㉠ "평양에 왔던 일을 생각하라! 네 집에 왔다한들 그다지 거만
과오를 잊고 가정에서만 허세를 부리는 남성을 비판함
하냐?"

춘풍이 그제야 자세히 본즉, 과연 평양에서 돈 받아 주던 회계
비장이 자신의 아내임을 알아보지 못함
비장이라. 깜짝 놀라면서 문밖에 뛰어내려 문안을 여쭈되, 회계
비장에게 예의를 갖춤
비장 하는 말이, / "평양에서 맞던 매가 얼마나 아프더냐?"
무능력한 남편을 놀리는 말
춘풍이 여쭈되, / "어찌 감히 아프다 하오리까? 소인에게는 상
아내를 대할 때와는 달리 권위를 내세우지 못함
이로소이다."

회계 비장 하는 말이,

"평양에서 떠날 적에 너더러 이르기를, 돈을 싣고 서울로 올라
비장이 평양을 떠나기 전 춘풍에게 요구한 것
오거든 댁에 문안하라 하였더니, 소식이 없기로 매일 기다리다
가 아까 마침 남산 밑의 박승지 댁에 가 술을 먹고 대취하여* 종
일 놀다가, 홀연히 네가 왔단 말을 듣고 네 집에 왔으니 흰죽이
음식 투정을 한 춘풍에게 복수함
나 쑤어 달라!"

하니, 춘풍이 제 지어미를 아무리 찾은들 있을쏜가. 제가 손수 죽
편집자적 논평 – 비장이 곧 춘풍의 아내이기 때문
을 쑤려고 죽쌀을 내어 들고 부엌으로 나가거늘, 비장이 호령하되,

/ "네 지어미는 어디 가고, 나에게 내외를 하느냐?"
춘풍을 곤란하게 만들기 위함
춘풍이 묵묵부답하고 혼잣말로 심중에 헤아리되,

'그립던 차에 가솔*을 만났으니 우리 둘이 잠이나 잘 자 볼까 하였더니, 아내는 간데없고 비장은 이처럼 호령하니 진실로 민망하나 무가내하*라.'

춘풍이 처한 상황

회계 비장이 내다보니, 춘풍의 죽 쑤는 모양이 우습고도 볼만하다. 그제야 죽상을 들이거늘, 비장이 먹기 싫은 죽을 조금 먹는 체하다가 춘풍에게 상째로 주며 하는 말이,

춘풍의 가부장적 권위가 추락함

비장이 평양 추월의 집을 방문했을 때와 비슷한 상황

"네가 **평양 감영 추월의 집에 사환*으로** 있을 때에 다 깨진 헌 사발에 누룽지에 국을 부어서 숟가락 없이 뜰아래 서서 되는대로 먹던 일을 생각하며 다 먹어라!"

추월의 집에서 사환 노릇을 하며 초라하게 지냈던 춘풍의 과거 언급 – 반성을 유도함

하니, 그제야 춘풍이 아내가 어디서 죽 먹는 양을 볼까 하여 여기 저기 살펴보며 얼른얼른 먹는지라. 그제야 춘풍 아내 혼잣말로,

자신의 권위가 무너질 것을 걱정함 → 해학적 묘사를 통한 풍자

'이런 거동 볼작시면, 누가 아니 웃고 볼까? 하는 행실 저러하니 어디 가서 사람으로 보일런가? 아무튼 속이기를 더 하자니 차마 우스워 못 하겠다. 이런 꼴을 볼작시면, 나 혼자 보기 아깝도다.'

가정에서만 가부장적 권위를 세우고 밖에서는 비굴한 남성에 대한 비판

이런 거동 저런 거동 다 본 연후에, 회계 비장 의복 벗어 놓고 여자 의복 다시 입고 웃으면서,

자신의 정체를 드러냄

"이 멍청아!" / 하며 춘풍의 등을 밀치면서 하는 말이,

춘풍에 대한 직접적인 비난

"안목이 그다지 무도한가?" / 하니 춘풍이 어이없어 하는 말이,

"이왕에 자네인 줄 알았으나, 의사를 보려고 그리 했지."

진심으로 반성하지 않고 끝까지 체면을 차림

하고, 그날 밤에 부부 둘이 원앙금침 펼쳐 덮고 누웠으니 아주 그만 제법이로구나.

편집자적 논평 – 부부가 화목해짐

– 작자 미상, 〈이춘풍전〉 –

* 비장(裨將): 조선 시대에, 감사 등을 따라다니며 일을 돕던 무관 벼슬.
* 투전(鬪牋): 노름 도구의 하나.
* 호조(戶曹): 조선 시대에, 육조 가운데 호구, 공납, 부사, 조세 및 국가 재정과 관련된 부분을 맡아보던 관아.
* 사령(使令): 조선 시대에, 각 관아에서 심부름하던 사람.
* 사정(私情): 개인의 사사로운 정.
* 고찰하다(考察하다): 죄인에게 매질을 할 때 형리를 감시하면서 낱낱이 살피어 몹시 치게 하다.
* 여담절각(汝담折角): 너의 집 담이 아니었으면 내 소의 뿔이 부러졌겠느냐는 뜻으로, 남에게 책임을 지우려고 억지를 쓰는 말.
* 수렴하다(收斂하다): 돈이나 물건 따위를 거두어들이다.
* 군뢰(軍牢): 조선 시대에, 군대에서 죄인을 다루는 일을 맡아보던 병졸.
* 백일청천(白日靑天): 해가 비치고 맑게 갠 푸른 하늘.
* 만첩청산(萬疊靑山): 겹겹이 둘러싸인 푸른 산.
* 금장(禁仗): 죄인을 치거나 찌르는 데에 쓰던, 창처럼 생긴 형구.
* 발명하다(發明하다): 죄나 잘못이 없음을 말하여 밝히다.
* 주장(朱杖): 주릿대나 무기 따위로 쓰던 붉은 칠을 한 몽둥이.
* 바리: 마소의 등에 잔뜩 실은 짐을 세는 단위.
* 차담상(茶啖床): 손님을 대접하기 위하여 내놓은 다과 따위를 차린 상.
* 생치(生雉): 익히거나 말리지 아니한 꿩고기.
* 황육(黃肉): 소의 고기.
* 감영(監營): 조선 시대에, 관찰사가 직무를 보던 관아.
* 대취하다(大醉하다): 술에 잔뜩 취하다.

* 가솔(家率): 한집안에 딸린 구성원.
* 무가내하(無可奈何): 달리 어찌할 수 없음.
* 사환(使喚): 잔심부름을 시키기 위하여 고용한 사람.

01 서술상의 특징 파악하기   답 | ②

윗글의 서술상 특징으로 가장 적절한 것은?

정답 선지 분석

② 서술자가 개입하여 작품 속 인물에 대해 평가하고 있다.

'춘풍이 온 교태를 다할 적에 기구하고 볼만하다'에서 서술자가 개입하여 작품 속 인물인 춘풍에 대해 평가하고 있다.

오답 선지 분석

① 공간의 변화에 따라 인물 간의 갈등이 심화되고 있다.

공간이 평양에서 서울로 변화하기는 하지만, 이에 따라 인물 간의 갈등이 심화되는 것이 아니라 해소되고 있다.

③ 구체적인 외양 묘사를 통해 인물의 특징을 드러내고 있다.

대사나 행동 등에서 인물의 특징이 드러나고 있는 것이지, 구체적인 외양 묘사를 통해 드러나는 것은 아니다.

④ 과거와 현재를 교차하여 사건을 입체적으로 서술하고 있다.

비장이 추월의 집에서 사환으로 일하던 춘풍의 과거를 언급하기는 하나, 과거와 현재를 교차하여 서술한 부분은 찾을 수 없다.

⑤ 잦은 장면 전환을 통해 긴장감 있는 분위기를 조성하고 있다.

잦은 장면 전환이 이루어지고 있지 않다.

02 인물의 심리, 태도 파악하기   답 | ③

윗글의 인물에 대한 설명으로 적절하지 않은 것은?

정답 선지 분석

③ 추월은 자신의 잘못을 반성하고 관아에 돈을 물어 주었다.

추월이 '십일이 다 못 되어 오천 냥을 다 바쳤'던 것은 맞지만, 이는 자신의 잘못을 반성했기 때문이 아니라 '기가 막혀 혼백이 달아난 듯 혼미 중에 겁내어 죽기를 면하려고' 한 것이다. 따라서 적절하지 않다.

오답 선지 분석

① 비장은 춘풍이 죽 쑤는 모습을 우습게 여겼다.

'회계 비장이 내다보니, 춘풍이 죽 쑤는 모습이 우습고도 볼만하다'를 통해 비장이 춘풍이 죽 쑤는 모습을 우습게 여겼음을 알 수 있다.

② 비장은 추월에게 사적인 원한을 품고 가혹하게 벌하였다.

'비장이 본래 추월이라 하면 원수같이 아는 중에' 사령에게 '형틀 위에 올려 매고 벌태장 골라잡고 각별히 매우 쳐라'라고 명령하며 '사정을 두었다가는 네 목숨이 죽으리라'라고 하는 것을 통해 비장이 추월에게 사적인 원한을 품고 가혹하게 벌하였음을 알 수 있다.

④ 춘풍은 아내가 자신이 죽 먹는 모습을 볼까 봐 걱정하였다.

'춘풍이 아내가 어디서 죽 먹는 양을 볼까 하여 여기저기 살펴보며 얼른얼른 먹는지라'를 통해 춘풍이 아내가 자신이 죽 먹는 모습을 볼까 봐 걱정하였음을 알 수 있다.

⑤ 춘풍은 서울에 온 비장이 자신의 아내임을 알아보지 못하였다.

비장이 정체를 밝힌 후에 춘풍이 '이왕에 자네인 줄 알았으나, 의사를 보려고 그리 했지'라고 말하는 것은 허세를 부리는 것으로, 비장의 호령에 '춘풍이 그제야 자세히 본즉, 과연 평양에서 돈 받아 주던 회계 비장이라'라고 한 것을 통해 서울에 온 비장이 자신의 아내임을 알아보지 못하였음을 알 수 있다.

보기 를 참고하여 윗글을 이해한 내용으로 적절하지 <u>않은</u> 것은?

보기

〈이춘풍전〉은 평민을 주인공으로 하여 일상적인 삶의 모습을 그리는 판소리계 소설이다. 무능하고 방탕한 남편 때문에 가정이 몰락하였다가, 유능하고 지혜로운 아내에 의해 다시 일으켜지는 전개에서 남성 중심 사회에 대한 비판과 더불어 여성의 능력을 부각한 것을 엿볼 수 있다. 춘풍이 위선과 허세에 가득 찬 인물로 그려지는 반면, 춘풍의 아내는 남편을 구하기 위해 적극적으로 나서며 악인을 징벌하는 진취적인 인물로 그려진다. 이때 사용되는 남장 모티프는 여성이 여성에게 가해지는 억압을 피하기 위한 장치이자, 남성 중심 사회의 허구성을 단적으로 보여 준다.

* 징벌하다(懲罰하다): 옳지 아니한 일을 하거나 죄를 지은 데 대하여 벌을 주다.
* 허구성(虛構性): 사실에서 벗어나 만들어진 모양이나 요소를 가지는 성질.

정답 선지 분석

⑤ 춘풍이 '평양 감영 추월의 집에 사환으로 있'었다는 것은, 남성보다 우월한 여성의 능력을 드러내는 것이군.

비장으로 남장한 춘풍의 아내는 춘풍이 평양 감영 추월의 집에 사환으로 있었다는 것을 언급하는데, 이는 춘풍으로 하여금 추월에게 빠져 돈을 잃었던 과거를 떠올리게 하여 반성하게 하려는 의도이다. 남성보다 우월한 여성의 능력을 드러내는 것은 아니다.

오답 선지 분석

① 춘풍이 '호조 돈을 내어 쓰고' '추월이와 일 년을 함께 놀'았다는 것은, 무능하고 방탕한 남편으로서의 춘풍의 모습을 보여 주는군.

춘풍은 비장에게 자신이 호조의 돈을 빌려 쓰고, 기생인 추월과 노느라 호조의 돈을 다 써 버렸다고 고백하고 있다. 〈보기〉에 따르면, 이는 무능하고 방탕한 남편으로서의 춘풍의 모습을 보여 주는 것이다.

② 춘풍의 아내가 사령을 시켜 추월에게 '매마다 표를 하며 십여 대를 중장하'는 것은, 악인을 직접 징벌하는 적극적인 행위이군.

춘풍이 추월과 놀며 호조의 돈을 모두 써 버렸다고 고백하자, 비장으로 남장한 춘풍의 아내는 추월을 잡아 오게 하여 벌을 준다. 〈보기〉에 따르면, 이는 남편을 구하기 위해 적극적으로 나서며 악인을 징벌하는 진취적인 인물상을 보여 주는 것이다.

③ 춘풍이 '돈을 장사에서 남긴 듯이 여기저기 들여놓고 의기양양하'는 것은, 위선과 허세에 찬 인물상을 표현하기 위한 것이군.

춘풍이 가지고 온 돈은 사실 사또가 추월을 잡아들여 바치게 한 것이지만, 춘풍은 이 돈을 자신이 장사를 해서 번 것처럼 의기양양하게 굴고 있다. 〈보기〉에 따르면, 이는 위선과 허세에 가득 찬 춘풍의 모습을 보여 주는 것이다.

④ 춘풍의 아내가 '비장 의복 다시 입고 흐늘거리며 들어오'는 것은, 남성 중심 사회의 허구성을 보여 주는 장치이군.

춘풍의 아내는 날이 어두워지기를 기다렸다가 여자 옷을 벗고 다시 남장을 하고 들어와 춘풍을 속인다. 〈보기〉에 따르면 이는 남장 모티프로, 남성 중심 사회의 허구성을 보여 주는 것이다.

04 발화의 의도 파악하기

㉠의 의미를 설명하는 말로 적절한 것을 골라 차례대로 쓰시오.

㉠에는 (가정 / 관아)에서만 허세를 부리는 (남성 / 여성)에 대한 비판 의식이 담겨 있다.

정답

가정, 남성

| 본문 | 201쪽

화법　현대 사회의 기아 문제

▶ 빠른 정답 체크　**01** ②　**02** ④　**03** ④　**04** 코케뉴

안녕하세요? 여러분, '유토피아'라는 말을 들어 본 적이 있으
<small>청중의 반응을 유도함</small>
세요? (청중의 대답을 듣고) 네, 많이들 알고 계시네요. 유토피아
란 이 세상에 없는 좋은 곳이라는 의미로, 이상향이라고도 합니
<small>유토피아의 의미</small>
다. 현실의 고통에서 벗어나고 싶었던 인류는 저마다의 유토피
아를 꿈꿔 왔는데요, 그중 하나가 '코케뉴'입니다. (그림을 보여 주
<small>그림 ① 코케뉴의 모습</small>
며) 이 그림처럼 배고픔에 시달리던 중세 유럽인들이 꿈꾼 코케
뉴는 포도주 강물이 흐르고 따뜻한 파이와 빵이 비로 내리는 곳
<small>중세 유럽인들이 꿈꾼 코케뉴</small>
입니다. 그들은 이곳에서의 풍요로운 삶을 상상하며 잠시 배고픔
을 잊고 싶었을 것입니다.

　(화면을 가리키며) 다음 그림들을 보시죠. 첫 번째 그림은 밀레의
'이삭 줍는 여인들', 두 번째 그림은 고흐의 '감자 먹는 사람들'입
<small>그림 ②　　　　　　　　　그림 ③</small>
니다. 이 두 작품에는 18세기 유럽을 강타한 흉년과 연이은 전쟁
<small>배고픔으로 고통받는 사람들의 모습이 드러남</small>
이후, 식량난에 시달리던 농민들의 모습이 나타나 있습니다. 우
리는 이 ㉠ 세 그림을 통해 오랜 시간 인류가 배고픔으로 인해 고
<small>세 그림을 통해 알 수 있는 것</small>
통을 받았음을 알 수 있습니다.

　그런데 지금은 어떤가요? 주위를 둘러보면 마치 코케뉴가 실현
된 것처럼 보입니다. 편의점이나 마트에는 다양한 식품들이 가득
<small>코케뉴가 실현된 것처럼 보이는 현대 사회 ①</small>
진열돼 있고, 원하는 음식을 쉽게 주문해 먹을 수 있습니다. (화면
을 가리키며) 이런 ㉡ 영상을 보신 적이 있으시죠? (청중의 반응을
확인한 후) 네, 바로 '먹는 방송', '먹방'인데요, 요즘은 이렇게 음
식을 먹는 소리를 들려주거나, 많은 양의 음식을 맛있게 먹는 모
<small>코케뉴가 실현된 것처럼 보이는 현대 사회 ②</small>
습을 보여 주는 '먹방'이 인기를 끌고 있습니다.

　만약 코케뉴를 꿈꾸던 중세의 농부가 현재의 세상을 본다면, 지
금 이곳이 코케뉴와 비슷하다고 생각할지도 모릅니다. 하지만 이
세상이 누구에게나 코케뉴와 같은 곳일까요? 한쪽에서는 음식이
너무 풍족한 나머지 비만이나 넘쳐 나는 음식물 쓰레기가 문제
<small>진정한 코케뉴가 실현되지 않음</small>
인 반면, 다른 쪽에서는 아직도 많은 사람들이 기아로 목숨을 잃
고 있습니다. (화면을 가리키며) 지금 보시는 화면은 기아 문제 해
결을 목표로 하는 단체인 '세계 기아 리포트'의 2020년 ㉢ 통계
자료인데요, 현재 약 6억 9천만 명 정도의 사람이 굶주림에 시달
<small>통계 자료를 통해 알 수 있는 것 ①</small>
리고 있다는 점을 알 수 있습니다. 이 자료에서 37개의 국가들은
<small>통계 자료를 통해 알 수 있는 것 ②</small>
2030년이 되어도 상황이 나아지지 않거나 오히려 악화될 수도

있음을 확인할 수 있습니다.

　중세의 유럽인들이 꿈꾸던 코케뉴는 누군가만 배부른 세상이
아니라 누구도 배고프지 않은 세상이었을 겁니다. 우리가 살아가
<small>진정한 코케뉴의 의미</small>
는 세상이 코케뉴가 될 수 있는 길은 우리 모두가 기아 문제에 관
<small>발표자가 코케뉴를 언급한 이유</small>
심을 갖고 이를 해결하기 위한 노력에 동참하는 것입니다. 이 발
표를 계기로 여러분이 기아 문제에 관심을 갖게 되기를 바랍니다.
<small>청중에게 직접적으로 요구함</small>
일상에서 실천할 수 있는 작은 노력으로 음식물 쓰레기 줄이기부
<small>일상에서 실천할 수 있는 해결법을 제시함</small>
터 시작해 보는 것은 어떨까요? 이상으로 발표를 마치겠습니다.

01 　발표 표현 전략 사용하기　　　　　　답 | ②

위 발표자의 말하기 방식으로 가장 적절한 것은?

▶ **정답 선지 분석**

② 질문을 던지는 방식을 통해 청중과 상호 작용하고 있다.

　<small>발표자는 유토피아의 개념을 제시하는 부분과 영상 자료를 활용하는 부분에서 각각 청중에게 질문을 던져 청중의 대답을 듣고 반응을 살피며 청중과 상호 작용하고 있다.</small>

▶ **오답 선지 분석**

① 전문가의 말을 인용하여 내용의 신뢰성을 높이고 있다.

　<small>발표자는 통계 자료를 인용하기는 했지만, 전문가의 말을 인용하지는 않았다.</small>

③ 발표하는 중에 청중이 주의해야 할 점을 안내하고 있다.

　<small>발표자가 청중에게 주의점을 안내하는 부분은 찾을 수 없다.</small>

④ 화제를 선정하게 된 이유를 밝히며 발표를 시작하고 있다.

　<small>발표자는 청중들에게 '유토피아'에 대해 알고 있는지 물으며 발표를 시작하고 있다.</small>

⑤ 내용에 대한 청중의 이해 여부를 점검하며 발표를 마무리하고 있다.

　<small>발표자는 청중들에게 생활 속에서 기아 문제를 해결할 수 있는 방법을 말하며 발표를 마무리하고 있다.</small>

02 　발표에서 매체 활용하기　　　　　　답 | ④

위 발표에서 발표자의 자료 활용에 대한 설명으로 가장 적절한 것은?

▶ **정답 선지 분석**

④ ㉢: 세계 기아 문제의 실태와 심각성을 알리기 위해 통계 자료를 활용하였다.

　<small>발표자는 ㉢을 활용하여 청중이 세계 기아 문제의 실태와 심각성을 인식할 수 있도록 하고 있다.</small>

▶ **오답 선지 분석**

① ㉠: 배고픔의 문제가 해결되는 과정을 설명하기 위해 세 그림을 차례대로 보여 주었다.

　<small>발표자는 ㉠을 활용하여 인류가 오랜 시간 배고픔으로 인해 고통을 받았음을 드러내고 있다.</small>

② ㉠: 시대마다 코케뉴의 개념이 달라진 원인을 설명하기 위해 세 그림의 차이점을 부각하였다.

　<small>발표자는 ㉠을 활용하여 인류가 오랜 시간 배고픔으로 인해 고통을 받았음을 드러내고 있다.</small>

③ ㉡: 코케뉴의 실현을 목표로 한 구체적 실천 과제를 제시하기 위해 영상을 활용하였다.

　<small>발표자는 ㉡을 현대 사회의 모습이 코케뉴가 실현된 것처럼 보인다는 이야기의 근거로 활용하고 있다.</small>

⑤ ⓒ: 최근 몇 년간 진행된 기아 문제 해결의 성과를 소개하기 위해 통계 자료를 활용하였다.

발표자가 ⓒ을 활용한 것은 기아 문제 해결의 성과가 아닌, 세계 기아 문제의 실태를 소개하기 위해서이다.

03 발표 내용 점검하기
답 | ④

다음은 위 발표를 들은 학생들의 반응이다. 보기 중 학생들의 반응에서 확인할 수 있는 것만을 고른 것은?

○ **학생 1**: 발표를 들으니 기아 문제로 고통받는 사람들이 많은데 기아 문제의 원인이나 해결 방안에는 어떤 것이 있을까? '세계 기아 리포트' 홈페이지나 관련 블로그를 찾아봐야겠어.

○ **학생 2**: 여전히 기아로 고통받는 사람들이 있다는 사실을 너무 모른 척하고 지낸 것 같아. 어제 식당에서 먹을 수 있는 양보다 더 많은 음식을 주문하고 다 먹지 못한 내 행동을 돌아보게 됐어.

보기

ㄱ. 발표 내용이 사실과 부합하는지 점검하고 있다.

ㄴ. 발표에서 언급되지 않은 내용을 추론하고 있다.

ㄷ. 발표를 듣고 나서 자신의 행동을 성찰하고 있다.

ㄹ. 발표자의 주장에 대한 구체적 근거를 파악하고 있다.

ㅁ. 발표 내용과 관련된 궁금증을 해소할 방안을 생각하고 있다.

정답 선지 분석

④ ㄷ, ㅁ

ㄷ. '학생 2'는 식당에서의 행동을 돌아보고 있는데, 이는 발표를 듣고 나서 자신의 행동을 성찰하는 것에 해당한다.

ㅁ. '학생 1'은 발표 내용과 관련하여 기아 문제의 원인과 해결 방안에 관한 궁금증을 해소하기 위해 관련 홈페이지나 블로그를 찾아보려 하고 있다. 이는 발표 내용과 관련된 궁금증을 해소할 방안을 생각한 것에 해당한다.

오답 선지 분석

ㄱ. '학생 1'은 발표 내용과 관련된 궁금증을 해소하기 위해 추가적인 정보를 찾으려 할 뿐, 발표 내용이 사실과 부합되는지 점검하고 있지 않다.

ㄴ. '학생 1'과 '학생 2' 모두 발표에서 언급되지 않은 내용을 추론하지는 않았다.

ㄹ. 발표자는 기아 문제가 심각하므로 함께 이를 해결하기 위해 노력해야 한다고 주장하고 있으며, '학생 1'과 '학생 2' 모두 발표자의 주장에 대한 구체적 근거를 파악하고 있지는 않다.

04 발표 맥락 분석하기

빈칸에 공통으로 들어갈 말을 찾아 쓰시오.

발표자는 현재의 세상이 (　　　)와/과 비슷해 보이지만, 진정한 (　　　)을/를 이룩하기 위해서는 기아 문제를 해결하기 위한 우리 모두의 노력이 필요하다고 말하기 위해 (　　　)을/를 언급하였다.

정답

코케뉴

언론은 언제부터 지금과 같은 모습을 띠게 되었을까? 각 국가의 언론은 정치, 경제, 문화 등 다른 영역의 제도가 어떻게 운영
⌣⌣⌣⌣⌣⌣⌣⌣⌣⌣⌣⌣⌣⌣⌣⌣⌣⌣ **언론의 다양한 모습**
되고 있는가에 따라 그 모습을 달리한다. 지구상에 존재하는 모든 국가의 언론은 그 사회 체제의 성격을 반영하고 있으므로, 모
⌣⌣⌣⌣⌣⌣⌣⌣⌣⌣⌣⌣⌣ **언론의 특성**
두 나름대로의 특성을 지니고 있는 것이다. 이런 측면에서 언론의 다양한 유형을 분류할 수 있는데, 언론이 가진 성격에 따라 권
　　　　　　　　　　　　　 언론의 유형을 분류하는 기준
위주의 언론 모델, 자유주의 언론 모델, 사회적 책임 언론 모델로 나누는 것이 일반적이다.

▶ 1문단: 국가의 사회 체제를 반영하는 언론

ⓐ 권위주의 언론 모델은 인간이란 태생적으로 비이성적이고
⌣⌣⌣⌣⌣⌣⌣⌣⌣⌣ **권위주의 언론 모델이 인간을 바라보는 관점**
감성에 치우치기 쉬운 성향을 지녔기 때문에 자유롭게 방치할 경우, 개인의 능력을 충분히 발휘할 수 없다고 가정한다. 즉 전체
⌣⌣⌣
사회의 운영을 책임지고 있는 국가의 지도와 명령에 따라 일사
⌣⌣⌣⌣⌣⌣⌣⌣⌣⌣⌣⌣⌣⌣⌣ **개인이 행복해지기 위해 필요한 것**
불란하게 움직일 때 비로소 개인은 완전하게 되며 또한 행복하게 된다는 것이다. 따라서 이 모델에서 말하는 언론의 사명이란 국가
⌣⌣⌣⌣⌣⌣⌣⌣⌣⌣⌣⌣⌣
의 정책을 지지하고, 국민들로 하여금 국가의 권위에 복종하도록
⌣⌣⌣⌣⌣⌣⌣⌣⌣⌣⌣⌣⌣⌣⌣⌣⌣⌣⌣⌣⌣⌣⌣⌣⌣ **권위주의 언론 모델에서 언론의 사명**
만드는 것이다. 국가는 강압과 회유의 수단을 모두 동원하여 언
⌣⌣⌣⌣⌣⌣ **언론이 국가의 도구로 전락함**
론을 도구화하며, 언론이 국가의 정책을 비판하거나 집권층을 비
⌣⌣⌣⌣⌣⌣⌣⌣⌣⌣⌣⌣⌣⌣ **언론의 자유가 없음**
난할 수 있도록 허용하지 않는다.

▶ 2문단: 권위주의 언론 모델의 특성

ⓑ 자유주의 언론 모델에서는 언론은 정부의 도구가 아니라고 주장한다. 언론은 오히려 정부를 견제하거나 비판할 수 있는 위
⌣⌣⌣⌣⌣⌣⌣⌣⌣⌣⌣⌣⌣⌣⌣⌣⌣ **자유주의 언론 모델에서 언론의 사명**
치에서 시민들에게 판단을 위한 유용한 정보를 제공하는 기관이라는 것이다. 또한 인간이 이성에 따라 합리적으로 사고할 수 있
⌣⌣⌣⌣⌣⌣⌣⌣⌣⌣⌣⌣⌣⌣⌣ **자유주의 언론 모델이 인간을 바라보는 관점**
으므로 정확한 정보를 사람들에게 제공하여 사람들의 판단과 행동에 객관적인 근거를 부여해야 한다고 본다. 이런 측면에서 언론
⌣⌣⌣
은 행정부, 입법부, 사법부로부터 완전한 독립성을 보장받는 제
⌣⌣⌣⌣⌣⌣⌣⌣⌣⌣⌣⌣⌣⌣⌣⌣⌣⌣⌣⌣⌣ **언론의 자유가 있음**
4부로 인식된다. 모든 시민들에게 언론의 자유가 주어져야 한다는 자유주의 언론 모델은 "의회는 언론 및 출판의 자유를 제한하
⌣⌣⌣⌣⌣⌣⌣⌣⌣⌣⌣⌣⌣⌣ **언론의 자유를 법적으로 보장함**
는 어떤 법률도 제정할 수 없다."고 천명한 미국의 연방 수정 헌법 제1조에 잘 나타나 있다.

▶ 3문단: 자유주의 언론 모델의 특성

ⓒ 사회적 책임 언론 모델은 독특한 인간관이나 세계관에 입각했다기보다는 자유주의 언론 모델의 병폐*를 시정하고* 취약점
⌣⌣⌣⌣⌣⌣⌣⌣ **자유주의 언론 모델을 보완하는 사회적 책임 언론 모델**
을 보완하기 위해 제안되었다. 따라서 자유주의 모델이 가정하고 있는 인간의 이성, 합리성, 도덕적 양식에 대해 회의를 품으
⌣⌣⌣⌣⌣⌣⌣⌣⌣⌣⌣⌣⌣⌣⌣⌣⌣⌣ **사회적 책임 언론 모델이 인간을 바라보는 관점**
며, 다양한 의견이나 정보를 시민들에게 제공한다는 자유주의 시

각의 단순성을 비판하면서 <u>언론이 사명감과 책임의식을 가지고</u>
언론은 단순히 정보만을 제공해서는 안 됨
<u>공익에 봉사해야 한다</u>고 본다. 그러기 위해 언론은 자유를 보장

받아야 하며, 다양한 의견이 교환되는 광장이나 공론장이 되어야
사회적 책임 언론 모델에서 언론의 사명 ①
하고, 사회가 지향해야 할 가치나 목적을 명확히 제시해야 하는
사회적 책임 언론 모델에서 언론의 사명 ②
사명을 띤다.

▶ 4문단: 사회적 책임 언론 모델의 특성

현재 세계 각국의 언론 상황을 살펴보면, 한때 개발 독재* 정책

을 펼쳤던 우리나라를 포함하여 많은 제3세계 국가들이 민주화

과정을 거치면서 권위주의 언론 모델을 포기하기에 이르렀다.

ⓐ <u>그러나 특정한 하나의 언론 모델이 세계의 공통규범으로 자리</u>

<u>잡을 수는 없다.</u> 결국 시대적 상황이 빠르게 변화되는 만큼 새로

운 언론 모델이 지속적으로 개발될 것으로 여겨진다.

▶ 5문단: 새로운 언론 모델의 등장 예상

* **병폐(病弊)**: 병통(깊이 뿌리박힌 잘못이나 결점)과 폐단(옳지 못한 경향이나 해
로운 현상)을 아울러 이르는 말.
* **시정하다(是正하다)**: 잘못된 것을 바로잡다.
* **개발 독재(開發獨裁)**: 경제 개발의 기치 아래 자행되는 강권 정치.

01 내용 전개 방식 파악하기
답 | ④

윗글에 대한 설명으로 가장 적절한 것은?

정답 선지 분석

④ 화제와 관련하여 설명할 내용을 유형에 따라 구분하여 제시하고 있다.

윗글의 화제는 언론 모델로, 언론이 가진 성격에 따라 권위주의 언론 모델, 자유주의
언론 모델, 사회적 책임 언론 모델로 설명할 내용을 구분하여 제시하고 있다.

오답 선지 분석

① 화제와 관련한 이론들의 특징과 한계를 각각 분석하고 있다.

언론 모델과 관련한 이론의 특징과 한계는 제시되지 않았다.

② 화제와 관련한 관점들의 장점과 단점을 각각 제시하고 있다.

언론 모델의 장점과 단점을 각각 제시하지는 않았다.

③ 중립적 입장에서 화제와 관련한 오해를 객관적으로 점검하고 있다.

언론 모델과 관련한 오해를 점검하는 내용은 제시되지 않았다.

⑤ 독자의 이해를 돕기 위해 전문가의 견해를 인용하여 주장을 뒷받침하고 있다.

전문가의 견해를 인용한 내용은 제시되지 않았다.

02 핵심 내용 이해하기
답 | ④

㉠~㉢에 대한 이해로 적절하지 <u>않은</u> 것은?

정답 선지 분석

④ ㉠, ㉢은 모두 언론이 다양한 의견 교환의 장이 되어야 한다고 본다.

㉠은 권위주의 언론 모델, ㉢은 사회적 책임 언론 모델이다. 4문단에서 사회적 책임 언
론 모델에서는 언론이 다양한 의견이 교환되는 광장이나 공론장이 되어야 한다고 하였
다. 그러나 2문단에 따르면, 권위주의 언론 모델에서는 개인을 국가의 지도와 명령에
따라 움직이게 하기 위한 도구로 언론이 이용되므로 ㉠은 언론이 다양한 의견 교환의
장이 되어야 한다고 보는 관점이라고 할 수 없다.

오답 선지 분석

① ㉠은 ㉢과 달리 언론을 국가에 종속된 도구로 본다.

2문단에서 ㉠에서는 국가가 언론을 도구화한다고 하였고, 3문단에서 ㉢에서는 언론이
완전한 독립성을 보장받는 제4부로 인식된다고 하였다. 따라서 ㉠은 ㉢과 달리 언론을
국가에 종속된 도구로 본다는 이해는 적절하다.

② ㉢은 ㉠과 달리 인간이 이성적으로 판단할 수 있다고 본다.

3문단에서 ㉢에서는 인간이 이성에 따라 합리적으로 사고할 수 있다고 본다고 하였고,
2문단에서 ㉠에서는 인간이란 태생적으로 비이성적이고 감성에 치우치기 쉬운 성향을
지녔다고 본다고 하였다. 따라서 ㉢은 ㉠과 달리 인간이 이성적으로 판단할 수 있다고
본다는 이해는 적절하다.

③ ㉢은 ㉢과 달리 인간의 이성과 합리성에 회의를 지닌다.

4문단에서 ㉢에서는 ㉢이 가정하고 있는 인간의 이성과 합리성에 대해 회의를 품는다
고 하였다. 따라서 ㉢은 ㉢과 달리 인간의 이성과 합리성에 회의를 지닌다는 이해는 적
절하다.

⑤ ㉢, ㉢은 모두 언론의 자유가 주어져야 한다고 본다.

3문단에서 ㉢에서는 모든 시민들에게 언론의 자유가 주어져야 한다고 본다고 하였고,
4문단에서 ㉢에서는 언론은 자유를 보장받아야 한다고 본다고 하였다. 따라서 ㉢, ㉢
은 모두 언론의 자유가 주어져야 한다고 본다는 이해는 적절하다.

03 세부 내용 추론하기
답 | ①

ⓐ의 이유로 가장 적절한 것은?

정답 선지 분석

① 언론 모델에 영향을 주는 사회 제도는 국가마다 각기 다른 특색을 지니고 있
기 때문이다.

1문단에서 각 국가의 언론은 정치, 경제, 문화 등 다른 영역의 제도가 어떻게 운영되고
있는가에 따라 그 모습을 달리한다고 하였다. 또한 지구상에 존재하는 모든 국가의 언
론은 그 사회 체제의 성격을 반영하고 있으므로 나름대로의 특성을 지니고 있다고 하
였다. 그러므로 국가마다 다른 사회 제도를 가지고 있으며, 그것이 언론 모델에 영향을
주므로 특정한 하나의 언론 모델이 세계의 공통규범으로 자리 잡을 수 없다.

오답 선지 분석

② 자유주의 언론 모델은 가장 완성된 언론의 유형으로 병폐와 취약점이 전혀
없기 때문이다.

4문단에서 자유주의 언론 모델의 병폐와 취약점을 보완하기 위해 사회적 책임 언론 모
델이 제안되었다고 했으므로 적절하지 않다.

③ 현대 사회에서 언론은 더 이상 개성적인 모습을 나타내지 않고 사실 전달에
치중하기 때문이다.

현대 사회에서 언론은 더 이상 개성적인 모습을 나타내지 않고 사실 전달에 치중한다
는 내용은 제시되지 않았다.

④ 언론이 택하는 모델과 상관없이 사람들은 각자 지닌 이성에 따라 합리적으
로 사고하기 때문이다.

자유주의 언론 모델에서는 인간이 이성에 따라 합리적으로 사고할 수 있음을 전제로
하고 있으나, 이는 ⓐ의 진술과 관련이 없다.

⑤ 국가는 국민의 행복 증진을 위하여 강한 권위를 동원하여 정책과 제도를 홍
보해야 하기 때문이다.

이는 권위주의 언론 모델이 강조하는 것으로, 특정한 하나의 언론 모델이 세계의 공통
규범으로 자리 잡을 수 없는 것과 관련이 없으므로 적절하지 않다.

보기 와 가장 가까운 언론 모델의 명칭을 쓰시오.

보기

> 언론의 사명은 매일 일어나는 사건들에 대해 정확하고 진실되며 종합적인 보도를 하는 데 있다. 이는 정확한 보도를 강조할 뿐 아니라 사실과 의견을 분명히 구분할 것을 요구한다. 특히, 사실을 그저 객관적으로 보도하는 데 그치지 않고 사건의 의미를 알 수 있는 문맥적 진실 보도를 강조하고 있다. 언론 매체는 사회가 공유하는 가치나 목적을 명확하게 제시하는 역할 또한 겸하고 있기 때문에, 보다 포괄적인 보도를 해야 하기 때문이다.

정답

사회적 책임 언론 모델

문학 1 청산별곡(작자 미상)

빠른 정답 체크 **01** ③ **02** ③ **03** ② **04** 청산, 바다

『살어리/살어리랏다/청산에/살어리랏다.』 『 』: a-a-b-a 구조
　□: 이상향, 현실 도피처, 현실과 대조되는 공간
머루랑 다래랑 먹고 청산에 살어리랏다.
자연 그대로의 소박한 음식
　얄리얄리 얄랑셩 얄라리 얄라
후렴구 ① 운율감을 형성하고 흥을 돋움　　　　▶ 청산에 대한 동경
　　　② 작품에 통일성과 안정감을 부여함
　　　③ 울림소리의 사용으로 명랑한 느낌을 줌
우는구나 우는구나 새여 자고 일어나 우는구나 새여.
　　　　　　감정 이입의 대상
너보다 시름 많은 나도 자고 일어나 우노라.
　　　　　　　　　　삶의 고독과 비애
　얄리얄리 얄라셩 얄라리 얄라
　　　　　　　　　　　　　▶ 삶의 비애와 고독

가던 새 가던 새 본다 물 아래 가던 새 본다.
　　　　　　　　　　속세
이끼 묻은 쟁기를 가지고 물 아래 가던 새 본다.
농사(속세의 일)와 관련됨 → 속세에 대한 미련
　얄리얄리 얄라셩 얄라리 얄라
　　　　　　　　　　　　　▶ 속세에 대한 미련

이러하고 저러하고 하여 낮은 지내왔지만,
올 이도 갈 이도 없는 밤은 또 어찌할 것인가.
　　　　고독의 시간
　얄리얄리 얄라셩 얄라리 얄라
　　　　　　　　　　　　　▶ 절망적인 비탄

어디다 던지던 ㉠ 돌인가 누구를 맞히려던 돌인가.
　　　　피할 수 없는 운명적 고난
미워할 이도 사랑할 이도 없이 맞아서 울고 있노라.
　　　　　　　　　　　　운명에 대한 체념
　얄리얄리 얄라셩 얄라리 얄라
　　　　　　　　　　　　　▶ 운명에 대한 체념

살어리 살어리랏다 바다에 살어리랏다.

해초랑 구조개*랑 먹고 바다에 살어리랏다.
자연 그대로의 소박한 음식
　얄리얄리 얄라셩 얄라리 얄라
　　　　　　　　　　　　　▶ 바다에 대한 동경

가다가 가다가 듣노라 외딴 부엌 가다가 듣노라.
　　　　　　　　속세와 단절된 공간
사슴이 장대에 올라서 해금을 켜는 것을 듣노라.
① 기적이 일어나기를 바람 ② 현실의 괴로움을 잊기 위해 잔치를 즐김(사슴=광대)
　얄리얄리 얄라셩 얄라리 얄라
　　　　　　　　　　　　　▶ 기적을 바라는 절박함

　　　　　　현실 도피의 매개체
가더니 배부른 독에 독한 술을 빚는구나.
　　　　누룩을 의인화함
조롱꽃 누룩이 매워 잡으니 내 어찌하리오.
조롱박 꽃 모양의 누룩
　얄리얄리 얄라셩 얄라리 얄라
　　　　　　　　　　　　　▶ 술을 통한 고뇌의 해소
　　　　　　　　　　　　　- 작자 미상, 〈청산별곡〉 -

*구조개: 굴과 조개를 아울러 이르는 말.

---

01 표현상의 특징 파악하기　　　　　　답 | ③

윗글에 대한 설명으로 가장 적절한 것은?

정답 선지 분석

③ 자연물에 감정을 이입하여 화자의 정서를 표현하고 있다.

　2연의 '우는구나 우는구나 새여~나도 자고 일어나 우노라'에서 자연물인 새에 감정을 이입하여 화자의 슬픔의 정서를 표현하고 있다.

오답 선지 분석

① 역설적 표현을 사용하여 화자의 처지를 강조하고 있다.

　역설적 표현은 겉보기로는 모순되어 있으나 그 속에 중요한 진리가 함축되어 있는 표현인데, 윗글에서는 역설적 표현을 찾아볼 수 없다.

② 계절적 소재를 활용하여 작품의 분위기를 조성하고 있다.

　윗글에서 계절적 소재를 활용한 부분은 찾아볼 수 없다.

④ 상징적 시어를 제시하여 화자의 태도 변화를 보여 주고 있다.

　'청산', '바다' 등 상징적 시어가 제시되기는 하지만, 이를 통해 화자의 태도 변화를 보여 주는 것은 아니다.

⑤ 색채 이미지를 대비하여 시적 상황에 생동감을 부여하고 있다.

　'청산'을 색채 이미지로 볼 수는 있지만, 색채 이미지를 대비하여 시적 상황에 생동감을 부여하고 있지는 않다.

---

02 소재의 기능 파악하기　　　　　　답 | ③

㉠의 의미로 가장 적절한 것은?

정답 선지 분석

③ 화자의 의지와 관계없는 운명적인 고난을 의미한다.

　'어디다 던지던 돌인가 누구를 맞히려던 돌인가'에서 '돌'이 화자의 의지와 관계없는 고난임을 알 수 있으며, 화자는 '맞아서 울고 있노라'라고 하며 운명적인 고난에 체념하는 태도를 보이고 있다.

오답 선지 분석

① 화자가 동경하는 변함없는 자연을 의미한다.

　㉠은 자연물이기는 하나, 화자의 동경의 대상은 아니다.

② 화자가 극복하려 하는 현실의 고통을 의미한다.

　㉠은 고통을 의미하지만, 화자는 이를 극복하려 하는 것이 아니라 이에 순응하고 있다.

④ 화자가 현실의 고통을 잊게 하는 매개체를 의미한다.
⑨은 화자가 현실의 고통을 잊게 하는 매개체가 아닌, 화자가 느끼는 고통이다.

⑤ 화자가 살고자 하는 자연적이고 소박한 삶을 의미한다.
⑨은 자연적이고 소박한 삶과는 관계가 없다. 자연적이고 소박한 삶과 관련 있는 시어는 '머루랑 다래', '해초랑 구조개'이다.

03 외적 준거를 바탕으로 작품 감상하기
답 | ②

보기 를 참고하여 윗글을 감상한 내용으로 적절하지 <u>않은</u> 것은?

보기

〈청산별곡〉은 자자가 알려져 있지 않고 구전되어 내려오다가 나중에야 문자로 정착된 작품이기 때문에, 그 해석에 대해 여러 견해가 있다. 보통 ⓐ 고려 후기 전란을 피해 정처 없이 유랑하는 서민의 처지에 대한 노래로 보는 견해, ⓑ 속세의 고뇌를 해소하기 위해 청산을 찾으면서도 삶에 대한 의지를 보이는 지식인의 노래로 보는 견해, ⓒ 실연한 사람이 슬픔을 잊기 위해 현실을 도피하려는 마음을 담은 노래로 보는 견해가 널리 알려져 있다.

정답 선지 분석

② ⓐ로 볼 경우, '이끼 묻은 쟁기를 가지고'에는 한 곳에 정착하여 농사를 짓고 싶어 하는 마음이 담겨 있군.
ⓐ로 볼 경우, 〈청산별곡〉은 고려 후기 전란을 피해 정처 없이 유랑하는 서민의 처지에 대한 노래가 된다. 따라서 '이끼 묻은 쟁기를 가지고 물 아래 가던 새 본다'의 '이끼 묻은 쟁기'는 삶의 터전을 잃은 유랑민을 의미하고, '물 아래 가던 새를 본다는 것은 떠나온 고향에 대한 미련을 의미한다고 볼 수 있으나, 한 곳에 정착하여 농사를 짓고 싶어 하는 마음이 담겨 있다고 볼 수는 없다.

오답 선지 분석

① ⓐ로 볼 경우, '머루랑 다래랑 먹고 청산에 살어리랏다'에는 가혹한 현실에서 도피하려는 마음이 담겨 있군.
ⓐ로 볼 경우, '청산'은 현실의 고통을 잊을 수 있는 이상향이자 현실 도피처가 된다. 따라서 '머루랑 다래랑 먹고 청산에 살어리랏다'에는 가혹한 현실에서 도피하려는 마음이 담겨 있다고 볼 수 있다.

③ ⓑ로 볼 경우, '누룩이 매워 잡으니 내 어찌하리오'에는 술을 통해 고뇌를 해소하려는 마음이 담겨 있군.
ⓑ로 볼 경우, 〈청산별곡〉은 속세의 고뇌를 해소하기 위해 청산을 찾으면서도 삶에 대한 의지를 보이는 지식인의 노래가 된다. 이때 '누룩이 매워 잡으니 내 어찌하리오'는 누룩이 자신을 붙잡으니 마시지 않을 수 없다는 의미로, 술을 통해 고뇌를 해소하려는 마음이 담겨 있다고 볼 수 있다.

④ ⓒ로 볼 경우, '올 이도 갈 이도 없는 밤은 또 어찌할 것인가'에는 실연으로 인한 고독과 절망이 담겨 있군.
ⓒ로 볼 경우, '밤'은 고독과 비애의 시간을 가리키는 것으로, '올 이도 갈 이도 없는 밤은 또 어찌할 것인가'에는 실연으로 인한 고독과 절망이 담겨 있다고 볼 수 있다.

⑤ ⓒ로 볼 경우, '살어리 살어리랏다 바다에 살어리랏다'에는 슬픔을 잊기 위해 바다로 도피하려는 마음이 담겨 있군.
ⓒ로 볼 경우, 〈청산별곡〉은 실연한 사람이 슬픔을 잊기 위해 현실을 도피하려는 마음을 담은 노래가 된다. 이때 '바다'는 '청산'과 같이 현실 도피처로서의 의미를 가지며, '살어리 살어리랏다 바다에 살어리랏다'에는 슬픔을 잊기 위해 현실을 등지고 바다로 도피하려는 마음이 담겨 있다고 볼 수 있다.

04 시어의 의미 파악하기

윗글에서 현실과 대조되는 공간으로 제시된 시어 두 개를 찾아 쓰시오.

정답

청산, 바다

빠른 정답 체크   **01** ④   **02** ②   **03** ⑤   **04** 총수, 비단잉어

하루는 어디로 어디로 해서 어디로 좀 와보라고 하기에 물어물어 찾아갔더니, 귀꿈맞게도* 붕어니 메기니 하고 민물고기로만
<u>현재 시점의 공간적 배경 - 유자가 '나'에게 비단잉어 이야기를 해 주는 공간</u>
술상을 보는 후미진 대폿집*이었다.

나는 한내를 떠난 이래 처음 대하는 민물고기 요리여서 새삼스
<u>고향을 떠난 후 민물고기 요리를 먹은 적 없음</u>
럽게도 해감내*가 역하고 싫었으나, 그는 흙탕내도 아니고 시궁
<u>유자가 '나'를 만날 장소를 대폿집으로 정한 이유</u>
내도 아닌 그 해감내가 문득 그리워져서 부득이 그 집으로 불러
냈다는 것이었다.

"허울 좋은 하눌타리지, 수챗구녕내가 나서 워디 먹겠나, 이까짓
<u>'나'는 민물고기 요리를 싫어함</u>
냄새가 뭣이 그리워서 이걸 다 돈 주구 사먹어. 나 원 참, 취미두
별 움둑가지 같은 취미가 다 있구먼."
<u>민물고기 요리를 마뜩잖아함</u>
내가 사뭇 마뜩찮아했더니,

"그래두 좀 **구적구적헌 디서 사는 고기**가 **하꾸라이***버덤은 맛
<u>민물고기</u>   <u>비단잉어</u>
이 낫어."

하면서 <u>그날사</u> 말고 수그러들 기미를 보이지 않는 것이었다. 그가
<u>그날따라</u>
자기주장에 완강할 때는 반드시 경험론적인 설득 논리로써 무장
<u>유자가 장소를 이곳으로 정한 다른 이유가 있음을 알아챔</u>
이 되어 있는 경우였다.

"무슨 얘기가 있는 모양이구먼."

"있다면 있구 읎다면 읎는디, 들어 볼라남?"

<u>그는 이야기를 펼쳐 놓았다.</u>
<u>과거의 이야기를 함</u>
총수*의 자택에 연못이 생긴 것은 <u>그 며칠 전의 일이었다.</u> 뜰 안
<u>과거의 이야기임을 알 수 있음</u>
에다 벽이고 바닥이고 시멘트를 들어부어 만들었으니 연못이라
<u>비단잉어가 죽는 원인이 됨</u>
기보다는 수족관이라고 하는 편이 알맞은 시설이었다. 시멘트가

굳어지자 물을 채우고 울긋불긋한 비단잉어들을 풀어 놓았다.

비단잉어들은 화려하고 귀티 나는 맵시로 보는 사람마다 탄성

을 자아내게 하였으나, 그는 처음부터 흘기눈*을 떴다. 비행기를

타고 온 수입고기라서가 아니었다. 그 회사 직원의 몇 사람 치 월
<u>유자가 비단고기에게 반감을 가진 이유</u>
급을 합쳐도 못 미치는 상식 밖의 몸값 때문이었다.

"대관절 월매짜리 고기간디 그려?" / 내가 물어 보았다.

"마리당 팔십만 원쓱 주구 가져왔댜."

그 회사 직원들의 봉급 수준을 모르기에 내 월급으로 계산을 해

보니, 자그마치 **3년 4개월 동안이나 봉투째로 쌓아야 겨우 한 마**
<u>비단잉어의 가격을 와닿게 설명함</u>
리 만져 볼까 말까 한 값이었다.

"웬 늠으 잉어가 사람버덤 비싸다나?"
<u>비단잉어의 값은 월급보다 비쌈</u>
내가 기가 막혀 두런거렸더니,

"보통 것은 아닐러먼그려. 『뱉어낸벤또(베토벤)라나 뭬라나를
『』: 발음의 유사성을 활용한 언어유희를 통해 웃음을 유발함
들어 주면 또 그 가락대루 따러서 허구, 차에코풀구싶어(차이

코프스키)라나 뭬라나를 틀어 주면 또 그 가락대루 따러서 허

구,』좌우간 곡을 틀어 주는 대루 못 추는 춤이 읎는 순전 딴따라
비단잉어에 대한 거부감
고기닝께. 물고기두 **꼬랑지 흔들어서 먹구 사는 물고기가 있다**

는 건 이번에 그 집에서 츰 봤구먼."
총수의 집
그런데 이 비단잉어들이 어제 새벽에 떼죽음을 한 거였다. 자고
유자와 총수의 갈등의 계기가 됨
일어나 보니 죄다 허옇게 뒤집어진 채로 떠 있는 것이었다.

총수가 실내화를 꿴 발로 뛰어나왔지만 아무 소용 없는 일이었다.

"어떻게 된 거야?"

한동안 넋 나간 듯이 서 있던 총수가 하고많은 사람 중에 하필

이면 유자를 겨냥하며 물은 말이었다.

"글쎄유, 아마 밤새에 고뿔*이 들었던 개비네유."
있을 수 없는 상황을 들어 웃음을 유발함
유자는 부러 딴청을 하였다.

"뭐야? 물고기가 물에서 감기 들어 죽는 물고기두 봤어?"

총수는 그가 마치 혐의자나 되는 것처럼 화풀이를 하려 드는 것

이었다.

그는 비위가 상해서,

『⊙ 그야 팔자가 사나서 이런 후진국에 시집와 살라니께 여러
『』: 총수의 사치스러움을 해학적으로 표현함
가지루다 객고*가 쌓여서 조시두 안 좋았을 테구…… 그런디

가 부룻쓰*구 지루박*이구 가락을 트는 대루 디립다 춰댔으니
춤을 추던 비단잉어의 모습을 희화화함
께 과로해서 몸살끼두 다소 있었을 테구…… 본래 **받들어서 키**

우는 새끼덜일수록이 다다 탈이 많은 법이니께…….』"

그는 시멘트의 독성을 충분히 우려 내지 않고 고기를 넣은 것이
비단잉어가 죽은 진짜 이유
탈이었으려니 하면서도 부러 배참*으로 의뭉을 떨었다.

"하는 말마다 저 말 같잖은 소리…… 시끄러 이 사람아."

총수는 말 가운데 어디가 어떻게 듣기 싫었는지 자기 성질을 못

이기며 돌아섰다.

그는 총수가 그랬다고 속상해할 만큼 속이 옹색한 편이 아니었다.

그렇지만 오늘 아침에 들은 말만은 쉽사리 삭일 수가 없었다.
'나'와 유자가 만난 날 아침에 들은 말
총수는 오늘도 연못이 텅 빈 것이 못내 아쉬운지 식전마다 하던
비단잉어를 과시할 수 없어 아쉬워함
정원 산책도 그만두고 연못가로만 맴돌더니,

"유 기사, 어제 그 고기들은 다 어떡했나?"

또 그를 지명하며 묻는 것이었다. / 그는 아무렇지 않게 대답했다.

『한 마리가 황소 너댓 마리 값이나 나간다는디, 아까워서 그냥
비단잉어의 상식 밖의 몸값
내뻔지기두 거시기 허구, 비싼 고기는 맛두 괜찮겄다 싶기두 허

구…… 게 비늘을 대강 긁어서 된장끼 좀 허구, 꼬치장두 좀 풀

구, 마늘두 서너 통 다져 늫구, 멀국*두 좀 있게 지져서 한 고뿌*

덜씩 했지유.』"『』: 비단잉어를 술안주로 먹음 → 총수의 화를 돋움

"뭣이 어쩌구 어째?" / "왜유?"

"왜애유? 이런 잔인무도한 것들 같으니……."

총수는 분기탱천하여* 부쩌지를 못하였다. 보아하니 아는 문자

는 다 동원하여 호통을 쳤으면 하나 혈압을 생각하여 참는 눈치

였다.

"달리 처리헐 방법두 읎잖은감유."
유자의 능청스러운 성격
총수의 성깔을 덧들이려고* 한 말이 아니었다. 그가 할 수 있는

것이 그 방법 말고는 없었기 때문에 그렇게 뒷동*을 단 거였다.

총수는 우악스럽고 무식하기 짝이 없는 아랫것들하고 따따부따
체면을 중시함
해* 봤자 공연히 위신*이나 흠이 가고 득될 것이 없다고 판단했

는지, 숨결이 웬만큼 고루 잡힌 어조로,

『"그 불쌍한 것들을 저쪽 잔디밭에다 고이 묻어 주지 않고, 그래
비단잉어
그걸 **술안주해서 처먹어 버려?** 에이…… 에이…… 피두 눈물두
비단잉어를 먹은 직원들
없는 독종들……."』
『』: 사람보다 비단잉어를 중요시함
하고 혼잣말처럼 중얼거리면서 들어가 버리는 것이었다.

- 이문구, 〈유자소전〉 -

* 귀꿈맞다: 전혀 어울리지 아니하고 촌스럽다.
* 대폿집: 대폿술(큰 술잔으로 마시는 술)을 파는 집.
* 해감내(海감내): 바닷물 따위에서 흙과 유기물이 썩어서 생긴 찌꺼기의 냄새.
* 하꾸라이: '외래'를 뜻하는 일본 말.
* 총수(總帥): 어떤 집단의 우두머리.
* 흘기눈: 눈동자가 한쪽으로 쏠려, 정면으로 보지 못하고 언제나 흘겨보는 사람.
* 고뿔: '감기'를 일상적으로 이르는 말.
* 객고(客苦): 객지에서 고생을 겪음. 또는 그 고생.
* 부룻쓰: 블루스. 미국 남부의 흑인들 사이에서 일어난 두 박자 또는 네 박자의
  애조를 띤 악곡.
* 지루박: 지르박. 1930년대 후반부터 미국에서 유행한 사교춤.
* 배참: 꾸지람을 듣고 그 화풀이를 다른 데다 함.
* 멀국: 국물.
* 고뿌: '컵'을 뜻하는 일본 말.
* 분기탱천하다(憤氣撐天하다): 분한 마음이 하늘을 찌를 듯 격렬하게 북받쳐 오
  르다.
* 덧들이다: 남을 건드려서 언짢게 하다.
* 뒷동: 일의 뒷부분. 또는 뒤 토막.
* 따따부따하다: 딱딱한 말씨로 따지고 다투다.
* 위신(威信): 위엄과 신망을 아울러 이르는 말.

01 서술상의 특징 파악하기
답 | ④

윗글에 대한 내용으로 적절하지 않은 것은?

정답 선지 분석

④ 시간 순서에 따라 사건을 나열하며 이야기를 전개하고 있다.

'나'와 대폿집에서 만난 유자가 '있다면 있구 옳다면 옳는디, 들어 볼라남?'이라고 말하고 이야기를 펼쳐 놓았다고 했으므로, 총수의 집에서 기르던 비단잉어들이 죽고 유자가 그 비단잉어들을 술안주로 먹은 것은 '나'와 대폿집에서 만나기 전의 일이다. 따라서 시간 순서에 따라 사건을 나열하고 있다고 할 수 없다.

오답 선지 분석

① 대화를 제시하여 인물 간의 갈등을 드러내고 있다.

유자와 총수의 대화를 제시하여 비단잉어의 죽음을 둘러싼 두 인물 간의 갈등을 드러내고 있다.

② 언어유희를 활용하여 독자의 웃음을 유발하고 있다.

'뱉어낸벤또(베토벤)라나 뭬라나', '차에코풀구싶어(차이코프스키)라나 뭬라나'에서 발음의 유사성을 이용한 언어유희를 활용하여 독자의 웃음을 유발하고 있다.

③ 작품 안의 서술자가 작품 안의 인물에 대해 서술하고 있다.

작품 안의 서술자인 '나'가 작품 안의 인물인 유자에 대해 서술하고 있다.

⑤ 사투리를 사용하여 작중 상황을 현실감 있게 전달하고 있다.

'나'와 유자가 사용하는 사투리를 통해 작중 상황이 현실감 있게 전달되고 있다.

02 인물의 태도, 심리 파악하기
답 | ②

윗글의 인물에 대한 설명으로 적절하지 않은 것은?

정답 선지 분석

② 유자는 총수에게 핀잔을 들은 일로 앙심을 품었다.

유자가 비단잉어가 죽은 이유에 대해 의문을 떨자 총수는 '하는 말마다 저 말 같잖은 소리…… 시끄러 이 사람아'라고 핀잔을 주었지만, 유자는 '총수가 그랬다고 속상해할 만큼 속이 옹색한 편이 아니'라고 하였으므로 이 일로 앙심을 품었다는 것은 적절하지 않다.

오답 선지 분석

① '나'는 유자와 달리 민물고기 요리를 싫어하였다.

'나는~민물고기 요리여서 새삼스럽게도 해감내가 역하고 싫었으나', 유자는 '그 해감내가 문득 그리워져서 부득이 그 집으로 불러냈다'는 것을 통해 '나'는 유자와 달리 민물고기 요리를 싫어했음을 알 수 있다.

③ 총수는 사람보다 비단잉어를 더 중시하는 모습을 보였다.

총수가 비단잉어를 가리켜 '그 불쌍한 것들'이라고 하고, 비단잉어를 먹은 직원들을 가리켜 '피두 눈물두 없는 독종들'이라고 말하는 것을 통해 사람보다 비단잉어를 더 중시하고 있음을 알 수 있다.

④ 유자는 비단잉어가 죽은 이유를 짐작했지만 말하지 않았다.

유자는 '시멘트의 독성을 충분히 우려 내지 않고 고기를 넣은 것이 탈'이었을 것이라고 비단잉어가 죽은 이유를 짐작했지만, '부러 배참으로 의뭉을 떨었다'고 했으므로 일부러 말하지 않았음을 알 수 있다.

⑤ 총수는 체면을 중시했기 때문에 유자에게 크게 화를 내지 않았다.

총수는 '우악스럽고 무식하기 짝이 없는 아랫것들하고 따따부따해 봤자 공연히 위신이나 흠이 가고 득될 것이 없다고 판단'했다고 했으므로, 체면을 중시했기 때문에 유자에게 크게 화를 내지 않았음을 알 수 있다.

03 외적 준거를 바탕으로 작품 이해하기
답 | ⑤

〈보기〉를 참고하여 윗글을 이해한 내용으로 적절하지 않은 것은?

보기

총수는 비상식적인 가격을 주고 비단잉어를 사들이는데, 이는 상류층의 허영심과 사치스러움을 드러낸다. 비단잉어는 총수의 과시욕을 드러내는 소재이자, 상류층과 하류층을 구분 짓는 잣대이다. 이는 결국 총수의 삶의 태도를 비판하기 위해 작가가 선택한 소재인 것으로 이해할 수 있다.

정답 선지 분석

⑤ 유자가 죽은 비단잉어를 '늠안주해서 저뜩여 내'였다는 것은, 상류층의 삶의 태도에 정면으로 반감을 드러낸 것이군.

유자가 죽은 비단잉어를 '비늘을 대강 긁어서~한 고부뎌씩 했'던 것은 맞지만, 이에 대해 유자는 '달리 처리헐 방법두 옳잖은감유'라고 말했으며 '그가 할 수 있는 것이 그 방법 말고는 없었기 때문에' 그랬다고 서술되어 있다. 따라서, 유자가 비단잉어를 먹은 것이 상류층의 삶의 태도에 정면으로 반감을 드러낸 것이라고 볼 수 없다.

오답 선지 분석

① 유자가 '구적구적헌 디서 사는 고기가 하꾸라이버덤은 맛이 낫'다고 말하는 것은, 상류층의 향유 대상이 항상 더 우월하지는 않다는 의미이군.

'구적구적한 디서 사는 고기가 하꾸라이버덤은 맛이 낫어'라는 유자의 말에서, '구적구적한 디서 사는 고기'는 대폿집의 민물고기를 뜻하고 '하꾸라이'는 유자가 먹은 비단잉어, 즉 상류층의 향유 대상을 뜻한다. 이 말은 상류층의 향유 대상이 하류층의 것보다 항상 더 우월하지는 않다는 의미로 해석할 수 있다.

② 비단잉어가 '나'의 월급을 '3년 4개월 동안이나 봉투째로 쌓아야 겨우 한 마리만 볼까 말까 한 값'이라는 것은, 상류층의 사치를 예시로 드러낸 것이군.

유자의 말에 따르면 비단잉어는 '마리당 팔십만 원씩 주구 가져'온 것으로, '나'의 월급을 '3년 4개월 동안이나 봉투째로 쌓아야 겨우 한 마리 만져 볼까 말까 한 값'이다. 이는 상류층의 사치스러움을 구체적인 예시로 드러낸 것이다.

③ 유자가 비단잉어를 가리켜 '꼬랑지 흔들어서 먹구 사는 물고기'라고 말하는 것은, 총수의 허영심과 과시욕을 비꼬는 말이군.

유자가 비단잉어를 가리켜 '순전 딴따라 고기', '꼬랑지 흔들어서 먹구 사는 물고기'라고 말하는 것은, 고상한 클래식 음악에 맞춰 움직이는 것처럼 보이는 비단잉어를 들인 총수의 허영심과 과시욕을 비꼬는 말이다.

④ 유자가 '받들어서 키우는 새끼덜일수록이 다다 탈이 많은 법'이라고 말하는 것은, 총수의 사치스러운 삶의 태도를 비판하는 것이군.

유자가 '그야 팔자가 사나서 이런 후진국에 시집와 살라니께~본래 받들어서 키우는 새끼덜일수록이 다다 탈이 많은 법이니께……'라고 말하는 것은, 총수의 사치스러운 삶의 태도를 해학적으로 풍자하는 것이다.

04 발화의 의도 파악하기

다음은 ㉠에 담긴 의미를 설명한 것이다. ⓐ, ⓑ에 들어갈 말을 찾아 차례대로 쓰시오.

㉠에는 (ⓐ)이/가 (ⓑ)을/를 키우는 것이 어울리지 않는 행위임을 강조하는 의미가 담겨 있다.

정답

총수, 비단잉어

작문　디지털 탄소발자국을 줄이기 위한 노력

빠른 정답 체크　**01** ⑤　**02** ⑤　**03** ④

가 작문 상황

- 작문 목적: 디지털 기기의 사용이 지구 환경에 미치는 영향
  을 알려, 디지털 탄소발자국 줄이기에 동참할 것을 권유함.
- 예상 독자: 학교 학생들

나 학생의 초고

　최근 '기후변화'와 '지속가능'의 개념들이 뉴스에서도 언급되는 등 지구적인 관심사가 되면서 다양한 분야에서 탄소발자국을 ㉠ 감소시키고 줄이려는 노력이 이어지고 있다. '탄소발자국'은 제품의 생산에서 소비, 폐기에 이르는 전 과정에서 직간접적으로 _{탄소발자국의 개념} 발생하는 이산화탄소의 총량으로, 한마디로 우리가 살아가면서 _{탄소발자국을 비유적으로 표현함} 지구에 남기는 흔적이다.

　그런데 탄소발자국 줄이기와 관련하여 간과해서는 안 될 분야가 바로 디지털 영역이다. 디지털 기기는 사용 흔적이 눈에 보이지 않아 대수롭지 않게 여기는 경우가 많은데 실제로는 그렇지 _{디지털 탄소발자국에 주목해야 하는 이유} 않기 때문이다. 디지털 기기와 데이터 센터에 있는 서버를 연결 _{디지털 기기가 이산화탄소를 발생시키는 이유 ①} 하는 과정에서 이산화탄소가 발생하며, 데이터 센터의 적정 온도 _{디지털 기기가 이산화탄소를 발생시키는 이유 ②} 를 유지하는 데에도 이산화탄소가 많이 발생한다. ㉡ 그러나 스마트폰과 노트북 등 디지털 기기를 사용하는 것만으로도 지구를 병들게 할 수 있는 것이다. _{= 지구에 피해를 끼칠 수 있는 것}
　그렇다면 이러한 디지털 탄소발자국을 줄이기 위해 우리가 실 _{질문의 형식을 활용함} 천할 수 있는 일에는 무엇이 있을까? 우리의 일상과 떼려야 뗄 수 없는 스마트폰과 관련지어 생각해 보자. 우선, 스마트폰 사용 시 _{디지털 탄소발자국을 줄이기 위한 방법 ①} 간을 줄이는 것이다. 통화를 하거나 데이터를 사용하는 것뿐만 아니라 습관적으로 화면을 켜는 행위도 그만큼 전력을 소모해 이산화탄소를 발생시킨다고 하니, 환경을 위해 ㉢ 조금 멀리하는 것이 필요하다. 다음으로, 콘텐츠를 스트리밍하는 대신에 다 _{디지털 탄소발자국을 줄이기 위한 방법 ②} 운로드하는 것이다. 스트리밍은 인터넷을 사용하면서 발생하는 트래픽의 상당 부분을 차지하므로, 자주 듣고 보는 음악과 영상을 미리 다운로드하는 것이 탄소발자국을 줄이는 좋은 방법이 된다. 끝으로, 스마트폰을 자주 바꾸지 않는 것이다. ㉣ 스마트폰 _{디지털 탄소발자국을 줄이기 위한 방법 ③}

한 대를 생산할 때 배출되는 이산화탄소의 양은 스마트폰 한 대를 약 10년 동안 사용할 때의 양과 같다고 한다. 스마트폰의 교체가 잦을수록 이산화탄소 발생량이 점점 증가하므로 스마트폰의 교체 주기를 늘리는 것이 탄소발자국을 줄이는 방법이 될 수 있다.

　이처럼 디지털 탄소발자국을 줄이는 것은 개개인의 작은 실천에서 시작될 수 있다. 고개 숙여 스마트폰을 보는 대신 앞에 앉아 있는 사람과 눈 ㉤ 마추며 대화를 나누는 것은 어떨까? 어쩌면 스마트폰을 잠시 내려놓는 일은 사람들 간의 관계를 회복할 뿐만 _{스마트폰 사용을 줄일 때의 장점을 제시함} 아니라 지구의 건강을 지키는 일일 것이다.

01　글쓰기 전략 파악하기　　　　답 | ⑤

(나)에 활용된 글쓰기 전략으로 적절하지 않은 것은?

정답 선지 분석

⑤ 예상되는 반론을 언급하여 글의 내용에 공정성을 부여한다.
　(나)에는 예상되는 반론이 언급되어 있지 않다.

오답 선지 분석

① 비유적 표현을 활용하여 독자의 경각심을 높인다.
　1문단에서 '탄소발자국'을 '우리가 살아가면서 지구에 남기는 흔적'으로, 2문단에서 지구 환경에 부정적인 영향을 미치는 것을 '지구를 병들게' 하는 것으로 비유하여, 디지털 탄소발자국에 대한 독자의 경각심을 높이고 있다.

② 서두에 시사 용어를 사용하여 독자의 관심을 유도한다.
　1문단에서 '기후변화', '지속가능', '탄소발자국' 등의 시사 용어를 언급하여 독자의 관심을 유도하고 있다.

③ 묻고 답하는 방식을 통해 전달하려는 내용을 강조한다.
　3문단은 '디지털 탄소발자국을 줄이기 위해 우리가 실천할 수 있는 일에는 무엇이 있을까?'라는 질문에 답하는 내용으로 구성하여 글쓴이가 전달하려는 내용을 강조하고 있다.

④ 다양한 실천 방안을 제시하여 독자의 참여를 이끌어낸다.
　3문단에서 디지털 탄소발자국을 줄이는 실천 방안을 스마트폰과 관련지어 세 가지를 제시함으로써 독자의 참여를 이끌어내고 있다.

보기 는 (나)를 쓴 '학생'이 '초고'를 보완하기 위해 추가로 수집한 자료들이다. 자료의 활용 방안으로 적절하지 <u>않은</u> 것은?

보기

ㄱ. 통계 자료

1. 스마트폰의 디지털 탄소발자국

데이터 8.6MB 사용 = 자동차 1km 주행

CO_2 95g 배출

2. 디지털 탄소발자국의 비율(%)

구분	디지털 탄소발자국 / 탄소발자국
2013년	2.5%
2018년	3%
2020년	3.7%
2040년	14% 초과 추정

ㄴ. 신문 기사

　○○구는 지속가능한 지역 사회를 만들고 기후변화에 대응하기 위해 '디지털 탄소발자국 줄이기 5대 지침'을 시행한다고 밝혔다. 세부 지침은 컴퓨터 절전 프로그램 사용, 스팸 메일·쪽지 차단, 북마크 활용, 스트리밍 대신 다운로드, 전자기기 교체 주기 늘리기 등이다.

ㄷ. 전문가 인터뷰 자료

　"2020년 7월 한 달 동안 스마트폰 가입자가 사용한 데이터는 1인당 평균 12.5GB 정도 되는데요, 이것은 한 달 동안 1인당 137.5㎏의 이산화탄소를 배출한 셈이 됩니다. 실제 한 대학교 연구진은 개인이 스마트폰을 사용하면서 발생하는 이산화탄소가 다른 디지털 기기를 사용하는 과정에서 나온 이산화탄소의 총량을 넘어설 것이라고 지적하기도 했죠."

정답 선지 분석

⑤ ㄱ-2와 ㄴ을 활용하여, 디지털 탄소발자국을 줄이기 위해 현행 제도의 문제점을 지적하고 이를 개선해야 함을 부각해야겠어.
　〈보기〉의 ㄱ-2와 ㄴ을 통해 디지털 탄소발자국과 관련한 현행 제도의 문제점을 확인할 수는 없다.

오답 선지 분석

① ㄱ-1을 활용하여, CO_2 배출량을 자동차 주행과 비교함으로써 스마트폰 데이터의 사용이 탄소발자국을 남기고 있다는 것을 강조해야겠어.
　ㄱ-1을 통해 스마트폰 데이터 8.6MB를 사용할 때와 자동차로 1km를 주행할 때의 이산화탄소 배출량이 동일하다는 것을 알 수 있으므로 적절하다.

② ㄱ-2를 활용하여, 탄소발자국에서 디지털 탄소발자국이 차지하는 비중이 앞으로 더 늘어날 것임을 알려야겠어.
　ㄱ-2를 통해 디지털 탄소발자국의 비율이 해마다 증가하고 있으며, 앞으로도 증가할 것으로 추정됨을 알 수 있으므로 적절하다.

③ ㄴ을 활용하여, 디지털 탄소발자국을 줄여 기후변화에 대응하는 실천 방안을 추가로 제시해야겠어.
　ㄴ을 통해 디지털 탄소발자국을 줄이기 위한 5대 지침을 알 수 있는데, 이 중 컴퓨터 절전 프로그램 사용, 스팸 메일·쪽지 차단, 북마크 활용은 윗글에 언급되지 않았으므로 적절하다.

④ ㄱ-1과 ㄷ을 활용하여, 스마트폰 데이터의 사용으로 발생하는 디지털 탄소발자국을 구체적인 수치로 나타내야겠어.
　ㄱ-1을 통해 스마트폰 데이터 8.6MB를 사용할 때 이산화탄소 95g이 배출된다는 것을, ㄷ을 통해 스마트폰 데이터 12.5GB를 사용할 때 이산화탄소 137.5kg이 배출된다는 것을 알 수 있으므로 적절하다.

㉠~㉤을 고쳐 쓰기 위한 방안으로 적절하지 <u>않은</u> 것은?

정답 선지 분석

④ ㉣: 글의 통일성을 해치는 내용이므로 삭제한다.
　㉣은 앞뒤 문맥을 고려할 때 뒷문장을 뒷받침하는 내용으로 볼 수 있으므로 글의 통일성을 해치는 문장으로 볼 수 없다.

오답 선지 분석

① ㉠: 의미가 중복되므로 '감소시키고'를 삭제한다.
　'감소시키다'는 '덜어서 적게 하다'는 의미로, '줄이다'와 의미가 중복되므로 삭제하는 것은 적절하다.

② ㉡: 문맥을 고려하여 '그래서'로 고친다.
　2문단의 마지막 문장은 그 앞뒤 문장이 인과 관계로 연결되므로 이를 연결하는 역접의 접속어 '그러나'를 '그래서'로 고치는 것은 적절하다.

③ ㉢: 필요한 문장 성분이 생략되어 있으므로 '스마트폰을'을 첨가한다.
　'멀리하다'는 '가까이 하지 않고 거리를 두다'는 의미의 타동사이므로 목적어를 필요로 한다. 문맥을 고려할 때 목적어 '스마트폰을'을 첨가하는 것은 적절하다.

⑤ ㉤: 맞춤법에 어긋나므로 '맞추며'로 고친다.
　'(어떤 사람이 다른 사람과 눈을) 일치시켜 마주 바라보다'는 의미의 단어는 '맞추다'이다.

독서　해양에서의 해류 순환 시스템

▶ **빠른 정답 체크**　01 ②　02 ④　03 ④　04 낮거나, 높은, 높기

　해양에서는 표층뿐만 아니라 수심이 깊은 곳에도 해류가 존재한다. <u>표층에서 수온이 낮아지거나 염분이 높아지면 밀도가 높아</u> (심층 순환의 개념) <u>진 해수가 심해로 가라앉아 해수의 순환이 일어나는데, 이를 심층 순환이라고 한다.</u> 심층 순환은 <u>기온과 밀도, 바람 등의 요인으</u> (심층 순환의 요인) <u>로 발생한다.</u>
　　　　　　　　　　　　　　▶ **1문단: 심층 순환의 개념과 요인**
　기온과 밀도는 심층 순환을 발생시키는 대표적인 요인이다. <u>극 해</u> <u>역의 좁은 면적에서 차갑게 냉각된 해수는 밀도가 높아져 상대적</u> (해수 온도↓ → 밀도↑ → 가라앉음) <u>으로 빨리 가라앉는다.</u> 이후 가라앉은 해수는 <u>저위도로 이동하</u> <u>여 적도에서부터 온대해역까지 걸쳐 매우 천천히 상승하고 표층</u> (저위도 → 적도 → 온대해역 → 극 쪽으로 이동) <u>을 따라 극 쪽으로 이동한다.</u> 심층 해수의 상승 운동은 <u>수온이 수</u> <u>심에 따라 급격하게 변화하는 층인 수온 약층*</u>을 저위도에 형성 (수온 약층의 개념) 한다. 극지방에서는 <u>표층의 온도와 바닥의 온도가 거의 동일하기</u> (극지방에 수온 약층이 존재하지 않는 이유) <u>때문에 수온 약층이 존재하지 않는다.</u> 심층 순환으로 <u>표층의 해</u> <u>수가 가라앉으면서 심해에 산소를 공급하여 준다.</u>
　　　(심층 순환의 역할)　　▶ **2문단: 기온과 밀도로 인해 발생하는 심층 순환**
　바람의 영향으로 해수가 수평 방향으로 이동하면 이를 채우기 위해 수직 방향으로 해수가 이동할 수 있다. <u>해수의 수직 이동에</u> (용승의 개념) <u>서 심층의 찬 해수가 표층으로 올라오는 현상을 ㉠ 용승이라 하</u> <u>고, 표층의 해수가 심층으로 가라앉는 현상을 ㉡ 침강이라고 한</u> (침강의 개념)

다. 특히, 적도 부근에서 무역풍* 때문에 발생하는 용승을 적도

<u>적도 용승의 개념</u>

용승이라고 한다. 태풍이 해양을 지나가는 동안 태풍의 강한 바람

이 해수를 주변으로 발산시키면 그 중심에서 용승이 일어난다.

▶ 3문단: 용승과 침강

　연안의 요인으로 일어나는 용승과 침강은 연안 용승, 연안 침강

으로 구별하여 설명한다. 연안에서 바람 때문에 표층 해수가 먼

바다 쪽으로 이동하면 이를 채우기 위해 심층에서 찬 해수가 올

<u>연안 용승의 개념</u>

라오는 용승이 일어나는데, 이를 연안 용승이라고 한다. 반대로

바람 때문에 먼바다의 표층 해수가 연안으로 이동하면 해수가 가

<u>연안 침강의 개념</u>

라앉는 연안 침강이 일어난다. 용승은 상승 속도가 매우 느리므

로 실제 흐름을 관측하기는 거의 불가능하다. 심층에서 찬 해수

가 올라오면 침강 현상과 달리 표층 해수의 수온이 내려가므로

<u>용승의 발생을 확인하는 방법</u>

용승이 일어났음을 알 수 있다.

▶ 4문단: 연안 용승과 연안 침강

　특정 해역의 기온으로 인하여 전 지구적인 해류 순환이 일어나

기도 한다. <u>수온이 낮은 고위도 해역에서 해수가 얼면 주변 해수</u>

<u>수온↓ → 해수의 결빙 → 염분↑ → 밀도↑</u>

<u>는 염분이 높아져 밀도가 높아지는데,</u> 이 해수가 가라앉으면서

심층 순환이 시작된다. 가라앉아 흐르기 시작하는 해수는 수온

과 염분이 변하지 않고 상당 기간 유지되는데, 이처럼 <u>수온과 염</u>

<u>분이 거의 같은 해수 덩어리를 수괴라고 한다.</u> 심층 순환과 관련

<u>수괴의 개념</u>

된 대표적인 수괴는 북대서양 심층수와 남극 저층수이다. 북대서

<u>수괴의 사례</u>

양 심층수는「그린란드 남쪽의 래브라도해와 그린란드 동쪽의 노

<u>「」: 북대서양 심층수의 흐름</u>

르웨이해에서 수 km 깊이까지 가라앉아 형성되고, 남쪽으로 확

장하여 남대서양으로 흘러간다.」남극 저층수는「남극 대륙 주변의

<u>「」: 남극 저층수의 흐름</u>

웨들해에서 겨울철에 결빙이 일어나면서 해수가 심층으로 가라

앉아 형성되고, 북쪽으로 확장하여 흐른다.」

▶ 5문단: 전 지구적인 해류 순환

　이처럼 해수의 순환은 지구의 열에너지를 전달하는 데에 큰 역

<u>해수의 순환이 하는 역할</u>

할을 한다. 하나의 순환에 변화가 생기면 전체 해수 순환에 변화

<u>하나의 해수 순환의 역할</u>

가 일어나고, 전 지구의 기후에 영향을 준다.

▶ 6문단: 해수의 순환이 하는 역할

* 수온 약층(水溫躍層): 수온이 급격하게 변화하는 층. 수심이 얕은 고온층과 수심
이 깊은 저온층 사이에 분포한다.

* 무역풍(貿易風): 중위도 고압대에서 열대 수렴대로 부는 바람. 이 바람은 북반구
에서는 동북풍, 남반구에서는 동남풍이 되며, 일 년 내내 끊임없이 분다.

01　세부 내용 파악하기　　　　답 | ②

윗글을 통해 알 수 <u>없는</u> 것은?

정답 선지 분석

② 수온 약층이 생태계에 미치는 영향

　윗글의 2문단에서 수온 약층을 언급하고 있지만, 수온 약층이 생태계에 미치는 영향에
대해서는 알 수 없다.

오답 선지 분석

① 심층의 해류 순환이 일어나는 이유

　1문단에서 심층 순환은 기온과 밀도, 바람 등의 요인으로 발생한다고 하였다.

③ 용승이 일어났음을 알 수 있는 방법

　4문단에서 심층에서 찬 해수가 올라오면 침강 현상과 달리 표층 해수의 수온이 내려가
므로 용승이 일어났음을 알 수 있다고 하였다.

④ 적도 부근의 용승을 발생시키는 요인

　3문단에서 적도 부근에서는 무역풍으로 인한 적도 용승이 발생한다고 하였다.

⑤ 해수가 가라앉으며 생기는 수괴의 사례

　5문단에서 심층 순환과 관련된 대표적인 수괴는 북대서양 심층수와 남극 저층수라고
하였다.

02　핵심 내용 이해하기　　　　답 | ④

㉠, ㉡에 대한 이해로 적절하지 <u>않은</u> 것은?

정답 선지 분석

④ ㉡은 ㉠과 달리 표층 해수의 이동에 의해 발생한다.

　㉠은 용승, ㉡은 침강이다. 4문단에서 연안에서 바람 때문에 표층 해수가 먼바다 쪽으
로 이동하면 이를 채우기 위해 용승이 일어나고, 반대로 바람 때문에 먼바다의 표층 해
수가 연안으로 이동하면 침강이 일어난다고 하였다. 따라서 ㉠과 ㉡ 모두 표층 해수의
이동에 의해 발생한다고 할 수 있다.

오답 선지 분석

① ㉠은 수온 약층을 저위도에 형성한다.

　2문단에서 심층 해수의 상승 운동은 수온이 수심에 따라 급격하게 변화하는 층인 수온
약층을 저위도에 형성한다고 하였다. 이때, 3문단에 따르면 심층 해수가 상승하는 현
상은 용승이므로 적절하다.

② ㉡은 심해 해수에 산소를 공급하는 기능을 한다.

　2문단에서 심층 순환으로 표층의 해수가 가라앉으면서 심해에 산소를 공급하여 준다고
하였다. 이때, 3문단에 따르면 표층의 해수가 가라앉는 현상은 침강이므로 적절하다.

③ ㉠은 ㉡과 달리 표층 해수의 수온을 하강시킨다.

　4문단에 따르면, 심층에서 찬 해수가 올라오면 침강 현상과 달리 표층 해수의 수온이
내려가므로 용승이 일어났음을 알 수 있다고 하였으므로 적절하다.

⑤ ㉠과 ㉡은 모두 연안의 영향을 받아 발생할 수 있다.

　4문단에 따르면, 연안의 요인으로 일어나는 용승과 침강은 연안 용승, 연안 침강으로
구별하여 설명한다고 하였으므로 적절하다.

윗글을 바탕으로 보기 를 이해한 내용으로 적절하지 않은 것은?

보기

아래 그림은 해역의 온도에 따른 해류의 순환을 그림으로 나타낸 것이다. 지역의 기온에 따라 해수의 용승과 침강이 일어나며, 해수가 용승한 해역인 [A 지역]의 표층 해수가 [B 지역]으로 이동함을 알 수 있다. 단, 연안과 바람의 영향을 받지 않는다고 가정한다.

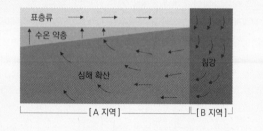

정답 선지 분석

④ [A 지역]에서는 [B 지역]과 달리 해류의 수온과 염분 농도가 상당 기간 유지되겠군.

5문단에서 해수가 얼면 주변 해수의 밀도가 높아져 가라앉으면서 심층 순환이 시작되고, 가라앉아 흐르기 시작하는 해수는 수온과 염분이 변하지 않고 상당 기간 유지된다고 하였다. 따라서 〈보기〉의 [A 지역]이 아닌, 해수가 가라앉는 [B 지역]에서 해류의 수온과 염분 농도가 상당 기간 유지된다고 하는 것이 적절하다.

오답 선지 분석

① [A 지역]은 수온 약층에서 용승이 일어나고 있으므로 저위도 해역으로 볼 수 있겠군.

2문단에서 심층 해수의 상승 운동(용승)은 수온이 수심에 따라 급격하게 변화하는 층인 수온 약층을 저위도에 형성한다고 하였으므로 적절하다.

② [B 지역]은 표층의 해수가 가라앉고 있으므로 기온이 낮은 극 해역으로 볼 수 있겠군.

2문단에서 극 해역의 좁은 면적에서 차갑게 냉각된 해수는 밀도가 높아져 상대적으로 빨리 가라앉는다고 하였으므로 적절하다.

③ [B 지역]의 해역에서 해수가 얼면 주변 해수의 염분이 높아져 밀도가 높아지겠군.

2문단을 통해 [B 지역]은 기온이 낮은 극 해역임을 알 수 있다. 그리고 5문단에서 수온이 낮은 고위도 해역에서 해수가 얼면 주변 해수는 염분이 높아져 밀도가 높아진다고 하였으므로 적절하다.

⑤ [A 지역]과 [B 지역]에 이르기까지 해류가 순환하며 지구의 열에너지가 전달되겠군.

6문단에서 해수의 순환은 지구의 열에너지를 전달하는 데에 큰 역할을 한다고 하였다.

04   핵심 내용 이해하기

빈칸에 들어갈 말로 적절한 것을 골라 차례대로 쓰시오.

온도가 (높거나 / 낮거나) 염도가 (높은 / 낮은) 해수는 밀도가 (높기 / 낮기) 때문에 가라앉는데, 이를 침강이라고 한다.

정답

낮거나, 높은, 높기

문학 1   숲(강은교)

□: 유사한 문장 구조 반복

나무 하나가 흔들린다
사회 구성원의 하나인 개인

나무 하나가 흔들리면

나무 둘도 흔들린다

나무 둘이 흔들리면

나무 셋도 흔들린다
숲, 사회 공동체

▶ 나무 하나의 흔들림이 나무 셋의 흔들림으로 확장됨

이렇게 이렇게

▶ 나무들이 같이 흔들림

나무 하나의 꿈은
개인의 꿈
나무 둘의 꿈

나무 둘의 꿈은

나무 셋의 꿈
공동체의 꿈

▶ 나무 하나의 꿈이 나무 셋의 꿈으로 확장됨

▶ 나무들이 꿈을 서로 공유함

나무 하나가 고개를 젓는다
① 바람에 흔들리는 모습 ② 무언가를 거부하는 모습
옆에서

나무 둘도 고개를 젓는다

옆에서

나무 셋도 고개를 젓는다
한 사람의 생각이 타인에게도 영향을 미침

▶ 나무 하나의 생각이 나무 셋의 생각으로 확장됨

▶ 나무들이 함께 고개를 저음

ⓐ 아무도 없다
외부적 요소 없이 나무들이 움직임
아무도 없이

나무들이 흔들리고

고개를 젓는다
나무의 모습을 시각적으로 묘사함

[A]
┌ 『이렇게 이렇게
│ 『』: 함께 어울려 사는 삶 강조
└ 함께』

▶ 나무들이 아무도 없이 흔들리고, 고개를 저으며 함께 살아감
　　　　　　　　　　　　　　　　- 강은교, 〈숲〉 -

01 표현상의 특징 파악하기

답 | ③

윗글에 대한 설명으로 적절하지 <u>않은</u> 것은?

정답 선지 분석

③ 역설법을 활용하여 나무 하나의 꿈이 나무 둘의 꿈이라고 말하고 있다.

3연에서 '나무 하나의 꿈 / 나무 둘의 꿈'이라고 한 것은 모순된 표현이 아니라, 개인인 나무 하나의 꿈이 공동체 전체의 꿈으로 확장되었음을 의미하는 것이다. 따라서 역설법이라고 할 수 없으므로 적절하지 않다.

오답 선지 분석

① 의인법을 활용하여 나무를 사람처럼 표현하고 있다.

'나무 하나가 고개를 젓는다' 등에서 나무에 인격을 부여하여 사람처럼 표현하고 있다.

② 반복법을 활용하여 비슷한 문장 구조를 통해 운율을 형성하고 있다.

1연의 '~이/가 흔들린다', 3연의 '~의 꿈', 4연의 '~가/도 고개를 젓는다'에서 비슷한 문장 구조를 통해 운율을 형성하고 있다.

④ 점층법을 활용하여 나무 하나에서 나무 둘, 나무 셋으로 늘려가고 있다.

1연과 3연, 4연에서 '나무 하나', '나무 둘', '나무 셋'으로 점층적으로 의미를 확장하고 있다.

⑤ 비유법을 활용하여 바람 부는 숲과 조화로운 공동체를 동시에 표현하고 있다.

인간의 삶을 나무의 움직임에 비유하여 바람 부는 숲과 조화로운 공동체를 함께 표현하고 있다.

02 시구의 의미 파악하기

답 | ④

[A]에 담긴 의미로 가장 적절한 것은?

정답 선지 분석

④ 함께 어울려 조화롭게 살아가는 삶의 소중함

[A]는 나무들이 함께 있는 모습을 표현한 것으로, 서로 연결되어 공동체적 삶을 살아가는 것의 소중함을 의미하고 있다.

오답 선지 분석

① 자연의 질서에 순응하고자 하는 간절함

[A]에 자연물인 나무의 모습이 드러나 있기는 하지만, 자연의 질서에 순응하고자 하는 간절함이 담겨 있다고는 할 수 없다.

② 현실의 고뇌를 잊기 위한 자연에의 귀의

[A]는 현실의 고뇌를 잊기 위한 자연에의 귀의가 아니라, 나무 여럿이 숲을 이루는 것처럼 현실의 사람들도 어울려 살기를 바라는 소망을 담고 있다.

③ 임과의 이별을 받아들이고 싶지 않은 마음

[A]에 임과의 이별을 받아들이고 싶지 않은 마음은 나타나지 않는다.

⑤ 세상과 화합하여 살아가지 못하는 것에 대한 고뇌

[A]는 다른 사람들과 화합하여 살아가는 것의 소중함을 의미하고 있다.

03 감상의 적절성 평가하기

답 | ⑤

보기 의 ㉠~㉣의 관점에 따라 윗글을 평가한 내용으로 적절하지 <u>않은</u> 것은?

보기

시의 감상 방법에는 내재적 관점과 외재적 관점이 있다. 절대주의적 관점이라고 부르는 ㉠ 내재적 관점은 외부 요소는 고려하지 않고 오로지 작품 자체에만 집중하여 감상하는 관점이다. 외재적 관점은 다시 세 가지로 나뉘는데, 먼저 ㉡ 반영론적 관점은 작품 내에 현실이 어떻게 반영되어 있는지를 중심으로 작품을 해석하는 관점이다. ㉢ 표현론적 관점은 작가와 관련된 다양한 요소들이 작품 속에 어떻게 나타나는지 살펴보며 작품을 해석하는 관점이고, ㉣ 효용론적 관점은 작품이 독자에게 미치는 영향을 중심으로 작품을 감상하는 관점이다.

정답 선지 분석

⑤ ㉣: 한 나무가 흔들리면 다른 나무도 흔들리는 것을 통해 자기 주관의 중요성을 말하고 있군.

한 나무가 흔들리면 다른 나무도 흔들리는 것을 통해 자기 주관의 중요성을 말하고 있다는 것은 효용론적 관점이 아닌 내재적 관점이며, 한 나무가 흔들리면 다른 나무도 흔들리는 것은 주관이 없기 때문이 아니라 나무들이 서로 연결되어 공동체를 이루고 있기 때문이므로 적절하지 않다.

오답 선지 분석

① ㉠: 화자가 작품 표면에 직접 드러나 있지는 않군.

윗글에는 시적 화자인 '나'가 직접 드러나 있지는 않으며, 〈보기〉에 따르면 이는 작품 자체에만 집중하여 감상하는 관점인 내재적 관점이다.

② ㉠: 나무가 흔들리는 모습을 시각적 심상을 활용하여 묘사하고 있군.

윗글에서는 '나무 하나가 고개를 젓는다'라고 하며 나무가 흔들리는 모습을 시각적 심상을 활용하여 묘사하고 있으며, 〈보기〉에 따르면 이는 작품 자체에만 집중하여 감상하는 관점인 내재적 관점이다.

③ ㉡: 나무가 함께 흔들리는 모습에는 인간의 삶이 조화롭기를 바라는 현실의 욕구가 반영되어 있군.

시의 내용을 현실과 연관 지어 나무가 함께 흔들리는 모습에 인간의 삶이 조화롭기를 바라는 현실의 욕구가 반영되어 있다고 해석할 수 있으며, 〈보기〉에 따르면 이는 작품 내에 현실이 어떻게 반영되어 있는지를 중심으로 작품을 해석하는 관점인 반영론적 관점이다.

④ ㉢: 시인이 바람에 숲 전체가 흔들리는 모습을 보고 지은 시라는 것을 알면 의미가 색다르군.

시인이 바람에 숲 전체가 흔들리는 모습을 보고 지은 시라는 것을 알고 시를 읽으면 의미가 색다르게 느껴질 수 있으며, 〈보기〉에 따르면 이는 작가와 관련된 다양한 요소들이 작품 속에 어떻게 나타나는지 살펴보며 작품을 해석하는 관점인 표현론적 관점이다.

04 시구의 의미 파악하기

ⓐ에 담긴 의미를 설명하는 말로 적절한 것을 골라 쓰시오.

나무들이 (내부적 / 외부적) 요소에 의해 움직이는 것이 아니라는 것을 의미한다.

정답

외부적

빠른 정답 체크 01 ③ 02 ⑤ 03 ④ 04 척 부인

하루는 칠우가 모여 바느질의 공을 의논하는데 척 부인이 긴 허
〔자를 의미하는 한자에서 따온 이름〕

리를 뽐내며 말하기를,
〔자의 생김새〕

"여러 벗들은 들으라. 가는 명주, 굵은 명주, 흰 모시, 가는 실로
〔옷을 만들기 위한 천을 나열함〕

짠 천, 파랑, 빨강, 초록, 자주 비단을 다 내어 펼쳐 놓고 남녀의

옷을 마련할 때, 길이와 넓이며 솜씨와 격식을 내가 아니면 어
〔자로써 수치를 잼〕

찌 이루리오. 그러므로 옷 짓는 공은 내가 으뜸이 되리라."
〔칠우의 논쟁 주제〕

교두 각시가 두 다리를 빠르게 놀리며 뛰어나와 이르되,
〔가위의 생김새에서 따온 이름〕 〔가위의 생김새〕

"척 부인아, 그대 아무리 마련*을 잘한들 베어 내지 아니하면 모
〔옷감을 잘라야 옷을 만들 수 있음〕

양이 제대로 되겠느냐? ㉠ 내 공과 내 덕이니 네 공만 자랑 마라."
〔옷을 만들 수 있는 것은 자신의 공이라고 주장함〕

세요 각시가 가는 허리를 구부리며 날랜 부리 돌려 이르되,
〔바늘의 생김새에서 따온 이름〕 〔바늘의 생김새〕

"두 벗의 말이 옳지 않다. ⓐ 진주가 열 그릇이나 꿰어야 구슬이
〔척 부인(자)과 교두 각시(가위)〕

라 할 것이니, 재단*에 두루 능하다 하나 내가 아니면 옷 짓기를
〔속담을 활용한 의도〕

어찌하리오. 잘게 누빈 누비*, 듬성하게 누빈 누비, 맞대고 꿰맨

솔기*, 긴 옷을 지을 때 나의 날래고 빠름이 아니면 어찌 잘게

뜨며, 굵게 박아 마음대로 하리오. 척 부인이 재고 교두 각시가
〔척 부인과 교두 각시의 공을 폄하함〕

옷감을 베어 낸다 하나, 나 아니면 공이 없으련만 두 벗이 무슨

공이라 자랑하느뇨."

청홍흑백 각시가 얼굴이 붉으락푸르락하여 화내며 말하기를,
〔실의 색깔에서 따온 이름〕 〔실의 색깔〕

"세요야, 네 공이 내 공이라. 자랑 마라. 네 아무리 잘난 체하나
〔바늘과 실은 함께 옷을 꿰맴〕

한 솔기나 반 솔기인들 내가 아니면 네 어찌 성공하리오."

감투 할미가 웃으며 이르되,
〔골무의 생김새에서 따온 이름〕

"각시님네, 웬만히 자랑하소. 이 늙은이 머리부터 발끝까지 온몸

으로 아기씨 네 손부리* 아프지 아니하게 바느질 도와 드리나니,
〔골무의 역할〕

㉡ 옛말에 이르기를 '닭의 입이 될지언정 소의 꼬리는 되지 말
〔바늘을 따라다니는 실의 모습을 비난함〕

라.'고 했소. 청홍흑백 각시는 세요의 뒤를 따라다니며 무슨 말

하시느뇨. 실로 얼굴이 아까워라. 나는 매양 세요의 귀에 찔렸
〔골무는 사람의 손 대신 바늘에 찔림〕

으나, 낯가죽이 두꺼워 견딜 만하여 아무 말도 아니하노라."

인화 부인이 이르되,
〔인두의 쓰임새에서 따온 이름〕

"그대들은 다투지 마라. 나도 잠깐 공을 말하리라. 잘거나 듬성

한 누비가 누구 덕에 젓가락같이 고우며, 옷 솔기도 나 아니면
〔인두의 역할〕

어찌 풀로 붙인 듯이 고우리오. 바느질 솜씨 보잘것없는 자의 들

락날락 바르지 못한 바느질도 나의 손바닥으로 한 번 씻으면 잘
〔인두로 한 번 다리면〕

못한 흔적이 감추어지니, 세요의 공이 나로 인하여 빛나느니라."
〔인두가 있어 바늘이 더욱 돋보인다고 주장함〕

울 낭자가 커다란 입을 벌리고 너털웃음을 웃으며 이르되,
〔'다리다'를 의미하는 한자에서 따온 이름〕

"인화야, 너와 나는 하는 일이 같다. 그러나 인화는 바느질할 때
〔다림질하는 데 쓰임〕

뿐이지만 나는 천만 가지 의복에 아니 참여하는 곳이 없다."
〔인두보다 다리미의 쓰임새가 더 많음을 내세움〕

규중 부인이 이르되,

"칠우의 공으로 의복을 다스리나, ㉢ 그 공이 사람이 쓰기에 달
〔칠우의 공보다 사람의 공이 더 크다고 말함〕

려 있는데 어찌 칠우의 공이라 하리오."

하고 말을 마치자 칠우를 밀치고 베개를 돋우고 깊이 잠이 드니,
〔칠우가 한탄할 수 있는 상황이 만들어짐〕

척 부인이 탄식하며 이르되,

"매정할 사 사람이요, 공 모르는 것은 여자로다. 의복 마를 때는
〔대구법 – 사람(규중 부인)에 대한 원망을 표현함〕

먼저 찾으면서 일이 끝나면 자기 공이라 하고, 게으른 종 잠 깨
〔규중 부인의 말을 언급하며 섭섭해함〕

우는 막대는 내가 아니면 못 칠 줄로 알고, 내 허리 부러짐도 모
〔자로 종을 때려 잠에서 깨움〕

르니 어찌 야속하고 노엽지 않으리오."

교두 각시가 이어서 말하기를,

"그대 말이 옳다. 옷을 마르며* 벨 때는 나 아니면 못하련만,

잘 드나니 아니 드나니 하고 내어 던지며 양다리를 각각 잡아
〔가위에 대한 사람의 불평〕

흔들 때는 불쾌하고 노엽기를 어찌 헤아리겠소. 세요 각시가 잠
〔바늘이 사라진 상황〕

깐이라도 쉬려고 달아나면 매양 내 탓인 양 여겨 내게 트집을

잡고, 마치 내가 감춘 듯이 문고리에 거꾸로 달아 놓고 좌우로
〔가위에 바늘이 붙어 있는지 찾음〕

돌려 보며 앞뒤로 검사해서 찾아낸 것이 몇 번인 줄 알리오. 그

공을 모르니 어찌 슬프고 원망스럽지 않으리오."

세요 각시 한숨짓고 이르되,

"너는 그렇거니와 나는 일찍이 무슨 일로 사람의 손에 보채이며

싫은 소리를 듣는지 사무치게 원통하구나. 더욱이 나의 약한 허
〔바늘에 대한 원망과 불평〕

리 휘두르며 날랜 부리를 돌려 힘껏 바느질을 돕는 줄도 모르고

마음에 맞지 아니하면 나의 허리를 분질러 화로에 넣으니 어찌
〔사람의 손에 맞지 않으면 바늘을 부러뜨려 화로에 넣음〕

원통하지 않으리오. 사람과는 극한의 원수 지간이라. 갚을 길이

없어 이따금 손톱 밑을 찔러 피를 내어 한을 풀면 조금 시원하
〔사람에게 원수를 갚기 위해 손을 찌름〕

나, ㉣ 간사하고 흉악한 감투 할미가 밀어 만류하니 더욱 애달
〔골무가 있어 바늘로 손을 찌를 수 없음〕

프고 못 견딜 일이로다."

인화가 눈물지며 이르되,

"그대는 아프다 어떻다 하는구나. 나는 무슨 죄로 붉은 불 가운
〔인두를 불에 달구는 일〕

데 낯을 지지면서 굳은 것 깨치는 일은 나에게 다 시키니 섧고*
〔인두로 호두 등을 깨기도 함〕

괴로운 것을 헤아리지 못하겠구나."

울 낭자가 슬픈 표정으로 말하기를,

"그대와 나는 하는 일이 같고 욕되기도 마찬가지라. 제 옷을 문
〔인두와 다리미의 역할과 대우가 비슷함〕

지르고 멱*을 잡아 들까부르며* 우겨 누르니, ㉤ 하늘이 덮치는
〔다리미를 함부로 다룸〕

듯 심신이 아득하여 내 목이 따로 떨어진 적이 몇 번이나 되는
〔다리미 손잡이가 떨어진 상황〕

줄 알리오."

칠우가 이렇게 이야기를 주고받으며 회포를 푸는데 자던 여
자가 문득 깨어나 칠우에게 이르기를,

상황의 전환

"여러 벗들은 어찌 그토록 내 허물을 들추어 말하느냐?"

감투 할미가 머리를 조아려 사죄하며 말하기를,

"<u>젊은 것들</u>이 망령되게 생각이 없는지라 모자람이 많사옵

자신을 제외한 칠우

니다. 저희들이 재주를 믿고 공이 많음을 자랑하며 원망을

했으니 마땅히 곤장을 쳐야 하나, 평소의 깊은 정과 저희들

규중 부인에게 용서를 구함 - ① 처세술 ② 아첨

[A] 의 조그만 공을 생각하여 용서하심이 옳을까 하나이다."

여자가 답하기를,

"할미 말을 좇아 더 이상 잘못을 묻지 않을 것이다. 내 손부

리가 성한 것이 할미의 공이라. 꿰어 차고 다니며 은혜를 잊

골무의 공을 가장 높게 평가함

지 아니할 것이니, <u>금주머니를 짓고 그 가운데 넣어 몸에 지</u>

골무에 대한 편애

<u>니고 다니며 서로 떠나지 않게 하리라.</u>"

하고 말하니, 할미는 머리를 조아려 사례하고 나머지 벗들은

부끄러워하며 물러나니라.

　　　　　　　　　　　　　　　- 작자 미상, 〈규중칠우쟁론기〉 -

* **마련**: 마름질. 옷감이나 재복 따위를 치수에 맞도록 재거나 자르는 일.
* **재단(裁斷)**: 옷감이나 재목 따위를 치수에 맞도록 재거나 자르는 일.
* **누비**: 두 겹의 천 사이에 솜을 넣고 줄이 죽죽 지게 박는 바느질. 또는 그렇게 만든 물건.
* **솔기**: 옷이나 이부자리 따위를 지을 때 두 폭을 맞대고 꿰맨 줄.
* **손부리**: 손가락의 끝을 비유적으로 이르는 말.
* **마르다**: 옷감이나 재목 따위의 재료를 치수에 맞게 자르다.
* **섧다**: 원통하고 슬프다.
* **멱**: 목의 앞쪽.
* **들까부르다**: 위아래로 심하게 흔들다.

01　인물의 말하기 방식 파악하기　　　　답 | ③

윗글의 인물들의 말하기 방식으로 가장 적절한 것은?

정답 선지 분석

③ '울 낭자'는 '인화 부인'보다 하는 일이 더 많음을 들어 공을 내세우고 있다.
　'울 낭자'는 '인화는 바느질할 때뿐이지만 나는 천만 가지 의복에 아니 참여하는 곳이 없다'라고 하며 자신이 하는 일이 '인화 부인'보다 더 많음을 들어 공을 내세우고 있다.

오답 선지 분석

① '척 부인'은 '감투 할미'를 깎아내리면서 공을 내세우고 있다.
　'척 부인'은 '감투 할미'를 깎아내리지 않았으며, 단지 '옷 짓는 공은 내가 으뜸이 되리라'라고 하며 공을 내세우고 있다.

② '청홍흑백 각시'는 '세요 각시'의 겸손함을 칭찬하면서 공을 내세우고 있다.
　'청홍흑백 각시'는 '네 아무리 잘난 체하나~내가 아니면 너 어찌 성공하리오'라고 하며 '세요 각시'를 깎아내리면서 공을 내세우고 있다.

④ '교두 각시'는 '세요 각시'와 비교당하는 것에 대한 원망을 토로하고 있다.
　'교두 각시'는 '세요 각시'가 없어진 것을 자신의 탓으로 돌리는 여자에 대한 원망을 토로하고 있다. '세요 각시'와 비교당하는 것에 대한 원망을 토로하지는 않았다.

---

⑤ '인화 부인'은 '울 낭자'와 서로 공감대를 형성하며 원망을 토로하고 있다.
　'울 낭자'가 '인화 부인'과 서로 공감대를 형성하며 원망을 토로하고 있는 것이지, '인화 부인'이 '울 낭자'와 서로 공감대를 형성한 것은 아니다.

02　구절의 의미 파악하기　　　　답 | ⑤

㉠~㉤에 대한 설명으로 적절하지 않은 것은?

정답 선지 분석

⑤ ㉤: 사람이 다리미를 원래의 용도로 사용하지 않는 것을 비난하는 것이다.
　'울 낭자'는 사람이 자신의 '멱을 잡아 들까부르며 우겨 누르'는 상황을 한탄하고 있으므로, ㉤에서 '내 목이 따로 떨어진 적'이라는 것은 다리미 손잡이가 따로 떨어질 뻔한 적이 있음을 가리키는 것이다. 즉, ㉤에서 사람이 다리미를 험하게 다루는 것을 비난하고 있을 뿐, 다리미를 원래의 용도로 사용하지 않는 것을 비난하지는 않는다.

오답 선지 분석

① ㉠: 자로 옷감을 재어도 가위로 자르지 않으면 소용없다는 의미이다.
　'교두 각시(가위)'는 '척 부인(자)'에게 '그대 아무리 마련을 잘한들 베어 내지 아니하면 모양이 제대로 되겠느냐?'라고 하였으므로, ㉠은 자로 옷감을 재어도 가위로 자르지 않으면 소용없다는 의미이다.

② ㉡: 옛말을 인용하여 바늘을 따라다녀야 하는 실의 처지를 폄하하는 것이다.
　'감투 할미'는 '청홍흑백 각시(실)는 세요(바늘)의 뒤를 따라다니며 무슨 말 하시느뇨'라고 하였다. '닭의 입이 될지언정 소의 꼬리가 되지 말라'는 큰 집단의 말단보다는 작은 집단의 우두머리가 되는 것이 낫다는 의미이므로, ㉡은 옛말을 인용하여 바늘을 따라다녀야 하는 실의 처지를 폄하하는 것이다.

③ ㉢: 도구의 공보다는 도구를 사용하는 사람의 공이 더 크다는 사고방식이 담겨 있다.
　'규중 부인'은 '칠우의 공으로 의복을 다스리나'라고 하며 칠우의 공을 인정하기는 했지만, ㉢에서 도구의 공보다는 그 도구를 사용하는 사람의 공이 더 크다는 사고방식을 보이고 있다.

④ ㉣: 골무로 인해 사람의 손가락이 바늘에 찔리지 않는 것을 표현하는 것이다.
　'세요 각시(바늘)'는 사람을 원수로 생각하여 이따금 손톱 밑을 찌르려 '감투 할미(골무)' 때문에 그러지 못한다고 하였으므로, ㉣은 골무로 인해 사람의 손가락이 바늘에 찔리지 않는 것을 표현하는 것이다.

03　외적 준거를 바탕으로 작품 이해하기　　　　답 | ④

보기 를 참고하여 [A]를 이해한 내용으로 가장 적절한 것은?

보기

　〈규중칠우쟁론기〉는 사물을 의인화하여 인간 세상을 표현하고 있다. 긍정적인 측면에서 보자면, 규중 칠우의 쟁론은 자신의 직분에 따라 성실하게 살아가야 한다는 교훈을 주고 있다. 하지만 부정적인 측면에서 보자면, 공치사를 일삼는 세태와 더불어 간신배를 풍자한다고 볼 수 있다.

* **직분(職分)**: 직무상의 본분.
* **공치사(功致辭)**: 남을 위하여 수고한 것을 생색내며 스스로 자랑함.

정답 선지 분석

④ 곤경을 벗어나고자 윗사람에게 아첨하는 사람과, 자신에게 아첨하는 사람을 편애하는 지배층을 풍자하고 있다.
　[A]에서 '감투 할미'가 '젊은 것들이 망령되게~용서하심이 옳을까 하나이다'라고 말한 것은 곤경을 벗어나고자 윗사람인 '규중 부인'에게 아첨한 것이다. 또한 '규중 부인'이 '내 손부리가 성한 것이~서로 떠나지 않게 하리라'라고 말한 것은 자신에게 아첨한 '감투 할미'를 편애한 것이다. 〈보기〉에서도 윗글이 간신배를 풍자하고 있다고 볼 수 있다고 하였으므로, [A]는 곤경을 벗어나고자 윗사람에게 아첨하는 사람과, 자신에게 아첨하는 사람을 편애하는 지배층을 풍자하고 있다고 할 수 있다.

① 공동체 생활에 염증을 느끼는 젊은 세대와, 이를 무작정 비난하는 노인 세대를 풍자하고 있다.

[A]에서 '감투 할미'가 '젊은 것들이 망령되게 생각이 없는지라 모자람이 많'다고 하기는 했으나, 이는 '감투 할미'를 제외한 규중 칠우가 공동체 생활에 염증을 느꼈기 때문이 아니다.

② 자신의 재주만 믿고 오만하게 행동하는 사람과, 작은 재주도 크게 받아들이는 지배층을 풍자하고 있다.

[A]에서 '감투 할미'가 '저희들이 재주를 믿고 공이 많음을 자랑하며 원망을 했'다고 하기는 했으나, '규중 부인'이 작은 재주도 크게 받아들이는 모습을 풍자하고 있다고 할 수는 없다.

③ 윗사람의 허물을 지적하지 못하는 사람과, 바른말을 하는 사람을 오히려 처벌하는 지배층을 풍자하고 있다.

[A]에서 '규중 부인'은 규중 칠우를 가리켜 '여러 벗들은 어찌 그토록 내 허물을 들추어 말하느냐?'라고 하였으며, 바른말을 하는 사람을 처벌하지 않고 '더 이상 잘못을 묻지 않을 것'이라고 하였다.

⑤ 다른 사람을 깎아내려 자신만 비난을 피하는 사람과, 잘못을 지적한 사람에게 가혹한 벌을 내리는 지배층을 풍자하고 있다.

[A]에서 '감투 할미'가 '젊은 것들이 망령되게 생각이 없는지라 모자람이 많'다고 하며 다른 규중 칠우를 깎아내려 비난을 피하고 있는 것은 맞으나, '규중 부인'은 '더 이상 잘못을 묻지 않'고 있으므로 잘못을 지적한 사람에게 가혹한 벌을 내린다는 설명은 옳지 않다.

04 발화의 의도 파악하기

빈칸에 들어갈 인물을 찾아 쓰시오.

ⓐ는 아무리 훌륭하고 좋은 것이라도 다듬고 정리하여 쓸모 있게 만들어 놓아야 값어치가 있음을 비유적으로 이르는 말이다. 이를 보면, '세요 각시'가 ⓐ를 언급한 것은 '(　　　　)'와/과 '교두 각시'가 천을 재단하더라도 자신이 없으면 옷을 지을 수 없다고 주장하기 위해서이다.

척 부인

| 본문 | 225쪽

◀ **빠른 정답 체크** **01** ③ **02** ② **03** 주체, 상대, -이-

담화 상황에서 화자가 자신의 의도를 명확하게 전달하고 청자와 원활하게 의사소통을 하기 위해서는 대상과 상황에 맞게 문법 요소를 활용해야 한다. 이러한 문법 요소에는 높임 표현, 피동 표현 등이 있다.

<u>높임 표현</u>은 화자가 대상의 높고 낮은 정도를 언어적으로 구별
　　　　　　　　　　　　　　높임 표현의 개념
하는 것이다. 이는 화자가 높이려는 대상이 누구인지에 따라 주체

높임, 객체 높임, 상대 높임으로 구분된다. 높임의려는 대상에 따른 높임 표현의 종류 <u>주체 높임</u>은 서술어의
높이려는 대상에 따른 높임 표현의 종류
주체를 높이는 방식이다. 이는 일반적으로 서술어에 선어말 어미
주체 높임의 개념　　　　　　　　　　　**주체 높임의 실현 방법 ①**
'-(으)시-'가 붙어서 실현되며, '주무시다, 잡수시다'와 같은 특수
　　　　　　　　　　　　　　주체 높임의 실현 방법 ②
한 어휘나 조사 '께서'로 실현되기도 한다. 주체 높임에는 높임의

대상을 직접적으로 높이는 방식과 높이려는 대상의 신체 일부분,
주체 높임의 방식 ①　　　　　　　**주체 높임의 방식 ②**
소유물, 생각 등과 관련된 서술어에 '-(으)시-'를 사용해 높임의 대

상을 간접적으로 높이는 방식이 있다. <u>객체 높임</u>은 목적어나 부사

어가 지시하는 대상, 즉 서술어의 객체를 높이는 방식이다. 이는
객체 높임의 개념
보통 '드리다, 모시다'와 같은 특수한 어휘나 조사 '께'로 실현된
　　　　　　　　　　　　객체 높임의 실현 방법
다. <u>상대 높임</u>은 청자를 높이거나 낮추는 방식이다. 상대 높임은
　　　　　상대 높임의 개념
종결 어미를 통해 실현되는데 하십시오체, 하오체, 하게체, 해라
　　　　　　　　상대 높임의 실현 방법
체와 같은 격식체와 해요체, 해체와 같은 비격식체로 나뉜다. 보

통 공적인 상황에서 예의를 갖추며 상대를 높일 때에는 격식체의
　　　　　　　　하십시오체를 사용하는 경우
하십시오체를 사용하고, 사적인 상황에서 친밀감을 드러내며 높
　　　　　　　　　　　해요체를 사용하는 경우
일 때에는 비격식체의 해요체를 사용한다.

[A] 　한편 <u>피동 표현</u>은 주어가 다른 주체에 의해 동작이나 행위
　　　　　　피동 표현의 개념
를 당하는 것을 표현하는 것이다. 이와 반대로 주어가 동작이

나 행위를 제힘으로 함을 표현하는 것은 능동 표현이라고 한
능동 표현의 개념
다. 그런데 능동 표현을 피동 표현으로 바꾸거나 피동 표현을

능동 표현으로 바꾸면 문장 성분에 변화가 일어난다. 피동 표

현은 능동의 동사에 피동 접미사 '-이-', '-히-', '-리-', '-기-'

가 붙거나, 동사의 어간에 '-어/아지다', '-게 되다' 등이 붙
　　　　　　　　　피동 표현의 실현 방식 ②
어서 실현된다. 그리고 일부 명사 뒤에 '-되다'가 결합하여
　　　　　　　　　　　　피동 표현의 실현 방식 ③
실현되기도 한다. 피동 표현이 실현되면 동작이나 행위를 당

하는 대상이 주어로 나타나므로 동작이나 행위를 당한 대상
　　　　　　　　　　피동 표현의 효과

이 강조되는 효과가 있다. 그런데 간혹 피동 표현을 만드는 요

소를 중복으로 결합하여 이중 피동 표현을 사용하는 일이 발

생한다. 이러한 경우 잘못된 표현이 되어 화자의 의도를 효과
　　　　　　　　　이중 피동 표현의 문제점
적으로 드러내기 어렵고 상대방과의 원활한 의사소통을 방해

할 수 있다. 그러므로 피동 표현의 쓰임새를 정확하게 이해하

여 피동 표현을 사용하는 일은 중요하다.

01 높임 표현 탐구하기　　　　　　　　　　답 | ③

윗글을 바탕으로 보기 를 탐구한 내용으로 적절하지 않은 것은?

보기

ㄱ. (회장이 학급 친구들에게) 지금부터 학급 회의를 시작하겠습니다.

ㄴ. (언니가 동생에게) 나는 지난주에 할머니를 뵙고 왔어.

ㄷ. (형이 동생에게) 할아버지께서는 지금 어디 계시니?

ㄹ. (학생이 선생님에게) 선생님의 옷이 멋지십니다.

ㅁ. (아들이 어머니에게) 아버지께 다녀왔어요.

정답 선지 분석

③ ㄷ: '형'은 조사와 선어말 어미를 사용하여 주체인 '할아버지'를 높이고 있다.

　　ㄷ은 화자인 '형'이 조사 '께서'와 특수한 어휘 '계시다'를 사용하여 주체인 '할아버지'
　　를 높이고 있으므로 적절하지 않다.

오답 선지 분석

① ㄱ: '회장'은 공적인 상황에서 종결 어미를 사용하여 상대인 '학급 친구들'을
　　높이고 있다.

　　ㄱ은 화자인 '회장'이 학급 회의라는 공적인 상황에서 종결 어미 '하십시오체'를 사용
　　하여 상대인 '학급 친구들'을 높이고 있으므로 적절하다.

② ㄴ: '언니'는 특수한 어휘를 사용하여 객체인 '할머니'를 높이고 있다.

　　ㄴ은 화자인 '언니'가 특수한 어휘 '뵙다'를 사용하여 객체인 '할머니'를 높이고 있으므
　　로 적절하다.

④ ㄹ: '학생'은 선어말 어미를 사용하여 '선생님'을 간접적으로 높이고 있다.

　　ㄹ은 화자인 '학생'이 선어말 어미 '-시-'를 사용하여 '선생님'을 간접적으로 높이고
　　있으므로 적절하다.

⑤ ㅁ: '아들'은 조사를 사용하여 객체인 '아버지'를 높이고 있다.

　　ㅁ은 화자인 '아들'이 조사 '께'를 사용하여 객체인 '아버지'를 높이고 있으므로 적절하다.

02 피동 표현 이해하기　　　　　　　　　　답 | ②

[A]를 바탕으로 보기 의 ㉠~㉤에 대해 설명한 것으로 적절하지 않은 것은?

보기

학생 1: 어제 유기견 보호 센터에서 한 봉사활동은 어땠어?

학생 2: 응, 좋았어. 강아지들과 놀아 주고 산책도 했어. 그리고 친구들
　　　　의 마음이 ㉠ 담긴 성금도 전달했지.

학생 1: ㉡ 버려지는 강아지들이 ㉢ 구조되는 데 성금이 ㉣ 쓰인다고 해
　　　　서 나도 모금에 동참했어.

학생 2: 아, 그래? 유기견 보호 행사가 다음 주에 ㉤ 열린다는데 너도 같
　　　　이 갈래?

학생 1: 응. 좋아.

② ㉡은 피동 접미사 '-리-'가 쓰인 동사의 어간에 '-어지다'가 중복해서 결합한 이중 피동 표현이다.

'버려지는'은 어간 '버리-'에 어미 '-어지다'가 쓰인 피동 표현이다. 피동 접미사 '-리-'가 결합하지 않았으므로 적절하지 않다.

① ㉠은 능동의 동사에 피동 접미사 '-기-'가 결합하여 실현된 피동 표현이다.

'담긴'은 능동의 동사 어근 '담-'에 피동 접미사 '-기-'가 결합하여 실현된 피동 표현이 므로 적절하다.

③ ㉢은 명사 뒤에 '-되다'가 결합하여 주어가 행위를 당하는 것을 표현하고 있다.

명사 '구조' 뒤에 '-되다'가 결합하여 주어 '강아지들'이 '구조' 행위를 당하는 것을 표현하고 있으므로 적절하다.

④ ㉣은 '쓴다고'와 같이 능동 표현으로 바뀔 경우 ㉣의 주어가 목적어로 바뀐다.

'쓴다고'와 같이 능동 표현으로 바뀔 경우 '쓰인다고'의 주어인 '성금이'는 목적어 '성금을'로 바뀌므로 적절하다.

⑤ ㉤은 행사를 여는 주체보다 '유기견 보호 행사'가 강조되는 효과가 드러나는 피동 표현이다.

'열리는'은 행사를 여는 주체보다 '유기견 보호 행사'가 주어로서 강조되는 효과가 있으므로 적절하다.

03 높임 표현, 피동 표현 이해하기

ⓐ~ⓒ에 들어갈 말로 적절한 것을 차례대로 쓰시오.

'아버지께서 동생에게 밥을 먹이셨습니다.'라는 문장은 특수 어휘 '께서'와 선어말 어미 '-(으)시-'를 통해 (ⓐ) 높임이 실현되었고, 하십시오체를 통해 (ⓑ) 높임이 실현되었다. 한편, '먹이셨습니다'는 피동 접미사 '(ⓒ)'을/를 통해 피동 표현이 실현되었다.

주체, 상대, -이-

독서 **2차 전지**

일반적으로 전지는 1차 전지와 2차 전지로 나뉜다. 1차 전지는 한 번 사용하고 나면 재사용이 불가능하지만 2차 전지는 전기에 _{1차 전지의 특징}
너지와 화학에너지의 반응을 통해 방전된 후에도 충전할 수 있어 _{2차 전지의 특징}
재사용이 가능하다. 휴대전화와 전기 자동차에 사용되는 배터리 _{2차 전지의 예시}
가 모두 2차 전지에 해당한다. 그렇다면 2차 전지는 어떠한 원리로 작동할까?

▶ 1문단: 2차 전지의 특징

보통 2차 전지라고 하면 리튬이온전지를 일컫는다. 이 전지는 양극과 음극을 도선*으로 연결하여, 전지의 전력을 사용할 때는 음극에 있는 리튬이온에서 전자가 분리되어 도선을 통해 음극에 _{전지의 전력을 사용할 때의 전자의 이동}
서 양극으로 전자가 흐른다. 음극에 있는 리튬이온은 전자를 내 _{전자가 음극에서 양극으로 이동하는 이유}

보내려는 성질이 있기 때문이다. 이러한 전자의 이동을 통해 전기를 일으켜 전력이 소모되는 방전이 일어난다. 방전 시에는 음극에 _{방전의 개념}
있던 리튬이온도 전해질*을 통해 음극에서 양극으로 이동한다. _{방전되었을 때의 리튬이온의 이동}
이런 방식으로 전지가 모두 방전되고 나면 리튬이온과 전자는 양극에 모여 있게 되는데, 이때 리튬이온은 안정적인 상태가 되기 때문에 자발적으로 전자를 내보내지 않는다. 따라서 충전기를 통해 외부에서 전압을 가함으로써 리튬이온과 전자를 다시 음극으 _{외부에서 전압을 가할 때의 리튬이온과 전자의 이동}
로 보내고, 이 이온을 음극에서 저장하는 방식으로 충전이 이루어진다. 다시 말해 화학에너지를 전기에너지로 변환하는 방전과 _{2차 전지를 반복적으로 사용하는 방식}
전기에너지를 화학에너지로 다시 저장하는 충전을 통해 2차 전지의 반복적인 사용이 가능한 것이다.

▶ 2문단: 리튬이온전지의 작동 원리

이러한 작동을 위해 2차 전지는 양극재, 음극재, 전해질, 분리막으로 구성된다. 양극재에는 니켈 카드뮴, 니켈 수소 등 다양한 소재가 사용되는데 리튬이온이 가장 많이 사용되는 것은 에너지 밀도가 높아 성능이 우수하고 메모리 효과가 없기 때문이다. 메 _{양극재에 리튬이온을 사용하는 이유}
모리 효과란「전지가 완전히 방전되기 전에 충전하면 전기량이 남 _{「」: 메모리 효과의 개념}
아 있음에도 충전기가 완전 방전으로 기억하는 효과를 가지게 되어, 최초에 가지고 있는 충전용량보다 용량이 줄어들면서 전지의 수명이 줄어드는 현상」을 말한다. 그리고 리튬이온전지에서 음극재로는 흑연이 주로 사용된다. 흑연은 종이가 겹쳐 있는 것과 같은 층상 구조*를 이루고 있어 양극에서 빠져나온 리튬 원자들이 흑연의 층상 구조 사이로 끼어들고 전력을 사용할 때는 다시 이 구 _{흑연이 음극재로 작용하는 원리}
조에서 빠져나오게 된다. 이렇게 리튬이온을 반복적으로 저장하고 배출하면서도 그 구조의 변화가 적어 전지의 수명이 길어지는 효과를 거둘 수 있다. 또한 전해질에는 리튬을 용해할* 수 있 _{음극재에 흑연을 사용하는 이유} _{전해질의 역할}
는 액체 전해질이 사용된다. 그리고 분리막은 양극과 음극을 분리하는 역할을 한다. 양극과 음극이 연결되면 전지가 고장이 나 _{분리막의 역할}
거나 폭발이 일어날 수 있어 양극과 음극을 서로 분리하는 것이 _{분리막이 필요한 이유}
다. 다만, 분리막에는 아주 작은 구멍이 있어 리튬이온이 이동할 수 있다.

▶ 3문단: 리튬이온전지의 구조

* 도선(導線): 전기의 양극을 이어 전류를 통하게 하는 쇠붙이나 줄.
* 전해질(電解質): 물 따위의 용매에 녹아서, 이온화하여 음양의 이온이 생기는 물질.
* 층상 구조(層狀構造): 지질 이중층으로 만들어진 막이 겹겹이 쌓인 입체 구조.
* 용해하다(溶解하다): 녹거나 녹이다.

01 내용 전개 방식 파악하기   답 | ④

윗글에 대한 설명으로 가장 적절한 것은?

정답 선지 분석

④ 화제가 되는 대상이 작동하는 원리와 구조를 설명하고 있다.

    1문단에서 2차 전지라는 대상을 화제로 제시한 후 2문단에서 2차 전지의 작동 원리, 3문단에서 2차 전지의 구조를 설명하고 있다.

오답 선지 분석

① 특정한 기술에 대한 사회적 찬반 논쟁을 요약하고 있다.

    2차 전지에 대해서 설명하고 있지만, 기술에 대한 사회적 찬반 논쟁을 다룬 내용은 없다.

② 특정한 기술이 갖는 문제점과 해결 방안을 제시하고 있다.

    2차 전지에 대해서 설명하고 있지만, 기술의 문제점이나 해결 방안은 다루지 않았다.

③ 화제가 되는 대상의 기술이 발전해온 역사를 소개하고 있다.

    2차 전지를 화제로 제시하고 있지만, 기술이 발전해온 역사는 다루지 않았다.

⑤ 특정한 기술의 장단점을 소개하고 미래의 발전 방향을 제안하고 있다.

    2차 전지에 대해 다루고 있고, 재사용이 가능하다는 장점을 소개했지만, 단점을 소개하거나 미래의 발전 방향을 제안하지는 않았다.

02 핵심 내용 이해하기   답 | ③

윗글에서 알 수 있는 내용으로 적절하지 않은 것은?

정답 선지 분석

③ 2차 전지는 양극에 리튬이온이 모여 있게 함으로써 충전이 이루어진다.

    2문단에서 2차 전지가 모두 방전되고 나면 리튬이온과 전자가 양극에 모여 있게 되는데, 이때 리튬이온은 자발적으로 전자를 내보내지 않기 때문에 충전기를 통해 외부에서 전압을 가함으로써 전자와 리튬이온을 다시 음극으로 보내고, 이 이온을 음극에서 저장하는 방식으로 충전이 이루어진다고 하였으므로 적절하지 않다.

오답 선지 분석

① 음극에 저장되어 있는 리튬이온은 전자를 내보내려는 성질이 있다.

    2문단에서 리튬이온전지에서 전자가 리튬이온에서 분리되어 도선을 통해 음극에서 양극으로 흐르는 것은, 음극에 있는 리튬이온은 전자를 내보내려는 성질이 있기 때문이라고 하였으므로 적절하다.

② 2차 전지는 재사용과 충전이 가능하다는 점에서 1차 전지와 구분된다.

    1문단에서 1차 전지는 한 번 사용하고 나면 재사용이 불가능하지만 2차 전지는 전기에너지와 화학에너지의 반응을 통해 방전된 후에도 충전할 수 있어 재사용이 가능하다고 하였으므로 적절하다.

④ 리튬이온전지의 분리막은 양극과 음극의 연결로 인한 고장을 예방한다.

    3문단에서 분리막은 양극과 음극을 분리하는 역할을 하는데, 양극과 음극이 연결되면 전지가 고장이 나거나 폭발이 일어날 수 있어 양극과 음극을 서로 분리하는 것이라고 하였으므로 적절하다.

⑤ 완전한 방전 후 충전하면 메모리 효과에 의한 수명 감소를 방지할 수 있다.

    3문단에서 메모리 효과란 전지가 완전히 방전되기 전에 충전하면 전기량이 남아 있음에도 충전기가 완전 방전으로 기억하는 효과를 가지게 되어, 최초에 가지고 있는 충전 용량보다 용량이 줄어들면서 전지의 수명이 줄어드는 현상을 말한다고 하였다. 따라서 메모리 효과에 의한 전지의 수명 감소를 방지하려면 전지가 완전히 방전된 후에 충전하면 된다는 설명은 적절하다.

03 구체적 사례에 적용하기   답 | ②

윗글을 바탕으로 보기 를 이해한 내용으로 적절하지 않은 것은?

보기

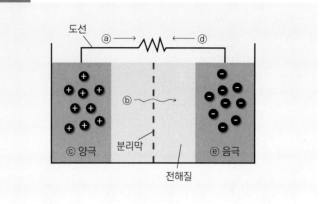

정답 선지 분석

② ⓑ처럼 이동한 전자는 흑연의 층상 구조 사이에 저장된다.

    3문단에 따르면, 분리막의 작은 구멍을 통해 이동하는 것은 전자가 아닌 리튬이온이다. 따라서 전자가 ⓑ처럼 이동한 것이라는 설명은 적절하지 않다. 2문단에서 전자는 전해질이 아니라 도선을 통해 이동한다고 설명하고 있다.

오답 선지 분석

① ⓐ는 전기에너지를 화학에너지로 저장하는 과정에 해당한다.

    2문단에 따르면, 도선을 따라 이동하는 것은 전자이다. ⓐ에서는 전자가 양극에서 음극으로 이동하고 있는데, 이는 전기에너지를 화학에너지로 다시 저장하는 충전을 나타낸다.

③ ⓒ에 있는 리튬이온은 외부의 힘에 의해 다른 극으로 이동한다.

    2문단에 따르면, 전지가 방전되고 나면 리튬이온과 전자는 양극에 모여 있다가, 충전기를 통해 외부에서 전압이 가해지면 다시 음극으로 보내진다. 따라서 ⓒ에 있는 리튬이온은 외부의 전압에 의해 다른 극으로 이동할 것이다.

④ ⓓ와 같은 전자의 이동은 전지의 전력을 사용할 때 일어난다.

    ⓓ에서는 전자가 음극에서 양극으로 이동하고 있다. 2문단에 따르면, 음극에서 양극으로 전자가 흐르면 이러한 전자의 이동을 통해 전기를 일으켜 전력이 소모되는 방전이 일어난다.

⑤ ⓔ에 사용되는 소재의 구조 변화가 적으면 전지의 수명이 길어진다.

    ⓔ는 음극재를 가리키고 있다. 3문단에 따르면, 리튬이온전지에서 음극재로는 흑연이 주로 사용되는데, 이는 리튬이온을 반복적으로 저장하고 배출하면서도 그 구조의 변화가 적어 전지의 수명이 길어지는 효과를 거둘 수 있기 때문이라고 하였다.

04 인과 관계 파악하기

2차 전지의 양극재에 리튬이온이 주로 사용되는 이유를 서술하는 말로 적절한 것을 골라 차례대로 쓰시오.

    에너지 밀도가 (높아 / 낮아) 성능이 우수하고 메모리 효과가 (있기 / 없기) 때문이다.

정답

높아, 없기

아버님 날 낳으시고 어머님 날 기르시니
　　부생모육(父生母育)
㉠ 두 분 아니시면 이 몸이 살았을까

하늘 같은 끝없는 은덕*을 어찌 다 갚으리
　　자식에 대한 부모님의 은혜
　　　　　　　　　　　　　〈제1수〉
　　　　　　　　　　　▶ 부모에 대한 효도

㉡ 임금과 백성 사이 하늘과 땅이로되
　　임금과 백성 사이에는 위아래가 있음
나의 설운 일을 다 알려 하시거든
백성이 서러워하는 일　　임금의 애민 정신
우린들 살진 미나리를 혼자 어찌 먹으리
　　미나리나마 임금에게 보내어 충의를 표현하고 싶어 함
　　　　　　　　　　　　　〈제2수〉
　　　　　　　　　　　▶ 임금에 대한 충의

형아 아우야 네 살을 만져 보아라
　　　　　　　　△ : 명령형 어미의 사용
누구에게서 태어났기에 양자*조차 같으신가
　　같은 부모님에게서 태어남
㉢ 한 젖 먹고 길러 나서 딴 마음을 먹지 마라

　　　　　　　　　　　　　〈제3수〉
　　　　　　　　　　　▶ 형제간의 우애

　　　　　　○ : 청유형 어미의 사용
마을 사람들아 옳은 일 하자꾸나
　　　　　옳은 일을 할 것을 직접적으로 권유함
사람이 되어 나서 옳지 못하면

마소*를 갓 고깔 씌워 밥 먹이나 다르랴
　　옳은 일을 하지 않는 사람은 짐승과 다를 바 없음
　　　　　　　　　　　　　〈제8수〉
　　　　　　　　　　　▶ 옳은 일의 권장

㉣ 오늘도 다 새었다 호미 메고 가자꾸나
　　　화자 역시 백성의 한 사람임을 알 수 있음
내 논 다 매거든 네 논 좀 매어 주마
　　　　상부상조(相扶相助)
올 길에 뽕 따다가 누에 먹여 보자꾸나
　　　　　　　　　　　　　〈제13수〉
　　　　　　　　　　　▶ 근면과 상부상조

이고 진 저 늙은이 짐 풀어 나를 주오
　　짐을 머리에 이고 등에 진
나는 젊었으니 돌인들 무거울까
　　젊은 자신에게는 짐이 무겁지 않다는 의미
㉤ 늙기도 서럽거늘 짐조차 지실까

　　　　　　　　　　　　　〈제16수〉
　　　　　　　　　　　▶ 노인에 대한 공경
　　　　　　　　　　　 - 정철, 〈훈민가〉 -

* 은덕(恩德): 은혜와 덕. 또는 은혜로운 덕.
* 양자(樣姿): 겉으로 나타난 모양이나 모습.
* 마소: 말과 소를 아울러 이르는 말.

01　화자의 특징 파악하기　　　　　　　　답 | ①

윗글의 화자가 백성의 한 사람으로 설정된 이유로 가장 적절한 것은?

정답 선지 분석

① 청자로 하여금 친근함을 느끼게 하기 위해서이다.

　윗글의 작가는 양반이지만 화자는 백성의 한 사람으로 설정되어 있다. 이는 윗글이 백성들을 대상으로 한 것이기 때문에, 청자인 백성들로 하여금 친근감을 느끼게 하기 위해서이다.

오답 선지 분석

② 청자에게 훈계할 수 있는 위치가 되기 위해서이다.

　윗글이 훈계조를 띠고 있기는 하지만, 이는 화자가 백성의 한 사람으로 설정된 이유와는 관련이 없다. 화자와 청자는 같은 백성이므로 동등한 위치라고 볼 수 있다.

③ 지배층의 무능함을 효과적으로 비판하기 위해서이다.

　윗글은 지배층의 무능함을 비판하고 있지 않다.

④ 백성도 양반과 같이 유교 윤리를 지켜야 함을 강조하기 위해서이다.

　윗글에서 백성에게 유교 윤리를 지킬 것을 권장하고 있지만, 양반과 같이 유교 윤리를 지켜야 함을 강조하지는 않았으며 화자가 백성의 한 사람으로 설정된 이유와도 관련이 없다.

⑤ 백성들의 언어를 사용하여 해학적인 분위기를 조성하기 위해서이다.

　윗글에서 백성들의 일상 언어를 사용하고 있기는 하지만, 해학적인 분위기를 조성하고 있지는 않다.

02　표현상의 특징 파악하기　　　　　　　답 | ⑤

㉠~㉤에 대한 설명으로 적절하지 않은 것은?

정답 선지 분석

⑤ ㉤: 대조적 표현을 활용하여 늙어서 노동이 힘들어진 상황을 한탄하고 있다.

　㉤에서 대조적 표현은 활용되지 않았으며, 늙어서 노동이 힘들어진 상황을 한탄하고 있는 것이 아니라 노인을 공경하는 마음을 드러내고 있다.

오답 선지 분석

① ㉠: 설의적 표현을 활용하여 부모의 은혜를 강조하고 있다.

　㉠은 '-ㄹ까'라는 어미에서 설의적 표현을 활용하고 있음을 알 수 있고, '두 분(아버님과 어머님) 아니시면 이 몸이 살았을까'라고 하며 부모의 은혜를 강조하고 있다.

② ㉡: 비유적 표현을 활용하여 임금과 백성의 높낮이를 설명하고 있다.

　㉡은 '임금과 백성 사이'를 '하늘과 땅'에 비유하고 있고, 이를 통해 임금과 백성의 높낮이를 설명하고 있다.

③ ㉢: 명령형 표현을 활용하여 형제간의 우애를 지킬 것을 말하고 있다.

　㉢은 '-지 마라'라는 어미에서 명령형 표현을 활용하고 있음을 알 수 있고, '한 젖 먹고 길러 나서 딴 마음을 먹지 마라'라고 하며 한 젖을 먹고 자란 형제간의 우애를 지켜야 함을 말하고 있다.

④ ㉣: 청유형 표현을 활용하여 함께 농사를 지으러 갈 것을 권하고 있다.

　㉣은 '-자꾸나'라는 어미에서 청유형 표현을 활용하고 있음을 알 수 있고, 날이 밝았으니 호미를 매고 농사를 지으러 갈 것을 권하고 있다.

03　작품 간의 공통점, 차이점 비교하기　　답 | ④

윗글과 보기 를 비교한 내용으로 적절하지 않은 것은?

보기

임금은 아버지요,
신하는 사랑하실 어머니요,
백성은 어린아이라고 한다면,
백성이 사랑을 알 것입니다.
꾸물거리며 사는 백성이
이들을 먹여 다스려서
이 땅을 버리고 어디로 갈 것이냐 한다면,
나라 안이 유지될 줄 알 것입니다.
아아, 임금답게, 신하답게, 백성답게 한다면,
나라 안이 태평할 것입니다.

　　　　　　　　　　　- 충담사, 〈안민가〉

정답 선지 분석

④ 윗글은 〈보기〉와 달리 각자의 본분에 충실할 것을 주장하고 있다.

〈보기〉에서 '임금답게, 신하답게, 백성답게 한다면, / 나라 안이 태평할 것입니다'라고 한 것은 임금과 신하와 백성이 각자의 본분에 충실해야 한다는 의미이다. 따라서 윗글이 〈보기〉와 달리 각자의 본분에 충실할 것을 주장하고 있다는 설명은 적절하지 않다.

오답 선지 분석

① 윗글과 〈보기〉는 모두 사람의 도리에 대해 다루고 있다.

윗글은 효도나 충심, 우애 등 사람으로서 마땅히 지켜야 할 유교적 윤리에 대해 다루고 있다. 〈보기〉 또한 백성을 다스리는 도리에 대해 다루고 있다.

② 윗글과 〈보기〉는 모두 청자에게 권유의 말을 하고 있다.

윗글의 〈제8수〉에서 '마을 사람들아 옳은 일 하자꾸나', 〈제13수〉에서 '오늘도 다 새었다 호미 매고 가자꾸나'라고 하며 청자에게 권유의 말을 하고 있다. 〈보기〉에서도 임금에게 백성을 자식처럼 대할 것을 권유하고 있다.

③ 윗글은 청자를 백성으로, 〈보기〉는 청자를 임금으로 설정하고 있다.

윗글의 청자는 농업에 종사하는 백성이고, 〈보기〉의 청자는 백성을 다스려야 하는 임금이다.

⑤ 〈보기〉는 윗글과 달리 나라를 다스리는 방법에 대해 이야기하고 있다.

윗글은 나라를 다스리는 방법이 아닌, 나라를 다스리는 임금에 대한 충심을 표현하고 있다. 그러나 〈보기〉에서는 백성을 자식처럼 사랑하며 먹여 다스려야 한다고 말하고 있으므로 적절하다.

04 시구의 의미 파악하기

〈보기〉에서 설명하는 사자성어와 관련 있는 시구를 찾아 첫 어절과 마지막 어절을 쓰시오.

보기

• 상부상조(相扶相助): 서로서로 도움.

정답

내, 주마

문학 2 삼대(염상섭)

빠른 정답 체크 **01** ② **02** ① **03** ⑤ **04** 덕기, 열쇠

"왜 그런 말씀 하셔요. 그까짓 재산이 무엡니까. 그런 걱정은 모
_{조 의관은 상훈은 자신이 죽기를 바랄 것이라고 말함}
두 병환 중이시니까 신경이 피로하셔서 안 하실 걱정을 하십니다. 얼마 있으면 꼭 일어나십니다."

덕기는 조부를 안위시키려고* 애썼다.
_{조 의관}
"네 말대로 되었으면 작히*나 좋으랴만 다시 일어난대도 나는
_{자신이 병에서 회복하지 못할 것을 예감함}
폐인이나 다름없을 것이다. 어쨌든 이 금고 열쇠를 맡아라. 어떤 놈이 무어라고 하든지 소용없다. 이 열쇠 하나를 네게 맡기
_{집안을 덕기에게 맡기고자 함}
려고 그렇게 급히 부른 것이다. 하지만 맡겨 노면 이제는 나도 마음 놓고 눈을 감겠다. 그러나 「내가 죽기까지는 네 마음대로
_{「」: 재산에 대한 집착이 드러남}
한만히* 열어보아서는 아니 된다. 금고 속에는 네 도장까지 있

다마는 **내가 눈을 감기 전에는 네 도장이라도 네 손으로 써서는 아니 된다.** 이 열쇠는 맡아 두었다가 내가 천행*으로 일어나면 그대로 내게 다시 다오.」

조부는 수원집까지 내보내 놓고 머리맡의 조그만 손금고를 열
_{방에 덕기와 단둘이 남음}
라고 하여 열쇠 꾸러미를 꺼내 맡기고 이렇게 일러 놓았다.

"아직 제가 맡을 것이야 있습니까? 저는 할아버님 병환만 웬만
_{덕기는 동경 유학생이나 잠시 공부를 중단하고 고향에 옴}
하시면 곧 다시 가야 할 텐데요? 그리고 아범을 제쳐 놓고 제가
_{조 의관의 아들이자 덕기의 아버지인 상훈을 가리킴}
어떻게 맡겠습니까?"

덕기로서는 도리로 보아도 그렇지마는 **공부를 집어치우고 살림**
_{아버지가 있는데 자신이 집안을 맡을 수는 없음}
꾼으로 들어앉을 수도 없는 일이었다.
_{가문보다 자신의 공부를 중요시함(근대적 가치관)}
"다시 간다고?…… 못 간다. 내가 살아난대도 다시 못 간다."
_{덕기에게 집안을 맡기려는 강한 의지}
조부는 절대 엄명*이었다.

"하던 공부를 그만둘 수야 있겠습니까. 불과 한 달이면 졸업인데요."

┌ "공부가 중하냐? 집안일이 중하냐? 그것도 네가 없어도 상
│ _{공부보다 집안일이 중요함을 강조함}
│ 관없는 일이면 모르겠지만 나만 눈감으면 이 집 속이 어떻게
│ _{덕기가 없으면 집안이 엉망이 될 것임   덕기 외에는 집안을 맡길 사람이 없음}
│ 될지 너도 아무리 어린애다만 생각해 봐라. 졸업이고 무엇
│ 이고 다 단념하고 그 열쇠를 맡아야 한다. 그 열쇠 하나에 네
│ _{공부보다 열쇠(가문)를 중요시함}
│ 평생의 운명이 달렸고 이 집안 가운*이 달렸다. 너는 열쇠를
│ _{조 의관이 열쇠에 부여하는 의미   집안의 재산}
[A] 붙들고 사당을 지켜야 한다. 네게 맡기고 가는 것은 사당과
│ _{가문   덕기를 집안의 상속인으로 지정함 → 갈등의 계기}
│ 열쇠 ─ 두 가지뿐이다. 그 외에는 유언이고 뭐고 다 쓸데없
│ 다. 이때까지 공부를 시킨 것도 그 두 가지를 잘 모시고 지
│ _{조 의관이 덕기에게 공부를 시킨 이유}
│ 키게 하자는 것이니까 그 두 가지를 버리고도 공부를 한다
│ 면 그것은 송장 내놓고 장사 지내는 것이다. 또 공부도 그만
│ _{목적(사당과 열쇠)   수단(공부)}
└ 큼 했으면 지금 세상에 행세*도 넉넉히 할 게 아니냐."

조부는 이만큼 이야기하기에도 기운이 폭 빠졌다. 이마에는 기
_{조 의관의 병이 위중함}
름땀이 쭉 솟고 숨이 차서 가슴을 헤치려고 한다.

"살림은 아직 아범더러 맡으라고 하시지요."
_{아버지가 아니라 자신이 집안을 물려받는 것을 부담스러워함}
덕기는 그래도 간하여* 보았다.

"쓸데없는 소리 마라! ㉠ 싫거든 이리 다오. 너 아니면 맡길 사
_{실제로는 맡길 사람이 없음}
람이 없겠니. 그 대신 내일부터 문전걸식*을 하든 어쩌든 나는
_{요구에 응하지 않으면 물질적 지원을 끊겠다고 선언함}
모른다."

조부는 이렇게 화는 내면서도 그 열쇠를 다시 넣어 버리려고는
_{덕기에게 열쇠를 줄 생각을 굽히지 않음}
하지 않았다.

덕기는 병인을 거슬러서는 안 되겠기에 추후로 다시 어떻게 하
_{논쟁을 이어나가다간 조 의관의 병이 악화될 수 있음}
든지 아직은 순종하리라고 가만히 고개를 떨어뜨리고 있으려니까
_{일단은 조 의관의 뜻을 따르기로 함}

밖에서 부석부석 옷 스치는 소리가 나더니 수원집이 얼굴이 발개
수원집이 들어오는 소리   조 의관이 덕기에게 재산을 물려줄 생각임을 알고 화가 남
서 들어온다. 이때까지 영창* 밑에 바짝 붙어 앉아서 방 안의 수
방에서 내보내졌음에도 떠나지 않음
작을 한 마디도 놓치지 않고 엿듣고 앉았던 것이다.
방 안에서는 상속과 관련된 이야기가 오감
덕기는 수원집이 들어오는 것을 보자 앞에 놓인 열쇠를 얼른 집
수원집이 재산을 노린다는 것을 짐작하고 있음
어 들고 일어서 버렸다.

"애아범, 잠깐 거기 앉게."

수원집의 얼굴에는 살기가 돌면서 나가려는 덕기를 붙든다.
재산을 차지하려는 수원집에게 덕기는 방해물임
수원집은 열쇠가 놓였으면 우선 그것부터 집어 놓고서 따지
금고 열쇠를 손에 넣고자 함
려는 것이라서 덕기가 성큼 넣어 버리는 것을 보니 인제는 절망
조 의관의 뜻을 따름   수원집의 입장에서 서술함
이다. 영감이 좀 더 혼돈천지*로 앓거나 덕기가 이 집에서 초혼*
조 의관이 앓느라 혼수상태에 빠지거나   덕기가 조 의관이 죽은 뒤 오거나
부르는 소리가 난 뒤에 오거나 하였더라면 머리맡 철궤* 안의 열

쇠를 한 번은 만져 볼 수가 있었을 것이다. 금고 열쇠를 한 번만

만져 볼 틈을 타면 일은 피는 것이었다. 그러나 그 틈을 탈 새가
유서를 손에 넣을 수 있음
없이 이 집에 사자*가 다녀 나가기 전에 덕기가 먼저 온 것이다.
조 의관이 죽기 전에
『덕기의 옴이 빨랐던지 '사자'의 옴이 늦었던지? 저희들의 일 꾸밈
① 조 의관을 독살하려 함 ② 동경에 있는 덕기에게 보낼 전보를 가로챔
이 어설프고 굼뜬 탓이었던지? 어쨌든 인제는 만사휴의*다!』
『 』: 서술자가 개입하여 수원집의 상황에 대한 주관적 판단을 드러냄
"이 댁 살림을 누가 맡든지 그거야 내 아랑곳 있나요. 하지만 지
재산만 많이 받으면 됨
금 말씀 논지*로 보면 살림을 아주 내맡기시는 모양이니 이왕이
조 의관은 덕기에게 경제권을 위임하려 함
면 나더러는 어떻게 하라실지 이 자리에서 아주 분명히 말씀을
유산 분배에 대한 확답을 받으려 함
해 주시죠."

수원집은 암상*이 발끈 난 것을 참느라고 발갛던 얼굴이 파랗게
외양 묘사를 통해 조 의관의 결정에 대한 수원집의 불만을 드러냄
죽는다.

"무엇을 어떻게 해 달라는 것인가?"

영감은 가슴이 벌렁벌렁하여 입을 딱 벌리고 누웠다가 간신히

대꾸를 한다.

┌ "지금이라도 이 댁에서 나가라면 그야 하는 수 없이 나가지

│ 요. 그렇지만 영감께선 안 할 말씀으로 내일이 어떨지 모르

│ 는데 영감만 먼저 가시는 날이면 저는 이 집에 한시를 머물

│ 수 없을 게 아닙니까. 저년만 없으면야 영감이 가시면 나도
│   조 의관과 수원집 사이의 딸
[B] │ 뒤쫓아 가기로 원통할 게 무에 있겠습니까마는 요 알뜰한
│   조 의관이 죽으면 자신도 죽을 것이라고 말함 → 위선적 면모
│ 세상에 무얼 바라고 누구를 바라고 더 살려 하겠습니까마는

│ 이럴 수도 있고 저럴 수도 없는 제 사정도 생각해 봐 주셔야
│   감정에 호소하며 재산을 요구함
└ 아니합니까!"

수원집의 목소리는 벌써 울음에 젖있다.

"그 왜 말을 그렇게 하슈?"

덕기가 탄하였다*.

"내 말이 그른가? 자네도 생각을 해 보게. 할아버지만 돌아가시
집안 사람들과 수원집의 사이가 좋지 않음을 알 수 있음

면 이 집안에서 나를 누가 끔찍이 알아줄 사람이 있겠나?"

수원집은 코멘소리*를 하며 눈물을 씻는다. 덕기도 아닌 게 아
조 의관과 덕기의 동정을 유발하려 함
니라 그렇기도 하다는 생각은 하였으나 어쩌면 눈물이 마침 대령
수원집의 말이 완전히 틀린 것은 아님   수원집의 위선과 가식을 꿰뚫어봄
하고 있었던 것처럼 저렇게도 나올까 싶었다.
조 의관의 상태가 위중함
"하지만 지금 할아버지께서 돌아가시는 거요, 또 내가 살림을
덕기가 살림을 맡기로 확정된 것이 아님
떼맡는 자국인가요. 이 자리에서 그런 소리는 도무지 할 게 아
수원집의 요구가 상황에 맞지 않음을 지적함
니에요."

그래도 덕기는 타이르듯이 달래었다.

— 염상섭, 〈삼대〉 —

* 안위하다(安慰하다): 몸을 편안하게 하고 마음을 위로하다.
* 작히: '어찌 조금만큼만', '얼마나'의 뜻으로 희망이나 추측을 나타내는 말.
* 한만히(汗漫히): 되는대로 내버려 두고 등한하게.
* 천행(天幸): 하늘이 준 큰 행운.
* 엄명(嚴命): 엄하게 명령함. 또는 그런 명령.
* 가운(家運): 집안의 운수.
* 행세(行勢): 세도를 부림.
* 간하다(諫하다): 웃어른이나 임금에게 옳지 못하거나 잘못된 일을 고치도록 말하다.
* 문전걸식(門前乞食): 이 집 저 집 돌아다니며 빌어먹음.
* 영창(映窓): 방을 밝게 하기 위하여 방과 마루 사이에 낸 두 쪽의 미닫이.
* 혼돈천지(混沌天地): 의식이 몽롱한 지경을 비유적으로 이르는 말.
* 초혼(招魂): 사람이 죽었을 때에, 그 혼을 소리쳐 부르는 일.
* 철궤(鐵櫃): 철판으로 만든 궤. 귀중한 물건을 넣어 두는 데 쓴다.
* 사자(使者): 죽은 사람의 혼을 저승으로 잡아간다는 귀신.
* 만사휴의(萬事休矣): 모든 것이 헛수고로 돌아감을 이르는 말.
* 논지(論旨): 논하는 말이나 글의 취지.
* 암상: 남을 시기하고 샘을 잘 내는 마음. 또는 그런 행동.
* 탄하다: 남의 말을 탓하여 나무라다.
* 코멘소리: 코가 막힌 사람이 하는 말소리.

01 서술상의 특징 파악하기   답 | ②

윗글에 대한 설명으로 가장 적절한 것은?

정답 선지 분석

② 서술자가 개입하여 인물의 상황에 대한 주관적 판단을 드러내고 있다.
'덕기의 옴이 빨랐던지 '사자'의 옴이 늦었던지? 저희들의 일 꾸밈이 어설프고 굼뜬 탓
이었던지? 어쨌든 인제는 만사휴의다!'에서 서술자가 개입하여 수원집의 상황에 대한
주관적 판단을 드러내고 있다.

오답 선지 분석

① 장면을 빈번하게 전환하여 인물의 태도 변화를 나타내고 있다.
윗글에서는 장면이 전환되고 있지 않으며, 인물의 태도 변화 또한 나타나지 않는다.

③ 인물의 처지를 우스꽝스럽게 묘사하여 해학적 분위기를 조성하고 있다.
죽어가는 조부의 처지가 묘사되기는 하나 우스꽝스럽게 묘사되는 것은 아니며, 해학적
분위기를 조성하지도 않았다.

④ 과거의 사건과 현재의 사건을 교차하여 인물 간의 갈등을 표현하고 있다.
재산을 노리는 수원집과 재산을 지키려는 덕기의 갈등이 표현되기는 하였으나, 과거의
사건과 현재의 사건을 교차한 것은 아니다.

⑤ 동시에 일어난 사건을 병치하여 사건에 대한 서로 다른 관점을 제시하고 있다.
동시에 일어난 사건을 병치하고 있지 않으며, 사건에 대한 서로 다른 관점도 제시되지
않는다.

02 인물의 말하기 방식 파악하기 답 | ①

[A]와 [B]의 말하기 방식으로 가장 적절한 것은?

정답 선지 분석

① [A]와 [B]는 모두 상황을 가정하여 말하고 있다.

[A]는 '나만 눈감으면 이 집 속에 어떻게 될지 너도 아무리 어린애다만 생각해 봐라'에서 조부가 자신이 죽는 상황을 가정하며 말하고 있다. [B]도 '영감만 먼저 가시는 날이면 저는 이 집에 한시를 머물 수 없을 게 아닙니까'에서 수원집이 조부가 죽는 상황을 가정하며 말하고 있다.

오답 선지 분석

② [A]는 [B]와 달리 상대에 대한 원망을 드러내고 있다.

상대에 대한 원망을 드러내는 것은 [B]로, 수원집은 '이럴 수도 없고 저럴 수도 없는 제 사정도 생각해 봐 주셔야 아니합니까'라고 하며 조부에 대한 원망을 드러내고 있다.

③ [B]는 [A]와 달리 상대에게 베푼 호의를 언급하고 있다.

상대에게 베푼 호의를 언급하는 것은 [A]로, 조부는 덕기에게 '이때까지 공부를 시킨 것'을 언급하고 있다.

④ [A]는 비유적 표현을, [B]는 역설적 표현을 활용하고 있다.

[A]는 '네게 맡기는 것은 사당과 열쇠~그 두 가지를 버리고도 공부를 한다면 그것은 송장 내놓고 장사 지내는 것이다'라고 하며 비유적 표현을 활용하고 있다. 그러나 [B]에서는 역설적 표현을 활용하고 있지 않다.

⑤ [A]는 감정에 호소하며, [B]는 권위를 내세우며 주장하고 있다.

[A]는 조부로서의 권위를 내세우며 덕기에게 공부를 그만두고 집안을 맡을 것을 주장하고 있고, [B]는 조부의 감정에 호소하며 자신의 사정을 생각해 줄 것을 주장하고 있다.

03 외적 준거를 바탕으로 작품 이해하기 답 | ⑤

보기 를 참고하여 윗글을 이해한 내용으로 적절하지 않은 것은?

보기

조 의관(조부)은 구한말 세대를 대표하는 인물로, 봉건적 가치관을 지니고 있다. 그는 가문과 재산에 대한 집착이 강하며 조상을 숭배하는 것을 당연한 예로 여긴다. 손자 조덕기는 식민지 세대를 대표하는 인물로, 근대적 감각과 중립적 가치관을 지니고 있으나 다소 우유부단한 면이 있다. 조씨 가문의 갈등은 조 의관의 재산을 둘러싸고 촉발되는데, 조 의관의 재산을 노리며 위선적으로 행동하는 수원집과 그에 맞서 재산을 지키려 하는 덕기 사이의 갈등이 그것이다.

정답 선지 분석

⑤ 덕기가 수원집에게 '이 자리에서 그런 소리는 도무지 할 게 아니'라고 말하는 것은, 조 의관과 수원집 사이에서 우유부단하게 행동하는 모습을 보여 주는군.

덕기가 수원집에게 조 의관이 곧 죽을지도 모르고, 자신이 살림을 완전히 맡기로 한 것도 아니라는 점을 들어 '이 자리에서 그런 소리는 도무지 할 게 아니'라고 말하는 것은, 자신에게 유산을 남겨 달라는 수원집의 요구가 상황에 부적절함을 지적하는 것이다. 조 의관과 수원집 사이에서 우유부단하게 행동하는 모습을 보여 주는 것은 아니다.

오답 선지 분석

① 조 의관이 덕기에게 '내가 눈을 감기 전에는 네 도장이라도 네 손으로 써서는 아니 된'다고 말하는 것은, 재산에 대한 집착 때문이군.

조 의관은 덕기에게 금고 열쇠를 맡기면서도, '내가 죽기까지는 네 마음대로 한 히 열어보아서는 아니 된다', '내가 눈을 감기 전에는 네 도장이라도 네 손으로 써서는 아니 된다'라고 말하고 있다. 〈보기〉에 따르면, 이는 조 의관이 재산에 대한 집착을 가졌기 때문이다.

② 덕기가 '공부를 집어치우고 살림꾼으로 들어앉을 수도 없는 일'이라고 생각하는 것은, 조 의관과 달리 근대적 가치관을 지녔음을 보여 주는군.

조 의관은 덕기에게 공부를 그만두고 집안을 맡으라고 명령하지만, 덕기는 '공부를 집어치우고 살림꾼으로 들어앉을 수도 없는 일'이라고 생각한다. 〈보기〉에 따르면, 이는 봉건적 가치관을 지닌 조 의관과는 달리, 덕기는 근대적 가치관을 지녔기 때문이다.

③ 덕기가 '수원집이 들어오는 것을 보자 앞에 놓인 열쇠를 얼른 집어 들고 일어서 버'리는 것은, 수원집으로부터 재산을 지키기 위한 행동이군.

덕기는 '수원집이 들어오는 것을 보자 앞에 놓인 열쇠를 얼른 집어 들고 일어서 버'리는데, 이때 열쇠는 조 의관의 재산과 관련이 있다. 〈보기〉에 따르면, 이는 조 의관의 재산을 노리는 수원댁으로부터 재산을 지키기 위한 행동이다.

④ 수원집이 '할아버지만 돌아가시면 이 집안에서 나를 누가 끔찍이 알아줄 사람이 있겠'냐고 말하며 우는 것은, 수원집의 위선적인 면모를 보여 주는군.

수원집은 '할아버지만 돌아가시면 이 집안에서 나를 누가 끔찍이 알아줄 사람이 있겠냐'고 말하며 우는데, 덕기는 이를 보며 '어쩌면 눈물이 마침 대령하고 있었던 것처럼 저렇게도 나올까 싶었다'라고 느낀다. 〈보기〉에 따르면, 이는 수원집의 위선적인 면모를 보여 준다.

04 발화의 의도 파악하기

다음은 ㉠의 표면적 의미와 실제 의미를 설명한 것이다. ⓐ, ⓑ에 들어갈 말을 찾아 차례대로 쓰시오.

㉠은 표면적으로는 (ⓐ)이/가 아니라도 (ⓑ)을/를 맡길 사람이 있다는 뜻이지만, 실제로는 (ⓐ) 외에는 (ⓑ)을/를 맡길 사람이 없다는 의미를 담고 있다.

정답

덕기, 열쇠

문법 한글 맞춤법

| 본문 | 237쪽

빠른 정답 체크 **01** ③ **02** ② **03** 울-, -음, 명사

'홀쭉이'와 '홀쭈기' 중 무엇이 올바른 표기일까? 이런 질문에
└─ '홀쭉이'가 옳은 표기임
답을 제시해 주고 있는 것이 바로 한글 맞춤법이다. 한글 맞춤법
제1항을 보면, '한글 맞춤법은 표준어를 소리대로 적되, 어법에
└─ 한글 맞춤법 제1항의 내용
맞도록 함을 원칙으로 한다.'라고 나와 있다.

한글 맞춤법의 기본적인 원칙은 표준어를 소리 나는 대로 적는
것이다. 그러나 단어나 문장이 만들어지는 과정에서 소리가 바뀌
└─ '표준어를 소리대로 적되'가 적용되지 않는 경우
는 경우에는 사정이 달라진다. 그래서 함께 제시된 것이 '어법에
맞도록' 적는다는 원칙이다. 어법에 맞게 적는다는 것은 형태소
들이 만나 소리가 바뀔지라도 형태소의 본 모양을 밝히어 적는 것
└─ '어법에 맞도록 함'의 의미
을 의미한다.

국어의 단어와 문장은 형태소들이 결합하여 만들어진다. 형태
소는 체언이나 용언의 어간 등 실질적인 의미를 표시하는 실질
└─ 실질 형태소의 종류   └─ 실질 형태소의 기능
형태소와, 접사나 용언의 어미, 조사처럼 실질 형태소에 결합하
└─ 형식 형태소의 종류   └─ 형식 형태소의 기능
여 보조적 의미를 덧붙이거나 문법적 관계를 표시하는 형식 형태
소로 나뉜다. 예를 들어 '꽃나무', '덮개'를 보면 실질 형태소(꽃,
나무)끼리 만나 이루어지거나 실질 형태소(덮-)에 형식 형태소
└─ 형태소의 결합으로 단어가 만들어진 예시
(-개)가 붙어 단어가 만들어진다. 또한 '모자를 쓰다'에서는 실질
└─ 형태소의 결합으로 문장이 만들어진 예시
형태소(모자, 쓰-)에 각각 형식 형태소(를, -다)가 붙어 문장이
만들어진다.

그렇다면 어떠한 경우에 '어법에 맞도록' 적어야 할까? 체언에
조사가 붙거나 용언의 어간에 어미가 붙어 소리가 바뀔 때 형태를
└─ 형태를 밝히어 적는 경우 ①
밝히어 적는다. 예를 들어 '꽃이'는 [꼬치]로, '잡아'는 [자바]로
발음되지만 각각 '꽃이'와 '잡아'와 같이 실질 형태소와 형식 형
태소를 구별하여 적어야 한다.

두 개의 용언이 어울려 한 개의 용언이 될 때에 '들어가다'처럼
└─ 형태를 밝히어 적는 경우 ②
앞말의 본뜻이 유지되고 있는 것은 그 원형을 밝히어 적는다. 다
만, '드러나다'처럼 앞말이 그 본뜻에서 멀어진 것은 원형을 밝히
└─ 원형을 밝히어 적지 않는 경우 ①
어 적지 않는다.

어근에 접사가 붙어 새로운 말이 만들어질 때에도 소리 나는 대
└─ 형태를 밝히어 적는 경우 ③
로 적지 않고 형태를 밝히어 적는다. 예를 들어 '삶'은 '살다'의 어
간 '살-'에 접미사 '-ㅁ'이 붙어서 파생된 명사로 [삼:]이라 발음
되지만 '삶'으로 적는다. 그리고 '많이'는 '많다'의 어간 '많-'에 접

미사 '-이'가 붙어서 부사가 된 것으로 [마:니]라고 발음되지만
'많이'로 적는다. 이처럼 ㉠ 용언의 어간에 '-이'나 '-음/-ㅁ'이
붙어서 명사로 된 것과 ㉡ 용언의 어간에 '-이'나 '-히'가 붙어서
부사로 된 것은 그 어간의 원형을 밝히어 적는다. 다만, 『㉢ 어간에
                                              └ ┌: 원형을 밝히어 적지 않는 경우 ②
'-이'나 '-음'이 붙어서 명사로 바뀐 것이라도 그 어간의 뜻과 멀
어진 것』은 원형을 밝히어 적지 않는다.

01 한글 맞춤법 탐구하기 답 | ③

윗글을 바탕으로 보기 를 탐구한 내용으로 적절하지 않은 것은?

보기

• 먹을 것은 많았지만, 마음 편히 먹고 있을 수만은 없었다.
  ⓐ ⓑ   ⓒ
• 집으로 돌아오다가 너무 지쳐 쓰러질 뻔했다.
          ⓓ   ⓔ

정답 선지 분석

③ ⓒ는 실질 형태소 '수'와 형식 형태소 '만', '은'이 결합했으므로 형태를 밝히
어 적지 않았군.
'수'는 의존 명사이므로 실질 형태소, '만'과 '은'은 보조사이므로 형식 형태소이다. 따
라서 형태를 밝히어 적었다.

오답 선지 분석

① ⓐ는 용언의 어간 '먹-'에 어미 '-을'이 결합했으므로 형태를 밝히어 적었군.
'먹-'은 실질 형태소이자 용언의 어간이고, '-을'은 형식 형태소이자 어미이므로 '먹
을'은 [머글]로 발음되지만 형태를 밝히어 적어야 한다.

② ⓑ는 체언 '것'에 조사 '은'이 붙었으므로 형태를 밝히어 적었군.
'것'은 실질 형태소이자 체언이고, '은'은 형식 형태소이자 조사이므로 '것은'은 [거슨]
으로 발음되지만 형태를 밝히어 적어야 한다.

④ ⓓ는 앞말의 본뜻이 유지되고 있으므로 형태를 밝히어 적었군.
용언 '돌다'와 '오다'가 어울려 한 개의 용언인 '돌아가다'가 되었고, 앞말인 '돌다'의 본
뜻이 유지되고 있으므로 형태를 밝히어 적어야 한다.

⑤ ⓔ는 앞말이 본뜻에서 멀어졌으므로 형태를 밝히어 적지 않았군.
용언 '쓸다'와 '지다'가 어울려 한 개의 용언인 '쓰러지다'가 되었는데, 앞말인 '쓸다'의
본뜻에서 멀어졌으므로 형태를 밝히어 적지 않아야 한다.

02 한글 맞춤법 적용하기 답 | ②

윗글의 ㉠~㉢에 해당하는 예로 적절하지 않은 것은?

정답 선지 분석

② ㉠: 모두들 그의 정신력을 높이 칭찬했다.
'높이'는 용언의 어간 '높-'에 접미사 '-이'가 붙어서 부사로 된 경우이므로 ㉡의 예에
해당한다.

오답 선지 분석

① ㉠: 나는 고양이에게 먹이를 주었다.
'먹이'는 용언의 어간 '먹-'에 접미사 '-이'가 붙어서 명사로 된 경우이므로 ㉠의 예에
해당한다.

③ ㉡: 나는 그 사실을 익히 들어 알고 있다.
'익히'는 용언의 어간 '익-'에 접미사 '-히'가 붙어서 부사로 된 경우이므로 ㉡의 예에
해당한다.

④ ⓒ: 그는 상처에서 흐르는 고름을 닦았다.

'고름'은 용언의 어간 '골-('곯-'의 옛말)'에 접미사 '-음'이 붙어서 명사가 된 경우이다. 이때 용언의 어간인 '곯-'은 '속이 물크러져 상하다'라는 의미이나, '고름'은 '몸 안에 병균이 들어가 염증을 일으켰을 때에 피부나 조직이 썩어 생긴 물질이나, 파괴된 백혈구, 세균 따위가 들어 있는 걸쭉한 액체'를 의미하여 어간의 뜻과 멀어졌으므로 ⓒ의 예에 해당한다.

⑤ ⓒ: 그들은 새로 만든 도로의 너비를 측정했다.

'너비'는 용언의 어간 '넓-'에 접미사 '-이'가 붙어 명사가 된 경우이다. 이때 용언의 어간인 '넓-'은 '일정한 평면에 걸쳐 있는 공간이나 범위의 크기'라는 의미이나, '너비'는 '평면이나 넓은 물체의 가로로 건너지른 거리'를 의미하여 어간의 뜻과 멀어졌으므로 ⓒ의 예에 해당한다.

03 한글 맞춤법 적용하기

㉮~㉰에 들어갈 말을 차례대로 쓰시오.

'울음'은 용언의 어간 '(㉮)'에 접미사 '(㉯)'이/가 붙어서 (㉰)(으)로 된 것이므로 원형을 밝히어 적는다.

정답

울-, -음, 명사

독서 이탈리아 오페라의 세계화 과정

빠른 정답 체크 1 ③ 2 ① 3 ④ 4 밀라노, 이탈리아

현대인들이 가장 즐겨 듣는 오페라 음악에는 이탈리아 출신 오
『현대에도 이탈리아 오페라가 널리 알려져 있음』
페라 작곡가의 작품이 많다. 17세기에 이탈리아 오페라 음악가들은 본격적으로 유럽 전역으로 진출하기 시작하였다. 이러한 움직임은 수행원을 거느리고 여러 해 동안 이탈리아 문화를 현지
『이탈리아 오페라가 유럽 전역으로 진출한 원동력』
체험하는 '대여행'을 했던 유럽의 상류층 여행객들이 있었기에 가능했다. 그 이전까지 이탈리아의 예술은 주로 건축과 조각, 회화와 같은 시각 예술 분야에서만 두드러졌었다.
▶1문단: 17세기 이탈리아 오페라의 유럽 진출

17세기와 18세기에 유럽에 이탈리아 음악이 전파되던 주 무대는 이탈리아의 도시 베네치아와 나폴리이다. 17세기에 유럽에 전파된 이탈리아 음악은 주로 '베네치아 오페라'였다. 변성기를
『이탈리아의 베네치아에서 시작함』
거치지 않은 소년과 변성기를 거친 성인 남성으로 이루어진 베네
『카스트라토의 개념』
치아 오페라 합창단인 카스트라토는 각지의 궁정에서 파격적인 대우를 받으며 국제적으로 활동하였다. 한편 18세기 전반에는 나폴리 방언을 주로 사용하는 새로운 양식의 '나폴리 희극 오페
『나폴리 희극 오페라의 특징』
라'가 등장하였다. 나폴리의 피오렌티니 극장에서 1722년 처음
『전형적인 나폴리 희극 오페라의 예시』
으로 상연된 〈노예선의 연인〉은 노예선의 선장을 제외하고는 모든 등장인물이 나폴리 방언으로 노래하는 전형적인 나폴리 희극

오페라이다.
▶2문단: 베네치아 오페라와 나폴리 희극 오페라

18세기 중반에는 이탈리아의 경제 수도인 밀라노가 이탈리아
『18세기 중반 이탈리아 음악의 특징』
음악을 주도하게 되었다. 밀라노가 함락되어 합스부르크 제국
『밀라노에서 이탈리아 저항 음악이 탄생함』
의 지배를 받게 되며 이탈리아 저항 음악이 탄생하게 되었고, 이는 삼마르티니가 악곡을 많이 작곡하며 세계적인 작곡가로 성장
『이탈리아 저항 음악을 통해 성장함』
하게 된 요인으로 작용하게 되었다. 삼마르티니의 앙상블 음악은 이탈리아의 축제 음악에서 매우 큰 상업적 성공을 거두게 되었고, 삼마르티니는 곧 북유럽의 음악에서 중심적 역할을 하게 되었다.
▶3문단: 18세기 중반 밀라노의 이탈리아 저항 음악

18세기 중반을 넘어서며 이탈리아 오페라 음악은 잠시 동안 크게 위축되는 시기를 겪는다. 이탈리아 오페라 음악이 전 세계로 전파되는 수단은 주로 상류층 여행객들이었으므로, 점차 중산층이 오페라를 즐기게 되면서 영국 등지에서 중산층을 겨냥한 오페
『상류층(이탈리아) → 중산층(영국)』
라 악곡을 공급하자 세상의 관심이 이들로 옮겨가게 된다. 18세기에 중산층의 음악적 영향력이 자라난 것은 이들이 직접 연주에 참여할 수 있는 비교적 단순하고 쉬운 악보에 '아마추어와 전문
『중산층의 음악적 영향력을 알 수 있는 예시』
가 모두를 위한'이라는 문구가 붙어 대거 출판된 것을 통해서도 알 수 있다. 영국의 런던에서는 이러한 추세에 발맞추어 공공 연
『중산층의 오페라 관람 기회가 많아짐』
주회를 창립하여 오페라 연주 관람료를 크게 낮추었고, 이는 전 세계적으로 큰 충격을 주어 세계 각국의 궁정과 도시들이 왕립,
『중산층을 위한 교향악단을 창립함』
또는 시립 교향악단을 창립하게 되는 계기로 작용하였다.
▶4문단: 18세기 중반 이후 이탈리아 오페라의 위축

그러나 프리드리히 2세가 합스부르크 제국을 침공하며, 합스부르크 제국의 통치하에 놓여 있던 이탈리아 도시 밀라노에서 다시
『이탈리아 저항 음악의 재기』
저항 음악이 왕성하게 작곡되기 시작하였고, 이는 전 세계의 이목을 집중시키는 데 성공하였다. 그래서 현대인들이 가장 즐겨 듣는 오페라 음악에는 이탈리아 출신 오페라 작곡가의 작품이 많아지게 된 것이다.
▶5문단: 프리드리히 2세의 합스부르크 침공과 이탈리아 저항 음악의 재기

01 글쓰기 전략 파악하기

답 | ③

윗글에 대한 설명으로 가장 적절한 것은?

정답 선지 분석

③ 화제와 관련한 역사적 사실을 시간의 흐름에 따라 제시하고 있다.

윗글의 화제는 이탈리아 오페라의 세계화 과정이다. 윗글은 이와 관련한 역사적 사실을 17세기부터 18세기를 거쳐 시간의 흐름에 따라 제시하고 있다.

오답 선지 분석

① 화제와 관련한 통계 자료를 다양한 관점에서 해석하고 있다.

이탈리아 오페라의 세계화 과정과 관련한 통계 자료는 윗글에서 찾을 수 없다.

② 화제에 대한 여러 철학자들의 주장과 그 의의를 제시하고 있다.

이탈리아 오페라의 세계화 과정에 대한 여러 철학자들의 주장과 그 의의를 제시하지 않았다.

④ 화제에 대한 논쟁이 벌어진 원인을 지리적 요인으로 제시하고 있다.

이탈리아 오페라의 세계화 과정에 대한 논쟁은 제시되지 않았다.

⑤ 화제와 관련한 이론을 발전시킨 학자의 연구 성과를 요약하고 있다.

이탈리아 오페라의 세계화 과정과 관련한 이론을 발전시킨 학자의 연구 성과에 대해서는 알 수 없다.

02 세부 내용 이해하기

답 | ①

윗글을 통해 알 수 있는 내용으로 적절하지 <u>않은</u> 것은?

정답 선지 분석

① 카스트라토는 각지에서 나폴리 오페라를 공연하였다.

2문단에서 카스트라토는 베네치아 오페라 합창단으로, 각지의 궁정에서 파격적인 대우를 받으며 국제적으로 활동했다고 하였으나, 나폴리 오페라가 아닌 베네치아 오페라를 공연하였으므로 적절하지 않다.

오답 선지 분석

② 영국에서는 중산층을 위한 오페라 악곡을 공급하였다.

4문단에서 중산층이 오페라를 즐기게 되면서 영국 등지에서 중산층을 겨냥한 오페라 악곡을 공급했다고 하였다.

③ 여행객들을 통해 17세기 이탈리아 음악이 전파되었다.

1문단에서 17세기 이탈리아 오페라 음악가들이 유럽 전역으로 진출한 것은 '대여행'을 했던 유럽의 상류층 여행객들이 있었기에 가능했다고 하였다.

④ 나폴리 희극 오페라는 나폴리 방언을 주로 사용하였다.

2문단에서 나폴리 희극 오페라는 나폴리 방언을 주로 사용하는 새로운 양식의 오페라라고 하였다.

⑤ 밀라노에서 작곡된 저항 음악은 사람들의 관심을 끌었다.

5문단에서 프리드리히 2세가 합스부르크 제국을 침공하며 이탈리아 밀라노에서 다시 저항 음악이 왕성하게 작곡되기 시작하였고, 이는 전 세계의 이목을 집중시켰다고 하였다.

03 구체적 사례에 적용하기

답 | ④

윗글의 내용을 바탕으로 보기 를 이해한 것으로 가장 적절한 것은?

보기

프로이센의 왕 프리드리히 2세는 18세기 중반 영국 런던의 공공 연주회 문화에 영감을 받아, 이를 받아들여 영국의 제도를 자국에 정착시키며 오페라의 세계화에 일조하였다. 일례로 그가 왕으로 등극한 후 처음으로 한 업무가 베를린에 왕립 오페라 극장을 건립하고 오페라 음악단을 꾸린 것이었다.

정답 선지 분석

④ 베를린 왕립 오페라 극장에서 상연되는 오페라는 기존보다 연주 관람료를 낮게 책정했겠군.

4문단에서 중산층의 음악적 영향력이 자라나자, 영국의 런던에서는 이러한 추세에 발맞추어 공공 연주회를 창립하여 오페라 연주 관람료를 크게 낮추었다고 하였다. 〈보기〉에 따르면 프리드리히 2세는 영국 런던의 공공 연주회 문화의 영향을 받아 베를린에 왕립 오페라 극장을 건립했으므로, 영국과 같이 연주 관람료를 기존보다 낮게 책정했을 것이라고 유추할 수 있다.

오답 선지 분석

① 베를린 왕립 오페라 극장에서는 상류층만을 위한 오페라가 상연되었겠군.

〈보기〉에서 프리드리히 2세는 영국의 오페라 제도를 독일에 정착시켰다고 하였고, 4문단에 따르면 영국에서는 중산층을 위한 오페라가 주로 상연되었다. 따라서 베를린 왕립 오페라 극장에서는 중산층을 위한 오페라가 주로 상연되었을 것이다.

② 프리드리히 2세는 중산층 관객이 〈노예선의 연인〉을 관람하는 모습에 영감을 받았겠군.

〈보기〉에 따르면 프리드리히 2세는 18세기 중반 영국 런던의 공공 연주회 문화에 영감을 받았으나, 〈노예선의 연인〉과 영국 런던의 공공 연주회 문화의 관련성은 알 수 없다.

③ 프로이센의 오페라 음악단은 18세기 후반 삼마르티니의 앙상블 음악에 영향을 미쳤겠군.

3문단에 따르면 18세기 중반 삼마르티니의 앙상블 음악에 영향을 미친 것은 합스부르크의 침공이므로 적절하지 않다.

⑤ 프리드리히 2세는 베를린 방언으로 노래하는 오페라의 상연 문화를 정착시키기 위해 노력했겠군.

프리드리히 2세가 베를린 방언으로 노래하는 오페라의 상연 문화를 정착시키기 위해 노력했으리라는 내용을 추론할 수 있는 근거는 제시되지 않았다.

04 세부 내용 이해하기

㉠, ㉡에 들어갈 말을 찾아 차례대로 쓰시오.

합스부르크 제국이 (㉠)을/를 지배하게 되면서 (㉡) 저항 음악이 탄생하게 되었다.

정답

밀라노, 이탈리아

문학 1 봄나무(이상국)

빠른 정답 체크 **01** ④ **02** ③ **03** ⑤ **04** 눈보라, 이파리

나무는 몸이 아팠다.
의인법 → 나무를 사람처럼 표현   ▶ 나무의 몸이 아픔
눈보라에 상처를 입은 곳이나   △ : 시련, 고난
계절적 이미지(겨울)   〜 : 나무가 아픈 자리, 이파리가 나는 곳
빗방울들에게 얻어맞았던 곳들이

㉠ 오래전부터 근지러웠다.
   촉각적 이미지
『땅속 깊은 곳을 오르내리며
   □ : 나무
겨우내* 몸을 덥히던 **물**이
         안에서 밖으로 나가려는 존재
이제는 갑갑하다고 『」: 나무가 몸이 아픈 원인 ①
            → 겨우내 몸을 덥히던 물이 나가고 싶어 함
한사코 나가고 싶어 하거나』

『살을 에는 바람과 외로움을 견디며
   나무에게 주어진 시련과 고통을 인내
봄이 오면 정말 좋은 일이 있을 거라고
   희망적 태도 → 시련 속에서도 희망을 잃지 않음
스스로에게 했던 말들이 『」: 나무가 몸이 아픈 원인 ②
            → 스스로의 말들이 자신을 들볶음
그를 못 견디게 들볶았기 때문이다.』
의인법   ▶ 나무가 아픈 원인
그런 마음의 헌데 자리가 아플 때마다
        상처
그는 하나씩 **이파리**를 피웠다.
아픔을 이겨내고 피운 생명, 가치 있는 존재   ▶ 아픔을 견디며 이파리를 피워낸 나무
→ 계절적 이미지 (봄)   – 이상국, 〈봄나무〉 –

* 겨우내 : 한겨울 동안 계속해서.

01 시어의 의미 파악하기   답 | ④

윗글에 대한 설명으로 적절하지 않은 것은?

정답 선지 분석

④ '그'는 나무가 무사히 '이파리'를 피워낼 때까지 지켜주는 존재이다.
  '그'는 '나무'를 의인화하여 표현한 것이다.

오답 선지 분석

① '나무'는 아픔을 인내하며 시련 속에서도 희망을 잃지 않고 있다.
  '나무'는 '살을 에는 바람과 외로움'을 인내하며 봄을 기대하는 희망적 태도를 보이고 있다.

② '눈보라'와 '빗방울'은 '나무'가 겪는 고난과 시련을 의미한다.
  '눈보라에 상처를 입은 곳이나 빗방울들에게 얻어맞았던 곳들이'를 통해 '눈보라'와 '빗방울'이 '나무'를 힘들게 하는 고난과 시련을 의미함을 알 수 있다.

③ '물'은 안에서 밖으로 나가려 하는 존재로 '나무'의 몸이 아픈 원인이다.
  '물'은 '이제는 갑갑하다고 한사코 나가고 싶어'한다. 즉, '나무'가 아픈 원인 중 하나는 '나무'에게 꼭 필요한 '물'이 밖으로 나가고 싶어 하기 때문이다.

⑤ '이파리'는 나무가 아픔을 이겨내고 피운 생명으로 가치 있는 결과물이다.
  '이파리'는 '나무'가 '마음의 헌데 자리가 아플 때마다' 하나씩 피워낸 것으로, 가치 있는 결과물이라고 볼 수 있다.

02 시구의 특징 파악하기   답 | ③

㉠과 동일한 심상이 쓰인 시구로 적절한 것은?

정답 선지 분석

③ 발목이 시리도록 밟아도 보고

                – 이상화, 〈빼앗긴 들에도 봄은 오는가〉

㉠은 '근지러웠다'에서 촉각적 심상이 사용되었다. '시리도록' 역시 촉각적 심상을 사용한 것이다.

오답 선지 분석

① 메마른 입술에 쓰디쓰다

                – 정지용, 〈고향〉

  '쓰디쓰다'는 미각적 심상이다.

② 분수처럼 흩어지는 푸른 종소리

                – 김광균, 〈외인촌〉

  '푸른 종소리'의 '푸른'은 시각적 심상, '종소리'는 청각적 심상이므로 '푸른 종소리'는 청각의 시각화(공감각적 심상)가 사용됨을 알 수 있다.

④ 미역취 한 이파리 상긋한 산 내음새

                – 김관식, 〈거산호2〉

  '산 내음새'는 후각적 심상이다.

⑤ 까마득한 날에 하늘이 처음 열리고 어디 닭 우는 소리 들렸으랴

                – 이육사, 〈광야〉

  '닭 우는 소리'는 청각적 심상이다.

03 작품 간의 공통점 파악하기   답 | ⑤

윗글과 보기 의 공통점으로 적절하지 않은 것은?

보기

나무는 자기 몸으로
나무이다
자기 온몸으로 나무는 나무가 된다
자기 온몸으로 헐벗고 영하 13도
영하 20도 지상에
          (중략)
온 혼으로 애타면서 속으로 몸속으로 불타면서
버티면서 거부하면서 영하에서
영상으로 영상 5도 영상 13도 지상으로
밀고 간다, 막 밀고 올라간다
온몸이 으스러지도록
으스러지도록 부르터지면서
터지면서 자기의 뜨거운 혀로 싹을 내밀고
천천히, 서서히, 문득, 푸른 잎이 되고
푸르른 사월 하늘 들이받으면서
나무는 자기의 온몸으로 나무가 된다
아아, 마침내, 끝끝내
꽃 피는 나무는 자기 몸으로
꽃 피는 나무이다

                – 황지우, 〈겨울-나무로부터 봄-나무에로〉

⑤ 상승적이고 역동적인 이미지를 사용하여 나무의 의지를 보여 준다.

〈보기〉에서는 '밀고 간다, 막 밀고 올라간다'라고 하며 상승적이고 역동적인 이미지를 사용해 부정적 상황을 극복해 내려는 나무의 의지를 형상화하고 있다. 그러나 윗글에서 역동적인 이미지를 사용해 나무의 의지를 보여 주는 부분은 드러나지 않는다.

① 나무를 의인화하여 시상을 전개하고 있다.

윗글에서는 나무를 '그'라고 지칭하고, 나무가 '몸이 아프다'라고 하며 나무를 의인화하고 있다. 〈보기〉 또한 '자기 온몸으로 헐벗고' 등을 통해 나무를 의인화하여 표현하고 있다.

② 고난과 시련을 이겨내는 나무의 모습이 드러난다.

윗글은 '눈보라', '빗방울', '물', '바람' 등의 고난과 시련을 이겨내고 '이파리'를 피워내는 나무의 모습을 보여 주고, 〈보기〉는 '영하 13도', '영하 20도' 등의 부정적 현실에서 '영상'으로 올라가 '꽃'을 피우는 나무의 모습을 보여 주고 있다.

③ 겨울에서 봄으로의 계절의 흐름을 보여 주고 있다.

윗글과 〈보기〉는 모두 겨울에서 봄으로의 계절의 흐름을 통해 겨울의 고난을 이겨내고 봄에 도달하는 나무를 보여 주고 있다.

④ 나무를 통해 바람직한 삶의 태도를 유추해내고 있다.

윗글은 나무를 통해 시련을 인내하며 가치 있는 것을 추구하는 삶의 자세를 유추해내고 있고, 〈보기〉는 자신의 힘으로 변화를 이루어 내는 나무를 통해 혹독한 현실의 어려움을 스스로 이겨내는 삶의 자세를 유추해내고 있다.

04 시어의 의미 파악하기

윗글에서 겨울과 봄을 나타내는 소재를 찾아 차례대로 쓰시오.

정답

눈보라, 이파리

빠른 정답 체크   **01** ②   **02** ③   **03** ⑤   **04** 남편, 뛰어난

[앞부분 줄거리] 명나라 때 이부 시랑* 홍무는 나이 사십이 되도록 자녀
    시대적 배경   영웅의 일대기 구성 - ① 고귀한 혈통
가 없어 고민하였다. 그러던 어느 날, 부인 양 씨의 꿈에 선녀가 나타난
               영웅의 일대기 구성 - ② 비정상적 출생
후 무남독녀 계월을 얻었는데, 어려서부터 대단히 총명하였다. 계월이 다
                  영웅의 일대기 구성 - ③ 비범한 능력
섯 살 때, 반란으로 인해 부모와 헤어지게 되고 여공의 도움으로 목숨을
          영웅의 일대기 구성 - ④ 어릴 적 위기
건진다. 여공은 계월의 이름을 평국이라 고친 후, 동갑인 아들 보국과 함
        영웅의 일대기 구성 - ⑤ 조력자의 도움(구출과 양육)
께 가르침을 받게 한다. 이후 계월과 보국은 나란히 과거에 급제하고, 오
랑캐가 나라를 침범하자 천자의 명을 받아 계월은 원수로, 보국은 부원
수로 전쟁터에 나간다. 이 과정에서 계월은 헤어졌던 부모와 우연히 만난
다. 전쟁 후 계월의 병이 깊어지자 천자는 어의*를 보내고, 어의의 진맥*
으로 계월이 여자임이 탄로난다. 계월은 상소를 올려 천자를 속인 죄를
            영웅의 일대기 구성 - ⑥ 성장 후 위기
청하나, 천자는 계월이 자신을 속인 것을 용서하며 보국과의 혼인을 중매
한다. 그러나 보국이 자신보다 벼슬이 높은 계월에게 열등감을 품으며 두
사람은 갈등을 겪는다. 혼례 다음 날, 보국의 애첩 영춘이 계월의 행차를
보고도 예를 갖추지 않자 계월은 군법을 적용하여 영춘의 목을 베게 하고
                     계월과 보국의 갈등이 고조된 계기
이에 보국이 여공을 찾아간다.

"계월이 전날은 대원수* 되어 소자를 중군장으로 부렸으니 군대
에 있을 때에는 소자가 계월을 업신여기지 못했사옵니다. 하지
           계월이 보국보다 계급이 높기 때문
만「지금은 계월이 소자의 아내이오니 어찌 소자의 사랑하는 영
  「 」: 남편의 권위를 내세워 계월의 처사를 비난함
춘을 죽여 제 마음을 편안하지 않게 할 수가 있단 말이옵니까?」

여공이 이 말을 듣고 만류했다.

"계월이 비록 네 아내는 되었으나 벼슬을 놓지 않았고 기개가
            보국을 만류하는 이유 ① - 계월의 능력이 보국보다 우월함
당당하니 족히 너를 부릴 만한 사람이다. ㉠ 그러나 예로써 너
를 섬기고 있으니 어찌 마음 씀을 그르다고 하겠느냐? 영춘은
네 첩이다. 자기가 거만하다가 죽임을 당했으니 누구를 한하겠
          보국을 만류하는 이유 ② - 영춘의 행동이 잘못됨
느냐? 또한 계월이 잘못해 궁노나 궁비를 죽인다 해도 누가 계
월을 그르다고 책망할 수 있겠느냐? 너는 조금도 염려하지 말
고 마음을 변치 마라. 만일 계월이 영춘을 죽였다 하고 계월을
꺼린다면 부부 사이의 의리도 변할 것이다. 또한 계월은 천자께
          보국을 만류하는 이유 ③ - 부부 사이의 의리가 변할 수 있음
서 중매하신 여자라 계월을 싫어한다면 네게 해로움이 있을 것
          보국을 만류하는 이유 ④ - 천자의 명을 어긴 것처럼 보여 후환이 있을 수 있음
이니 부디 조심하라."

"장부가 되어 계집에게 괄시*를 당할 수 있겠나이까?"
보국이 계월에게 불만을 갖는 근본적인 이유 → 가부장적 가치관과 남존여비 의식
보국이 이렇게 말하고 그 후부터는 계월의 방에 들지 않았다.

이에 계월이,

㉡ '영춘이 때문에 나를 꺼려 오지 않는구나.' / 라고 생각했다.
        영춘의 죽음을 이유로 보국이 계월을 피함

"누가 보국을 남자라 하겠는가? 여자에게도 비할 수 없구나."
보국의 속이 좁음을 탓함
이렇게 말하며 자신이 남자가 되지 못한 것이 분해 눈물을 흘리
여자임을 거부하고 세상을 지배하는 남자로 살고 싶어 함
며 세월을 보냈다.

각설*, 이때 남관의 수장이 장계*를 올렸다. 천자께서 급히 뜯
어보시니 다음과 같은 내용이었다.

오왕과 초왕이 반란을 일으켜 지금 황성을 범하고자 하옵니
다. 오왕은 구덕지를 얻어 대원수로 삼고 초왕은 장맹길을 얻
어 선봉으로 삼았사온데, 이들이 장수 천여 명과 군사 십만을
거느려 호주 북쪽 고을 칠십여 성을 무너뜨려 항복을 받고 형
주 자사 이왕태를 베고 짓쳐* 왔사옵니다. 소장의 힘으로는 능
히 방비할* 길이 없어 감히 아뢰오니 엎드려 바라건대, 황상께
현재 살아서 나라를 다스리고 있는 황제를 이르는 말
서는 어진 명장을 보내셔서 적을 방비하옵소서.

천자가 깜짝 놀라 조정의 모든 신하와 의논했다. 우승상 정영태
가 말했다.
계월
"이 도적은 좌승상 평국을 보내 막아야 합니다. 급히 평국을 부
계월의 뛰어난 능력을 인정 → 여성의 영웅적 활약을 기대
르십시오."

천자가 듣고 지긋이 생각하다가 말했다.

"평국이 전날에는 세상에 나왔기에 불렀지만, 지금은 규중*에
벼슬을 했으므로
있는 여자니 어찌 불러서 전장에 보내겠는가?"
평국(계월)을 불러들이기를 망설이는 이유
모든 신하가 말했다.

"평국이 지금 규중에 있으나, 이름이 조야*에 있고 또한 작록*
신하들이 반란 진압에 계월을 부르도록 천자를 설득하는 근거
을 거두지 않았으니, 어찌 규중에 있다 하여 꺼리겠나이까?"

천자가 마지못해 급히 평국을 불러냈다. 이때 평국은 규중에서
계월이 보국과의 갈등으로 홀로 지냄
홀로 지내면서 날마다 시녀를 데리고 장기와 바둑으로 세월을 보
내고 있었다. 그런데 사관*이 와서 천자가 부르는 명령을 전하
자, 평국이 크게 놀라, 급히 여자 옷을 벗고 조복*으로 갈아입고
부녀자 신분에서 관원의 신분으로 바뀜
사관을 따라 들어가 천자 앞에 엎드렸다. 천자가 매우 기뻐하며
말했다.

"경이 규중에 머문 후로는 오래 보지 못하여 밤낮으로 보고 싶
천자가 계월을 신하의 예를 갖추어 대함
더니 이제 경을 보니 매우 기쁘도다. 그런데 짐이 덕이 없어 지
계월에 대한 천자의 신뢰가 매우 두터움
금 「오나라와 초나라 양국이 반역하여, 호주 북쪽 지방을 쳐서
「」: 나라가 위기에 처함
항복을 받고 남관을 헤치고 황성을 침범한다고 하니,」ⓒ 경은

나아와 나라와 조정을 편안하게 지키도록 하라."
여성인 계월에게 국난을 극복하는 중대한 일을 맡김 → 계월의 능력을 인정함
하신대 평국이 엎드려 아뢰었다.

「"신첩이 외람되게* ⓔ 폐하를 속이고 높은 공후 작록을 영화롭
여자가 임금을 상대하여 자신을 낮추어 이르는 일인칭 대명사. 계월 본인을 뜻함

게 지내기가 황공합니다. 신첩의 죄를 용서하시고 이처럼 사랑
남장을 하고 성별을 속인 일
하시니, 신첩이 비록 어리석으나 힘을 다해 성은을 만분의 일이
나 갚고자 합니다. 폐하는 근심치 마소서."」
「」: 천자의 은혜에 감사해하며 나라를 구하기로 결심한 계월
천자가 매우 기뻐하며 즉시 수많은 군사와 말을 뽑아 모으도록
했다. 원수가 친히 붓을 잡아 보국에게 전령하기를, '적병이 급하
계월
니 중군장은 급히 대령하여 군령을 어기지 말라.' 했거늘, 보국이
보국
전령을 보고 분함을 이기지 못하여 부모에게 말했다.

"계월이 소자를 중군으로 부리려 하니, 이런 일이 어디 있습
아내인 계월의 지시를 받은 것에 대해 불만을 가짐 → 보국의 가부장적 면모
니까?"

여공이 말했다.

"전날 너에게 무엇이라 일렀더냐? 계월을 괄시하다가 이런 일
을 당하니, 어찌 그르다고 하겠느냐? 나랏일이 매우 중요하니
개인사나 가정사보다 나라의 일을 더 중요시함
어찌할 수 없구나."

여공이 보국에게 바삐 가라고 재촉했다.

보국이 할 수 없어 갑옷과 투구를 갖추고 진중*에 나아가 원수
계월
앞에 엎드리니, 홍 원수가 분부했다.

ⓜ "만일 명령을 거역하는 자가 있으면, 군법을 시행할 것이다."
남편 앞에서도 공과 사를 명확히 구분하는 태도를 보임
보국이 겁을 내어 중군장 처소로 돌아와 명령이 내리기를 기다
렸다.

– 작자 미상, 〈홍계월전〉 –

* 이부 시랑(吏部侍郞): 중국에서, 이부의 버금 벼슬.
* 어의(御醫): 궁궐 내에서, 임금이나 왕족의 병을 치료하던 의원.
* 진맥(診脈): 병을 진찰하기 위하여 손목의 맥을 짚어 보는 일.
* 대원수(大元帥): 국가의 전군을 통솔하는 최고 계급인 원수를 더 높여 이르는 말.
* 괄시(恝視): 업신여겨 하찮게 대함.
* 각설(却說): 화제를 돌려 이야기를 꺼낼 때, 앞서 이야기하던 내용을 그만둔다는 뜻으로 다음 이야기의 첫머리에 쓰는 말.
* 장계(狀啓): 왕명을 받고 지방에 나가 있는 신하가 자기 관하(管下)의 중요한 일을 왕에게 보고하던 일. 또는 그런 문서.
* 짓치다: 함부로 많이 치다.
* 방비하다(防備하다): 적의 침입이나 피해를 막기 위하여 미리 지키고 대비하다.
* 규중(閨中): 부녀자가 거처하는 곳.
* 조야(朝野): 조정과 민간을 통틀어 이르는 말.
* 작록(爵祿): 관작(官爵)과 봉록(俸祿)을 아울러 이르는 말.
* 사관(史官): 역사의 편찬을 맡아 초고를 쓰는 일을 맡아보던 벼슬. 또는 그런 벼슬아치.
* 조복(朝服): 관원이 조정에 나아가 하례할 때에 입던 예복.
* 외람되다(猥濫되다): 하는 짓이 분수에 지나치다.
* 진중(陣中): 군대나 부대의 안.

01 구절의 의미 파악하기 답 | ②

윗글의 ㉠~㉤에 대한 설명으로 적절하지 않은 것은?

정답 선지 분석

② ㉡: '계월'은 자신을 찾지 않는 '보국'을 보며 '영춘'을 죽인 것을 후회하고 있다.

'계월'이 ㉡과 같이 생각하며 눈물을 흘린 것은 '영춘'의 죽음으로 자신을 피하는 '보국'의 속이 좁음을 탓하며 남자로 태어나지 못한 것을 한스러워했기 때문이지, '영춘'을 죽인 것을 후회했기 때문이 아니다.

오답 선지 분석

① ㉠: '여공'은 설의적 표현을 사용하여 '보국'의 주의를 당부하고 있다.

'여공'은 '~하겠느냐?'라고 설의적 표현을 사용하여 '계월'을 비난하는 '보국'의 주의를 당부하며 '보국'을 만류하고 있다.

③ ㉢: '천자'는 '계월'의 능력을 인정하고 높이 평가하고 있다.

'천자'가 '계월'의 뛰어난 능력을 인정하고 여성인 '계월'에게 국난을 극복하는 중대한 일을 맡기고 있는 점에서 '계월'을 높이 평가하고 있음을 알 수 있다.

④ ㉣: '계월'이 나라를 구하기로 결심한 계기가 된다.

'계월'은 남장을 하고 성별을 속였으나 자신의 죄를 너그럽게 용서하고 벼슬을 그대로 둔 '천자'의 은혜에 보답하기 위해 나라를 구하기로 결심한다.

⑤ ㉤: 공과 사를 명확하게 구분하고 있는 '계월'의 성격이 드러난다.

'계월'은 남편인 '보국' 앞에서도 더 높은 위치에 있는 자신의 명령을 거역하는 자가 있다면 군법으로 다스릴 것이라 이야기하며 공과 사를 명확히 구분하고 있다.

02 작품에 반영된 사회상 파악하기 답 | ③

윗글에 반영된 당시 사회상으로 적절하지 않은 것은?

정답 선지 분석

③ '신하들'이 '계월'의 능력을 인정하지 않는다는 점에서 남존여비 사상이 드러나고 있다.

'신하들'은 '계월'을 부르는 것을 꺼려하는 '천자'에게 '계월'의 뛰어난 능력과 벼슬이 유지되고 있음을 근거로 하여 '계월'을 다시 부를 것을 건의하고 있다. 따라서 '신하들'이 '계월'의 능력을 인정하고 있지 않다는 것은 옳지 않다.

오답 선지 분석

① '보국'은 '계월'에게 불만을 드러낸다는 점에서 가부장적 사상을 지니고 있다.

'보국'은 첩 '영춘'이 먼저 거만하게 행동한 것임에도 아내 '계월'이 '영춘'을 죽였다는 이유로 비난하고, 자신을 다시금 중군장으로 부리려 하는 '계월'에게 불만을 가진다. 이러한 모습을 통해 '보국'이 가부장적 사상을 지녔음을 알 수 있다.

② '계월'을 통해 당시 여성들의 사회적 지위의 향상에 대한 바람을 표현하고 있다.

기존의 여성처럼 순종적인 모습이 아니라, 남성보다 뛰어난 능력을 가진 주체적인 여성 주인공인 '계월'을 등장시키고 있다는 점에서 당시 여성들의 사회적 지위의 향상에 대한 바람을 표현하고 있다고 볼 수 있다.

④ '계월'이 남장을 통해 벼슬을 얻어낸다는 점에서 여성의 지위를 근본적으로 변화시키지는 못하고 있다.

'계월'이 여자임이 밝혀져도 벼슬을 유지하고는 있으나, 남장을 벗는 순간 다시 여성의 지위로 돌아왔다는 점에서 여성의 지위를 근본적으로 변화시키고 있지는 않다.

⑤ '보국'이 '계월'보다 낮은 관직이라는 점과 '계월'이 '보국'을 비꼬고 있는 점을 통해 당시 남성 중심 사회에 대한 비판을 드러내고 있다.

'보국'을 '계월'보다 낮은 지위에 위치하게 하고, '계월'이 '영춘'의 죽음을 이유로 자신을 피하는 '보국'의 행동을 비꼬고 있는 점을 통해 당시 남성 중심의 사회에 대한 비판을 간접적으로 드러내고 있다.

03 영웅의 일대기 구성 이해하기 답 | ⑤

보기 는 윗글의 전체 내용을 영웅의 일대기 구성에 따라 정리한 것이다. 보기 의 ㉠~㉤에 들어갈 말로 적절하지 않은 것은?

보기

영웅의 일대기 구성	'계월'의 일생
고귀한 혈통	(㉠)
비정상적인 출생	(㉡)
비범한 능력	어려서부터 총명함을 보인다.
유년기의 위기	(㉢)
구출과 양육	(㉣)
성장 후 위기	• 반란을 진압하기 위해 전장에 나간다. • (㉤) • 영춘을 죽인 일로 보국과 갈등을 빚는다.
위기 극복과 행복한 결말	• 적을 물리친다. • 보국이 계월의 우월성을 인정하고 갈등이 해소된다.

정답 선지 분석

⑤ ㉤: 여자임이 탄로 나자, 조정의 신하들로부터 배척당한다.

'계월'이 여자임이 탄로 나는 것은 영웅의 일대기 중 '성장 후 다시 위기를 겪음'에 해당하나, 조정의 신하들은 '계월'이 여자임이 밝혀진 이후에도 뛰어난 능력을 인정하여 천자에게 반란을 진압하기 위해 '계월'을 불러들일 것을 요청하고 있으므로 적절하지 않다.

오답 선지 분석

① ㉠: 이부 시랑 '홍무'의 딸로 태어난다.

'계월'이 이부 시랑 '홍무'의 딸로 태어난 점은 영웅의 일대기 중 '고귀한 혈통'에 해당한다.

② ㉡: 자녀가 없던 '양 씨'가 선녀가 나오는 꿈을 꾸고 '계월'을 낳는다.

자녀가 없던 '양 씨'가 선녀가 나오는 꿈을 꾸고 '계월'을 낳았다는 점은 영웅의 일대기 중 '비정상적인 출생'에 해당한다.

③ ㉢: 반란으로 인해 부모와 헤어지게 된다.

반란으로 인해 다섯 살 때 부모와 헤어지고 죽을 뻔한 경험은 영웅의 일대기 중 '유년기의 위기'에 해당한다.

④ ㉣: '여공'을 만나 목숨을 건지고 '보국'과 함께 생활하게 된다.

'계월'이 '여공'을 만나 목숨을 건지고 '보국'과 함께 생활하게 된 것은 영웅의 일대기 중 '구출과 양육'에 해당한다.

04 작품의 특징 파악하기

다음은 계월의 특징을 설명한 것이다. 빈칸에 들어갈 말로 적절한 것을 골라 차례대로 쓰시오.

홍계월은 (남편 / 천자)보다 (뛰어난 / 못한) 능력을 지닌 여성 주인공이라는 특징이 있다.

정답

남편, 뛰어난

MEMO

MEMO